„Franz Schnabels ‚Deutsche Geschichte im neunzehnten Jahrhundert' ist eine der ganz wenigen Geschichtsdarstellungen großen Stils, die bei uns nach dem Ersten Weltkrieg, ja seit der Jahrhundertwende erschienen sind."
Historische Zeitschrift

„ . . . a monument of historical scholarship and political wisdom – a combination which has been conspicuously absent from German writings since the death of Leopold Ranke."
Times Literary Supplement

Franz Schnabel:
Deutsche Geschichte im neunzehnten Jahrhundert

Band 3: Erfahrungswissenschaften und Technik

Deutscher
Taschenbuch
Verlag

dtv

Unveränderter photomechanischer Nachdruck
der Ausgabe Freiburg i. Br. 1934

August 1987
Deutscher Taschenbuch Verlag GmbH & Co. KG, München

Umschlaggestaltung: Celestino Piatti
Gesamtherstellung: C. H. Beck'sche Buchdruckerei, Nördlingen
Printed in Germany · ISBN 3-423-04463-2

VORWORT

In Ausführung des Gesamtplanes meiner „Deutschen Geschichte im 19. Jahrhundert" lege ich diesen neuen Band vor. „Konstitution und Maschine" war das Leitwort eines Jahrhunderts, das mit allen seinen Schöpfungen und seinen Mängeln das Zeitalter des Bürgertums gewesen ist. Nachdem der II. Band die eine Seite dieses einheitlichen Charakters dargestellt hat, indem er den Liberalismus in seinem Werden, seinem Wesen und in der Auseinandersetzung mit dem überlieferten Erbgute zeichnete, war für den III. Band das Thema durch die Sache gegeben. Der Aufbau der Erfahrungswissenschaften, diese einzigartige Leistung des 19. Jahrhunderts, mußte geschildert werden. Es war zu zeigen, wie der deutsche Geist wesentliche und unvergängliche Gedanken beigesteuert hat zur Lösung der großen wissenschaftlichen Aufgabe, die den abendländischen Völkern gestellt war; es war deutlich zu machen, wie die konstitutionelle und nationalstaatliche Bewegung des Jahrhunderts von hier aus ihr theoretisches Rüstzeug und ihre Ergänzung erhielt und wie auch die moderne Technik aus diesem geistigen Boden erwachsen ist. Das Bürgertum war der Träger von Verfassungsgedanke, Erfahrungswissenschaft und moderner Technik. So ist das Jahrhundert des formalen Rechtsstaates zugleich auch das Zeitalter geworden, das den geschichtlichen Sinn hervorgebracht hat, und es ist nicht minder auch das naturwissenschaftlich-technische Zeitalter gewesen. Dies alles gehört aufs innigste zusammen und steht miteinander in unauflöslicher Verbindung.

Bei dieser Sachlage war ich vor die Frage gestellt, ob es dem Historiker gestattet sei, so wesentliche und weite Lebensgebiete wie Naturwissenschaften und Technik von seiner Darstellung auszuschließen. Ich kenne die großen Bedenken, die sich meinem Wagnis entgegenstellen, und niemand hat ernster mit ihnen gerungen als ich. Doch wenn eine „Deutsche Geschichte im 19. Jahrhundert" überhaupt geschrieben werden soll, mußte ich meinen Weg gehen. Die wertvollen Vorarbeiten der Vergangenheit habe ich dankbar benutzen können, aber ich durfte mich nicht binden an längst überholte Anschauungen. Denn ich denke an die junge Generation, die aus der Kenntnis der Einzeldinge ein Gesamtbild gewinnen will von den geschichtlichen Grundlagen ihres eigenen Daseins.

Nachdem mit dem II. und III. Bande die entscheidenden Züge des 19. Jahrhunderts entwickelt und gedeutet sind, wird der IV. Band darzulegen haben, wie dieses Zeitalter eines grenzenlosen Individualismus aus seinen Voraussetzungen alle Konsequenzen für sich in Anspruch genommen hat bis zu ihrem radikalsten Ende, wie aber hiergegen die im deutschen Leben ererbten und erneuerten religiösen Kräfte sich gewehrt haben. Die Auseinandersetzung zwischen Christentum und Radikalismus hat sich durch Jahrzehnte hingezogen und ist hineingetragen worden in das durch Bismarck und das deutsche Bürgertum gestaltete Reich.

Karlsruhe, den 5. Mai 1934.

Franz Schnabel.

INHALT

Erfahrungswissenschaften und Technik

ERSTER ABSCHNITT

Hegel und seine Zeit

Wenn das 19. Jahrhundert gekennzeichnet ist als eine Hinwendung von der Idee zur Wirklichkeit, vom allgemeinen Vernunftideal zur Anerkennung der individuellen Erscheinungen, vom universalen Denken zur Anschauung des Einzelnen und zur Empirie, so steht Hegel auf der Wende der Zeiten. Er hat den Gedanken der Identität, um den das abendländische Denken seit Jahrhunderten kreiste und der auch das zentrale Thema der deutschen idealistischen Philosophie war, bis zur völligen Einheit von Vernunft und Wirklichkeit emporgetrieben; aber er ist gleichzeitig der Individualität entschiedener und einseitiger entgegengekommen, als es bis dahin in der abendländischen Philosophie geschehen war. So unternahm er den denkwürdigen, aber unmöglichen Versuch, die beiden Prinzipien restlos zu verschmelzen in einer mächtigen Synthese. Die geistige Bewegung des Abendlandes drängte auf dieses letzte, verwegenste Experiment. Mit ihm erreichte die Metaphysik ihre schwindelnde Höhe, einen Weg vorwärts gab es für sie von da aus nicht mehr, ihr Ende war gekommen, wie Hegel selber wußte. Und er persönlich hat gleichzeitig auch den Erben, den empirischen Wissenschaften vorgearbeitet, indem er — mit Wirklichkeitssinn begabt — die Fülle der individuellen Erscheinungen liebevoll studierte und gewaltigere Stoffmassen in Bewegung setzte, als es jemals ein Metaphysiker getan hatte. In dieser Doppelstellung liegt seine geschichtliche Bedeutung. Er brachte die deutsche klassische Philosophie zum Abschluß und nahm doch zugleich die wichtigsten geistigen Entwicklungen des kommenden Jahrhunderts vorweg.

Hegel hat alle in seiner Zeit liegenden geistigen Ströme — die abendländische Aufklärung, die deutsche Klassik, die Romantik — in sich aufgenommen und aus ihnen sein Gedankengebäude aufgetürmt. Die Geschichte seiner Jugend berichtet in ergreifender Weise von dem Ringen eines starken Geistes mit den unabsehbaren Anregungen einer zur höchsten Lebendigkeit erwachten Zeit. Alles hat er an sich herangezogen und sich innerlich einverleibt — als Tübinger Stiftler, als Hauslehrer in Bern und Frankfurt, als Privatdozent in der Romantikerstadt Jena, wo er die Auseinandersetzung mit Fichte und Schelling vollzog und mit seiner „Phänomenologie des Geistes“ 1807 die Grundlage des eigenen Systems legte, das er dann als Gymnasialdirektor in Nürnberg mit seiner „Logik“ vollendete. Im Kerne seines Wesens ist er immer Rationalist geblieben; sein System will die Welt begrifflich erfassen, vernunftgemäß deuten. So kam er dazu, die Einheit von Denken und Sein zu lehren. Wenn die Philosophen der Aufklärung sich damit begnügt hatten, zu zeigen, was die Welt sein soll, und wenig Interesse dafür hatten, wie die Welt in Wirklichkeit ist, so war Hegels Sinn auf beides gerichtet. In der Vorrede zu seiner „Rechtsphilosophie“ hat er seinen Glauben in die berühmt gewordene Formel zusammengedrängt: „Was vernünftig ist, das ist wirklich; und was wirklich ist, das ist vernünftig.“ Alles ist Geist! Diese Philosophie ist der folgerichtigste Monismus, der je gedacht worden ist: in der kurzen Spanne weniger Jahrzehnte hatte das deutsche Denken den Weg von Kants entschiedenem Dualismus über Fichte und Schelling bis in die entgegengesetzte Position durchmessen und war wieder beim Pantheismus angelangt, den zuletzt Spinoza vertreten hatte. Aber Hegel war nicht umsonst durch die Schule der deutschen Klassiker und durch die Romantik hindurchgegangen: ihn beunruhigte die Frage, wie vor der allmächtigen Weltvernunft die Freiheit des Individuums bestehen könne. Es wurde das Problem seines Philosophierens, wie das Einzelne aus dem Allgemeinen entsteht und wieviel es an allgemeiner Vernunft enthalte. Die Romantik gab ihm den Schlüssel mit dem ihr ganzes Denken durchziehenden Begriff des Werdens, der organischen Entwicklung. So konnte er es unternehmen, in den extremsten Spiritualismus doch noch das Individuelle einzubeziehen: alles in Natur und Leben ist eine bewußte und vernünftige Entfaltung, die Vernunft ist nicht unmittelbar zu sehen, sie offenbart sich in unzähligen Dingen und entfaltet sich in ihnen zu immer höherer Deutlichkeit. Indem er den Pantheismus Spinozas mit der letzten Endes auf Aristoteles zurückgehenden Lehre von der organischen Entwicklung alles Seienden verband — mit einer Lehre also, die, wie Hegel ausdrücklich betont, zu Spinozas Metaphysik der absoluten Substanz in direktem Gegensatz steht —, vermochte er die Welt des Endlichen und Mannigfaltigen als eine Einheit zu denken: „geprägte Form, die lebend sich entwickelt“. Die Welt ist für Hegel die Erscheinung des Geistes, der in einem Entwicklungsprozeß seinen eigenen Inhalt in die Gestalten des Weltlebens auseinanderlegt, und die Philosophie hat dieses Reich der Formen als die Momente einer einheitlichen Entwicklung zu erfassen.

So wollte Hegel das Sein als notwendige Selbstentfaltung des

Geistes begreifen, indem jedes Glied mit eigener Seele ausgestattet, also eigenwertig ist, aber nie ohne Zusammenhang mit allen andern Momenten des Ganzen steht. Das Seiende ist immer rational! Aber der Satz hat bei Hegel auch seine Umkehrung: was nicht vernünftig ist, hat keine wahre und feste Realität, kann nicht bleiben und wirken. Was wirklich ist, das ist vernünftig — weil die Vernunft in allem Zeitlichen gegenwärtig ist; und was vernünftig ist, das ist — denn die Philosophie will kein Sollen zeichnen, sondern die Wirklichkeit erfassen in ihrem Werden. Da Begriff und Sein identisch sind, also das in den Begriffen sich offenbarende Allgemeine das Wesen der Welt ausmacht, vollzieht sich die Entwicklung in den Formen der Logik, in der dialektischen Trias von These, Antithese und Synthese. Denn der Begriff für sich ist inhaltlos, leer, er gewinnt Leben erst durch sein Gegenteil, beide zusammen aber geben die Einheit: diese ist die Synthese der Gegensätze, sie ist Bewegung, Entwicklung aus den Gegensätzen — da „wird" das Neue! Der Satz vom Widerspruch gilt nur für das als tot betrachtete Sein, die Gegensätze gehen ineinander über in der Bewegung des Werdens. Das Gute ist nicht bestimmbar, wenn sein Gegenteil nicht dabei ist, das Rationale ist ohne das Reale nicht faßbar. Aus dem Denken der Gegensätze und der Überwindung des Dualismus wird das Verständnis der Wirklichkeit als Entwicklung hergeleitet. Die Logik des wissenschaftlichen Denkens ist zugleich die wirkliche Entfaltung der Vernunft in Natur und Geschichte. Hegels System gliedert sich also in die Logik, die Philosophie der Natur und die Philosophie des Geistes.

Hegel hat diese dialektische Entfaltung der Vernunft enzyklopädisch ausgeführt, also daß fast kein Bereich des Lebens von ihm unbeachtet gelassen wurde: er gleicht hierin durchaus dem Aristoteles, dem Philosophen der griechischen Spätzeit. Viele Ausarbeitungen sind nur als Vorlesungen ans Licht getreten, als Niederschriften seiner Schüler in Berlin. Seine Naturphilosophie ist wirkungslos geblieben, wie so viele andere naturphilosophische Spekulationen, die man der Romantik verdankte, obwohl er selbst mit diesen durchaus nicht verwechselt werden wollte: er wollte ja die Welt der Erscheinungen aus der bloßen Idee, dem Begriffe des Seins entwickeln. Die siegende empirische Naturwissenschaft schritt darüber hinweg. Auch seiner Geschichtsphilosophie blieb das gleiche Los nicht erspart, indem die sich entwickelnde, kritische und empirische Geschichtswissenschaft den Sieg davontrug. Mit dem Inhalt ist dann auch das Wort „Geschichtsphilosophie" den Historikern verdächtig geworden; es ist von Hegel gebildet worden entsprechend dem von Schelling geprägten Worte „Naturphilosophie". Wie diese die Beziehungen zwischen Natur und Weltanschauung, so sollte jene die Beziehungen zwischen Geschichte und Weltauffassung klären, also die Geschichte für die Erkenntnis von Sinn und Wert des Lebens benützen. Hier war Hegel an seinem Platze, denn er kam nicht wie die Begründer der neueren Philosophie im 17. Jahrhundert von der Naturwissenschaft, sondern von der Theologie und Philologie aus zu seinen Studien. Seine Geschichtsphilosophie enthält unabhängig von ihrer metaphysischen Grundlage so viele, folgenreiche Gedanken und war mit seiner Rechtsphilosophie, seiner Ästhetik und seiner Religionsphilosophie durch so viele gemeinsame und fruchtbare Ideen verbunden, daß Hegel über alle wissenschaftlichen Auseinandersetzungen hinweg mit diesem Teile seines Werkes ganz unmittelbar auf das Leben gewirkt hat und im 20. Jahrhundert eine weltgeschichtlich bedeutsame Wiedergeburt hat feiern können.

Wenn das Wesen der Welt sich im Werden entfaltet, so ist es am deutlichsten in der Geschichte zu erkennen, und wenn das Seiende vernünftig ist, so hört die Geschichte auf, als eine Trübung oder Verneinung des Rationalen betrachtet zu werden, wie dies die Aufklärung gewohnt war. So brachte Hegel eine neue, höhere Bewertung der Geschichte, er steht am Eingange eines Jahrhunderts, das sich mit besonderer Vorliebe den historischen Studien zugewendet und sich unter die Herrschaft des geschichtlichen Denkens gebeugt hat. Die Weltgeschichte, so heißt es bei Hegel, ist „die Auslegung des Geistes in der Zeit, wie sich im Raume die Idee als Natur auslegt". Es gehört zum Wesen des Geistes, nicht zu ruhen, von jeder Position zu ihrem eigenen Gegenteil fortzuschreiten und von hier aus der Einheit eben dieses Gegenteiles mit der ursprünglichen Position gewahr zu werden. Also ist die Weltgeschichte die Darstellung des Geistes, wie er sich das Wissen dessen, was er an sich ist, erarbeitet — zum Bewußtsein seiner selbst, zu seiner Freiheit gelangt: die Weltgeschichte ist der Fortschritt im Bewußtsein der Freiheit! Es ist die alte teleologische Geschichtsbetrachtung, der optimistische Fortschrittsglaube, wie er dem abendländischen Denken seit der Renaissance und der Aufklärung geläufig war: durch die Widersprüche hindurch klärt sich der vorhandene Vernunftgehalt immer mehr und nähert sich der Wahrheit. Hier spricht die zuversichtliche Überzeugung, daß der gute und vernünftige Wille über die Wirrnisse des Daseins siegt. Aber Hegel sieht in den Gegensätzen und Kämpfen nicht nur Not und Gemeinheit, sondern das eigentliche historische Leben: das historische Interesse gilt nicht dem Anfang und dem Ende des geschichtlichen Prozesses, sondern gerade dem Ringen und dem sich steigernden Bewußtsein davon, der jedesmal unmittelbaren historischen Gegenwart. Denn — um es mit den Worten eines späteren Schriftstellers auszudrücken — „die Geschichte konjugiert nicht im Konditionalis, sie redet von dem, was ist und war, nicht von dem, was wäre und gewesen wäre. Wir wissen, diese Dinge sind geschehen, und da sie geschehen sind, haben sie einen Sinn; wo nicht, so müßten wir ihnen einen geben."

So suchte Hegel die Welt der geschichtlichen Gegensätze, die Individualitäten zur Anerkennung zu bringen in der Totalität des einheitlichen Weltverlaufes: jede Gegenwart ist individuell und fügt sich doch in den großen Sinn aller Entwicklung. Der Zusammenhang zwischen dem Allgemeinen und Individuellen wird ganz eng, indem jenes erst aus diesem anschaulich wird und diese Anschauung den Sinn der Geschichte ausmacht. Die Ideen sind nicht abstrakte Gebilde, sondern lebendige Kräfte; die Vernunft ist die „unendliche Macht", die „nicht so ohnmächtig ist, es nur bis zum Ideal, bis zum Sollen zu bringen". Die Idee will „sich zur Existenz bringen", ruhelos wie eine Monade, in ihr wohnt ein Trieb zur Vervollkommnung. Aber es ist doch nicht ein organisches Wachstum wie in der Natur, sondern ein unendlicher Kampf voll Bewußtsein und Wille. Der „absolute Geist" offenbart sich in unendlich vielen und mannigfaltigen Formen, in den Persönlichkeiten, in den Volksgeistern, er entfaltet sich in den objektiven Gebilden des Lebens — in Staat und Recht, Religion und Kunst, Wissenschaft und Wirtschaft; von Stufe zu Stufe schreitet der Geist seinem Ziele entgegen. Also trägt jedes Zeitalter in allen seinen wesentlichen Äußerungen gleiches Gepräge, gleiche „Tendenzen", es sind alles nur Seiten eines einzigen Bewußtseins und Willens. In diesem Stufengang lösen sich die einzelnen Volksgeister ab, jedem Volke ist seine bestimmte Aufgabe und seine Zeit zugewiesen. Die Idee oder Tendenz der Entwicklung treibt sich in allen Taten und Richtungen des Volkes hervor bis zu ihrer vollsten Realisierung, zum Gedanken ihrer selbst. So hat der griechische Geist sich selbst vorstellend und denkend erfaßt in Sophokles, Aristophanes, Thukydides, Plato. Hat der Geist erreicht, was er will, dann lebt er ohne Schöpferkraft weiter, im Genusse seiner selbst, bis zum Tode: die Uhr ist aufgezogen und läuft ab. Die höchste Vollbringung ist also zugleich der Untergang und das Hervortreten eines andern welthistorischen Volkes, einer andern Epoche der Weltgeschichte.

Aber — „die Frucht fällt nicht in den Schoß des Volkes zurück, das sie geboren". Auch hier zeigt sich der Unterschied zwischen der organischen und der geistigen Entfaltung; die Lehre vom Kreislaufe des historischen Lebens, die Vico und Montesquieu ausgebildet hatten, lehnt Hegel ab. Denn „es fehlt nicht an lachenden Erben an den Sterbebetten der Weltgeschichte". So ist die Geschichte eine Einheit, eine Kontinuität, die sich mit Notwendigkeit vollzieht — ein lebendiger Fortschritt. Überall in der Vergangenheit hat man es mit Gegenwärtigem zu tun, und die gegenwärtige Gestalt des Geistes umfaßt alle früheren Stufen in sich.

Dies ist die „idealistische Geschichtsauffassung" Hegels, seine „historische Ideenlehre". Sie besteht also nicht darin, daß den geschichtlichen Gestalten mit Vorliebe ideale Motive unterstellt werden: erst liberale Gelehrte von geringerem Range — wie Ernst Curtius — haben im 19. Jahrhundert die Wissenschaft durch den „Idealismus" ersetzt. Hegel suchte die Ideen im platonischen Sinne, die „innere leitende Seele der Begebenheiten und Taten". Ihm blieb der Gedanke ferne, daß sich die Einheit eines Zeitalters oder der Wandel der Zeiten aus äußern Gründen erklären lasse. Aber es lag im Wesen des Monismus, daß er sich leicht umdrehen ließ, dialektisch von der einen in die andere Position umschlug und also nicht mehr das Sein aus der Idee, sondern die Ideen aus dem Sein erklärt wurden: so hat nachher Karl Marx die Hegelsche Philosophie „von dem Kopfe, auf dem sie gestanden, wiederum auf die Beine gestellt", wie er selbst seine historische Funktion gekennzeichnet hat. Hegels Ideenlehre bleibt denkwürdig als der erste Versuch in nachmittelalterlicher Zeit, die Weltgeschichte dynamisch aufzufassen, sie als eine einheitliche Entfaltung darzustellen. Die Polymathie des Barock hatte nur Tatsachen zusammengehäuft, die Aufklärung war im Pragmatismus verblieben, hatte also das Individuelle noch nicht als Teil umfassender Totalitäten begriffen; die Romantik war über gelegentliche Parallelen mit der organischen Natur nicht hinausgekommen. Hegel vertrat den Gedanken, daß Persönlichkeit und Gemeinschaft sich synthetisch im „objektiven Geiste" treffen, der das „sittliche Leben eines Volkes" und zugleich das „Individuum, das eine Welt ist", in sich schließt. Hegel zeigte also, daß der Einzelne erst an den geschichtlichen Werten der Gemeinschaft zur sittlichen Persönlichkeit wird, daß alles Individuelle und Beschränkte unwirklich ist ohne das Allgemeine und Unbeschränkte, daß alles Zeitliche vor einem Ewigen steht. So hat er Verständnis geweckt für die objektiven Zusammenhänge, die über alles Sonderleben hinweggehen. Für Wissenschaft und Leben blieb dieser Gedanke unverlierbar. Hegel regte die Geschichtsschreibung an, den historischen Verlauf und die ihn beherrschenden geistigen Mächte im Großen zu begreifen, die geschichtliche Entwicklung in ihrer innern Einheit zu erfassen. Bis auf den heutigen Tag arbeiten wir mit den aus seiner Dialektik stammenden Begriffen der Kontinuität, der historischen Notwendigkeit, der Entwicklungstendenzen, des Umschlagens der geschichtlichen Entwicklung in ihr Gegenteil. Hegel hat dem geschichtlichen Sinn neben der herrschenden Spekulation einen Platz erkämpft, da er in allem Leben das Werden sah und nicht ein abstraktes Vernunftideal annahm, sondern konkrete Volksgeister, die sich im Werden ablösen. Sein Wirklichkeitssinn hat ihn zu einem der geistigen Väter des Realismus, der Sachlichkeit, der Objektivität gemacht — des bloßen „Zusehens", wie er es auszudrücken liebte. Und alle das Leben zersetzenden Wirkungen dieser Sachlichkeit sind, wie noch zu zeigen sein wird, bei ihm vorgebildet.

Dabei war Hegels Realismus in wissenschaftlicher Hinsicht doch nur eine Vorahnung kommender Einsichten: die Freiheit und Vielgestaltigkeit der geschichtlichen Welt war vom Monismus aus niemals zu verstehen. Hegel hat das Individuelle, das Besondere immer wieder berücksichtigt und studiert, er hat die großen Männer der Geschichte gepriesen, Cäsar und Napoleon bewundert, er hat Staaten und Völker als geistige Individualitäten erfaßt: aber es war kein frohes „Schwelgen im Reichtum der Jahrhunderte", das erste Interesse des Philosophen gehörte der Weltvernunft, die mit innerer Notwendigkeit ihre Bahn zieht, während die Freiheit des Willens problematisch bleibt. Zwischen der Freiheit des Einzelnen und der Notwendigkeit der Geschichte besteht für Hegel eine prästabilierte Harmonie: der Einzelne glaubt, seinen eigenen Leidenschaften zu dienen, in Wahrheit wird er „von der Idee überlistet". Dies kommt am klarsten zum Ausdruck in Hegels Definition des Genies: bei der großen weltgeschichtlichen Persönlichkeit fallen die partikularen Interessen mit den Interessen des Weltgeistes zusammen. So war Cäsars persönlicher Zweck — die Diktatur — zugleich die notwendige Bestimmung der Geschichte, die seit den Tagen der Gracchen unverkennbar war. Dies eben unterscheidet den großen Mann von dem Ideologen und Abenteurer, daß in ihm die Einheit des Rationalen und Realen besteht. Nicht irgend eine persönliche, große oder kleine Neigung bringt den Gang der Geschichte; sondern die Geschichte wird gemacht von den Menschen, die das Richtige und Notwendige gewollt und vollbracht haben. Die Rationalisierung des Werdens schließt also keineswegs alles Irrationale aus, und so kommt Hegel zu dem berühmten Satze, daß „nichts in der Welt geschieht ohne große Leidenschaft“. Aber es ist die „List der Vernunft“, daß sie die partikularen Zwecke für sich wirken läßt. Persönlichkeiten oder Volksgeister sind nur dann welthistorisch, wenn sie ein allgemeines Prinzip in sich tragen: indem sie sich ausleben, stehen sie nur im Dienste der sich realisierenden Vernunft. Hegels Begeisterung für die großen Männer hat also nichts mit dem Heroenkultus zu tun, wie ihn nachher Carlyle gepredigt hat und der vor dem geschichtlichen Denken nicht bestehen kann. Hegel will aber anderseits auch nichts von psychologischer oder soziologischer Zergliederung wissen, denn „für einen Kammerdiener gibt es keinen Helden“. Der Biograph soll die weltgeschichtliche Funktion seines Objektes erfassen und darstellen. Die großen Gestalten der Geschichte sind doch nur „Geschäftsführer“ oder „Vehikel“ des Weltgeistes. Wenn sie ihre Leistung vollbracht haben, werden sie fortgeworfen „wie leere Hülsen“. So hat Hegel die Aufgabe, die er sich gestellt hatte — dem Einzelnen Eigenwert zu geben und doch die allgemeine Weltvernunft anzuerkennen — nicht lösen können, weil er den Dualismus aufheben wollte: die wirkliche Welt ist nun einmal nicht vernünftig. Schließlich kam es doch darauf hinaus, daß nach Willkür und Bedarf der Akzent bald auf die allgemeine Vernunft, bald auf die individuelle Erscheinung gelegt wurde: so steht Hegel auf der Grenzscheide des 18. und des 19. Jahrhunderts. Aber er gehört doch noch mehr jenem als diesem an. Sein Trieb zum Allgemeinen, zur rationalen Einheit erwies sich als die stärkere Kraft, und so sah er sich doch schließlich immer wieder gezwungen, der Vernunft die Funktion eines „Direktors der Marionetten“ zu übertragen, wie man treffend gesagt hat. Er beraubte sich der Möglichkeit, die Autonomie der einzelnen geistigen Bereiche anzuerkennen.

Den Weg zur empirischen Forschung hatte er sich hiermit doch wieder verbaut; er hat durch die dialektische Methode das ungeheure Reich der Empirie seinen Formeln dienstbar gemacht. Sein Wirklichkeitssinn fand eine Schranke an seinem konstruktiven Denken. Er hat die emporkommende kritische Wissenschaft mit Spott und Abneigung betrachtet, und er hat dabei das Verdienst, daß er in einer Zeit, da die Scholastik den meisten Gelehrten unbekannt blieb und nur in katholischen Kreisen gepflegt wurde, als lebendige Mahnung wirkte und ein frühzeitiges Abgleiten in enges Spezialistentum verhindert hat. Er hat den universalistischen

Geist des 18. Jahrhunderts vertieft durch seine historische Dynamik und ihn hinübergerettet in eine Zeit, die durch das Erwachen des nationalen Sinnes und durch den Zwang zur wissenschaftlichen Arbeitsteilung der Beschränkung zuneigte; er hat ein Gesamtbild des geschichtlichen Lebens zu entwerfen gewagt, eine Sinngebung der historischen Tatsachen. Die Aufgabe des Geschichtsschreibers hat er mit vorbildlicher Tiefe und Weite gesehen, wenn er forderte, die einzelnen Erscheinungen in ihrer Besonderheit zu erfassen und sie zugleich als Momente einer einheitlichen Entwicklung zu begreifen. Aber um dies leisten zu können, mußte der Geschichtsschreiber mit dem großen Gang der Vernunft vertraut sein — „genau wie Kepler mit Ellipsen, Kuben, Quadraten a priori vertraut sein mußte, ehe er aus den empirischen Daten seine Gesetze finden konnte: ist er unwissend in diesen Elementarbestimmungen, so kann er seine Gesetze nicht erkennen, und wenn er den Himmel noch so lange ansieht". Hiermit wollte Hegel ein Mittel gefunden haben, aus der Fülle des Geschehens das Wesentliche vom Unwesentlichen zu scheiden. Er wollte dabei nicht etwa nur abkürzen und übersichtlicher machen, sondern die Methode ergab sich aus seinem System: die Geschichte, sagte er, hat es nur mit dem Substantiellen zu tun. Aber durch solche Auswahl „aus der Idee, die man mitbringt", war die Entscheidung eben doch zu Gunsten des Allgemeinen getroffen: ungelöst blieb das Problem, dem Allgemeinen wie dem Individuellen in gleicher Weise gerecht zu werden. Da er die historischen Erscheinungen zu begreifen suchte, zerbrach ihm, wie noch zu zeigen sein wird, die Wertidee zwischen den Händen, und da er die Geschichte als die Entfaltung eines letzten, überhistorischen Wertes begriff und nur so zu einer Scheidung des Wesentlichen und des Unwesentlichen gelangen konnte, hielten ihm die von der Wertidee sich lösenden, exakten Naturforscher und Historiker entgegen, daß die Wirklichkeit weder Kern noch Schale, sondern aus einem Gusse sei und daß also die Unterscheidung von notwendigen Tatsachen und überflüssigen Äußerlichkeiten nur relativ möglich sei, im Hinblick auf Zweck, Tun, Thema. Hegel aber traf seine Auswahl auf deduktivem Wege. Was in das Schema der dialektischen Entfaltung nicht hineinpaßte, schied als unwesentlich aus: „es gibt Jahrhunderte und Kontinente, die der Historie nichts zu sagen haben". Das Schweifen der Romantik in die Weite der Weltliteratur blieb von ihm doch schließlich ungenutzt, der Orient war ihm nur Vorstufe. Er reduzierte den Reichtum des geschichtlichen Lebens auf wenige, erstaunlich wenige Gipfelpunkte — auf eine Reihenlinie im Rahmen der Mittelmeerkultur, auf welcher er den Sinn der Geschichte in steigender Klarheit sichtbar werden sah. Dies waren die „Momente", wo die Idee „mit besonderer Vehemenz zum Durchbruch kommt". Seine gewalttätige Natur erleichterte ihm solches Verfahren: seine wissenschaftliche Entscheidung war auch im Persönlichen begründet, er war zum Historiker nicht geschaffen. In dieser Weise hat er auch die Geschichte der Philosophie geschrieben, überall die Dinge zurechtrückend, wenn die historischen Vorgänge mit den logischen Kategorien nicht stimmen wollten. Es war der Gedanke, daß auch die Geschichte der Philosophie von notwendigen Gesetzen beherrscht werde, daß somit die Entwicklung des Erkennens mit den Gesetzen der Erkenntnis selbst zusammenfallen müsse. Denn — „die Taten der Philosophie sind keine Abenteuer, in der Bewegung des denkenden Geistes geht es vernünftig zu".

So hat Hegel, nachdem er durch einige seiner Lehren der Geschichte erhöhte Bedeutung verliehen hatte, doch wieder den Wert der Geschichte aufgehoben. Er hatte den Freiheitsbegriff einengen oder umdrehen müssen, um ihn verwenden zu können. Die Freiheit ist ihm der Einklang des Allgemeinen mit dem Besondern — also daß die partikulare Bestimmtheit des Charakters sich deckt mit den allgemeinen Interessen. Diese Synthese des Einzelnen und Allgemeinen vollendet sich für Hegel im Staate: der Staat ist die höchste der vielen Formen, in denen sich die Vernunft offenbart. Wenn für Rousseaus Naturrecht die sittliche Freiheit ein Geschenk der Natur war, so war sie für Hegel ein Ergebnis der geschichtlichen Entwicklung; wenn Rousseau zum Paradiese zurückführen wollte, so sprach Hegel nur wegwerfend vom „Tiergarten der Menschheit". Erst wo der Staat beginnt, da beginnt für Hegel die Geschichte, und in der Entwicklung des Staates erfüllt sie ihren Sinn. In der Familie ist das Band nur naturhaft, in der Gesellschaft nur wirtschaftlich, des Staates Wesen aber ist die Einheit des allgemeinen Willens und des subjektiven: dies ist die sittliche Freiheit. Der Staat ist also für Hegel die Verwirklichung der sittlichen Idee, die sichtbar gewordene Vernunft, der in die Erscheinung getretene objektive Geist, ein Irdisch-Göttliches; in unzähligen, immer neuen Wendungen hat Hegel den Staat gefeiert, ihn über alle andern Gemeinschaftsformen hinausgehoben. Er hat die in der abendländischen Entwicklung begründete Trennung des Staates von der Person des Souveräns theoretisch vollendet und dem Staat als solchem die Souveränität zugesprochen, da in ihm „die Vernünftigkeit wirklich vorhanden ist"; die staatliche Bürokratie ist ihm die Trägerin der höchsten Einsicht. Eine Grenze für die Wirksamkeit des Staates gibt es daher grundsätzlich nicht: „allen Wert, den der Mensch hat, alle geistige Wirklichkeit hat er allein durch den Staat".

Diesem Ideale war in der Welt der Geschichte bis dahin der lutherische Territorialstaat am nächsten gekommen. Hegel war von der weltgeschichtlichen Rolle der Reformation aufs tiefste überzeugt, die protestantische und die deutsche Sendung war ihm ein und dasselbe. Wie der einseitige Spiritualismus seiner Philosophie nur auf protestantischem Boden erwachsen konnte, so hat dieser Denker die Reformation verherrlicht als die wichtigste Stufe in der Entwicklung der Weltvernunft zu der sich im Staate verwirklichenden Freiheit. Fichte war hierin vorangegangen, während Aufklärung und Romantik über den Mönch von Wittenberg ganz anders gedacht hatten; und mehr noch als für Fichte steht dabei für Hegel das politische Ergebnis der Kirchentrennung voran. Denn das Entstehen von Kirchen an Stelle der einen Kirche der alten christlichen Gemeinschaft ist die Voraussetzung für die Allmacht des Staates; erst die räumliche Begrenztheit, die dem mittelalterlichen Imperium fehlte, ermöglichte die Souveränität des Staates. Der Protestantismus, betont Hegel mit Recht, hat sich den ihm gemäßen Staat geschaffen, in welchem zwischen Religion und Staatsgebot kein Zwiespalt obwalten kann. Es ist eine „Obrigkeitsreligion"; nicht das Volk, sondern die Fürsten und städtischen Magistrate hatten die Augsburger Konfession unterschrieben und im Augsburger Religionsfrieden Bekenntnisfreiheit erhalten. Mit der katholischen Religion aber ist nach Hegels Meinung „keine vernünftige Verfassung möglich".

Alle Folgerungen, die der moderne Intellektualismus schon durch Hobbes zu Gunsten der staatlichen Allmacht gezogen hatte, finden sich auch bei Hegel wieder. Der Staat als der „Wissende" steht über dem „Glauben" der Religion; Toleranz ist eine „verbrecherische Schwäche". Dies alles waren Sätze, die auch für viele Protestanten unannehmbar waren: Schleiermacher sah voraus, daß die Seele ersticken mußte unter der Herrschaft dieses Intellektualismus, der sich mit der Staatsmacht gleichsetzte. Bei Hegel war der deutsche lutherische Obrigkeitsbegriff zur moralischen Autonomie des Staates gesteigert und diese als eine höhere Art der Sittlichkeit gepriesen. So hat Hegel den deutschen „Kulturstaat", die staatliche Erziehungsdiktatur und den expansiven Staatszweck gelehrt und gemeinsam mit Fichte diese Auffassung sowohl dem Nationalismus wie dem Sozialismus überliefert, die beide im späteren 19. Jahrhundert sich dadurch stärken konnten. Dazu kam dann noch die von der Romantik übernommene Anschauung von der „Staatspersönlichkeit“ und nicht zuletzt noch Hegels Ehrfurcht vor den — wenn auch noch so brutalen — Tatsachen. Hinter allem diesem aber stand der Monismus, der keine Trennung von Gut und Böse zuließ und also keine Ethik entwickeln konnte, wie sehr auch der Philosoph sich bemühte, das Unvereinbarliche zu verbinden und einen „Wertmonismus“ zu konstruieren. Es blieb alsdann nur übrig, willkürlich historische Gebilde als hervorragende Offenbarungen der Vernunft auszuzeichnen und eine Wertskala aufzustellen, an deren Spitze die wichtigste historische Erscheinung, der Staat, kam: Monismus und organische Staatslehre haben im deutschen Leben den Begriff des Machtstaates entwickelt. Mit gewissenhaftem Ernste hat Hegel die Vernunft in der Welt bis in das Einzelne hinein zu verstehen und herauszuarbeiten gestrebt: die Werte sollten von der Vernunft nicht gesetzgebend erzeugt, sondern gesucht und verstanden werden. Aber die gewaltsame Zusammenfügung entgegengesetzter Motive führte doch aus der Einheit von Vernunft und Sein ganz unmittelbar zu einer Philosophie des Willens und der Tat. So deutlich auch der Unterschied zwischen der dialektischen und der organischen Auffassung des geschichtlichen Lebens ist und so entschieden Hegel den Volksgeist nur als Mittel, den Staat aber als Vollendung aufgefaßt hat, so brachte es seine eigentümliche Doppelstellung doch mit sich, daß er den Staat auch als Individualität erfaßte, die sich auswirken muß wie jedes andere „Ich“. Da aber sein Monismus dazu führte, daß gut ist, was im jeweiligen Stadium des dialektischen Prozesses das Vernünftig-Wirkliche ist, so wurde Hegel der Vater des modernen Relativismus, der also zuerst bei der Betrachtung der politischen Dinge, als Rechtsrelativismus zur Welt gekommen ist: das Recht ist Erzeugnis des Staates, nicht sein Herr, und der jeweils stärkste Staat hat das Recht des Weltgeistes für sich. Gegen dieses sein absolutes Recht, Träger der gegenwärtigen Stufe zu sein, sind die Geister der andern Völker rechtlos. Also gibt es für Hegel weder ein Natur- noch ein Völkerrecht. Seine Lehre lehnt die Vorstellung vom Staatsvertrag ebenso ab wie den Patrimonialstaat Hallers, beide haben Begriffe des Privatrechtes „in eine Sphäre übertragen, die von ganz anderer und höherer Natur ist“. So in sich geschlossen empfand Hegel seinen Staatsgedanken, daß er mit ihm nach den entgegengesetztesten Seiten gleichzeitig sich wandte — gegen Rousseau und gegen Haller. Durch die Rousseau-Stimmung war auch er in den brausenden Tübinger Jugendjahren hindurchgegangen, Haller aber konnte er kontrollieren, denn er war einst gerade in Bern Hauslehrer gewesen und hatte die aristokratische Regierung aus der Nähe gesehen, von unten her beobachtet; hier war der Staat Besitztum der einzelnen berechtigten Familien. Es gibt in der Tat keinen größeren Gegensatz als zwischen Haller und Hegel, den beiden Staatstheoretikern der Restaurationszeit. Der Staat ist nach Hegels Überzeugung vor dem Einzelnen da, er lebt kraft eigenen Rechtes. Eine internationale Gemeinschaft wird durch Hegel unmöglich gemacht, ein „ewiger Friede" ist ein Phantom, das vor der Wahrheit des Lebens nicht bestehen kann. Hegels Philosophie des Krieges besagt, „daß die widersprechenden Rechte zweier Staaten gleich wahr sind, daß also ein Drittes — und das ist der Krieg — sie unmöglich machen muß, damit sie vereinigt werden können, was dadurch geschieht, daß eines dem andern weicht".

Nutzen des Staates und Recht sind immer identisch, so lautet die Gewaltlehre. Aus dem Vertrag wird ein „Fetzen Papier", wenn es nützlich erscheint. Die Pflicht des Staatsmannes ist es also, der Vernunft des Staates, der Staatsräson zu dienen und, wenn nötig, die Rücksichten der privaten Moral zurückzustellen vor den höheren Zwecken. Im Grunde hat niemand Anspruch auf private Moral, am allerwenigsten der Staatsmann. Es gibt Fälle, wo er gewissenlos handeln würde, wenn er nicht gewissenlos handelte — wenn er, um sich selbst rein zu erhalten, Staat und Volk in höchster Gefahr ließe oder um ihre Zukunft betrügen wollte. Den Schmutz der Welt verheimlicht der Philosoph durchaus nicht. Er ist weit entfernt vom vulgären Optimismus, er kennt die Wucht der „partikularen Leidenschaften", er nennt die Gewalttat beim Namen, die durch die Staatsräson gefordert ist. Vertragsbruch bleibt Vertragsbruch; Heuchelei ist unnötig geworden. Denn auch das Gemeine ist nunmehr vernünftig, es wird ertragen, weil es Durchgang zur Vernunft ist. Viele Opfer liegen auf der Straße, welche die Vernunft dahinzieht; aber „das Recht des Weltgeistes geht über alle andern Berechtigungen". Und wer überall nur die Niederträchtigkeit bemerkt und sich, wie gelegentlich Goethe, abgestoßen fühlt von der Geschichte — weil er in ihr die eintönige Wiederholung menschlichen Elendes sah und nicht weiter noch Zeugnis dafür brauchte —, für den gilt das Wort, daß es leichter ist, den Mangel an den Individuen und an der Weltleitung einzusehen als ihren wahrhaften Gehalt. Unter diesen Umständen kann freilich nur der Erfolg die Berechtigung einer Tat erweisen, wie dies schon Hegels Begriff des Genies gezeigt hat. So wird trotz aller Berufung auf den Weltgeist der Unterschied von Recht und Unrecht verwischt.

Es war die letzte Konsequenz der im Abendlande seit Jahrhunderten sich heranbildenden Autonomie des Denkens und Handelns. Hegel hat den folgereichen Versuch unternommen, den Machiavellismus einzubauen in die idealistische Philosophie und den lateinischen Staatsbegriff in die neue deutsche Individualkultur zu verpflanzen: der wirkliche Staat ist auch der vernünftige, der Geist ist in ihm Macht geworden, die Macht erhält eine geistige Begründung. Wenn Friedrich der Große noch ernst mit dem Probleme sich auseinandergesetzt hatte, das mit dem Thema Machiavellis gegeben war, und dabei keinen andern Ausweg fand, als ein geistiges Doppelleben zu führen — den „König von dem Philosophen, den anständigen Menschen von dem Politiker zu trennen", wie er selber bekannt hat —, so hieß es jetzt bei Hegel: „brandige Glieder können nicht mit Lavendelwasser geheilt werden". Immer noch war wie bei Fichte der vergängliche Staat in den Dienst des bleibenden Weltgeistes gestellt; aber da der Weltgeist sich für Hegel in dem irdischen Staate verwirklichte, war die Konsequenz unabweisbar, die Fichte noch vermieden hatte. Macht und Gewalt waren zugleich Geist und Recht. So war der Machiavellismus legitimiert: „eine solche Politik ist Moral", hat Hegel gesagt. Hiergegen ließ sich freilich mit Friedrich Schlegel einwenden, daß der große Florentiner und Lehrer der Staatsräson „mitten in dem christlichen Europa eine Politik aufstellte, als ob so etwas wie das Christentum oder überhaupt eine Gottheit und Gerechtigkeit Gottes gar nicht vorhanden wären". Wenn aber Schlegel hinzufügte, dieser Italiener der Renaissance denke ganz wie ein Römer, so hat Hegel allerdings der römischen Welt die wärmsten Sympathien entgegengebracht. Er hat dort neben den großen Vorzügen auch einen Mangel an freier Humanität festgestellt, aber es war ja nun einmal sein Schicksal, daß er die verschiedenartigsten Elemente, die der abendländische Geist aufgehäuft hatte, zusammenzwang: die Einheit von römischer Staatsräson und deutscher Humanität konnte er nicht glaubhaft machen. Den deutschen Gelehrten hat er das Vorbild gegeben, in geruhsamem und sicherem Studium, bei Spekulation und Historie sich an Machiavelli und an der Macht zu berauschen: die Ritterlichkeit, die dem Zeitalter der Vernunft eigen war, ist im Laufe des 19. Jahrhunderts allmählich verloren gegangen, die sittliche Wahrheit wurde durch Sophistik unkenntlich gemacht. Schon bei Hegel selbst ist merkwürdig der Kontrast zwischen seiner behaglichen, bürgerlichen Existenz und den aufwühlenden Tendenzen seiner Ideen. Das Gefühl für die Schwere der Verantwortung und für die geistigen Gefahren, die sich hier auftaten, hat er wohl nicht gehabt. Er liebte es nicht, viele Umstände zu machen mit der Philosophie, wie sein Gegner Schelling treffend von ihm gesagt hat. Was bei dem Menschen der Renaissance, bei Machiavelli elementar empfunden und naiv ausgesprochen war, wurde jetzt im 19. Jahrhundert mit philosophischen Gründen umkleidet und geheiligt, so daß nunmehr das Gewissen beruhigt war, Gewalt und Unrecht nicht mehr als solche empfunden wurden. Der Machtstaat gewann zudem noch eine unerhörte Wucht, weil Hegel — indem er die Sittlichkeit als die Einheit des individuellen und des staatlichen Willens definierte — die Untertanen ganz unmittelbar verpflichtete, das Interesse und die Macht des Staates mitzuwollen und so die organische Staatspersönlichkeit zu vollenden. Hegel kam damit dem emporkommenden Zeitalter der nationalen Demokratie entgegen, das mit der allgemeinen Wehrpflicht und der Vergesellschaftung des Geistes ungeahnte Mittel in die Hand des Staatsmannes legte, das Ethos der Massen für ihn mobil machte, den Kulturstaat in die Dienste des Machtstaates stellte. Dies alles ist bei Hegel vorgebildet. Der Staat ist Selbstzweck geworden, neben der Staatsräson gibt es keine völkischen oder persönlichen Berechtigungen, jede Individualethik ist verworfen, das Christentum und Kant zugleich verneint, die Religion zur Dienerin der Gewalt erhoben. Immer noch stand bei Hegel neben und hinter dieser Entfesselung der historischen und irdischen Kräfte die Weltvernunft, aber sie verblaßte gegenüber der Entfaltung der Machtideologie. Historismus und Relativismus waren geboren, als der Erfolg für vernünftig und sittlich erklärt wurde; die geistigen Grundlagen des Nationalismus und Imperialismus des 19. Jahrhunderts liegen für das deutsche Geistesleben an dieser Stelle.

Alle diese Gedanken und Zusammenhänge wurden im deutschen Leben schon vor Hegel vorbereitet; wir trafen manche bereits in der Romantik, manche bei Fichte. Hegel ergriff sie, verband sie mit seinem System, gab ihnen die überraschende Wendung und die letzte Formung, an ihn zuerst hat die Nachwelt angeknüpft. Aus mancherlei Anregungen und aus den Denknotwendigkeiten seiner Metaphysik ist die Lehre vom Machtstaate geboren. Sie war aber auch ein Ausfluß seiner eigenen Natur, der ein starker Machtinstinkt eigen war. Nur ein gewaltsamer Mensch konnte so wie er die bunte Vielgestaltigkeit des Lebens, die riesigen Stoffmassen der modernen Erfahrung in ein Begriffsschema fassen, und auch als Schulhaupt in Berlin hat dieser kluge und energische Schwabe die Widersacher geschlagen und seine Famuli auf die Katheder, in die Schulstuben und in die Schulratsstellen gesetzt. Er liebte die Tatmenschen, er feierte die Selbstsucht als die große Kraft des geschichtlichen Lebens, er besaß den Willen und die Fähigkeit zur Macht. So hat er seine Philosophie nach seinem Ebenbilde gestaltet. Aber auch das politische Elend seiner Zeit gebar die Sehnsucht nach einem Führer. Zuerst, da er in Jena, in Bamberg und Nürnberg lebte, bewegte sich das Denken des Philosophen im rheinbündischen Deutschland. Seine Bewunderung wandte sich dem Kaiser Napoleon zu, den er als die „Weltseele" verehrte, seit er ihn zu Jena gesehen, als der siegreiche Imperator ganz nahe am Fenster des Studierzimmers vorbeiritt, wo der Philosoph unter dem Donner der Schlacht an seinem ersten, grundlegenden Werke arbeitete. Nach den Freiheitskriegen wurde Hegel nach Berlin berufen, und seither setzte er seine Hoffnung auf Preußen.

Es ist nicht so, als ob er seine Staatslehre nach dem Vorbild oder gar den Interessen und Wünschen des preußischen Staates gemodelt hätte. Die Fundamente waren längst errichtet, bevor eine Universität Berlin gegründet wurde, sie ergaben sich aus den Voraussetzungen des Systems. Es bestand ohne Zweifel eine Wesensverwandtschaft zwischen diesem Staate und dieser Philosophie; so hat der Kultusminister Altenstein gegen den Willen der Fakultät den Gelehrten dorthin gerufen, wo allein er hingehörte — nach Berlin, in das Zentrum der Vernunft. Wenn irgend ein Staat nicht der Ausdruck einer Volksseele war, sondern die Schöpfung von Intellekt und Wille, so war es der Staat der Hohenzollern, und wenn die Bürokratie als „höchste Einsicht" definiert wurde — als Hierarchie des Wissens und Vollendung des Staatsbewußtseins —, so war kein anderer Staat so sehr Beamtenstaat wie gerade der preußische. Nirgends war die Gefühlspolitik der akademischen Jugend und der politischen Dilettanten — welche, wie Hegel spottete, das Staatsleben in den „Brei des Herzens, der Freundschaft und Begeisterung zusammengerührt" — weniger am Platze als in dieser Monarchie der harten Staatsräson. Hegels Lehre war wie wenige brauchbar, wenn es galt, den Wunsch der Zeitgenossen nach einer Volksvertretung abzuweisen: „zu wissen, was man will, und noch mehr, was der an und für sich seiende Wille, die Vernunft, will, ist die Frucht tiefer Erkenntnis und Einsicht, welches eben nicht die Sache des Volkes ist". Die Hegelsche Lehre von Macht- und Kulturstaat war von ihrem Schöpfer deduktiv entwickelt und im Studium des römischen Staates, in der

Gewöhnung des lutherischen Territoriums erhärtet: aber nicht mit Unrecht konnte später der Liberalismus in seinem Kampfe gegen die altpreußische Bürokratie spötteln, in der Hegelschen Rechtsphilosophie habe „das schöne Standbild des antiken Staates einen schwarz-weißen Anstrich bekommen". Die Philosophie leistete die kleinlichsten Bütteldienste. Friedrich Wilhelm III., dem sonst bedeutende Männer unbehaglich waren, ist mit Hegel gut ausgekommen. Dieser akademische Lehrer stand stets auf der Seite des Ministeriums, auch in den Konflikten um die Lehrfreiheit, und er hat durch diesen Bund mit der Regierung sich die Waffen geschärft im Kampfe gegen seine Gegner, gegen Rezensenten und unvorsichtige Privatdozenten. Auch gegen seinen schwäbischen Landsmann Ludwig Uhland ist er aufgetreten, als dieser mit der württembergischen Regierung den Kampf ums „alte, gute Recht" führte, und er ging sicherlich nicht fehl, wenn er hier ein Beispiel sah, wie unvernünftige und veraltete Dinge kein wahres Leben mehr besitzen, keine Realität haben. Vieles von dem, was das preußische Königtum und Beamtentum und der preußische Adel sich wünschen konnten, war von Hegel vorgetragen — die Ablehnung des individualistischen Naturrechtes, die antirevolutionäre Auslegung des Volksgeistes, die Lehre von der Staatspersönlichkeit und vom Machtstaat, das monarchische Prinzip, die Freiheit, die nicht im individuellen Denken, sondern in der Erfüllung mit dem Willen der Obrigkeit besteht: deutscher Geist und preußische Zucht sind ein Ehepaar, so ist es im 19. Jahrhundert mit zahllosen Stimmen von Professoren und Festrednern wiederholt worden. Es war eine Synthese von Weimar und Potsdam, die neben Wilhelm von Humboldts ältere und feinere Lösung trat. Gewaltsam und robust war auch hier Hegel verfahren. Einstweilen freilich war diese idealistisch begründete Machtlehre noch nicht an der Zeit, sie ist zur vollen Reife überhaupt erst gegen Ende des Jahrhunderts gekommen. Man wollte in der Ära der Restauration keine lauten Rufer; man wußte nicht, wohin dies alles führen werde. Daß das allgemeine Aufgebot des Willens auch sehr unerwünschte Folgen haben konnte, hatten die Freiheitskriege von 1813 gelehrt, sobald die Freiwilligen in die Heimat zurückgekehrt waren.

Und doch entsprach die Grundstimmung dieser Philosophie sehr wohl dem Geiste der Restauration, wie unzeitgemäß und durchaus preußisch Hegels Staatsbegriff im tiefsten Grunde auch sein mochte. Der Philosoph des Pantheismus dachte keineswegs daran, mit den Mitteln der Dialektik eine Zukunft zu konstruieren. Wenn ihm das Ziel der Weltgeschichte war, daß der Geist zum Bewußtsein seiner selbst gelangt, so erhob seine Philosophie den Anspruch, diese Vollendung und Erfüllung zu geben und den Sinn des ganzen Weltgeschehens zu enthüllen. Hegel begab sich auf den Standpunkt der prinzipiell vollendeten Entwicklung. Dies geschah gewiß auch aus dem methodischen Zwange heraus, daß nur so die Stufen der Selbstverwirklichung der Vernunft nachgezeichnet werden konnten: wie die organische, so kann auch die dialektische Entwicklung erst aus dem Ergebnis begriffen werden, und beide Betrachtungsarten deckten sich zudem mit der Stimmung des Zeitalters. Hegel lebte im richtigen Gefühle, einer Spätkultur anzugehören, einer Zeit des Abschlusses und Begreifens, die zum Handeln nicht berufen war: „erst in der Dämmerung der Geschichte beginnt die Eule der Minerva ihren Flug". Aus diesem Chiliasmus erklärt sich sein Systemwille, der eben das „letzte, dauernde Gefäß des Geistes" zu schaffen sich vermaß, hier wurzelt der geistige Hochmut des deutschen bürgerlichen Professors, das überhebliche Bewußtsein, selbst der überlegene Intellekt zu sein, der törichte Glaube, die letzte und höchste Stufe der geistigen Entwicklung des Menschengeschlechtes erklommen zu haben. Hieraus ergab sich aber auch sein Quietismus: die Zeit des schaffenden Handelns schien vorbei zu sein, die Zeit des Begreifens war gekommen! Schon bei Machiavelli las man, daß im Laufe der Jahrhunderte die Wissenschaften nach den Waffen und die Feldherren vor den Philosophen kämen: nach zwanzigjährigem Kriegslärm war nun die Blüte des wissenschaftlichen Lebens aufgegangen, die Zeit gehörte dem Begreifen des Gewesenen, sie wollte nichts wissen vom Schaffen des Kommenden. So wurde der Mann, der sich einst der Französischen Revolution verwandt gefühlt hatte — weil auch sie die Welt aus dem Gedanken heraus erbauen wollte — und der von der individualistischen Romantik die Anregungen für ein höchst aktives Leben empfangen hatte, zum Wortführer der Reaktion, ohne daß er persönliche Konzessionen gemacht hätte, ganz aus den Schicksalen des Denkens heraus. Einheitlich jedoch und unverändert blieb die pantheistische Grundlage des Systems. Es ist begreiflich, daß es den protestantisch-konservativen Kreisen Preußens angenehm war, als seit den 30er Jahren mit Stahl ein Theoretiker auftrat, der die Staatslehre Hegels mit dem Christentum zu versöhnen unternahm. Der Monismus war auf die Dauer für die Machthaber peinlich; er stellte nicht nur die Machtpolitik grell und schleierlos dahin und konnte sich in gefährlicher Weise mit der nationalen und der demokratischen Bewegung verbinden, sondern er warf auch Gedanken auf, die an den Säulen von Staat und Gesellschaft rüttelten.

Denn was Hegel über Macht und Erfolg ausgeführt hatte, ging im Grunde nicht nur den politischen Menschen an. Was für den Staat galt, konnte auch für andere geschichtlich gewordene Gebilde in Anspruch genommen werden, sobald einmal das historische Denken die absoluten Normen immer mehr auflöste. Es konnten dann beliebig andere Werte an die Stelle gesetzt werden, die Hegel für den Staat in Anspruch nahm, und auch hierfür hatte die Romantik bereits Vorbild gegeben. Die Staatsräson konnte ersetzt werden durch das nationale Interesse oder durch das Volkstum. Und wer sich auf den Standpunkt stellte, den Goethe mit den Worten bezeichnet hat: „Höchstes Glück der Erdenkinder ist nur die Persönlichkeit" —, der durfte schließen, daß also gut und erlaubt ist, was die Persönlichkeit fördert, und daß vernichtet werden darf, was ihr zweckwidrig ist, und daß also der Mann berechtigt ist, zu nehmen, was er zur Entfaltung seiner Kräfte und zur Befruchtung seiner Arbeit nicht glaubt entbehren zu können, ja daß er um seiner höheren Aufgabe willen verpflichtet ist, das zu tun, was bei einem andern, der nicht so hohe allgemeine Zwecke in sich trägt, gewissenlos wäre. Zu allen Zeiten haben die Menschen gesündigt, sie haben bereut und gebüßt; aber keiner Zeit mochte es einfallen, zu behaupten, daß eine Sünde auch eine Art Tugend sein könne, unter bestimmten Bedingungen geboten und verdienstlich sei. Die einheitliche Tafel der Werte war nun zerschlagen, auf diesem Wege mußte schließlich alles relativ werden, jede Sünde konnte als „List der Vernunft" gedeutet und gerechtfertigt werden, und es kam nur darauf an, ob die Macht vorhanden war, die diese Deutung erzwang. So führt von Hegel der Weg in den Relativismus des 19. Jahrhunderts und hin zu Nietzsche, bis auch die Frau die „Herrenmoral" für sich reklamierte und auch die Jugendlichen keine „Verächter des Leibes" mehr sein wollten. Mit der fortschreitenden Demokratisierung des Jahrhunderts wurde eine aristokratisch gedachte Lehre schließlich den Massen übermittelt: das sittliche Bewußtsein wurde erstickt durch die Ehrfurcht vor den Tatsachen, durch den Geist der Sachlichkeit.

So ist der Relativismus in die Welt gekommen, historisches Denken und monistische Weltanschauung haben gemeinsam durch Hegel in diese Richtung geführt. Das historische Bewußtsein konnte, indem es die Erscheinungen aus ihren eigenen Bedingungen heraus verstand und anerkannte, alles relativ machen, es raubte den Normen Inhalt und Verpflichtungskraft, wenn ihm kein Gegengewicht, kein richtender Wille geboten wurde. Die dialektische Methode aber kannte nur den ununterbrochenen Prozeß des Werdens und Vergehens: die Wahrheit von heute ist der Irrtum von morgen, eine absolute Wahrheit gibt es in diesem geschichtlichen Verlaufe nicht mehr, sie ist an das Ende der Weltgeschichte verlegt. Wenn Einheit von Sein und Wert besteht, wenn alles eine Entfaltung des Geistes ist, dann ist alles gleich wertvoll und alles gleich wertlos: der ethische Fortschrittsglaube des Rationalismus ist von Hegel zu einem Fortschrittsglauben ohne Ethik umgebildet worden. In dieser Form siegte er im abendländischen Leben des 19. Jahrhunderts und erfüllte unter dem Eindruck der sich entfaltenden Wissenschaft und Technik, des sich mehrenden Reichtums das Bürgertum und dann das Proletariat. Es ist bezeichnend, daß Hegel über alle Bereiche des Lebens Bücher geschrieben hat, und nur die Ethik ist er schuldig geblieben. Derselbe Denker, der den Universalismus übersteigerte, hat mit seiner seltsamen Doppelseitigkeit doch zugleich den Weg gewiesen, auf dem eine der Allgemeinheiten überdrüssig gewordene Menschheit zum Kultus der „Wirklichkeit", zum Realismus gelangen konnte, der schon bei ihm selbst ganz wertfrei angelegt war. Bald wird es heißen, daß die Geschichte nicht Wahrheiten kenne, sondern nur Tatsachen und Kräfte: sie wollen erkannt und benützt, sie wollen nicht bewiesen werden. Was in solcher Weise in der Wissenschaft vorgebildet war, half mit, die ethischen Energien zum Erlahmen zu bringen, und machte die moderne Philosophie unfähig, den wachsenden Anforderungen des Lebens gerecht zu werden und mitten in den gewaltigen sozialen Veränderungen des 19. Jahrhunderts eine echte geistige Kultur zu erhalten. So konnte dann am Ende des Jahrhunderts mit Recht die Frage aufgeworfen werden: „Was bleibt von den Leistungen unserer Philosophie übrig, wenn man sie ihres gelehrten Flitters entkleidet?" In diesem Versagen unserer klassischen Philosophie liegt einer der tiefsten Gründe alles dessen, was dann im 20. Jahrhundert als „Kulturkrisis" zu Tage getreten ist.

So war mit Hegel die abendländische Philosophie an ihrem Ende angelangt. Der neue Aristoteles, der alle Denkinhalte der Vergangenheit zusammenzwang und ungeahnte Folgerungen zog, lebte im Bewußtsein seiner säkularen Bedeutung. Aber wenn er geglaubt hatte, das Denken auf das letzte, höchste Niveau gehoben zu haben, auf dem es von nun an dauernd verweilen werde, so ist in Wahrheit das 19. Jahrhundert gerade ein unphilosophisches Zeitalter geworden. Das System des Meisters war so künstlich und gewaltsam gefügt, daß eine andere Philosophie niemals mehr aus ihm entwickelt werden konnte; es konnte nur angewandt, umgedeutet oder umgewendet werden. Hegel hinterließ einen förmlichen Generalstab geschulter Jünger, und darunter auch viele Lehrer der Philosophie; aber sie blieben unfruchtbar an philosophischen Gedanken, das „metaphysische Bedürfnis“ blieb unbefriedigt, immer spitzfindiger wurde das Spiel der Begriffe, das geradezu eine Modesache der Zeit wurde. Indessen, Hegel hatte die Grundsätze seiner Dialektik auf alle Sondergebiete ausgedehnt, auf Geschichte, Recht, Religion, Natur; hier zeitigte die „Invasion“ des Hegelschen Denkens reiche Früchte. Bedeutungslos blieb Hegel für die Naturwissenschaften; aber in allen geschichtlichen Disziplinen wurde die Dialektik, unabhängig von ihrer philosophischen Begründung, ein Prinzip der Forschung, ein Mittel zur Auslese und zur Sinngebung. So half die „Schule“ mit, daß der Pragmatismus und Psychologismus überwunden wurde, also der Sinn für universale Zusammenhänge nicht verloren ging, vielmehr die Geisteswissenschaften mit dem idealistischen Weltbild durchdrungen wurden; darüber kamen dann Einfühlung und empirische Forschung zu kurz. Auf protestantisch-theologischem Gebiete hat Hegel ein langes Nachleben gehabt in seiner schwäbischen Heimat, wo die „Tübinger Schule“ — geführt von Ferdinand Christian Baur — die Geschichte der Kirche im Sinne der Dialektik als Selbstentfaltung der christlichen Idee darstellte; ohne Sinn für äußere Bedingungen ließ man die Entwicklung logisch aus den Prämissen hervorgehen, man suchte den Aufstieg zu immer höherer Klarheit und Wissenschaftlichkeit zu erweisen und ließ die Individualitäten nur als Träger der Ideen gelten. Der Gegensatz zwischen Hegel und Schleiermacher setzte sich fort in dem zwischen Baur und dem Religionshistoriker Neander, der mit dem echten, romantischen Verständnis für die religiöse Persönlichkeit farbige, aber unkritische Monographien geschrieben hat.

In der Erforschung und Bearbeitung der Geistesgeschichte blieben die Hegelianer fast das ganze Jahrhundert konkurrenzlos. Von Hegel allein lernte man, Geistesgeschichte zu schreiben, auf den philosophischen Lehrstühlen saßen meistens Historiker der Philosophie. Auch hierfür sind die Tübinger — Eduard Zeller und Friedrich Theodor Vischer, der Vollender von Hegels Ästhetik — die geistigen Repräsentanten. Mit Recht konnten beide von sich rühmen, daß die schwäbischen Hegelianer eine viel freiere Stellung als die norddeutschen gegenüber dem Meister eingenommen haben. Anfangs bewegte sich Vischer noch ganz in der Begriffssprache

Hegels, dann aber hat er immer entschiedener Selbstgeschautes und Selbsterlebtes zusammengefaßt, um im Sinne Hegels die Schönheit zu begreifen als Erscheinung der Idee, als das im Spiegel verklärte Wesenhafte des Lebens, wo der geistige Gehalt zur sinnlichen Erscheinung kommt. Auch Zeller stand dem historischen Denken näher als der Meister, er tadelte die Vermischung des Logischen und des Historischen; aber er meinte dann doch, Hegels Praxis sei besser gewesen als seine Theorie, die Umdeutungen des geschichtlich Gegebenen seien nicht so schlimm. Während Zeller in seinem großen Geschichtswerk die Stadien des griechischen Denkens logisch aufeinander folgen ließ, eine Aufgabe aus der andern entwickelte, ist die Geschichte der neueren Philosophie in gleicher Weise von dem Hallenser Johann Eduard Erdmann dargestellt worden; dieser wurde dann in der zweiten Hälfte des Jahrhunderts abgelöst von dem leichter zugänglichen Kuno Fischer. Die Methode blieb überall die gleiche. Die Abfolge der großen Philosophen und ihrer Werke wurde in einen dialektischen Prozeß aufgelöst, in welchem aus der Aufgabe und aus den Prinzipien des Denkens die Werke von Schritt zu Schritt hervorkamen — jedes die Lösung eines Problems, das im Zusammenhang der allgemeinen Aufgabe entstanden war. Dieses Verfahren betonte vornehmlich die Logik der Sache und ließ das innere Fortschreiten eines Philosophen aus der Natur seiner Aufgabe und seines Prinzips hervorgehen. Auch Einzelarbeiten waren vom Boden dieser Methode aus möglich, die bedeutendste ist Ferdinand Lassalles „Heraklit“. Zu eigenwillig und gewaltsam, um je Historiker werden zu können, hat der spätere große Agitator hier doch ein Thema gefunden, für das die Hegelsche Methode wie geschaffen war: aus den zerstreuten Sätzen des Vorsokratikers wurde das System gedanklich rekonstruiert und die Stelle bezeichnet, wo Heraklit in der logisch-historischen Entwicklung steht. Erst gegen Ende des Jahrhunderts hat sich — vornehmlich durch Dilthey und nicht ohne Mitwirkung des französischen Positivismus — auch in der Erforschung der Geistesgeschichte die induktive Methode durchgesetzt, die in die Archive griff und aus der Fülle des Materials und im Studium der Umstände das Leben wieder erstehen ließ. Der Gegensatz zwischen Kuno Fischer und Dilthey ist der Ausklang der grundsätzlichen Feindschaft, in der schon Hegel selbst zu Niebuhr und Ranke gestanden ist: der letzte große Konstrukteur hatte selbst dem Realismus die Tore geöffnet, die empirische Forschung entwickelte sich und erkannte die von Hegel mühsam verschleierte Unverträglichkeit des historischen und des spinozistischen Elementes, der geschichtlichen Freiheit und des philosophischen Determinismus.

Als Hegels bedeutendster Schüler, der Jurist Eduard Gans, in den 30er Jahren den prinzipiellen Kampf der dialektischen Methode gegen die induktive führte, hatte auch die innere Zersetzung der Hegelschen Schule bereits begonnen. Der Philosoph der Restaurationszeit starb bald nach der Julirevolution, zugleich mit dem ganzen Zeitalter. An seinem Grabe fiel das Wort, die Satrapen hätten sich in das Reich zu teilen. Eine Epoche wilder Diadochenkriege setzte ein, es begann der „Verwesungsprozeß" der Hegelschen Philosophie, wie Karl Marx sich ausgedrückt hat — oder, noch derber, der „Verfaulungsprozeß des absoluten Geistes". Im Wesen des Systems lag es begründet, daß die Schule auseinanderfiel in die Hegelsche Rechte und die Hegelsche Linke, die Alt- und die Jung-Hegelianer. Die Benennung stammt von David Friedrich Strauß, der gleichfalls aus Tübingen kam und an der Sezession führend beteiligt war: er hatte nicht mehr selbst bei Hegel gehört, sondern nur noch als junger Student dem Begräbnis beigewohnt. Aus einem System, das so durchaus doppelsinnig war und einem Januskopf glich, konnten entgegengesetzte Folgerungen gezogen werden; dies wurde nun offenkundig. Alles, was ist, ist vernünftig — der Satz führte zu einer konservativen Haltung gegenüber dem Bestehenden. Aber der Satz galt auch in seiner Umkehr: was nicht vernünftig ist, hat keine wahre und echte Existenz; hierin lag die Aufforderung zur Tat. Und wenn jede Stufe der Entwicklung nicht nur das Ergebnis der Vergangenheit, sondern auch die Vorstufe des Kommenden war, so war hiermit der Anstoß zu einem grenzenlosen Radikalismus gegeben, die Revolution in Permanenz erklärt. Beide Richtungen aber konnten sich auf den Meister berufen. Das System war einem gewaltsamen, vorwärtsdrängenden Kopfe entsprungen; aber die Methode sollte dann doch nur anwendbar sein zur geistigen Durchdringung des Gewesenen, Abgeschlossenen. Die Jung-Hegelianer dagegen fühlten das Zeitalter des Handelns gekommen. So ist aus dem Philosophen der Restauration der Philosoph der Revolution nachträglich geworden.

Ebenso bot die Rechtslehre ganz verschiedene Möglichkeiten. Sie war Leugnung des Rechtsstaates, sie setzte den Staat über alles Recht, rechtsbildend war ihr die Macht. Sie ließ keine subjektiven Rechte, keinen Rechtsanspruch des Individuums an den Staat gelten, sie kannte keine Grenzen der Wirksamkeit des Staates: die Ideen von 1789 waren hier verneint. Noch aber hatte das Ideal der individuellen Freiheit seinen Siegeslauf nicht beendet.

Im Gegenteil, die Völker hofften, den nationalen Staat mit der Freiheit der Person zugleich verwirklichen zu können. Das 19. Jahrhundert gehörte dem Liberalismus, zwischen diesem und Hegel bestand ein unüberbrückbarer Gegensatz, den nur gelegentlich unklare Geister zu mildern versucht haben. Denn der Liberalismus war nun einmal der Meinung, daß der Staat für die Menschen da sei und nicht umgekehrt der Mensch für den Staat. Er sah im Staate ein Mittel und nicht einen Zweck. Er bestritt die Beweiskraft der berühmten Metapher des Aristoteles, wonach der Einzelne sich zur Gruppe funktionell so verhalte wie das Körperglied zum Körperganzen: denn das Körperglied für sich ist ohne Sinn, der einzelne Mensch aber hat Eigenwert! Vor diesen Argumenten erschienen damals die organische Staatslehre und die Hegelsche Rechtsphilosophie als rückständig; siegreich drang der politische Rationalismus und Liberalismus vor. So war Hegel seit der Mitte des Jahrhunderts tot. Aber als der Liberalismus seine Sendung erfüllt hatte, als die gesellschaftlichen Wandlungen des Jahrhunderts die innern und äußern Schwierigkeiten des Lebens mehrten, eine Stärkung des Staates notwendig machten, da feierte zu Beginn des 20. Jahrhunderts Hegel eine ungeahnte Wiedergeburt. Sein Staatsbegriff war grenzenlos, aber durchaus formal; das Konkrete, Individuelle verschwand ja doch zuletzt vor dem Zeitlosen. Dieser Staatsbegriff war errichtet worden mit doppelter Kampffront — gegen den Verfassungsstaat, weil dieser dem Einzelnen Rechte gab, und gegen den alten Absolutismus, weil hier der spontane Drang der Völker nicht genutzt war. Es konnten also alle denkbaren Inhalte in diesen Begriff gelegt werden, wo immer es sich darum handelte, Volkstum, Macht und Ethos in den staatlichen Willen einzufügen.

In der Tat knüpften alle rechtsstaatsfeindlichen Denker und Bestrebungen des 19. Jahrhunderts hier an. Als das Zeitalter der Einheitskämpfe vorüber war und der Nationalismus sich zum Imperialismus steigerte, fand er die geistigen Waffen in Hegels Staats- und Rechtsauffassung, in seinem expansiven Staatszweck, seiner Gewaltlehre, seiner Forderung nach Gliederung und Höherentwicklung des Volkes, in Hegels Umkehrung des Freiheitsbegriffes, in seiner Kriegsphilosophie, in seiner Auffassung der Monarchie und der Bürokratie als einer Diktatur der Vernunft; so führt eine unmittelbare Linie von dem preußischen Staatsphilosophen über den im machtpolitischen Sinne umgedeuteten Nietzsche und über die imperialistische Publizistik des wilhelminischen Zeitalters bis zu dem italienischen Fascismus, dem „stato totalitario“

Mussolinis. Und als, wiederum gegen Ende der Einheitskämpfe, die Massen bemerkten, daß der Freiheitsbegriff des Liberalismus den wirtschaftlich Schwachen allen Schutzes beraubte und ihn nur um so schlimmerer Verknechtung auslieferte, da waren es abermals Jünger der Hegelschen Philosophie, Karl Marx und Ferdinand Lassalle, die alle für das Proletariat verwendbaren Gedanken des Meisters aus dem Zusammenbruch der deutschen Philosophie herausgetragen hatten. Im Marxismus ist die dialektische Methode zu geschichtlicher Nachwirkung gelangt. Karl Marx hatte in seiner Jugend eine Kritik der preußischen Staatsphilosophie zu schreiben begonnen, aber dann die Arbeit niedergelegt: er konnte nur das Äußerliche, zeitgeschichtlich Bedingte kritisieren, — etwa daß Hegel gegen eine Volksvertretung sich aussprach und die Bürokratie erhob: die innerste Tendenz war gar nicht so unbrauchbar für einen Sozialrevolutionär. Denn „die Freiheit ist ein bourgeoises Vorurteil". Marx hat — nach dem Vorgange des Jung-Hegelianers Ludwig Feuerbach — den Monismus umgekehrt, ihn von der Eigenwirksamkeit der Idee zum „historischen Materialismus" umgewendet. Er stand dabei unter dem Einflusse des mächtig wieder emporstrebenden westeuropäischen mechanistischen Denkens: der Franzose Auguste Comte ist im Geistesleben des 19. Jahrhunderts der große Gegenspieler Hegels geworden. Aber die Methode Hegels blieb in dem dialektischen Materialismus erhalten, und ebenso der Staatsgedanke Hegels; nur die Willkürlichkeiten oder zeitgeschichtlich bedingten Konzessionen des Berliner Philosophen verschwanden. Wie David Friedrich Strauß die kirchlich-dogmatischen Anpassungen des Hegelschen Systems von seinem eigentlichen pantheistischen Geiste geschieden hatte, so befreite Marx auch die Gewaltlehre von ihrer preußischen Farbe. Es war nicht einzusehen, warum die Staatspersönlichkeit gerade im Erbmonarchen wirklich werde und warum das Volk die Macht des Staates nur mitwollen, nicht eben auch mitbestimmen solle, und warum überhaupt der Hegelsche „Pöbel" nicht auch teilhaben dürfe an dem Wollen des Staates. Marx füllte einen andern Inhalt in den Staatsbegriff Hegels — und die „Diktatur des Proletariats" war ausgesprochen. Auf dialektischem Wege ist aus dem Monismus Hegels der „wissenschaftliche Sozialismus" Moskaus geworden.

Die Erneuerung Hegels zu Beginn des 20. Jahrhunderts ist zunächst das Werk friedlicher deutscher Philosophieprofessoren gewesen. Sie hatten eine Wiedergeburt des metaphysischen Denkens erhofft, waren in den Pantheismus verfallen und hatten die

Lehre vom Staate als dem vernünftigen Wesen und dem Herrn des Rechts wieder ausgegraben. Was sie verkündeten, vernahm in Preußen und Deutschland das Zeitalter des Imperialismus gerne, in den Hörsälen und Übungszimmern aber saß eine scharfsinnige, oft ausländische Jugend. In dem bürgerlich behaglichen Dasein ahnten diese Professoren so wenig wie ehedem Hegel selbst, welches der Gang der Ideen sein werde und daß die Bücher dereinst Leben gewinnen könnten. Auch von Hegels eigenem Werke galt, was er von den großen Erscheinungen der Geschichte gesagt hat, daß sie nämlich erst dann sich durchsetzen, wenn sie an der Zeit sind. Deshalb war die Machtposition Hegels nach seinem Tode so rasch dahingesunken. Nichts schien fester gefügt zu sein als diese in sich geschlossene Schule; ihre Jünger saßen in allen Fakultäten, der Kultusminister Altenstein selbst war ein begeisterter Hegelianer. Aber im 19. Jahrhundert war der überlieferte Bund von Thron und Altar angesichts der Sorge vor der Revolution noch zu fest, als daß die Monarchie mit dem Pantheismus hätte zusammengehen können. Anderseits geriet eben darum die politische Freiheitsbewegung je länger je mehr in antichristliche oder wenigstens unkirchliche Bahnen, aber auch sie konnte den Gegner des Rechtsstaates nicht brauchen. Die konservativen Kreise begannen unter dem Eindrucke der zunehmenden Radikalisierung des öffentlichen Lebens von Hegel abzurücken, durch Friedrich Wilhelms III. Tod war es zu Ende mit der Herrschaft der Schule, der neue König Friedrich Wilhelm IV. begann den Feldzug gegen die „Drachensaat" des Hegelschen Pantheismus und berief auf den Berliner Lehrstuhl Hegels dessen ehemaligen Widersacher, Schelling, einen längst überalterten Mann.

Auch alle Vertreter der Freiheit des Gedankens und der Lehre im 19. Jahrhundert sahen in Hegel ihren schlimmsten Feind; bald war er verachtet, vergessen, der Verhöhnung preisgegeben. Am meisten haben Schopenhauer und Lagarde seinem Andenken vor der Geschichte geschadet. Beide haben noch nach Jahrzehnten an seinem Beispiele vor der Öffentlichkeit illustriert, was es mit der Freiheit der „voraussetzungslosen Wissenschaft" an deutschen Universitäten auf sich habe; in dem Vertrauensverhältnis des Professors und des Ministers haben sie den Anlaß zur schlimmsten Inzucht und zur Vertreibung der Andersdenkenden gesehen. Der Angriffsflächen bot auch die Metaphysik des Denkers mehr als genug, und dazu kamen die Absonderlichkeiten seiner Terminologie, das Gerede von An-sich, Für-sich, An- und für-sich — kurz, seine ganze krause Darstellung. Schopenhauer ist nicht müde geworden, die Widersprüche des Systems aufzudecken, den abstrusen Stil und die schwerfälligen Perioden lächerlich zu machen, obwohl Hegel an jenen Stellen, wo sein Denken Höhepunkte erreichte und Ergebnisse formulierte, doch auch wieder wuchtige Worte von unvergeßlicher Kraft gefunden hat. Lagarde aber hat im Cäsaropapismus die große Gefahr für die protestantische Kirche und für den Staat gesehen und den Denker bekämpft, der das „ruere in servitium" philosophisch gerechtfertigt hat. Auch die katholischen Philosophen — Baader, Windischmann, Friedrich Schlegel — haben ein Gegengewicht geboten, wenngleich nur in ihren Kreisen, da noch Hegel selbst alle Vorkehrungen getroffen hatte, sie totzuschweigen. Und als nun gar das politische Leben sich ausschließlich den Verfassungsproblemen zuwandte, wurde Hegel nicht mehr verstanden; die Fragen der Machtpolitik waren ganz unzeitgemäß geworden. Als Rudolf Haym, der liberale Geschichtsschreiber, im Jahre 1857 sein Werk über Hegel herausgab, da war es eine Abrechnung mit einem geistig längst Abgestorbenen — eine Streitschrift im Namen des Liberalismus und im Namen der induktiven Wissenschaften. Von diesem Standpunkte aus erschien Hegel als der letzte Vertreter einer verklungenen Zeit.

Das 19. Jahrhundert gehörte andern Idealen. Die Politik bemühte sich um vernunftnotwendige Zukunftsziele, die Wissenschaft um das konkrete Leben: Liberalismus und induktive Forschung haben gemeinsam Hegel entthront. Nachdem der Gewaltherrscher im Reiche des Geistes noch einmal alle Wissenschaften in einem großen System vereinigt und — trotz aller gehäuften Verwendung von Erfahrungstatsachen — deduktiv behandelt hatte, traten jetzt die Disziplinen auseinander, um die Wirklichkeit zu erfassen in nüchterner Beobachtung: es hatte sich als unmöglich erwiesen, Natur oder Geschichte aus dem Begriffe heraus zu konstruieren. In den Geisteswissenschaften trat an die Stelle der Philosophie die kritische Forschung, in den Naturwissenschaften das exakte Experiment. Noch einige Zeit blieb die Verbindung mit der idealistischen Philosophie unverloren, die einzelne Wissenschaft blieb sich der großen Zusammenhänge bewußt und hielt sie als Ziel und Zweck der Forschung fest: in diesem Sinne ruhen wenigstens die Geisteswissenschaften des 19. Jahrhunderts doch auch auf Hegel. Aber die spekulative Kraft war überspannt worden, das Interesse für Philosophie erlosch in Deutschland, nachdem soviel Systeme seit Kant aufeinander gefolgt waren, die doch nur „Privatsysteme ihrer Urheber" waren, wie Dilthey treffend gesagt hat. An diesem

Bilde änderten auch nichts die Einzelerscheinungen wie Herbart oder Franz Brentano; auch Schopenhauer war nur ein Ausklang, seine historische Wirkung beruhte, wie noch zu zeigen sein wird, nicht auf seiner Metaphysik. Das Jahrhundert wurde ein historisch-politisches und ein naturwissenschaftliches Zeitalter, und noch zu Hegels Lebzeiten hat eine große und unvergeßliche Generation von Forschern alle wichtigen induktiven Wissenschaften in so vollendeter Weise begründet, daß die Nachfolgenden lange nur das ausführten, was in den ersten Jahrzehnten des 19. Jahrhunderts festgelegt worden war.

Die philosophische Spekulation hatte sich übersteigert, nun wurde sie abgelöst durch die induktive Forschung. So brachte das erste Menschenalter des 19. Jahrhunderts zu allen andern Erneuerungen auch eine Restauration der Wissenschaften. Nach zwanzig bitteren Kriegsjahren war endlich die Zeit der Schau und des Begreifens angebrochen; aber — anders als Hegel gehofft hatte — wurde daraus eine Hinwendung zum Einzelnen, eine Beschränkung auf den Reichtum der Erscheinungswelt, eine Andacht zum Unbedeutenden. Der Aufstieg des Bürgertums schuf die geistigen und gesellschaftlichen Grundlagen für diese Wissenschaftspflege: die Erfahrungswissenschaft, die auf der unermüdlichen und ununterbrochenen Durcharbeitung riesiger Stoffmassen beruht, trägt bürgerlichen Charakter. Sie hat zur Voraussetzung, daß der Gelehrte über persönliche Freiheit und über die Sicherung des äußern Lebens verfügt und genügend Zeit und Muße besitzt zur Durchführung seiner Forschungen. Der Polyhistor der vergangenen Jahrhunderte hatte seine geduldige und mühsame Sammelarbeit nur leisten können, weil er entweder dem geistlichen Stande angehörte oder seine Tätigkeit in die Dienste eines Mächtigen gestellt hatte: welcher Fülle gelehrten Wissens konnte Lessing sich rühmen, und doch war er niemals zur Formung eines wissenschaftlichen Werkes gelangt. Nur langsam war im 18. Jahrhundert der bürgerliche Gelehrte zu einer gesicherten Stellung im Leben aufgestiegen, um ungestört von höfischen Anforderungen oder wirtschaftlichen Nöten ausschließlich der Lehre und Forschung sich zu widmen. Erst von da an war eine Wissenschaft möglich, die in der geistigen Bewältigung der unabsehbaren Welt der Erfahrung besteht. Es wurde schon erwähnt, welche Bedeutung in diesem Zusammenhange der Universität Göttingen und ihren Lehrern zukam: im Jahre 1736 gegründet, hatte sie keine alten Traditionen zu hüten. Hier stand auf deutschem Boden die Wiege der positiven Forschung, hier war alles auf historischen und physikalischen Realismus gestellt. Es sei an die vornehmsten Repräsentanten dieses Göttinger Geistes erinnert, an Heyne, den Schöpfer des wissenschaftlichen Neuhumanismus, und an Albrecht von Haller, der die unermeßlichen Gebiete der Botanik, der Anatomie, der Physiologie erschloß. In Göttingen arbeitete man die neuen, kritischen und exakten Methoden aus, hier wußte man nichts von Fichte und Schelling oder lehnte sie spottend ab.

Auch die Romantik wurde eine Führerin zum Realismus. Sie brach mit der Überbewertung des Altertums und mit der Uniformität der absoluten Vernunftideale, sie führte den deutschen Geist in die Weite der geschichtlichen Welt und in den Reichtum des Naturgeschehens; sie lehrte ihn, die Dinge zu begreifen aus ihrem Werden. Indem sie neben dem Verstand auch Willen und Gemüt zu ihrem Rechte kommen ließ, öffnete sie dem Voluntarismus des 19. Jahrhunderts die Bahn und führte die Wissenschaft ins Leben hinein. In den Tagen der Fremdherrschaft weckte sie das Verständnis für Staat und Volkstum und bereitete den Weg, der aus den literarisch-ästhetischen Interessen zu den ethisch-politischen führte und auf dem das „Volk der Dichter und Denker" sich seinen Staat geschaffen hat. Der wissenschaftlichen Romantik ist freilich die Verbindung mit der kritischen und exakten Methode nicht leicht gelungen. Männer wie Görres, Windischmann oder Creuzer waren zu universale und zu schweifende Geister, als daß sie sich dem Zwange zur Beschränkung hätten unterwerfen können, der zum Aufbau der induktiven Wissenschaften notwendig war. Windischmann war Mediziner, Philosoph und Orientalist mit gleicher Fülle der Kenntnisse; Görres hatte die entscheidenden Jahre seines Lebens in der Kleinstadt Koblenz zugebracht, fern von einer großen Bibliothek, mit gleicher Vielseitigkeit ein mächtiges Wissen auf allen Gebieten sich aneignend. Treffend hat von ihm Jakob Grimm, einer der Schöpfer der neuen induktiven Wissenschaft, gesagt: „Ohne vollständige historische Ergründung ist Görres in die Wahrheit alter Poesie eingedrungen." Diese Gelehrten der „wissenschaftlichen Romantik" liebten es, das Überlieferte und Gegebene sinnreich zu kombinieren und mit eigener Spekulation zu verknüpfen. So verblieben sie bei Naturphilosophie und Geschichtsmetaphysik und haben mit ihren Schülern noch bis zur Mitte des Jahrhunderts eine ausgebreitete gelehrte Literatur hervorgebracht, die neben der neuen, kritischen und exakten einherging. Sie haben dabei viele und tiefe Gedanken über den innern Zusammenhang der Dinge geäußert, die später wieder hervorgeholt und fruchtbar gemacht worden sind; aber die Aufgabe, die dem Jahrhundert gestellt war, lag in anderer Richtung. Dies war auch jenen zahlreichen Nachzüglern der Romantik nur selten bewußt, die Naturbeschreibungen oder geschichtliche Erzählungen boten und es dabei verstanden, große Stoffe farbig und dichterisch beschwingt zur Darstellung zu bringen. So hat Friedrich von Raumer eine Geschichte der Hohenstaufen geschrieben, indem er den alten Quellen moderne Tönung gab und das Mittelalter verherrlichte, dabei aber nicht für die Päpste, sondern für ihre Gegner Partei ergriff. Diese Literatur ist den historischen Romanen des Walter Scott verwandt, sie entsprach einem Lesebedürfnis der Gebildeten und ist daher während des ganzen Jahrhunderts von Zeit zu Zeit immer wieder aufgelebt: in Gustav Freytag hat sie ihren vornehmsten Vertreter gefunden.

Von allen Romantikern sind die Brüder Schlegel der neuen, induktiven Wissenschaft am nächsten gekommen: sie haben einen tiefen Einfluß auf die nachfolgende wissenschaftliche Generation und durch sie auf das ganze 19. Jahrhundert ausgeübt. Sie haben den Zeitgenossen gezeigt, daß es sich darum handelte, die von den Göttingern ausgebildeten wissenschaftlichen Methoden zu verbinden mit der neuen Einsicht des deutschen Geistes in das organische Werden und in die innere Form des Geschehens. Dies hatte schon Friedrich August Wolf gewußt, als er von Göttingen nach Halle und Berlin kam und im engsten geistigen Austausch mit Goethe und Wilhelm von Humboldt den wissenschaftlichen Neuhumanismus ausbildete. Es war begreiflich, daß die neue Methode zuerst auf das Studium der Antike angewendet wurde, mit der man sich bisher fast ausschließlich abgegeben hatte. Die altklassische Philologie ist dann auch das ganze 19. Jahrhundert die führende deutsche Wissenschaft gewesen, die den Ruhm des deutschen Gelehrtentums in der Heimat und draußen in der Welt begründet hat. Und zwar blieben die Studien vornehmlich auf das Griechentum gerichtet, wie dies dem Geiste von Weimar entsprach, während der französische Geist griechenfremd geblieben ist. Fast alle Gelehrten, die diese Wissenschaft ausgebaut haben, sind Wolfs Schüler gewesen und haben in Halle seinen und Schleiermachers Einfluß erfahren. Der große protestantische Theologe hat auch als Altertumsforscher den neuen wissenschaftlichen Geist fruchtbar gemacht, er hat in der 1804 erschienenen Einleitung zu seiner Übersetzung Platos die neue Methode tiefer begriffen und umfassender ausgebildet, als es noch Wolf selbst möglich gewesen war. Die Frage nach dem innern Zusammenhang und der Abfolge der platonischen Dialoge war neben der von Wolf geübten Kritik an Homer die schwierigste Aufgabe der Philologen. Schleiermacher bemächtigte sich des Gegenstandes im Geiste der neuen deutschen Ästhetik und förderte ihn in entschiedener Weise. Indem er die künstlerische Form als Ausdruck und Werden des Inhalts erfaßte, begriff er jeden Dialog als ein Ganzes und ebenso das Gesamtwerk des Philosophen als eine Einheit. So fand er den innern Zusammenhang in der Abfolge der einzelnen Werke und hat mit kritischem Scharfblick in der Reihe der platonischen Gespräche die stufenweise Entwicklung des platonischen Geistes nachgewiesen. An den einzelnen Ergebnissen lag wenig, sie blieben umstritten; entscheidend war der Sieg der neuen Methode.

Wolfs und Schleiermachers gemeinsamer Schüler war August Boeckh. Er strebte nach einer Gesamtschau des griechischen Lebens auf der Grundlage induktiver und kritischer Forschung, aber schon er mußte erleben, daß der universale Geist vor dem neuen wissenschaftlichen Prinzip sich nicht behaupten konnte. Boeckh wurde auf Teilgebiete abgedrängt, und da er persönlich ein amusischer Mensch war, gelangte er von Plato und Pindar zum Wirtschaftsleben der Hellenen: sein „Staatshaushalt der Athener", 1817 erschienen, stellte den ganzen wirtschaftlichen Organismus des fortgeschrittensten griechischen Staates dar, vom Budget aus gelangte er auf alle wichtigen Gegenstände des innerstaatlichen Lebens und begriff sie in ihrer gegenseitigen Einwirkung. Der „harmonische Grieche" Winckelmanns und der deutschen Klassiker begann einer realistischen Auffassung zu weichen, als Boeckh den griechischen Alltag beschrieb und immer wieder ausführte, daß die Griechen „von Gerste und Wein lebten, nicht etwa von Poesie und Philosophie". Und auch in anderer Hinsicht verschob sich das Bild des Altertums unter der Einwirkung der induktiven Forschung: man begriff den Unterschied zwischen originalem Hellenentum und römischem Klassizismus, und man empfing beim Studium der griechischen Religion und des griechischen Staatslebens eine Ahnung, daß „die Griechen viel unglücklicher gewesen sind als die meisten glauben", wie abermals Boeckh gesagt hat. So hat der deutsche Geist im Laufe des 19. Jahrhunderts die „Nachtseite" des griechischen Lebens aufgezeigt, er hat die heitere Welt des Olymp entzaubert und dem Klassizismus ein Ende bereitet, dem freilich um die Mitte des Jahrhunderts Ernst

Curtius in seiner „Griechischen Geschichte“ nochmals Ausdruck verlieh und der sich in den Schulstuben noch sehr viel länger gehalten hat.

Der Lieblingsschüler Boeckhs war Otfried Müller, der als erster darlegte, wie die Griechen kein einheitliches Volk waren, sondern aus sehr verschieden begabten Stämmen sich zusammensetzten. Nur den dorischen Volksgeist hat er schildern dürfen, dann ist er gestorben — auf dem Boden Griechenlands, den er als erster deutscher Philologe betreten hat. Vergebens hatte Winckelmann sich gesehnt, die Sonne Homers und den Saronischen Busen zu sehen! Zu Otfried Müllers Grabe pilgerte später Friedrich Gottlieb Welcker, der neben Boeckh und Müller als der dritte große Erforscher der griechischen Kultur genannt werden muß. Er ist eine Sondererscheinung, insofern er niemals in Göttingen, Halle oder Berlin Schüler gewesen ist, sondern völlig als Autodidakt von der Theologie zu den Griechen sich fand, da er als Lehrer im römischen Hause Humboldts weilte. Seine Lebensarbeit war, in die hellenische Seele einzudringen, die er in dem innern Zusammenhang von Religion, Dichtung und bildender Kunst sich erfüllen und anschaulich werden sah.

Da die neue Methode vom Forscher verlangte, zurückzukehren zu den ältesten Quellen, so wurde die Herstellung der echten Texte eine wesentliche Aufgabe der neuen Wissenschaft. Also trat neben die „Sachphilologie“ Boeckhs die „Wortphilologie“, die Gottfried Hermann als Rationalist und als der Antipode Wolfs ausgebildet hat, die aber dann gerade durch einen Schüler Wolfs, durch Immanuel Bekker, zur höchsten Vollendung gedieh. Wenn nach dem Humanismus des 16. Jahrhunderts nunmehr die zweite große Epoche der Textgeschichte griechischer Schriftsteller anbrach und die gebildete Welt in allen Ländern die klassischen Autoren künftig aus deutschen Ausgaben zu lesen sich gewöhnte, so war dies Bekkers Verdienst. Die großen Bibliotheken Europas hat er nach griechischen Handschriften durchforscht, fast anderthalb hundert Bände Texte hat er herausgegeben. Er ist der erste Philologe, der in umfassender Weise kritische Texte auf diplomatischer Grundlage herstellte und so auch die Voraussetzung schuf für die griechische Grammatik und Lexikographie. Das Lateinische trat demgegenüber ungebührlich zurück; die Wortphilologie wurde hier nur durch Karl Lachmann gepflegt, dessen denkwürdigste Leistungen aber auf dem Gebiete der altdeutschen Textkritik liegen.

Die klassische Philologie war im Zeitalter Hegels die einzige Konkurrentin der Philosophie. Sie war die Vorkämpferin der neuen, induktiven Forschung; sie verfügte über eine starke Tradition, über feste Normen und über eine bestimmte Gewöhnung, die Dinge zu betrachten. Dies sicherte ihr die Führerrolle im Reiche der Erfahrungswissenschaften: die meisten Begründer der historischen und philologischen Einzeldisziplinen haben denn auch als klassische Philologen, als Schüler Wolfs und Boeckhs begonnen. Alle andern Wissenschaften folgten in weitem Abstande. Sie alle machten die gleiche Bewegung durch, sie lösten sich von der Spekulation, sie schritten vom Abstrakten zum Konkreten. Die Frage nach dem Verhältnis von Naturwissenschaft und Geschichtswissenschaft war daher in jener Zeit noch nicht dringend. Zwar hatte Kant den Unterschied von Freiheit und Naturgesetz scharf herausgearbeitet; hier knüpfte später die logische Trennung zwischen den Formen der Natur- und der Geschichtserkenntnis an. Aber in jener ersten Generation fühlten sich alle Vertreter methodischer Forschung als Verbündete „im täglichen Wachsen der Erfahrungswissenschaft“, wie Ranke gesagt hat, als er sich dem Naturforscher Alexander von Humboldt an die Seite stellte. Noch verlief damals die Scheidungslinie zwischen Erfahrungswissenschaft und Spekulation. So ist das 19. Jahrhundert ein Zeitalter des geschichtlichen Sinnes und zugleich ein naturwissenschaftliches Zeitalter geworden.

ZWEITER ABSCHNITT

Die Geschichtswissenschaften

Die Entwicklung der modernen, empirischen Geschichtswissenschaft beginnt mit Barthold Georg Niebuhr, der sich stets als der Gegenspieler Hegels empfunden hat. Als Niebuhr im Jahre 1810 an der neugegründeten Universität Berlin seine Vorlesungen über römische Geschichte hielt und sie im folgenden Jahre als Buch herausgab, da war eine neue Epoche in der Geschichte des deutschen Geistes angebrochen. Niebuhr führte zum ersten Male den Grundsatz durch, daß keine Ansicht über irgend ein Ereignis der Vergangenheit mit Zuversicht aufgestellt werden könne, ohne daß vorher die Geschichte der Überlieferung dieses Ereignisses erkannt wäre: er zuerst gründete die historische Wissenschaft auf die systematisch gesammelten und kritisch geprüften Quellen. So vertrieb er aus Klios Reich die bis dahin herrschenden Polyhistoren, die eleganten Literaten und die spekulativen Philosophen. Er hat selbst von sich gerühmt, er bringe statt ästhetischen und philosophischen Geredes „echte Geschichte“. Von allen vorangegangenen Historikern konnte er nur den einzigen Gibbon gelten lassen, der auf die primären Quellen zurückging und sie geistig zu erfassen verstand. Niebuhrs Plan ist gewesen, die Geschichte Roms zu schreiben von den ersten Anfängen bis zu dem Zeitpunkt, wo Gibbons Werk beginnt, „welches eine neue Bearbeitung zuverlässig sehr entbehrlich und verwegen macht“. Auch Montesquieu hatte über römische Geschichte geschrieben, in einem berühmten Buche die Ursachen von Roms Größe und Verfall erörtert. Aber auch er hatte die historischen Tatsachen nur einfach dem Livius entnommen und hierauf seine geistvollen Bemerkungen gegründet. Unter allen Geschichtswerken der Zeit ist keines von Niebuhr so hart gescholten worden wie Schillers „Geschichte des Dreißigjährigen Krieges“; er hat das Werk ein „geistiges Ungeheuer“ und eine „Schmiererei“ zu nennen gewagt. Wie stolz waren die Denker des 18. Jahrhunderts gewesen, weil sie die Kompilatoren der alten Zeit weit hinter sich gelassen und zu geistiger Durchdringung der Stoffmassen, zu einer universalhistorischen Betrachtung gelangt waren. Aber was nützten geistvolle Erörterungen und geschmackvoller Vortrag, wenn die Quellen nicht geprüft und gesichtet, von den Verfälschungen nicht gereinigt, von den späteren Darstellungen nicht gesondert waren!

Die kritische Stellung des Geistes zu dem Gegebenen war nicht neu. Längst hatte der Rationalismus die Welt mit der Schärfe des Denkens zu zersetzen begonnen; Kant hatte diesem Streben eine eigene Lösung zu geben versucht. Auch gegenüber den Tatsachen der Geschichte hatte man sich gewöhnt, zu prüfen und zu verwerfen. Einst war der Humanismus führend gewesen in der Zerstörung von Legenden und Mythen, aber selbst seine radikalsten Denker hatten haltgemacht vor den Autoritäten des bewunderten Altertums. Auch dies war im 18. Jahrhundert anders geworden. Schon Bayle hatte die Widersprüche antiker Autoren aufgedeckt. Andere fanden, daß die ersten Jahrhunderte der römischen Geschichte ungewiß und verfälscht waren und Livius hier keine geschichtliche Wahrheit bot. Aber dies war unter den übrigen „Entzauberungen" nicht sehr beachtet worden, auch war die rationalistische Kritik nur eine „negative Kritik" gewesen, sie war nicht fähig, zu entscheiden, was an die Stelle der zertrümmerten Überlieferung gesetzt werden solle. Hier liegt Niebuhrs besondere Leistung. Er hatte an den großen holländischen Philologen aus der Schule Scaligers gelernt, von der Sprache aus das altertümliche Leben zu erfassen; an Friedrich August Wolf bewunderte er die vollendete Schärfe der Auslegung von Textstellen und die Kunst, ein auf verlorene Quellen zurückgehendes Schriftwerk in seine ursprünglichen Bestandteile aufzulösen. Auch in die „Altertumswissenschaft", durch die Wolf das antike Leben in seiner Einheit zu begreifen lehrte, war Niebuhr eingedrungen. Die künstlerischen Ziele des deutschen Neuhumanismus waren ihm allerdings nicht zugänglich. Wenn der deutsche Geist seit den Tagen Lessings und Winckelmanns die Richtung auf Kunst und Geschichte der Griechen genommen hatte, so ist dieser ästhetische Antrieb Niebuhr immer fremd geblieben. Er war aus friesischem Stamme und — Frisia non cantat. Er war ein ganz auf Tatsächlichkeit gerichteter Geist, den die Liebe zu den Büchern auf das weite Feld der Geschichte geführt hatte. Eindrücke der Jugend kamen hinzu und verstärkten diese Interessen. Die Gemeindefreiheit der heimischen Marschbauern hatte schon des Knaben Sinn auf politische Probleme, auf die Geschichte des römischen Bauerntums gelenkt, und die Teilnahme an den großen preußischen Reformen hatte den Mitarbeiter des Freiherrn vom Stein gleichfalls angeregt, die römischen Ackergesetze, den Kampf zwischen Patriziern und Plebejern zu studieren. Hier fand er das Thema seines Lebens, das ihm gemäß war. Es galt, ein Volk zu begreifen, das in Kunst und Wissenschaft unproduktiv gewesen ist, aber den imposantesten Staat der Geschichte geschaffen hat. So stark im Persönlichen ist es begründet, wenn durch Niebuhr das wissenschaftliche Interesse in Deutschland wieder zur Beschäftigung mit dem Lateinischen geführt wurde, das einst die große holländische Philologie des 17. Jahrhunderts vornehmlich gepflegt hatte, das aber in den Studien des deutschen Neuhumanismus völlig zurückgetreten war: in dieser Vorliebe für den römischen Staat liegt die einzige, äußerliche Verwandtschaft zwischen Niebuhr und seinem entschiedenen Widersacher Hegel. Es ergab sich aus der Eigenart seines Wesens und seines Bildungsganges, daß Niebuhr die sprachliche und philologische Kritik, die bei der Interpretation der alten Dichter erwachsen war und die Grundlage für eine neue ästhetisch-wissenschaftliche Erfassung des Altertums geboten hatte, nun von sich aus auf die politischen und historischen Quellen übertrug; die sprachliche Gelehrsamkeit wurde ihm ein Mittel, den römischen Staat zu begreifen, um von ihm aus die alte Kultur in ihrer Ganzheit darzustellen und dadurch auch dem Verständnis der Gegenwart zu dienen. Aus dem Bündnis von Philologie und Geschichte erwuchs etwas Neues, das bis dahin weder die Philologen noch die Historiker gekannt hatten.

Niebuhr lehrte, schrittweise zurückzugehen von den neueren Nachrichten und Einrichtungen zu den älteren und ältesten; nur auf diesem Wege konnte es gelingen, Tatsachen von Fälschungen zu scheiden und die Züge der Wahrheit, befreit von jenen Übertünchungen, zu erkennen. Die Zerstörung des Betruges, der Fabel, des Mythos ist Sache des Kritikers; der Historiker aber muß den Zusammenhang des Vorganges aufsuchen! Er muß zu erfassen streben, wie die Tradition entstanden und was an ihre Stelle zu setzen ist. Dies ist die von Niebuhr begründete „schöpferische Kritik“, oder — wie Goethe gesagt hat — seine „tätige Skepsis“. Voraussetzung dieser Methode ist, daß die Tradition, die das echte Material mit sich führt, niemals völlig abgerissen ist, daß also die Entwicklung einer Volksgeschichte sich organisch vollzogen hat. Ohne jenes organische Weltbild wäre Niebuhrs Methode nicht möglich gewesen; er hat das genetische Prinzip auf die Erkenntnis der Überlieferung als etwas Gewordenem angewendet. Das Leben eines Volkes ist auch für Niebuhr eine Einheit und entwickelt sich nach den ihm eingeborenen Gesetzen: die Lehre vom Nationalgeist war ein Glaubenssatz mitten in Deutschlands tiefster Erniedrigung. Wenn aber das geschichtliche Leben nach organischen Gesetzen verläuft, dann gibt es Mittel der Erkenntnis, um die Trümmer der Überlieferung zu ergänzen und ein Bild des vergangenen Lebens aufzubauen. Die Regelmäßigkeit historischen Geschehens gestattet, vom Bekannten zum Unbekannten, von der Wirkung zur Ursache zurückzugehen und so die durch keine Überlieferung bezeugte Vergangenheit wieder aufzudecken. Auch können wir aus den verstümmelten Fragmenten „die Form des Ganzen erraten, dem sie angehörten", und schließlich vermögen wir aus Vergleichung mit andern Völkern Schlüsse zu ziehen.

Niebuhr hat seine Methode an einem besonders geeigneten Gegenstand ausbilden können. Ein günstiges Schicksal hat gefügt, daß er es gerade mit einer Verfassung zu tun hatte, die auch in ihren späteren Fortbildungen noch im lebendigen Flusse echter Geschichte sich bewegte. Denn — so konnte er feststellen — „kein anderes Volk hat sich so unverkürzt ausleben können, keines mit solcher Kraft und Fülle". Jedes seiner Elemente lebt, bis es abstirbt; was sich überlebt hat, wird beseitigt, Ähnliches wird gepflanzt: „und so erhält sich der Staat jugendlich, der nämliche in seinem Wesen, stets sich erneuernd". Später kamen Stockung, Stillstand und Tod; aber gerade in den früheren Zeiten — „deren Kunde mehr erraten als vernommen werden muß" — bestand ein „Ebenmaß und sich also entsprechende Verhältnisse", so daß, „wo einige Spuren und Überreste von kenntlicher Beziehung an das Licht des Tages gebracht sind, sich auch über andere sichere Gewißheit ergibt, von denen es uns nicht gewährt ist, den Schutt aufzuräumen, oder deren unterste Grundsteine aufgerissen sind". Die Dauerhaftigkeit der römischen Verfassungsentwicklung ermöglichte es dem mit Anschauung und Kombinationsgabe ausgestatteten Forscher, am Faden der Entwicklung sicher zurückzuschreiten. Der Instinkt war nicht richtungslos und ging den gegebenen Weg. Niebuhr selbst hat später gesagt: „Ich hatte mein Ziel erreicht, wie ein Nachtwandler, der auf der Zinne schreitet." So gelang ihm sein großer Wurf, die von den alten Geschichtsschreibern, zumal von Livius, oft ganz verkannten Grundlagen des römischen Staates aufzudecken und also die ältere römische Geschichte aus dem Chaos zu ziehen; es gelang ihm, tiefere Blicke in die römische Vorzeit zu tun, als es den Römern selbst möglich war. Aus späteren Rechtssatzungen, Formeln und Bräuchen rekonstruierte er Gesetze und Zustände, wohl auch Geschehnisse der Urzeit.

Die „Römische Geschichte" gehört nicht zu den klassischen Denkmälern der deutschen Literatur. Da das wesentlich Neue in der Methode lag, wollte der Autor die Leser gewöhnen, nichts auf guten Glauben anzunehmen; so wünschte er nicht nur seine Resultate, sondern auch seine Untersuchungen mitzuteilen. Dies war eine ganz neue literarische Aufgabe, für die eine entsprechende Form nicht sofort gefunden werden konnte. Auch fehlte es Niebuhr persönlich an künstlerischem Sinn und an Gestaltungskraft. Er hat selbst gewußt, daß sein Werk zur Lektüre ungeeignet, an vielen Stellen „starr und unbeholfen" ist. Seine Leistung war, daß er die alte Schranke zwischen Historiker und Antiquar aufhob, indem er alle Schöngeisterei verbannte und eine Wissenschaft anregte, die auf die Quellen gegründet ist, doch nicht am Einzelnen haften bleibt, sondern den innern Zusammenhang der Entwicklung erfaßt; noch sah er nicht, daß nun auf einer höheren Ebene eine neue Abgrenzung nötig wurde und der Historiker Vorarbeit und Gestaltung trennen müsse. So ist sein Werk eine Sammlung von Exkursen geworden, und nicht nur Hegel hat dies mit dem scharfen Auge des der kritischen Methode abgeneigten Dialektikers gesehen, wenn er dem Werke den Wahrheitsgehalt im höheren Sinne, die „Einheit der Geschichte" bestritt: was sich in Frankreich nur in der Form kritischer Abhandlungen hervorwage, trete bei uns als Geschichtsschreibung auf! Auch Goethe, der gleich die ersten Bände bei ihrem Erscheinen gelesen hat und staunend die mehreren, „gleichsam übereinander geschobenen Schichten von Völkern in ihrer Folge" deutlich werden sah, meinte doch sofort, eigentlich hätte das Buch nicht „Römische Geschichte" heißen sollen, sondern „Kritik der Schriftsteller, welche uns die römische Geschichte überlieferten!" Aber gerade Goethe hat auch erkannt, daß das Neue und Wesentliche nicht im Stoff und in den Ergebnissen lag, sondern in der Art des Denkens, die ihm hier entgegentrat. Dies war es, was ihn veranlaßte, sich durch das „wirklich furchtbar anzuschauende Werk", durch dieses „Labyrinth" hindurchzuarbeiten. Er hat dankbar bekannt: „So eines Mannes tiefer Sinn und emsige Weise ist eigentlich das, was uns aufbaut. Die sämtlichen Ackergesetze gehen mich gar nichts an; aber die Art, wie er sie aufklärt, wie er mir die komplizierten Verhältnisse deutlich macht, das ist's, was mich fördert, was mir die Pflicht auferlegt, in den Geschäften, die ich übernehme, auf gleich gewissenhafte Weise zu verfahren."

Niebuhr hat gelegentlich geahnt, welche Kraft der Zerstörung mit dem von ihm proklamierten „ewigen Krieg der Kritik gegen die Überlieferung" über das 19. Jahrhundert kommen mußte; aber er selbst wurzelte noch zu stark im Zeitalter der Aufklärung und in ihrem Glauben an absolute Vernunftideale, als daß sich schon in ihm alle Folgen des geschichtlichen Denkens hätten auswirken können. Persönlich allerdings trug er manche Kennzeichen eines romantischen Charakters in sich, trotz seiner unkünstlerischen Natur. Er war ein moderner, kein antikischer Mensch — eine reizbare, widerspruchsvolle Persönlichkeit, weich und unsicher und doch wieder von unerträglichem Selbstgefühl, in Unruhe und Bitterkeit sich verzehrend. Erstaunlich ist der Unterschied zwischen seinen Büchern mit ihrer methodischen Strenge, mit ihrer römisch-preußischen Staatsgesinnung und seinen vertrauten Briefen, die auch wir heute „säuerlich" finden. Durch Neigung und Fähigkeiten ganz auf die Welt der Bücher hingewiesen, drängte er doch immer wieder zu politischen Geschäften. Die Tragik seines Lebens ist ausgesprochen in dem maliziösen Worte Wilhelm von Humboldts, wenn er von ihm sagt, er spiele unter den Gelehrten den Staatsmann, unter den Staatsmännern den Gelehrten. Niebuhr fühlte sich Goethe verwandt und war stolz auf sein „Heidentum"; aber in den späteren Jahren, da er in Rom wohnte als Vertreter Preußens bei dem Päpstlichen Stuhle, wurde er kirchlich und betonte gerne seine protestantische Art, gewann auch Verständnis für die katholische Frömmigkeit, so daß er in der Heimat wohl gelegentlich geheimer katholischer Neigungen beschuldigt wurde. Trotzdem bleibt bestehen, daß er seiner ganzen geistigen Art nach nicht in der Romantik, sondern in der deutschen Aufklärung des 18. Jahrhunderts wurzelte und daß auch sein Geschichtswerk nur aus jener Welt zu verstehen ist. An August Wilhelm Schlegel und Friedrich von Raumer vermißte er nicht nur die kritische Methode: auch die vielgewandte Rezeptivität war ihm fremd, ihm fehlte die gelassene Bewertung aller Erscheinungen an ihren geschichtlichen Voraussetzungen. Den Idealismus der moralischen Person und ihrer Freiheit hat er immer festgehalten; als eine Regel seines Geschichtsstudiums hat er selbst bezeichnet, „man müsse bei jeder Begebenheit fragen, was man selbst als rechtlicher Mensch würde getan haben". Er verlangte vom Historiker, die geschichtlichen Erscheinungen aus ihren eigenen Bedingungen zu erklären; aber er scheute sich nicht, zu werten und zu verdammen. Noch soll in seinen Augen die Geschichte dem Zwecke dienen, Werkzeuge für das politische Handeln zu liefern, die „richtige" Gesellschaftsordnung und den „wahren" Staat herauszuarbeiten, Lehrmeisterin und Richterin zugleich zu sein.

Dies eben war es gewesen, was Niebuhr zur Geschichte geführt hatte — daß die Liebe zur philologischen Methode sich in ihm verband mit den starken politischen und moralischen Antrieben seiner eigenen Natur und der ganzen Zeit. Aus der Arbeit in den Staatsgeschäften formten sich dem Denker die Probleme seiner Studien. So bitter er selbst gelegentlich die Teilung seines Tagewerkes zwischen geschäftlicher und politischer Tätigkeit empfinden mochte, so wäre doch ohne diese Doppelarbeit als Staatsmann und Gelehrter die „Römische Geschichte" nicht geschrieben worden. Alle großen Historiker der Vergangenheit, von Thukydides bis Machiavelli und Macaulay, sind von der praktischen Arbeit am Staate ausgegangen und von da zur Geschichte gekommen. Niebuhr ist in Deutschland der letzte aus dieser Reihe gewesen, und er war zugleich der erste in der Reihe der großen Gelehrten, die von philologischen Studien aus die Wissenschaft der Geschichte aufgebaut haben. Er war sich bewußt, daß niemand die römische Geschichte schreiben könne, der nicht ein praktischer Staatsmann und dazu noch ein trefflicher Philologe war. Mitten in den Wirren der Französischen Revolution und der napoleonischen Zeit, da die Gesellschaft Europas in gewaltiger Umbildung begriffen war, glaubte Niebuhr ein klares Bild von den „natürlichen Gesetzen" der Gesellschaft zu besitzen, und er hielt mit der ganzen Festigkeit des nordischen Charakters, mit der Zähigkeit des in seiner eigenen Welt lebenden Gelehrten an den von ihm gewonnenen Ergebnissen fest. Er sah die altgermanische Freiheit und den Wohlstand seiner Marschbauern mitten in den Jahrhunderten der Leibeigenschaft und der höfischen und bürokratischen Kultur bewahrt; er wußte, wie hier eine glückliche Kontinuität der historischen Entwicklung bestand, wie Verfassung und Selbstverwaltung sich erhalten hatten, bis die napoleonische Herrschaft dies alles zerstörte. Sein bäuerlicher Konservativismus und seine Abneigung gegen die Ideen von 1789 hatten hier ihre Wurzel, er war ein Feind der politischen Demokratie, der Zentralisation, der gesellschaftlichen Gleichmacherei, aller mechanischen Auffassung und Gestaltung sozialer Zustände. Der Anblick des englischen Lebens und das Studium der englischen Verfassung hatten diese Überzeugung nicht minder bestätigt wie die Lektüre Montesquieus und Burkes. Hinzugetreten waren die Erfahrungen, die er dann in Preußen machte, wo er unmittelbar mitwirken durfte an einer Reform, die ein großer Staatsmann ganz im gleichen Sinne aufnahm und die dann am Widerstande Napoleons, an der Selbstsucht der Privilegierten und an dem Radikalismus des von revolutionären Ideen erfaßten Beamtentums zu scheitern drohte. Da schien keines andern Volkes Geschichte lehrreicher zu sein als die des römischen. Schon Montesquieu hatte den römischen Nationalgeist analysiert, das freie Bauerntum gefeiert, ohne das die Vaterlandsliebe, die Tapferkeit und die Stetigkeit der Verfassung undenkbar gewesen wären. Dies eben fehlte der Gegenwart und war ihr bitter nötig, was Montesquieu als „attachement de chaque citoyen à la cité“ bei den Römern gefunden hatte. Es war die Aufgabe, mit den Mitteln der neuen kritischen Methode dies scharf herauszuarbeiten und der Gegenwart zu zeigen. Wenn Niebuhr an den alten Kompilatoren getadelt hatte, daß sie die römische Geschichte wie einen vermoderten Wissensstoff abgehandelt hätten, so war nun er allerdings mit der ganzen Kraft seiner Seele bei diesem Thema. Er hat selbst von sich gesagt, daß er die Geschichte des römischen Senates nicht hätte schreiben können ohne die lebendige Anschauung des englischen Staates, und es ist offenkundig, daß ihm bei der Schilderung der Plebejer und ihrer Erhebung das Bild der Irländer vor Augen schwebte und daß er die Notwendigkeit der Ackergesetze nicht hätte verstehen können, wenn er nicht als preußischer Staatsrat an den Reformen des Freiherrn vom Stein mitgewirkt hätte. Der „Republikanismus“ seiner Heimat, konservativ und bäuerlich und fern allem Jakobinertum, aller individuellen Freiheit und Gleichheit — dies war es, was er auch im alten Römertum fand. Es ist das Schicksal einer Bauerngemeinde, das er beschreibt, so wie er diese Gemeinden aus Dithmarschen und dem Lande Hadeln kannte, wie er sie auch in England zu finden glaubte, wie er sie in Deutschland durch späte Bildungen des Mittelalters und des Absolutismus überdeckt sah und neu zu erwecken hoffte.

Die Römer waren ihm das Volk, das in der Vergangenheit noch am ehesten den „vollkommenen Staat“ aufgebaut hatte. Er tadelt die ungebundene Aristokratie der Patrizier, die Bauernfeinde sind und auf kriegerische Eroberungen ausgehen, und er preist den Servius Tullius, daß er diesen Zuständen ein Ende gemacht, aber nicht statt dessen die Gleichheit einführte, sondern das Gleichgewicht beider Stände herstellte. Servius Tullius wollte nur „die Masse in den Staat aufnehmen“, damit sie dort einen Stand bilde — „weil, wie das vollkommenste Leben die größte Mannigfaltigkeit beseelt, auch jener Staat der herrlichste ist, worin die ursprünglich scharf abgesonderte Verschiedenheit, nach ihren vielfachen Arten in Mittelpunkten des Lebens nebeneinander vereinigt, ein Ganzes bildet“. Aus dem Siege der Plebejer erwächst nicht etwa der einseitige Vorteil der Plebejer, sondern die Kraft und

Gesundheit des Ganzen; der Staat selbst ist es, der jetzt mächtig und blühend wird, und an dieser Größe des Staates nehmen alle seine Elemente teil. Die Patrizier behalten selbst als Stand manche Vorrechte für immer. Die Einzelnen unter ihnen werden nicht etwa unterdrückt oder verjagt, sie bleiben an der Spitze der Republik, deren Größe auch sie zu einem früher unbekannten Glanze erhebt. Sie verlieren nichts als ihr ausschließliches Recht, dessen Fortdauer die freie Entwicklung für immer unmöglich gemacht hätte.

Was hier dargestellt wird, ist das Ideal des ständisch gebundenen Staates, der die körperschaftliche Freiheit und die soziale Harmonie in sich begreift. Man begegnet der Ansicht der preußischen Reformer über die Regeneration des Adels; eine abgeschlossene Oligarchie war nach der Meinung des Freiherrn vom Stein das Ende jeder wahren Aristokratie. Wo Staat und Gesellschaft auf ständischer Ordnung ruhen, bleibt die „Lust nach scheinbarer Symmetrie" ferne, die Verfassung entwickelt sich organisch. Nie haben die alten Römer sich „auf dem Felde gebettet", um den Versuch zu wagen, „ob sich der Bau vom Dache her anfangen lasse", während alles in Schutt zertrümmert liegt; nie haben sie „Pflanzungen voll Blüten und Obst ausgerissen, weil einzelne Bäume abgestorben waren". Die Bezugnahme auf die Französische Revolution ist hier offenkundig. Die Reform war notwendig — in Rom, in Frankreich, in Preußen; und die Privilegierten wehrten sich mit „kleinlichem Sinn". Aber Servius Tullius — dieser „plebejische Fürst" von niederer Herkunft — war kein radikaler Aristokrat wie Kleisthenes; er nahm für die neue Verfassung das Vorbild in der alten Verfassung der Kurien. Niebuhr urteilt: „Es war keine Willkür, sondern Anwendung einer schon herkömmlichen Form auf eine neu entstandene Sache. Es ist nicht Beeinträchtigung des früher Lebenden, daß neben ihm ein neues Leben erwacht: es war keine Beeinträchtigung der Patrizier, daß Servius die Freien als Stand ausbildete, so wenig als im späteren Mittelalter Beeinträchtigung der Barone, als sich die Städte als Gemeinden erhoben: hier und dort entstand eben dadurch gesicherte und gleichförmige Freiheit."

So zeichnete Niebuhr das Bild eines organischen Staates und seiner naturgemäßen Entwicklung; der energische Wille des Gesetzgebers ist nötig, aber er kann nur dann Segen stiften, wenn er sich an das Herkommen und an den Geist des Volkes lehnt. Die Verfassung Roms war aus dem „Nationalgeist" und aus den äußern Bedingungen des Landes erwachsen, sie mußte sich umbilden, wenn die wirtschaftlichen und sozialen Grundlagen sich änderten. Indem der Gesetzgeber dies erkannte und entsprechend handelte, sicherte er der Verfassung die Stetigkeit und dem Volke den Aufstieg. Immer wieder betonte Niebuhr, daß jede Verfassung nur Form und Ausdruck allgemeiner Kräfte ist, daß die Verwaltung also wichtiger ist als die Verfassung, daß eine geschriebene Verfassung keinen Wert hat, wenn nicht Selbstverwaltung besteht, und daß nur unter solchen Voraussetzungen die Verfassung fest gegründet ist und den starken Staat gewährleistet. Dies alles aber fand er in der älteren römischen Geschichte verwirklicht. Er schilderte die Römer, die sich diesen Staat und diese Verfassung geschaffen haben. Ernste, gemessene Männer, als freie Bauern auf eigener Scholle sitzend, maßvoll und unbestechlich, tapfer im Kriege und furchtlos in der Versammlung, fromm vor den Göttern wie im Andenken an die Vorfahren — so haben sie den Staat der Gesetzlichkeit geschaffen, die strenge Republikanertugend allen folgenden Zeiten vorgelebt: „fest und unvertilgbar waren die Formen der Verfassung allen eingeprägt, der Einzelne hatte sein Dasein so sehr im Ganzen, daß lange nicht einmal ein historisches Andenken einzelner Individuen hervortritt“. Eine einzigartige Reihenfolge zeitiger Reformen — von der servianischen Verfassung bis zu den licinisch-sextischen Gesetzen — hat immer wieder den stets notwendigen Angleich der Verfassung an die veränderte Zeitlage vollzogen und jenen bäuerlichen Mittelstand geschaffen, der Roms sittliche Stärke bedeutet und die römische Größe begründet hat. Nur so konnte, wie Niebuhr sagt, die „Linieninfanterie“ gebildet werden, welche Italien einigte und die Invasion der Punier abschlug.

Die Römer und ihre Einrichtungen waren von Machiavelli bis Montesquieu immer wieder gefeiert und verherrlicht worden. Es war ein politisches Wunschbild, das durch die moderne staatsrechtliche Literatur getragen wurde; an seiner Formung hatten die Schriften der stoischen Rhetoren und das Bild des alten Cato mitgewirkt. Auch Niebuhr stand unter dem Eindrucke dieser Lektüre, die der eigenen, ihm eingeborenen Stimmung entgegenkam. Er kannte und liebte das Landleben und den Feldbau, den Tageslauf des freien Bauern in freier Gemeinde, und er sah demgegenüber den Arbeiter, der abhängig ist: ihm fehlt das „ruhige Selbstvertrauen, welches bleibendes Eigentum gewährt“. Die Zeit nach dem hannibalischen Kriege bringt, wie Niebuhr meint, den Verfall. Das Eindringen griechischer Bildung, der Aufschwung von Handel und Gewerbe lassen die alte Einfachheit und Rechtlichkeit, die Staatsgesinnung und Gesetzestreue dahinschwinden, und schon zur Gracchenzeit ist der Adel blind geworden und vereitelt aus Gewinnsucht jegliche Reform. Das Unterlassen von Reformen aber hat zu allen Zeiten den Staat dem Untergange preisgegeben — so muß Niebuhr in Weiterführung seines Grundgedankens schließen, woraus der preußische Adel, der damals, im Jahre 1811, Hardenbergs Plane einer Einkommensteuer widerstrebte, seine Lehre ziehen konnte.

Sicherlich ist das Bild der römischen Geschichte, das auf solche Weise entstand, im Hinblick auf den Gesamtverlauf und auf das letzte Ergebnis richtig gesehen. Aber es ist kein Zufall, daß Niebuhr nicht mehr dazu gekommen ist, die späteren Jahrhunderte auszuführen. Seine Forschungen sind oft aus äußern Gründen, durch dienstliche Aufgaben unterbrochen worden; aber es lag auch in seiner geistigen Haltung, daß er die römische Geschichte nur so weit behandelte, als sie ihm vorbildliche Bedeutung zu besitzen schien. Nur bis zum ersten Punischen Kriege ist er gelangt, die Begründung des Weltreiches hat ihn nicht mehr gefesselt, der Anschluß an die Kaiserzeit und Gibbons Geschichtswerk ist nicht ausgeführt worden: Niebuhr konnte die Entstehung von Roms Weltherrschaft nicht begreiflich machen. Der Satz ließ sich vertreten, daß Vaterlandsliebe und politische Tüchtigkeit bei Bodenbesitz — und, vielleicht noch besser, bei gebundenem Bodenbesitz — besonders gewährleistet seien und daß es also gelte, möglichst viele Glieder des Volkes dieses Bodens teilhaftig zu machen. Die Geschichte des römischen „ager publicus" handelt von diesem Probleme. Sobald aber eine besitzlose städtische Masse entstand, gab es freilich nur die Alternative, entweder den Besitzlosen keine politischen Rechte zu gewähren oder aber darauf hinzuarbeiten, daß es keine Besitzlosen mehr gibt, daß also die Masse mit dem Boden verbunden wird, was alsdann nur durch Beseitigung des Adels und also der ständischen Gliederung möglich war. Niebuhr hielt beide Lösungen für Wege zum Abgrund; neben dem Ständestaate ließ er nichts anderes gelten. So mußte er freilich alle Züge des werdenden gewerblichen und kaufmännischen Lebens als Verfallserscheinungen ansehen. Alle Bewunderer Roms von Machiavelli bis Montesquieu waren weitherziger gewesen und hatten nicht daran gedacht, mit dem Horizont des Ackerbürgers die römische Geschichte zu schreiben. Niebuhr, der sich seine Römer als Marschbauern vorstellte, vergaß darüber das Wichtigste, wie man mit Recht gesagt hat. Er vergaß, daß die Römer nur deswegen zu weltgeschichtlicher Bedeutung emporgestiegen sind, weil sie sehr frühe das zu sein aufhörten, was die Dithmarschen immer geblieben sind. Doch hat Niebuhr, wie ergänzend hinzugefügt werden muß, Elemente der Zersetzung auch schon im römischen Nationalcharakter gesehen und so in die überlieferte Bewunderung des Römertums einen neuen, realistischen Ton hineingebracht. Neben den Tugenden sah er schon in der Frühzeit Laster walten, die ihm für die Römer besonders bezeichnend schienen — unersättliche Herrschsucht, Gefühllosigkeit wider den Nebenmenschen: „allen diesen Lastern bedeuteten eben jene Tugenden den Weg zur Herrschaft und gingen so selbst unter".

Niebuhr war unerschütterlich davon überzeugt, daß die Ergebnisse seiner Forschungen und Meditationen wissenschaftlich unwiderlegbar seien und in politischer Hinsicht das einzige Heil bedeuteten. Er hat von seinen Ansichten einmal gesagt: „Wäre es möglich, daß ein alter Römer von den Toten auferstände, er würde ihre Richtigkeit beschwören." Dennoch bleibt die Zeitgebundenheit seiner Persönlichkeit, seiner Anschauungen und seines Werkes unverkennbar. Er hat mit der von ihm geschaffenen Methode alles erreicht, was von einer wissenschaftlichen Methode überhaupt erwartet werden kann; an seiner Persönlichkeit lag es, wenn er nicht darüber hinaus die letzte Aufgabe des Geschichtsschreibers, die plastische Gestaltung einer vergangenen Welt erfüllt hat. Erst Theodor Mommsen — auch er ein Friese — hat die „Römische Geschichte" geschrieben, die Niebuhr vorschwebte und die zu erreichen ihm versagt war. Und Mommsen hat auch von den „glänzenden Phantasien" seines Vorgängers sprechen dürfen. Aber neben der methodischen Ausbildung der neuen Wissenschaft bleibt doch noch sein Verdienst, daß er dem deutschen Geiste ein Führer wurde auf dem Wege aus den literarischen zu den staatlichen Interessen und daß er als erster Denker im 19. Jahrhundert die Historiker auf die große geschichtliche Sendung hinwies, die ihnen hier bevorstand. Die Einsicht in das Wesen des Staates war der ästhetisch gestimmten Geschichtsschreibung der Aufklärung verloren gegangen; Niebuhr gab als erster wieder staatliche Geschichte. Er war Preuße aus freier Wahl, aus dänischen Diensten herübergekommen. Aber er ist der erste theoretische Vertreter einer „deutschen Mission" Preußens geworden, bei seiner Schilderung des römischen Staates und der Geschicke Italiens dachte er immer an Preußen und an Deutschland. Indessen war er doch noch nicht „politischer" Historiker in dem engen Sinne, den das Zeitalter der nationalen Einigung mit seiner Beschränkung alles öffentlichen Interesses auf die Verfassungsprobleme und auf die auswärtige Politik geschaffen hat. Niebuhr suchte den ganzen Unterbau des Staates, die gesellschaftlichen und wirtschaftlichen Bedingungen zu erfassen. Auch hierbei trug er ein Erbe des 18. Jahrhunderts mit sich, das später teilweise verschüttet worden ist; er gab Kultur- und Zustandsgeschichte wie Voltaire, Gibbon und Herder. Ob man ihn jedoch einen Vorläufer der modernen Wirtschaftshistoriker nennen will, der lange vor Karl Marx die geschichtliche Entwicklung dargestellt hat als eine fortdauernde Angleichung des verfassungspolitischen Überbaues an die lebendigen sozialen Grundlagen, steht dahin. Auch von Niebuhr könnte das Wort stammen, daß Revolutionen nicht „gemacht" werden können, aber er hätte hinzugefügt, daß sie allerdings vermieden werden können durch zeitige und verständige Reform.

Denn ganz fremd blieb ihm jene Ansicht von der Gebundenheit und Ohnmacht des menschlichen Handelns, wie sie aus der organischen Staatslehre sich ergeben konnte. Niebuhr hat die organische Entwicklung geschichtlichen Lebens in den politischen Einrichtungen walten sehen, und dies wurde ihm zu einem heuristischen Prinzip, so daß er die Quellen ergänzen, die Trümmer der Entwicklung zusammenzufügen vermochte. Auch hat er — durchaus im Geiste der organischen Staatslehre und bestärkt durch eigene Lebenserfahrungen — die Blütezeit des römischen Volkes gerade in den frühen Stadien der Entwicklung gesehen, wo die jugendlichen Triebe sich entfalten. Aber die Kraft der Gestaltung und der Wille zur Tat waren ihm unentbehrliche Elemente des Lebens. Seine „Römische Geschichte" ist die Geschichte der großen Kodifikationen, von Servius Tullius bis Licinius und Sextius. Hier wird gezeigt, daß der Gesetzgeber tun muß, was an der Zeit ist, und also nicht Willkür walten lassen darf, daß aber jede Verzögerung des Verfassungswerkes zur Katastrophe führen muß. Niebuhr hat freilich nachher dem Geiste der Restauration seinen Tribut gezahlt und bei der Neuauflage seines Werkes viele allzu deutliche Anspielungen weggestrichen — auch jenen Satz, daß die Gracchenzeit lehre, wie gefährlich die Unterlassung notwendiger Reformen sei. Er verbarg die Ideale der Reformzeit und der Freiheitskriege, nicht nur aus der Sorge, sich unbeliebt zu machen, sondern auch ängstlich geworden gegenüber den Regungen des Volkes. Aber daß in der Welt ein Widerspruch zwischen Vernunft und Geschichte, zwischen Sollen und Sein bestehe, war allerdings seine Meinung. Auch hier war eine Quelle seiner entschiedenen Gegnerschaft gegen Hegel: die „Einheit der Geschichte" war ihm nicht die dialektische. Den Glauben der Aufklärung an absolute

Normen und an die Freiheit des menschlichen Willens hat Niebuhr immer festgehalten, bei aller Anerkennung der geschichtlichen Mächte. Es konnte freilich nicht ausbleiben, daß die Frage der Weltanschauung unmittelbar vom Leben aufgeworfen wurde und eine praktische Lösung verlangte; alsdann mußte sich entscheiden, ob das geschichtliche Denken sich bei dem Standpunkte Niebuhrs beruhigen konnte. Diese grundsätzliche Auseinandersetzung vollzog sich auf dem Gebiete des Rechtslebens.

Nirgends schien der Widerspruch zwischen Vernunft und Geschichte peinlicher zu sein als auf dem Gebiete des Rechtslebens. Die Ausbildung der deutschen Territorien und ihrer Selbständigkeit hatte in eine immer schlimmere Rechtsverwirrung hineingeführt. Das gemeine deutsche Privatrecht, auch Pandektenrecht genannt, hatte nur subsidiäre Geltung, überall standen provinzielle Rechte und lokale Privilegien neben den Edikten der Fürsten und widersprachen einander; deutsche, römische und kanonische Rechtselemente waren vermischt, dabei war das „deutsch“ und „römisch“ nicht einheitlich, sondern ein mehr oder minder zufälliges Aggregat von Resten der Rechte verschiedener Zeiten. Die Rechtswissenschaft wurde des aufgehäuften Stoffes nicht mehr Herr und reihte die positiven Gesetze in endlosen Kompendien aneinander. Immer noch aber galt ihr das Römische Recht als eine „ratio scripta“, und das in den Schulen herrschende Naturrecht war eine Abstraktion des römischen. Am nächsten lag daher, jenen ganzen, geschichtlich gewordenen Wust hinwegzuwerfen und in Anlehnung an das Naturrecht ein neues Zivilgesetzbuch zu schaffen. Dies war der Gedanke, der alle die großen reformatorischen Regenten des 18. Jahrhunderts erfüllte und zur Schaffung des Preußischen und des Österreichischen Landrechtes geführt hat. Da es aber nur die naturrechtliche Jurisprudenz gab, die aus höchsten Prinzipien auf mathematisch-deduktivem Wege allgemeine Sätze ableitete und für die praktische Rechtsprechung unfruchtbar war, so hatten diese Gesetzesbücher möglichst viel Einzelfälle angeführt. Die Vollständigkeit der Bücher sollte der Rechtspflege eine mechanische Sicherheit gewähren, indem der Richter, alles eigenen Urteils überhoben, auf die buchstäbliche Anwendung beschränkt wäre: „Es ist aber sehr dicke“, hat Friedrich der Große auf den Entwurf des Landrechtes geschrieben, den ihm der Kanzler Carmer 1785 vorlegte. Da man jedoch trotz der gehäuften Kasuistik nicht alle

Fälle erfassen konnte, so war der Willkür des Richters oder seiner vorgesetzten Behörde ein breiter Raum gelassen. Lediglich Frankreich hatte eine in der Magistratur und im Barreau — also durch den Richter- und den Advokatenstand — überlieferte Jurisprudenz, und es hatte daher die prägnanten „Cinq Codes" hervorbringen können, in denen das napoleonische Recht mustergültig kodifiziert war — den Code civil, den Code criminel, Code de Commerce und die Prozedurgesetze für das bürgerliche und das kriminelle Verfahren. In Deutschland dagegen beschränkten sich die Richter auf einfache Gesetzeskunde, auf einen mechanischen Dienst am Buchstaben; die Studenten konnten sich ohne Schaden mit dem Pauker begnügen.

So war schon im 18. Jahrhundert den deutschen Rechtslehrern die Aufgabe gestellt, eine wissenschaftliche Jurisprudenz zu schaffen, die auf die Quellen zurückging und das Recht in seinem innern Zusammenhang zu erfassen lehrte. Nur durch historisch-kritische Betrachtung konnte man die heterogenen Elemente des bestehenden Rechtes sichten und klären, und dies war nur möglich, wenn man mit der „eleganten", polyhistorischen Rechtswissenschaft brach, auch vom abstrakten Naturrecht sich abwandte und das echte Römische Recht ausgrub. Die allgemeinen Anregungen der Zeit halfen auf diesem Wege. Kant hatte dargelegt, daß das analytische Verfahren außerhalb der Mathematik nicht angewendet werden könne. Montesquieu und Herder hatten gelehrt, wie die Bildung des Historischen und Individuellen von Zeit, Ort und Volkscharakter abhängig war. Die große Göttinger Philologie hatte das Handwerkzeug zur Beschäftigung mit den antiken Denkmälern geliefert. So hat Gustav Hugo — ein Schüler und Lehrer Göttingens — als erster seit 1790 das deduktive Naturrecht aufgelöst und den Geist des Römischen Rechtes aus den Quellen zu ergründen begonnen. Unter der Herrschaft des Rationalismus war das Römische Recht zum Rechte der Natur verklärt worden; jetzt begann seine historische Erforschung. Hugo definierte selbst seine Methode also: „Der Sinn von Wörtern und Redensarten soll nicht mehr philosophisch bestimmt werden, wie wenn man die Sprache und die Wissenschaft erst schaffen wollte, sondern historisch nach dem, was die Römer sich dabei dachten." Es war die Entdeckung des „reinen römischen Rechtes". Die Rechtsgeschichte als Zweig der Kulturgeschichte war hiermit geboren, an die Stelle des universalen Rationalismus trat das gesonderte Fach mit seiner sorgfältig ausgebildeten Methode; die wissenschaftliche Spezialisierung brach sich Bahn und empfahl sich durch ihre Erfolge. Hugo brachte für diese Aufgabe die Liebe zum Kleinen und Einzelnen mit und den Scharfsinn in der Handhabung der kritisch-exegetischen Methode. Im übrigen blieb er Kantianer, der in der geschichtlichen Entwicklung nichts Unbewußtes gelten ließ, sondern nur sichtbare Faktoren und Persönlichkeiten walten sah. Der „weise Gesetzgeber" blieb ihm der eigentliche Schöpfer des Rechtes: das genetische Prinzip war ihm noch unbekannt. Da er zudem die Ergebnisse seiner Forschungen nur in schwieriger Form und wenig lesbaren Aufsätzen niederlegte, war er bald überholt und vergessen.

Hugo hatte nur ein Programm aufgestellt, die Tat vollbrachte sein Schüler Savigny. Als der 24jährige Marburger Professor im Jahre 1803 sein „Recht des Besitzes" herausgab, begann eine neue Epoche in der Jurisprudenz. Hier war am umgrenzten Objekt, bei der Untersuchung einer einzelnen Lehre des Römischen Rechtes, das neue Verfahren angewendet. Zuerst waren durch eindringende Quellenforschung die römischen Anschauungen in ihrer Reinheit festgestellt, dann waren die Änderungen dargelegt, welche das Römische Recht in der neueren Gesetzgebung und Praxis erfahren hatte. Diese strenge Scheidung des Alten und des Neuen war bis dahin ganz unbekannt. Dabei zeigte sich, daß manches von dem, was man für gültiges Recht gehalten hatte, nur ein Mißverständnis des römischen war, während allerdings anderes als eine wohlbegründete Fortentwicklung anerkannt werden mußte. Der Widerspruch zwischen Vernunft und Geschichte löste sich auf, Herders und Burkes Lehre von der in der historischen Entwicklung waltenden Vernunft wurde am einzelnen, besondern Objekte bestätigt. Es wurde offenkundig, wie fruchtbar die Abwendung vom Naturrecht, von der philosophischen Behandlung des Rechtes werden konnte und wie die historische Betrachtung den Weg zum Realismus bahnte.

Die neue wissenschaftliche Erkenntnis gewann ungeahnte praktische und politische Bedeutung, als nach dem Sturze Napoleons die nationale Bewegung auf möglichst vielen Gebieten eine Einheit erstrebte und nun plötzlich zur Diskussion gestellt wurde, ob man eine einheitliche Rechtsordnung und zumal ein allgemeines bürgerliches Gesetzbuch schaffen solle. Der Gedanke lag nahe, den Code Napoléon, der bisher im französischen Herrschaftsgebiet und in vielen Rheinbundstaaten in Geltung war, auf ganz Deutschland auszudehnen. Hiergegen aber wehrten sich sofort die Anhänger der neuen Lehre, wonach jedes Volk seinen eigenen Lebensgesetzen entsprechend sich entwickeln müsse und jene gewalttätige

Methode verwerflich sei, die mit den im fremden Lande bewährten Satzungen das eigene Volk beglücken wollte. Noch im Dezember des Jahres 1813 ließ August Wilhelm Rehberg, den wir als den Jugendfreund des Freiherrn vom Stein und als den frühesten Vermittler Burkeschen Denkens in Deutschland kennen gelernt haben, seine Schrift gegen den Code Napoléon erscheinen, worin er das französische Recht als für deutsche Verhältnisse ungeeignet zu erweisen unternahm. Wie die Dinge nun einmal lagen, konnte es nicht anders sein, als daß sich die neue genetische Betrachtungsweise aufs engste mit den Zielen der politischen Restauration verband; mit dem fremdländischen Rechte verwarf man zugleich die neue Staats- und Gesellschaftsordnung der Französischen Revolution. Schon bei der Rezeption des Code Napoléon in den Rheinbundstaaten hatte es nicht an Anhängern des Alten gefehlt, die im Namen der „Teutschheit" und im Sinne der historischen Auffassung gegen das fremde Gesetzbuch innerlich protestiert hatten. Zu den Paragraphen des Code Napoléon, die Rehberg als undeutsch empfand, gehörte das neue Vermögensrecht mit seiner Ablösbarkeit aller Grundrenten und der Teilbarkeit der Güter, das Erbrecht des „partage forcé". Die väterliche Gewalt verlor durch diese Bestimmungen an Geltung, sie wurde beschränkt durch die Rechtssätze über Pflichtteil und frühe Volljährigkeit. Zivilehe und Ehescheidung erregten schwersten Anstoß; auch daß Artikel 357 den unehelichen Kindern einen Anspruch auf die Verlassenschaft gab, wurde als eine Lockerung des deutschen und christlichen Familienbegriffes empfunden. Anderseits war der Code Napoléon auch wieder sehr hart gegen uneheliche Kinder, wenn der vielzitierte Artikel 340 die „recherche de la paternité" verbot: was von der Bourgeoisie als Sicherung der Individualität gepriesen wurde, nannte Rehberg eine Sittenlosigkeit. So forderten gewichtige Stimmen, daß mit Napoleon auch sein Zivilrecht vertrieben und die alten partikularen Satzungen wiederhergestellt werden sollten: die Rechtseinheit war nach dieser Auffassung unnötig, sie mußte zur Vergewaltigung des geschichtlich Gewordenen führen.

Auch Savigny nannte die französischen Gesetzbücher eine „politische Krankheit". In der Tat wurde das napoleonische Recht in großen Teilen seines bisherigen Herrschaftsgebietes alsbald mit Beginn der Restaurationszeit abgeschafft und der vormalige Zustand wiederhergestellt. Auch die preußische Regierung beseitigte überall rechts des Rheines die französischen Gesetzbücher und führte das Allgemeine Landrecht ein. Als sie aber das gleiche auch auf dem linken Ufer plante, wehrten sich die Rheinländer für ihr

„heimisches Recht“, sie petitionierten für die Erhaltung der „Cinq Codes“, die nun einmal der vorgeschritteneren städtischen und bürgerlichen Entwicklung der westlichen Lande entgegenkamen. Die rheinischen und die süddeutschen Juristen konnten darauf hinweisen, daß das napoleonische Recht hervorgegangen war aus einer Verschmelzung des Römischen Rechtes mit den meist germanischen „Coutumes“, den Gewohnheitsrechten des königlichen Frankreich, und daß also der Code Napoléon auf deutschem Boden nicht schlechthin als fremdes Recht betrachtet werden könne, da das Römische Recht auch in Deutschland längst heimisch war. Tatsächlich gelang die Erhaltung der französischen Gesetzbücher auf dem linken Rheinufer, in den „Ländern des rheinischen Rechtes“ — also daß nun künftig der Pommer oder der Brandenburger nach anderem Rechte lebte als der Rheinländer. Entscheidend war dabei, daß das öffentliche und mündliche Verfahren in Kriminal- und Zivilsachen einen unbestreitbaren Kulturfortschritt gegenüber dem geheimen und schriftlichen darstellte und daß die patrimoniale Gerichtsbarkeit undenkbar war auf dem linken Rheinufer, wo es keine „Gutsherrschaft“ und keine „adeligen Güter“ gab. Nicht einmal zu einer amtlichen Übersetzung der französischen Gesetzbücher ist es gekommen; so rasch festigte sich die Überzeugung, daß das fremde Recht nur durch strenge Gedankenarbeit überwunden werden konnte, ein neues Leben nur von innen hervor, aus den tiefen Wurzeln des Volksempfindens zu gewinnen war.

Ein allgemeines deutsches Bürgerliches Gesetzbuch konnte also aus dem napoleonischen nicht entwickelt werden. So drängte sich der Gedanke auf, ein eigenes nationales Gesetzbuch zu schaffen. In den hochgestimmten und erwartungsvollen Tagen, da das Jahr 1814 anhob und die deutschen Patrioten von der baldigen endgültigen Niederwerfung Napoleons die Erfüllung ihrer Wünsche nach Einheit und Freiheit erwarteten, veröffentlichte der Heidelberger Rechtslehrer Thibaut seine Flugschrift „Über die Notwendigkeit eines allgemeinen bürgerlichen Rechtes für Deutschland“. Er hatte die Broschüre in zwei Wochen niedergeschrieben, aus der vollen Wärme seines Herzens heraus, während in seinem Hause viele deutsche Soldaten im Quartier lagen, die auf Paris marschieren wollten. Auch Thibaut verwarf das napoleonische Recht, aber nicht aus den Motiven der Weltanschauung, die Rehberg vorgetragen hatte. Er hatte einst bei Kant in Königsberg studiert und billigte die neue Ordnung, die dem französischen Zivilrechte zu Grunde lag. Aber wenn die kurzen, feinen Formulierungen des französischen Gesetzes viel bewundert waren, so erwiesen sie sich doch bei der Anwendung sehr oft nicht als stichhaltig und genügten der deutschen Gründlichkeit wenig. Thibaut war überzeugt, daß die deutsche Jurisprudenz diese Gedanken viel tiefer und bestimmter ausdrücken und in viel bessere, geschlossenere Form werde bringen können, als es den Zivilisten des Kaisers gelungen war. Die Wiederherstellung der alten Buntscheckigkeit schien ihm ganz unsinnig, die lokalen Ordnungen waren auch sachlich veraltet, die neuen Mittelstaaten konnten niemals zur früheren Zersplitterung zurückkehren. Also blieb nach Thibauts Meinung nichts übrig, als ein nationales Gesetzbuch zu schaffen, um so das fremdländische Wesen und den Partikularismus zugleich zu überwinden.

Thibaut war kein Anhänger des abstrakten Naturrechtes. Er hatte von Montesquieu und Herder gelernt, die Erscheinungen des kulturellen Lebens in ihrer Bedingtheit durch Rasse, Umwelt und historische Lage zu begreifen. An die Allmacht des Gesetzgebers glaubte er nicht. Aber er war allerdings der Meinung, daß es Aufgabe der Gesetzgebung sein müsse, die den praktischen Bedürfnissen entsprechenden Satzungen zu formulieren, und daß die Wissenschaft hierzu beitragen müsse durch umfassendes Studium aller Verhältnisse und Bedingungen. Er sah die trostlose Zersplitterung des Rechtes im damaligen Deutschland, dies „Labyrinth buntscheckiger und zum Teil sinnloser Gebräuche"; er sah, wie Handel und Gewerbe sich unter diesen Umständen nicht entwickeln, ein Nationalsinn nicht entstehen konnte. Er wollte das Herkommen nicht ohne Grund verlassen wissen, aber — „man soll kräftig Hand ans Werk legen, um das wuchernde Unkraut auszurotten, um der niedergedrückten, verkleinlichten guten Natur Luft zu verschaffen; und wehe dem Volke, welches, träge und abgestumpft, nichts anderes lieben und kennen will, als was ihm nun einmal durch Sehen oder Hörensagen geläufig geworden ist". So proklamierte Thibaut das Recht des Gesetzgebers, die Dinge zu gestalten, und bekannte sich zum Glauben an die Freiheit des menschlichen Willens.

Da trat ihm Savigny entgegen. In der denkwürdigen Diskussion zwischen den beiden großen Juristen sind grundsätzliche Fragen der Wissenschaft und der Weltanschauung zum ersten Male erörtert worden. Savigny hatte in den Jahren der napoleonischen Herrschaft an der Universität Landshut gewirkt und dort die rheinbündischen Gesetzesmacher an der Arbeit gesehen. Mit Anselm Feuerbach, dem Schöpfer der bayrischen Gesetzgebung, konnte er sich nicht verstehen, und den Lehrern des Naturrechtes warf er „bodenlosen Hochmut“ vor, weil sie sich vermaßen, ein für alle Völker und alle Zeiten gleich brauchbares Recht zu schaffen. Er bestritt die Macht und Bedeutung, die Thibaut der Gesetzgebung für die Schaffung des Rechtes zugeschrieben hatte. Er stützte sich dabei auf die romantische Lehre vom organischen Werden, wie nämlich Sprache, Sitte, Verfassung, Recht kein abgesondertes Dasein führen, sondern nur einzelne Kräfte und Tätigkeiten des einen Volkes sind, in der Natur untrennbar verbunden und nur unserer Betrachtung als besondere Eigenschaften erscheinend: „Was sie zu einem Ganzen verknüpft, ist die gemeinsame Überzeugung des Volkes, das gleiche Gefühl innerer Notwendigkeit, welches allen Gedanken an zufällige und willkürliche Entstehung ausschließt.“ So lehrte Savigny, daß die Volksüberzeugung die eigentliche Quelle alles Rechtes sei, daß alles Recht zuerst als Gewohnheitsrecht, durch Sitte und Volksglauben erzeugt werde und im organischen Zusammenhang mit der Entwicklung des allgemeinen Volkslebens stehe, nur einen Teil dieses Lebens bilde, nur ein Element seiner Kultur: in der innigsten Wechselwirkung mit den übrigen Kulturelementen schmiegt sich das Recht auf jeder Stufe seiner Entwicklung dem Geist und den Bedürfnissen des Volkes an! Wie für die Sprache — hieß es nun —, so gibt es auch für das Recht keinen Augenblick eines absoluten Stillstandes, es ist derselben Bewegung und Entwicklung unterworfen wie jedes andere Leben des Volkes, es folgt dem Gesetze seiner innern Notwendigkeit. Das Recht „wächst also mit dem Volke fort, bildet sich aus mit demselben und stirbt endlich ab, so wie das Volk seine Eigentümlichkeit verliert“. Zwar sondern sich bei steigender Kultur alle Tätigkeiten des Volkes immer mehr, und was sonst gemeinschaftlich betrieben wurde, fällt nun einzelnen Ständen anheim. So bildete sich der Stand der Juristen, „von welchen nunmehr das Volk in dieser Funktion repräsentiert wird“ und die so bei der Fortbildung des Rechtes mitwirken. Aber auch die Jurisprudenz ist nach Savigny ein Erzeugnis des Volksgeistes und kann nur blühen, wenn sie in Verbindung mit der ursprünglichen Quelle des Rechtes bleibt. Savigny unterscheidet also natürliches und gelehrtes Recht, ganz so wie Herder Naturpoesie und Kunstpoesie unterschieden hatte: „aus dem Zusammenwirken dieses doppelten Lebensprinzipes erklären sich alle späteren Erscheinungen“. Aber auch nach Ausbildung der Wissenschaft will Savigny die Aufgabe der Gesetzgebung, der „Legislation“, nur darin sehen, daß sie das Gewohnheitsrecht niederschreibt und Kontroversen entscheidet. So läßt er nur die rechtfeststellende, keinesfalls aber die rechtändernde Gesetzgebung zu. Eine „Kodifikation" aber, also eine authentische Verzeichnung des ganzen bürgerlichen Rechtes in einem Gesetzbuche, erschien ihm in einer Zeit blühender Rechtswissenschaft durchaus als überflüssig: das Recht bedarf der ausdrücklichen Vorschriften der höchsten Staatsgewalt nicht, solange es sich im lebendigen Flusse der Entwicklung befindet! So sind es immer stillwirkende Kräfte, die das Recht erzeugen und fortbilden, ohne eigentliche Absicht und Willkür. Die Grundlage bleibt das Gewohnheitsrecht; Wissenschaft und Gesetzgebung sind nur seine Hilfsmittel oder Organe.

Es ergab sich hieraus, daß Savigny die Abhilfe gegen die Mängel des bestehenden Rechtszustandes ausschließlich in der Anwendung der geschichtlichen Methode sah, wie er sie in seinem „Recht des Besitzes" entwickelt hatte. Das ursprüngliche römische Recht mußte von den Bestandteilen gesäubert werden, die in späterer Zeit durch „Unkunde und Dumpfheit" hinzugebracht worden waren. Die Jurisprudenz mußte also zunächst Rechtsgeschichte sein. Das emporkommende Jahrhundert des historischen Sinnes wies der Geschichtswissenschaft die große praktische Aufgabe zu, die Kontinuität der Entwicklung nachzuweisen, sie zu reinigen und zu beschützen. Dann mußte sich herausstellen, daß viele Erwerbungen späterer Zeit sinnvoll waren und in der Entwicklung des volkstümlichen Lebens begründet. Auf eine einheitliche Rechtsordnung mußte unter diesen Umständen freilich verzichtet werden. Aber die Lehre der Romantik vom Staate als einem Organismus sah ja gerade aus der Pflege der individuellen Verhältnisse die Kraft des Ganzen erwachsen. Auch Savigny bestritt, daß die unitarische Ordnung des Staates das nationale Gefühl stärke und daß die Liebe zum gemeinsamen Vaterlande durch die Gleichförmigkeit des Rechtes erhöht, durch die Mannigfaltigkeit der Partikularrechte geschwächt werde. Er sagte: „Es kann die lebendige Liebe zum Ganzen bloß aus der lebendigen Teilnahme an allen einzelnen Verhältnissen hervorgehen; also darf nicht geradezu das besondere Recht einzelner Provinzen und Städte für nachteilig gehalten werden." Er wollte gewiß nicht jedes Stadtrecht als etwas wahrhaft Volksmäßiges ansprechen. Aber sehr günstig schien ihm der Zustand des alten Deutschland vor der napoleonischen Zeit, wo große Mannigfaltigkeit und Eigentümlichkeit im Einzelnen bestand, überall aber das gemeine deutsche Recht die Grundlage bildete. Und nichts schien ihm verderblicher zu sein als die leichte und willkürliche Änderung.

Die Grundsätze, die Savigny vortrug, waren nicht eigentlich

originell. Sie lagen in einem Zeitalter, das Burke und Schelling erlebt hatte, gewissermaßen in der Luft. Auch Thibaut wollte weder von der alten Kasuistik und der „eleganten" Jurisprudenz der Polyhistoren noch von der Naturrechtslehre etwas wissen; auch er lehnte alle Willkür des Gesetzgebers, alle Rechtssätze aus allgemeinen Vorstellungen und Prinzipien ab; über die Entstehung des Rechtes dachte er nicht so sehr viel anders als Savigny. Er hat auch als Historiker sich betätigt — auf dem sehr abgelegenen Gebiete der Musikgeschichte, wo er neben den älteren Meistern nur das Volkslied gelten ließ. Und gerade er hat als erster im Jahre 1814 das Wort „Volksgeist" auf das Rechtsleben angewendet, während Savigny es erst in den Werken seines Alters aufgenommen hat. Aber Thibaut wollte den gestaltenden Willen des Menschen nicht ausgeschaltet wissen; auch faßte er das Leben des Volkes, aus dem das Recht entsteht und von dem es aufgenommen wird, breiter, tiefer und elementarer, als dies seinem Widersacher möglich war. Das Römische Recht blieb auch ihm ein Muster der Exegese; aber die modernen Gesetze konnten nicht gebunden werden an einen Kanon, sie mußten dem sich wandelnden Leben entsprechen, also auf das Volksbewußtsein und auf die praktischen Bedürfnisse Rücksicht nehmen; nur so konnte „richtiges Recht" entstehen. Savignys Lehre von der Kontinuität führte mit Notwendigkeit in die alte Bevorzugung des Römischen Rechtes — eines Römischen Rechtes freilich, das jetzt reiner und kritischer erfaßt wurde als ehedem. Alle Ansätze zu einer realistischen Auffassung der Jurisprudenz, die in der Lehre vom Volksgeiste lagen, gingen in einem neuen Formalismus unter, und alle Theorie von der Volksverbundenheit des Rechtes änderte nichts an der Tatsache, daß die Rechtsbegriffe statt von sozialen und wirtschaftlichen Bedürfnissen aus lateinischen Schriften abstrahiert wurden, der Jurist zum Philologen wurde und das Recht abermals einem sich abschließenden Gelehrtenstande anvertraut war, wie das Savigny selbst in dem vornehmen und gemessenen Stil seines Lebens den Juristen des 19. Jahrhunderts vorgelebt hat. Ihm fehlte jede praktische Erfahrung in Justizgeschäften, und über das geltende Landrecht hat er nach seinem eigenen Geständnis nur mit „innerer Abneigung" gelesen. Thibaut dagegen ahnte als erster, daß das Privatrecht den Geist der jeweiligen sozialen und wirtschaftlichen Zustände darstellen soll. Sein Standpunkt bedeutete den ersten Schritt zu der Einsicht, daß das Gesetz erst vom Leben aufgenommen werden muß, um im höheren Sinne Recht zu werden. Es geht die Erzählung, daß Napoleon, als er die ersten Kommentare seines Gesetzbuches auf seinem Tische fand, ausgerufen habe: „Mon code est perdu!“ Dies war er nun freilich nicht; aber die alte Auffassung hatte nicht zugeben wollen, daß Leben und Recht sich gegenseitig ergänzen müssen. Indem Thibaut als erster der Jurisprudenz die Richtung auf das praktisch Brauchbare gab, stellte er ihr eine umfassende Aufgabe. Er forderte von ihr die Beschäftigung mit dem ganzen, weiten kulturellen Leben und den systematischen Aufbau auf dieser gegebenen Grundlage. So hat er den „wissenschaftlichen Positivismus“ vorausgeahnt. Hierin liegt seine große geistesgeschichtliche Bedeutung.

Das 19. Jahrhundert gehörte nicht ihm, sondern seinem Gegner. Das spekulative Denken wurde abgelöst durch das historische, das Naturrecht durch die „geschichtliche Rechtswissenschaft“. Thibaut nahm einen Standpunkt ein, für den die Zeit nicht gekommen war. Auch unterschätzte er ohne Zweifel die politischen Hindernisse wie die technischen Schwierigkeiten der Kodifikation. Die juristische Wissenschaft war in Deutschland noch unvollkommen ausgebildet, die Regierungen hätten sich versagt, und ein revolutionärer Stürmer war Thibaut durchaus nicht. Wenn sein Vorschlag unausgeführt geblieben ist, so war dies nicht die Wirkung von Savignys Widerspruch, sondern der allgemeinen Stimmung der Zeit, die in Savignys Lehre sich wiederfand. Gerne hörte man sprechen von der Wiederherstellung der alten, bunten Zustände und von der Bewahrung der Kontinuität. Man war müde geworden der Revolutionen und Erschütterungen; man ließ sich belehren, daß der Mensch den Dingen folgen, nicht sie leiten und gestalten solle. Jetzt konnte man jede fortschrittliche Maßnahme als Eingriff in das „organische Wachstum“ des Rechtes bekämpfen und jeden dennoch vollzogenen Fortschritt als „Bruch mit der Geschichte“ brandmarken. Dies war zwar gewiß nicht Savignys letzte Meinung, denn in Wahrheit mußte seine Lehre das starre Festhalten am Gegebenen verurteilen; sie wollte das „richtige Ebenmaß der beharrlichen und der fortbewegenden Kräfte“, und sie lehnte eine Bindung an das Herkommen ab, „wenn es einer neuen, volksmäßig herrschenden Ansicht nicht mehr entsprach“. Aber Savigny hatte nun einmal die freie Tat des Individuums beiseitegeschoben und einem Quietismus den Weg gebahnt, er hatte nun einmal seiner Zeit — und im Grunde eigentlich jeder Zeit — den Beruf zur Gesetzgebung abgesprochen; dies fand allgemeine Zustimmung in den regierenden Kreisen, die nun endlich Ruhe haben wollten und allen Experimenten widerstrebten. So kam es, daß die wissenschaftliche Überwindung des Naturrechtes wie ein Werk und ein Triumph der Reaktion erschien und daß die Männer des Fortschrittes eben deshalb noch lange am Naturrechte festhielten, obwohl sie im einzelnen Falle mehr historischen Sinn, mehr Verständnis für das Gebot der Stunde zeigten als die Wortführer der „organischen Entwicklung". Der Historiker Dahlmann erwiderte treffend: „Bricht das Dach über mir zusammen, dann ist mein Beruf zum Neubau dargetan."

Und doch hat Savigny mit seiner Lehre die demokratische und nationale Entwicklung auch wieder gefördert. Er war einig mit Thibaut in der Ablehnung partikularer Gesetzgebungen. Die Gefahr, die der mittelstaatlichen Souveränität von dem Heidelberger Rechtslehrer drohte, war bald abgewendet: seine Anregung gewann kein Leben. Um so gefährlicher konnten für die Mittelstaaten die Gedanken Savignys werden, der ihnen das Recht der Gesetzgebung entziehen und es „in die Hände des Volkes und der Juristen als Repräsentanten des Volkes" spielen wollte. Savigny antwortete auf solchen Vorwurf, er habe nicht gesagt, die Senate der Juristen und die Komitien des Volkes sollten die Gesetze beschließen. Vielmehr gelte von diesen genau dasselbe, was von den Monarchen in solchem Falle gilt: daß nämlich ihr Beruf sei, das „unabhängig von ihnen seiende Recht" zu finden und auszusprechen und daß sie diesen Beruf verkennen, wenn sie die Willkür an dessen Stelle setzen! Es lag aber doch auch ein volkstümlicher Zug in der Lehre, die alles Recht aus dem Volksgeiste entstehen und den Gesetzgeber selbst nur für ein Organ dieses Volksgeistes gelten ließ. Hieran änderte auch nichts die Einschiebung des Juristenstandes als rechtserzeugend an Stelle des ganzen Volkes; die Grundlage blieb immer das Volk. Für die willkürliche, absolute Gewalt des Fürsten war in diesem Systeme kein Raum mehr. Denn jeder Despotismus wird aus seinem innersten Wesen heraus zur Gesetzgebung drängen, wie umgekehrt die Freiheit gefährdet ist, wenn eine gesetzgebende Gewalt ungehemmt sich betätigen und die geschichtlichen Fäden zerreißen darf. So gelangte Savigny in schärfsten Widerspruch zu den Theoretikern des Absolutismus. Er bezeichnete die Lehre des Hobbes als „ganz verwerflich", aber er fügte hinzu, es sei bei der Hallerschen Bekämpfung der Theorie des „Contrat social" schwer zu sagen, welches von beiden bedenklicher sei, die Krankheit oder das Heilmittel.

Die Wirkung Savignys auf die Geisteshaltung des 19. Jahrhunderts ist unermeßlich. Sie entstammte gewiß nicht einer Größe oder Ursprünglichkeit seiner Gedanken. Denn was er Eigenes zu der

Lehre von der organischen Entwicklung des gesellschaftlichen und staatlichen Lebens hinzubrachte, war nur die Übertreibung der an sich richtigen, aber überkommenen Gedanken, und die Auflösung des Naturrechtes hatte längst begonnen, als er den Prozeß beschleunigte. Im übrigen hat er sich in allen seinen grundlegenden Aufstellungen geirrt. Die großen Gesetzgebungswerke des 18. Jahrhunderts, die er verwarf — das französische, preußische, österreichische Recht —, haben sich lange behauptet, und das 19. Jahrhundert hat mit Erfolg neue Kodifikationen hinzugefügt. Als er selbst in den 40er Jahren preußischer Justizminister wurde, war er zu gesetzgeberischer Arbeit gezwungen; er benützte freilich getreu seiner Lehre die Form der Legislation, also der das Einzelgebiet regelnden „Novellen". Auch die Wege, die er der Rechtswissenschaft gewiesen, haben nicht zu schöpferischer Entwicklung geführt. Er hat sie trotz aller Vorbehalte in Wahrheit doch auf die Rechtsgeschichte eingeengt, sie ganz auf das Römische Recht zurückgeführt und so einen Rechtsformalismus geschaffen, eine „Begriffsjurisprudenz" — wie Jhering gesagt hat —, die vom Leben absieht und nur an die systematische Verwendbarkeit denkt. Das Geheimnis seines Erfolges lag in seiner Persönlichkeit, die tat und aussprach, was an der Zeit war. Er besaß in unvergleichlichem Grade alle die Eigenschaften, die dem Historiker notwendig sind, und dies in einem Augenblick, da Politik und Wissenschaft in die Bahnen des geschichtlichen Denkens einlenkten. Der Zauber, der von dem großen Schriftsteller und Lehrer ausging, kam hinzu, ihm eine lange und starke Nachwirkung zu sichern. Er war von romantischem Geistesgute beeinflußt und bewegte sich zeit seines Lebens im Kreise der Romantiker; er war ein Sohn der alten Reichsstadt Frankfurt und heiratete Gunda Brentano, die Schwester des Clemens und der Bettina. Aber nach Charakter und Lebensführung war er ganz und gar kein Romantiker, sondern ein Mann der klassischen Ruhe und des Ebenmaßes, der gemessenen Würde, als stattlicher, vornehmer und unabhängiger Edelmann eine ungewöhnliche Erscheinung auf dem Katheder, in seinen späteren Jahren preußischer Geheimer Rat und Minister, ein „König der Wissenschaft" in des Wortes eigentlichster Bedeutung. Der Goethesche Altersstil war ihm eigen und Vorbild, er hat nie einen Sturm und Drang erlebt, schon der junge Privatdozent hatte alle seine literarischen Pläne entworfen und sein ganzes wissenschaftliches Leben abgesteckt. Er war eine zur Objektivität angelegte Natur und verfügte über die große Kunst, das Verwickelte einfach und das Dunkle klar zu machen. So vermochte er es, die historische Methode leidenschaftslos zu handhaben, alle romantische Mystik aus der Wissenschaft zu verbannen und die Resultate sauber und abgerundet darzubieten. Dies war zwar erstaunlich bei einem Manne, der überall das Walten volkstümlicher Kräfte annahm; aber alle Folgerungen wurden ferngehalten, die den aristokratischen und klassischen Stil in Wissenschaft oder Politik stören konnten. Die Lehre von der Geburt des Rechtes aus dem Geiste des Volkes hinderte nicht, das alte Römische Recht als ein geschlossenes, widerspruchsloses, vollendetes System hinzustellen, alles zu glätten und zu formen. Dies aber war es, was der Zeit Eindruck machte: es war Klassizismus in der Jurisprudenz, die Rückkehr zu einem „reinen römischen Recht", zu einem strengen, antiken Kanon. So gewaltig auch der Umschwung von Rousseau zu Savigny ist: ohne ein System der Werte konnte auch der Rechtshistoriker nicht leben, und Savigny nahm dies System aus dem Römischen Rechte. Auch die neue Wissenschaft der Rechtsgeschichte trat nicht anders als die neue politische Geschichtsschreibung ins Leben, indem sie an absoluten Maßstäben festhielt: Niebuhr und Savigny gehören menschlich und wissenschaftlich aufs engste zusammen. Beide waren unphilosophische Naturen, ganz den historischen Tatsachen hingegeben. Aber sie waren doch noch gewöhnt an letzte Entscheidungen. So mochten sie wohl gelegentlich die Geschichte vergewaltigen, anderseits drohten ihnen noch nicht die Gefahren des historischen Denkens. Sie besaßen Normen, an denen sie — bewußt oder unbewußt — die Erscheinungen anderer Zeiten und Völker maßen. Ihr Glaube an die in der alten Geschichte sich offenbarende Vernunft und ihre ernste religiöse Natur ermöglichten es ihnen, geschichtliches Leben zu erfassen und doch allen Relativismus fernzuhalten. Und auch die andere Gefahr der genetischen Betrachtung, der Determinismus, war diesen Denkern noch unbekannt. Savigny predigte unermüdlich gegen das Naturrecht, daß Kraft und Wille des Einzelnen an das Maß und die Begabung seiner Zeit gebunden seien; er hat dadurch das Zeitalter in der Neigung zum Quietismus bestärkt, aber eine grundsätzliche Erörterung lag ihm ganz ferne. Nur so konnte das Zeitalter das genetische Denken in sich aufnehmen und den Trägern der neuen Betrachtungsweise Erfolge ermöglichen.

Bei Savignys Aufstieg kam noch hinzu, daß er einen starken Willen zur Macht besaß. Während Anselm Feuerbach, der zur Gesetzgebung wie kein anderer berufen war, im kleinen Ansbach einsam und verbittert zwischen den Akten seine Tage verbrachte, thronte Savigny in Berlin als mächtiges Schulhaupt, als Berater der Fürsten, als Hüter des „organisch Gewordenen". Er hat als Professor an der neugegründeten Universität Berlin durch seine dienstlichen und höfischen Beziehungen erreicht, daß das Rechtsstudium im 19. Jahrhundert nicht auf das preußische Landrecht, sondern auf das Pandektenrecht gegründet wurde, weil nur am Studium geschichtlicher Quellen die „Wissenschaftlichkeit" gewährleistet sei. Er sammelte eine große Zahl unbedingt ergebener Schüler um sich und hat mit ihnen im Laufe der Jahre die Lehrstühle besetzt: so herrschte sein Geist in Wissenschaft, Schule und Leben weit über seinen Tod hinaus. Er stieß dabei mit Hegel zusammen, in welchem ihm ein ähnlicher Machtwille entgegentrat: sektenartig standen sich in Berlin die beiden Schulen und ihre Häupter gegenüber, und dahinter lebte ein sachlicher Gegensatz von säkularer Bedeutung. Auch Hegel hat mitgewirkt, dem deutschen Geiste die Richtung auf induktive und historische Forschung zu geben, auch er hat die einzelnen Kulturerscheinungen mit dem Volksgeiste in Verbindung gebracht. Aber die Schranken, die diesem Denken bei Hegel durch deduktive Neigungen und rasche Begriffsbildung gezogen waren, ließen den Unterschied zwischen dem Philosophen und dem Historiker bewußt werden und bedeuteten eine Gefahr für die junge geschichtliche Forschung, während anderseits die Konzentrierung der wissenschaftlichen Arbeit auf die Ermittlung von Tatsachen ein Erlöschen des philosophischen Denkens voraussehen ließ. Auch war der „Volksgeist" Hegels anderer Art als der Savignys. Während der romantische Denker das Recht — nicht anders als die Sprache — aus der unbewußt wirkenden Volksseele hervorgehen ließ, den Anteil des Staates an der Rechtsbildung nicht beachtete, sah Hegel im Volke nur ein Zwischenstadium, im Staate aber den „sich mit Bewußtsein realisierenden Geist". Hegel schob also das Gewohnheitsrecht weit hinter das Gesetzesrecht zurück, und er verstieg sich darum in seiner „Rechtsphilosophie" zu dem sehr deutlichen Satze: „Einer gebildeten Nation oder dem juristischen Stande in derselben die Fähigkeit abzusprechen, ein Gesetzbuch zu machen, wäre einer der größten Schimpfe, der einer Nation oder jenem Stande angetan werden könnte." Was Hegel vortrug, entsprach ohne Zweifel dem Wesen und den Bedürfnissen des preußischen Staates, der schwerlich als Ausdruck einer Volksseele angesprochen werden konnte, sondern das Werk großer Staatsmänner und Gesetzgeber war. Und nur die allem Handeln abgeneigte Stimmung der vormärzlichen Zeit war daran schuld, wenn Savigny siegte. Die Historiker Savigny und Ranke verbanden sich in Berlin mit Schleiermacher gegen Hegel, dem sogar die Wahl in die Akademie der Wissenschaften versagt wurde: die Akademie war ausschließlich den Spezialwissenschaften vorbehalten. Der Streit zwischen der geschichtlichen und der philosophischen Richtung zog sich viele Jahrzehnte hin, aber das Jahrhundert gehörte durchaus der „historischen Rechtsschule".

Ihr hatte der Meister ein umfassendes Programm gestellt, das einem ganzen Heere von Gelehrten Beschäftigung gab. Wenn die deutsche Rechtswissenschaft der ihr gestellten Aufgabe, das Recht fortzubilden, gewachsen sein sollte, mußte sie sich des historischen Materials vollkommen bemächtigen, um die Vernunft der Geschichte in dem Entwicklungsgange der Rechtsbildung aufzuzeigen. Sie mußte also ihre Forschungen nach zwei Richtungen wenden, auf die römische und auf die deutsche Rechtsgeschichte, da das gewordene Recht aus beiden Elementen gemischt war. So teilte sich die historische Rechtsschule in die beiden Zweige der Romanisten und Germanisten. Die Wissenschaft von der Geschichte des römischen Rechtes hat Savigny ausgebaut, die germanische Rechtsgeschichte, bis dahin ein Tummelplatz der Sammler und Antiquare, hat unabhängig von Savigny schon im Jahre 1808 Karl Friedrich Eichhorn mit seiner „Deutschen Staats- und Rechtsgeschichte" begründet — auch er ein Schüler Göttingens und durch das Elend der napoleonischen Zeit zu seinen Studien angeregt. Der eine unternahm es, das Römische Recht aus eigener Wurzel genetisch zu entwickeln und rein darzustellen, der andere ebenso das deutsche Recht. Beide wirkten in Berlin nebeneinander als die Häupter der „historischen Rechtsschule", beide begründeten gemeinsam 1815 die „Zeitschrift für geschichtliche Rechtswissenschaft". Mit Vorbedacht sprachen sie nicht von „Rechtsgeschichte". Sie wollten das Recht finden auf geschichtlichem Wege, die Geschichte war ihnen nicht mehr nur eine Beispielsammlung, sondern „der einzige Weg zur wahren Erkenntnis unseres eigenen Zustandes", wie Savigny in der Einführung der Zeitschrift programmatisch erklärte und dabei zum ersten Male die „geschichtliche" und die „ungeschichtliche Schule" unterschied. Der romanistische und der germanistische Flügel der „historischen Schule" strebten gemeinsam dem gleichen Ziele zu. Doch lag es im Wesen der Sache und in der überlegenen Persönlichkeit Savignys begründet, daß zunächst die romanistische Richtung die Führung hatte. Ihr lag die wichtigste Arbeit ob, von deren Ergebnis das Schicksal der ganzen Lehre abhing. Denn die Geschichte des Römischen Rechtes schien allen Theorien des Meisters zu widersprechen; sie war eine Geschichte der großen Gesetzgeber, sie gab keine Kunde von einem Weiterleben im Mittelalter, als fremdes Recht war das römische in Deutschland rezipiert worden, die Rechtsentwicklung schien also gerade hier nicht „organisch" zu sein. Schon in der Schrift an Thibaut hatte sich Savigny gegen den naheliegenden und unaustilgbaren Irrtum gewendet, als ob eine organische Entwicklung eine isolierte, völkische sein müsse: „Beschwerden dieser Art haben schon etwas Leeres und Grundloses, da sie als zufällig und willkürlich voraussetzen, was ohne innere Notwendigkeit nimmermehr geschehen oder aber nicht bleibend geworden wäre. Auch liegt eine abgeschlossene nationale Entwicklung nicht auf dem Wege, welchen die Natur den neueren Völkern angewiesen hat." Das Römische Recht — vor Jahrhunderten aufgenommen in das deutsche Rechtsleben — war in diesem kein Fremdkörper geblieben, sondern hatte Wurzel geschlagen und war mit dem deutschen Rechte zusammengewachsen: „gerade darin zeigt sich das Walten des Volksgeistes".

So ergab sich aus Savignys Grundgedanken die Aufgabe, die organische Entwicklung des Römischen Rechtes nachzuzeichnen. Es war zwar eine Abhängigkeit von seiner Theorie, wenn er — so recht im äußersten Widerspruche zur pragmatischen Geschichtsschreibung — den Einfluß der Gesetzgebung bei der Entwicklung des Römischen Rechtes leugnete und die Kodifikation durch Justinian als eine Maßnahme im Zeitalter des Verfalles, zur Verhütung tieferen Verfalles, ansprach: allzu deutlich zeugte gegen diese Ansicht das Gesetz der Zwölf Tafeln. Aber das Nachleben des Römischen Rechtes hat Savigny scharfsinnig dargestellt: als im Jahre 1815 der I. Band seiner „Geschichte des Römischen Rechtes im Mittelalter" herauskam, war die neue genetische Geschichtsschreibung geboren, und Niebuhr, dem für die Anregungen, die er gegeben, in der Vorrede gedankt war, erkannte neidlos an, daß hier die Grundsätze der kritischen und organischen Geschichtsbetrachtung nunmehr zu einer Geschichtsschreibung großen Stiles geführt hatten. Jetzt erst waren Gibbon und die pragmatische Historie endgültig überwunden: der Gotensturm war keine Katastrophe mehr, die Neuzeit nicht mehr ein Werk souveräner Laune. Seit Herder war man vorbereitet, hier umzudenken; das Fortleben des Römischen Rechtes im Mittelalter war schon vor Savigny gelegentlich behauptet worden. Aber unzählige Male war geschildert worden, wie das Römische Recht während des Mittelalters verloren und vergessen war, wie die einzige Handschrift der Pandekten in Amalfi verborgen lag, wie die Pisaner sie 1135 bei der Einnahme der Stadt erbeuteten und Kaiser Lothar verordnet habe, daß das neugefundene Recht nun überall angewendet und öffentlicher Unterricht in ihm erteilt werden solle; Lothar wurde als Gründer der Universität Bologna gefeiert. Savigny wies nach, wie diese ganze Erzählung nirgends eine Stütze in den Quellen besaß. Er zeigte, wie das Römische Recht auch nach dem Untergange des Reiches in den Nachfolgestaaten von den Gerichten angewendet, in Schriften bearbeitet und mündlich gelehrt wurde, wie es „dunkel fortgelebt" hatte unter Goten, Lombarden und Franken. Obgleich die Kenntnis dürftig war, so verband doch auf diese Weise eine lebendige Überlieferung die Periode des sinkenden Römischen Reiches mit dem Wirken der Glossatoren. Und die Neubelebung durch die Schule von Bologna geschah nicht nach dem Willen einer Regierung, etwa der staufischen Kaiser, sondern aus dem Bedürfnis der lombardischen Städte und ihres Handels. So zeigte Savigny, wie nicht Zufall und Willkür die Geltung des Römischen Rechtes bestimmt hatten, sondern wie hier das Ergebnis einer ununterbrochenen Entwicklung vorlag.

Dies alles bot Savigny in sechs stattlichen Bänden, die bis 1831 herauskamen. Er stützte sich auf eine einzigartige Kenntnis der Quellen, die er in allen Bibliotheken des Abendlandes gesammelt hatte: schon 1805 war er zu diesem Zwecke in Paris gewesen und hatte den jungen Jakob Grimm als seinen Gehilfen bei sich gehabt. Sorgfältig und zielsicher wurden die Quellen geprüft, und es waren nicht nur die Rechtsquellen, die Savigny sammelte. Denn da nach seiner wissenschaftlichen Einsicht alles Recht vom Volke selbst hervorgebracht und entwickelt wird, so hätte das Römische Recht nicht fortdauern können, wenn es in der Fortdauer römischer Völker und Staaten keine Grundlage gehabt hätte. Deshalb erweiterte sich die Aufgabe mit Notwendigkeit aus dem Grundgedanken Savignys zu einem umfassenden Geschichtsbilde, zur Darstellung aller Kulturgebiete in ihrem innern Zusammenhang. Großartig hat er die Geschichte der Nachfolgestaaten, farbenprächtig im 3. Bande die Kulturgeschichte der lombardischen Städte und der italienischen Universitäten gezeichnet; so ist er der erste große Kulturhistoriker geworden, den die deutsche Wissenschaft hervorgebracht hat. Für die späteren Bände blieb dann nur noch die Tätigkeit der Schule von Bologna zu schildern übrig, die Rechtsgeschichte wurde hier zur Literaturgeschichte, und Niebuhr bedauerte wohl gelegentlich den Freund ob der „mühseligen und seines Geistes unwerten" Arbeit. Aber die hier dargestellte Wechselwirkung zwischen Wissenschaft und Ausübung gehörte zu Savignys Grundlehren und fand so eine gute Illustrierung. Daß die Universitätstradition schließlich das Leben überwucherte, war ja auch Savignys persönliches Los und nicht nur in diesem Werke. Wunderbar klassisch bleibt auch so der Aufbau des Ganzen; unmittelbar in der Mitte, am Eingang des 4. Bandes, steht die Gestalt des Irnerius, des Hauptes der Glossatoren, der die im ersten Teil geschilderte Periode des unterirdischen Fortlebens abschließt und die wissenschaftliche Neubelebung begründet hat, deren Zeugnisse dann in den drei letzten Bänden gesammelt sind.

Das Deutsche Recht kam bei Savignys ausschließlicher Beschäftigung mit der römischen Tradition entschieden zu kurz, und überhaupt bedeutete die Beschränkung auf das reine Römische Recht und seine Geschichte eine unerträgliche Einengung. Savigny hat sich zwar im Alter immer wieder gegen die Vorwürfe gewehrt, als ob er dem Römischen Rechte eine ungebührliche Herrschaft einräume, und er hat in der Tat ganze Teile des Römischen Rechtes als antiquiert erwiesen. Aber im Grunde interessierten ihn auch die Glossatoren nur insoweit, als sie das Recht der klassischen Zeit auslegten. In dieser Hinsicht waren ihm Hegel und Thibaut ohne Zweifel voraus: diese haben gegen ihn an die Aufgabe der Universalgeschichte erinnert, die das 18. Jahrhundert so groß erfaßt hatte und die nun verloren zu gehen drohte. Hegels Schüler Eduard Gans ist aus solchen Anregungen heraus zum Begründer der vergleichenden Rechtsgeschichte geworden. Sein „Erbrecht in weltgeschichtlicher Entwicklung“ verblieb zwar bei der dialektischen Methode und behielt insofern gegen Savigny Unrecht; aber das Werk zog die Rechtsvorstellungen aller Völker, auch der Inder und Chinesen, heran. In der Einleitung nahm Gans entschieden gegen Savigny Stellung und warf ihm die Einseitigkeit seiner Studien und den Quietismus seiner Lehre vor. Als Gans 1823 diesen Angriff wagte und gar 1828 durch die Regierung zum Ordinarius ernannt wurde, entbrannte ein Universitätsskandal, der äußerlich um das Schicksal eines Juden und Günstlings der Regierung, in sachlicher Hinsicht aber darum ging, ob neben der historischen Rechtsschule noch andere Richtungen gelten sollten. Vergebens beteuerte Savigny immer wieder, daß er die Rechtsphilosophie neben der Rechtsgeschichte gelten lasse: in Wahrheit war das Ende des rechtsphilosophischen Denkens gekommen.

Auch die Germanisten wehrten sich schließlich gegen die Überschätzung des Römischen Rechtes, und hierüber ist dann die „historische Schule“ auseinandergebrochen. Wer seine wissenschaftliche Arbeit ganz der Beschäftigung mit dem germanischen Altertum und dem deutschen Mittelalter widmete, konnte gar leicht dazu kommen, die Rezeption des Römischen Rechtes als einen Bruch unserer nationalen Entwicklung zu empfinden und Savignys Deutung hinwegzuschieben. Seufzte nicht Deutschland seit Jahrhunderten unter der Herrschaft eines fremden Rechtes und eines unvolkstümlichen Gelehrtenstandes? Alle Invektiven, die seit Luther, Hutten und Hans Sachs gegen die Advokaten losgelassen worden waren, lebten im modernen wissenschaftlichen Gewande wieder auf. Dies war der Weg, den Georg Beseler — auch er ein Mitglied der historischen Schule — gegangen ist und der in den 40er Jahren die beiden Zweige der Schule in Feindschaft auseinandergeführt hat. Beseler sah in der Rezeption des Römischen Rechtes ein „Nationalunglück". Er formulierte die Antithese von „Volksrecht und Juristenrecht" und gab ihr einen scharfen, anklagenden Sinn. Er protestierte dagegen, daß Savigny in die organische Entwicklung Rechtswissenschaft und Juristenstand aufgenommen und eingeschaltet hatte. Unser Recht — so lauteten seine Sätze — ist kein wahres Recht, es ist von den Juristen aus dem Auslande eingeführt, nur ihnen bekannt und wert! Das alte nationale Recht, jetzt begraben unter der Last des römischen, muß wieder auftauchen aus der Tiefe und lebendig ins Leben eintreten! Hiermit war der deutschen Rechtsgeschichte eine neue und folgenreiche Aufgabe gewiesen, die Savigny und Eichhorn niemals geahnt hatten. Sie wurde berufen, in die Kämpfe des Tages einzugreifen, die alten deutschen Rechtsgrundsätze wieder zu erwecken und sie nutzbar zu machen zur Heilung moderner Schäden. Das Laienrichtertum war freilich auch vom Vorbilde des antiken Lebens aus zu finden gewesen, und die Französische Revolution hatte dies längst besorgt. Aber Gildewesen und Genossenschaft waren deutsche Institutionen, in ihnen fand Beseler — und später sein Schüler Gierke — die deutschrechtliche juristische Person, die von der römischen so charakteristisch verschieden ist. Das gebundene Bodenrecht hängt hiermit zusammen. Auch das Prinzip der Selbstverwaltung hatte Savigny durch seine Kanonisierung des nationalrömischen Rechtes beiseite lassen müssen, und doch entsprach es ganz dem Wesen der historischen Schule und war durch den Freiherrn vom Stein den Deutschen nahegebracht. Es waren Grundsätze, die politisch sehr verschieden angewendet werden konnten; sie konnten der Restauration der feudalen Gewalten wie dem Schutze und der Entwicklung der volkstümlichen Kräfte dienen, sie boten einen Damm gegen den Despotismus der

Herren wie der Masse. In jedem Falle widersprachen sie der seit dem 18. Jahrhundert siegreich vordringenden Kultur der ungebundenen Persönlichkeit, der kapitalistischen Wirtschaft, des souveränen Staates. Die Romanisten zögerten nicht, sich dieses Vorteiles zu bedienen.

Es war ja gewiß kein Zufall, daß die Erneuerung des römischen Zivilrechtes durch Hugo und Savigny gerade mit der Französischen Revolution und mit dem Aufstieg des Bürgertums zusammenfiel. Denn das Römische Recht ist städtisches Recht, es ist das Werk freier Bürger, die Freiheit der Person und des Bodens ist rückhaltlos ausgesprochen. Es ist ein abstraktes, farbloses, kosmopolitisches Recht. In jeder Hinsicht entspricht es den Bedürfnissen der geldwirtschaftlichen und kapitalistischen Entwicklung, die persönliche Freiheit, leichten Austausch und eine starke Ordnung braucht. Savigny war sich dieser Modernität seines Standpunktes schwerlich bewußt, und er hätte sie nicht begrüßt. Auf ihn mochte zutreffen, was Beseler über die vom Volke abgeschlossene, auf die Studierstube beschränkte Kaste gesagt hatte. Aber sein Satz war richtig, daß das Römische Recht sich längst in die deutsche Entwicklung eingefügt hatte: je entschiedener das 19. Jahrhundert zu einem Zeitalter des siegenden Bürgertums wurde, desto weniger konnte es an einen Bruch mit diesem Recht und an einen Verzicht auf den Juristenstand denken. Hier war ein Zusammenhang, den der junge Theodor Mommsen — der letzte große Romanist, der aus der historischen Schule hervorgegangen ist — klar erkannte, als er gegen Beseler Stellung nahm. Mochte die Rezeption im 15. Jahrhundert ein Unglück gewesen sein und Hutten begründeten Anlaß gehabt haben, das Römische Recht zu bekämpfen: „im 19. Jahrhundert sind wir da angekommen, wo bei einer naturgemäßen Entwicklung unseres Rechtes dies doch mit dem römischen zusammengefallen wäre“.

Nicht alle Gelehrten, die am Aufbau der deutschen Rechtsgeschichte gearbeitet haben, verwarfen im Namen des Deutschtums jede Einfuhr fremden Kulturgutes. Gerade die Größten kamen vom Humanismus her und hielten sich den Weg in die Weite des Lebens offen. Dies gilt vor allem von den Brüdern Grimm. Auch sie waren in der Kleinwelt des alten Reiches aufgewachsen, im Pfarrhause des Großvaters und in der Kanzlei des Vaters, der kurfürstlich hessen-hanauischer Landschreiber war. Der Umgang mit guten Menschen ließ sie die Geborgenheit dieses Daseins dankbar empfinden; sie lernten das Bestehende achten, wenn es noch Lebenskraft besaß. Die Gabe der Beobachtung schärfte sich frühe unter solchen Bedingungen. Ihr Geist war vorbereitet, das Denken der Romantik aufzunehmen. Sie lasen die altdeutschen Studien der Schlegel und Tieck, des „Knaben Wunderhorn" wurde für sie eine Offenbarung, in Marburg vernahmen sie Savignys Lehre und übertrugen sie auf Sprache und Literatur: wie für Savigny, so wurde es auch für Jakob und Wilhelm Grimm die früh erfaßte und planmäßig durchgeführte Arbeit ihres Lebens, den Volksgeist in seiner organischen Auswirkung zu begreifen. Eine zarte, innige Gemeinschaft verband die Brüder von der Kindheit bis zum Grabe, sie wohnten und arbeiteten zusammen, in Kassel, in Göttingen, in Berlin: so leben sie beide vereint im Gedenken der Nachwelt.

Was Savigny und die historische Schule nur als theoretische Wahrheit gelehrt hatten, die organische Verbundenheit aller Zweige des Volkslebens — Jakob Grimm hat es in seiner Forschung anschaulich gemacht. Er hat gemeinsam mit dem Bruder die Wissenschaft von der Sprache, der Poesie und dem Glauben des deutschen Volkes begründet, und er hat — als der umfassendere Geist der beiden — zugleich auch das Recht in den Kreis seiner Betrachtung gezogen und die innere Einheit aller Kulturelemente zur Darstellung gebracht. In Marburg — wo er auf Wunsch des Vaters die Rechte studierte — wurde Jakob Grimm der Schüler des nur wenige Jahre älteren Savigny und knüpfte mit ihm aus geistiger Verwandtschaft einen engen Freundesbund. Dann hat er sich gemeinsam mit Wilhelm der deutschen Sprache zugewendet und ihrer Erforschung die langen Jahre gewidmet, da sie beide in Kassel als Bibliothekare tätig waren: so ist in der Zeit von 1806 bis 1829 und in Kassel die Wissenschaft der deutschen und germanischen Philologie begründet worden. Jetzt erst wurde mit kritischer Methode und an dem von den altdeutschen Denkmälern gelieferten unermeßlichen Stoffe ausgeführt, was Herder ahnungsvoll geschaut hatte: daß die Sprache wie eine Pflanze entstanden ist, daß man ihr Wachstum verfolgen, ihre Blüte beschreiben kann; daß jede Sprache ein unermeßliches Land von sichtbar gewordenen Gedanken ist und daß man aus ihr die menschliche Seele zu entziffern vermag. Nicht anders, so hatte Herder gelehrt, ist es mit der Dichtung; auch sie ist naturgewachsen. Aber er und die Romantiker hatten nur Anregungen ausgestreut, als Liebhaber und Nachdichter bald da und bald dort gekostet oder mitgeteilt. Nur die altklassische Philologie war entsprechend umgebildet worden und sie dankte dies, wie erwähnt, ihrem Erneuerer Friedrich August Wolf, der die innere

Einheit des griechischen Lebens zu erfassen suchte und den Homer begriff als ein Gedicht, das mehr entstanden als entworfen sei. Nun galt es, diese Gedanken auch für die deutsche Philologie zu verwerten und auszubauen, den Quellenstoff zu prüfen, zu sichten, zu befragen. Es wurde eine mühsame Arbeit durch Jahrzehnte hindurch, die den romantischen Naturen nicht möglich war und bei der nur Ausdauer, Scharfsinn und die schöpferische Gabe der Kombination zum Ziele führen konnten, — jene „Andacht zum Unbedeutenden", über welche die Romantiker gerne gespottet haben.

Die Brüder Grimm begannen mit der Sammlung der Sagen und Märchen; dies lag in der Zeit, nachdem Arnim und Brentano mit den Volksliedern, Görres mit den Volksbüchern vorangegangen waren. Im Jahre 1812 sind die „Kinder- und Hausmärchen" erschienen — das erste gemeinsame Werk der Brüder. Der Hauptteil und die späteren Vermehrungen stammten von Wilhelm, und wenn diese Märchen ein wahres Volks- und Kinderbuch geworden sind, so verdanken sie es diesem schlichten Erzähler, der den kindlichen Ton wundervoll zu treffen verstand, hierin allen Romantikern überlegen — von Musaeus und den lehrhaften Märchendichtern des 18. Jahrhunderts nicht zu sprechen. In den Spinnstuben, an den traulichen Ecken der Ofenbänke hatten die Brüder die Erzählungen erlauscht und im engsten Anschluß an die Weise des Volkes wiedergegeben. Nun wurden Rotkäppchen, Dornröschen, Schneewittchen, Hänsel und Gretel, der Däumling dem ganzen Volke vertraut: „dies war fortan der erste Schimmer der Poesie, welche die aufwachende Kinderseele umglüht". Erst durch die Brüder Grimm wurde das Wesen des Märchens erfaßt und von der Sage geschieden: die Sage hat immer einen geschichtlichen Kern, das Märchen aber ruht ganz in sich, es ist ganz poetisch, losgelöst von allem Wirklichen, ganz nur ein freies Spiel der Einbildungskraft. Tiefe Blicke in das Wesen der Poesie wurden so durch die Brüder Grimm getan, und dies kam besonders auch dem Verständnis von Epos und Fabel zugute. Wenn Lessing die Kürze als die Seele der Fabel bezeichnet hatte — da zur bewußten Folgerung einer moralischen Wahrheit es unerläßlich ist, die Fabel auf einmal zu übersehen —, so erkannte hier Jakob Grimm den aller echten Poesie entfremdeten Geist jener Zeit, und er meinte, daß die Kürze vielmehr der Tod der Fabel sei und ihren sinnlichen Gehalt vernichte: „das naive Element geht den Lessingschen Fabeln ab bis auf die leiseste Ahnung". Auch das Epos hat Jakob Grimm als Äußerung des Volksgeistes verstanden. So gelangte er zu dem Satze, daß die großen Werke der Dichtung nicht von einem einzelnen Schöpfer kommen, sondern daß mindestens die Epik nur „sich selbst zu dichten" vermöge, daß also in ihr unwillkürlich laut werde, was ein ganzes Volk bewegt. Es ist richtig, daß er die Kunstpoesie und die schöpferische Kraft des Gestalters zu gering einschätzte; dies ergab sich aus der romantischen Theorie. Aber er hat deutlich gefühlt, daß Ursprung und Wesen der Poesie sich nicht erklären lassen, daß er hier am Ende seiner wissenschaftlichen Mittel stand. So konnte auch er nichts anderes sagen als Görres oder die Schlegel — daß nämlich hier ein Geheimnis vorliege oder ein Wunder.

Als ein „wahres, unerklärliches Wunder" hatte Wilhelm von Humboldt auch die Entstehung der Sprache bezeichnen müssen, und auch Jakob Grimm konnte keine restlose Erklärung finden, wie sehr er sich bemüht hat, den Ursprung der Sprache zu ergründen; wer die Sprache als ein Werdendes erkannt hatte, mußte wissen, daß um Geburt und Zeugung das Geheimnis wittert. Längst war die Zeit vorbei, da man in rationalistischer Weise durch Abstraktion von den bekannten Sprachen die „Ursprache" zu erschließen und als eine Erfindung der Zweckmäßigkeit und der klugen Überlegung zu erweisen suchte oder durch mechanische Vergleichung der äußern Formen genealogische Stammbäume der Sprachen aufstellte. Längst war auch die Zeit der Sprachreiniger vorüber, die mit Lessing in der Sprache eine „angewandte Vernunft" sahen, aus der Grammatik eine pragmatische, nützliche Wissenschaft gemacht hatten und durch Ausstoßung bezeichnender oder altertümlicher Wörter eine „vernünftige Sprache" hatten bilden wollen, wie dies am vollendetsten der französischen Akademie Richelieus gelungen war. Wenn die große Göttinger Philologie den alten, mechanisch arbeitenden Grammatikern ein Ende bereitet und die Pflege der Sprache zu einem Mittel für die Erkenntnis der Literatur und Kultur gemacht hatte, so hatte Herder gezeigt, daß es doch auch lohnte, die Sprache um ihrer selbst willen zu betrachten, und Wilhelm von Humboldt hatte 1812 in einem Akademievortrage über die baskischen Sprachen die Methode dargelegt, wie der sprachliche Organismus zergliedert, seine Eigenart erfaßt, die Seele des Volkes aus ihm erschlossen werden konnte. Im Jahre 1819 erschien der erste Band von Jakob Grimms Deutscher Grammatik: der Titel hätte treffender von germanischer Grammatik sprechen können. Hier waren durch Kenntnis und Vergleich aller germanischen Dialekte in allen ihren historischen Stufen der innere

Bau der germanischen Sprachen und seine geschichtlichen Veränderungen aufgezeigt, statt allgemeiner und logischer Begriffe fand man Vorgänge und Wandlungen, alles war auf Beobachtung gegründet — „welche ich als die Seele der Sprachforschung betrachte". Bis an das Ende seines langen Lebens, viele Jahrzehnte hindurch, hat Jakob Grimm für dieses Werk und seine Neuauflagen emsig und entsagungsvoll Material zusammengetragen: hier hat er zum ersten Mal alle jene Gesetze entwickelt, die seither die Grundlage unserer deutschen Sprachlehre sind — also den Umlaut, den Ablaut, die Brechung, den Unterschied zwischen starker und schwacher Deklination und Konjugation, die Lautverschiebung. Und dies alles war gefunden worden, weil Grimm stets die ganze Kette der Entwicklung zurückschritt, von den jüngeren Bildungen zu den älteren hinaufging, die in der Überlieferung gerissenen Fäden wieder knüpfte und stets nur die ältesten Formen miteinander verglich. Nur so wurde eine wissenschaftliche Lautlehre möglich, nur so konnte die Etymologie geschaffen werden. Wie oberflächlich hatte man bisher die Wörter immer wieder in ihrer letzten Gestalt nebeneinandergestellt und klassifiziert, die Abhängigkeiten nach äußerlichen Merkmalen angenommen. Wie rätselhaft und zufällig war bisher die Sprache gewesen, eine Häufung von Wörtern, Regeln und Ausnahmen, ganz zum mechanischen Auswendiglernen in den Schulen geeignet — ein Wust, in den man durch Reinigung Vernunft und Ordnung hineinbringen wollte. Nun zeigte sich, wie fruchtbar die genetische Betrachtungsweise sein konnte, wie sinnvoll die Sprache gewachsen war. Und die Grammatik war für Grimm noch mehr als nur eine Geschichte der Formen und ihrer Verbindungen: sie offenbarte ihm das Wesen des germanischen Volkes. Er wies auf die geistige Regsamkeit hin, von welcher die Lautverschiebung zeugt, auf die frische Färbung, die den Ablauten verdankt wird. Jakob Grimm erkannte, „wie das Wesen und die Geschichte unseres Volkes in den Eigenschaften und Schicksalen unserer Sprache sich abspiegeln". Er fand am empirischen Stoffe bestätigt, was Herder gelehrt hatte, daß „jedes Volkes eigentümliche Sprache der Stamm ist, an dem alle seine innersten Kennzeichen sich dartun und entfalten"; er wußte, daß die Vorzüge und Mängel der Sprachen „mit der sinnlichen und geistigen Natur und Anlage der Völker zusammenhängen". Abermals war hier ein Kulturgebiet entdeckt und bearbeitet, das den Einzelnen mit seinem Volke verbunden zeigt. Besonders dem poetischen Vermögen der Sprache galt Grimms Interesse, hier erlauschte er unmittelbar den Geist der Germanen: die „Deutsche Grammatik“ ist eine Geschichte des geistigen Lebens.

Mit gutem Grunde trägt das Werk am Eingange die Widmung an Savigny; sein Inhalt war das volle Gegenstück zu Savignys „Geschichte des Römischen Rechtes im Mittelalter“. In beiden Fällen war eine Schöpfung des Volksgeistes — hier die Sprache und dort das Recht — dargestellt, in ihrem allmählichen Werden und Wachsen durch viele Jahrhunderte, mit allen Stufen der Entwicklung von der Natur zur Kunst, mit allen Verzweigungen im Leben des Volkes. Beide Gelehrte, der Jurist wie der Philologe, erwiesen sich als Kulturhistoriker großen Stiles; von verschiedenen Gegenständen aus waren sie beide doch zu dem gleichen, ewigen Thema gelangt. Beide Denker waren Führer des neuen wissenschaftlichen Geistes, ganz der Einzelforschung, der Beobachtung hingegeben, feind aller Spekulation und aller Gesetzgebung, mochte es nun ein Kodex des Rechtes oder der Grammatik sein. Aber sie beide waren doch auch noch Söhne einer universal gerichteten Zeit und vergaßen über dem liebevollen Dienste an der Einzelheit doch auch nicht, den Blick auf die großen Zusammenhänge zu richten. Jakob Grimm hat alle Zweige des germanischen Lebens zu erfassen und zu verbinden gewußt und in seiner „Mythologie“ die tiefsten Blicke in germanisches Wesen getan. Kein anderer wäre so wie er in der Lage gewesen, Poesie und Recht mit gleicher Sachkunde zu erfassen, um dann zu zeigen, wie sie aus gemeinsamem Bette erwachsen sind. Was er in seinem Aufsatze „Über die Poesie im Rechte“ angedeutet hat, wußte er durch reiche Materialien zu belegen, indem er die stattlichen Bände der deutschen „Rechtsaltertümer“ und der „Weistümer“ zusammenstellte. Er hat dadurch die neue historische Wissenschaft der Rechtsarchäologie begründet. Wie in der Sprache, so fand er auch im Recht das sinnliche Element, das anschauliche und volkstümliche, das Walten der Volksphantasie, und er wies dies an den uralten Gebräuchen und symbolischen Handlungen nach, also daß Ludwig Uhland von den „Rechtsaltertümern“ rühmen konnte: „Wir sehen über dem steinernen Richterstuhl die blühende Linde.“ Mit Vorliebe hat er als Quelle nicht die offiziellen Rechtsbücher benützt — in denen die symbolischen Handlungen meist vorausgesetzt werden —, sondern die Weistümer, die unmittelbar aus dem Volksmunde geflossenen Rechte der Dorfgemeinden. Sie stammten freilich erst aus dem 13. Jahrhundert, aber gleich Niebuhr hat auch Grimm aus den späteren Zuständen die früheren, die altgermanischen erschlossen. Und wenn er im einzelnen fehlgriff, so waltete doch auch hier die dem genetischen Prinzip verdankte, fruchtbare Methode, die abgerissene Fäden der Entwicklung wieder knüpfen ließ: „Will man diese Anknüpfung Phantasie nennen, so habe ich nichts dawider, aber ich möchte in solchem Sinne phantasielos weder Rechtsaltertümer geschrieben haben noch Grammatik.“ Wenn das Ziel der „geschichtlichen Rechtswissenschaft“ Savignys und Eichhorns doch immer auch ein praktisches und juristisches war — um der organischen Rechtsentwicklung die Bahn frei zu machen —, so hat erst Grimm die geschichtliche Wissenschaft völlig aus dem Dienste der Dogmatik gelöst und die letzte Stufe erreicht, die vom Standpunkte Herders aus möglich war — die „historische Forschung um ihrer selbst willen“.

Er hat darum auch die eigene Gegenwart als eine gewordene Welt bejaht und in der „Restauration“ eine Sünde wider den Geist der Geschichte gesehen. Die Freundschaft mit Savigny ist durch die Verschiedenheit der politischen Ansichten und Handlungen in späteren Jahren merklich erkaltet. Es war eine Trübung, die sich aus der Verschiedenheit der Persönlichkeiten ergab; denn die Brüder Grimm fühlten sich in Savignys glanzvollem Berliner Salon nie recht heimisch. Doch es war auch ein Unterschied der geistigen Haltung: die Grimm zogen entschiedener die Folgerungen aus der Lehre vom Volksgeist und von der organischen Fortentwicklung. Ganz ferne dem Gedanken, das römische Recht vom deutschen hinwegweisen zu wollen, erblickte Jakob Grimm doch in dessen Vorwalten einen Grund für die „Verdumpfung“ der Bauern, denen nun die Beteiligung am Gerichte versagt war. Aber sein geschichtliches Denken war zu ausgeprägt, als daß er die alte deutsche Zeit oder gar das germanische Altertum hätte wiedererwecken, jede Erwerbung aus der Fremde hätte widerrufen wollen. Seine weite menschliche und geschichtliche Bildung hielt ihn von jener völkischen Einengung ferne, der Ernst Moritz Arndt bei der Beschäftigung mit dem germanischen Altertum erlag. Er rühmte an der deutschen Sinnesart, daß sie von jeher zwei Grundzüge auszeichneten — die treue Anhänglichkeit an das Hergebrachte und das empfängliche Gefühl für das Neue: „Wenig geneigt, der angestammten Kraft ihrer Natur zu entsagen, waren die Deutschen immer bereit, alles Geistige in sich aufzunehmen.“ Seine Studien hatten ihn gelehrt, daß Christentum und Humanismus für den Aufbau der deutschen Kultur ebenso notwendig geworden waren wie das Germanentum. Er strebte nach geschichtlicher Erfassung des deutschen Menschen, nicht nach romantischer Liebhaberei: daß in diesem Unterschiede seine eigene geistesgeschichtliche Stellung ausgesprochen war, ist ihm jederzeit bewußt gewesen. Mit liebevoller Hingabe versenkte er sich in die alte Sprache, die alte Poesie, das alte Recht, die alte Religion, in das ganze altertümliche Leben der Vorfahren, in welchem er neben dem Rohen viel Reinheit, Milde und schöpferische Kraft fand; er beschrieb den Wandel der Kultur durch die Jahrhunderte, er verstand die moderne Welt als ein Gewordenes, und auch in dem Gewordenen sah er den Willen Gottes walten. Er tadelte an den Romantikern, daß sie das Alte nicht als Altes stehen ließen, sondern es durchaus in die Gegenwart verpflanzen wollten — „wohin es an sich nicht mehr gehört". Er hat wohl gelegentlich Verirrungen jüngeren Datums aus der Sprache auszumerzen gesucht, Ergebnisse des in der Zopfzeit herrschenden „Pedantismus in der Sprache"; so ist er zu seiner Schreib- und Druckweise gekommen, die auf die großen Buchstaben beim Anlaut der Hauptwörter verzichtet. Aber im übrigen lehnte er alle Anleihen beim Altertum ebenso entschieden ab, wie er sich gegen die „Wortreiniger" wandte, die sich für besonders patriotisch hielten. So hat er, ferne aller Systemsucht, Antiqua gedruckt und Fraktur geschrieben; das eine, weil es dem internationalen, auf klassischem Grunde ruhenden Wesen der Wissenschaft entsprach und ihrer Verbreitung diente, das andere, weil es die größere Freiheit des persönlichen Ausdrucks gestattet und ihm so bei Äußerungen seines individuellen Lebens in die Feder floß. Er wußte, daß erst das Zeitalter des Pedantismus in der Fraktur die nationaldeutsche Schriftart entdeckt hatte. Der Mann, der die Vernünftelei soeben aus der Sprachwissenschaft verbannt hatte, konnte nicht selbst die Sprache schulmeistern wollen. Er zuerst hatte den „unaufhaltsamen Lauf der Dinge" aufgezeigt — wie nämlich die Sprache durch das Gesetz der Formabnahme an innerer Kraft und Gelenkigkeit der Flexion verlor und wie die Sprache der Abstraktion geworden war, die gestattet, die Gedanken sicher, vielseitig und rasch auszudrücken. Auch hier führt also jener Weg von der Natur zur Kunst, von dem Herder und Savigny gesprochen hatten: im Recht, in der Poesie, in der Sprache ist dieser Weg gekennzeichnet durch Abschleifung und Vergeistigung — also daß die alte Gewalt in dem Maße sich gemindert hat, „als etwas anderes an die Stelle der alten Gaben und Mittel getreten ist, dessen Vorteile auch nicht dürfen unterschätzt werden". Die einfache, einsilbige Sprache der frühesten Zeit entfaltet sich zur reichen Pracht der vollen Vokale und Diphthonge, der anschaulichen Bilder. Aber im weiteren Verlaufe wird die Idee, also die Wortwurzel wichtiger, die Flexion verkümmert; die sinnliche

Bedeutung der Wörter wird durch die Verstandesbegriffe verdrängt. So sah Grimm im Leben der Sprache Laub, Blüte und reifende Frucht — er war ein zu starker und positiver Geist, als daß er den Kreislauf schon geschlossen gesehen hätte. Darum hat er den Satz gewagt: „Die Schönheit menschlicher Sprache blühte nicht im Anfang, sondern in ihrer Mitte; ihre reichste Frucht wird sie erst einmal in der Zukunft darreichen."

Zur letzten Zusammenfassung aller geistigen Gebiete, die er jedes für sich in besondern Darstellungen bearbeitete, ist Jakob Grimm nicht mehr gelangt. Er hat ganzen Generationen von Gelehrten Anregung und Arbeit gegeben, immer mehr Quellenstoffe wurden ans Tageslicht gebracht. Ludwig Uhland und Hoffmann von Fallersleben haben am vollendetsten die ausklingende romantische Lyrik mit der neuen kritischen Arbeit in ihrem Leben zu vereinigen verstanden. Noch zu Grimms Zeit hat der Däne Rask das Altnordische restauriert, und die Erforschung der lebenden Dialekte, um die Grimm sich nicht hatte kümmern können, begann gleichfalls bereits ein Zeitgenosse, der Bayer Schmeller, mit dem Wörterbuch seines Stammes. Wenn ferner Jakob Grimm als Rechtshistoriker sich auf das Gebiet des deutschen Rechtes beschränkt hatte, so lag es in der Richtung seiner Gedanken, daß auch die andern germanischen Rechte studiert und wie die Sprachen miteinander in Bezug gesetzt wurden. Dies hat zuerst Wilda geleistet, als er 1842 das „Strafrecht der Germanen" beschrieb und an diesem Beispiele die gemeingermanische Wurzel von Glaube, Sprache, Sitte, Recht darstellte. Er berief sich dabei auf Grimm und schuf so die Wissenschaft der vergleichenden germanischen Rechtsgeschichte, während die vergleichende Rechtsgeschichte universaler Art, wie erwähnt, von Hegel und seinem Schüler Eduard Gans begründet worden ist. Aber auch bei Beschränkung auf das Germanentum blieb ein Gebiet, das zu unabsehbarer Kleinarbeit lockte. Bald war es nicht mehr möglich, die weit sich dehnende Flur der germanischen Wissenschaft ganz zu umfassen. Die Spezialisierung wurde immer notwendiger; der Antrieb, menschlichen Geist in seinem Werden zu begreifen, verschwand immer mehr, der Dienst am Wort oder an der einzelnen Erscheinung wurde Selbstzweck. Dies Schicksal ist schon einem großen Unternehmen der Brüder Grimm, ihrem Wörterbuch, nicht erspart geblieben. Es war bestimmt, dem Dictionnaire der französischen Akademie entgegengestellt zu werden: dort wurde die Regel für den Sprachgebrauch festgelegt, hier sollte die anwendbare Sprache aus den Schriftstellern gezogen werden. Die Idee des Werkes entsprach vielleicht nicht ganz dem letzten Sinne der Brüder Grimm, insofern also doch eine Restauration und ein Kanon, wenn auch auf empirischem Wege, gewonnen werden sollte: die Brüder sind nur durch eine äußere Veranlassung zu der Arbeit geführt worden, es galt Brot zu schaffen, da sie 1837 zu den „Göttinger Sieben" gehörten, abgesetzt und vertrieben wurden. Immer aber sollte nach der Absicht der Brüder das Werk ein inneres Maß behalten. Nach ihrem Tode bemächtigte sich jedoch der enzyklopädische Geist des 19. Jahrhunderts der Arbeit und erstrebte Vollständigkeit, ein ganzes Komitee von Gelehrten wurde nötig, endlos reihten sich die Bände.

Das Lebenswerk Jakob Grimms griff im richtigen Augenblick und an der rechten Stelle in die geistige Bewegung der Zeit ein. Dichter und Gelehrte mühten sich um altdeutsche Denkmäler, Philosophen um die Gesetze des organischen Werdens: Jakob Grimm schuf unter solchen Antrieben den Bau der germanischen Philologie als einer Wissenschaft vom germanischen Volke und seinem geistigen Werdegange. Gleichzeitig und in engster Gemeinschaft mit den Brüdern arbeitete Karl Lachmann die kritische Methode aus, um die Werke der altdeutschen Literatur aus dem Wuste der Handschriften wiedererstehen zu lassen. Auch Wilhelm Grimm war ein guter Herausgeber, aber der Meister dieses Zweiges der altdeutschen Philologie ist doch Karl Lachmann geworden. Wenn Jakob Grimm die Worte um der Sachen willen schätzte, so betrieb Lachmann die Sachen um der Worte willen, also um den unverfälschten Text des Dichters von den Verderbungen der Jahrhunderte zu befreien: so hat Jakob Grimm selbst den Unterschied zwischen seinem und des Freundes Wirken gekennzeichnet. Schon immer, seit die altdeutschen Dichter wieder entdeckt worden waren, hatte man Texte herausgegeben — in den fernen Zeiten Kaiser Maximilians, als der „nationale Humanismus" sich für altdeutsche Vorzeit erwärmte, dann wieder im 18. Jahrhundert, als der Züricher Bodmer das Nibelungenlied erweckte und Lessing in Wolfenbüttel sich für alte Drucke interessierte. Aber auch noch die Romantiker hatten sich mit dem sorglosen Abdruck irgend einer Handschrift begnügt oder im günstigsten Falle den diplomatisch genauen Wortlaut einer guten Handschrift mitgeteilt. Erst Lachmann wandte die Grundsätze der Textkritik auf die altdeutschen Dichter an. Er war durch die Schule der Göttinger Philologie gegangen und richtete die Arbeit seines Lebens in gleicher Weise auf die lateinischen wie auf die deutschen Texte. So wuchs die altdeutsche Philologie aus der klassischen hervor, beide befruchteten sich gegenseitig, die Ausgabe Wolframs und die Ausgabe des Lucrez sind die beiden Meisterwerke Lachmannscher Textkritik. Lachmann lehrte auch bei deutschen Texten zuerst das gesamte handschriftliche Material zu sammeln, die Abhängigkeiten festzustellen, Stammbäume der Handschriften zu entwerfen und so bis zu den besten Rezensionen vorzudringen. Dann erst begann für ihn die Arbeit der Emendation, aus mehreren gleich gut belegten Varianten die richtige Lesart herauszufinden, die notwendige Konjektur zu wagen. Dies war nur möglich bei genauer Kenntnis der Sachen, der Eigentümlichkeiten des Dichters, der Grammatik, durch Erwägung aller Umstände; besonders die Metrik bot Stütze und Halt.

Es war die Aufgabe, dem Dichter denselben Dienst zu erweisen, den der Restaurator dem Künstler erweist — sein Werk so darzubieten, wie es aus dem Geiste des Meisters hervorgegangen war. Daß Werke der bildenden Kunst und vornehmlich Bauten dies nicht ertragen — weil das Werk nur in einem einzigen Exemplar vorhanden ist und die späteren Umgestaltungen selbst schon Geschichte geworden sind —, konnte man noch nicht begreifen in einem Zeitalter, das auch die Restauration des „reinen Rechtes" wollte. Auch beim Literaturdenkmal konnte die spätere Umbildung von Wert sein; Luther in der Gestalt des 18. Jahrhunderts zu lesen, war nicht ohne Reiz. Aber dieses Interesse konnte befriedigt werden, auch wenn die Wissenschaft den ursprünglichen Text rekonstruierte. Indessen, ganz ebenso wie bei Savignys Suchen nach dem reinen Römischen Rechte neben dem historischen Sinne auch das Bedürfnis nach einem einfachen, rationalen Rechte maßgebend war, so hat auch Lachmann seinen gereinigten Text normalisiert, ein „klassisches" Mittelhochdeutsch geboten, das in seiner sauberen Gleichmäßigkeit dem Latein philologischer Schulausgaben glich, aber niemals gesprochen oder geschrieben worden ist. Er ging von der Voraussetzung aus, daß es eine mittelhochdeutsche Schriftsprache gegeben habe, — „daß die Dichter des 13. Jahrhunderts, bis auf wenige mundartliche Einzelheiten, ein bestimmtes unwandelbares Hochdeutsch redeten"; gegenüber der rohen und willkürlichen Schreibung der Handschriften suchte er eine feste Norm zu schaffen. Da Jakob Grimm dem Freunde zustimmte, entstand ein Mittelhochdeutsch, von dem wir heute sagen müssen, daß es ein „sprachliches Idealsystem" war und „der vermeintlichen Gotik romantischer Gemälde und Skulpturen aus der ersten Hälfte des 19. Jahrhunderts entsprach, aber nicht der Wirklichkeit": noch strebte man überall zum klassischen Maß. Von nun an legten die Grammatiker das regelmäßige Schema Grimms zu Grunde, und die Herausgeber wählten als Normen für ihre Schreibung die von Lachmann vorgeschriebenen. Erst spät erkannte man, daß die Methoden, die für die Schriftsteller des klassischen Altertums Berechtigung haben mochten, für die uns zeitlich und überlieferungsgeschichtlich näherstehenden, in sprachlicher Buntheit einherziehenden Dichtungen der mittelhochdeutschen Periode nicht ohne weiteres anwendbar waren und daß Lachmann Unrecht tat, wenn er die Prosa abseits liegen ließ, um sich an die Kriterien des Reimes und des Versmaßes zu halten. Nur Wilhelm Wackernagel hat in seinem „Altdeutschen Lesebuch" auch die Prosa zugänglich gemacht.

Bei seinen textkritischen Studien ergaben sich für Lachmann wohl auch Rückschlüsse auf den Werdegang des Werkes, zumal wenn der Dichter zu den verschiedensten Zeiten seines Lebens daran gearbeitet hatte. Auch viele Aufstellungen dieser Art, die Lachmann gemacht hat, haben sich nicht halten lassen. Er hat mancher Dichtung ansehnliche, in den Handschriften gegebene Stücke abstreiten wollen; er hat das Nibelungenlied in einzelne Lieder aufgeteilt und die einzelnen Dichter zu bestimmen gewagt, wie Friedrich August Wolf ein Gleiches für den Homer getan hatte. Dies waren Irrtümer. Aber seine Grundsätze und ihre Anwendung ermöglichten es, die textliche Grundlage für alle Studien des germanischen Altertums zu schaffen. So haben Lachmann und Grimm gemeinsam die Schule der germanischen Philologie begründet, deren Aufgabe es sein sollte, durch den Dienst an den Texten und den Dienst an den Sachen zu einer Gesamtanschauung des deutschen Lebens zu gelangen. Anfangs waren in dieser „Schule" noch Gelehrte, die von einer universalen Bildung aus das Einzelne im großen Zusammenhang betrachten konnten und selbst in sich Wissenschaft und Dichtkunst vereinten. So hat Ludwig Uhland die beste Sammlung der Volkslieder geben können, weil er die philologische Schulung sich angeeignet hatte und nicht so lässig mit den Texten verfuhr, wie im „Wunderhorn" geschehen war. Aber er wußte zugleich das Wesen dieser Poesie so unvergleichlich zu erfassen und darzulegen, weil er selbst ein begnadeter Dichter war. Die emsige Arbeit an dem immer unermeßlicher sich mehrenden Gute ließ schließlich das Ziel verblassen, so daß der letzte Zweck versäumt wurde und niemand mehr eine so allumfassende Kenntnis des altertümlichen Lebens gewann, wie Jakob Grimm sie gehabt hatte.

Neben die Wissenschaft der germanischen Philologie trat gleichzeitig die romanische, und auch sie war ein Kind des deutschen Geistes. Friedrich Diez in Bonn hat sie in dem gleichen umfassenden Sinne geschaffen; durch die Sprache und Poesie drang er in Wesen und Werden des Volkes und seiner Kultur. Auch in Diez vereinigten sich die Anregungen der Göttinger Philologie mit den Einflüssen der Romantik, auch er verband in sich schöpferische Phantasie mit der Exaktheit des Philologen. Denkwürdig ist es, wie der greise Goethe die Interessen des jungen Studenten auf die altprovenzalische Sprache und Poesie gelenkt hat, wie so die Werke der Troubadours aus den Handschriften wieder erstanden und die große Grammatik der romanischen Sprachen nach dem Beispiele von Jakob Grimms Grammatik geschaffen wurde. Es war ein Vorbild gegeben für die Wissenschaft aller andern Völker. Wo immer in Europa ein Volk nach nationaler Einheit strebte, sind seine geistigen Führer bei Jakob Grimm oder Friedrich Diez in die Schule gegangen, um mit den Mitteln der deutschen Wissenschaft das geistige Leben des eigenen Volkes zu begreifen und zum Bewußtsein der Gegenwart zu erheben.

Und schon arbeitete auch der Mann, der es unternahm, alle diese vielen Sprachen der europäischen Völker zueinander in Bezug zu setzen, ihre Wurzel aufzusuchen, um von da aus das Wesen der Sprache und die Entwicklung des Menschengeschlechtes zu erhellen. So wurde Franz Bopp der Schöpfer der „vergleichenden Sprachwissenschaft“. Wort und Gedanke stammten von Friedrich Schlegel, dem großen Anreger, der hingewiesen hatte auf die „innere Struktur der Sprachen oder die vergleichende Grammatik, welche uns ganz neue Aufschlüsse über die Genealogie der Sprachen auf ähnliche Weise geben wird, wie die vergleichende Anatomie über die höhere Naturgeschichte Licht verbreitet hat“. Friedrich Schlegel hatte auch — als echter Romantiker über den Kreis der griechisch-abendländischen Kultur hinausschweifend — auf „Sprache und Weisheit der Indier“ hingewiesen, wo die so lange gesuchte Ursprache zu finden sei. Bis dahin war das Studium der orientalischen Sprachen für die europäischen unfruchtbar geblieben. Erst gegen Ende des 18. Jahrhunderts hatten die Engländer als die Herren Indiens die indische Sprache dem Abendlande vermittelt, ihre Philologen hatten das Sanskrit in Lehrbüchern niedergelegt, auch der Zusammenhang dieser Sprache mit vielen europäischen Sprachen war ihnen aufgefallen. Aber sie hatten sich eben doch in der alten, mechanischen Weise mit dem Gleichklang der Wörter begnügt und nicht beachtet, daß dieser auch durch Zufall oder Entlehnung entstanden sein konnte. Friedrich Schlegel wies nun darauf hin, wie das Sanskrit die reichste, altertümlichste und durchsichtigste aller indogermanischen Sprachen sei, wie man also hier der „Ursprache“ am nächsten kam und wie von da aus Einsicht zu gewinnen war in den Zusammenhang zwischen den meisten europäischen und einigen asiatischen Völkern. Auch daß der Beweis dieser Zusammengehörigkeit auf grammatischem Gebiete gesucht werden mußte, war Schlegel nicht entgangen.

Franz Bopp führte diesen Beweis. Er hatte in Aschaffenburg als Schüler des bischöflichen Gymnasiums durch seinen Lehrer Windischmann, den Freund Friedrich Schlegels, von der indischen Literatur gehört, er hatte sich in die Sprache vertieft und war im Jahre 1812 nach Paris gefahren zu den orientalischen Manuskripten. Er wollte eine Grammatik des Sanskrit schreiben, als Hilfsmittel zum Verständnis der indischen Literatur und Philologie. Da erfaßte ihn die neue Idee Schlegels, die indische Sprache nicht um der reichen Poesie und der bestechenden Weltanschauung willen zu studieren — wie die Romantiker zuerst angeregt hatten und Schopenhauer dann dem Abendlande erfolgreich gepredigt hat —, sondern wegen der Bedeutung für die Erkenntnis der Menschheit und ihrer Gliederung. Schon im Jahre 1816 erschien — von Windischmann eingeführt — die Schrift über das Konjugationssystem, wo der Vergleich zwischen dem Sanskrit und der griechischen, lateinischen, persischen und germanischen Sprache am Bau der Verba durchgeführt war. Es ist ein Buch, von dem Lachmann gerühmt hat, daß „von diesem Eckstein aus das ganze System der modernen Sprachwissenschaft mit genau derselben Folgerichtigkeit aufgebaut werden müßte, auch wenn sein Schöpfer selbst keine Hand weiter gerührt hätte“. Was Friedrich Schlegel die „innere Struktur“ der Sprache genannt hatte, bezeichnete Bopp als ihren Organismus. Auch ihm war es klar, „daß nicht der Gleichklang von Worten oder Wurzeln, sondern nur die Erfassung des Baues, des gesamten Organismus der Sprache die Sprachverwandtschaft begründen kann“. So zerlegte er die grammatischen Formen in ihre Bestandteile, erforschte die „physikalischen und mechanischen Gesetze“ der Sprache — so nannte er die Lautgesetze — und den Ursprung der die grammatischen Verhältnisse bezeichnenden Formen: „nur das Geheimnis der Wurzeln oder des Benennungsgrundes der Urbegriffe lassen wir unangetastet“, wie sein bezeichnender Zusatz lautet. Seine Methode ermöglichte es ihm, das Verhältnis der Sprachen zueinander, den Grad und die Art der Verwandtschaft zu bestimmen und so zur Urform zu gelangen, die allen veränderten Gestalten zu Grunde liegt. So konnte man einen noch älteren, noch reicheren sprachlichen Zustand als den des Sanskrit wenigstens erahnen. Wenn Jakob Grimm den innern Sinn der deutschen Sprache erwies, wo sonst die Menschen nur wilde Regellosigkeit hatten sehen wollen — so zeigte Bopp auch in dem weiteren Kreis der indogermanischen Sprachen eine geschichtliche Ordnung, die sich am Sanskrit orientierte: es war — nach Jakob Grimms Worten — „gleichsam ein Magnet gefunden, zu welchem die auf dem Sprachenozean Schiffenden hinschauen konnten". Und es war eine feste, unabsehbare Sprachkette aufgedeckt, die in ihren Wurzeln und Flexionen aus Asien kam, beinahe ganz Europa erfüllte — „schon jetzt die mächtigste Zunge des Erdbodens genannt, auf welchem sie unaufhaltsam fortschreitet, den sie einmal erfüllen wird", wie Jakob Grimm im stolzen Glauben an die Zukunft der christlich-abendländischen Kultur gesagt hat. Dies alles verdankte man der genetischen Betrachtung der Sprache. Und auch das andere Prinzip der neuen Betrachtung hatte Bopp sich angeeignet — die Einsicht in den innern Zusammenhang alles Volkslebens, und daß also die Sprache ein Teil dieses Lebens, ein Ausdruck der Seele sei. So erweiterte sich nun auch die „Vergleichende Sprachwissenschaft" zu einer umfassenden Kulturgeschichte. Die Sprachverwandtschaft wies auf Völkerverwandtschaft, die seit dem Humanismus des 16. Jahrhunderts so beliebten Völkertafeln gewannen ein ganz anderes Aussehen und eine wissenschaftliche Begründung. Die Kultur der frühesten Indogermanen enthüllte sich aus ihrem Wortschatz. Denn wenn jene fernen Menschen die Wörter hatten, mußten sie auch die Vorstellungen, Begriffe und Dinge besessen haben. So gestattete Bopp zuerst den Blick in die Tiefe der Menschheit. In unvordenkliches Dunkel konnte er hineinleuchten; er lebte der Überzeugung, daß die asiatische Urheimat nun auch wissenschaftlich bestätigt sei. In seinem Hauptwerke, der „Vergleichenden Grammatik", hat er dies alles ausgeführt, und auch er hinterließ ein unabsehbares Feld voll einzelner Sprachdisziplinen, das die sich ablösenden Geschlechter von Philologen im 19. Jahrhundert beackert haben.

Franz Bopp und Jakob Grimm haben die induktive Sprachforschung geschaffen. Aber auch die Sprachphilosophie war dadurch keineswegs aufgegeben; sie ist durch Wilhelm von Humboldt neu begründet worden, so daß nun ein großes System entstand, wo die historische Sprachwissenschaft Grimms, die vergleichende Bopps und die Sprachphilosophie Humboldts aufs engste ineinandergriffen. Es war von jetzt an nicht mehr möglich, alle Sprachen nach den lateinischen Kategorien auszurichten; auch die Sprachphilosophie mußte jede Sprache fassen als eine individuelle Gestalt, die ganz nur aus sich selbst zu verstehen und der Ausdruck des sich selbst entfaltenden Volksgeistes ist. Die Sprache war für Humboldt „nicht ein Erzeugtes, sondern eine Erzeugung", eine sich spontan entfaltende Welt: auch hier begegnen wir abermals einem Grundgedanken des klassischen Denkens von Herder bis Goethe, dem Gedanken der Spontaneität. Wie Humboldt bei den ästhetischen Studien seiner Jugend die Idee vornehmlich im Anblick der Plastik zu fassen sich bemühte, so nun im Alter an der Sprache — sie war ihm der Zugang zum Geist, zum individuellen Geist eines Volkes, einer Persönlichkeit; denn der Leib spiegelt die Seele. So kam Humboldt von der klassischen Ideenlehre aus zum gleichen Ergebnis wie Grimm durch die Lehre vom organischen Werden: beide fanden „die Geisteseigentümlichkeit und Sprachgestaltung in solcher Innigkeit der Verschmelzung, daß, falls die eine gegeben wäre, die andere müßte vollständig aus ihr abgeleitet werden können". Und wie Grimm und Bopp, so zog auch Humboldt seine Ansichten aus umfassendem Erfahrungsmaterial: anders war in dem neuen Jahrhundert trotz Hegel die wissenschaftliche Arbeit nicht mehr möglich. Humboldt kannte die antiken und viele moderne Sprachen, dann die baskische Sprache, die amerikanischen, das Sanskrit. Während aber die Schöpfer der historischen und der vergleichenden Grammatik den geschichtlichen Ablauf und die genealogische Verwandtschaft der Sprachen beschrieben, strebte Humboldt vom empirischen Stoff zu einer Sprach- und Völkerpsychologie — zwei Wissenschaften, die von ihm ihren Ausgang genommen haben. Er besaß nach dem Zeugnisse seines Bruders Alexander die Fähigkeit, „der Masse des Erforschten und Gesammelten nicht zu erliegen, das heterogen Scheinende zu konzentrieren und nach großartigen Ansichten in Einklang zu bringen". Seine sprachwissenschaftlichen Arbeiten bestätigen dieses Lob. Er hat sie in den Jahren der Restauration, da er sich vom politischen Wirken abgedrängt sah, in der Beschaulichkeit seines Alterssitzes Tegel ausgearbeitet und dann die Summe seiner Einsichten gezogen in der erst nach dem Tode von dem Bruder 1836 veröffentlichten Einleitung zu dem Werke über die Kawisprache; hier handelt er „über die Verschiedenheit des menschlichen Sprachbaues und ihren Einfluß auf die geistige Entwicklung des Menschengeschlechtes". Dies ist das Bedeutendste, was wir seiner Feder verdanken.

Es ist eine einheitliche Ansicht vom Wesen des geschichtlichen Lebens, die Humboldt sich erarbeitet hat und die er prägnant entwickelt hat in seinem berühmten Akademievortrage von 1821: „Über die Aufgabe des Geschichtschreibers." Alles, was von Herder bis Schelling über organische und geistige Entfaltung gedacht worden war, war hier zusammengefaßt und wurde so dem emporkommenden Zeitalter des geschichtlichen Denkens übermittelt. Vom Geschichtschreiber wurde gefordert, daß er sich nicht damit begnüge, die abgerissenen, zerstreuten Tatsachen zusammenzufügen und mit Hilfe seiner Phantasie die Lücken auszufüllen zu einem geschlossenen Ganzen; seine Aufgabe wurde es, den Erscheinungen die ihnen zu Grunde liegende Idee abzugewinnen. Wenn der Biograph sorgsam seine Stoffe zusammengetragen und kritisch geordnet, die einzelnen Begebenheiten durch Kombination und Ahnung zu einer Reihe verbunden hat, dann muß noch ein Drittes — nicht etwa hinzugedacht werden, sondern von selbst aus seiner Darstellung hervorspringen, von ihm geahnt worden sein: die Idee, der Charakter. Der Künstler geht von der Idee aus und erstrebt ihre Gestaltung durch den Stoff, der Historiker geht vom Stoffe aus und erstrebt seine Gestaltung durch die Idee: die Phantasie des Historikers ist gebunden an die Bruchstücke der Überlieferung. Beide, Künstler wie Geschichtschreiber, müssen das Geschehene „von innen heraus" zu begreifen suchen, bei jeder Gestalt die „innere Gesetzmäßigkeit", das „Prinzip ihrer Bildung" erfassen — die „reine Form", wie Schiller gesagt hatte. Was die klassische Ästhetik, an deren Ausbildung der junge Humboldt selbst mitgearbeitet hatte, vom Künstler verlangte, wurde nun auch Aufgabe des Geschichtschreibers; auch dieser muß die „verdunkelte innere Wahrheit offenbar machen", indem er sich des Unterschiedes zwischen buchstäblicher Übereinstimmung und höherer Wahrheit bewußt bleibt. Wer nur sklavisch an die äußern Umrisse sich halten wollte, könnte nur Photographien geben — er würde „gewissen Irrtum wählen, um noch ungewisser Gefahr des Irrtums zu entgehen". Um aber die Idee einer Erscheinung zu begreifen, müssen Künstler wie Geschichtschreiber in sich ein Verwandtes zu dem Gegenstande tragen — „eine vorhergängige, ursprüngliche Übereinstimmung zwischen dem Subjekt und dem Objekt". Denn — dies war ein Satz aus Humboldts Sprachphilosophie — jedes Sprechen setzt, um verstanden zu werden, in dem Verstehenden eine Gleichheit oder Ähnlichkeit der mitzuteilenden Anschauungen und Begriffe voraus; nicht anders ist es mit jedem Gegenstande, der aufgefaßt werden soll.

Die innere Gesetzmäßigkeit aber, die sich also offenbart, kann niemals restlos enträtselt werden. So ist von Humboldts Standpunkte aus die Idee der Dezentralisation, wie sie die abendländische Menschheit im Mittelalter beherrschte, nicht erklärbar aus mechanischen oder andern Ursachen, und eine Volksindividualität, etwa die griechische, ist ebensowenig aus bestimmten Ursachen restlos zu erklären; gewiß wirken äußere Umstände fördernd dabei mit, aber wundervoll und unerklärbar bleibt eben das Ursprüngliche, weil in ihm irgend eine Seite der Unendlichkeit sich spiegelt. Die „Individualität" ruht ganz in sich und ihrer Idee; die Idee aber strebt nach Verwirklichung, denn „die Ideen haben uns". Sie sind ruhelos wie die Monaden, wollen Wirklichkeit gewinnen, das „Gemäuer sprengen", um sich zu entwickeln. So ist das Ziel der Geschichte die Verwirklichung der Ideen in ihrer Stufenleiter bis zur letzten und höchsten Idee. Geschichtliche Entwicklung ist also die Auswicklung der Ideen, die Entfaltung der von Anbeginn in den Dingen liegenden Anlagen. Die Aufgabe des Geschichtschreibers ist daher für Humboldt die Darstellung des Strebens einer Idee, Dasein in der Wirklichkeit zu gewinnen. So bekannte sich Humboldt zur Einheitlichkeit des geschichtlichen Verlaufes: die Geschichte ist für ihn eine universale Wissenschaft. Das dem Geschichtschreiber gesetzte Ziel ist freilich nie ganz zu erreichen; aber er kommt ihm am nächsten, wenn er „jede Begebenheit als Teil eines Ganzen oder — was dasselbe ist — an jeder die Form der Geschichte überhaupt darstellt": das Individuelle und das Allgemeine können nicht getrennt werden!

Die Übereinstimmung von Humboldts „historischer Ideenlehre" mit Hegel ist offenkundig. Aber während bei Hegel die Entwicklung der Ideen ganz bewußt und logisch sich vollzieht, einem letzten Zwecke dient und jede geschichtliche Erscheinung diesem untertan gemacht wird, war Humboldt ein viel zu feiner Geist und schon zu entschieden erfaßt vom geschichtlichen Denken, als daß er bei dieser teleologischen Auffassung hätte stehen bleiben können; ihm war Zweck des Geschehens eine jede Stunde, die wirklich gelebt wird. Oder — wie Heinrich Heine später gegen Hegel eingewendet hat: „Das Leben ist weder Zweck noch Mittel, das Leben ist ein Recht." Vom Historiker forderte Humboldt, daß er die Erscheinung ganz aus ihren eigenen Bedingungen heraus verstehen solle: also darf er nicht mit vorgefaßten Meinungen an die Geschichte herantreten! Daß sich hieraus ein Relativismus ergeben konnte, war ihm bewußt, und er hat als romantischer Charakter nicht schwer daran getragen. Mögen die Zwecke des menschlichen Daseins noch so groß und allgemein sein, so darf der Historiker, wie Humboldt meinte, sie doch nicht berücksichtigen;

denn sie zerstören alle Freiheit und Unabhängigkeit bei der Betrachtung der Begebenheiten und also das Grunderfordernis, das dem Geschichtschreiber wie dem Epiker eigentümlich ist — die klare, unbefangene Beobachtung des vor ihm liegenden Stückes menschlichen Lebens. Die Einzelforschung gewann deshalb für Humboldt eine ganz andere Bedeutung, als sie für Hegel hatte.

Die Aufgabe, die Wilhelm von Humboldt dem Geschichtschreiber stellte, hat Leopold Ranke ausgeführt. Er hat alle in jener Zeit liegenden geistigen Antriebe in sich aufgenommen, sie durchaus persönlich und original verarbeitet und eine Geschichtschreibung großen Stiles aufgebaut. Neben die neuen Wissenschaften vom Rechte und von der Sprache trat nun auch die Wissenschaft vom Staate und seiner Geschichte, und darüber hinaus gelangte Ranke zur allseitigen Darstellung des historischen Lebens und seines organischen Zusammenhanges. Wie Savigny und Grimm, so besaß auch er die Gabe der Beobachtung, den Sinn für die einzelne Erscheinung und für ihre Entwicklung, aber auch die Ahnung der in den Dingen sich offenbarenden höheren Welt, und auch ihm war es vergönnt, die organische Entfaltung aller Anlagen und Aufgaben sogar im eigenen Leben restlos zu verwirklichen. Nachdem der junge Theologe sich nach einigem Schwanken entschieden hatte, die Welt nicht als System zu begreifen, sondern sie als werdendes Gewordensein anzuschauen — das „Walten Gottes in der Geschichte aufzusuchen" —, hat er seinen Plan durch ein ganzes, langes Leben hindurch festgehalten und entwickelt. Was der Jüngling sich gelobte, der Mann in Meisterwerken an den Einzelbildern der abendländischen Staaten und ihrer Entwicklung ausführte, ist gekrönt worden, als der Achtzig- und Neunzigjährige, erblindet und mit verlöschender Kraft, die Weltgeschichte in ihrem ganzen Verlaufe seinen Getreuen diktierte.

Was Wilhelm von Humboldt heidnisch, platonisch faßte, war bei Ranke begründet in einem lebendigen christlichen Gottesglauben. Die Geschichte war ihm ein Teil der göttlichen Wissenschaft, er wollte den Geschicken Gottes in der Welt nachgehen, „den Kern und das tiefste Geheimnis der Begebenheiten in sich aufnehmen und bei einem oder dem andern Volke beobachten, wie die menschlichen Dinge gegründet werden, Kräfte gewinnen, wachsen und gedeihen"! Auch ihm war die Aufgabe des Geschichtschreibers eine doppelte: das Einzelne in seiner Besonderheit zu verstehen und zugleich das Allgemeine zu erfassen, das in dem Einzelnen waltet! Wie Savigny, Grimm und Humboldt sah auch er das Ziel des wissenschaftlichen Begreifens nicht in der Reduktion, die alle Elemente unseres Wissens auf einfache Einheiten zurückführt. Vielmehr zerfiel auch ihm die Welt in eine große Zahl geschichtlicher Sonderbewegungen, deren jede eine allgemeine Idee in sich trägt. Er sah, wie verschieden die Art des nationalen Werdens bei den einzelnen Völkern war und wie in jedes Volkes Geschichte ein Allgemeines sich offenbarte, ein letztes und höchstes Geheimnis waltete. „Die Idee der Menschheit — Gott gab ihr Ausdruck in den verschiedenen Völkern." Gerne hat er wohl auch statt von „Ideen" von den „Tendenzen" eines Zeitalters oder eines Staates gesprochen, doch war dies nur ein anderer Ausdruck, der moderner klang, aber nichts an der Annahme einer Irrationalität des geschichtlichen Lebens änderte. Es ist ganz im Sinne Humboldts gesagt, wenn es bei Ranke heißt: „Jede Epoche ist unmittelbar zu Gott!" So hat er vom Historiker verlangt, jedes Zeitalter in seinem Eigenwert anzuerkennen und es doch im universalen Zusammenhang zu sehen. Seine „Ideenlehre" machte die Sammler und Kompilatoren unmöglich, die einfach die äußern Dinge beschrieben — „die ganze Historie lediglich als ein ungeheures Aggregat von Tatsachen ansehen". Ranke lehnte es aber auch ab, wie Hegel und die Aufklärung in der einen Epoche nur die Vorstufe für die folgenden zu sehen oder wie die Romantiker eine bestimmte Epoche gleichsam als bevorzugte Zeit Gottes zu betrachten. Denn die Ideen enthalten bei Ranke das Göttliche doch auch wieder nicht völlig; jedes Geschlecht hat seine kurze, historische Stunde, es geht unter, wenn seine Zeit erfüllt ist, und übermittelt seine Leistung den nachfolgenden Generationen. „Eben darum", sagt Ranke, „folgen die Zeiten aufeinander, damit in allen geschehe, was in keiner einzelnen möglich ist, damit die ganze Fülle des dem menschlichen Geschlecht von der Gottheit eingehauchten geistigen Lebens in der Reihe der Jahrhunderte zu Tage komme."

Geschichtliche Tatsache ohne geistigen Gehalt gibt es also für Ranke nicht, und darum machte er es dem Historiker zur Aufgabe, die Vielgestaltigkeit des geschichtlichen Lebens unter die Herrschaft des Geistes zu stellen. Dies wollte auch Hegel. Aber der Philosoph des Monismus mußte die Freiheit der Einzeldinge aufheben; sein Pantheismus zwang ihn, die Ideen als immanente Gewalten wirken zu sehen. Ranke stand als gläubiger Christ auf dem Boden des Dualismus; er konnte die freie Bewegung der geschichtlichen Kräfte anerkennen und doch stets sich bewußt bleiben, daß eine Vorsehung über den Dingen waltet. Die Frage, wie Freiheit und Notwendigkeit sich zueinander verhalten, hatte die klassische deutsche Dichtung und Philosophie immer wieder beschäftigt, ohne daß von ihr eine Lösung gefunden wurde, die das Zusammenwirken individueller und allgemeiner Kräfte begreiflich machte. Erst die empirische Wissenschaft Savignys und Humboldts hatte aus der Anschauung des historischen Werdens verstehen gelehrt, wie der Einzelne gebunden ist durch Umwelt, Tradition und die ihm gestellte Aufgabe und wie er dennoch sein Eigenleben führt, mit eigener Kraft in die Geschichte einzugreifen befähigt ist. Wenn die „geschichtliche Rechtswissenschaft" auf dem schmalen Grate zwischen Handeln und Verzichten der Gefahr des Quietismus sehr nahekam, so hat der Historiker Ranke dieser Stimmung des Zeitalters gleichfalls entsprochen; aber seine Forschungen zeigten doch auch, wie die geschichtlichen Gestalten und Völker nicht nur Träger von Ideen, sondern schöpferische, selbständige Einheiten sind. „Auch in der Geschichte", sagt Ranke, „bekämpfen und durchdringen sich Freiheit und Notwendigkeit; die Freiheit erscheint mehr in den Persönlichkeiten, die Notwendigkeit in dem Leben des Gemeinwesens. Aber ist wohl die erste eine vollkommene und die andere, wäre sie eine unbedingte?"

Was Goethe von dem Einzelnen sagt, gilt nach Ranke auch von den Völkern: das Leben bewegt sich zwischen Dämon und Tyche, zwischen dem eingeborenen Trieb und den allgemeinen Mächten. In unvergeßlichen Sätzen hat er dies beschrieben: „Wohl entwickelt sich das besondere Leben nach eingepflanzten Gesetzen aus seinem eigentümlichen, geistigen Grunde; sich selbst gleich, bewegt es sich durch die Zeitalter fort. Unaufhörlich aber steht es doch auch unter allgemeinen Einflüssen, die auf den Gang seiner Entwicklung mächtig einwirken." Immer von neuem suchte Ranke anschaulich zu machen, daß das Einzelne im vollen Lichte niemals erscheinen kann, „als wenn es in seinem allgemeinen Verhältnis aufgefaßt wird", daß aber „der Historiker sich das Allgemeine nicht vorher ausdenken dürfe wie der Philosoph". So zeichnete Ranke die einzelnen Erscheinungen und zugleich die „großen Kombinationen, die in den Dingen liegen" — die Weltideen, die über die Individuen Macht haben. Als Historiker, der den ganzen Verlauf rückschauend überblickte, konnte er Einsicht gewinnen in diese Bedingtheit. Aber die Tätigkeit in der jedesmaligen Gegenwart blieb ihm davon unberührt: „Da kommt es allein auf die richtige Behandlung des unmittelbar Vorliegenden an, auf die gute

Sache, die man hat, die moralische Kraft, die man einsetzt. Die Momente, die den Fortgang der Welthistorie bedingen, sind, ich möchte sagen, ein göttliches Geheimnis; der Wert des Menschen beruht auf seiner Selbstbestimmung und Tätigkeit." So vermochte Ranke das geschichtliche Denken völlig auszubilden, alle Erscheinungen aus ihren Voraussetzungen und in ihrer Bedingtheit zu begreifen und doch noch jeden Determinismus und Relativismus fernzuhalten. Seine Äußerungen sind freilich nicht immer miteinander in Einklang zu bringen. Bald heißt es, daß auch das größte individuelle Leben „doch nur ein Moment in der Verflechtung des allgemeinen" sei und ohnmächtig bleibe gegenüber dem ewigen Weltschicksal: denn die Idee hat eine „nötigende Gewalt", sie ruft sich ihre Organe hervor. Daneben steht aber zu lesen, daß die Persönlichkeiten doch auch „ein selbständiges Leben von originaler Kraft" haben: „indem sie, wie man zu sagen liebt, ihre Zeit repräsentieren, greifen sie doch wieder durch eingeborenen innern Antrieb bestimmend in dieselbe ein". Ranke war kein Philosoph, er war so wenig wie Savigny zu prinzipieller Entscheidung gezwungen. Seine Geschichtschreibung war besser als seine Theorie. Er sprach aus der weiten und tiefen Anschauung des geschichtlichen Lebens, aus einer großen historischen Erfahrung und gab eine Lösung persönlicher Art, bei der das Jahrhundert des geschichtlichen Denkens in der Folge nicht stehen geblieben ist.

Die Wechselbeziehung zwischen persönlichen Kräften und allgemeinen Weltverhältnissen hat Ranke zur Darstellung gebracht: dieses Widerspiel macht ihm den Reichtum des historischen Lebens aus. Und aus solcher Auffassung ergab sich die Bewegtheit seiner Schilderungen und seines Stiles, die den Zeitgenossen auffiel, da sie nur die pragmatischen Darstellungen gewohnt waren, die starre Auffassung von Ursache und Wirkung, von Persönlichkeit und Tat. Ranke dagegen hat bei der Zeichnung der großen Persönlichkeiten eine wunderbare Kunst der individuellen Charakteristik und eine Kraft der Darstellung entfaltet, die zeigen, wie auch er die Seele nicht als feste Größe, sondern als lebendige Entwicklung zu begreifen wußte. Seine Porträts sind zusammengesetzt aus kennzeichnenden Zügen, aus vielen Äußerungen menschlichen Lebens, die er in den Folianten gefunden hat. Aber stets hat er, auch wenn er eine Biographie schrieb, die geschichtliche Persönlichkeit in der Stellung erfaßt, durch die sie eine Kraft in der allgemeinen Bewegung geworden ist; stets zielt seine Darstellung auf den „Moment", der für die Verwirklichung einer sich entfaltenden Idee, eines großen und allgemeinen Zweckes geeignet war. Seine Geschichtschreibung ist darum bewußt universal; sie betrachtet die geschichtliche Erscheinung nie isoliert, sie stellt den Einzelnen, den Staat, das Volk in den großen, allgemeinen Zusammenhang des ganzen geschichtlichen Lebens. Dieses Allgemeine aber war ihm nicht im alten, naturrechtlichen Sinne irgend eine abstrakte Idee, sondern ein Konkretes und Lebendiges, das sich entfaltet und wirkt und — wenn seine Zeit erfüllt ist — untergeht: unmittelbar aus den Dingen heraus tritt es dem Beobachter entgegen. Die Anschauung des Wirklichen war ihm deshalb das erste Gebot für den Historiker, der nichts weiter soll, als die „nackte Wahrheit" zu ermitteln und darzustellen. Wenn Ranke mit einem berühmten Worte bekannt hat, er wolle nur sagen, wie es eigentlich gewesen ist, so lag darin eine Absage an alle Geschichtsphilosophie, die Regeln und Gesetze des historischen Lebens formulieren will, wie dies am entschiedensten Hegel zum Ziel des geschichtlichen Studiums gemacht hatte. Es lag aber auch in diesem Bekenntnis zur Wirklichkeit und zur induktiven Forschung eine Absage an die Romantik und zugleich an die Aufklärung. Denn die Romantiker hatten die Vergangenheit erfüllt mit der Liebe oder Abneigung des modernen Menschen, die sie in die Geschichte trugen, und staunend bemerkte der junge Ranke, daß Inhalt und Ton in den alten Chroniken doch viel echter und kräftiger waren als in den Romanen des Walter Scott — „daß das historisch Überlieferte selbst schöner und jedenfalls interessanter sei als die romantische Fiktion". Die Aufklärung aber wußte nichts von geistiger Entfaltung; sie sah überall Absicht und List, sie wollte aus der Geschichte nur Beispiele und Vorbilder für das eigene Handeln holen und nahm für den Historiker ein Richteramt in Anspruch. An Reflexionen und Maximen fehlt es auch bei Ranke nicht, und ebensowenig fehlt es an Urteilen, auch moralischer Art. Aber Ranke hat als erster gezeigt, wie der Historiker den Willen aufbringen muß, die geschichtlichen Tatbestände objektiv festzustellen, sie in ihrem innern Zusammenhang und aus ihren eigenen Bedingungen heraus zu verstehen. „Ich möchte mein Selbst auslöschen", hat er einmal gesagt — und durch diesen Willen unterschied er sich von den Historikern der Aufklärung, die ihm vorangingen, und von den politischen Historikern, die ihn im 19. Jahrhundert eine Zeit lang verdrängten. Aber er blieb sich stets bewußt, daß das letzte, abschließende Urteil immer nur von einem positiven Standpunkte aus möglich ist.

Nur in diesem Sinne ist die vielberufene Objektivität Rankes zu verstehen. Sie wurde ihm erleichtert durch seine Gabe klarer

Beobachtung, durch seine irenische Natur und durch die Stimmung der Restaurationszeit, die der Erneuerung alter Kämpfe abgeneigt war. Auch hatte Niebuhr soeben die Methode gezeigt, die Verfälschungen zu erkennen, den Schutt der Jahrhunderte wegzuräumen und zu den ursprünglichen Quellen vorzudringen. Ranke hat des Vorgängers Geschichtswerk schon gekannt, bevor er selbst historischen Arbeiten sich zuwandte; er hat von ihm unmittelbar Anregungen erhalten. Auch Savigny verfügte über die Gabe der Quellenkritik in hohem Grade und hat sie in seinem Hauptwerke, das ja eine Geschichte der Rechtsquellen war, angewendet. Niebuhr und Savigny prüften die Behauptungen der älteren Schriftsteller und besaßen ein feines Gefühl dafür, ob sie dem behandelten Zeitalter entsprachen, ob sie damals psychologisch möglich waren. Erst Ranke aber hat dieses Verfahren systematisch ausgebildet. Denn es ging nicht ohne weiteres an, die am Livius ausgearbeitete Methode auf die Chroniken des Mittelalters und die Memoiren der Neuzeit anzuwenden. Es galt, aus der Fülle der Quellen stets die besten festzustellen und aus ihnen die Vergangenheit wieder aufzubauen. Ranke hat seinem frühesten Werke, den 1824 erschienenen „Geschichten der romanischen und germanischen Völker", jenen Anhang „Zur Kritik neuerer Geschichtschreiber" beigefügt, von dem die kritische Geschichtswissenschaft ihren letzten und entscheidenden Antrieb erhalten hat. Es machte in der gelehrten Welt den tiefsten Eindruck, als die gefeierte „Istoria d' Italia" des florentinischen Staatsmannes Guicciardini, auf die sich bis dahin alle Darstellungen der wichtigen Wende des 15. zum 16. Jahrhundert ganz selbstverständlich gestützt hatten, plötzlich ihres Ranges als einer originalen Quelle entkleidet wurde. Denn Ranke zeigte durch kritische Vergleiche mit andern Quellen, daß Guicciardini abhängig war von fremden Vorlagen, oft falsch und oberflächlich erzählte, persönliche Motive mitsprechen ließ. So lehrte Ranke zuerst an diesem Beispiel, welche Schlüsse aus dem Charakter, den Lebensumständen, Parteiansichten und Absichten eines Schriftstellers auf dessen Glaubwürdigkeit zu ziehen sind. Und der negativen Kritik trat die positive zur Seite und suchte nach Entfernung der falschen Elemente ein Bild des wirklichen Geschehens herzustellen. Dabei stand für Ranke die „innere Kritik" bei weitem im Vordergrund, er hat die psychologische Analyse zu unvergleichlicher Feinheit ausgebildet: die äußere Kritik, die sich auf die Form der Überlieferung richtet, hat für die Neuzeit nicht die gleiche Bedeutung. Allerdings haben neuere Forschungen viele einzelne Ergebnisse Rankes korrigiert, aber die Grundsätze und Wege der Quellenkritik waren nun doch ihm zu verdanken. Jetzt waren alle Historiker veraltet, die, wie Johannes Müller oder die Romantiker, wahllos aus Quellen und abgeleiteten Darstellungen ihre Werke zusammenschrieben — nicht zu reden von den alten Sammlern, die nichts von der organischen und geistigen Entwicklung in der Geschichte wußten. Schon Niebuhr hatte diese neue Position der geschichtlichen Wissenschaft erreicht. Aber es war ihm nicht gelungen, ein einheitliches Geschichtswerk aufzubauen; formlos mischten sich in seinem Werke Quellenkritik und Erzählung. Ranke dagegen zeigte, wie die sorgfältige und umsichtige Forschung durchaus mit großer Geschichtschreibung zu vereinbaren war; er fand den Ausweg, die Darstellung von allen Schlacken der Vorarbeit zu befreien, indem er die Untersuchungen in Exkurse verwies.

Anfangs gründete Ranke seine Arbeit noch in der bisherigen Weise auf darstellende Quellen und bildete, wie erwähnt, an ihnen zuerst die kritische Methode aus; in der Abgeschiedenheit zu Frankfurt a. d. Oder, wo er als Oberlehrer tätig war, war ihm nichts anderes möglich. Als er dann an die Universität Berlin berufen war, entdeckte er auf der Staatsbibliothek die mächtigen Folianten von Abschriften venezianischer Gesandtenberichte, Relationen genannt. Dieser Fund hat Epoche gemacht in der Entwicklung der Wissenschaft. Ranke erkannte hier, wie alle darstellenden Quellen an Bedeutung zurücktraten gegenüber den unmittelbaren Überresten der staatlichen Geschäfte; er sah die Zeit kommen und hat selbst sie heraufgeführt, wo man die neuere Geschichte nicht mehr aus den Berichten — „selbst nicht der gleichzeitigen Historiker" —, sondern aus den Relationen der Augenzeugen und den „echtesten unmittelbarsten Urkunden" aufbauen werde. Die Fundamente der historischen Methode waren vollendet, als Ranke zeigte, wie aus den Akten die Vorgänge rekonstruiert werden konnten. Und nicht nur die Methode hat Ranke bei der Arbeit an den Berliner Funden völlig ausgebildet; er verdankt ihnen auch die Richtung, die seine Studien genommen haben. So organisch und folgerichtig sich sein Lebensplan entfaltet hat, so war doch der Historiker ganz anders als der Rechtsgelehrte Savigny oder der Philologe Grimm abhängig von dem Zufall, der ihm den Quellenstoff in die Hände gab. Ranke hat sein ganzes Leben lang systematisch nach den ihm förderlichen Quellen gesucht, er besaß auch den Instinkt, der ihn mitten in gewaltigen Aktenmassen die entscheidenden Konvolute fassen hieß, also daß seine Nachfolger in den Archiven immer nur eine Nachlese halten konnten; doch auch das Glück war ihm günstig.

Die venezianischen Relationen führten ihn zunächst noch tiefer in die südeuropäische Geschichte hinein: aber immer wieder lenkte sein Genius von da zu den großen Zusammenhängen der abendländischen Staatenwelt, und die weiten Interessen, die den Venezianern eigen waren, erleichterten es ihm, den Plan seines Lebens festzuhalten und aus der Betrachtung und Darstellung des Einzelnen die Geschichte Europas aufzubauen.

Denn dies eben ist der eigentliche Ausgangspunkt seiner Studien und zugleich der Inhalt seiner Lebensarbeit gewesen: die Erkenntnis der Entstehung und Entwicklung des abendländischen Staatensystems! Mit welch brennendem Interesse hatten die Romantiker — die Brüder Schlegel und Frau von Staël zumal — die geschichtlichen und völkischen Grundlagen der abendländischen Gemeinschaft gesucht; sie haben auch den Begriff der „romanisch-germanischen Völker" zuerst geprägt. Savigny hatte 1815 in der Vorrede seiner „Geschichte des Römischen Rechtes im Mittelalter" bedauert, daß noch niemand die Bildung des neueren Europa, die Art und die Gründe der Mischung aus romanischen und germanischen Grundteilen untersucht habe. In der Tat ergab sich das Problem aus der geistigen Lage jener Zeit. Ranke übernahm den Gegenstand und das Interesse. Sein erstes Werk stellte in großen Zügen dar, wie diese Einheit aus der Völkerwanderung erwachsen ist durch Verschmelzung zweier Nationalitäten, zweier Rechtsordnungen, zweier geistiger Kulturen, und wie nach den gemeinsamen Kreuzzügen und Romfahrten die alte Einheit zerfiel und eine neue politische Welt um die Wende des Mittelalters zur Neuzeit sich herausbildete — das Nebeneinander der souverän gewordenen Staaten. Zwar ringen diese durch viele Jahrhunderte um eine neue politische Ordnung, aber sie alle wurzeln in der gemeinsamen Herkunft aus romanisch-germanischem Blute, aus Christentum und Humanismus, und so bleibt trotz allem die Einheit der abendländischen Kultur bewahrt: sie ist politisch zusammengehalten durch die europäische Staatenwelt, durch das System der „Großen Mächte". Der Erforschung dieser bis zu seiner eigenen Gegenwart bestehenden Ordnung Europas hat Ranke dann die Arbeit seines Lebens gewidmet: er sah hier Kräfte, „die, aus demselben geistigen Grunde stammend, eine von Anfang bis jetzt fortlaufende Entwicklung des romanischen und germanischen Lebens bilden". Er hat die einzelnen Großmächte des Abendlandes gezeichnet, einer jeden ein eigenes, klassisches Werk gewidmet, für jede die geschichtlichen Grundlagen aufgezeigt, aus denen ihr Charakter erwachsen ist. Und er hat anschaulich gemacht, wie jede Nation und jede Großmacht aufs engste verflochten ist in die Schicksale und Aufgaben der Welt, also daß es keinem Volke mehr vergönnt ist, sich für sich selbst in freier Bewegung eingeborener Kräfte und Anlagen zu entwickeln: „alle Ausbildung hängt vielmehr von dem Verhältnis ab, in das der neueintretende Stamm zu den bereits gebildeten Nationen tritt".

So war Ranke berufen und befähigt, in jedem Stoffe Weltgeschichte zu schreiben. Er hat zuerst — den Spuren der venezianischen Relationen folgend und mit der reichen Ausbeute, die ihm Metternichs Fürspruch in Wien und Venedig ermöglichte — den umfassendsten Gegenstand, den ihm sein Lebensplan aufgab, bearbeitet, indem er die Geschichte der Päpste „in den letzten vier Jahrhunderten" darstellte. Es ist sein Meisterwerk, weil hier die individuelle und die universale Geschichte am vollkommensten zusammenfallen: er bringt die Idee der zentralisierenden Kirche in die Mitte seiner Betrachtung und schildert ihr Ringen mit andern Mächten. Noch bei der Arbeit an den „Päpsten" hatte er das Empfinden, als ob bei ihr „dem protestantischen Elemente nicht vollkommene Gerechtigkeit widerfahren sei", und so griff er nun von den Gesandtschaftsberichten zu den ursprünglichsten Quellen, den Akten: er ging in die Archive des Kaisers und der Fürsten. So entstand die „Deutsche Geschichte im Zeitalter der Reformation" — abermals ein universales Thema, denn die Glaubensspaltung vollzog sich in beständiger Auseinandersetzung mit den großen europäischen Fragen und in Wechselwirkung von geistigem und staatlichem Leben. Dann hat Ranke die Geschichte der einzelnen Großmächte geschrieben — die preußische, die französische, die englische, und immer nur in jener Epoche, wo sie sich zu universaler Auswirkung erweitert. Die Geschichte Preußens bricht er ab mit dem Momente, wo Preußen das Gesetz seines Lebens gefunden, Großmacht geworden ist als Gegner Österreichs. In der Vorrede zur französischen Geschichte hat er mit denkwürdigen Worten dargelegt, warum er eine nach dem Muster alter und neuer Meister gleichmäßig ausgeführte Geschichte weder verfassen könne noch wolle. Denn die großen Völker und Staaten haben einen doppelten Beruf, einen nationalen und einen welthistorischen: ihn darzustellen war seine Aufgabe. So war Ranke eine isolierte Betrachtung der nationalen Geschichte ebenso unbekannt wie Savigny. Er lebte noch im geistigen Erbe humanistischer Bildung; er sah, wie erst in dem Prozesse gegenseitiger Beeinflussung die Nationen sich entwickelt hatten. Während aber Savigny in seiner wissenschaftlichen Arbeit sich auf einen einzigen Gegenstand beschränkte, so daß die Universalgeschichte doch verloren zu gehen drohte, hat Ranke den Sinn für universales Leben mit der neuen empirischen Forschung zu vereinigen verstanden. Von der Niederschrift einer allgemeinen deutschen Geschichte, die er — als „patriotischen Gedanken" — gelegentlich plante, hat ihn diese universalhistorische Betrachtung dann abgehalten, da Kaisertum und Papsttum „doch keinerlei Erklärung innerhalb ihrer Grenzen selbst haben", nur zu verstehen seien als Produkte der früheren Epoche der allgemeinen Geschichte. So blieb ihm nur die Weltgeschichte als letzte Erfüllung.

Rankes Universalität ist anderer Art als die der Aufklärung oder der Romantik. Er erfaßte alle Beziehungen, die sein Thema umspannte, aber das Thema selbst war scharf umgrenzt: es war die Geschichte der romanisch-germanischen Völker und ihrer Staatsbildungen. Sein Begriff der Weltgeschichte umfaßt kein Agglomerat vieler Kräfte, er ist festgelegt auf die Entwicklung der abendländischen Kultur — auf die Dreiheit: Antike, Christentum und Germanentum, aus der unsere Gegenwart hervorgewachsen ist. Es war ein umfassendes, aber in sich geschlossenes Thema, das Ranke der geschichtlichen Wissenschaft stellte. Auch hier wird deutlich, wie die sich entwickelnden Einzelwissenschaften anfangs doch noch den Blick auf das Ganze sich bewahrten. Die Abgrenzung des Themas ergab sich bei Ranke nicht aus Gründen äußerer Zweckmäßigkeit und wissenschaftlicher Ökonomie, obwohl auch diese angesichts des sich ausdehnenden Quellenstudiums in der Folge die Spezialisierung notwendig gemacht haben, sondern aus seiner Anschauung vom geschichtlichen Leben, dessen Seele er suchte in der Vielgestaltigkeit des Geschehens. Und das gleiche erklärt auch, warum er die politische Geschichte und innerhalb dieser die auswärtige Politik bevorzugte. Studium und Erfahrung lehrten ihn den Primat der Außenpolitik im Leben des Staates, der Staat aber war ihm die höchste aller Gemeinschaftsformen. So hat er den Umkreis des geschichtlichen Lebens, den Voltaire oder die Romantiker auf alle Kulturgebiete ausgedehnt hatten, wieder eingeengt und die „Idee" nicht in ihrer ganzen Fülle erfaßt, vielmehr alles auf die Entwicklung des Staates bezogen, wie dies seinem an Thukydides und den Italienern gebildeten staatlichen Denken nahelag und dem so sehr zur Politik drängenden Jahrhundert entsprach. Er hat die Lehre der Romantiker, daß es kollektive Persönlichkeiten und also auch eine Persönlichkeit des Staates gebe, aufgenommen und so das Leben des Staates begriffen und deutlich gemacht. An dieser Stelle seines

Geschichtsbildes hat er sich Hegel am meisten genähert, obwohl er anderseits nie unmittelbar über den Mangel an staatlichem Gehalt in Savignys „Volksgeist" sich geäußert hat; die enge Gemeinschaft, die ihn mit der „Historischen Schule" verband, ließ ihn darüber hinwegsehen. Die Staaten waren ihm die obersten Träger der Geschichte, „originale Schöpfungen des Menschengeistes — man darf sagen, Gedanken Gottes". Er erkannte in ihnen „moralische Energien", die sich nicht einfach nur wie natürliche Kräfte entfalten, sondern die der Staatsmann erkennen und bewußt machen muß. Denn jeder Staat trägt ein ihm eigentümliches Lebensgesetz in sich. Die einzelnen staatlichen Individualitäten sind, wie Ranke sagt, einander analog, aber nicht identisch: jedem Staate ist ein eigentümliches Ideal eingepflanzt, welchem er nach immanenten Gesetzen zustrebt. Diese Lebensgesetze des Staates ergaben sich für Ranke aus der Betrachtung der geschichtlichen Wirklichkeit, beim Studium der „Großen Mächte" und ihrer Ausbildung im Zeitalter des Absolutismus. Hier sah er, wie der Staat, um Staat zu sein, Unabhängigkeit und also Macht brauchte und wie er darum seine innern Verhältnisse zum Zwecke der Selbstbehauptung einrichtete, die auswärtige Politik also durchaus voranstand. Er erkannte, daß das neuere Europa gestaltet worden war durch die „Idee einer vollkommen selbständigen, von keiner fremden Rücksicht gefesselten, nur auf sich selbst angewiesenen Staatsgewalt". Es war die Politik des „sacro egoismo", die über Vertragsbruch und Gewalttat hinweg die modernen Staaten geschaffen und erhalten hatte. Der Staat — so meinte Ranke immer wieder — kann keine Teilgewalt, die von ihm nicht abgeleitet ist, anerkennen, auch nicht die Kirche. Er kann sich nicht in die Dienste ihm fremder völkischer oder geistiger Ideale stellen: der Staat ist enger als die Nation, er ist „eine Modifikation wie des menschlichen so des nationalen Daseins". Das Wesen des Staates ist auch für Ranke die Souveränität, die — wie immer wieder betont wird — erst durch Protestantismus und Glaubensspaltung möglich geworden ist: denn nur in der Begrenztheit, nicht in einem Universalstaat ist Allmacht möglich!

Rankes Auffassung vom Staate ist, wie man sieht, gewonnen im Anblick der nachmittelalterlichen Staatenwelt, deren Ausbildung das vornehmlichste Thema des Meisters in allen seinen Werken ist. Souveränität und Staatsräson waren die beherrschenden Gedanken der Könige; im Werdegange des modernen Staates waren aus dynastischen Interessen die Staatsnotwendigkeiten geworden, und seit das Volk in die Geschichte eingetreten war, hatte dieses

Machtstreben sich noch gewaltig erweitert: jetzt hieß es, daß die Staatspersönlichkeit sich ausleben müsse nach den ihr innewohnenden Gesetzen! Ranke stand dies alles durch sein Studium der neueren Geschichte deutlich vor Augen, und er hat seine Erfahrung zeit seines Lebens zu mehren gewußt durch Umgang mit Königen und Staatsmännern, einige Jahre lang auch als Publizist durch Herausgabe einer historisch-politischen Zeitschrift. So hat er gemeinsam mit Niebuhr staatliches Denken — das Bewußtsein, daß der Staat ohne Macht der Regierenden und ohne Botmäßigkeit der Bürger nicht möglich ist — in die deutsche Geschichtschreibung hineingetragen, die bis dahin ganz humanitär und apolitisch gesinnt war, ganz in den Händen der Literaten sich befunden hatte. Ranke bereitet in dieser Hinsicht Bismarck vor, wenngleich ein Einfluß nicht nachweisbar ist und überhaupt die Nachwirkung des großen Historikers sich lange auf die kritische Methode beschränkte, während die Staats- und Geschichtsauffassung sich nicht voll durchgesetzt hat. Die autonome Realpolitik und die Vergötterung des Staates, die wir in der romantischen Organismuslehre vorgebildet sahen, hat Ranke vom deutschen Leben des 19. Jahrhunderts nicht abwenden können, sie vielmehr geradezu gefördert durch seine eindrucksvollen Darstellungen des Machtstaates. Ihm fehlte der Einblick in die Vielgestaltigkeit der Dinge, die noch andere Rücksichten als die staatlichen fordert und die nur aus einem dauernden Verweilen in den Geschäften erkannt werden kann. Wie nahe er auch den Regierenden stand, er war doch in der Weltliteratur der erste große Historiker, der nicht als Staatsmann an die Geschichte herangekommen war, sondern ausschließlich als Philologe, von den Büchern und von der Literatur her; es ergab sich dies aus der neuen wissenschaftlichen Methode, die von nun an nicht zu entbehren war. Zwar war ihm die Gewaltlehre, wie sie die Literaten der Romantik gepredigt hatten, fremd; oft betont er, daß die Staaten auf moralische Kräfte gegründet sein müssen, wenn sie sich behaupten wollen, — daß die Macht immer etwas Geistiges sein muß, um zu dauern. Er hat den Machiavelli historisch gewürdigt, indem er in ihm „nur Anweisungen für einen bestimmten Zweck" finden wollte; aber die Kluft zwischen solcher Anerkennung der moralinfreien Staatsräson und dem gläubigen Christentum blieb doch bestehen und wurde nur leicht verdeckt durch die Zuversicht, daß die sittliche Idee zuletzt doch immer siege.

Auch hier war eine Lücke, durch die in der Folgezeit der Relativismus seinen Einzug halten konnte. Ranke durfte die Frage offen lassen, weil er in einem Zeitalter lebte, das der Macht des europäischen Gemeinschaftsgefühles vertraute, und seine eigenen Werke halfen mit, diesen Glauben zu stärken. Denn das Staatensystem, dessen Werdegang er schilderte, war trotz aller Kriege immer wieder ins „europäische Gleichgewicht“ gekommen, und soeben hatte man nach zwanzig Jahren ungeheurer Stürme die Welt neu geordnet und sich verabredet, das Machtstreben durch die höheren Ideen des Christentums, der Legitimität, der Gemeinsamkeit aller erhaltenden Kräfte zu bändigen. Es tauchte die Hoffnung auf, man könne Staatsräson und die höhere moralische Ordnung miteinander vereinigen. Aus dieser Absicht der Restaurationszeit ist Ranke zu verstehen, und er hat auch seinerseits das Werk der Beruhigung zu festigen gesucht. Er war wie kein anderer für solche Zeit und solche Aufgabe geschaffen. Denn er war eine weiche, vermittelnde Natur, die sich anschmiegen und einfühlen konnte, den Kämpfen lieber auswich und die Lust nach persönlichem Einfluß auf Umwegen befriedigte — ein feinsinniger, weltkluger Humanist, ein Mann wie Erasmus. Seine ganze Liebe gehörte dem Forschen, dem „commercium cum mortuis“. Politische Leidenschaft besaß der Geschichtschreiber der Großen Mächte nicht; der Denker und der Mensch decken sich bei ihm in dieser Hinsicht durchaus nicht, sonst hätte er die Machtkämpfe nicht so voraussetzungslos schildern können. Und diese persönliche Stimmung Rankes, die zugleich die seiner Zeit war, wurde bestärkt durch den ähnlich gearteten Geist, der ihm aus den venezianischen Relationen entgegentrat. Denn diese vornehmen Diplomaten aus der Spätzeit der Republik von San Marco waren gleichfalls abgeklärte Naturen, in denen der Trieb zum Bauen nicht mehr glühte, die vielmehr Macht und Staatsräson nur noch verstehen, ästhetisch genießen und mit Würde erhalten wollten. Diese Gesinnung war Ranke und seiner Zeit im Innersten verwandt und kommt in seiner Geschichtschreibung zum Ausdruck. Man fühlt, wie er dem elementaren Leben der Massen abgeneigt war, gerne sich anlehnte an die Mächtigen, nur auf den Höhen des Staates und der Gesellschaft verweilte und die menschlichen Dinge mit kühler Ruhe grundsätzlich nur „von oben“, vom Standpunkte der Regierenden betrachtete. Alle seine Werke haben irgendwie einen Antrieb aus seiner Zeit, nehmen auf ihre Probleme Bezug; aber diese äußerlich ruhigen Jahre ermöglichten es, Kontemplation und Wertung zu vereinigen, den Primat des wissenschaftlichen Erkennens zu behaupten und doch die Verbindung mit der eigenen Gegenwart zu bewahren. Seine Erkenntnis vom Machtstaate hat er nicht für die Politik und für das Zeitalter der Restauration nutzbar gemacht: um so besser vermochte er durch seine leidenschaftslose Art der Betrachtung und durch seine Lehre von den allgemeinen Mächten, an die der Einzelne gebunden ist, den Regierungen zu entsprechen. Daß freilich die Zeit durchaus nicht auf eine die historischen Gegensätze überwindende Betrachtung vorbereitet war, zeigt die Tatsache, daß sich im protestantischen Norden ähnlich wie um Niebuhr auch um den Geschichtschreiber der Päpste das Gerede verbreitete, er sei katholisch geworden. Gerne hörte man im übrigen in konservativen Kreisen, was dieser Historiker über geschichtliche Entwicklung vortrug. Wenn Savigny predigte, daß das Privatrecht organisch erwachsen müsse, so las man jetzt für das öffentliche Recht Ähnliches bei Ranke. Allen Theoretikern war hier entgegengehalten, daß jede Nation nach ihrer Eigenart „der Idee der Menschheit einen besondern Ausdruck gebe", daß alle „Ärzte ohne Beobachtung" fehlgehen, wenn sie mit ihrer „Weltpanazee" heilen wollen, die deutsche Einigung und den Staat der Freiheit und Gleichheit vorbereiten: „Wollt ihr die Unterschiede vernichten? Hütet euch, daß ihr nicht das Leben tötet." Oder ein anderes Mal: „Euer Vaterland werdet ihr euch nicht erklügeln."

So hoffte Ranke, die Menschen daran zu gewöhnen, ihre politische Meinung „auf Historie, das ist auf Erkenntnis der Tatsachen zu gründen". Dies war ein Prinzip, das den Empirismus des 19. Jahrhunderts förderte und das Naturrecht überwinden half. Es war der Grundsatz der „Wissenschaftlichkeit", der bestimmt war, das ganze Leben zu durchdringen, und der uns bereits bei Savigny begegnet ist. Aber die von Ranke geforderte Priorität des politischen Erkennens konnte den Willen lähmen; und sie wirkte in dieser Richtung, sobald die Erkenntnis immer wieder nur den „ruhigen schrittweisen Fortgang" predigte. Am stärksten tritt dieser konservative Grundzug Rankes in seiner Reformationsgeschichte hervor, bei der ihm die Annäherung an die Objektivität am schwersten gefallen ist: kein anderes Werk des Meisters ist bei aller Ruhe des Tones so persönlich wie dieses. Sein Standpunkt ist lutherisch und sächsisch; Ranke selbst stammte aus sächsischem Lande, dem Mutterlande der Reformation. Der deutsche Einzelstaat wird von ihm verklärt, die Territorien gegen den Reichsgedanken aufgeboten. Es wird gerühmt, daß Luthers „Ethik der reinen Gesinnung" den deutschen Staat ganz auf sich selbst verwiesen und ihn gehindert habe, seine Machtpolitik zu verschleiern durch moralische Vorwände; die geistige Freiheit im protestantischen Sinne wird streng von der politischen geschieden; die revolutionäre Wucht des jungen Luther und die Konsequenzen der neuen religiösen Stellung werden gedämpft und dafür die konservativen Züge im Wesen des Wittenberger Professors herausgehoben. Die Überzeugung von der besondern Zusammengehörigkeit deutscher Nationalität und protestantischer Sendung war für Ranke ein Dogma; dies hängt — wie früher erwähnt — mit seiner Wertschätzung des Einzelstaates und der von Gott gewollten Obrigkeit zusammen und war ihm mit Hegel gemeinsam. Aus beiden Denkern spricht der protestantische Humanismus, wie er nach den Freiheitskriegen gepflegt wurde und bei den Regierungen beliebt war, da er alles, was für das bestehende bürokratische System anstößig war, aus der Geschichte herausnahm oder verdeckte. So war Ranke in Berlin an der richtigen Stelle und für den preußischen Staat im Grunde brauchbarer als Savigny, für die Politik der Restauration auch brauchbarer als Hegel: denn dieser war Pantheist, jenem aber fehlte das moderne Staatsbewußtsein. Auch Fürst Metternich fühlte die geistige Verwandtschaft. Rückschauend hat Ranke die Zeit nach 1815 die „halkyonischen Tage“ genannt, die auf Stürme folgen und Stürmen vorangehen: solche Zeiten, meinte er, seien am besten geeignet für objektive Betrachtung der Geschichte. Ihm selbst jedenfalls waren es Jahre des ruhigen Reifens und Gestaltens: die neue Wissenschaft wurde ausgebildet und der Lebensplan entworfen, der dann in einem niemals abgeschlossenen Werden sich entfaltet hat.

Von nun an waren alle Geschichtschreiber veraltet oder überholt, die nicht das genetische Prinzip mit der kritischen Methode verbanden. Dies gilt für die letzten Vertreter der rationalistischen Universalgeschichte wie Rotteck oder auch Schlosser, es gilt für die romantischen Erzähler wie Friedrich von Raumer und Heinrich Leo; keiner verstand authentisches Wissen vom abgeleiteten zu unterscheiden. Nur Hegels Schule behauptete sich noch bei der Pflege der Geistesgeschichte, weil hierfür Ranke kein Vorbild bot. Nicht leicht war es übrigens für diesen, sich durchzusetzen, und volkstümlich konnte er überhaupt nicht werden. Die Gunst der Krone galt dem feinen Gelehrten, änderte aber nichts an der Machtstellung Hegels. Denn Hegel wie Raumer boten glattere Lösungen, mit denen Regierung wie Wissenschaft bequemer arbeiten konnten; die Schriftsteller des Tages waren Rotteck und Schlosser. Liberale wie Romantiker nahmen Anstoß daran, daß ein Gelehrter die Geschichte der letzten Jahrhunderte so kühl und, wie man meinte, teilnahmlos behandeln konnte. Nur die „historische Rechtsschule“ stand zu Ranke. Aber er überlebte alle Nebenbuhlerschaft. Die kritische Methode war ein lehrbares und übertragbares Handwerk, mit ihr hat er Schule gemacht, als er zu Berlin in den 30er Jahren seine „exercitationes historicae“, sein historisches Seminar, einrichtete. Sein bedeutendster Schüler, Georg Waitz, ist in Göttingen der Erzieher der Historikerzunft geworden. So ist eine deutsche Geschichtswissenschaft entstanden, die vorbildlich wurde auch für das Ausland, und zwar lediglich durch ihre solide und exakte Arbeit. Es war eine echte Frucht des alten deutschen Geistes, seiner ehrlichen Hingabe an die Sache, seiner Zuverlässigkeit und seiner Ausdauer. Auch außerhalb der Schule stehende Forscher haben sich frühe die Methode angeeignet oder selbst erarbeitet, denn sie lag in der Linie der allgemeinen geistigen Entwicklung und war besonders für den klassischen Philologen leicht zu gewinnen. So hat der schlesische Historiker Stenzel schon 1827 seine „Geschichte Deutschlands unter den fränkischen Kaisern“ herausgegeben und dabei einen ganzen Band mit quellenkritischen Analekten gefüllt — ein Seitenstück zu Rankes „Kritik neuerer Geschichtschreiber“ von 1824. Unübertragbar dagegen war die universalhistorische Weite des Blickes und die Ruhe der Betrachtung: dies haben auch Rankes Schüler nicht festhalten können, sobald sie über die Quellenkritik hinaus zu einer Geschichtschreibung großen Stiles strebten. Die nationale Bewegung des 19. Jahrhunderts engte das Gesichtsfeld der Historiker ein und zwang sie in die Arena der Tageskämpfe, die Spezialisierung wurde bei fortschreitender Zunahme des Stoffes immer mehr ein Gebot, und schließlich hat der emporkommende Positivismus die Irrationalität des geschichtlichen Lebens nicht mehr ertragen mögen und die Kulturerscheinungen nicht aus den Ideen, sondern die Ideen aus den Kulturbedingungen zu erklären gesucht: diesem Geiste des ausgehenden 19. Jahrhunderts standen die Geschichtschreiber der Aufklärung und auch Niebuhr näher als die Schöpfer der historischen Ideenlehre.

Zunächst brachte die deutsche Geschichtswissenschaft eine unermüdliche, erfolgreiche Quellenforschung hervor. Ranke wies seine Schüler nicht auf sein eigenes Arbeitsgebiet hin, sondern auf das frühe und hohe Mittelalter, wo die Quellen an Zahl beschränkt und überblickbar sind. Auch hatte die romantische Bewegung in Verbindung mit der patriotischen Begeisterung der Freiheitskriege gleichfalls die Richtung auf die Beschäftigung mit den mittelalterlichen Quellen genommen und viel Stoff aus den Archiven der aufgehobenen Klöster ans Licht gebracht, so daß sich Scharfsinn und Methode üben und entfalten konnten. Erfüllt von den Gedanken, die seine Zeit bewegten, hat der Freiherr vom Stein im Jahre 1819 die „Gesellschaft für Deutschlands ältere Geschichtskunde“ begründet, die sich die Herausgabe der mittelalterlichen Quellen zur Aufgabe machte. Der große Staatsmann sah sich nach den Freiheitskriegen von den öffentlichen Geschäften abgedrängt; so wollte er wenigstens durch Förderung des geschichtlichen Sinnes für seine Ideale wirken und den Deutschen die glanzvolle Zeit ihres Mittelalters wieder vor Augen führen, wo sie ein mächtiges Reich besaßen und starke Kaiser, die doch keine Despoten waren. Dem Reichsritter lag, wie wir öfters betonten, jede romantische Empfindsamkeit ferne; er lebte noch in unmittelbarem Zusammenhange mit dem alten Reiche, er wollte festen Grund gewinnen für die Arbeit des Tages. Da es jetzt ein deutsches Vaterland gab, brauchte man eine deutsche Geschichte. Bei seinen Studien entdeckte er, daß, was Muratori für Italien und die Mauriner für Frankreich getan hatten, für Deutschland noch fehlte. Auf jener denkwürdigen Rheinreise, die er 1814 in der hochgemuten Zeit unmittelbar nach der Befreiung des Vaterlandes gemeinsam mit Goethe unternahm, trat ihm beim Anblick des Kölner Domes eine mächtige deutsche Geschichtsquelle entgegen; schon damals hat er dem Dichter von seinem Plane gesprochen, die zerstreuten literarischen Quellen sammeln und kritisch herrichten zu lassen. Es entsprach seiner Lebensauffassung, wenn er den Verein ohne staatliche Hilfe begründete, ganz nur aus privater Initiative hervorgehen ließ. Zum Sitze der Gesellschaft bestimmte er Frankfurt, die Krönungsstadt des alten Reiches, die es, wie erwähnt, vornehmlich seiner Liebe zur alten Städtefreiheit zu danken hatte, daß ihr auf dem Wiener Kongreß ihre reichsstädtische Stellung wiedergegeben worden war. Stein hat der Stadt am Main eine dauernde Liebe und Anhänglichkeit bewahrt. Hier konnte er anknüpfen an lebendige Reichstradition, die von Patriziern und Lokalforschern gepflegt und bewußt gemacht wurde. Diese Stadt war der Mittelpunkt des alten Deutschlands und jetzt auch der Sitz des Bundestages, an den die Hoffnungen auf nationale Einheit zunächst nun einmal verwiesen waren. So richtete er hier die „Zentraldirektion“ ein, von der alle Arbeiten ihren Ausgang nehmen sollten; sie bestand unter seinem Vorsitz aus einigen der Sache geneigten Bundestagsgesandten.

Stein war Stifter und Präsident des Vereins, er hat die Mittel beigebracht und die richtigen Männer an die richtige Stelle gesetzt. Zum Leiter der wissenschaftlichen Arbeiten bestellte er den Historiker Georg Heinrich Pertz. Auch dieser war ein Schüler Göttingens. Auf weiten Archivreisen durch ganz Europa hat Pertz das Material gesammelt, mit kritischer Methode hat er die Ausgaben auf die Verwandtschaft der Handschriften aufgebaut und so das Ziel verfolgt, die Schriftsteller in ihrer vollen Eigentümlichkeit herzustellen. So sind die „Monumenta Germaniae historica“ zustande gekommen — jene gewaltige Sammlung der Quellen zur Geschichte des deutschen Mittelalters, die die Grundlage aller Erforschung der deutschen Geschichte geworden ist. Im Jahre 1826 erschien der erste Band. Schon seit der Gründung des Vereins wurde auch eine wissenschaftliche Zeitschrift herausgegeben, das „Archiv der Gesellschaft für ältere deutsche Geschichtskunde“. Mit Pertz gemeinsam arbeitete Georg Friedrich Böhmer, der Sekretär der Gesellschaft, der sich aber nicht mit der Führung der äußern Geschäfte begnügte, sondern mit Begeisterung, Sachkunde und Scharfsinn der wissenschaftlichen Arbeit sich hingab. Als wohlhabender Bürger der alten Reichsstadt und als Bibliothekar ihrer Stadtbibliothek hat er die Überreste der großen Vergangenheit gepflegt und sich angeeignet. Aus der Anhänglichkeit an das alte Frankfurt erwuchs sein reichspatriotisches Empfinden, seine Liebe zu Kaiser und Reich, seine Trauer über den Zusammenbruch des Alten, seine Abneigung gegen die moderne Welt, gegen Polizeistaat und liberalen Protestantismus und gegen den preußischen Staat, in dem er dieses Neue verkörpert fand. Den Romantikern stand er ganz nahe; aber daß sie die vaterländischen Studien nur dilettantisch betrieben, beklagte er. Denn auch er hatte in Göttingen studiert, er wurde ein streng methodischer Forscher. Während Pertz die Chroniken bearbeitete, vertiefte sich Böhmer mit Vorliebe in die Urkunden. Er erkannte, daß ihr Quellenwert unvergleichlich viel größer war als der Wert der Chroniken. Denn „in dem einen Falle wird Geschichte erzählt von denen, die sie machen, in dem andern von denen, die sie hören“: die Urkunde ist die Wirklichkeit selbst! Die Verzeichnisse oder Regesten, die er von den Urkunden der Kaiser und Könige angelegt und veröffentlicht hat, haben Epoche gemacht in der modernen Geschichtsforschung. Die trockene Arbeit an alten Dokumenten wurde hier zum Range einer hohen Kunst erhoben. Böhmer hat zuerst gelehrt, den Rechtsvorgang auf die kürzeste, aber den Inhalt völlig erschöpfende Formel zu bringen; er hat die Urkunden datiert und übersichtlich zusammengestellt. So sind Böhmers „Regesten“ neben den „Monumenten“ die feste Grundlage geworden, auf der alle Darstellungen der deutschen Geschichte des Mittelalters beruhen.

Wissenschaftliche und patriotische Absichten verbanden sich aufs engste bei diesen Arbeiten: „Sanctus amor patriae dat animum“, so lautet das Motto, das auf allen Bänden der Monumenta geschrieben steht. Das Unternehmen war für Stein und Böhmer eine Nationalangelegenheit; die geistige Einheit aller deutschen Stämme sollte aus der Erinnerung an die gemeinsame vaterländische Geschichte erstehen, sie sollte wachsen in der Pflege der großartigen wissenschaftlichen Aufgabe und so die staatliche Einheit vorbereiten. Es ist daher begreiflich, daß die Regierungen dem Unternehmen mit Mißtrauen begegneten, obwohl Stein sorgsam jede direkte Verbindung mit politischen Dingen fernhielt; schon die Tatsache, daß dieser Mann an der Spitze stand, war verdächtig. Erst nach dem Tode des großen Patrioten ließen sich die Einzelstaaten bereitfinden, das Werk durch Geldbeiträge zu unterstützen. Die Form einer Gesellschaft blieb auch weiterhin erhalten, doch bestand der Verein in Wahrheit nur aus Pertz und Böhmer, die mit den beim Bundestag gesammelten Beiträgen der Regierungen das Unternehmen viele Jahrzehnte hindurch allein leiteten— ein ergreifendes Bild wissenschaftlicher Hingabe, wie hier zwei Gelehrte ganz auf eigene Verantwortung und ganz souverän ein weitgespanntes wissenschaftliches Programm durchführten. Böhmer in Frankfurt erledigte die laufenden Geschäfte und arbeitete seine Regesten aus, ließ auch viele seiner Ausgaben gesondert und auf seine eigenen Kosten drucken. Pertz lebte als staatlicher Bibliothekar in Hannover und später in Berlin; er besorgte die einzelnen Bände der Monumenta und zog eine ganze Schule von „Monumentisten“ heran, die — meist aus Rankes Seminar hervorgegangen, fast ausschließlich Norddeutsche und nur Protestanten — an dem der ganzen Nation zugedachten Werke die Kräfte üben konnten und kritische Sichtung wie saubere Arbeit im großen leisteten. Georg Waitz ist der früheste Hilfsarbeiter an den Monumenten gewesen, und er hat — wie bereits erwähnt — die in Rankes Seminar und in der Arbeit an den Monumenten ausgebildete Methode als Professor in Göttingen an zahlreiche Jünger weitergegeben, die dann durch ihre Leistungen Pertz selbst in Schatten gestellt haben. Waitz hat später die Nachfolge von Pertz als Leiter des ganzen Unternehmens angetreten; das Jahrzehnt, da er die Führung hatte — 1875 bis 1886 —, ist die Blütezeit der Monumenta geworden, in der die stattlichsten und zuverlässigsten Bände herausgekommen sind. Aus dem Kreise von

Rankes Schülern sind dann auch die „Jahrbücher der deutschen Geschichte“ hervorgegangen — eine umfangreiche, exakte Verarbeitung des ganzen Materials, die auf Grund der „Monumenta“ veranstaltet wurde. So lag es im Wesen der Sache und wurde sowohl durch Rankes akademische Tätigkeit wie durch die romantische Stimmung der Zeit befördert, daß die deutsche Geschichtswissenschaft trotz Rankes eigenen Werken sich auf das Studium des Mittelalters beschränkte: erst die politisch bewegten 50er Jahre haben auch zur quellenmäßigen Erforschung der Neuzeit angeregt.

Im übrigen fehlten in der vormärzlichen Zeit die Historiker nicht, die sich aus der Geschichte der Neuzeit Waffen holten für die Kämpfe des Tages. Aber zum Aufbau der neuen Wissenschaft haben sie wenig beigetragen; ihre Bedeutung liegt in der politischen Wirkung auf ihre Zeitgenossen. Immerhin haben sie geholfen, den Wirklichkeitssinn zu entwickeln und den deutschen Geist aus dem literarisch-ästhetischen Bezirk in den ethisch-politischen hinüberzuführen. Die Reihe dieser Gelehrten beginnt mit Friedrich Christoph Schlosser, der nach Lebensalter und Bildung durchaus der Zeit vor Ranke angehört, aber erst in höheren Jahren zu einer weiten Wirkung gelangt ist. Er war ein unmethodischer Kopf, der als Student in Göttingen nicht von der neuen Philologie, sondern nur von der Aufklärung Anregungen aufnahm; er blieb ein Sammler und Universalhistoriker im Stile der alten Zeit, erfüllt von dem sittlichen Idealismus Lessings und Kants. So wurzelte er noch ganz in der literarischen Bildung der deutschen Klassiker. Aber nicht allein Kunst, Philosophie und Altertum, sondern auch die Geschichte schien ihm ein vollwertiges nationales Bildungsmittel zu sein: hier fand er die Aufgabe seines Lebens. Er entsprach damit den politischen und gesellschaftlichen Bedürfnissen einer Zeit, die um das Erbe der Französischen Revolution noch einmal kämpfen mußte. So hat Schlosser mitgewirkt, das 19. Jahrhundert zu einem Zeitalter des vorwiegenden geschichtlichen Interesses zu machen. Als Theologe hatte er mit kirchengeschichtlichen Arbeiten begonnen, dann führten ihn die Bedürfnisse des Gymnasialunterrichts zur politischen Geschichte und zur empirischen Betrachtung. Er wollte nicht, daß den Schülern der Geschichtsunterricht in der alten Weise „philosophisch“ gegeben werde; er verlangte, den Zöglingen zuerst „die realen Kenntnisse beizubringen, ohne welche alles Philosophieren über Geschichte ein leeres Geschwätz bleibt“. So schrieb er seine Weltgeschichte 1811 zunächst als Lehr- und Schulbuch und gab eingehende Auszüge aus den Quellen. Der pädagogische Grundzug ist seiner Arbeit immer geblieben. Schlosser war eine praktische Natur, die es zum Wirken drängte. Wie er selbst in enger Jugend die Dinge zu meistern gelernt hatte, so wollte er auch die andern Menschen stark machen für den Kampf des Lebens. Der Zweck der Geschichte war ihm daher die Erziehung des Volkes zu einer praktischen Weltanschauung. Nur auf diesem Umwege ist er zum Staate und zur Politik gelangt, Hegel und Ranke blieben ihm immer unverständlich: über allem stand ihm das sittliche Bewußtsein, das politische Gewissen. Die Geschichte war ihm die Lehrerin der Menschheit — aber nicht etwa nur weil sie den Staatsmann unterrichten kann, sondern auch und vor allem weil sie die Einheit der moralischen Welt zur Anschauung bringt. So hat er jedes Ereignis in Beziehung gesetzt zu dem Ganzen der menschlichen Kultur, es gemessen an festen Maßstäben, an den sittlichen Gesetzen, die sich ihm aus der stets unveränderlichen menschlichen Natur ergaben. Sein entschiedener Dualismus vereinte den Glauben an den Fortschritt des moralisch-politischen Lebens mit der Einsicht in die Nichtigkeit der Menschen und der Dinge, die er von seinem hohen sittlichen Standpunkte aus illusionslos darstellte. In diesem Sinne schrieb er seine Weltgeschichte und — als sein Hauptwerk — die Geschichte des 18. Jahrhunderts. Er fühlte sich einig mit dem großen philosophischen Jahrhundert, insofern es den mittelalterlichen Geist auf allen Gebieten überwunden habe; aber er tadelte die Untergrabung der Sittlichkeit durch das Walten der Staatsräson, durch Despotie und Militärgewalt, durch die Frivolität des höfischen Zeitalters. Unerbittlich, mit hohem sittlichen Ernst, übergab er Staatsmänner, Feldherren und Höflinge der Verdammnis. Unvermittelt standen beide Welten nebeneinander, die Ablösung des Mittelalters durch die Aufklärung war ihm kein Problem, er urteilte mit souveräner Sicherheit, für ihn gab es noch keine Zweifel, noch keine Vorahnung des Relativismus. Auch subjektive Empfindungen sprachen bei ihm entschieden mit. Schlosser war wie Niebuhr ein Friese, er kam aus dem Lande Jever; auch er war stolz darauf, daß es bei ihnen zu Hause nur freie Bauern gab und keinen Edelmann. Aber er war eine andere Natur als Niebuhr. Derb und grobkörnig wie sein Landsmann Johann Heinrich Voß und wie dieser durch lange Jahre des Hauslehrerdaseins hindurchgegangen, fühlte er sich berufen zum Wächter und Verteidiger der bedrohten Menschenwürde. Er kam nach Frankfurt und Heidelberg, in süddeutsche, demokratische Luft und fand hier die Öffentlichkeit, die seine Ansichten bereitwillig aufnahm. Denn was er vorbrachte, entsprach durchaus der Stimmung des emporstrebenden Bürgertums, das die Dinge nur von unten her, vom Standpunkte der Regierten aus, betrachtete und gewohnt war, sie an den Vernunftidealen der Aufklärung zu messen.

Der gleichen Stufe der wissenschaftlichen Entwicklung gehört auch Carl von Rotteck an; auch durch ihn ist die vorkritische Wissenschaft noch weit in das 19. Jahrhundert hinein lebendig geblieben. Er hat weder das umfassende Wissen Schlossers noch seine philosophische Bildung besessen; aber er hat eine reiche publizistische und landständische Tätigkeit entfaltet, von der Schlosser sich immer fernhielt: dort liegt denn auch allein seine geschichtliche Bedeutung. Er hat als Sohn des vorderösterreichischen Breisgaus die Ideen Josephs II. in das neue Jahrhundert getragen; seine „Universalgeschichte“ hat in dem katholischen Bürgertum des deutschen Südens die gleiche weite Verbreitung gefunden wie Schlossers Werke in protestantischen Kreisen. In Norddeutschland dauerte es länger, bis der politisch-geschichtliche Sinn erwachte. Dort fehlte die Öffentlichkeit der Landtage; die Beschäftigung mit den Problemen des staatlichen und geschichtlichen Lebens war nur in den Kreisen der Regierenden wach und konnte sich nur von ihnen aus entwickeln: dort sah man die Dinge nur „von oben“, wie mit Bezug auf Ranke gesagt worden ist. Sobald dort das politische Denken erstarkte, besaß es am preußischen Staate ein lebendiges Objekt der Anschauung und in der neuen, von Norddeutschland ausgegangenen wissenschaftlichen Kultur die Mittel der Vertiefung. So hat Friedrich Christoph Dahlmann mit seiner „Politik“ von 1835 die Lehre vom Staate freigemacht von aller Romantik und allem Naturrecht und sich zum historischen Realismus bekannt, insofern man die Dinge nicht bejammern und beklagen, sondern verstehen müsse: nicht Weltverbesserung, sondern Wirken im Gegebenen war ihm das Wesen der Politik. Er hatte als klassischer Philologe bei Wolf in Halle begonnen und war 1812 in Kiel Professor der Geschichte geworden, ohne — nach seinem eigenen Bekenntnis — jemals ein Wort über Geschichte geschrieben, ja sogar ohne jemals ein historisches Kolleg gehört zu haben. Aber er hatte sich als Student in Kopenhagen gebildet an Niebuhrs Werke und an dem neuen wissenschaftlichen Geiste, dessen Gedanken er nutzbar machte für die Betrachtung des Staates. Wenn er dabei von Ranke und von der „historischen Rechtsschule“ gelernt hatte, was Kontinuität und Werden, Machtpolitik und Kulturstaat bedeuten, so bewahrte er doch den Glauben an das Recht der Lebenden, die Zukunft frei zu gestalten. In diesem Sinne schrieb er 1835 seine „Politik“. Die geschichtlichen Erörterungen dienten ihm nur dazu, das Gerüst zu zimmern für den Bau der „guten Verfassung“. Er hielt sich für berechtigt, die Geschichte den Forderungen des Tages dienstbar zu machen, und er ist demgemäß in seiner „Geschichte Dänemarks“ und in seinen Darstellungen der englischen und der französischen Revolution verfahren. So eröffnet er die Reihe der „politischen Historiker“, die bewußt über Ranke hinausschritten; aber er hat sich stärker als die späteren noch an die Tatsachen und auch an die ethischen Vernunftideale gebunden gefühlt, die ihm mit den Lehren Luthers zusammenfielen. Schwerlich gehört er zu den wahrhaft schöpferischen Geistern, und die Lösungen, die er gab, waren subjektiv und gewannen Bedeutung nur durch die starke Persönlichkeit, die dahinterstand.

Viel umfassender ist die wissenschaftliche Bedeutung und die geistesgeschichtliche Stellung von Johann Gustav Droysen, der nach Lebensalter und Wirksamkeit der zweite in der Reihe der „politischen Historiker“ ist. Seine Biographie spiegelt in denkwürdiger Weise die Entwicklung des deutschen Geistes aus der ästhetischen in die politische Periode. Er hat begonnen in Berlin als klassischer Philologe, als Schüler Boeckhs; aber — anders als Dahlmann — hatte er auf diesem Gebiet sich bereits eine feste wissenschaftliche Stellung erworben, bevor er zur Beschäftigung mit der neueren Geschichte umschwenkte. Den Aristophanes lesen wir noch heute aus seiner Übersetzung, auch ist er der früheste Historiker, den die Griechen in Deutschland gefunden haben. Er hat in den 30er Jahren die Geschichte Alexanders und der Diadochen in klassischen Werken beschrieben, die durch ihre Meisterschaft auch heute noch den Leser packen und deren kühne Kombinationen sich meist als gerechtfertigt erwiesen haben; Wort und Begriff des „Hellenismus“ hat er überhaupt erst in die deutsche Sprache eingeführt. Dabei blieb dem Berliner auch Hegel und der Dreitakt seiner Dialektik nicht fremd: im Hellenismus findet der Gegensatz von Orient und Hellenentum seinen Ausgleich. Im übrigen war sich Droysen jederzeit bewußt, wie tief seine Wissenschaft des historischen Verstehens in der klassischen deutschen Bewegung wurzelte und besonders Schleiermacher und Humboldt verpflichtet war. Aber schon seine Arbeiten über das klassische Altertum lassen auch den politischen Zug des Jahrhunderts erkennen, der den ästhetischen Neuhumanismus ablösen sollte. Die Wahl seiner Themata war kein Zufall. Er schilderte die Einigung des zersplitterten Hellenentums durch die stammverwandte makedonische Militärmonarchie. Alles Licht fiel auf Alexander, alle Schatten auf Demosthenes. Der deutsche Professor, der sich um die Erziehung zum realpolitischen Denken mühte, rechnete klar und nüchtern die politische Situation durch, dem Demosthenes wird sein Irrtum vorgehalten, „der vielleicht seinem Herzen, gewiß nicht seinem Verstande Ehre macht“. Immer wieder heißt es von dem „größten Redner aller Zeiten“: er mußte wissen, daß es nicht möglich war! Ganz anders hat ein Staatsmann, dessen echte und erbarmungslose Realpolitik wir Deutsche in furchtbarer Weise erfahren haben, Clemenceau, in seinem „Demosthenes“ den großen politischen Menschen erfaßt, dessen Handeln immer aus einer gefestigten Ideenwelt fließen wird und der für die Volksgemeinschaft und für das hohe Gut der Bildung auch das Unglaubliche versuchen muß — selbst um den Preis der Verkennung und des persönlichen Unterganges. Es ist das deutsche Schicksal geworden, daß das realpolitische Denken aus Wissenschaft und Literatur erwuchs, als eine deutsche Gemeinschaft noch nicht vorhanden war. Droysen ließ nur den Erfolg in der Geschichte gelten, er glaubte, daß der kürzeste Weg zur nationalen Macht auch der sicherste sei; er sah nur Preußen und seine Waffen, denen die innern Reformen zu dienen hatten. Unter dem Eindruck der Siege von 1813 war er aufgewachsen; der Gedanke, daß Preußen verpflichtet sei, auf eigene Interessenpolitik zu verzichten und sich der deutschen Sache zu widmen, war ihm aus den Tagen der Erhebung überliefert. Er wurzelte ganz in Berlin, der Stadt der Soldatenkönige und der neuen liberalen Bildung; er war der Sohn eines preußischen Feldpredigers und mit einer Jüdin verheiratet. Mit seinen Vorlesungen über die Freiheitskriege hat Droysen 1846 als Professor in Kiel den Weg in die Wissenschaft der neueren Geschichte gefunden und vom Katheder herab die Zeitgenossen aufgerufen, das Werk Steins und Gneisenaus zu Ende zu führen. Erst in den 50er Jahren hat sich dann, vornehmlich durch ihn, die Tätigkeit der „politischen Historiker“ voll entfaltet, so daß das Ansehen Rankes und seiner „Hofmalerei“ zeitweise ernstlich gefährdet schien.

Nicht nur Droysen hat die politischen Probleme seiner Zeit in die antike Geschichte getragen. Als Wilhelm Drumann im Jahre 1834 seine Geschichte Roms herauszugeben begann — ein gelehrtes und die Quellen ausbreitendes Werk, das den Übergang vom republikanischen zum monarchischen Rom im engsten Anschluß an die Tabellen der Geschlechter darstellte —, da hielt er es für nötig, im Vorwort zu betonen, daß das Buch nicht wider, aber ohne seinen Willen eine Lobschrift auf die Monarchie geworden sei: „Die römische Geschichte beweist, daß republikanische Formen sich nicht dauernd für die Menschen eignen, wie sie sind, daß sie bei einfachen und unverdorbenen Sitten eine Zeit lang bestehen können, aber von diesen Leben und Kraft empfangen, nicht umgekehrt, und daß eine Nation zu beklagen ist, deren Staatsschiff erst dann den Hafen der Monarchie erreicht, wenn sie entartet ist.“ So ist das Altertum durch Droysen und Drumann im machtpolitischen Sinne ausgedeutet worden, nachdem der Humanist bis dahin gewohnt gewesen, für die republikanische Freiheit sich zu begeistern.

Wie Droysen und Ranke, so haben auch alle andern Gelehrten, die in vormärzlicher Zeit die geschichtlichen Spezialdisziplinen begründet haben, die geistige Verbindung mit der universalen Bildung der klassischen Zeit sich noch bewahrt. Am spätesten ist die Literaturgeschichte zu einer Wissenschaft ausgebildet worden. Obwohl sie lehrreiche Vorbilder besaß an Herders Arbeiten und an dem siebten Buche von Goethes „Dichtung und Wahrheit“ sowie an den Schriften der Brüder Schlegel, so hat sie doch erst im späten 19. Jahrhundert sich entwickelt. Schwerer als andern Wissenschaften fiel es ihr, eine Methode sich anzueignen und ihre Daseinsberechtigung zu erweisen; denn man kann die Dichter mit innerster Anteilnahme lesen, ohne irgend welche literarhistorische Kenntnisse zu besitzen. Was Gervinus in den 30er Jahren mit seinem unförmigen Werke einer Geschichte der deutschen Dichtung bot, entsprach zwar der Politisierung des voranschreitenden Jahrhunderts, blieb aber wissenschaftlich wertlos. Im Einzelnen hat er die Erkenntnisse Montesquieus ausgeführt und belegt, wonach jeder Dichter durch Ort und Zeit gebunden und begrenzt und jede Dichtung ein Barometer ist. Das sollte nicht heißen, daß die Willensfreiheit geleugnet wurde. Im Gegenteil, der Geschichtsschreiber rief die Dichter auf, die Stimme der Zeit zu beachten und ihr zu entsprechen; immer wieder predigte er die Überzeugung, daß „des Menschen Natur und Wandel die eigenste Werkstätte seiner Geschicke ist“. Überzeugt, daß man im großen Wendepunkte des nationalen Lebens stehe, hat der Schüler Schlossers alle Kunst und alles Wissen der Politik dienstbar zu machen gesucht. Vor dem Ideale der nationalen Demokratie konnten freilich weder die mittelalterlichen Dichter noch Goethe, der „Fürstenknecht“, bestehen. Aber mit unfehlbarer Sicherheit erriet Gervinus das Antlitz des heraufkommenden Jahrhunderts, da er die

Erschöpfung der dichterischen Produktivität voraussah: die deutsche Literatur, so sagte er, habe sich für lange Zeit ausgegeben, daher sei das Gebot der Stunde, die Talente, „die nun kein Ziel haben, auf den Staat zu locken". Die Literatur soll praktisch werden — dies ist die Forderung. Mit eiserner Energie hat Gervinus seine Absicht durch Tausende von Seiten hindurch festgehalten. Er hat selbst bekannt: „Ich schrieb das Werk von vornherein in der Tendenz, den Deutschen zu zeigen, daß alle echten Lorbeeren, die sie auf dem Felde der Dichtung zu pflücken hatten, vorläufig eingetan seien."

Dies waren allerdings Wege, die weit ablagen von den tiefen literargeschichtlichen Studien der Brüder Schlegel. Nur Carl Gustav Carus, der Dresdener Arzt, hat in seiner feinen, an Goethe gebildeten Sinnesart die organische Betrachtung auf die Literaturgeschichte übertragen und das erste vollkommene Werk dieser Art geschaffen. Zehn Jahre nach Goethes Tode schrieb er jenes Goethebuch, von dem er selbst gesagt hat, er wolle Goethe betrachten, „wie ich als Naturforscher gewöhnt bin, irgend ein organisches Wesen — eine Pflanze, eine Palme, einen Adler, einen Löwen — zu betrachten und schildernd darzustellen". So zeigte er, wie Goethe geworden und wie er gerade dies geworden ist. Einen Nachfolger hat Carus lange nicht gefunden; ohne eine Blütezeit erlebt zu haben, begann die Literaturgeschichte erst im Zeitalter der siegenden Spezialisierung, mit Goethephilologie und mit dem Studium der stofflichen oder formalen Abhängigkeiten.

Dagegen haben die Anregungen der Romantik sofort Früchte getragen auf dem Gebiete der Kunstgeschichte und sich dort verbunden mit der kritischen Methode und mit dem universalgeschichtlichen Geiste Hegels, so daß noch vor der Mitte des Jahrhunderts eine neue Wissenschaft begründet war. Die ersten deutschen Kunsthistoriker haben als Epigonen der Romantik begonnen, als Maler und Dichter, als Sammler und Reisende. Sie haben von der Romantik gelernt, künstlerische Erlebnisse zum sprachlichen Ausdruck zu bringen, durch die weite Welt aller Zeiten und Zonen zu schweifen. Aber sie gaben in ihren Büchern nicht Herzensergießungen, sondern Tatsachen und Gedanken. Je länger sie arbeiteten, desto deutlicher wurde ihnen die Notwendigkeit methodischen Vorgehens. Rumohr und Passavant durchschritten diesen Weg des deutschen Geistes von der Romantik zur Fachwissenschaft. Carl Friedrich von Rumohr, ein holsteinischer Edelmann, lebte in den Kreisen der Romantiker und wurde katholisch. Die subjektive Willkür der romantischen Wissenschaft war ihm jedoch peinlich, im Umgang mit Niebuhr wurde er mit der philologischen Methode vertraut: so entwickelte er die kunstgeschichtliche Quellenkritik und zugleich die stilistische Kritik der Kunstwerke. Gegen Hegel verhielt er sich immer ablehnend. Ähnlich war das geistige Schicksal Johann David Passavants. Romantische Sehnsucht trieb den Sohn des Frankfurter Geschlechtes zur Kunst, nach Rom, zu den dort wirkenden deutschen Malern. Aber das Ziel seines Lebens fand er erst, als er in Frankfurt als Inspektor des Städelschen Instituts wissenschaftlichen Studien sich widmen konnte und in Johann Friedrich Böhmer ein Vorbild fand für die Vereinigung künstlerischer Interessen und wissenschaftlicher Akribie: so wurde er der Geschichtschreiber Raffaels. Auch ein Museumsbeamter, Gustav Friedrich Waagen, der Direktor der Berliner Gemäldegalerie, hat in seinem Werke über die Brüder van Eyck die neue Wissenschaft angewendet, alle erreichbaren Quellen systematisch zusammengetragen, Künstler und Kunstwerk aus Volk und Zeit entstehen lassen, den künstlerischen Charakter der Bilder herausgearbeitet.

Noch fehlte hier der universalhistorische Blick neben der Liebe zum Einzelnen. Der Kunstgeschichte ist ein Ranke versagt geblieben, daher ist die Hegelsche Philosophie hier zunächst tief eingedrungen. Hegels Ästhetik hatte definiert: Kunst ist Darstellung des Geistes im Bilde, Offenbarung der absoluten Idee in der sinnlichen Erscheinung. Die Vorlesungen über Ästhetik, die der Philosoph 1818 in Heidelberg gehalten hatte, gab nach dem Tode des Meisters sein Schüler Heinrich Gustav Hotho heraus, aber erst Carl Schnaase hat die hier ruhenden Anregungen für die Kunstgeschichte genutzt. Er war von Beruf Jurist, er hatte in Heidelberg und Berlin bei Hegel und Savigny studiert, er vereinigte emsige Detailforschung mit dem universellen Standpunkt. So schrieb er die Geschichte der bildenden Künste als eine geistesgeschichtliche Entfaltung und bemühte sich, die innere Einheit der ganzen Kunstentwicklung nachzuweisen, also daß die Abfolge der Stile nicht als wechselnde Mode, sondern als innere Notwendigkeit aus zahlreichen treibenden Kräften begriffen wurde. Bei allem Feinsinn des Autors war hier doch der künstlerischen Erscheinung nicht volle Gerechtigkeit widerfahren, und so hat denn Franz Kugler in seinen Büchern den Ausgleich gesucht und das Kunstwerk nicht nur aus den geisteswissenschaftlichen Momenten, sondern zuerst und vor allem aus den künstlerischen Triebkräften zu erklären gelehrt. Mit Franz Kugler, dessen wissenschaftliche Produktion in den 40er Jahren einsetzte, haben Wirklichkeitssinn und Spezialforschung sich voll entfaltet. Kugler war unermüdlich in der Sammlung des Materials, er hat die Inventarisation der Kunstdenkmäler begonnen, als der früheste Kunstreferent im preußischen Kultusministerium hat er die Denkmalpflege angeregt, die Museen gefördert. Adolf Menzel stand ihm persönlich nahe, ihr beider Andenken lebt in der breiten Öffentlichkeit weiter durch das gemeinsame Geschichtswerk über Friedrich den Großen, das Kugler verfaßt, Menzel illustriert hat. Von Hegel wollte Kugler nichts wissen, aber er ist doch auch nicht in den Einzelheiten stecken geblieben, sondern bewahrte sich die Verbindung mit der alten universellen Bildung, die ihn vor der Gefahr schützte, ein Spezialist oder ein Kompilator zu werden. Seine Werke waren Handbücher, in denen er die Summe des kunstgeschichtlichen Wissens bot — ein „ästhetischer Kosmos", so wie Alexander von Humboldt mit der gleichen Vereinigung von Spezialforschung und allgemeiner Bildung den Kosmos der Natur dargestellt hat.

Der Vergleich erinnert daran, daß eine Weltgeschichte der Kunst nicht geschrieben werden konnte ohne die gleichzeitige Ausdehnung der geographischen Kenntnisse. Wenn man von Strabo absieht, so war die Geographie bis dahin nur eine Beschreibung von Einzelheiten gewesen, ein Nebeneinander von statistischen, historischen und physikalischen Notizen; dies war der Charakter der Kosmographien seit der Humanistenzeit. Erst jetzt wurde durch Karl Ritter die vergleichende Erdkunde geschaffen, die den Zusammenhang der Erscheinungen zu erfassen sucht. Auch Ritter wurzelte in der geistigen Welt des 18. Jahrhunderts, die geographische Studien mit besonderer Liebe betrieben hat. Von Montesquieu, Herder und Georg Forster, dem Weltumsegler, stammten manche geistvollen Bemerkungen über die tiefgehende Beeinflussung der Völkerschicksale durch die äußere Umgebung; die neue Pädagogik Pestalozzis hatte gelehrt, durch Beobachtung des Nächsten zur Erkenntnis des Ferneren vorzudringen. Ritter selbst ist sehr lange als Lehrer tätig gewesen und ist erst durch die Bedürfnisse des Unterrichts zur eingehenden Beschäftigung mit der Wissenschaft geführt worden; durch ihn hat der Geist des großen Schweizers am Aufbau der induktiven Wissenschaften mitgewirkt. Ein in jeder Hinsicht vollendetes Werk ist Ritter nicht gelungen. Seine „Erdkunde", die 1817 zu erscheinen begann, umspannt in zahlreichen Bänden das unermeßliche Gebiet aller Beziehungen zwischen dem Menschen und der Erde, aber der Stoffmassen wurde er schließlich nicht mehr Herr, die Synthese wurde bei nur mangelhafter Einzelforschung gewagt. Das Werk ist Torso geblieben; Klima und organische Natur wurden einer späteren Reihe von Bänden vorbehalten, der Grund liegt aber auch in Ritters Geistesrichtung, die der Geschichte zugewandt war. Dennoch bleibt seine Lebensarbeit denkwürdig, weil sie zeigt, wie auch die geographische Wissenschaft mit der Welt des deutschen Idealismus aufs engste zusammenhängt. Ritter stand in Berlin den Parteigängern Hegels sehr nahe, aber er hat doch niemals die Erfahrung vergewaltigt. Wie Savigny oder Jakob Grimm suchte er die innere Notwendigkeit des historischen Lebens zu erfassen, ohne die Freiheit des Menschen preiszugeben; wie jene die Rechts- und die Wortformen, so studierte er die Erdformen, um die Eigenart des einzelnen Volkes und seine sittliche Funktion im Weltganzen zu begreifen. Auch er wußte von dem innern Zusammenhang der Teile und von ihrer Entwicklung zur Persönlichkeit, auch er suchte zu einer lebendigen Auffassung von den Dingen zu gelangen. So hat er den Begriff der geographischen Individualität gefunden und jeden Erdteil, jedes Gebirgssystem, jede Landschaft zu verstehen gelehrt als ein Einzelding, das von allen andern durch gewisse eigentümliche Merkmale sich unterscheidet und vermöge der organischen Verbundenheit aller seiner Teile eine Besonderheit erlangt hat. Auch die Erde als Ganzes hat er in ihrem innern Zusammenhang, in der Wechselwirkung aller ihrer Kräfte erfaßt. Die Erde war ihm ein organischer Naturkörper, der „wie ein Samenkorn mit allen innern Keimen der Entwicklung und Entfaltung ausgerüstet, von dem Sämann in das Feld der Sonnenbahnen geworfen ist, da aufzugehen, zu wachsen, zu blühen und zu rechter Zeit seine Ernte, seine Frucht zu tragen“. So näherte sich Ritter oft der Naturphilosophie, aber er lenkte doch immer wieder zur Erfahrung, indem er den Einfluß der Erdgestaltungen auf den Menschen untersuchte und darin das höchste Ziel der geographischen Wissenschaft sah. Er hat durch seine Betrachtungsweise und seine Ergebnisse auch die Geschichtswissenschaft befruchtet: am nachdrücklichsten von allen Historikern hat Ernst Curtius sich als sein Schüler bekannt, da er als Geschichtsschreiber der Griechen die Volksindividualität aus der Landschaft erwachsen ließ. Wenn Karl Ritter in solcher Weise die Abhängigkeit des historischen Lebens vom Erdboden nachwies, so betrat er eine Bahn, auf der später der Materialismus vorgedrungen ist. Er selbst hielt als gläubiger Christ an dem Satze fest, daß die äußere Natur unter göttlicher Leitung auf den Menschen wirkt und die Freiheit des Willens gewahrt sei; er blieb bei der Ansicht von der Erde als einem Erziehungshause des Menschengeschlechts. Die neue deutsche

Wissenschaft versuchte auch hier, das Recht der kritischen Betrachtung möglichst weit vorzuschieben und doch bei der teleologischen Auffassung der Welt und ihrer Erscheinungen zu beharren.

Diesem Grundzuge des deutschen Denkens war es auch zu verdanken, daß die „Restauration der Wissenschaft" beitragen konnte zur Wiedergeburt des ganzen Menschen, die zuerst und vornehmlich eine religiöse Wiedergeburt gewesen ist: auch die Theologie konnte aus dem neuen wissenschaftlichen Geiste fruchtbare Anregungen empfangen, um von sich aus die allgemeine Lebenserneuerung zu befördern. Friedrich Schleiermacher und Johann Adam Möhler, der protestantische und der katholische Theologe, gehören im großen geistesgeschichtlichen Zusammenhang nebeneinander. Beide haben die zahlreichen neuen Gedanken und Anregungen, die der deutsche Geist hervorgebracht hat, in sich aufgenommen, selbständig verarbeitet und für die geistige Durchdringung der christlichen Lehren, für die Herausarbeitung des protestantischen wie des katholischen Prinzips nutzbar gemacht. Von ihnen war Schleiermacher der umfassendere Geist, er gehört noch der älteren Generation an, die nach universaler Zusammenfassung aller Wissenschaften strebte. Er war Philosoph und Altertumsforscher, Seelsorger, Organisator und Politiker mit gleicher Kraft der Nachwirkung; aber er hat dann im Verlaufe seines Lebens immer stärker sein Denken auf das theologische Gebiet gesammelt und ist zum größten Theologen geworden, den der Protestantismus seit der Reformation hervorgebracht hat. Seit Lessing hatten die Bemühungen um eine Erneuerung der protestantischen Grundlage nicht aufgehört: Schleiermacher gab die folgenreichste, durchaus persönliche und durchaus protestantische Lösung. Als Zögling der Herrenhuter war er in seiner Jugend durch den Pietismus hindurchgegangen, als Student in Halle hatte er die Aufklärung in sich aufgenommen, in Berlin erfüllte er sich mit deutscher Klassik und Romantik. In seinen philosophischen Anschauungen ist er immer Eklektiker geblieben; aber er verstand es doch, die verschiedenartigen Elemente zu verknüpfen durch seine Persönlichkeit, die in seltenem Gleichmaß scharfes Denken und tiefes Gefühlsleben vereinigte. In dem Begriff der Individualität fand denn auch seine Religionsphilosophie ihren innern Halt. Er blieb zwar durchaus auf dem Boden der Einheit des Idealen und Realen, nicht umsonst war er durch den Pantheismus der Romantik hindurchgegangen; auch für ihn wie für die ganze deutsche Philosophie war das Grundproblem, wie das Individuelle mit dem Allgemeinen in Einklang gebracht werden könne.

Aber er fand, daß eine letzte Synthese niemals zu erreichen sei, daß eine Spannung immer bestehen bleibe und daß die Einheit nur im Gefühl zur Anschauung gelange. So kam Schleiermacher zur Auffassung von der Religion als der Gegenwart des Unendlichen im Gefühl: Gott ist uns ursprünglich gegeben im persönlichen Selbstbewußtsein, im Gefühl „schlechthiniger Abhängigkeit", und das Wesen der Frömmigkeit besteht dann darin, daß der Mensch sich dieser Abhängigkeit bewußt wird und sie anerkennt.

Schleiermacher suchte die Wurzel der Religion in der menschlichen Persönlichkeit selbst. Es ist offenkundig, daß er hiermit sowohl die geoffenbarte Religion des Supranaturalismus wie die „natürliche Religion" der Aufklärung verwarf. Die Religion war ihm ein Gegebenes wie den Supranaturalisten, aber sie war ihm zugleich wie den Rationalisten das eigene Erzeugnis des menschlichen Geistes: denn gegeben ist sie ursprünglich nur im menschlichen Selbstbewußtsein. Es ist eine Religionsphilosophie, die durchaus dem Denken des Neuhumanismus entstammt und in diesen geistesgeschichtlichen Zusammenhang gehört; die protestantische Grundstimmung der philosophischen Bewegung von Leibniz bis Schelling ermöglichte den Einbau dieser Ideenwelt in die protestantische Theologie. Abermals finden wir hier die Gedanken der Persönlichkeit und des individuellen Werdens: auch für Schleiermacher ist die Persönlichkeit eine eigentümliche und ursprüngliche Erscheinung des unendlichen Geistes, deren Aufgabe es ist, den ihr eingeborenen Keim des Göttlichen zur sittlichen Tat und zum Charakter zu entwickeln. Auch die Ethik, die sich hieraus ergibt, war in dem Denken Goethes, Schillers und Humboldts vorgebildet; schon bei jenen hatte die Forderung geheißen, daß wir das werden sollen, was wir sind. Wir können dies aber nur, wenn wir dem Berufe treu bleiben, den unsere Stellung im Ganzen uns anweist. Um so notwendiger ist es, daß das Leben des Einzelnen durch andere geweckt und genährt, zur Allgemeinheit erweitert werde; hieraus folgerte Schleiermacher Begriff und Wert der religiösen Gemeinschaft, der Kirche. So suchte er der individuellen Natur und dem allgemeinen Gesetze zugleich zu entsprechen; das Sittengesetz war ihm nicht im Sinne Kants ein abstraktes Gebot, sondern im Sinne Schillers eine lebendige Kraft.

Es ist, wie man sieht, der Gedankengang, der unserer ganzen klassischen Literatur eigen war. Die erstrebte Vereinigung von Freiheit und Gesetz, des Allgemeinen und des Individuellen gelang keinem dieser Denker, und auch Schleiermacher legte den Nachdruck bald mehr auf das eine, bald mehr auf das andere. Er hat die „Persönlichkeit“ mit hinreißenden Worten gefeiert und sie dann immer mehr abgeschwächt. Er hat die Religion mit dem Gefühle gleichgestellt und sie so romantisch-ästhetisch aufgefaßt, sie von dem Kunstsinn nicht grundsätzlich geschieden; aber er hat sie später doch immer mehr in „vorherrschende Beziehung auf die sittliche Aufgabe“ gesetzt. So ist, wie wir früher sahen, aus dem romantischen Schriftsteller der „Reden über die Religion“ der Pfarrer an der Dreifaltigkeitskirche, der Verfasser der „Glaubenslehre“ geworden. In jedem Falle hielt es schwer, von Schleiermachers Standpunkt aus die normative Autorität des Christentums und der neutestamentlichen Schriften begreiflich zu machen. Daß das Christentum allen andern Religionen an Wert voransteht, war für diesen Theologen immer nur ein Postulat seines eigenen religiösen Bewußtseins. Da in jeder gemeinsamen Glaubensweise nur die religiöse Individualität ihres Stifters sich fortsetzt, erklärte sich ihm die Eigenart des Christentums nur aus der Persönlichkeit Jesu, in welchem er lediglich den vollkommensten Menschen sah, den schöpferischen Anreger einer einzigartigen Entwicklung; seine Vorbildlichkeit ist die gleiche, wie überhaupt ein Mensch auf andere Menschen wirkt, indem er vorhandene Kräfte weckt und entwickelt. Dies war freilich ein sehr unvollkommener Versuch, moderne Wissenschaft und christlichen Glauben miteinander zu verbinden. Es ergab sich hieraus ein offenkundiger Widerspruch zwischen dem Dogmatiker und dem Kritiker Schleiermacher: seine Exegese suchte seine persönliche Glaubenslehre in das Evangelium hineinzudeuten. Er selbst konnte noch hoffen, die Unstimmigkeiten zu überdecken oder sich bei ihnen beruhigen zu dürfen, indem er die Religion als eine Sache des Gefühls von der Wissenschaft völlig schied und dann für die historische und philosophische Kritik volle Freiheit in Anspruch nahm. Er setzte die Individualität des Historischen und die Totalität der Vernunft einfach nebeneinander: die Vernunft individualisiert sich nach ihm in den geschichtlichen Erscheinungen, wobei jedesmal ein anderes Teilmoment überwiegt. So hoffte er, der geschichtlichen Welt gerecht zu werden, ohne das Absolute preiszugeben. Er ahnte noch nicht, daß die fortschreitende Naturwissenschaft und die historische Kritik niemals bei seiner Methode stehen bleiben konnten und daß er den Weg in den Relativismus bahnte, als er es unternahm, an die Stelle des mittelalterlichen Ordo und des rationalistischen Vernunftzusammenhangs die Persönlichkeit und das Recht des geschichtlichen Werdens zu setzen. Zwar hat er mitgeholfen, dem 19. Jahrhundert den Sinn für das eigentümliche Wesen echter

Religion zu vermitteln, aber er hat zugleich durch seine „historische Theologie“ in derselben Richtung gewirkt wie die „historische Schule“ überhaupt: seine Glaubenslehre handelte nicht mehr von objektiv gültigen Aussagen über Gott, sondern von dem im Bewußtsein stattfindenden Vorgang der Religion, sie war von dem geschichtlichen Wesen und der geschichtlichen Begrenzung jedes Glaubens durchdrungen. Denn das religiöse Gefühl spricht sich in den Individuen aus, daher — so wird gefolgert — muß sich die Religion in verschiedene Gemeinschaften trennen. Der psychologischen und der historischen Betrachtung der Religion hat Schleiermacher die Bahn geöffnet, ihm war Gott nur aus seinen irdischen Werken erkennbar.

Schleiermacher kämpfte nach zwei Seiten, gegen die Orthodoxie wie gegen den Rationalismus: in wissenschaftlicher Hinsicht hat er eine neue, vermittelnde Methode aufgestellt, und menschlich erscheint er als der edelste Vertreter jenes protestantischen Humanismus, den Melanchthon zuerst ausgeprägt hat und der in der geruhsamen bürgerlichen Umwelt des 19. Jahrhunderts von zahlreichen Predigern nachgelebt worden ist. Zu seiner Zeit stand Schleiermacher am nächsten den Männern der „historischen Schule“, Savigny und Ranke, obwohl diese schon einer jüngeren Generation angehörten und sich um die Identitätsphilosophie und ihre Fragen nur wenig kümmerten. Sein entschiedenster Gegner war Hegel. Die Religionsphilosophie Hegels konnte weder der Auflösung der Wissenschaft in Geschichte noch der Zurückführung der Religion auf das Gefühl zustimmen: beides hing miteinander zusammen und war für den Intellektualismus Hegels unannehmbar. Für Hegel war die Religion eine Äußerung der Vernunft, eine niedere Form der Philosophie. Was die Burschenschaften, seiner Meinung nach, am Staate sündigten, das tat Schleiermacher an der Religion: die tausendjährige Arbeit der Vernunft wurde auf das Gefühl umgestellt! Es ist kein Zweifel, daß Schleiermacher tiefer das Wesen echter Religion erlebt hat als Hegel. Aber die Psychologisierung der Religion führte allerdings in eine Zersetzung, während Hegel sich der Scholastik verwandt fühlte. Auch empfand Hegel, seinem starken staatlichen Denken entsprechend, die Gefahr für den Staat, der sich in das Produkt vieler Einzelwillen aufzulösen drohte. Hier liegt der letzte Grund, warum die preußische Regierung bei den akademischen Kämpfen in Berlin auf Hegels Seite stand und mit dem eigenwilligen Gottesgelehrten, der aller Uniformierung widerstrebte, in stets erneute Kämpfe geraten ist. Hier liegt auch der Grund, warum Hegel, solange er lebte und unmittelbar wirken konnte, bei der Masse der Studenten die größeren Erfolge erntete: er konnte fertige Resultate geben! Die Polemik Hegels gegen Schleiermacher bietet den Nachlebenden eine Blütenlese akademischer Gehässigkeiten. Am berühmtesten ist der Satz: „Gründet sich die Religion im Menschen nur auf ein Gefühl, so hat solches richtig keine weitere Bestimmung, als das Gefühl seiner Abhängigkeit zu sein, und so wäre der Hund der beste Christ, denn er trägt dieses am stärksten in sich und lebt vornehmlich in diesem Gefühle. Auch Erlösungsgefühle hat der Hund, wenn seinem Hunger durch einen Knochen Befriedigung wird."

Der Einfluß der Hegelschen Religionsphilosophie ist gering geblieben; hier behaupteten die Gegner das Feld. Schleiermacher wirkte durch die seltene menschliche Größe und Reinheit seiner Person, durch die Weite seines Lebens in Kirche, Staat und Wissenschaft, durch den vollen Einklang, in dem er sich mit den geistigen Bewegungen seiner Zeit befand. Er hat den theologischen Rationalismus überwunden, da er die geschichtliche Natur des Menschen und seiner Gemeinschaftsformen betonte und darstellte. So steht er durchaus in der Reihe der großen deutschen Denker, die den organischen Zusammenhang zu erfassen suchten, welchem das Individuum zugehört. Die Spuren seiner Meditationen sind tief eingegraben in die Geschichte des 19. Jahrhunderts. Ruhelos ringt nunmehr die protestantische Theologie um die Frage nach dem Verhältnis von Freiheit und Form, Individuum und Gemeinschaft, Geschichte und Offenbarung: es sind die Probleme, die von nun an im Mittelpunkte der theologischen Kämpfe standen.

Einfacher und unmittelbarer war die Verbindung, die auf katholischer Seite Johann Adam Möhler zwischen Dogma und geschichtlichem Denken hergestellt hat. Der große schwäbische Theologe nimmt in der katholischen Wissenschaft die gleiche Stellung ein, die Schleiermacher in der Entwicklung der protestantischen Theologie zukommt. Möhler hat den Gedankenreichtum, den die deutsche klassische Literatur und die deutsche Romantik angesammelt hatten, für die katholische Theologie nutzbar gemacht, er hat auf solche Weise über die Aufklärung hinausgeführt und die Erneuerung der katholischen Religiosität im 19. Jahrhundert mit den Mitteln einer vertieften Wissenschaft begleitet und befördert. Sein Lebenswerk ist eine echte Frucht des deutschen Geistes, eine ringende Auseinandersetzung mit dem auf protestantischem Boden erwachsenen Gedankengut der deutschen Dichter und Philosophen von Herder bis Schelling: die

Ideen des deutschen Idealismus werden geprüft, ihr brauchbarer Gehalt wird in die katholische Welt eingeführt und ihr angegliedert, und mit diesen neuen Mitteln wird das Katholische stärker und klarer herausgearbeitet und dem modernen Menschen einleuchtender gemacht, als es hätte geschehen können, wenn die Scholastik und die Philosophie der Gegenreformation allein die Arbeit hätten leisten müssen. So hat der deutsche Geist durch Möhler einen eigenen, von nun an unentbehrlichen Beitrag geliefert zu dem katholischen Weltgebäude, indem er die Waffen der modernen Wissenschaft zu führen lehrte. Wie einst die Scholastik aus der aristotelischen Philosophie das Rüstzeug bezog zum spekulativen Durchdringen des geoffenbarten Wissens, so erfaßte die deutsche Theologie des 19. Jahrhunderts die neuen Einsichten vom organischen Werden und von der historischen Entwicklung und verwandte sie zur gedanklichen Erschließung des Glaubensgutes.

Auch Möhler war in seiner Jugend durch die katholische Aufklärung hindurchgegangen. Er hatte in der Rheinbundszeit an der württembergischen Hochschule in Ellwangen studiert, die sich anspruchsvoll als „Friedrichsuniversität" bezeichnete, aber nur aus einer theologischen Lehranstalt bestand. Er war dann mit der Fakultät 1817 nach Tübingen übergesiedelt, wo er sich zu positiver Gläubigkeit durchrang und mit gleichgesinnten Theologen sich die Aufgabe stellte, aus deutschem Idealismus und romantischer Wissenschaft das katholische Lehrgebäude neu zu begründen. So entstand die katholische „Tübinger Schule". Entscheidend wurde für Möhlers innere Entwicklung die Studienreise, die er im Winter 1822/23 nach dem Willen seiner Fakultät durch zahlreiche deutsche Hochschulen unternahm und die ihn auch nach Göttingen und Berlin führte. Sein ausgebreitetes Studium der protestantischen Literatur wurde durch den lebendigen Austausch mit den Führern des norddeutschen Gelehrtentums angeregt. Besonders Neander machte Eindruck auf ihn und ließ in ihm die Ahnung entstehen, daß die historische Monographie ein Mittel sei, den Wahrheitsgehalt und die Wirklichkeit der Kirche lebendig zu machen, und daß die katholische Tradition und die Lehre vom organischen Werden einander verwandt seien. In der Tat konnte der neue geschichtliche Sinn vom Katholizismus leichter aufgenommen werden als von der protestantischen Orthodoxie, die schon in Lessings kühnen Sätzen über den vor der Schrift und bei Verlust der Schrift gesicherten Bestand des Christentums einen gefahrdrohenden Kryptokatholizismus befürchtet hatte. Die Romantiker — zumal Brentano und Friedrich Schlegel — hatten es dann unternommen, die dem engen Schriftprinzip widerstrebenden Behauptungen Lessings für die katholische Tradition fruchtbar zu machen. Dennoch hielt sich noch lange der theologische Rationalismus auch in der katholischen Wissenschaft. Er war zuletzt durch den Freiburger Dogmatiker Engelbert Klüpfel eindrucksvoll vertreten worden; dessen „Institutiones dogmaticae" von 1788 sind noch ein halbes Jahrhundert lang das offizielle Lehrbuch der Dogmatik in den katholischen Fakultäten geblieben. Aber schon hatte die Tübinger Schule sich historischer Betrachtung genähert, als Möhler alle neuen Anregungen erfaßte und selbständig verarbeitete. Es wurde seine eigentümliche Leistung, daß er die historische Theologie der systematischen an die Seite stellte: so gehört er geistesgeschichtlich zu Savigny, zu Jakob Grimm, zu Niebuhr, Ranke und Schleiermacher. Auch für ihn handelte es sich darum, die abgerissenen Fäden der Überlieferung wieder anzuknüpfen, zurückzugehen „ad radices" oder „ad semina", auf die früheren, keimhaften Formen. Das Dogma war in seinen Augen nicht mehr einfach und rational, sondern naturwüchsig und notwendig. Das Thema der Kirchengeschichte war ihm also, „die Reihe der Entfaltungen des von Christus der Menschheit mitgeteilten Licht- und Lebensprinzips" zu ergründen, die innern und äußern Schicksale der Kirche in ihrem organischen Zusammenhang zu begreifen. Er betrachtete es als seine Aufgabe, „das Christentum in seiner Kontinuität zu erfassen, den organischen Entwicklungsprozeß der Glaubenslehren nach den in ihnen liegenden Keimen darzustellen und das stete Wachstum der Kirche als ein naturgemäßes, aus ihrem innersten Wesen entstandenes zu beschreiben". Die Tatsachen konnten ihm also nicht mehr als Zufälle gelten, sie waren in ihrem Ursprunge, ihrer Entwicklung, ihrer gegenseitigen Bedingung und Verkettung zu erforschen. So treffen wir bei Möhler alle die neuen grundlegenden Gedanken des deutschen Geistes — genetische Entwicklung, Kontinuität und Fortschritt, Organismus und lebendige Überlieferung.

Alle wissenschaftlichen Eigenheiten Möhlers ergeben sich aus diesen Grundgedanken. Wenn es Aufgabe des Theologen wurde, Dogma und Kirche zu verstehen aus ihrem Werdegange, dann gewannen die Frühzustände eine besondere wissenschaftliche Bedeutung. Möhler ist als erster wieder bis auf die Kirchenväter zurückgegangen, er ist der Schöpfer der Patristik als Wissenschaft geworden, er hat die altchristliche Traditionslehre bei ihren klassischen Vertretern Irenäus und Tertullian wieder entdeckt und zu dem modernen Begriff des historischen Werdens in Beziehung gesetzt. Sehr bezeichnend sagt er einmal: „Wir wollen aus der Tradition geschöpfte Ideen, nicht eine nach der Idee geformte Tradition." Und nicht nur das Glaubensgut hat Möhler durch die geschichtliche Auffassung vertieft. Er hat auch den Kirchenbegriff erneuert, den die individualistische Aufklärung zersetzt hatte. Er hat die Kirche begriffen als einen Organismus, als „die objektiv gewordene christliche Religion, ihre lebendige Darstellung". Die Einheit des Geistes sah er in der Liebesgemeinschaft der Gläubigen, in der Gleichheit des Glaubens, des Kultus und der Sitte; die Einheit des Körpers war ihm gegeben in der Hierarchie. Wenn Hegel aus der Idee der Kirche ihr Dasein konstruiert hatte, so untersuchte Möhler ihre empirische Erscheinung auf festem, positivem Grunde.

So hat diese „historische Theologie" den Intellektualismus der Aufklärung überwunden, Verständnis für lebendiges Christentum und für die Eigenart der katholischen Welt geweckt und zu einer neuen Würdigung des Katholizismus geführt, der nun als die organische Form des Christentums erfaßt wurde. Im Flusse der Entwicklung begriffen, hat die Kirche in verschiedenen Zeiten verschiedene Formen gehabt; die Gegenwart wird es daher ablehnen, sich an das Frühchristentum, an die klassische Periode der ersten drei Jahrhunderte zu halten. Der Historiker hatte jene ferne und frühe Zeit wieder ausgegraben; aber eben weil er Historiker war, galt ihm nur die Kirche in ihrer Gegenwartsform, zu der sie sich entwickelt hatte — „die Kirche, wie sie leibt und lebt". Möhler kannte genau die geistigen Gefahren, die sich auftaten, wenn man die Geschichte als Organismus faßte und mit dem Quellenstudium ein geschichtliches Verstehen und Unparteilichkeit verlangte — jenen, wie er sagt, „wahrhaft historischen Sinn, der sich mit Liebe und Selbstverleugnung, von den jetzigen Verhältnissen abstrahierend, mitten in die Lebensbedingungen früherer Zeiten hineinversetzt". Auch Möhler wußte, wie nahe es lag, nach Analogie der Lehre vom Volksgeiste die Kirche als eine Emanation des kollektivistischen Bewußtseins der Gläubigen, ihre Geschichte als einen vitalen Prozeß aufzufassen. Aber der katholische Theologe verblieb strenge beim historischen Entwicklungsbegriff, der nur eine Steigerung des im Wesen schon Gegebenen zuläßt: es konnte sich für ihn nur um die weitere Entfaltung des vorhandenen Glaubensgutes handeln. Hiermit war die Grenze gegen Schleiermacher gezogen, aber auch gegen Hegel und gegen die naturwissenschaftliche Entwicklungslehre, wonach jede weitere Stufe der Entfaltung einen neuen, bisher nicht wesenseigenen Zuwachs bedeutet. Möhler sagt: „Eine fortschreitende Entwicklung der Kirche unter der Leitung des Heiligen Geistes ist der Ansicht entgegengesetzt, wo das Herausgewickelte zu dem Eingewickelten sich verhält wie Dinge, die sich gegenseitig aufheben." So hat die Lehre von der Entwicklung des Dogmas doch jeden Weg in den Relativismus vermieden.

Wie für Ranke, so war auch für Möhler die absolute Wahrheit, der Blick nach einem Ziele unentbehrlich; ihr beider Wissenschaftsbegriff war noch nicht beschränkt auf die Feststellung von Tatsachen. Um so freier konnte sich der forschende Sinn in das Walten der geschichtlichen Mächte versenken. Möhler war wie Ranke ein irenischer Geist, zurückhaltend, scheu, aller Gewaltsamkeit abgeneigt, kritischer Kopf und religiöse Natur zugleich, der geborene Historiker. Und doch war ihm vom Schicksal aufgegeben, seine historische Betrachtungsweise gerade an einer Aufgabe der Polemik auszubilden: Möhlers Hauptwerk, seine „Symbolik" von 1832, führte die alte Kontroverse zwischen Katholiken und Protestanten mit den von der historischen Wissenschaft geschmiedeten Waffen. Die Erneuerung des religiösen Lebens in den Jahren der Restauration hatte auch das durch die Aufklärung zurückgedrängte konfessionelle Bewußtsein wieder aufleben lassen; seit Bossuets „Histoire des Variations" war keine Kontroversschrift von Rang mehr erschienen. Nun gab Möhler eine „Symbolik", eine Darstellung der konfessionellen Lehrbegriffe auf der Grundlage der symbolischen Schriften, also der anerkannten Bekenntnisschriften. Während aber die alten Polemiker und Apologeten die Glaubenssätze nur einfach gegeneinandergestellt und ihre Konsequenzen für das praktische Leben dargelegt hatten, gab Möhler für jeden Lehrsatz zugleich auch geschichtliche Begründungen: in der Induktion erkannte er die schärfste Waffe der Zeit. Ihm kam es darauf an, zu erklären, wie die in Trient versammelten Väter zu ihren Formulierungen gekommen sind und wie es anderseits bei den Reformatoren möglich war, daß oft „ganz unzusammenhängende Vorstellungen in einem und demselben Kopfe verbunden werden konnten". Die katholische Lösung der religiösen Fragen fand er durch die modernen historischen Forschungen in der gesamten Geschichte der Menschheit bestätigt. Überall trifft man bei Möhler mit der Sprache der Romantik zugleich auch den neuen Geist, der den Organismus der Kirche sich entfalten läßt, die katholische Kirche als die Harmonie des Subjektiven und Objektiven begreift und den katholischen Lehrbegriff in die Mitte stellt zwischen altprotestantischen Spiritualismus und offenbarungsfeindlichen Rationalismus. Möhler blieb sich stets bewußt, daß man die göttlichen Wahrheiten nicht mit dem Verstand allein erfassen könne, daß dazu ein ganzer Mensch nötig sei und nicht eine seiner Kräfte allein. Überall strebte Möhler, „das innere Band zu erforschen, welches sich durch alle Einzelheiten hindurchzieht".

Diese Methode war das grundsätzlich Neue, sie ist ein echtes Erzeugnis des 19. Jahrhunderts und hat Epoche gemacht in der katholischen Theologie; von den unmittelbaren Schülern Möhlers sei wenigstens der große Kirchenhistoriker Karl Joseph Hefele genannt. Nur die Frontstellung von Möhlers „Symbolik" war noch die alte: noch vollzog sich die Auseinandersetzung mit der symbolgläubigen protestantischen Orthodoxie, der Kampf gegen die zersetzenden Wirkungen der historischen und der naturwissenschaftlichen Betrachtungsweisen stand noch nicht voran. Immerhin war es ein bemerkenswertes Vorzeichen, daß die protestantische Sache gegen Möhler nicht vornehmlich von altprotestantischer Seite geführt wurde, sondern durch die Hegelianer. Als Friedrich Christian Baur, der Führer der protestantischen „Tübinger Schule", gegen die katholischen Tübinger auftrat, da geschah es allerdings durchaus in der nun wieder auflebenden Tonart des 16. Jahrhunderts; wo man „falsche Behauptungen" fand, war man geneigt, von „absichtlichen Entstellungen" zu sprechen. Aber Baur setzte nicht wie die alten Kontroversisten Dogmatik gegen Dogmatik, sondern beanspruchte für seine Ansichten, daß sie das Ergebnis „voraussetzungsloser Wissenschaft" seien, während er dem Widersacher vorwarf, daß er „das reine, durch keine einseitige und engherzige kirchliche Ansicht getrübte wissenschaftliche Interesse" nicht festzuhalten vermocht habe. Eine der Bedeutung Möhlers entsprechende Antwort ist übrigens erst drei Jahrzehnte später erfolgt durch Karl Hases „Handbuch der protestantischen Polemik gegen die römisch-katholische Kirche". Aber auch hier war die Kampfesart die gleiche. Es war eine Folge der neuen wissenschaftlichen Entwicklung, daß der Streit der Konfessionen auf eine andere, bisher nicht gekannte Ebene verschoben, zu einem Streit um echte oder unechte Wissenschaft gemacht wurde.

So vertiefte und erweiterte die moderne Wissenschaft den konfessionellen Gegensatz. Es war nicht anders möglich, als daß die Erneuerung des religiösen Bewußtseins die dogmatischen Unterschiede aufs schärfste herausarbeitete, nachdem sie in der Aufklärung vielfach verblaßt waren. Zur Wiedergeburt des Katholizismus hat die durch Möhler verjüngte katholische Wissenschaft ihren großen Teil beigetragen; die Gelehrten der Tübinger Schule, unter denen wenigstens noch Johann Baptist Hirscher genannt werden muß, haben ihren Zeitgenossen den Wandel der religiösen Anschauungen vorgelebt. In der Folgezeit ist dann noch die Verschiedenheit der politischen Ziele bei Katholiken und Protestanten hinzugetreten, und so erlebte das 19. Jahrhundert Ausbrüche des konfessionellen Kampfes wie niemals vorher, seit die Glaubensspaltung eingetreten war. Zu Möhlers Lebzeiten zeigten sich nur erst die Vorboten der kulturpolitischen Auseinandersetzung. Der große Theologe war auch in dieser Hinsicht noch durchaus ein Kind der Restaurationszeit. Sein Lebenswerk hat mitgewirkt, den Katholizismus zu erneuern und aufzurütteln; aber erst nach seinem frühen Tode im Jahre 1838 ist die katholische Wissenschaft veranlaßt worden, sich mit politischen Interessen zu verbinden. Möhlers Altersgenosse ist Johann Ignaz Döllinger, der neben ihm als der größte katholische Gelehrte des 19. Jahrhunderts immer genannt werden wird und dessen Studien gleichfalls historisch gerichtet waren. Döllinger ist erst in den 40er Jahren zu umfassenden wissenschaftlichen Leistungen gelangt, und er hat dann in einem langen Leben — das ihm bis an die äußerste, dem Menschen gezogene Grenze, bis ins neunzigste Lebensjahr erhalten geblieben ist — sich mit dem politischen und kämpferischen Geiste erfüllt, den ein so ganz den politischen Dingen geweihtes Jahrhundert vom Führer verlangte. Aber obwohl dieser Zug bei Möhler noch fehlt, wird geschichtliche Betrachtung ihn dennoch nicht im Gegensatz, sondern in innerlicher Verbindung mit dem politischen Katholizismus sehen müssen. Er hat zwar über die Kirchenverfassung anders gedacht als de Maistre, aber er hat durch seine wissenschaftliche Arbeit das katholische Bewußtsein gestärkt, wodurch allein die politische Sammlung des deutschen Katholizismus möglich wurde. Es lag an seiner Zeit und an seiner persönlichen Art, wenn er nur gelegentlich zu politischen Tagesfragen das Wort ergriff.

Diese von Jahrzehnt zu Jahrzehnt enger werdende Verbindung des neuen wissenschaftlichen Geistes mit der Politik hat bewirkt, daß schließlich auch die „Staatswissenschaften" umgestaltet, ganz auf Induktion und Geschichte gestellt wurden. Wenn wir die Historische Schule der Nationalökonomie erst jetzt nennen, so ist es, weil sie am spätesten hervorgetreten ist: erst 1843 hat Wilhelm Roscher die Programmschrift der neuen Richtung — den

„Grundriß zu Vorlesungen über die Staatswirtschaft nach geschichtlicher Methode“ — hinausgegeben, dann ist ihm Bruno Hildebrand gefolgt. Noch immer herrschte auch in Deutschland die „klassische Nationalökonomie“ der Engländer. Das Werk des Adam Smith genoß ein kanonisches Ansehen, das deduktive Verfahren war auf diesem Gebiete am längsten in Geltung. Zwar griff seit den 30er Jahren Friedrich List, der große Vorkämpfer eines deutschen Industriestaates, die herrschende „Schule“ an. Er belegte seine wirtschaftspolitischen Forderungen mit Erfahrungstatsachen, er führte aus der abstrakten Menschheit zu der historisch gewordenen Mannigfaltigkeit der Völker. Aber die Geschichte war ihm doch nur dazu da, Beweise zur Stütze seiner Theorien zu liefern. Erst durch Roscher zog der neue induktive und historische Geist in die Nationalökonomie ein, und er hat schon bei diesem Gründer der „Historischen Schule“ alsbald bis in die letzten Konsequenzen des neuen Prinzips, bis zur Relativierung aller Erscheinungen und bis zur völligen Sterilität der Wissenschaft in allen Fragen des praktischen Lebens geführt. Roschers Vorbild war die deutsche Historische Rechtsschule. Er hat in seiner Programmschrift Savigny ausdrücklich genannt; auch durch Ritter und durch die wirtschaftsgeschichtlichen Studien Boeckhs hat er Anregungen erhalten. Hildebrand seinerseits berief sich mit Vorliebe auf die historische Sprachwissenschaft. Von nun an sollten die Nationalökonomen nicht mehr Regeln ableiten aus der allgemeinen Natur des Menschen und der Gesellschaft, sondern die ökonomische Wirklichkeit schildern, sie aus den Gesetzen ihrer Entwicklung erklären — aus den Bedingungen von Klima und Landschaft, von Rasse und Volksgeist. In der Tat hat die neue wissenschaftliche Methode nun auch das Wissen um die wirtschaftlichen Dinge bereichert und vertieft, enorme Stoffmassen hat Roscher zu bewältigen gewußt, und auch die Theoretiker, die aus der Geschichte sich lediglich Belege für ihre Forderungen suchten, haben von nun an immer stärker an der Aufhäufung empirischen und historischen Materials mitgearbeitet; die enzyklopädische Bildung eines Karl Marx gibt Zeugnis davon. Aber die „Historische Schule“ ging weiter. Auf volkswirtschaftlichem Gebiete wurde am raschesten der Weg aus dem alten abstrakten Geist in den extremsten Empirismus durchlaufen; man lehnte es ab, nach dem Sollen zu fragen, man wollte es nur zu tun haben mit dem, was da ist. Bewußt setzte die neue Schule dem „Universalismus“ der Klassiker den Verzicht entgegen, also daß es sich für die Wissenschaft nur darum handeln könne, die relative Wahrheit der einzelnen Standpunkte, Systeme, Einrichtungen darzulegen. Als Liberale waren diese Gelehrten Gegner des Schutzzolles — aber sie bewiesen, daß er zuzeiten nötig und nützlich sei. Sie waren Gegner der Sklaverei — aber sie schilderten, wie diese oft schon Werkzeug der Kultur gewesen war. Sie waren Gegner der absoluten Monarchie, rühmten aber deren gewaltige historische Leistung. Da sie jedoch nicht nur Wirtschaftshistoriker, sondern Nationalökonomen sein wollten und zu den wirtschaftlichen Problemen das Wort ergreifen mußten, führte ihre Tätigkeit zu unfruchtbaren, immer nur bedingt geltenden Erörterungen. Mit Stolz rühmte sich Roscher, daß sowohl Freihändler wie Schutzzöllner in gleicher Weise seine Bücher zur Unterstützung ihrer eigenen Forderungen zitierten. Denn sein Verfahren war, für jeden Standpunkt stets die besten, tiefsten Gründe auszusuchen und sie einander gegenüberzustellen.

Von diesem Ideale der Objektivität war der Weg zum Relativismus nicht mehr ferne. Roscher persönlich war gläubiger Christ und ist es bis an sein Ende geblieben. Von Natur ähnlich geartet wie Ranke, hielt er das überirdische Ziel der Menschheitsentwicklung fest und konnte darum ungestört die historischen Erscheinungen studieren, sie in ihrer Eigenart anerkennen. Auch er war der Überzeugung, daß wir unsere historische Bedingtheit eingestehen dürfen, ohne darum auf Wahrheit und Ewigkeit Verzicht tun zu müssen. Hegel hat er immer abgelehnt, aber Humboldts Ideenlehre ist durch ihn in die Nationalökonomie eingedrungen. Stärker noch war Roscher beeinflußt von der organischen Staatslehre der Romantik. Er erfaßte den innern Zusammenhang des staatlichen, gesellschaftlichen, wirtschaftlichen Lebens; die Völker waren für ihn „biologische Gattungswesen". Aber eben deswegen war die Lebensentwicklung der Völker für ihn grundsätzlich immer die gleiche. So neigte er dazu, den einzelnen Staat isoliert von der übrigen Staatenwelt zu betrachten, losgelöst von dem, was Ranke die „großen Weltverhältnisse" genannt hatte, ihn ganz aus seinen eigenen Lebensgesetzen sich entfalten zu lassen: hier lag ja schon der Unterschied zwischen Ranke und Savigny. Der Staat — so hat Ranke gesagt — ist nicht nur das Individuum einer Gattung, sondern eine Persönlichkeit, deren eigenartige Entwicklung sich nie durch ein biologisches Schema erschöpfen läßt. Roscher dagegen gelangte im weiteren Vorschreiten des „naturwissenschaftlichen Zeitalters" zu immer größeren Anleihen bei der Physiologie, da er die Altersstufen der Völker, den Kreislauf der geschichtlichen Entwicklung feststellen wollte: seine Lehre von den Kulturstufen erfaßte die innere Verbundenheit aller Kulturgebiete, suchte aber vor allem die Regelmäßigkeit der Aufeinanderfolge bei allen Völkern nachzuweisen. Hiermit war dann doch wieder die historische Betrachtungsart und die Freiheit der geschichtlichen Erscheinungen gefährdet. Wenn Hegels Emanationslehre das Individuelle und das Allgemeine zu verschmelzen gesucht hatte, so stellte Roscher beides unvermittelt nebeneinander. Er suchte die historisch gegebenen Erscheinungen, die Mannigfaltigkeit der Völker zu erfassen und gliederte sie dann doch wieder ein in die „Naturgesetze" des Völkerlebens. Es waren freilich „empirische Gesetze", wie er rühmte, Ergebnisse einer sehr umfangreichen Induktion: aber auch hier stand am Ende der Determinismus.

Solche merkwürdigen Schicksale des Denkens waren bezeichnend für das 19. Jahrhundert. Es ist kein Zufall, daß sie zuerst in der Nationalökonomie durchlaufen worden sind. Auf diesem Gebiete schienen Beobachtung und Erfahrung alles zu sein, und doch war hier das deduktive Verfahren am stärksten ausgebildet worden; hier hatte es sich am längsten gehalten, hier hatte die reine Erfahrungswissenschaft sich am spätesten durchgesetzt und war am frühesten an ihr Ende gelangt. In einer Wissenschaft, in der das Experiment unmöglich ist, sind Abstraktion und Analyse die einzigen Mittel, um sich in der vielgestaltigen Wirklichkeit zurechtzufinden: so konnte der deutsche Geist zwar die englische Nationalökonomie entthronen, aber hier lag für ihn auch die Gefahr am nächsten, die Grenzlinie zwischen den beiden Welten der Erfahrung, zwischen Geschichte und Naturwissenschaften, zu überschreiten.

Es war der Ruhm des deutschen Geistes, daß er die geschichtliche Individualität gefunden, daß er hiermit eine neue Welt entdeckt und eine neue Wissenschaft aufgebaut hat — eine Wissenschaft, die nicht mit exakten Mitteln arbeitet und nicht mit errechenbaren Größen und doch die Anerkennung als Wissenschaft sich erstritt. Kant hätte diese Möglichkeit noch geleugnet. Eine einzige, große Generation hatte diese Arbeit geleistet. Die ältesten aus ihrer Reihe waren Wilhelm von Humboldt und Schleiermacher, die Hegels Altersgenossen gewesen sind, aber doch schon ihre Fachwissenschaft ausgebaut haben. Dann war das Geschlecht der Historiker und Philologen gekommen, eine nie gesehene Vertiefung und Verbreiterung der wissenschaftlichen Kenntnisse setzte ein und wurde ein Wesenszug des Jahrhunderts. Es war schon bald nicht mehr möglich, daß ein einziger Mann das ganze Wissen seiner Zeit in sich vereinte. Die Universalität der beiden Humboldt konnte keine Nachfolge finden und ebensowenig die aristokratische Art, wie sie ihr Leben aufgebaut und gelebt haben. Die Arbeitsteilung wurde ein Gebot und mit ihr die Organisation des wissenschaftlichen Betriebes; der Gelehrte brauchte Institute, Mitarbeiter, Schüler. Wenn die Methode das Bezeichnende und Wesentliche der neuen Wissenschaft war, so lag darin etwas, das dem demokratischen Grundzug des Jahrhunderts verwandt war. Die induktiven Wissenschaften konnten die riesigen Stoffmassen nur mit Hilfe methodisch geschulter Kräfte bewältigen; die erste Voraussetzung der Wissenschaft war, daß ganz ungeheuer gearbeitet wurde, der Gelehrte ein bürgerlich denkender Mann war. Nicht mehr auf die großen, das Ganze durchdringenden Ideen kam es in erster Linie an, wie noch im Zeitalter des Leibniz, sondern die materiellen Errungenschaften waren das Ziel, die neuen Tatsachen und ihre methodische Einordnung wurden gesucht. Viele Gelehrte mußten in emsiger Arbeit zusammenwirken, wenn der Wagen der Wissenschaft vorwärts geschoben werden sollte: „multi pertransibunt et augebitur scientia“. So wurden die Universitäten die gegebenen Stätten der Wissenschaftspflege, hier gingen Lehre und Forschung aufs engste zusammen, hier wurden die Hilfskräfte gebildet und geschult. Die wissenschaftlichen Akademien verloren ihre bisher führende Stellung; die großen Gelehrten waren zuerst Professoren und daneben noch Mitglieder der Akademie. Wilhelm von Humboldt hat dies alles in der für das deutsche akademische Leben maßgebend gewordenen Verfassung der Universität Berlin zum Ausdruck gebracht.

Mehr denn je wurde die pekuniäre Unabhängigkeit für den Forscher nötig, wenn jetzt die zeitraubende Arbeit des Sammelns, Sichtens, Gestaltens einsetzte. Ehedem war diese wirtschaftliche Grundlage der wissenschaftlichen Arbeit durch die Ordnung der Gesellschaft gesichert gewesen. Die Mehrzahl der großen Forscher stammte aus Adel und Patriziat, auch der Hochadel lieferte glanzvolle Namen wie Tycho Brahe, Bacon, Cavendish. Wer arm war und doch von Liebe zur Wissenschaft erfüllt, ging ins Kloster. Nun waren Adel und kirchliche Stiftungen wirtschaftlich geschwächt, der Staat als der geschichtliche Erbe übernahm die Aufgabe. Schon im 18. Jahrhundert war der bürgerliche Gelehrte mit Ordnung und Auskommen an der fürstlichen Akademie sehr in den Vordergrund getreten. Nun befreite der Staat die Universitäten von der Überlastung mit Unterricht, brachte Lehre und Forschung in engsten Zusammenhang, so daß dem Professor Freizeit und bürgerliche Gesichertheit zugleich wurden. Das System entsprach den Bedürfnissen der neuen induktiven Wissenschaft und wurde getragen von der im Laufe des Jahrhunderts erstarkenden bürgerlichen Gesellschaft, der es entstammte und mit deren Geschicken es verflochten blieb. Preußen ging vorbildlich voran. Altenstein — der erste, langjährige Chef des 1817 neu errichteten Kultusministeriums in Preußen — hat die von Humboldt angebahnte Entwicklung weitergeführt und dem preußischen Staate den Vorrang in den Wissenschaften gesichert. Wir hörten schon, daß es nicht nur die Liebe zur Aufklärung und zur Wohlfahrt gewesen ist, was die Pflege der Wissenschaft beseelte, obwohl dieser Antrieb gewiß sehr stark war, sondern daß es für die Reaktion auch ein „arcanum imperii" war, durch Förderung der „echten Wissenschaft" die Professoren und Studenten über den Verlust der Freiheit zu trösten, sie von der Politik abzuziehen. Altenstein war Hegels Anhänger und Gönner, aber er sorgte auch für die Einrichtung von wissenschaftlichen Instituten, von Museen, Bibliotheken, Seminarien und Laboratorien. Neben Berlin wurde die 1818 gegründete Universität Bonn besonders berücksichtigt. Die andern deutschen Staaten gingen alsdann den gleichen Weg; Erfahrungswissenschaft und Universitäten gehörten zusammen.

So ist das 19. Jahrhundert die Glanzzeit der deutschen Universitäten geworden. Es entstand der Typus des deutschen Gelehrten, der die Weltstellung der deutschen Wissenschaft begründet hat. Meist bescheidener Herkunft, war er im Bauernhaus oder im Pfarrhofe aufgewachsen, hatte sich aus Armut emporgearbeitet, war einfach, sittenstreng und fleißig geblieben sein Leben lang. Vielen hatte das persönliche Interesse des Landesherrn, des Pfarrers oder des Physikus im Dorfe den Weg zu einem der Wissenschaft geweihten Leben geöffnet. Der Geistliche hatte dem Knaben den ersten Lateinunterricht erteilt, der Schüler und Student hatte sich die Mittel erworben durch Stundengeben, viele waren zuerst Gymnasiallehrer gewesen. Der Bildungsgang und die Tätigkeit des Erziehers gaben ihnen eine Vielseitigkeit; Begabung und Fleiß schützten sie vor oberflächlicher Vielwisserei. Ein Mann von Welt wie Savigny war an den Universitäten durchaus eine Einzelerscheinung, und es wurde denn auch als „merkwürdig" empfunden, „daß ein junger, reicher Mann von Adel, der auf die ersten Stellen in jeder Hinsicht Anspruch machen konnte, nur den Wissenschaften und sich selbst leben wollte" und dabei seine Mittel noch zur Ausbildung von weniger wohlhabenden Freunden verwandte. Für die Mehrzahl galt, was der Freiherr vom Stein einmal im Ärger über Dahlmann und Stenzel gesagt hat: „Es ist ein reizbares, unvernünftiges Volk, das Gelehrtenvolk" — „diese Gelehrten, so nur in ihren vier Wänden gelebt, sind ein schwer zu behandelndes irascibile genus hominum". Es gab freilich auch biegsame Naturen wie Ranke, aber die meisten hatten ihr Leben hindurch gekämpft für ihr Dasein und ihren Standpunkt, waren immer gezwungen gewesen, sich vor sich selber zu rechtfertigen. In allen diesen Männern lebte das Bedürfnis nach Steigerung der eigenen Persönlichkeit unmittelbar und aufs engste vereint mit dem bürgerlichen Dienst am Werke. Mancher war wie Gervinus zuerst Kaufmannslehrling gewesen und dann mit großen Opfern dem Geschäft entflohen, das er für selbstsüchtig und schlecht hielt. Und wie hat Ranke gejubelt, daß sich ihm die Tore zu seinem wahren Leben öffneten, als die Regierung auf seine Bücher aufmerksam geworden war und ihn von der Schule zu Frankfurt a. O. in die Berliner Universität versetzte — „als sollte ich auch einmal Flügel regen dürfen". Er schrieb dem Bruder: „Wenn ich in eine so erwünschte Lage komme, daß ich in den Denkmalen der neueren Geschichte mein Lebtag forschen kann, will ich Gott unablässig danken." Ohne die leidenschaftliche Liebe zu geistigen Dingen und ohne die Freude am Sammeln hätten diese Männer nicht monatelang über einer Konjektur sitzen, nicht Jahre hindurch in toten Papieren verweilen können. Und sie blieben nicht darin gefangen! Unerschütterlich lebte in diesen Gelehrten der Glaube, daß der Dienst an der Wissenschaft den Menschen edel mache und großdenkend und daß die Wissenschaft nicht nur die menschlichen Irrungen und Wirrungen zeigt, sondern daß über allem die göttliche Ordnung der Dinge waltet, wie abermals Ranke bekannt hat. So stand jenem Geschlechte trotz aller „Mikrologie", über die Hegel spottete, die Wissenschaft noch im großen Zusammenhang des Lebens; der dauernde Umgang mit dem klassischen Erbe hob diese Männer über den Alltag hinweg, und eine ungemein reiche und gehaltvolle Zeit ließ sie die mannigfaltigsten Bildungselemente in sich aufnehmen, selbständig und eigenartig verarbeiten und verknüpfen. Das biographische Problem, das alle diese Denker aufgeben, ist denn auch bei allen das gleiche: aus dem weiten und vielfältigen Bildungsstoff des Zeitalters dringen sie zu einem umgrenzten Gegenstand vor, der ihrem Wesen gemäß ist und der das eigentliche Thema ihres Lebens wird. Es war gewiß eine große

Umwälzung in der akademischen Welt, wenn nun so viele neue Wissenszweige, die bisher höchstens den Liebhaber beschäftigt hatten, sich Eingang erzwangen in die Hörsäle der Universitäten — wenn die Geschichten vom gehörnten Siegfried und von Reineke Voß, die einst die Bänkelsänger in Knittelversen auf dem Lande herumgetragen hatten, nun plötzlich kathederfähig wurden. Es zeigte sich, wie auf jedem Erkenntnisgebiet der Liebhaber dem Forscher vorangeht. Jetzt war die Zeit der ernsten Wissenschaft für alle denkbaren Gegenstände des Lebens angebrochen. Das Auseinandergehen in Spezialdisziplinen ergab sich aus der Ausdehnung des empirischen Wissensstoffes. Aber noch gelang es allen diesen Gelehrten, an allgemeinen Gesichtspunkten festzuhalten; noch war es ein Geschlecht, das nach universalen geistigen Zusammenhängen strebte, obwohl seine Arbeit schon einen speziellen Charakter trug.

Diese Männer brachten ihr Leben in kleinen Universitätsstädten zu — fern von den Höfen, deren Glanz das Geschlecht der Descartes und Leibniz nicht hatte entbehren können. Auch Reisen wurden seltener als im kosmopolitischen 18. Jahrhundert. Nur Archiv- und Bibliotheksreisen waren für die neue methodische Wissenschaft nötig. Boeckh hat niemals Griechenland gesehen, und Karl Ritter, der Sohn des Binnenlandes, hat die geographische Wissenschaft aufgebaut, ohne Reisen zu machen. Es kommt das Geschlecht der Philologen, die alle orientalischen Sprachen erforscht haben, ohne jemals in ihrem Leben auf orientalischem Boden gewesen zu sein. Man lebte noch ganz wie in Melanchthons Zeiten: in den entlegenen, dünn bevölkerten Landen von Bauern und Handwerkern, in den kleinen Städten voll Ackerbürgern wirkten zerstreut die wenigen Männer, die sich verbunden fühlten im gemeinsamen Interesse an der fernen, alten Kultur der Weltstädte Athen und Rom, von der sie mehr nur den geistigen und literarischen als den sinnlichen und politischen Gehalt in sich aufnahmen. Aber die Entfernung vom äußern Betrieb brauchte den Weisen doch nicht weltfremd zu machen: er konnte sich mit Andacht und Sammlung in das Wesen der Dinge vertiefen, die Macht des Denkens an sich erproben. Wie viele „politische Professoren" hat dieses Jahrhundert hervorgebracht, und Jakob Grimm konnte bekennen, daß auch die deutsche Wissenschaft „recht" war, indem sie „dem Tage gedieh". Noch erfaßte die Universität ihre zugleich seelsorgerische, philosophische und politische Aufgabe. Die Verspotter der Professoren wie Winckelmann, Lessing oder Lichtenberg fanden auch im 19. Jahrhundert Nachfolger wie Schopenhauer; aber die geistige Lage der Zeit war den Universitäten günstig, sie allein leisteten, was Wissenschaft und Leben damals brauchten.

In diesen kleinen, abgelegenen Städten war der Gelehrte der Herr, er umgab sich mit treuer Gefolgschaft, mit einer studentischen Jugend, die sich noch frei entfalten konnte nach den Gesetzen des eigenen Wachstums, nicht durch die Jagd nach den Stellen, durch gebundene Lehrpläne und gehäufte Prüfungen gehemmt war. Die Gewohnheit des Professors, sein Heft abzulesen oder den Studierenden zu diktieren, blieb unausrottbar; aber sie wurde seltener. Mancher gerade unter den Größten bestieg freilich nur ungern die Lehrkanzel, so Ranke; und mancher war nur der Form nach Dozent, wie Immanuel Bekker, der nach Schleiermachers scherzendem Worte in sieben Sprachen zu schweigen wußte. Oder, wenn wir schon hier gelegentlich auf die Naturforscher vorausweisen dürfen: wer so ganz im Studium der großen Natur verweilte wie der Mathematiker Gauß, der empfand eine unüberwindliche Abneigung gegen jeden Unterricht. Es wird von ihm berichtet, daß er die Abhaltung der Vorlesungen, die er amtsgemäß als Professor anzeigen mußte, dadurch zu verhindern suchte, daß er jedem Studenten bei der Meldung die Mitteilung machte, das Kolleg werde wahrscheinlich nicht zustande kommen und der Betreffende täte daher besser, über seine Zeit anderweit zu verfügen. Aber schon gab es auch manche glänzenden Kathederredner, und sie fanden sich nicht nur unter den „politischen Professoren", sondern gerade die großen Forscher waren es, die jetzt den Funktionen des akademischen Lehrers einen ungewohnten Glanz verliehen. Der Neuhumanismus Göttingens war, wie erwähnt, vorangegangen. Aber auch die Französische Revolution hatte hier vorbildlich gewirkt. In die von ihr 1794 gegründeten Hochschulen, die Ecole Normale und die Ecole Polytechnique, waren die ersten Gelehrten des Landes berufen und ihnen freie Vorträge zur Pflicht gemacht worden. So war dort der Lehrstuhl zu einer Rednerbühne geworden, von der aus der Professor mit seinen Hörern in Beziehung trat, um aus ihren Blicken, ihren Mienen, ihrer Haltung zu erkennen, ob er rascher vorwärts gehen oder im Gegenteil das Vorhergegangene wiederholen solle, ob er durch eine passende Bemerkung die Aufmerksamkeit wecken, die Darstellung lebendiger gestalten müsse. Für die Niederschrift dieser Vorlesungen waren auf Staatskosten Schnellschreiber angestellt; nach einer Revision durch die Professoren wurden die so entstandenen Hefte den Studenten und den Mitgliedern des Konventes ausgehändigt. Viktor Cousin hat dann den Ruhm des akademischen Unterrichtes in der Restaurationszeit begründet. Man lobte an ihm, daß der Professor und der Redner dem Schriftsteller Konkurrenz gemacht habe und daß anderseits der „esprit de feu“, der seine öffentlichen Worte beseelte, ihm in der Einsamkeit der Schreibstube nicht gefehlt habe. Auch in Deutschland strebten die Besten mit Erfolg, den „Pedantismus“ des vergangenen Jahrhunderts vergessen zu machen, um Forscher, Lehrer und klassischer Schriftsteller zugleich zu sein. Wir wissen von Johann Eduard Erdmann und dem seinem Vorbilde folgenden Kuno Fischer, wie sie die Kunst des eleganten, freilich auswendig gelernten Vortrages zu hoher Vollendung ausgebildet haben. Eine Vorlesung bei Schelling in München war voll Feierlichkeit und Würde, sie vollzog sich vor einem erlauchten Auditorium. Von den großen Juristen, wie Thibaut, wird bezeugt, daß ihr lichtvoll gliedernder Vortrag den Hörern eine strenge Schulung des Denkens und ein ästhetischer Genuß zugleich gewesen ist. Und Savigny war gewiß auch hier eine Erscheinung besonderer Art, wenn sein gleichmäßig hinfließender Vortrag gerühmt wird, dem niemals ein Wort fehlte, den niemals eine Stockung störte: „vor ihm auf dem Katheder lagen nur etwa kleine Zettelchen, die er gelegentlich durch ein goldgerändertes Glas ansah, um die Zahlen eines Pandektenzitates abzulesen“. Der nachschreibende Hörer fühlte sich mit sicherer Hand geführt durch den gemessenen und einfachen Vortrag, der die Hauptsätze klar heraushob und bei einer Wiederholung stets durch eine Variante noch eine andere Nuance oder Seite aufnahm. Gerade von Savigny wissen wir, daß er die Anregung zu seinem „Rechte des Besitzes“ unmittelbar aus der Tätigkeit als Lehrer empfangen hat, und in zahllosen andern Fällen war es ebenso: Lehre und Forschung befruchteten sich gegenseitig. Den neuen Grundsätzen der Universitäten entsprach es, daß der gute Kathedervortrag nicht einfach nur das Wissen übermittelte, sondern die Erkenntnis vor den Hörern entstehen ließ. Wenn der Bücherdruck die einzelnen Erscheinungen der wissenschaftlichen Tätigkeit gewissermaßen unpersönlicher gemacht hatte, so blieb als Aufgabe für die Universitäten, daß sie „gleichsam dem Persönlichen in der Wissenschaft eine Zuflucht gewähren“. Aber die großen Gelehrten lehnten alle Versuche ab, deswegen die Vorlesung zu ersetzen durch den dialogischen Unterricht. Schleiermacher, obwohl der Erneuerer der Dialoge Platos, sprach sich doch entschieden gegen solche Wiedererweckung aus, und Eduard Zeller stellte die Unmöglichkeit für die Vermittlung der empirischen

Wissenschaften am Beispiele des geschichtlichen Unterrichtes dar: „Welche zerbröckelte, undurchsichtige, ihrem innern Zusammenhang nach völlig unverständliche Darstellung müßte sich nicht ergeben, wenn jemand den Versuch machte, die Verknüpfung der einzelnen Tatsachen zu einem Ganzen, die Einsicht in die Notwendigkeit des geschichtlichen Ganzen, das Verständnis des allgemeinen Charakters der verschiedenen Perioden und Gruppen auf dialogischem Wege hervorzubringen."

Was aber im 19. Jahrhundert das eigentlich Neue war und dem deutschen Geiste vornehmlich verdankt wurde, das waren die neben den Vorlesungen einhergehenden Übungen: sie ergaben sich unmittelbar aus den Bedürfnissen der neuen, induktiven Wissenschaft und ihrer methodischen Arbeit. Wir sprachen bereits von den philologischen Seminarien in Göttingen und Halle, von Rankes historischem Seminar; es wird noch über Liebigs chemisches Laboratorium in Gießen und über die Einrichtung des klinischen Unterrichtes in Würzburg zu berichten sein. Auch Savigny hielt in Marburg und Berlin regelmäßige Übungen ab, in denen er Fragen stellte und die schriftlichen Antworten beurteilte; ein juristisches Seminar gab es noch nicht. In allen diesen Fällen war es die Methode, die schulbildend gewirkt hat, und immer waren schöpferische Gedanken von großer Tragweite notwendig, wenn die Bildung einer dauernden Schule gelingen sollte. Die Macht der Schultradition ist selten so imposant gewesen wie in diesem Jahrhundert. Alle Zweige der induktiven Wissenschaften sind von einzelnen großen Methodikern hervorgetrieben worden, sie zeigen in ihrer Entwicklung ganze Stammbäume von Schülergenerationen, die nach der vom Meister geschaffenen Methode das Wissensgebiet ausbauten. Die akademische Jugend des 19. Jahrhunderts, soweit sie sich ehrlich um die Wissenschaft und um Erkenntnis mühte, war fleißig und diszipliniert und erfüllt von dem Bewußtsein, dem Dienste einer überpersönlichen Sache verschrieben zu sein. Fremd war ihr jener geistige Hochmut des jungen Menschen, dem der Baccalaureus im „Faust" Worte verliehen hat: „Erfahrungswesen: Schaum und Dust, und mit dem Geist nicht ebenbürtig. Gesteht! was man von je gewußt, es ist durchaus nicht wissenswürdig." Erst nachdem sie Lernende gewesen, konnten die Jünger der Erfahrungswissenschaften selber schöpferisch sich entfalten. Zahlreiche Memoiren und Briefe der Zeit geben uns Einblick in die weihevolle, begeisterte Stimmung dieser Meisterschüler und in die Gemeinschaft der Arbeit, in denen die Methoden geübt, die Resultate gefunden wurden. Liebig schildert aus jenen Anfangszeiten seiner Tätigkeit, wie jeder Studierende gezwungen war, seinen Weg selbst zu suchen: „In dem Zusammenleben und dem steten Verkehr untereinander und indem jeder teilnahm an den Arbeiten aller, lernte jeder von dem andern.“ Erst später hat er die Schüler in Massen angesetzt für Hilfsarbeiten seiner eigenen Untersuchungen.

Die induktive Wissenschaft führte zum Großbetrieb, die getreuesten und anpassungsfähigsten Schüler waren bestimmt, unter der Leitung des Meisters ein Leben lang an umfassenden Arbeiten mitzuwirken. Eben deshalb hatte Wilhelm von Humboldt die Berliner Akademie der Wissenschaften in Personalunion mit der Berliner Universität gebracht und ihr die Geldmittel zur Durchführung umfangreicher Aufgaben eröffnet. Die Berliner Akademie ist so im 19. Jahrhundert die bedeutendste und reichste wissenschaftliche Körperschaft Deutschlands geworden, aber ein Institut von geschlossenem Geiste und fortwirkender Kraft wie die Pariser Akademie konnte sie niemals werden, weil eben in Deutschland die geistige Entwicklung von den zahlreichen Universitäten getragen wurde. Überhaupt ist die Idee ihres Stifters, wonach sie, Paris und London überbietend, ein Zentrum kultureller und geistiger Regeneration für Deutschland und besonders für die protestantische Vormacht Preußen bilden sollte, nie zur Verwirklichung gelangt. Nur im Zeitalter Friedrichs des Großen war sie Trägerin eines einheitlichen Geistes, der Aufklärungsphilosophie; sie besaß eine philosophische Klasse und war stolz darauf, denn Paris und London hatten dies nicht. Im 19. Jahrhundert aber wurde sie die Pflegestätte der Erfahrungswissenschaften, und es war daher folgerichtig, wenn Schleiermacher die philosophische Klasse, deren Sekretär er war, aufhob: die Einzelwissenschaften hielten ihren Einzug, Hegel aber wurde die Mitgliedschaft versagt. Eine führende Stellung im Geistesleben des 19. Jahrhunderts konnte so die Berliner Akademie nicht erlangen, wie sehr auch Adolf Harnack, der ihre Geschichte geschrieben, sich bemüht hat, ihre Arbeiten in allgemeine geistige Zusammenhänge zu stellen. Es bleibt davon als Ergebnis, daß dieses Jahrhundert jedes rationale, philosophische System weit von sich wies und dem Reichtum der Erscheinungen in Natur und Geschichte sich zuwandte, um sie mit sicheren Methoden zu erkennen. Wie die Berliner Akademie der Wissenschaften, so mußte auch die Münchner diesen Weg beschreiten, und zahllose Einzelinstitute für die verschiedensten Branchen des wissenschaftlichen Betriebes sind im Laufe des 19. Jahrhunderts hinzugekommen. Es geschah auf Savignys Antrag, daß die Berliner

Akademie die zwangsmäßigen Vorlesungen ihrer Mitglieder durch freiwillige ersetzte und sich für gemeinsame Arbeitsaufgaben vereinigte. Im Jahre 1820 beschloß die Akademie auf Niebuhrs Anregung die Sammlung der Inschriften des Altertums, und zwar zunächst der griechischen, die Boeckh übertragen wurde: man wandte sich den Realien zu, man suchte in der Antike nicht Kunst, sondern sachliche Belehrung.

Brauchen wir uns also zu wundern, daß dieses Zeitalter eine Fülle neuer Funde hervorgebracht hat, wie sonst nur noch die Frühzeit des Humanismus im Quattrocento? Den berühmtesten Fund hat Niebuhr gemacht, als er 1816 in der Bibliothek des Domkapitels zu Verona in einem Palimpsest mit Hilfe von Galläpfeltinktur die einzige Handschrift des originalen Textes des römischen Juristen Gaius feststellte: bis dahin hatte man nur geringe Trümmerstücke gekannt, die Zasius im 16. Jahrhundert gefunden hatte. Die Entdeckung machte großes Aufsehen, denn es war die einzige fast vollständig und unverfälscht erhaltene Handschrift eines römischen Juristen — ein Lehrbuch aus dem Jahre 161 n. Chr., also aus der Blütezeit der römischen Jurisprudenz, das angesichts der Zähigkeit römischer Rechtstraditionen Kunde von den ältesten Zuständen geben konnte und doch zugleich als Grundlage von Justinians „Institutionen" ein Schlüssel für die Entwicklung des sinkenden Reiches war. Die Zeitgenossen staunten wohl, warum man diese und andere Funde machte, nachdem vorher Jahrhunderte verflossen ohne Vermehrung der Erkenntnismittel. Aber das Interesse war geweckt, und wer suchte, der fand. Gerade in jenen ersten Jahrzehnten nach 1815 gab der Boden Etruriens massenhaft die berühmt gewordenen Vasen heraus, und 1829 ist nach langer Vorbereitung als eine deutsche Schöpfung das Archäologische Institut in Rom ins Leben getreten, an dem viele Generationen von Forschern die Ausgrabungen durchgeführt und die Ergebnisse methodisch verarbeitet haben.

Noch manches Institut wäre zu nennen, das geringer an Bedeutung war als die Berliner Akademie, aber für die Einzelwissenschaft, deren Pflege ihm oblag, nicht minder ertragreich wurde. Private Vereine traten als ebenso wirksam zur Seite; was für das Mittelalter die Korporation war, das war für das 19. Jahrhundert das Vereinswesen — angefangen bei den lokalen Bildungsvereinen bis zu den ganz Deutschland umfassenden Naturforscher- und Germanistenversammlungen, von denen noch zu sprechen sein wird. Wie großartig war die Leistung der „Gesellschaft für ältere deutsche Geschichtskunde", die der Freiherr vom Stein begründet hat! In all diesen Einrichtungen sprach sich die Demokratisierung des Lebens aus, die das Wesen des Jahrhunderts kennzeichnet und aufs engste mit der Pflege der Erfahrungswissenschaft zusammenhing. Aber es lag hierin zugleich auch eine große Gefahr. Die Meister waren schöpferische Menschen, auch bei methodischer Kleinarbeit blieb ihnen die Einheit und gegenseitige Beziehung alles Wissens bewußt. Sie hatten ihren eigenen Weg gemacht, die Methode selbst gesucht und gefunden; manche waren Autodidakten und viele hatten ganz andere Wissenschaften studiert, als sie nachher aufbauten. Die Begründer der geschichtlichen Wissenschaften hatten als Theologen oder klassische Philologen begonnen; Geographie und Nationalökonomie konnten nur von Männern begründet werden, die aus den Traditionen anderer Wissenschaften hervorgegangen waren. Aber da die Methode, also ein erlernbares Handwerk, das wichtigste Bedürfnis in diesem Stadium der abendländischen geistigen Entwicklung wurde, waren der fleißigen Mittelmäßigkeit die besten Aussichten gegeben, während die großen Talente und die suchenden Grübler verdächtig waren. Wie resigniert hat später Jakob Burckhardt in dieses Getriebe geschaut und sich sagen müssen, daß schließlich jede Methode bestreitbar ist und keine allgültig, daß jeder Denker auf seine Weise an das große Thema herankommt. Die Gelehrtengeschichte des 19. Jahrhunderts zeigt das Bild eines immer breiter und unabsehbarer werdenden Stromes, der allmählich immer mehr vom lebendigen Boden der Nation sich entfernte und seine eigene, abgelegene Bahn zog.

Die geistigen Kämpfe aber, die innerhalb der einzelnen Wissenszweige zwischen den einzelnen Schulen ausgefochten wurden, gingen immer wieder vornehmlich um methodische Fragen. Während im 18. Jahrhundert einige führende Denkrichtungen sich ablösten, ist der Geist des 19. Jahrhunderts gekennzeichnet durch den Reichtum der neben- und übereinander geschichteten wissenschaftlichen Methoden; darum verloren die wissenschaftlichen Kämpfe allmählich jeden Zug der Größe, der Zwist der Gelehrten war nicht immer ein Zeichen von Leben und rastlosem Fortschreiten. Die geistreiche Art Voltaires oder Gibbons sucht man vergebens in diesen Kontroversen, man war giftig wie Schopenhauer oder arbeitete mit brutalen Machtmitteln wie Hegel. Die Polemik auf dem Katheder übertraf zum Gaudium der Studenten oft alles Denkbare an persönlicher Beleidigung, die Schulhäupter mit ihrer Gefolgschaft standen sich stets gewappnet gegenüber. Es war noch eine geistige Angelegenheit, als die Vertreter der induktiven Wissenschaften gegen Hegel zu Felde zogen und Hegel den Kampf gegen Savigny, Ranke, Schleiermacher an der Berliner Universität selbst aufnahm. Aber schon dieser Kampf wurde mit maßloser Gehässigkeit und mit dem ganzen Aufgebot der Kreaturen geführt. Und wie bekämpfte man sich in der klassischen Philologie! Friedrich August Wolf und Boeckh, die „Sachphilologen“, standen gegen Gottfried Hermann, den „Sprachphilologen“, dann wieder Wolf, der kritische Philologe, gegen Creuzer, den Romantiker, dieser wieder gegen Johann Heinrich Voß, und so weiter in allen andern Wissenschaften. In jeder kleinen Universitätsstadt gab es wenigstens zwei feindliche Lager, man suchte sich gegenseitig das Leben und den Aufenthalt zu verleiden, bis der eine Teil das Feld räumte. Jede Richtung strebte nach einer eigenen Zeitschrift, um durch Beherrschung der Öffentlichkeit den Gegner totzumachen und bei Berufungen die Stimmung vorzubereiten; die Regierungen nahmen sehr gerne einen Gelehrten, der eine große Zeitschrift ins Land brachte. Hegel war auch in dieser Hinsicht vorbildlich, als er sich in den „Berliner Jahrbüchern“ eine imposante Rezensieranstalt schuf, in der die Schüler sich die wissenschaftlichen Sporen und das Anrecht auf eine Professur verdienten, wenn sie des Meisters Widersacher beschimpften und abstachen. Als Boeckh an den „Jahrbüchern“ mitarbeitete, hat ihm dies Niebuhr nie vergeben. Und mit welcher Maßlosigkeit ist Liebig in seinen „Annalen“ verfahren! Nachdem er mit Berzelius viele Jahre in freundschaftlichen Beziehungen gelebt, sind die beiden Chemiker in eine Verfeindung hineingeraten, in der sie sich gegenseitig als moralische Scheusale hinstellten. Auch konfessionelle Motive kamen hinzu; man erinnert sich an die persönliche Fehde zwischen Möhler und Baur, den beiden Tübinger Theologen im katholischen und im protestantischen Stift; Möhler zog es vor, nach München zu gehen.

Schon frühe wird unter diesen Umständen Parteilichkeit bei den Prüfungen festgestellt und als ein „fauler Fleck“ beklagt. Auch dies ergab sich aus der Art der neuen Wissenschaftspflege. Eduard Zeller hat in den 40er Jahren diese Zustände ebenso drastisch geschildert wie in den 80er Jahren Lagarde: es ist nie etwas geändert worden. Es war menschlich begreiflich, daß jeder Forscher seine Ansicht für die richtige hielt und also unter sonst gleichen Bedingungen den, der sie teilte, tüchtiger fand, als den, welcher ihr widersprach. Hier konnte eine Schule der Charakterlosigkeit entstehen, die Freiheit des Studiums wurde gefährdet, denn es entstand ein „moralischer Zwang“. Zeller und Lagarde forderten deshalb Prüfungskommissionen, zusammengesetzt aus

Verwaltungsbeamten, wissenschaftlichen Beamten und Universitätslehrern, wobei letztere für jeden Prüfungsgang neu bestimmt werden sollten.

Wenn trotzdem nicht die Gewaltsamkeit den alleinigen Sieg davontrug, kein allmächtiger Kathederkönig mit Zeitschrift, Reklame und Klüngel alle andern Richtungen dauernd ausschloß und die Entwicklung abriegelte, so lag dies an den politischen Verhältnissen Deutschlands. Man verfügte in Deutschland nicht über die große wissenschaftliche Tradition Frankreichs, wo Auswahl und Concours genau geregelt, der Aufstieg nur den Begabten möglich war, das Bewußtsein der Verantwortung gegenüber der Wissenschaft sich geltend machte. Die Vielzahl der Regierungen schuf in Deutschland die Möglichkeit der freien Konkurrenz, und die deutschen Gelehrten haben — auch wenn sie wie Dahlmann im nationalen Einheitsdrang unitarischen Ansichten zuneigten — in der bunten Fülle der Universitäten den wertvollsten Gegenwert gesehen, den die Deutschen für die Nachteile der Kleinstaaterei eingetauscht hatten. Nachdem die deutschen Universitäten durch Absolutismus und Rheinbund längst aufgehört hatten, Korporationen im alten, echten, historischen Sinne des Wortes zu sein, blieben sie doch auch im Zeitalter des sich entfaltenden nationalen Bewußtseins von dem Schicksal der Uniformierung bewahrt: jede behielt ihren besondern Wert und ihren eigenen Charakter. Das wissenschaftliche Leben konnte sich in Deutschland viel reicher und breiter entwickeln als in Frankreich, die Vielseitigkeit der Bestrebungen war ermöglicht; auch den Franzosen fiel dies auf. Es gab viele Zentren der Bildung, viele kleine Universitäten; Freiburg hatte im Jahre 1846 nur 300 Studenten. Wer also in Preußen nicht ankommen konnte, ging nach Bayern oder nach Baden. Der aus Preußen ausgewiesene Rheinländer Görres fand in München eine Professur, wo er die gewaltige und unverbrauchte Fülle seines Wissens verwerten konnte. Als Liebig Ende der 30er Jahre seine scharfen Angriffe auf den chemischen Hochschulunterricht in Preußen und Österreich richtete, hatte dies zur Folge, daß viele Jahre keiner seiner Schüler in Preußen eine Anstellung fand; aber in Österreich, wo er nur die Professoren, nicht das System angegriffen hatte, waren sie um so willkommener.

Die Regierungen behielten sich die Möglichkeit zu wählen und zu entscheiden. In den vormärzlichen Ministerien saßen kluge, energische Männer, geistige Erben des aufgeklärten Absolutismus, die von dem hohen Werte der Wissenschaft, von ihrer Bedeutung für Wohlfahrt und Sittlichkeit der Völker überzeugt waren und

Kenntnisse wie Urteil besaßen. Noch gab es kein Vorschlagsrecht der Fakultäten. Wilhelm von Humboldt hat — ganz im Stile des alten Polizeistaates und ganz so wie Goethe gegenüber der Universität Jena — eine unumschränkte Personalherrschaft ausgeübt. Das Ministerium fragte die Fakultät, aber es zog auch aus eigener Initiative Erkundigungen ein und entschied nach eigenem Ermessen. Es kamen Mißgriffe vor, höfische Einflüsse machten sich geltend, politische Maßregelungen waren im Vormärz an der Tagesordnung, doch wurde dies alles aufgewogen durch den Ehrgeiz der Höfe, Leuchten der Wissenschaft ins Land zu ziehen. Mancher „Demagog“, der im einen Staate seiner Professur entsetzt war, erhielt Amt und Würden in einem andern Staate. Es wuchs auch wohl manchmal ein einzelner Professor, wie Hegel, durch die Gunst von Hof und Regierung zu einer diktatorischen Stellung empor, wie sie freilich später auch das Berufungsverfahren kaum jemals verhindert hat. Das geschichtliche Urteil wird vielmehr geprägt durch die Tatsache, daß sehr viele der großen Gelehrten, die im Vormärz den Grund zu der Weltstellung der deutschen Wissenschaft gelegt haben, den Fakultäten aufgezwungen werden mußten. Die Körperschaften wollten keine ungewöhnlichen, überlegenen, selbständigen Naturen. Wenn Schleiermacher im Jahre 1808 den „Geist kleinlicher Intrigen“ an den Universitäten beklagt und sich deshalb entschieden gegen die Selbstergänzung gewandt hatte — weil sonst „von der Parteisucht, von den in literarischen Fehden gereizten Leidenschaften, von den persönlichen Verbindungen“ die nachteiligsten Folgen zu befürchten seien —, so stellte Eduard Zeller vierzig Jahre später fest, daß sich nichts an diesem Geiste geändert habe. Er fand dies naturgemäß, „weil gerade die Sachverständigen unter den akademischen Lehrern bei Fragen über die Besetzung der Lehrstellen mit einem Parteiinteresse beteiligt sind“. Anderseits brauchte man einen geregelten Weg für die Gutachten der „akademischen Techniker“. So wurde 1838 das Berufungsverfahren in Preußen eingeführt, aber die höchste Entscheidung mußte von einer bei den Parteikämpfen nicht unmittelbar beteiligten Behörde mit voller Freiheit gegeben werden, wenn man nicht im Klüngelwesen versinken wollte. Napoleon hatte zu diesem Zwecke seinen Studienrat gehabt, in dem neben den Verwaltungsmännern auch Sachverständige saßen, die nicht Universitätsprofessoren waren. Dies war in Deutschland bei der Personalunion von Universität und wissenschaftlicher Akademie nicht mehr möglich, denn die Brüder Humboldt, die nur Mitglieder der Akademie waren und nicht Professoren, waren eine Ausnahmeerscheinung.

So blieb der vormärzlichen Bürokratie eine große Macht und Verantwortung. Hegel und Ranke sind in die Berliner Fakultät ohne deren Willen berufen worden, und die Betrübnis, daß das Ordinariat dann so lange ausblieb, klingt noch in Rankes „Päpsten“ wider: „Bei den Papstwahlen kam es, wie bei andern Beförderungen, allmählich mehr darauf an, wer die wenigsten Feinde, als wer die meisten Verbündeten habe.“ Hegel seinerseits hat die Verbindung mit dem Minister Altenstein rücksichtslos genützt, um sich und seiner Lehre die notwendigen Sicherheiten für die Zukunft zu schaffen; junge Gelehrte anderer Meinung hat er engherzig abgewiesen. Die Unfreiheit lag also in diesem Falle nicht an der Intoleranz der Fakultäten, sondern an dem Vertrauensverhältnis zwischen dem Professor und dem Minister. Ein Opfer, aber freilich nicht das schuldloseste, war Arthur Schopenhauer, der dann die Klage über die Inzucht der deutschen Professoren in die breite Literatur getragen hat. Zwölf Jahre war Schopenhauer Privatdozent in Berlin, aber gelesen hat er nicht, teils weil er auf Reisen war, teils weil er keine Hörer fand. Indessen — wie allmächtig Hegel auch sein mochte — Preußens Arm reichte nicht nach Göttingen oder Heidelberg oder Jena. Als Herbart auf dem Lehrstuhle Kants in Königsberg den Feldzug gegen die „Modephilosophie“ begann, geriet er in Gefahr, totgeschwiegen zu werden. Um so entschiedener nahm sich seiner die Regierung in Hannover an und berief ihn nach Göttingen. Und auch in Preußen war die Herrschaft eines akademischen Diktators nicht unerschütterlich. Wie erzählt, hat Altenstein den Schüler Hegels, Eduard Gans, der Berliner juristischen Fakultät aufgezwungen, so daß Savigny — durch ein bei seiner Berufung ihm erteiltes Privileg gedeckt — den Sitzungen künftig fernblieb; aber derselbe Minister hat doch ebensosehr auch die induktiven Wissenschaften gefördert. Wir werden noch zu berichten haben, wie er auch den großen Physiologen Johannes Müller und den großen Kliniker Schönlein ohne Wunsch der Fakultät angestellt hat. Auch unbeamtete, sachkundige Männer wie die beiden Humboldt halfen dem Minister, daß junge Talente wie die Philologen Franz Bopp und Welcker an die für ihre Lebensarbeit notwendige Stelle gelangten; der einundzwanzigjährige Liebig wurde auf Alexander von Humboldts Empfehlung ohne Befragung der Fakultät von der hessischen Regierung zum Professor in Gießen ernannt.

Und diese freie Konkurrenz, welche die politischen Zustände Deutschlands für die Wissenschaft ermöglichten, hat dann auch wieder auf die Gelehrten zurückgewirkt und sie veranlaßt und gezwungen, sich mit dem an anderer Stelle des deutschen Kulturgebietes zur Geltung gelangten Fachgenossen auseinanderzusetzen, seine Wege und Ziele zu verstehen. Bei allem lauten und intoleranten Streit der Methoden war doch das wissenschaftliche Leben noch erstaunlich weit und frei. Selbst Ranke hat von dem ihm so unähnlichen Gervinus gesagt: „Für die historische Wissenschaft ist es gewiß erwünscht, wenn nicht alle auf einem Wege zu ihr gelangen. Denn höchst mannigfaltig ist der Inhalt der Geschichte, und es wird ihm nur sein Recht, wenn sich verschiedenartige Talente, auf verschiedene Weise ausgebildet, ihm widmen." Weil es viele wissenschaftliche Zentren gab, wurde auch Gervinus gewürdigt und ihm diese akademische Gedenkrede gehalten.

Wenn die deutsche Wissenschaft an den Einzelstaat geknüpft war, so hat dies doch nicht gehindert, daß sie selbst ein Element des nationalen Zusammenschlusses geworden ist. Sie hat bewußt durch die Pflege des deutschen Geistes alle Stämme einander nähergeführt; durch die Beschäftigung mit den politischen Wissenschaften hat sie der nationalen Einigung unmittelbar vorgearbeitet. Es wird noch zu erzählen sein, daß die seit 1822 stattfindenden Versammlungen der deutschen Naturforscher und Ärzte mit Vorbedacht keinen festen Sitz sich gaben, sondern bald da und bald dort tagten, weil sie der Einheit im deutschen Geiste dienen wollten. Dem Beispiele der Naturforscher folgten 1838 die klassischen Philologen, 1846 die Germanisten, unter welchem Namen man die Dreiheit der deutschen Rechtslehrer, Geschichts- und Sprachforscher zusammenfaßte. Wenn Naturforscher und Altphilologen durch ihre Arbeitsgebiete auf kein Volk, kein Land beschränkt waren, so konnten die Germanisten von dem „eigentümlichen, vaterländischen Reiz" sprechen, der die drei zusammengehörenden Wissenschaften auszeichne. Sehr sinnvoll hielten sie ihre erste, hochgemute Tagung von 1846 im Römersaale zu Frankfurt ab; unter dem alten Bildnis Kaiser Maximilians I. nahm Jakob Grimm seinen Platz und lenkte die Versammlung der 200 Gelehrten aus allen Gauen des großen Vaterlandes. Nachdem die Dichter von Klopstock bis Goethe den Deutschen das hohe Gut einer gemeinsamen Sprache und Literatur geschenkt hatten, haben die Gelehrten in der ersten Hälfte des 19. Jahrhunderts die deutsche Wissenschaft als ein weiteres gemeinsames Besitztum hinzugefügt: es waren Vorstufen zur nationalpolitischen Einigung.

Hier könnte auch noch der geistigen Verbindung gedacht werden, die durch die deutsche Wissenschaft zu den stammverwandten Schweizern geknüpft worden ist. Seit 1833 lehrte Wilhelm Wackernagel in Basel und wurde ein ganzes Menschenalter hindurch der Vermittler hochdeutscher Sprache und Literatur in der Schweiz. Wenn ferner Josef Eutych Kopp, Lehrer für klassische Sprachen am Lyzeum zu Luzern, die Urgeschichte der Eidgenossenschaft auf urkundliche Grundlagen gestellt und als erster die bekannten, von Schiller gefeierten Erzählungen als Legenden zerstreut hat, so stand er dabei in Beziehungen zu Johann Friedrich Böhmer und seinem Frankfurter Kreise. Es sei auch erinnert an die großen Anregungen, die Gottfried Keller aus Heidelberg mitgenommen hat. Im ganzen ist zu sagen, daß alle diese Verbundenheit der deutschen Wissenschaft mit Volkstum und Nation ihre innere Weite und Freiheit nicht gehindert hat. Wenn manche Publizisten im Zeitalter der Erhebung wie Ernst Moritz Arndt eine nationale Ausschließlichkeit gepredigt hatten, so blieben solche Stimmungen noch lange auf burschenschaftliche Kreise beschränkt: die großen Schöpfer der neuen Wissenschaften — mochte es Savigny sein oder Ranke — trugen in sich die alte humanistische Bildung und ein europäisches Gemeinschaftsbewußtsein, ohne das ihre die abendländische Kultur umspannende Arbeit nicht hätte gedeihen können. Archivreisen, wie sie Savigny oder Ranke durchführten, nährten diesen Geist und dienten der Völkerverbindung. Noch stand die Wissenschaft jenseits der trennenden Zwistigkeiten, und selbst damals, als die Kriege des ersten Kaiserreiches am heftigsten wüteten, erteilte Frankreich dem englischen Chemiker Davy einen großen Preis, und die Royal Society unterbrach ihre Ernennungen französischer Gelehrter zu auswärtigen Mitgliedern nicht. Bis 1870 haben die Anerkennungen der Ausländer seitens der Akademien durch die Kämpfe zwischen den Nationen nicht gelitten. Erst dann ist es anders geworden, der Eintritt der europäischen Demokratien in die Geschichte hat die Gegensätze in nie geahntem Maße vertieft. Zu Anfang des Jahrhunderts war der Boden noch bereit und aufnahmefähig für die großen und neuen Gedanken, die der deutsche Geist Europa zu bieten hatte, die ganz national waren und doch durch ein starkes, ihnen innewohnendes Element der Menschlichkeit leichten Eingang fanden bei den fremden Völkern.

Das Weltreich des deutschen Geistes war erblüht, als die Erscheinung Goethes den Engländern und den Franzosen offenbar wurde. Weimar wurde ein Wallfahrtsort der Reisenden, Carlyle tauschte mit Goethe Briefe und vermittelte seinen Landsleuten die deutsche klassische Literatur, Madame de Staël und ihr Freund Benjamin Constant — der zweimal mit deutschen Frauen verheiratet war — leisteten den gleichen Dienst für Frankreich. Die Verschmelzung romanischen und germanischen Wesens beschäftigte den deutsch-französischen Kreis der Frau von Staël. Es sei auch erwähnt, daß David d'Angers, der große Bildhauer, zweimal — 1829 und 1834 — in Deutschland geweilt und die Büsten Goethes in Dresden und Weimar gestaltet hat. Goethe war sich der hohen Sendung des deutschen Geistes draußen in der Welt jederzeit bewußt, er sah Deutschland berufen, das Bindeglied zu sein zwischen den führenden Völkern und die christlich-humanistische Weltkultur zu vollenden. Er hat den Romantikern die Anregung gegeben, die Literaturen aller Zeiten zu sammeln, zu übersetzen und durch Vermittlung der deutschen Sprache über die Erde zu breiten. Gerade im Auslande fand er begeisterten Widerhall, als er im Jahre 1818 prophezeite, „daß bei der gegenwärtigen höchst bewegten Epoche und durchaus erleichterten Kommunikation eine Weltliteratur baldigst zu hoffen sei". Die geistige Weltgeltung Deutschlands breitete sich mit Goethes Namen, Gedanken und Werken über die Erde hin, und als man im Jahre 1932 seinen hundertsten Todestag feierte, da haben überall in der Welt die Regierungen Festakte veranstaltet und jede hat dem deutschen Genius in ihrer Weise gehuldigt — im Rom Mussolinis wie im bolschewistischen Moskau, in Paris wie in Tokio. Diese Ausbreitung des deutschen Dichtergeistes ist ein unvergleichliches Phänomen der Geschichte. Daneben hat dann noch die deutsche Romantik mitgewirkt an dem Ausbau des geistigen Reiches. Sie hat die Weltstellung der deutschen Musik begründet, als Carl Maria von Weber in London wirkte und starb; zwanzig Jahre ruhte sein Leib in englischer Erde, bevor Richard Wagner ihn in die sächsische Heimat zurückführte. Die romantische Dichtkunst hat nach England gewirkt auf Byron und Scott, nach Frankreich auf Victor Hugo, nach Italien auf Manzoni, den Dichter, und auf Mazzini, den Erwecker der nationalen Revolution. Sie alle fesselte an der deutschen klassischen Literatur die bezeichnende Verbindung von Gedanke und Dichtkunst; Schiller wurde ihnen ein Vorbild. Wie verschieden auch die italienischen Patrioten in Wesensart und Anschauungen waren — durch Herder, durch Fichte und die Romantik wurden sie bestärkt in dem Enthusiasmus, der gegen die Unterdrückung ankämpft und doch der Aufklärung sich nicht verschreibt; sie fühlten sich verwandt einem Denken, das den nationalen Staat mit Liebe umfaßt und ihm die

Bahn frei macht, aber ihn doch nicht nur um seiner selbst willen erstrebt, sondern auch weil er der Rahmen sein soll, in dem der Menschheit gedient wird. Von den deutschen Denkern lernte man die Geschichte begreifen als eine immer sich wiederholende Schöpfung, in der kein Raum bleibt für den Stillstand. So wurde die deutsche Romantik draußen in der Welt bei den staatlich denkenden Völkern alsbald politisch gewendet: der Romantiker, der Liberale, der Patriot — dies alles war für Manzoni oder Victor Hugo ein und dasselbe.

Der Weltstellung der deutschen Dichtung folgte die der deutschen Wissenschaft rasch nach: es waren ja hier wie dort die gleichen Grundgedanken der persönlichen Entwicklung, der organischen Entfaltung, des Werdens, der Spontaneität. Bei weitem im Vorsprung waren klassische Philologie und Archäologie: auf ihren Leistungen beruhte recht eigentlich die Weltgeltung der deutschen Wissenschaft im 19. Jahrhundert. Die Wallfahrt der Deutschen nach Rom hatte seit den Tagen Winckelmanns nicht aufgehört. Neben die deutschen Künstler traten nun die deutschen Gelehrten. Napoleon hatte als echter Imperator die Ausgrabungen im großen Stile betreiben lassen, das Tal der Ruinen zwischen Kapitol und Kolosseum war freigelegt worden. Kardinal Consalvi führte nach der Restauration diese Arbeiten weiter, 1822 wurde der Braccio Nuovo des vatikanischen Antikenmuseums eröffnet. Das 1829 von Deutschen gegründete Archäologische Institut vereinte die Fachgenossen aller Länder, aber am rührigsten drangen die Deutschen in den Boden Italiens. Die Archäologie wurde die vornehmste aller Wissenschaften, sie brachte ihre Jünger in Verbindung mit der weiten Welt, ihr fehlte auch nicht die politische Bedeutung, so daß sie mächtige Gönner finden konnte: indem sie den Italienern die Reste einer großen Vorzeit in immer neuen Funden lebendig machte, stärkte sie die nationale Einheitsbewegung, und das Bewußtsein, daß die Schicksale des deutschen und des italienischen Volkes im 19. Jahrhundert verwandt waren, beflügelte wieder den Eifer und die Gedankenrichtung der deutschen Archäologen und Historiker. Es war keine geringe Sache und ein Ergebnis dieser eigenartigen Verbindung von wissenschaftlicher und politischer Geltung, wenn in der Zeit der nationalen Erfüllung zwei Deutsche — Mommsen und Gregorovius — zu Ehrenbürgern der Stadt Rom ernannt worden sind und von sich sagen konnten: „io sono Romano". Vier preußische Gesandte, die zugleich fachkundige Gelehrte waren, haben nacheinander in Rom die Geschäfte geführt — Wilhelm von Humboldt, Niebuhr, Bunsen, Reumont.

Sie haben — ganz hingegeben den Freuden des Forschens — den Boden bereitet, aus dem die Staatsräson dann Vorteile ziehen konnte, als Piemont, das italienische Preußen, die nationale Einigung gewaltsam durchführte. Wo aber die Politik nicht in Betracht kam, war der Erfolg des deutschen Geistes in Italien oft noch größer: niemand hat die Ideenwelt Dantes tiefer erfaßt und wissenschaftlich so vollendet gedeutet wie König Johann von Sachsen, dessen Übersetzung und Kommentar in den 30er Jahren zu erscheinen begannen.

Auch in England und Frankreich wurde die Überlegenheit der deutschen Philologie neidlos anerkannt. Die Weltstellung eines Zweiges der deutschen Wirtschaft — des Buchhandels in Leipzig — ruhte durchaus auf der Weltstellung dieser deutschen Wissenschaft. Die holländischen Ausgaben und die von Zweibrücken, die Bipontinae, waren veraltet, als Gelehrte wie Immanuel Bekker oder Gottfried Hermann ihre kritischen Texte vorlegten. Gegen Mitte des Jahrhunderts hat vor allem der Verlag B. G. Teubner, indem er seine Arbeit auf dieses Gebiet vornehmlich richtete, durch seine „Bibliotheca Teubneriana" Weltruf erlangt; Friedrich Ritschl und seine Schule lieferten ihm die berühmtesten Ausgaben. Als später die französische Buchhandlung Firmin Didot und die englische Clarendon Press griechische Schriftsteller zu drucken unternahmen, blieb ihnen anfangs nichts anderes übrig, als deutsche Herausgeber heranzuziehen.

Als Vermittler zwischen der deutschen wissenschaftlichen Kultur und Frankreich betätigten sich zu Anfang des Jahrhunderts der napoleonische Diplomat Graf Reinhard und der Emigrant Charles de Villers — zwei merkwürdige Persönlichkeiten, die Deutschland und Frankreich zugleich angehörten und wohl nur in jenem Zeitalter möglich waren. Karl Friedrich Reinhard, ein schwäbischer Pfarrerssohn und selbst Stiftler in Tübingen, war als Hauslehrer nach der Gironde gekommen und dort in die große Revolution hineingerissen worden. Er war Talleyrands persönlicher Sekretär geworden — zwei ehemalige Theologen führten damals die diplomatischen Geschäfte im revolutionären Frankreich. Als französischer Gesandter in Hamburg hatte er in die Familie Reimarus geheiratet, als Gesandter bei König Jérôme in Kassel sich um die Erhaltung der Universität Göttingen bemüht, nach der Restauration machte ihn der bourbonische König zum Gesandten am Bundestag in Frankfurt, wo er für die Klein- und Mittelstaaten wirkte — getreu den Überlieferungen der französischen Politik, und doch hätte er, der Schwabe, auch als deutscher Diplomat nicht anders gehandelt. In Karlsbad hatte er Goethe kennen gelernt, immer wieder war er gelegentlich in Weimar zu Gaste, zahlreiche Briefe des Dichters sind an diesen Freund gerichtet, dem das seltene Wagnis gelungen ist, „ein Franzose geworden und zeitlebens ein Deutscher geblieben zu sein“.

Wenn die Erscheinung des Grafen Reinhard mehr eine geschichtliche Merkwürdigkeit ist, ohne historische Nachwirkung, — Napoleon hat von dem subalternen Beamten nicht hoch gedacht: „honnête homme, d’une capacité ordinaire“ —, so kommt Charles de Villers dagegen eine große Bedeutung zu in der Vermittlung zwischen dem deutschen und dem französischen Geiste. Goethe hat von ihm gerühmt, daß er „wie eine Art von Janus bifrons herüber und hinüber sieht“. Er machte die Deutschen mit der französischen Literatur bekannt, und seinen Landsleuten gab er vornehmlich die Kenntnis der kantischen Philosophie. Als de Maistre den Kantianismus bekämpfte, hatte er ihn nur durch Villers kennen gelernt. Villers war Katholik und erfüllt von den Idealen des westeuropäischen Humanismus, der in seinen Augen die moderne Welt geschaffen hatte; aber er näherte sich innerlich sehr der deutschen Reformation, der er ein eigenes Buch gewidmet hat, in welchem die unbeschränkte Freiheit, alle Kräfte ungehindert anzuwenden, als „letztes Resultat des moralischen, durch die Reformation gegebenen Anstoßes“ gewertet wird. Er lebte in Göttingen und hat in westfälischer Zeit, 1808, für diese Universität, der die Aufhebung drohte, eine Lanze gebrochen. Dabei hat er als erster den Unterschied zwischen den deutschen Universitäten und den napoleonischen Spezialschulen seinen Landsleuten klargemacht.

In der nächsten Generation waren es in Frankreich schon mehrere Denker, die starke Anleihen bei der deutschen Wissenschaft genommen haben. Für Frankreich ist das 19. Jahrhundert ursprünglich nur einfach die Fortsetzung des vorangegangenen, der Aufklärung gewesen, und erst von Deutschland her ist den Franzosen nach 1815 die große Umwälzung gekommen. Der französische Geist blieb auch jetzt griechenfremd, aber die wissenschaftlichen Anregungen der deutschen Romantik wurden gerne aufgenommen. Edgar Quinet hatte in Heidelberg Görres gehört, er hat Herder übersetzt, der dann für Jules Michelet der Führer wurde, als dieser große Epiker unter den Geschichtschreibern die Geschicke von Frankreichs Land und Volk prächtig und mit umfassendem Blicke seinen Landsleuten erzählte. Viktor Cousin aber, der Philosoph, hat die Synthese von französischem und deutschem Denken zu vollziehen gewagt. Als er die französische

Philosophie aus den Fesseln des Rationalismus löste und ein eklektisches System aufbaute, da studierte er — der deutschen Sprache nicht mächtig — Kant mit Hilfe einer lateinischen Übersetzung. Auch Herder, Schelling und Hegel haben ihren Beitrag geliefert zu diesem System, das die Wahrheiten aller Systeme enthalten, alle ihre Irrtümer vermeiden wollte. Die Hinwendung zu geschichtlichen Studien, die sich hieraus ergab, brachte den Franzosen immer näher an den deutschen Geist. Aber freilich, Hegel hatte seinem Standpunkt eine Weite zu geben gewußt, da er methodisch und nicht eklektisch verfuhr. Viermal hat Cousin Deutschland besucht. Die beiden ersten Reisen 1817 und 1818 galten dem Studium der deutschen Philosophie. In Heidelberg hat er sich mit Hegel und zugleich in München mit dessen Todfeinde Schelling befreundet, er hat alle Universitäten besucht, an denen namhafte Philosophen wirkten, in Weimar wurde er von Goethe empfangen. Die beiden letzten Reisen 1824 und 1831 dienten dem Studium der deutschen Universitäten und Schulen. 1824 wurde er in Dresden in die Demagogenverfolgung hineingezogen und saß mehrere Monate zu Berlin in Haft, 1831 schrieb er an seine heimische Unterrichtsverwaltung jenen Bericht, in welchem er — der selbst Großmeister der Université war — gegenüber dem zentralisierenden napoleonischen Lehrbetrieb die deutschen Universitäten als Vorbilder des akademischen Lebens pries. Preußen soll er damals als das „klassische Land der Schulen und Kasernen" bezeichnet haben: wir erwähnten bereits, daß das Wort in Preußen oft mit Befriedigung wiederholt worden ist.

Es war kein Wunder, daß Frankreich, die älteste Tochter der Kirche, sich gegen das Einströmen des deutschen Geistes wehrte und daß die Gläubigen Frankreichs, die wie Bonald oder Lamennais vom deutschen Katholizismus wenig wußten, in Deutschland nichts sahen als das Land der Reformation, des Despotismus Metternichs, des unchristlichen Militärstaates Friedrichs des Großen. Die Franzosen sprachen der deutschen Romantik und besonders der Schellingschen Philosophie den „goût" ab, sie vermißten den Sinn für das innere Maß, für die „mesure", sie fanden hier etwas Kolossalisches, das ihnen unverständlich war. Aber trotz solcher Gegenwehr drang der deutsche Geist tief in Frankreich ein, also daß die Franzosen später gesagt haben, von Osten sei zu ihnen gekommen der Protestantismus, der kategorische Imperativ, die Hegelsche Philosophie, der Unendlichkeitssinn der Romantik und jener „blonde Aufmarsch junger Barbaren", der dreimal in einem Jahrhundert die Gärten, Felder und Weinberge Frankreichs überflutet hat — 1814, 1870 und 1914. Einstweilen herrschte Friede, die Franzosen hatten auf das große Ziel Heinrichs IV. und Richelieus, das linke Ufer des Niederrheins, verzichten müssen, und vergebens schweifte die Sehnsucht nach dem Grenzstrome. Man kennt den seltsamen Teilungsplan des Ministers Polignac vom Jahre 1829, wo er im Zusammenhang mit dem russisch-türkischen Kriege die ganze Karte Europas umgestaltete, Preußen, England, Rußland Kompensationen gewähren wollte auf Kosten der Türkei, nur damit Frankreich das linke Rheinufer erhalte. Victor Hugo besuchte 1838 den Rhein und besang ihn 1841 in jenem Gedicht, in dem Gott das deutsche Volk auf die Donau verweist: „lui rendra le Danube, et nous rendra le Rhin". Das alte Ziel der Politik wurde nie vergessen, aber die friedliche gegenseitige Durchdringung vollzog sich: „jadis nations de chevaliers, aujourd'hui nations de penseurs", wie Victor Hugo gemeint hat. Erst der Krieg von 1870 hat diese Beziehungen endgültig vernichtet. Während Frankreich — so sagten wir — den Deutschen die radikalen politischen Ideen übermittelte und dann auch durch seine Malerei ihnen ein großes Vorbild geschenkt hat, gab Deutschland seine Lyrik, seine Musik, seine Philosophie — Goethe, Richard Wagner, Hegel. Welch ein Wandel war dies, nachdem bis dahin die geistige Vorherrschaft Frankreichs unbestritten viele Menschenalter hindurch in Geltung gewesen war! Frankreich blieb auch jetzt noch die hohe Schule des „Savoir vivre", und die Pilgerfahrt nach Paris wird das ganze Jahrhundert nicht aufhören. Auch der Einfluß der deutschen kritischen Geschichtsforschung — der sich in Italien und besonders in dem national bewegten und emporstrebenden Piemont frühe bemerkbar machte — ist in Frankreich gering gewesen. Das französische Staatsbewußtsein hatte schon von sich aus für die Pflege geschichtlicher Studien gesorgt. Die „Ecole des chartes" zur Ausbildung in den historischen Wissenschaften ist schon 1821 gegründet worden, und die Archive sind früher und besser als in Deutschland geordnet gewesen; hier waren große Historiker wie Thiers oder Guizot Minister und veranlaßten, daß die Dokumente der nationalen Geschichte publiziert wurden. Doch ist Rankes Schule auch in Frankreich lange als die erste historiographische Schule der Welt angesehen worden, und Ranke selbst genoß hohen Ruhm, weil er romanisches und germanisches Wesen mit gleicher Liebe behandelte. Es sei auch erwähnt, daß die protestantische kritische Theologie der Deutschen auf Renan eingewirkt hat. Es ist ferner bemerkenswert, daß die wissenschaftliche Erforschung der romanischen Sprachenwelt nicht in Frankreich, sondern am Rheine ihren Anfang genommen hat, wo in Bonn August Wilhelm Schlegel und Friedrich Diez wirkten: bei ihnen ist Gaston Paris in die Schule gegangen.

Solche wissenschaftliche Einflüsse waren geringfügig im Vergleich zu der Nachwirkung, die Goethe und Hegel in Frankreich gehabt haben. Den Franzosen war es aus ihrer Aufklärung, aus Descartes und Condorcet geläufig, alles aus einer einheitlichen Ursache abzuleiten; dies war nicht mehr aufrechtzuerhalten, der Sinn für Geschichte und Wirklichkeit verlangte sein Recht. Da war Hegel durch seine Doppelstellung zur rationalistischen und historischen Betrachtungsweise noch am ehesten dem westeuropäischen Denken verwandt; Goethe aber gab die Aussicht in den Reichtum des Individuellen. Cousin hatte die persönlichen Beziehungen zu Goethe und Hegel geknüpft, 1827 ist Hegel selbst in Paris gewesen, und während seine Gedanken in Deutschland abstarben, erlebte er in Frankreich eine Wiedergeburt. Renan und Taine bezeichnen den Punkt der stärksten Annäherung des französischen Geistes an Deutschland: Goethe und Hegel waren ihre Führer. In den Dokumenten ihrer Jugend lesen wir, wie sie tief erschüttert wurden, als ihnen aus Goethe und Hegel der Begriff der organischen Entwicklung offenbar wurde, der ihnen nicht weniger denn eine neue Anschauung des Menschen und der Natur bedeutete: „toutes les idées élaborées depuis 50 ans en Allemagne se réduisent à une seule, celle du développement", hat Taine gesagt. Er hat Hegel schon auf der Ecole Normale seit 1848 und zwar in deutscher Sprache gelesen, sein am mathematischen Denken des „esprit classique", an Spinoza und Condillac geschulter Geist fand hier den Determinismus wieder, aber vereint mit der an Aristoteles erinnernden Lehre von der organischen Entwicklung alles Seienden, die zu Spinozas Metaphysik der absoluten Substanz in Gegensatz steht. Hegel war, wie wir bereits dargelegt, „un Spinoza multiplié par Aristote". Taine ist dann der große Geschichtschreiber und der große Ästhetiker Frankreichs geworden; in beiden Gebieten ist er ohne Hegel nicht zu denken. Von Hegel lernte er, in der Geschichte die innere leitende Seele der Begebenheiten und Taten aufzusuchen, und seine Kunstlehre ist immer die klassische deutsche Ästhetik geblieben; die Kunst war ihm ein sinnliches Erscheinen der Ideen. Am Entwicklungsgedanken, am Determinismus und am Streben nach Ganzheit hat Taine immer festgehalten, und eine Hegel verwandte Natur ist er immer geblieben: beide waren rationalistische Dogmatiker, die mit dem

Denken die Wirklichkeit als Totalität zu erfassen suchten. Aber der emporsteigenden, induktiven Wissenschaft konnte Taine sich auf die Dauer nicht entziehen: so strebte er durch den Reichtum des Individuellen nach den letzten abstrakten Gesetzen. Er löste sich von Hegel; Comte und der Positivismus wurden ihm zum „Gegengift". Aber Goethe blieb für ihn der überragende Geist der modernen Welt. Wiederholt hat er Deutschland bereist, sein Buch über Deutschland — das nur ein Denker von der Bedeutung Taines neben dem Buche der Madame de Staël hatte wagen können — ist infolge des Krieges von 1870 nicht mehr geschrieben worden. Taine ist im dauernden geistigen Umgang mit Goethe einer der wenigen Franzosen geworden, die sich um den Gehalt fremder, germanischer Kulturen bemüht und die Einheit des europäischen Geistes erfaßt haben.

Die Auswirkung des deutschen Geistes auf die westeuropäischen Völker war groß, aber sie war doch nur eine denkwürdige Episode, der rasch genug der emporkommende Nationalismus ein Ende bereitet hat. Viel unmittelbarer und wirksamer war die Aussaat des deutschen Geistes in Osteuropa. Denn hier trafen die deutschen Gedanken auf unglückliche Völker, die sich in langen Jahrhunderten geschichtlichen Dämmers oder der Fremdherrschaft selbst vergessen und selbst aufgegeben hatten und denen das 19. Jahrhundert die Rückkehr zu nationalem Bewußtsein gebracht hat. Anspornend wirkte dabei, wie wir öfters erwähnten, das Vorbild der Französischen Revolution, und für viele Gedanken ist die deutsche Literatur nicht mehr gewesen als eine Vermittlerin. Aber die nationale Idee hatte im deutschen Geiste doch einen besondern Gehalt empfangen, und dieser wirkte auf die osteuropäischen Völker gleich einer Offenbarung. Wenn in Frankreich und England der nationale Wille mit dem Staate und aus ihm heraus erwachsen war, so war er in Deutschland erarbeitet worden von einem Volk, das selbst noch keinen nationalen Staat besaß, ihn sich vielmehr erst in der Idee erbauen mußte: dies aber war auch der Fall der Tschechen, der Südslawen, der Magyaren. Und wieder bewährte es sich, daß der deutsche Geist nur deshalb eine Weltwirkung ausüben konnte, weil ein universaler Grundzug ihm eigen war; alle Erscheinungen des Individuellen umfing er mit gleicher Liebe und gleichem Verständnis, allen Völkern gönnte er die Freiheit. Es war gewiß nicht weiter verwunderlich, daß stammverwandte, germanische Völkersplitter, die im Kampf um ihre Autonomie standen, beim deutschen Geiste sich Waffen holten. Hier sind die Vlamen zu nennen, denen in den 30er und 40er Jahren große

Sympathien in Deutschland entgegengebracht wurden: Hoffmann von Fallersleben hat sich ihrer besonders angenommen. Herder und Hegel wanderten auch zu den skandinavischen Völkern. Der Norweger Hendrik Steffens ist aus unserer deutschen Romantik nicht hinwegzudenken. Der Däne Grundtvig, der Schöpfer der dänischen Volkshochschule, ist als Persönlichkeit und als Dichter unserem Ernst Moritz Arndt verwandt, und Soeren Kierkegaard hat sich in der Auseinandersetzung mit Hegels Religionsphilosophie gebildet. Erstaunlich dagegen ist die weltgeschichtliche Sendung, die Herder an den slawischen Völkern erfüllt hat.

In dem berühmten Slawenkapitel seiner „Ideen" hatte Herder die osteuropäischen Völker gefeiert, denen die Zukunft gehören werde: „ex oriente lux". Im Stile Rousseaus hatte er das Naturvolk gepriesen, das friedliebend, arbeitsam, aber geknechtet dahinlebt und dem der Erwecker kommen wird. Der Wiederaufstieg der Slawen — so heißt es bei Herder weiter — ist eine weltgeschichtliche Notwendigkeit! Denn die Völker Europas sind müde geworden, eine Auffrischung ist nötig, die Slawen sind dazu berufen, aber zunächst müssen sie sich erfüllen mit dem feinsten Ergebnis des europäischen Geistes, mit der Menschlichkeit, die die völkische Abgeschlossenheit überwindet: hier liegt ihre große historische Sendung. Das Slawentum hatte in Herders Leben mehrfach angenehme Erinnerungen hinterlassen. Als Kind eines armen Schulmeisters in dem ostpreußischen Städtchen Mohrungen hatte der junge Herder einst studieren dürfen, weil im Siebenjährigen Kriege der Wundarzt eines russischen Regiments sich des Knaben annahm. Dann war er Lehrer an der Domschule in Riga und also russischer Beamter geworden: es war die glücklichste Zeit seines Lebens. Damals hat er das Idealbild Peters des Großen in sich aufgenommen, wie es die Aufklärung gezeichnet hatte — die leuchtende Gestalt eines aufgeklärten Fürsten, der sich selber zum Schüler machte und als Licht- und Kulturbringer Rußland erfüllte mit dem Geiste Westeuropas. Auch Johann Sobieski war eine von dem jungen Herder gefeierte Gestalt — „weil nur ein einheimischer, dem Blutstrom seines eigenen Volkes entsprossener Fürst die Geschicke seines Landes recht zu lenken versteht". So ist die Forderung nach einem nationalen Slawenkönig zuerst von dem deutschen Dichter vertreten und begründet worden. In Riga hat Herder auch das lettische Volkstum kennen gelernt, das unter der Decke der deutschen Herrschaftskultur ein primitives, aber ungebrochenes Dasein führte, und tiefen Eindruck hat auf ihn das lettische Sonnwendfest gemacht. Seine Lehre vom Volkstum —

historisch und poetisch, wie sie war — hatte wenig zu bieten den Völkern Westeuropas mit ihren klaren Ideen von 1789 und ihrer langen Tradition; dort hat Herder nur eine ästhetische Wirkung ausüben können. Aber den jugendlichen und schlafenden Völkern des Ostens wurde seine Lehre zum Evangelium.

Das eindruckvollste Beispiel bietet die Geschichte der tschechischen Wiedergeburt. Dieses Volk, das unter der harten Germanisierungspolitik Kaiser Josephs II. gestorben schien, war durch seine geographische Lage geradezu vorherbestimmt zur Aufnahme des deutschen Geistes. Nachdem der Jesuit Josef Dobrovsky um die Jahrhundertwende die Wissenschaft der slawischen Philologie begründet, das Lehrgebäude der „böhmischen" Sprache aus den alten Handschriften herausgearbeitet hatte, war bewußt geworden, daß auch die tschechische Nationalbewegung nur aus dem Volksgeiste, aus der wissenschaftlichen und dichterischen Erweckung der alten Kulturdenkmale erwachsen konnte. Die 1817 aufgefundene Handschrift von Königinhofen ist ein Symbol dieser nationalen Erweckung geworden; lange ging der Streit um die Echtheit dieser angeblich aus dem 12. Jahrhundert stammenden Gedichte, und wenngleich die Fälschung schließlich erwiesen wurde, so war die geschichtliche Wirkung doch größer als die vieler echten Urkunden. In Deutschland nahmen Goethe und Grimm innigsten Anteil an der Entwicklung der Slawistik. Aus der Mitte der slawischen Völker aber zogen immer mehr junge Leute an deutsche Universitäten, um das Vaterland des großen Slawenfreundes Herder kennen zu lernen und die sprachliche und geschichtliche Forschungsarbeit an der Quelle zu studieren. Das Zeitalter der deutschen Freiheitskriege gab diesen Interessen zugleich eine politische Wendung. In den Jugenderinnerungen des Slowaken Jan Kollár, der den romantischen Panslawismus begründet hat, lesen wir, wie er mit Freunden in Jena studierte, am Wartburgfeste teilnahm, zu den Füßen des Historikers Luden saß, des gefeierten Lehrers der Burschenschafter. Was sie hier vernahmen, war ihnen ganz neu. Sie hörten von Nation und von Autonomie, Luden erläuterte seine Anschauungen von Völkerfreiheit und fürstlicher Willkür wohl auch am Beispiele der Slawen und besonders der kleinen slawischen Völker, der Tschechen zumal: mit der aufwühlenden Wirkung, die ihm eigen war, erzählte er die Geschichte ihrer Verknechtung. Ob er wohl ahnte, wie er so das slawische Bewußtsein ganz unmittelbar weckte! Die jungen Leute empfanden den Gegensatz zu ihrer Umgebung und zu dem Staate Metternichs, in dem sie lebten. Zu Hause durchdachten sie alles und wandten alles, was Luden sie gelehrt hatte, auf die Schicksale ihres eigenen Volkes an. Kollár trat in Verbindung mit dem jungen Palacky, der dann der geistige Erwecker des tschechischen Volkes geworden ist und selbst bekannt hat, daß er das meiste den Gedanken Herders und Ludens verdankte. Sein großes Geschichtswerk — die Geschichte Böhmens — schrieb er zuerst deutsch, um es allen Slawen zugänglich zu machen, und noch 1848 mußte er den Slawenkongreß in deutscher Sprache eröffnen, weil nur so am ehesten eine Verständigung möglich war. Als Journalist, als Dichter, als Geschichtschreiber hat Franz Palacky für die Befreiung des tschechischen Volkes aus der deutschen Abhängigkeit gekämpft, und immer war es der deutsche Geist, der ihm dabei die Waffen geschmiedet, sie großmütig allen Völkern der Erde zur Verfügung gestellt hatte. In Deutschland blieben die Zusammenhänge lange verborgen, weil hier der nationale Gedanke immer noch andere, konkurrierende geistige Kräfte neben sich sah und vor allem der konfessionelle Haß kein völkisches Bewußtsein aufkommen ließ: der deutsche Protestantismus empfand Sympathien für Johannes Huß und sein Volk, das in der Schlacht am Weißen Berge erlegen war. Überhaupt hinderte noch lange die nationale Verschiedenheit bei beiden Völkern durchaus nicht eine Einheit im Geiste: Smetana und Dvorák, die die tschechische Nationalmusik geschaffen haben, waren aufs engste befreundet mit Liszt und mit Brahms. Aber es war nun einmal nicht zu vermeiden, daß die deutsche und die tschechische Nation gegeneinander gerieten und die Tschechen nur durch den Anschluß an Westeuropa ihr Ziel erreichen konnten. Thomas Masaryk, der diese Wendung geistig vorbereitet und im Weltkriege politisch vollendet hat, war sich der Verbindung der tschechischen Nationalbewegung mit der deutschen Humanitätsidee durchaus bewußt. Aber er hat hinzugefügt, der deutsche Geist habe seinen wesentlichsten Gehalt selbst wieder bezogen aus dem tschechischen. Denn der früheste und stärkste Protestantismus — derjenige zugleich, der dem deutschen Neuhumanismus am verwandtesten — sei der tschechische Protestantismus gewesen, nämlich Huß und die böhmischen Brüder, aus deren Reihen am stärksten auf den deutschen Geist gewirkt hat ihr letzter Bischof Comenius. So wollen heute die Tschechen das bisher angenommene Verhältnis umwenden und die beiden gefeiertsten Männer der tschechischen Geschichte zu Trägern und Ahnherren wichtiger Gedanken des deutschen Geistes machen. Daß Herder aufs tiefste von Comenius beeinflußt war, ist kein Zweifel, und daß auch die Brüdergemeinde ihr Teil beigetragen hat beim Aufbau der deutschen Welt, zeigt Schleiermacher. Aber zur großen historischen Wirkung war allerdings der Weg durch die deutsche Literatur nötig.

Das Ergebnis ist, daß die enge Verbindung der politischen und literarischen Bewegung, die für Deutschland bezeichnend war, nun auch die Geschichte der andern sich entwickelnden Völker ausmacht. Man könnte dies noch an dem Freiheitskampfe der Südslawen darlegen. Kopitar war ihr großer Philologe, er war von Herder beeinflußt und lebte in Wien als kaiserlicher Bibliothekar. Sein Schüler Karadschic hat die erste serbische Grammatik geschrieben, die Jakob Grimm dann 1824 ins Deutsche übersetzte; er hat die serbischen Volkslieder herausgegeben, die die Bewunderung Goethes fanden. Die serbischen Philologen hat Ranke in Wien persönlich kennen gelernt; von ihnen angeregt, hat er die Geschichte der serbischen Revolution beschrieben. Sogar der zusammenfassende Begriff der durch die kirchliche Spaltung und die zahllosen Mundarten geteilten Völker ist in Deutschland zuerst geschaffen worden, als Schlözer 1802 den Ausdruck „Südslawen" einführte. Anders lagen die Dinge wieder in Polen; ein Einfluß des deutschen Geistes war hier nicht möglich. Die Nation verfügte über eine stolze Überlieferung und über gute Beziehungen zu Frankreich. Immerhin hat auch sie von Herder die enge Verbindung von Dichtkunst, historischer Forschung und nationalen Tendenzen gelernt. Die deutschen Sympathien zu den Polen übertrafen noch die zu den Tschechen, und erst als der deutsche Geist die politischen Gesichtspunkte schärfer erfaßte, wurde er sich der unvereinbarlichen Gegensätze bewußt.

Noch bleibt daran zu erinnern, daß auch Rußland, das Haupt der slawischen Welt, tiefe Einwirkungen des deutschen Denkens erfahren hat, lange bevor die russische Literatur ihrerseits durch Friedrich Bodenstedt und andere Übersetzer in Deutschland bekannt geworden ist. Nicht die Balten sind, wie man annehmen sollte, die Vermittler des deutschen Geistes nach Rußland gewesen, obwohl Kaiser Alexander I. 1802 die Universität Dorpat wiederherstellte und seinen klugen und gebildeten General Klinger — den Dichter des „Sturm und Drang" — zum Kurator bestellte. Die baltische Universität hat dem deutschen, protestantischen Geistesleben viele Gelehrte — wie Viktor Hehn oder Adolf Harnack — geliefert; aber nach Osten ging ihre Wirkung nicht, eine solche Sendung war den Balten nicht möglich. Die Akademie in St. Petersburg, die sonst wohl noch als Trägerin der Vermittlung hätte in Betracht kommen können, verlor ihren deutschen Charakter, den sie im 18. Jahrhundert besessen hatte, bereits unter Katharina II. Die westeuropäischen Ideen erfüllten den Adel; auch Kaiser Alexander liebte sie; die jungen russischen Offiziere hatten sie 1814 in Paris kennen gelernt, der Dekabristenaufstand vom Dezember 1825 — ein verunglückter Militärputsch — erstrebte den konstitutionellen Rechtsstaat. Aber während in Petersburg das Französische vorherrschte, wurde Moskau der Sitz der Hegelschen Philosophie. Hier sammelte sich in den 30er Jahren ein Kreis junger Männer, die sich in die schweren Deduktionen des deutschen Philosophen hineinbohrten. Es wird uns in den Memoiren des Alexander Herzen berichtet, mit welcher Leidenschaft diese unverbrauchten Gehirne sich an den abstrusen Sätzen übten. Über jeden einzelnen Paragraphen der drei Bände der Hegelschen Logik, der „Enzyklopädie“ und der beiden Bände „Ästhetik“ wurde nächtelang auf das lebhafteste disputiert. Freunde, die sonst unzertrennlich gewesen waren, zerfielen für ganze Wochen wegen einer widerstreitenden Ansicht über das Wesen des „absoluten Geistes“ und des „an und für sich Seins“. Die unbedeutendsten, „in Berlin und andern Provinzial- und Kreisstädten der deutschen Philosophie“ erschienenen Broschüren wurden, sobald sie von Hegel handelten, mit großen Kosten und Schwierigkeiten beschafft und mit unermüdlichem Eifer tage- und nächtelang gelesen, bis sie buchstäblich zerlesen und unbenutzbar geworden waren. Kaiser Nikolaus beförderte ahnungslos dieses Eindringen eines Systems, das in seinen Konsequenzen dem Zarentum gefährlich werden mußte. Da er seine Professoren weder aus katholischen noch aus konstitutionellen Ländern beziehen konnte, hielt er sich auch in dieser Hinsicht ganz eng an das ihm verwandte Preußen und glaubte dadurch seiner Sache sicher zu sein. So kam es, daß er protestantische Rationalisten anstellte und die Moskauer akademische Jugend nach Berlin ziehen ließ, wo sie des Meisters Gedanken in jeder Fakultät hören konnte.

Auch die russischen Studenten haben aus der Lehre Hegels entgegengesetzte Folgerungen gezogen: gleichzeitig studierten in Berlin Michael Katkow, der geistige Vater der Slawophilen, und Michael Bakunin, der zum wildesten Anarchisten seiner Zeit geworden ist. Die Slawophilen erhoben sich an der Lehre vom Volksgeist und von der organischen Entwicklung, sie übernahmen auch die Ideen Schellings und der deutschen Romantik, sie deckten das verschüttete Volkstum auf und wollten eine rein nationale Entwicklung auf der Grundlage des russischen Mittelalters, des altslawischen Lebens und der byzantinischen Religiosität. In der

Einführung westeuropäischer Einrichtungen durch Peter den Großen sahen sie die Wurzel alles russischen Übels. Es war eine Betrachtung der russischen Geschichte mit den Augen der deutschen Romantik, und das hieß eine Reaktion Moskaus gegen Petersburg — gegen die Stadt, in der die petrinische Reformidee ihr Symbol gefunden hatte. Schon bald wurde die Zeit vor Peter dem Großen zum goldenen Zeitalter, selbst Iwan der Schreckliche erschien neben dem traditionslosen Peter wie ein strenger, aber wohlmeinender Herr. Und abermals ist es dann ein Deutscher gewesen, der dem sich sammelnden russischen Nationalismus die letzte, entscheidende Parole geliefert hat. August von Haxthausen bereiste in den 40er Jahren Rußland zum Studium der ländlichen Einrichtungen, er zuerst beschrieb und würdigte die russische Dorfverfassung des „Mir" — jene Gemeinschaft am Ackerboden, jene immer von neuem bewerkstelligte Teilung alles Grund und Bodens zur gleichmäßigen Nutzung unter allen Gemeindegliedern. Der katholische westfälische Baron war ein Gegner des wirtschaftlichen Liberalismus und der Mobilisierung des Bodens; seine theoretischen Ansichten schärften ihm den Blick für das von den westeuropäischen Formen abweichende soziale Leben in Rußland. So pries er die russische Dorfverfassung als Grundlage und Stütze der ganzen Gesellschaft: „sie gewährt ihren Mitgliedern die größte Ruhe und Sicherheit des Besitzes, sie stärkt das Familienleben!" Es ist nicht von Bedeutung, daß er in seinen historischen Ansichten sich irrte, daß er organische Entwicklung aus den Tiefen der russischen Volksseele nennt, was ein spätes Produkt der Zweckmäßigkeit gewesen ist. Er hatte den russischen Aktivisten die entscheidende Parole gegeben, das letzte Ziel gewiesen. Das russische Volk wurde berufen, die „verrottete", auf dem Individualismus und auf dem persönlichen Eigentum an Grund und Boden aufgebaute Welt des Abendlandes zu überwinden und seine nationale Eigentümlichkeit — den Gemeinbesitz mit allen seinen moralischen Bindungen — über die Erde zu verbreiten, ihn zu einem neuen weltgeschichtlichen „Prinzip" zu machen, wie ein solches nach Hegels Lehre zu jeder Stufe der Entwicklung und zu jedem als Träger eines Zeitalters berufenen Volksgeiste gehört. Hier liegt die tiefste Quelle des Panslawismus. Er wurzelt in Hegel und in der deutschen Romantik und wurde zu einer nationalen und demokratischen Bewegung, die sich nährte aus Geschichte und Religion, die Volkskräfte erneuern und die in Stumpfsinn versinkenden Popen aufrütteln wollte, und die auch das Kaisertum und den Adel nicht schonte, wenn sie weiterhin wider das „Volkstum" sündigten und am „Götzen des Okzidentalismus“, an Bürokratie und Leibeigenschaft festhielten.

Die Meinung, daß Rußland durch sein Gemeindesystem berufen sei, die Welt zu verjüngen, hat auch den grundsätzlichen Kommunismus hervorgebracht, und auch diesem hat die Hegelsche Philosophie Dienste geleistet. Alexander Herzen — der uneheliche Sohn eines russischen Edelmannes und einer deutschen Mutter — hat von frühester Jugend an die westeuropäische Aufklärung, Voltaire und den jungen Schiller, in sich aufgenommen: „Nachdem ich Voltaire gelesen hatte, erhielt ich den ersten Unterricht im Katechismus“, hat er selbst erzählt. Karl Moor und der Marquis Posa waren seine Vorbilder. Aber erst aus Hegel wurde ihm die „Allianz zwischen der Wissenschaft und der Revolution“ bewußt. Die Hegelsche Philosophie — so lautet das Ergebnis seiner Studien — „läßt keinen Stein der christlichen Welt auf dem andern, sie löst die überlebten Traditionen vollständig auf“. Sie ist nach Herzens berühmtem Worte die „Algebra der Revolution“, aber sie ist „schlecht formuliert, und dies wahrscheinlich nicht ohne Absicht“. Die deutschen Gelehrten hatten, wie wir sahen, oft sehr wohl geahnt, welcher Sprengstoff in ihren Gedanken steckte; aber sie hatten geglaubt, man könne radikal in der Wissenschaft und konservativ im Leben sein. Die russischen Freidenker machten diesem Wahn ein Ende. Während Alexander Herzen nach Paris und London strebte, ging Michael Bakunin 1841 nach Berlin. Noch saßen dort die Jünger des Meisters fest auf ihren Lehrstühlen, niemand konnte in der Literatur mitzählen, der nicht vertraut war mit der Hegelschen Terminologie. Bakunin hatte als Leutnant den Dienst verlassen, um in Moskau Hegel studieren zu können, er hat die Dialektik Hegels mit der Ursprünglichkeit der russischen Seele aufgenommen, hemmungslos schritt er bei seinem Werke der Zerstörung bis in den vollendeten Anarchismus hinein.

Die russischen Studenten haben während des ganzen 19. Jahrhunderts die deutschen Hörsäle bevölkert. Neben ihnen kamen aus dem Auslande in größerer Zahl vor allem Amerikaner und Engländer. Deutschland wurde das Mekka der ausländischen Studenten. Aus den angelsächsischen Ländern strebten sie mit Vorliebe nach Göttingen, auch nachdem die Personalunion der Kronen von England und Hannover sich gelöst hatte. Schon Benjamin Franklin hatte 1766 über einen Besuch in Göttingen berichtet und von dort Ideen herübergenommen für den Aufbau der amerikanischen Erziehung. Man kennt aus Bismarcks Jugendgeschichte die Freundschaft, die er als Göttinger Student mit dem Amerikaner

John Motley, dem späteren großen Historiker, geschlossen und sein Leben lang bewahrt hat. Auch Heidelberg wurde ein Wallfahrtsort der Amerikaner und Engländer, je mehr durch die Auswanderungen die Deutsch-Amerikaner an Zahl und Geltung zunahmen und je stärker deutsche Romantik und deutsche Philosophie in der angelsächsischen Welt Eingang fanden. Emerson und Carlyle, die miteinander befreundet waren, sind als die großen Vermittler deutschen Denkens in Amerika und England hier zu nennen. Als in der Folge die Universität Göttingen, die Hochburg des wissenschaftlichen Realismus, wo nunmehr Gauß und Wöhler lehrten, immer mehr zum unvergleichlichen Mittelpunkt der mathematisch-naturwissenschaftlichen Forschungen wurde, begann ein neuer Zustrom englischer Studenten. Wie bei uns die englische politische Kultur vorbildlich wurde, so in England der deutsche wissenschaftliche Geist.

Was die Ausländer an die deutschen Universitäten zog, war nicht nur die für das alte, humanistische und bescheidene Deutschland bezeichnende Gastlichkeit der Aufnahme; entscheidend waren der freie bewegliche Lehrplan und die guten Forschungsgelegenheiten. Dies gab es in Oxford und Cambridge nicht. Es war der Rahmen, in dem sich die Leistungen der großen Gelehrten entfaltet, ihr Weltruf sich begründet hatte. Dagegen hat keines der fremden Länder sich entschließen können, die Verfassung der deutschen Universitäten zu übernehmen, wie sehr sie sich auch mit diesem Probleme beschäftigt haben. In Frankreich verfolgte man lange die Anregung, die Viktor Cousin nach seiner letzten Reise durch Deutschland 1831 gegeben hatte, als er von der Wiederherstellung der durch die Französische Revolution zerstörten akademischen Privilegien träumte. Die Restauration der Bourbonen hatte an dem napoleonischen System festgehalten: Frankreich besaß nur Spezialschulen, sie waren der Zentralschulverwaltung unterstellt, der akademische Nachwuchs rekrutierte sich aus andern Berufen oder auf Grund von eigenen Prüfungen. Cousin wies auf die deutschen Einrichtungen hin — auf die freie Rektorwahl, auf die Selbständigkeit der Fakultäten gegenüber dem Senat, auf ihre Kollegialverfassung, die den Dekan nur als Geschäftsführer gelten ließ, auf die Einrichtung der Habilitation. Dies alles war gewiß noch keine Selbstverwaltung nach Art der Gemeinden, wie sie den deutschen Professoren vorschwebte. Wilhelm von Humboldt hatte, als er die für das deutsche System maßgebende Berliner Verfassung ausarbeitete, eine solche Selbstverwaltung nicht gewollt, obwohl er sich dem Geiste der Steinschen Reformzeit verwandt fühlte: er hatte den Universitäten keinen Einfluß auf ihren Haushalt eingeräumt, die wissenschaftlichen Institute hat er unmittelbar dem Ministerium unterstellt, die Beschränkung der Befugnisse des Dekans gegenüber den Mitgliedern der Fakultät ist erst durch Schleiermacher in die Statuten hineingekommen, und eine Dotation aus liegenden Gründen, wie sie Humboldt vorgeschwebt, ist dann nicht geschehen. Aber die Selbständigkeit, welche die deutschen Universitäten besaßen, war doch sehr groß im Vergleich zu dem französischen System der bürokratischen Beherrschung. Lange — noch im Zweiten Kaiserreich — haben sich die Franzosen mit einer Universitätsreform nach deutschem Muster beschäftigt, sie haben die Fakultäten wieder zusammengeschlossen, aber zur deutschen Senatsverfassung sind sie nicht gelangt. Die Einrichtung der Privatdozentur hatte Cousin gefeiert als „la pépinière, la force et la vie de l'Université", und daß das französische System des Concours die wissenschaftliche Vertiefung hindern konnte, haben nach ihm noch viele seiner Landsleute beklagt. Aber man wollte nicht den Fakultäten ein so völlig unkontrollierbares Monopol übertragen, man wollte die Bildung gelehrter Cliquen erschweren. Dies ist nicht immer gelungen; die Zentralisation bot einem angesehenen und willenskräftigen Gelehrten einen Weg zur Macht, der durch die Büros führte. Aber die Franzosen besaßen eine große wissenschaftliche Tradition und das Gefühl der Verantwortung gegenüber dem Geiste. So sind dort auch ohne Universitätsverfassung nach deutschem Muster Gelehrte von Weltruf möglich geworden.

Die deutsche Wissenschaft hat sich im 19. Jahrhundert als ein eigentümliches Produkt des deutschen Geistes neben die ganz anders geartete französische Wissenschaft gestellt. In Frankreich, so sagten wir, konnte sie nur in einzelnen Gelehrten Wurzel fassen, und die französischen Studenten, die deutsche Universitäten besuchten, sind denn auch recht selten gewesen. Die Weltwirkung der deutschen Wissenschaft reichte über die angelsächsischen Länder und über Osteuropa. Den Deutschen verdankte man die geschichtliche Forschung, also die kritische Behandlung der Quellen und den historischen Sinn, das Verständnis für die individuelle Erscheinung und für ihr Werden. Dies gab es so nirgends auf der Welt. Erst sehr viel später haben die Deutschen dann auch den andern Zweig der Erfahrungswissenschaft, die Naturforschung, ausgebildet. Sie hatten hier mit dem Vorsprung der Franzosen zu rechnen. Sie haben die Vorgänger eingeholt, indem sie sich ihrer Methoden und Denkweise bemächtigten und zu unvergänglichen

Leistungen gelangten, so daß sie nun auch auf diesem Gebiete eine Weltstellung einnahmen. Wenn Deutschland die ganze Kulturwelt mit Chemikern versorgte und wenn die Kranken aus aller Welt zu den deutschen Kliniken pilgerten, so waren dies nur die beiden sichtbarsten Zeugnisse für die erfolgreiche Hinwendung des deutschen Geistes zu den Naturwissenschaften.

DRITTER ABSCHNITT
Die Naturwissenschaften

Anders als die Geschichtsforschung konnten die Naturwissenschaften in Denkweise und Methode unmittelbar anknüpfen an die Arbeiten des 18. Jahrhunderts. Seit den Tagen Galileis und Bacons waren Beobachtung, Experiment und Messung immer geübt worden, Mathematik und Mechanik hatten sich seit Newton und Leibniz reich entfaltet, ein Gebiet der Natur nach dem andern hatte sich dem forschenden Geiste erschlossen. Die Ausbildung der höheren Mathematik durch die Baseler Gelehrten — Leonhard Euler und die Familie Bernoulli — bot die Grundlage für die Vollendung der theoretischen Astronomie durch Laplace, für die Begründung der analytischen Mechanik durch Lagrange, für die großen Entdeckungen Aragos auf dem Gebiete der Optik und der Physik des Himmels. Auch Augustin Fresnel gehört in diese Reihe. Er hat in den Jahren nach 1815 seine unvergänglichen Untersuchungen über die Beugung des Lichtes angestellt und dabei als erster gesicherte Kenntnis gegeben, daß der Äther Wellen machen oder tragen kann. Ferner ist Joseph Fourier hier zu nennen, der 1822 das Gesetz für die Ausstrahlung der Wärme formulierte und durch das Thermometer das Vorhandensein einer von der Sonne unabhängigen Hitze im Innern der Erde bewies; da er aber zugleich auch zeigte, daß der Einfluß, den diese ursprüngliche Wärme auf die Temperatur an der Erdoberfläche ausübt, gleich null ist, konnte er das alte Märchen widerlegen, daß die Abkühlung der Erde schließlich alles Leben auf der Erde unmöglich machen werde.

Beobachtung und Experiment waren die Führer für Galvani und Volta, als sie die neue Welt der elektrischen Ströme entdeckten. Was wäre wohl, so hat man nachher noch oft sich gefragt, der Gang der Dinge gewesen, hätte im Jahre 1786 jenes Geländer auf dem flachen Dache von Galvanis Wohnung in Bologna statt aus Eisen aus Holz oder Stein bestanden? Aber für Volta wenigstens gilt, daß keine seiner Entdeckungen ein Geschenk des Zufalls gewesen ist. Alle Instrumente, mit denen er die Wissenschaft bereichert hat, waren im Prinzip in seinem Geiste vollendet, bevor ein Handwerker an ihrer materiellen Ausführung arbeitete. Die Voltasche Säule vom Jahre 1800 zerstörte nicht nur Galvanis Vorstellung von der tierischen Elektrizität, die Lehre von dem physiologischen Ursprung der galvanischen Erscheinungen; sie gab zugleich in des Menschen Hand eine Naturkraft, die von nicht geringerer Bedeutung war als die Dampfmaschine des James Watt. Aber sie war im Sinne ihres Schöpfers zuerst und vor allem ein Sieg des wissenschaftlichen Denkens, sie war gewonnen ganz nur aus dem Interesse an dem Probleme und an seiner Lösung. Von hier aus ging die Arbeit weiter zu Ampère, dem Schöpfer der Elektrodynamik, und zu den Meistern der Elektrochemie, den Engländern Davy und Faraday; schließlich hat 1820 der Däne Oersted den Elektromagnetismus gefunden.

Die Arbeiten von Davy und Faraday waren nur möglich, weil noch im 18. Jahrhundert die Wissenschaft begründet worden war, die wir heute Chemie nennen. Wilhelm Scheele, ein Apotheker in Schweden, und die Engländer Priestley und Cavendish analysierten Wasser und Luft, woran bis dahin niemand gedacht hatte, so naheliegend es auch war; sie fanden dadurch ganz neue Stoffe und konnten für alltägliche Vorgänge, wie Verbrennung und Atmung, ganz überraschende Deutungen geben. Wenn man bisher die Verbrennung zurückgeführt hatte auf einen Stoff namens Phlogiston, der in brennbaren Körpern sich befinde und beim Verbrennen entweiche, so fanden diese Gelehrten jetzt den Sauerstoff und seine Bedeutung für Verbrennung und Atmung. Durch Verwendung der Waage, durch quantitative Analyse, die bisher neben der qualitativen nur wenig geübt worden war, kamen sie zu ihren Ergebnissen. Lavoisier hat sie gekannt und benützt, als er im Jahre 1774 die neue Lehre von der Verbrennung abschließend formulierte und die Konstanz der Quantität der Materie nachwies. Er zuerst sprach den allgemeinen Satz aus, daß überall, wo eine Zunahme des Gewichtes sich zeige, auch eine Verbindung stattfinden müsse und daß das Gewicht des neu entstandenen Produktes nicht mehr und nicht weniger betrage als das der Bestandteile, woraus dasselbe sich gebildet habe. Er durfte folgern, daß demnach bei chemischen Vorgängen bezüglich des Gewichtes der dabei mitwirkenden Stoffe weder eine Neuschaffung noch eine Zerstörung stattfinde, daß vielmehr jede Zunahme an Gewicht nur durch Vereinigung, jedes Abnehmen nur durch Ausscheidung wägbarer Stoffe vor sich gehen könne. Dies war die unentbehrliche Grundlage, auf welcher die chemische Wissenschaft sich entwickeln konnte. Der Engländer Dalton hat dann im Jahre 1808 der neuen Wissenschaft die ebenso notwendige Arbeitshypothese gegeben durch seine Atomtheorie. Indem sie die Erfahrung benützte, lehrte sie, daß die chemischen Verbindungen in bestimmten, sehr einfachen Zahlenverhältnissen vor sich gehen; so lieferte sie die Erklärung für die wichtigsten Grundgesetze der Chemie und bedeutete ein erstes Vordringen des menschlichen Geistes in sinnlich nicht wahrnehmbare Einzelheiten. Zwei Jahre vorher hatte Davy die Zerlegung anorganischer Körper mit Hilfe der Voltaschen Säule gezeigt und dadurch den Weg gewiesen zur Auffindung neuer Elemente. Volta und Davy haben von allen Forschern zu Eingang des 19. Jahrhunderts am weitesten die Schranken der menschlichen Erkenntnis in unbekanntes Land vorgetragen, sie haben alles, was bis dahin für möglich gehalten wurde, weit übertroffen.

Noch viele andere Namen könnten hier angereiht werden. Es ist an Gay-Lussac zu erinnern, den genialsten unter den großen Experimentatoren, der die Chemie der Gase ausgebaut hat und — abermals im Jahre 1808 — in einer berühmten Untersuchung den Nachweis führte, daß alle Gase und Dämpfe sich bei gleichem Druck und gleicher Erwärmung gleich stark ausdehnen. Auch die Biologen — Linné, Cuvier, Lamarck — müssen wenigstens genannt werden. Es war ein Aufbruch in unermeßliches Land, ein Erfolg der Beobachtung und des planvollen Suchens. Die Franzosen und Engländer behaupteten dabei durchaus den Vorrang. Die 1666 gegründete Académie des sciences und die Royal Society von 1682 waren Mittelpunkte dieser Forschungen, dann hat die Ecole Polytechnique von 1794 den exakten Wissenschaften eine Pflegestätte geboten, zumal als Napoleon die Laboratorien reich ausstattete und mit klugem Verständnis bedeutende Gelehrte auswählte und heranzog. Aber auch an den alten Universitäten Italiens wurden die Naturwissenschaften mit Eifer gepflegt; Alessandro Volta war Professor in Pavia, bevor er sich im Alter nach der Vaterstadt Como zurückzog.

Vor allem hat auch die Medizin auf dem klassischen Boden Italiens in lebendiger Tradition geblüht und ihre Erneuerung erfahren aus dem lateinischen Geiste exakten Denkens. In Padua ist im Zeitalter der Renaissance die Anatomie geschaffen worden durch Andreas Vesal, da er 1543 sein Buch über den Bau des menschlichen Körpers schrieb und es ganz auf eigene Beobachtung, auf die Sektion menschlicher Leichen aufbaute. Er zerstörte die Autorität des Galen, indem er nachwies, daß dieser nur Tieranatomie beschreibt, niemals einen Menschen seziert hat. Was Vesal bot, war reine Naturwissenschaft, ohne praktische Absichten. Aber im gleichen Padua hat zwei Jahrhunderte später, im Zeitalter der Aufklärung, Morgagni die pathologische Anatomie begründet. Sein Werk von 1761 handelte klar und bündig von den beiden entscheidenden Problemen, vom Sitz und von den Ursachen der Krankheiten; dies war auch der Titel des Buches, das den anatomischen Gedanken in die Medizin eingeführt hat. Hier war zum ersten Mal gelehrt, die Diagnose nicht mehr nur aus den Symptomen zu stellen, sondern methodisch, auf der Grundlage eines anatomischen Studiums: so wurden nun die Symptome auf die Organveränderungen zurückgeführt. Es war der Weg gewiesen zur Organdiagnostik, der dann die Entwicklung der Chirurgie nachgefolgt ist. Die medizinische Wissenschaft hat auf diesen Gebieten im 19. und 20. Jahrhundert hohe Triumphe gefeiert, sie ist bis zur Durchleuchtung der Organe, zu einer „Anatomie am lebenden Körper" gelangt. Voraussetzung der neuen, auf den anatomischen Gedanken gegründeten Medizin war jedenfalls die klinische Unterweisung am Krankenbette. Die Wiege der modernen Klinik stand zu Anfang des 18. Jahrhunderts in der altberühmten Universität zu Leyden; zu Hermann Boerhaave, dem ältesten Kliniker, strömten die Studenten aus ganz Europa. Zu seinen Schülern gehörte neben Albrecht von Haller auch Gerhard van Swieten, der Leibarzt Maria Theresias, der Wien zu einer hohen Schule der Arzneikunst gemacht hat. Hier errichtete Joseph II. die militärchirurgische Akademie, das „Josephinum", und 1784 das Allgemeine Krankenhaus mit Gebärhaus, „Narrenturm" und Findelhaus: es ist für lange Zeit das großartigste Krankenhaus der Welt gewesen und bot den forschenden Medizinern ein unvergleichlich weites und reichhaltiges Feld der Beobachtung. In Wien hat 1761 der Spitalarzt Auenbrugger zuerst die Perkussion gelehrt als ein Mittel, um Schallphänomene hervorzurufen, die über die anatomischen und pathologischen Veränderungen im Innern der Brust Auskunft geben; als der Sohn eines Gastwirts beobachtete er die Dämpfungen wie beim Klopfen auf ein Faß, die Sektionen gaben ihm Aufklärung, nach mühevoller Forscherarbeit durch sieben Jahre hatte er die Erscheinungen enträtselt. Es war die erste Möglichkeit, pathologische Veränderungen im Innern des Menschen schon am Lebenden wahrzunehmen; es war zugleich ein neuer Triumph der Lehre Morgagnis, daß die Krankheit örtliche Sitze in den Organen habe. Schon war auch die pathologische Physiologie als Lehre von den Krankheitsvorgängen durch den Engländer John Hunter entwickelt worden; sie bekämpfte die alte ontologische Auffassung, die in der Krankheit selbständige, im Körper hausende Wesen sah.

Die Führung der neuen, auf die Anatomie gegründeten Medizin

haben schließlich die Franzosen übernommen, als die napoleonischen Fachschulen zuerst neben der Medizin auch die Chirurgie aufnahmen, den klinischen Unterricht ausbauten und die Krankheitserscheinungen mit den Mitteln der Physiologie zu analysieren lehrten. Die großen napoleonischen Ärzte stehen ebenbürtig neben den französischen Mathematikern und Physikern der Zeit. Ihr aller Meister und Lehrer war Pierre Joseph Desault, der seit 1790 die wissenschaftliche Chirurgie begründete, indem er sie mit dem anatomischen Gedanken verband und aus dem überlieferten Handwerk der Bader und Feldscherer eine auf exakte Studien gebaute Kunst machte. Sein Schüler Corvisart, dem als Leibarzt Napoleons eine glänzende Laufbahn beschieden war, hat in Paris die erste große medizinische Klinik gebaut und als genialer Lehrer und Diagnostiker gezeigt, wie das Krankheitsbild zu erkennen und darzustellen ist und wie die Sektion als Kontrolle dient. Er hat die vergessene Wiener Entdeckung der Perkussion in die Klinik eingeführt, während Laënnec 1819 die Auskultation hinzufügte, um die spontanen Geräusche der Brustorgane abzuhören. Er konstruierte zu diesem Zwecke das Hörrohr, das dann im 19. Jahrhundert der unentbehrliche Begleiter des Arztes geworden ist. Schließlich gehört in diesen Kreis der französischen Mediziner noch Franz Bichat, der in seiner „Anatomie“ von 1808 als erster lehrte, daß als Sitz der Krankheit nicht das Organ als Ganzes, sondern das Gewebe zu betrachten sei: so ist er der Begründer der modernen Histologie geworden und hat dadurch den großartigen Aufschwung der Physiologie im 19. Jahrhundert eingeleitet.

In Deutschland waren die exakten Wissenschaften weit hinter den westeuropäischen Ländern zurückgeblieben, obwohl die Philosophie der Aufklärung den Empirismus predigte, Kants Lehre den Geist vom Übersinnlichen auf fruchtbare Einzelforschung verwies und auch in Deutschland die Geographie, die Mechanik und die Astronomie die Liebhabereien des 18. Jahrhunderts gewesen sind und an ihnen die Kunst der Beobachtung sich übte. Jedoch nur an wenigen Orten ist die induktive Forschung systematisch gepflegt worden. Wir nannten Göttingen und — für das Sondergebiet der Medizin — die Wiener Schule Gerhard van Swietens. Es wurden zwar viele wissenschaftliche Akademien gegründet, aber über dilettantische Arbeiten ist man dort nur selten hinausgekommen. Doch hat die von dem Kurfürsten Karl Theodor im Jahre 1759 gestiftete kurpfälzische Akademie in Mannheim neben der historischen Klasse sogar zwei naturwissenschaftliche Klassen — eine physikalische und eine meteorologische — besessen. Die Sitzungsberichte boten besonders in Astronomie und in der Wetterkunde viele Forschungen, an die nachher die Wissenschaft anknüpfen konnte. Derselbe Kurfürst Karl Theodor hat in München den Engländer Rumford an die Spitze seines Kriegswesens berufen, und dieser hat dort im Jahre 1798 jene denkwürdigen Versuche angestellt, die ihm zeigten, daß die Rohrstücke beim Bohren sich erhitzten, was in ihm bereits die Ahnung aufdämmern ließ, daß Wärme aus Bewegung entsteht. In München wirkte seit 1805 auch der alte Samuel Thomas Sömmering, der schon auf der Höhe seiner wissenschaftlichen Arbeit, als Professor der Medizin in Kassel und Mainz, den anatomischen Gedanken gepflegt hatte. Er hat bekanntlich 1809 in München den ersten galvanischen Telegraphen gebaut, der freilich sich praktisch nicht bewährte und deshalb von Napoleon verworfen wurde mit der Bemerkung: „c'est une idée germanique". Vor allem aber hatte Berlin zu Anfang des 19. Jahrhunderts in der Pflege der Spezialwissenschaften eine gewisse Tradition. Dort befanden sich seit der friderizianischen Zeit Museen, Sammlungen, Laboratorien, die der Akademie gehörten und 1810 in den Besitz der neugegründeten Universität übergingen. An die Universität wurde gleich damals Martin Heinrich Klaproth berufen, ein Berliner Apotheker, der sich zum Meister der exakten Analyse gebildet und viele bisher unbekannte Elemente entdeckt hatte. Das preußische Kultusministerium förderte gerne die Spezialwissenschaften, wie auf historischem, so auf naturwissenschaftlichem Gebiete; in den schlimmsten Notzeiten baute der Staat 1811 für den Astronomen Bessel die Sternwarte in Königsberg.

Eine eigenartige Frucht aus dieser Frühzeit des empirischen und anatomischen Studiums in Deutschland ist die Phrenologie, die Franz Joseph Gall begründet hat. Er stammte aus Tiefenbronn, nahe bei Pforzheim, und war ein Schüler Gerhard van Swietens. Er war praktischer Arzt in Wien, aber als sein zweites Vaterland wählte er Frankreich, die Heimat des mechanistischen Denkens; sein Hauptwerk erschien seit 1810 zu Paris in französischer Sprache. Mit der Anatomie des Gehirns beschäftigt, erkannte er als erster die Beziehungen zwischen der Ausbildung des Gehirns und der des Schädels und stellte die Lehre auf, daß die verschiedenen geistigen Funktionen und Fähigkeiten an bestimmte Stellen der Hirnrinde gebunden seien: hiermit hat Gall als erster die Lokalisation der Geisteskräfte gelehrt. Aber er führte den neuen Gedanken ganz roh und primitiv durch. Er nahm für jeden einzelnen „Sinn" — den Ortssinn, den Herrschsinn, den Mordsinn, den religiösen Sinn, und wie sie alle heißen mochten — eine engbegrenzte Zone der Gehirnrinde als Sitz an und wollte an der Wölbung des Schädels ablesen, wenn in einem Individuum ein Sinn besonders stark ausgeprägt war; so schien es ihm möglich, den Charakter eines Menschen empirisch festzustellen. Er ging dabei mit induktiver Methode vor, indem er nach ganz auffallenden Beispielen bestimmter Eigentümlichkeiten suchte und also vornehmlich für Verbrecher, Wahnsinnige, genialische Menschen oder bizarre Originale sich interessierte. Er sezierte Gehirn und Schädel solcher Individuen und zog als Vergleich die Anatomie der Tiere heran, indem er feststellte, wieweit das Naturell der Tiere dem Kopfbau entspricht. So brachte er eine große Sammlung von Schädeln und Gipsabgüssen zusammen, die ihm als Material für seine Forschungen und als Modelle bei seinen öffentlichen Vorträgen dienten. Er war stolz darauf, daß er durch Beobachtung, durch Induktion für die bis dahin geltenden, ursprünglichen Seelenvermögen wie Aufmerksamkeit, Urteilskraft, Willenskraft — die nur Abstraktionen oder Geheimnisse seien — konkrete Grundlagen, nämlich die Organe des Gehirns nachwies. Aber es war eine Entartung des Empirismus, zu glauben, man habe irgend etwas erklärt, wenn man an die Stelle der Seele zahlreiche Personifikationen abstrakter Vorstellungen gesetzt hatte. Die ganze Auffassung war durchaus atomistisch, sie zerspaltete die Einheit des bisher „Individuum" genannten Charakters, sie ließ die geistige Persönlichkeit mit Notwendigkeit aus der Struktur und Zusammensetzung des Gehirns hervorgehen und ließ die eigene Kraft, die Bildung der Form durch Übung und Lebensführung, unberücksichtigt. Es ist daher begreiflich, daß sich nachher die Materialisten für die Phrenologie ganz besonders interessiert haben, während Cuvier ihr im Namen der echten Empirie entgegentrat. Gall selbst bestritt noch, daß seine Lehre den Materialismus begünstige, da in ihr nicht gesagt werde, daß die körperliche Masse des Gehirns für sich allein das Denken hervorzubringen vermöge. Gall persönlich war ein ernster, aber voreiliger und phantasieloser Geist; sein Hauptwerk — aus vier Foliobänden und dem prächtigen Atlas bestehend — zeugt von konsequenter, unermüdlicher Forschung. Als seine Leistung bleibt bestehen, daß er zuerst auf die Lokalisation verwiesen, und daß er dargelegt hat, wie zwischen der anatomischen Beschaffenheit des Gehirns und dem Charakter des Menschen eine Verbindung besteht. Die Kriminalanthropologie rechnet ihn daher zu ihren Vorläufern. Was darüber hinausgeht, waren Ergebnisse einer mechanistischen Denkart, während Gall ehrlich überzeugt war, daß seine Lehren Ergebnisse der Erfahrung seien. Die Zeitgenossen freilich stritten sich noch darüber, ob er ein ernster Forscher oder ein Scharlatan sei. Für sie waren die Vorträge in Wien und in vielen deutschen Städten eine große Sensation, auch Goethe hat daran teilgenommen. Aber die Kirche hat seine Schriften auf den Index gesetzt, und in Wien wurden die Vorträge 1802 durch kaiserliches Handschreiben verboten, „da über diese Kopflehre, von welcher mit Enthusiasmus gesprochen wird, vielleicht manche ihren eigenen Kopf verlieren dürften, diese Lehre auch auf Materialismus zu führen, mithin gegen die ersten Grundsätze der Moral und Religion zu streiten scheint".

Die Unzulänglichkeiten und Einseitigkeiten des mechanistischen Verfahrens hatten zur Folge, daß die Erfahrungswissenschaften sich in Deutschland nur langsam durchsetzten. Während die englischen Naturforscher sich der Grenzen der exaktwissenschaftlichen Methoden und der Einheit des Lebens immer bewußt geblieben sind, wovon die philosophischen Altersschriften Newtons oder Davys denkwürdige Zeugnisse geben, drohte der französische Empirismus zu einer Verachtung aller allgemeinen Gesichtspunkte, zu einer völligen Atomisierung von Wissenschaft und Leben zu führen. Zudem leistete er nur allzu leicht dem Determinismus Vorschub, indem er die Bedingtheit und die Veränderlichkeit durch äußere Einflüsse übertrieb. Niemals hatte die Versuchung aufgehört, auch den organischen Körper als Maschine aufzufassen. Nachdem man den Mechanismus der Lebewesen — den Knochenbau, den Blutkreislauf studiert und begriffen hatte, war man leicht geneigt, alles zu vergessen, was darüber hinausgeht. Schon Descartes hatte ja dem Gedanken nachgegeben, das naturwissenschaftliche Verfahren auf alle Gebiete des Daseins anzuwenden. Condorcet war gegen Ende des Jahrhunderts der kühne Logiker, der mit Hilfe der Wahrscheinlichkeitsrechnung Pascals und Fermats im Bereiche der Jurisprudenz, der moralisch-politischen Wissenschaften Gesetze aufstellte. Mancher große Naturforscher glaubte vom unbestreitbaren intellektuellen Fortschritt auf den Fortschritt der Menschheit selbst schließen zu dürfen und griff im Namen der siegenden Vernunft, im Namen der Wissenschaft die alten Ordnungen an. So war Arago in seinen politischen Ansichten ganz radikal, er schritt in Gedanken über Adel, Kirche und Mönchstum hinweg. Wir haben gesehen, wie der deutsche Geist schon seit Leibniz und Herder Gegenkräfte gegen die Grenzüberschreitungen des mechanistischen Verfahrens entwickelt hatte. Er hatte die Eigenart der moralischen Welt, der geschichtlichen und individuellen Erscheinungen herausgearbeitet und sie von der Welt der mechanischen Gesetzmäßigkeit geschieden, er hatte das Wesen des Lebens begriffen aus seiner organischen Entwicklung, er hatte die Grenzen der mechanistischen Naturerkenntnis aufgezeigt und der lebendigen Kraft, der Seele, Gott einen Platz in der Wissenschaft vorbehalten. Alle Triumphe der exakten Naturforschung konnten den deutschen Geist nicht aus seiner Position verdrängen: die letzte bewegende Kraft im Weltall war mit den Mitteln der exakten Wissenschaften nicht zu erfassen; das Leben selbst konnte niemand wissenschaftlich erklären. Die Erscheinungen des Wachstums, des Formenreichtums, des Seelenlebens entzogen sich nach wie vor mechanistischer Deutung.

Aus dieser geistigen Lage ist die deutsche Naturphilosophie erwachsen; das Wort und die ganze Lehre stammen von Schelling. Die Naturphilosophie gründete sich auf Ergebnisse der exakten Forschung. Sie war unmittelbar angeregt durch die mit Staunen vernommenen Entdeckungen Lavoisiers und Galvanis; sie ging einig mit diesen, wenn sie den Zusammenhang der Natur ins Auge faßte und die Verwandlung der irdischen Naturkräfte in die verschiedenen Erscheinungsformen beobachtete. Auch die Biologie wies in die gleiche Richtung; so hat Goethe bei seinen morphologischen Studien unablässig den Gedanken verfolgt, wie die Natur sich in tausend Formen prägt und doch immer dieselbe einheitliche Grundform ausfüllt. Die neu entdeckte Harmonie des Naturgeschehens verlangte vom denkenden Menschengeiste eine neue, einheitliche Naturerklärung. So lag der Gedanke nahe, ein „System der Natur“ zu finden, indem man die Umsetzung der Naturkräfte ineinander zu verstehen suchte. Es drängte sich die Erwägung auf, daß der Weg von der Natur zum Geiste ebensowohl möglich sein müsse wie der umgekehrte, den Fichte eingeschlagen und der in seiner naturfremden Art den Romantikern unerträglich war. Die Einheit des Naturlebens ergibt sich für Schelling aus dem Gedanken, daß alle Dinge nur Ausgestaltungen von Trieben und Kräften sind und diese zurückgehen auf die Urkraft, die von ihm so genannte Weltseele, deren lebendige Entfaltung das Universum ist. Der Gedanke des allgemeinen Zusammenhanges in der Natur, also die Gedanken der Allverbundenheit und der Weltentwicklung, sind die Grundideen der Naturphilosophie. Ihr Thema ist die belebte und beseelte Natur, die sich selbst gestaltende und organisierende Materie. Es ist bei Schelling wie schon bei Leibniz eine Stufenfolge von niederen und höheren Formen, jede einzelne

Erscheinung wird begriffen im Hinblick auf den Wert, der ihr in Bezug auf den Gesamtzweck der Natur im System des Ganzen zukommt. Denn alles Leben, auch das der unorganischen Natur, wurzelt für Schelling in dem Zweck, den Geist zu erzeugen; der Philosoph hat die Aufgabe, im Walten der Natur das leise Heraufdämmern des Geistes zu begreifen.

Von Schelling bis Schopenhauer reicht die Herrschaft dieser „Naturphilosophie". Auch Hegel gehört mit einem Teile seines Schrifttums in diese Reihe, nur daß er der Naturphilosophie eine besondere, ihm eigene Wendung gegeben hat, indem er die Natur aus dem Begriffe konstruierte. Goethe war den Naturphilosophen verwandt, aber seine naturwissenschaftlichen Kenntnisse waren tiefer und spezieller. Wie Fichte, so besaßen auch Schelling und Hegel eine theologisch-philologische Vorbildung; sie sind in den Naturwissenschaften bei aller Universalität ihres Wesens doch immer Autodidakten geblieben, dies unterscheidet sie merklich von den Schöpfern der neueren Philosophie in dem Jahrhundert von Descartes bis Kant. Überhaupt war das Wissensgut, über das die Zeit verfügte, gering angesichts der Fülle der neu aufgedeckten Probleme; so war der Weg frei für die Spekulation. Es bleibt das Verdienst Schellings, daß er am entschiedensten die Grenzen des exaktwissenschaftlichen Verfahrens gezogen und die Einheit der Natur mitten in der Vielgestaltigkeit ihrer Erscheinungen festgehalten hat: stets zum Ganzen strebend, vermochte er immer neue und unerwartete Beziehungen zu finden. Aber auch er neigte zur Grenzüberschreitung, nur daß die Annexion jetzt von der andern Seite versucht wurde, während bisher die beobachtende, die messende und wägende Forschung im Vordringen begriffen war. Schelling achtete die der exakten Wissenschaft eigene Domäne nicht, er ließ weder das induktive noch das mathematisch-analytische Verfahren gelten, die Geringschätzung Bacons und Newtons war ihm mit Goethe gemeinsam. Ihrer beider Erkenntnisweg war die Intuition, sie traten der Natur als „Schauende" gegenüber. Denn, wenn Natur und Geist identisch sind, dann kann der menschliche Geist seine eigenen Gesetze wie auch die der übrigen Natur mittelst der Anschauung erschließen. Schelling sagte: „In der Naturphilosophie finden Erklärungen so wenig statt als in der Mathematik: sie geht von den an sich gewissen Prinzipien aus, ohne alle ihr etwa durch die Erscheinungen vorgeschriebene Richtung; ihre Richtung liegt in ihr selbst, und je getreuer sie dieser bleibt, desto sicherer treten die Erscheinungen von selbst an diejenige Stelle, an welcher sie allein als notwendig angesehen werden können, und diese Stelle im System ist die einzige, die es von ihnen gibt." Schelling konnte sich zur Rechtfertigung seiner Methode später rühmen, daß er in seiner Schrift von der „Weltseele" schon 1798, also schon zehn Jahre früher als Lamarck, den Gedanken der organischen Entwicklung aller Lebewesen deduziert hatte. Aber es war nun eben doch Spekulation, die immer mehr von Beobachtung und Erforschung der Natur hinwegführte. Da er alle Formen des Seins als Teile eines Ganzen, als Erzeugnisse derselben unendlichen Kraft erfaßte, sah er die Aufgabe vor sich, verständlich zu machen, wie aus dem Absoluten ein Endliches hervorgehen kann. Es wurde sein Thema, die Geburt aller Dinge aus Gott oder dem Absoluten zu begreifen und den Abfall vom Absoluten wie die Rückkehr zu ihm darzustellen. So ließ er zuletzt alle Straßen des Rationalismus hinter sich und kam zur Mystik und zur Theosophie; seine Anhänger haben dann bis ins Einzelne die Welt ausgedeutet als Offenbarungen Gottes. Er berührte sich hierbei mit dem katholischen Philosophen Franz Baader, der die katholische Kirchenlehre im mystischen Sinne gedeutet hat. Aber Schelling ließ freilich nie die Herkunft von der Identitätsphilosophie vergessen. Wie Hegel eben deswegen die Freiheit der geschichtlichen Welt niemals ganz verstehen konnte, so Schelling aus dem gleichen Grunde nicht die Natur und ihre Äußerungen. Seine „Naturphilosophie" wurde zu einer Hemmung der exakten Wissenschaft auf deren eigenstem Gebiete; die in Deutschland noch recht schwachen Anfänge naturwissenschaftlicher Forschung drohten erstickt zu werden.

Alle Anhänger Schellings gehörten zum Kreise der Romantik. Soweit sie im Bereiche der Spekulation oder der Phantastik verblieben, sind sie heute vergessen. Unter seinen Jüngern sind Lorenz Oken und Hendrik Steffens neben dem Großmeister die bedeutendsten Repräsentanten der Naturphilosophie geworden. Oken hat wie Goethe und unabhängig von ihm die Bedeutung der Wirbelknochen für die neue, genetische Naturauffassung erkannt, als er darlegte, daß alle Schädelknochen aus verwandelten Wirbelknochen entstanden seien. Er hat in ernstem Streben die Verbindung von Spekulation und empirischer Forschung gesucht, was höchstens noch von Görres gesagt werden kann, der nicht nur auf historisch-philologischem, sondern auch auf naturwissenschaftlichem Gebiete ohne volle Beherrschung der Methode doch den Wert der Beobachtung und Erfahrung erkannt hat. Görres hatte sich in seiner Jugend an den französischen Naturforschern gebildet, er wirkte in Koblenz als Lehrer der Physik und Chemie, seine Gesamthaltung unterscheidet sich merklich von Schelling. Oken war von Herkunft Mediziner; er lehnte, abweichend von Schelling, die Beseelung der unorganischen Natur ab, er bekannte sich also zum Vitalismus, und er hat nachher die Wendung Schellings zur Theosophie nicht mitgemacht. Steffens dagegen, der Mineraloge war, hat gleich dem Meister und den ihm persönlich nahestehenden Dichtern der Romantik die Seele gerade in der unorganischen Natur finden wollen und zuletzt auch zur Theosophie sich bekehrt. Er war an Lebensjahren älter als Schelling, aber er war der erste Naturforscher, der sich ihm anschloß und sich als sein „treuester Bundesgenosse" empfand. Die Entfernung von aller Empirie wurde ein schlimmes Kennzeichen dieses Bundes, wo es neben gläubigem Enthusiasmus nicht an Paradoxien und Merkwürdigkeiten fehlte. Da die Naturphilosophen die Welt als eine Einheit begriffen, so hingen auch alle Wissenschaften für sie im Innersten zusammen: mit dem Zauberstabe der Analogie wollten sie die Geheimnisse der Natur erhellen. Auch Goethe war der Ansicht, daß die Analogie dem Forscher die Aussicht auf weit besseres Verständnis biete als die Induktion. Vorgänge der organischen und der unorganischen Natur, physiologische und geistige Vorgänge wurden miteinander verglichen, Philosophie und Theologie wurden in die Naturlehre hineingetragen, geometrische Figuren zum Vergleiche herangezogen, möglichst fernliegende Dinge untereinander zusammengebracht. Da wurden Wasser und Luft mit dem Pflanzensaft und dem Blute, die Mineralien mit der Baumrinde oder mit den Nägeln und Hörnern der Tiere verglichen. Oder es wurden Leber und Milz als zwei entgegengesetzte Pole gefaßt wie Eisen und Quecksilber und hieraus eine Theorie entwickelt von dem Nutzen des Eisens bei Milzkrankheiten, des Quecksilbers bei den Krankheiten der Leber. Dies war eine schlimme, aber verbreitete Methode.

Dennoch bleibt als Ergebnis dieser ganzen geistigen Bewegung, daß die Naturphilosophie die vitalistisch-organische Anschauung gefestigt hat und daß sie daran gewöhnte, stets den Blick auf das Ganze zu richten, das vom exakten Verfahren Zerstückelte zu binden und die Lücken zu einer Einheit zu schließen. Sie erinnerte daran, daß man noch wenig vom Leben erkannt hat, wenn man Bewegungen gemessen hat, und daß das Leben noch nicht erfaßt ist, wenn man anatomische, physiologische und psychologische, biologische und botanische, geologische und paläontologische Kenntnisse häuft. Die Naturphilosophie zeigte, wie zwischen allen Seiten des Lebens, also auch zwischen allen Wissenschaften, Beziehungen bestehen, und der Fachmann also noch kein Gelehrter ist. Während die vorkritische Geschichtschreibung heute nur noch antiquarischen und literarischen Wert besitzt, ist der naturwissenschaftliche Teil der „wissenschaftlichen Romantik“ zwar später durch den Sieg der mechanistischen Auffassung zurückgedrängt worden, jedoch nicht für immer verloren geblieben. Wenn die Natur bewußtlose Intelligenz war, dann war gewiß der Anreiz groß, den Geist in die Natur hineinzutragen, sie durch Analogien zu erklären oder das Unbewußte durch psychologische Studien bewußt zu machen. So bot die „Naturphilosophie“ Raum für manchen alten und neuen Aberglauben. Aber sie machte auch die Straße frei für alte vergessene Wahrheiten, sie brachte neue tiefe Einsichten in das Wesen des Organismus und der Seele, und ihre besten Vertreter zeigten, wie nur aus der Verbindung von theoretischem Nachdenken mit empirischer Forschung die Erkenntnis entstehen kann. Denn, so hat ein moderner Erneuerer des Vitalismus gesagt: „Philosophie ohne Naturforschung ist leer, Naturforschung ohne Philosophie ist blind.“ Die organische und universelle Auffassung des deutschen Geistes gestattete ohne Zweifel ein tieferes Eindringen in das Wesen des Lebendigen, als es durch die mechanistische Betrachtung des westeuropäischen Denkens, trotz aller Entwicklung der Sonderfächer, möglich war. Anderseits haben jedoch die Ausschreitungen der Naturphilosophie sogar den einfachen Vitalismus — die Überzeugung von der Beseeltheit der organischen Natur — in Verruf gebracht. So wurde die induktive Forschung bei dem glänzenden Aufschwung, den sie nahm, immer mehr zur mechanistischen Auffassung gedrängt und vergaß die Einsichten, die man dem Vitalismus verdankte.

Am deutlichsten zeigt dies alles die Geschichte der Medizin. Noch war zu Ende des 18. Jahrhunderts die von führenden Forschern Westeuropas mühsam gewonnene anatomische Grundlage längst nicht allgemein erkannt. Viel war durch den aufgeklärten Absolutismus für Hygiene und öffentliche Gesundheitspflege geschehen. Seit 1779 schrieb Johann Peter Frank sein „System der medizinischen Polizei“; er hatte als Beamter des Fürstbischofs in Bruchsal und dann im Reiche der Habsburger als Chef des staatlichen Medizinalwesens Gelegenheit genug, sein organisatorisches Talent zu betätigen; er trat in die Tradition der Wiener Schule ein und hat sie abgeschlossen. Auch gab es manche aufgeklärte, hilfsbereite Ärzte, in denen das milde Feuer der Philanthropie glühte und die ihre Heilmethode nicht auf dogmatische Schulsatzungen, sondern auf die eigene Überzeugung gründeten. Ernst Ludwig

Heim — der „alte Heim" — war bis in die 30er Jahre der volkstümlichste Arzt Berlins; er hatte sich in London und Paris gebildet, er war ausgezeichnet durch seinen streng empirischen Sinn, die Zeitgenossen rühmen die Schärfe und Schnelligkeit, mit welcher er die Diagnose stellte, und die Sicherheit, mit welcher er darauf den Heilungsplan gründete. Neben ihm wirkte in Berlin Christoph Wilhelm Hufeland, dessen „Makrobiotik, oder die Kunst, das Leben zu verlängern", seit 1796 erschien und bis zur Mitte des Jahrhunderts viele Auflagen in allen Sprachen erlebte. Er war ein guter Praktiker, aber wissenschaftlich und persönlich ohne Charakter. Im allgemeinen war der Stand der Arzneikunst sehr niedrig; von der neuen, auf den anatomischen Gedanken gegründeten Medizin wußte man nur in wenigen Städten. Viel Aberglauben und viele handwerksmäßig überlieferte Mißbräuche schleppten die Ärzte noch mit; noch immer galt, was Molières Lustspiel köstlich geschildert hat. Auch in der Medizin herrschte die mechanistische Auffassung des Cartesianismus, die durch Harveys Entdeckung des Blutkreislaufes im Jahre 1628 eine Stütze gefunden hatte. Die Krankheit betrachtete man als lokale Erscheinung, als Störung der mechanischen Vorgänge im Körper, als Stockung und Stauung, als Reibung an der Gefäßwand, als Folge der Vermehrung oder Verminderung des Blutes. Man verglich den Blutlauf mit einer hydraulischen Maschine, die Atmungsorgane mit einem Blasebalg, die Eingeweide mit Sieben, das Blut mit einer chemischen Mischung — kurz, diese „Iatromechaniker" oder „Iatrochemiker" suchten auch die Medizin zu einer mathematisch-mechanischen Disziplin zu machen. Die Richtung ging letzten Endes auf die Atomistik Demokrits und auf die Solidarpathologie der Alten zurück, die — je nach dem die Solida, die festen Teile der Materie, zu straff oder zu schlaff waren — mit Laxantien oder mit Adstringentien zu arbeiten gelehrt hatte.

Neben dieser materialistischen Medizin gab es aber auch noch eine universelle, humoralpathologisch orientierte Medizin, die in den Säften des Körpers — den „humores" — die Quelle der Gesundheit und der Krankheit sah, also den ganzen Körper als Einheit erfaßte und durch Beeinflussung des Blutes, der Säfte, auch des Nervensystems die Erkrankung der einzelnen Organe zu heilen hieß. Der Glaube an die starke Heilkraft der Natur stand dahinter. Sie zu steigern, war die Kunst des Arztes, die darum vornehmlich Diätetik war: der Übergang von der Nahrung zur Arznei war fließend, beide gewann man aus den Kräutern. Man nannte die Humoralpathologie darum wohl auch die „gastrische

Schule". Es war die klassische Medizin des Hippokrates, sie beruhte bei dem Griechen auf echter naturwissenschaftlicher Beobachtung und auf dem Bewußtsein, daß der menschliche Körper eine Einheit ist. Das ganze Mittelalter hindurch hatte die Humoralpathologie geherrscht, man studierte sie in den Büchern des Galen und bereicherte sie durch die Erfahrungen der Mönche und der arabischen Ärzte. Sie war dann im Laufe der Jahrhunderte verwildert, sie wurde bestritten von den Mechanisten und von zahlreichen Heilkünstlern wie Paracelsus, der die Autorität des Galen leugnete, den chemischen Charakter der Lebensvorgänge behauptete und deshalb die Kräuter durch die Chemie ergänzte, aber doch auch wieder eine innere Kraft als Motor annahm. So ist seine Lehre eigentümlich gemischt und rechnete mit mechanischen, organischen und seelischen Kräften zugleich, auch schleppte sie viel Aberglauben mit; als ruheloses Irrlicht schwankt sein Bild in der Geschichte des 16. Jahrhunderts. Nachdem die mittelalterliche Heilkunde vernichtet und andere sich widersprechende an die Stelle getreten waren, sahen sich die Ärzte ohne jede sichere Führung, sie betrieben ihr Handwerk ganz mechanisch, beschränkten sich meist, wie im „Malade imaginaire", auf Purgieren, Vomieren und Aderlassen, daneben arbeiteten die Bader und Wundärzte mit dem Messer oder zogen Haarseile unter der Haut. Da war es ein großer Fortschritt, als die Medizin auf den anatomischen Gedanken gegründet wurde. Morgagni und seine französischen Nachfolger wurzelten in der mechanistischen Denkweise, sie fanden den Sitz der Krankheiten in den Organen und dann in den Geweben, aus dieser Vorstellung gelangten sie zum Ausbau der Organdiagnostik und der zahlreichen Spezialfächer. Aber ihr Empirismus war zu grob, die Beziehung der Krankheit zum ganzen Organismus haben sie vernachlässigt, für die allgemeine Beeinflussung des kranken Menschen hatten sie kein Verständnis, Konstitution und Disposition waren ihnen mystische Begriffe. Hier hatte die alte, universelle, humoralpathologische Heilkunst eine große Aufgabe, wenn sie sich mit dem anatomischen Gedanken verband, wie dies die Wiener Schule vorbereitet hatte. Zu Beginn des 19. Jahrhunderts schienen die Aussichten günstig zu sein für Erneuerung der alten, großen Medizin; auch auf diesem Gebiete knüpfte die Romantik wieder an das Mittelalter an, um dessen verschüttete Gedanken auszugraben und auf ihnen weiterzubauen.

Seiner ganzen Art nach mußte der deutsche Geist, wie er seit Leibniz und Herder sich entwickelt hatte, in der universellen, humoralpathologischen Heilkunst etwas Verwandtes fühlen. Auch wurde er in der Ablehnung des atomistischen Denkens noch durch eine andere medizinische Richtung unterstützt, die zu allen Zeiten bekannt gewesen ist, aber im 18. Jahrhundert als Animismus besondere Bedeutung erlangte. Aus der Erkenntnis, daß sich viele Lebensäußerungen nicht auf chemisch-physikalischem Wege erklären lassen, waren grübelnde Menschen schon immer auf die Annahme von Lebensgeistern geführt worden; schon Hippokrates hatte dies gelehrt, der Neuplatonismus hatte diese Überzeugung in ein philosophisches Gewand gekleidet. Sehr verbreitet war die erst von Morgagni und den Franzosen bestrittene Auffassung, daß die Krankheit ein dem Organismus fremdartiges Wesen sei, das sich als Parasit im Körper entwickle. Rohen Dämonenglauben gab es noch immer, auch Paracelsus lehrte, daß im Körper ein Kampf der beiden Kräfte — der Lebenskraft und der Krankheit — stattfinde. Andere schilderten die Krankheit wie eine Pflanze, die entsteht, wächst und dahinwelkt. Wieder andere sprachen von Lebensgeistern und faßten sie als körperliche Substanzen wie Äther oder Spiritus. Religiöse, christliche Erwägungen führten von jeher zur Überzeugung von der Herrschaft der Seele über normale und pathologische Lebensvorgänge. So ist aus den Reihen der protestantischen Orthodoxie Georg Ernst Stahl hervorgegangen, der den Animismus vollendet hat. Er wies hin auf die Bedeutung der Leidenschaften für das Wohlbefinden, auf das Erbrechen durch psychische Eindrücke, auf die Tatsache, daß Krankheiten nach Gemütsbewegungen hervortreten. Er lehrte, daß die vernünftige Seele selbst das primum movens der Organisation, daß sie selbst der letzte und einzige Grund für organische Tätigkeit sei, daß die Seele ihren Körper nach den Gesetzen ihrer Wirksamkeit zweckmäßig baue und erhalte, und daß durch ihre organische Tätigkeit die Heilung der Krankheiten geschehe. Anatomie und Apotheke waren ihm nichts, die Heilkunde war ihm fast nur Psychotherapie; es galt, die Lebensgeister zu stärken, daß sie den Zerfall des Körpers überwinden. Stahl war zu Anfang des 18. Jahrhunderts in Halle Professor für Medizin und Chemie: er hat sowohl die Lehre von den Lebensgeistern wie die vom Phlogiston geschaffen, beide hingen geschichtlich eng zusammen. Zwar hat er als gläubiger Christ seine Lehre streng dualistisch gedacht und die Beseelung nur im Organischen gesehen: aber in der Annahme eines überall wirksamen Lebensprinzips drückte sich doch auch das allgemeine Streben aus, die Erscheinungen im Ganzen zu erfassen und sie als Auswirkungen von Kräften zu begreifen.

Ob Lavoisiers Beweis von der Gewichtskonstanz mit der Lehre vom Phlogiston auch die von der Lebenskraft widerlegt habe, wurde die große Streit- und Schicksalsfrage der modernen Wissenschaft.

Das ganze 18. Jahrhundert war erfüllt vom Glauben an materielle oder unkörperliche Lebensgeister. Auch Kant schrieb „von der Macht des Gemüts, durch den bloßen Vorsatz seiner krankhaften Gefühle Meister zu sein!" Er sprach in dieser Abhandlung von der Heilkraft der Vernunft in ihrer praktischen Bedeutung des Willens, aber er fügte hinzu, daß sie mehr diätetischer als therapeutischer Art sei: in seiner eigenen, wohlüberlegten Lebensordnung hat er dies vorgelebt. Aber das Zeitalter der Vernunft war in bezeichnendem Kontrast auch das Zeitalter der Geisterseher. Indem Voltaire den Kirchenglauben zerstörte, drängte er das Glaubensbedürfnis auf Seitenwege, zu Okkultismus und Magie; und als Kant die Grenze zwischen der erkennbaren und unerkennbaren Welt kategorisch festlegte, rief er die Gegenwirkung hervor. So kam es zu den Hochbauten der Metaphysik und zu der Vermischung der sinnlichen und übersinnlichen Dinge. Mit merkwürdiger Vorliebe wurden schon im ausgehenden 18. Jahrhundert die Nachtseiten des Seelenlebens studiert. Allmählich wurden dann die Lebensgeister abgelöst durch die „Lebenskraft", die eine wirksame Stütze erhielt, als Albrecht von Haller die Irritabilität der Muskeln und die Sensibilität der Nerven erläuterte und Galvani die tierische Elektrizität behauptete. Es gab also Vorgänge, die mit mechanischen Mitteln nicht zu erklären waren und als spezifische Eigenschaften der organischen Substanz dargestellt wurden. Wenn Haller durch Experimente eine erste zweifellose spezifische Eigenschaft organischer Gewebe feststellte, so mochte sich dieser Erkenntnis allerdings der Materialist Lamettrie ebenso ungezwungen bedienen, wie Stahl es getan hat. Und an Galvanis Versuche mit den Froschschenkeln knüpften sich die ungeheuerlichsten Erwartungen. Der Organismus schien eine Leydener Flasche zu sein, wo der positive Pol in den Nerven, der negative in den Muskeln ruht. War es dann nicht etwa gar möglich, durch Reizung von Muskeln und Nerven Tote zu erwecken? Großes Aufsehen machte auch die Lehre des schottischen Arztes John Brown, der das Leben als Erregungszustand deutete, den Gedanken der Abhängigkeit der Lebenserscheinungen von äußern Reizen zuerst klar aussprach: in der Wechselwirkung zwischen der Erregbarkeit und den äußern Reizen erklärten sich ihm die Vorgänge in den Organen, wobei ein Zuviel und Zuwenig das

Wesen der Krankheit ausmachte. Auch hier war also der Organismus als etwas Einheitliches und Ganzes begriffen, es wurde mit dem Wirken der Lebenskraft gerechnet und vornehmlich mit Blutentziehung und mit psychotherapeutischen Mitteln gearbeitet, welche die Erregung verstärkten oder verminderten. Diese Lehre wurde seit 1780 eine Modesache und gelangte bald nach Deutschland, wo die Ärzte Marcus und Röschlaub an der fürstbischöflichen Universität Bamberg eine Klinik einrichteten, die bald weltberühmt war. Dorthin kam auch Schelling, er trat mit ihnen in Verbindung und baute die Lehre in sein naturphilosophisches System ein.

Bedeutungsvoller war eine andere Richtung, mit der sich die Naturphilosophie verband und die ihre große Zeit noch vor der Französischen Revolution erlebt hatte. Es war der von Franz Anton Mesmer begründete sogenannte animalische oder tierische Magnetismus. Schon seit den Tagen des Paracelsus hatte der Magnetstein die besondere Aufmerksamkeit aller Grübler erweckt, die in den innersten Lebenszusammenhang der Natur einzudringen sich mühten; Schelling, Novalis und andere Naturphilosophen waren entzückt, hier einen unorganischen Stoff zu finden, der eine selbständige Aktivität, eine verborgene und rätselhafte Gewalt besitzt. Die Vorstellung von der Heilkraft des Magneten war schon dem Paracelsus geläufig: warum sollte dieses Metall nur Eisen und nicht auch Krankheiten aus dem Leibe ziehen! Franz Anton Mesmer, promovierter Doktor der Medizin, praktizierte in Wien und behandelte nach alter Weise gelegentlich auch durch Streichen mit dem Magnetstein. Wahrnehmung und Nachdenken führten ihn zu der Überzeugung, daß beim Kontakt die beruhigende und heilende Wirkung nicht von dem Metall ausgehe, sondern von der Hand selbst, daß also menschliche Kraft auf andere Menschen zu wirken vermöge und daß die Fähigkeiten des Wirkens und des Empfangens in den Individuen verschieden stark ausgebildet seien. Mesmer glaubte an ein physikalisch zu fassendes Fluidum, an unsichtbare, nur innerlich fühlbare Wellen und Ströme, die durch das Weltganze hindurchgehen und die er — ex analogia — magnetisch nannte. Er sprach es aus, daß zwischen allen Körpern Wechselwirkung bestehe, magische Kräfte walteten. Er wollte nicht nur ein System der Heilkunst bieten, sondern eine Weltlehre, die den innern Zusammenhang von Makrokosmos und Mikrokosmos begreiflich mache; in dieser Hinsicht entsprach er durchaus dem auf Zusammenfassung und Einheit gerichteten Sinne des Zeitalters. Mesmer lebte als wohlhabender Arzt, als Freund und

Gönner der großen Musiker in Wien. Dort gewann er durch seine Kuren eine ausgedehnte Praxis. Als ihm die Behörden lästig wurden, ging er nach Paris. Die vornehme Gesellschaft des Ancien Régime strömte in Scharen zu dem Wunderdoktor, er wurde ein reicher und gefeierter Mann, aber die wissenschaftlichen Körperschaften verwarfen seine Lehre. Er machte es ihnen freilich sehr schwer, ihn ernst zu nehmen, denn er blieb noch tief im überlieferten Aberglauben befangen. Er wirkte auf die Kranken, um sie zur „Krisis" zu treiben und so den Dämon der Krankheit zu verjagen. Er konstruierte Apparate, die „Baquets" — Kübel, die mit magnetisierten Flaschen gefüllt waren und um welche die Patienten im Kreise hockten; sie sollten die Wirkung des Magnetiseurs auf das Medium verstärken. Die gleiche Bedeutung im Rhythmus der Wellen kam der Musik zu, und auch das fremdartige, geheimnisvolle Zeremoniell im Behandlungszimmer diente der psychischen Beeinflussung. Gleich einem Magier bewegte sich der Heilkünstler unter den Patienten; auch an sittlich bedenklichen Situationen scheint es nicht gefehlt zu haben. Die Wunderkuren wurden die große Sensation der eleganten Welt kurz vor dem Ausbruch der Französischen Revolution. In den Schlössern des Adels magnetisierte man, Debatten für und wider gingen durch die Presse. Aber trotz aller Irrtümer und Irrungen bleibt es doch bestehen, daß Mesmer als der erste geschulte Arzt die Suggestion gelehrt und angewendet hat. Alle noch heute so genannte Magnetopathie geht auf ihn zurück und ebenso alle Psychotherapie, soweit sie mit suggestiven Mitteln arbeitet, sich der Hypnose, der Willensbeeinflussung, der psychischen Analyse bedient.

Die deutsche Romantik hat sich alsbald den Mesmerismus zu eigen gemacht; die vornehme Welt beschäftigte sich gerne mit den geheimen Wissenschaften, die von den okkulten Kräften handelten und den Weg in die Geisterwelt zu öffnen schienen. Aus Mesmers Lehre wurden Folgerungen gezogen, von denen er selbst noch nicht gesprochen hatte. Spiritismus und Clairvoyance wurden Mode, zahlreiche Schlafwandler und Hellseher taten sich auf, die in der Hypnose, im künstlich erregten Schlafe Fragen beantworteten, die Zukunft prophezeiten. Goethe hat in den „Wahlverwandtschaften" dem Glauben an ein Zwischenreich Aufnahme gewährt: Ottilie schauerte zusammen — Eisen oder Leichenteile barg da der Boden! Am eindrucksvollsten haben Heinrich von Kleist und E. T. A. Hoffmann die dunklen Untergründe des Seelenlebens dargestellt; eine Flut romantischer Romane und Dramen ist angefüllt mit Geschichten von Ahnungen, die bestätigt wurden, mit Gespenstern und Visionen. Es gab Giftmischerinnen, die unter dem Eindrucke des Geisterspukes zum Geständnis kamen; Zeitschriften berichteten fortlaufend über vorkommende Phänomene. Auch in die Politik und in die Medizin hat der Magnetismus eingegriffen. Der Staatskanzler Hardenberg stand in seinen alten Tagen unter dem Einfluß einer somnambulen Maitresse und eines magnetisierenden Beraters. Er hat den Freund, David Ferdinand Koreff, und einen zweiten Anhänger der Lehre Mesmers der Berliner medizinischen Fakultät aufgedrängt. Eine Preisaufgabe über die Bedeutung des Mesmerismus wurde von der Regierung gestellt, der Begründer der Lehre wurde eingeladen, selbst nach Berlin zu kommen, um Auskunft zu geben. Mesmer lebte damals als hochbetagter Mann in der Schweiz, und zuletzt ruhte er sich still und zurückgezogen in seiner Heimat am Bodensee von den Stürmen seines Lebens aus. Er lehnte ab, nach Berlin zu kommen, und so sandten die Berliner zu ihm und holten sich die letzte Niederschrift seiner Gedanken. Es steht nicht fest, ob Koreff, der promovierter Mediziner war, über die magnetische Therapie hinausgegangen und sich am Spiritismus und an den modischen Gesellschaftsspielen beteiligt hat. Er war der Sohn eines reichen jüdischen Arztes in Breslau — ein geistvoller, weltgewandter und vielgereister Mann, der in den Kreisen der romantischen Dichter gerne gesehen war und der es verstand, durch die Gunst einflußreicher Frauen an die leitenden Männer heranzukommen. Wilhelm von Humboldt, Schleiermacher, Savigny ließen sich oder ihre Angehörigen magnetisch behandeln. Die Clairvoyance aber blieb in dem aufgeklärten Berlin noch lange eine ernsthaft betriebene Angelegenheit der vornehmen, adligen Kreise.

Es gab viele Möglichkeiten, sich solcher Auffassungen zu bedienen. Neben Abenteurern und Scharlatanen, die zwischen Medizin, Politik und Journalismus sich bewegten und die es zu allen Zeiten gegeben hat, lebten ehrliche Gläubige, die den parapsychischen Erscheinungen emsig nachgingen, aber in ihren Erklärungsversuchen dem Aberglauben verfielen. So hat der romantische Dichter Justinus Kerner, seit 1819 Amtsarzt in Weinsberg, in seinem schattigen Hause am Fuße der Weibertreu die „Seherin von Prevorst“ jahrelang bei sich beherbergt, eine Frau aus dem Volke, deren somnambule und visionäre Erlebnisse er beobachtet, aufgezeichnet und als „Hereinragen einer Geisterwelt in die unsrige“ leichtgläubig gedeutet hat. Anfangs war er noch geneigt, Halluzinationen anzunehmen, dann aber erlebte er Tischrücken und geheimes Klopfen und fand manches Fernsehen bestätigt;

überall erkannte er das Walten von Gespenstern und siderischen Mächten, eine sichtbare Verbindung von Diesseits und Jenseits. Er hat durch Sammlung und Anhäufung großer Stoffmassen, durch Ausbreitung aller Vorfälle den Okkultismus zu einer empirischen Wissenschaft zu machen gesucht, um also die Existenz von Geistern greifbar darzulegen, das Jenseits erfahrungsgemäß zu erweisen. Viele sind ihm auf diesem Wege gefolgt. Sie fanden, daß die Gesichte der Schlafwachen psychologischen Wert besäßen, um in die Innerlichkeit des Menschen einzudringen; sie erwarteten die Ratschläge somnambuler Personen. Noch zu Ende der 40er Jahre sah sich Schopenhauer veranlaßt, einen „Versuch über Geistersehen" zu schreiben, worin er mit dem ihm eigenen kritischen und überlegenen Sinne das Wesen des Visionären erläuterte und im Einzelnen darlegte, daß die Vision auch von außen erregt werden kann: „die Frage ist bloß, ob auch ein Gestorbener es könne".

Für christlich denkende Menschen blieb die alte, nunmehr zu neuem Leben erwachte Auffassung, daß der von Sünden reinen, von Gott erleuchteten Seele ganz besondere Offenbarungen und Einblicke in die Ferne und Zukunft verliehen seien, und dies wurde nicht nur für die Diagnose, sondern auch zur Erlangung von Auskünften und Ratschlägen für das Leben verwendet. In diesem Sinne hat Clemens Brentano die innern Erlebnisse und Gedanken der stigmatisierten Nonne von Dülmen, Katharina Emmerich, aufgeschrieben. Auch der protestantische Pietismus hatte Sinn für die Erscheinungen, die eine Aufhebung der herkömmlichen Naturgesetze darstellen. Aber nicht nur Lavater hat von hier aus dann den Geheimwissenschaften sich genähert: der Arzt und Literat Jung-Stilling — Goethes Straßburger Studiengenosse und bekannt durch die fromme, gottergebene Selbstdarstellung seiner Jugend — ist im Alter ein Adept der Geisterkunde geworden und sprach den abgeschiedenen Seelen die Fähigkeit zu, in sinnlich wahrnehmbarer Hülle zu erscheinen. Auch Frau von Krüdener ist hier nochmals zu nennen, die durch ihre Schwärmerei und ihre Vorahnungen den Zaren Alexander aus dem Kriege für die Freiheit der Völker in das Zeitalter der Restauration hinübergeleitet hat.

Romantik und Naturphilosophie fühlten, wie durch die Beschäftigung mit den verborgenen, zwischen den Kreaturen waltenden Kräften der Zugang in ein weites, unbekanntes Land eröffnet wurde und ein Blick in die gesuchte Einheit des Lebenszusammenhanges gewährt schien. So haben zahlreiche Ärzte vom Vitalismus aus den Weg zur Glaubensheilung und zur Psychotherapie gefunden. Es erwuchs eine ganze Generation „romantischer Ärzte“. Sie alle waren zuerst und vornehmlich Praktiker, ihre bedeutendsten Vertreter waren fürstliche Hofärzte — Carus in Dresden, Ringseis in München, Windischmann in Aschaffenburg. Vor allem Ringseis hat sich als Direktor des bayrischen Medizinalwesens, als akademischer Lehrer und als Freund und Berater des Königs viele Jahrzehnte hindurch eine mächtige, einflußreiche Stelle gesichert. Keiner dieser Ärzte hielt es am Krankenbette für überflüssig, auf den erkrankten Organismus unmittelbar durch Arzneien zu wirken. Aber wie für die ganze Naturphilosophie, so gilt auch für ihre medizinische Richtung: der Beobachtungsstoff war in Deutschland noch gering, die methodischen Hilfsmittel waren armselig. Diese deutschen Ärzte haben die Anatomie nur selten gefördert, und noch lange blieben an den Universitäten der Chirurgie die vollen Fakultätsrechte versagt. Immerhin hat Ringseis in Bayern dafür gesorgt, daß die Wundärzte eine gründliche Bildung sich aneigneten. Alle diese „romantischen Ärzte“ kamen von der Humoralpathologie her und waren gewohnt, die örtliche Krankheit stets im Zusammenhang mit dem ganzen Organismus zu betrachten, also Konstitution und Disposition zu berücksichtigen. Aber sie warnten vor allzu reichem Gebrauch der Apotheke. In ihnen lebte die uralte Gewißheit, daß die Natur die Krankheiten heilt und der Arzt ihr nur beizustehen, die Hindernisse aus dem Wege zu räumen habe. So liebten sie das exspektative Verfahren und ließen die Verordnung von Arzneimitteln zurücktreten hinter hygienischen und diätetischen Ratschlägen und hinter der seelischen Einwirkung. Sie vertrauten auf die Heilkraft der Natur und der Seele, auf die persönliche Wirkung des Arztes; mit Vorliebe sprachen sie von ihrer „Heilkunst“. Denn der Arzt soll als ein echter Könner und Künstler die durch Krankheit gestörte Harmonie von Körper und Seele wiederherstellen, getreu der ursprünglichen Bedeutung des alten deutschen Wortes gesund, das den vollkommenen, ganzen Menschen bezeichnen will. Soll der Arzt diese Aufgabe erfüllen, muß er eine starke Persönlichkeit sein und eine universelle Bildung besitzen, er kann sich nicht abschließen von den andern Künsten, er ist dem Priester, dem Lehrer verwandt, er muß auch in seiner Wissenschaft alles überblicken: der universelle, alle Grenzen der Schöpfung, der Wissenschaften und der Künste überschreitende Drang der Romantik wirkt sich hier aus. Wenn die französische Medizin mit dem großen wissenschaftlichen Fortschritt, den sie brachte, zugleich auch die Erscheinung des Facharztes vorbereitete und den Chirurgen als den ersten wissenschaftlichen Spezialarzt geschaffen hat, so hielten Humoralpathologie und Naturphilosophie an dem Hausarzte fest als dem Träger der guten ärztlichen Überlieferung: ihm erwuchs im 19. Jahrhundert die Aufgabe, den ihm nahestehenden Kreis von Personen von der Jugend bis ins Alter in leiblichen und seelischen Nöten zu betreuen.

Die praktische Lebensweisheit, die diese deutsche Heilkunde aus reicher Erfahrung und aus den Anregungen des deutschen klassischen und romantischen Denkens entwickelte, hat die weiteste Verbreitung gefunden durch den Wiener Arzt und Dichter Ernst von Feuchtersleben, der im Jahre 1838 seine Fragmente „Zur Diätetik der Seele“ herausgab. Er war der Sohn eines freiherrlichen Hauses, und eine glänzende Laufbahn im Staate stand ihm offen; aber aus Neigung und aus Mitgefühl mit der leidenden Menschheit wandte sich der Jüngling den ärztlichen Studien zu. Die Tradition der Wiener Schule lebte in ihm weiter und verband sich mit dem Gedankengute Goethes und der Romantik. Wenn Kant nur Gefühle bemeistern wollte, so ging man jetzt weiter im Glauben an die Kraft der Seele und gab Anweisungen, wie der Geist das Erkranken selbst abzuwehren vermag, den gesunden Körper sich baut und erhält. Und wenn die Pädagogen des 18. Jahrhunderts durch unermüdliche Körperkultur die Schwächen des Leibes zu überwinden gelehrt hatten, so war auch dies eine Abwendung von Rousseau, wenn es jetzt hieß, daß der schwächliche Zustand, ja die Krankheiten selbst mehr im Sittlichen als im Leiblichen ihre Wurzel haben und also eine „höhere Kultur ganz anderer Art“ an die Stelle treten muß. Feuchtersleben sprach von der Kraft der Phantasie, der Einbildung, der Hoffnung, des Glaubens. Er forderte die Schulung der Energie, des Willens und Charakters. Den höchsten Wert jedoch gab er der echten, religiösen Bildung der Vernunft, die nichts zu tun hat mit jener Überfeinerung oder einseitigen Aufklärung, wo der Geist nur auf Kosten des Körpers gebildet wird: „Echte Bildung klärt uns über den Kreis auf, den wir, vermöge unserer Fähigkeiten, auszufüllen haben; sie lehrt uns unsere Kräfte erkennen, indem wir sie prüfend üben.“ Die Anweisung an den Menschen aber lautet: sich immer klar zu sein, ohne wie ein Hypochonder ängstlich auf sich achtzuhaben; die Leidenschaften zu lenken durch die Kraft des Geistes, statt ihnen nachzugeben oder der Gleichgültigkeit und der Langweile zu verfallen! Wenn Feuchtersleben also in der Harmonie des Lebens die Vollendung der göttlichen Absicht und der Diätetik der Seele sah, so holte er sich dabei Vorbilder und Beispiele aus der Welt der Griechen; aber neben diesem abgeklärten

Humanismus lebte in ihm unbewußt doch auch die Erinnerung an seine eigene katholische Jugend weiter.

Vom katholischen Standpunkte aus haben Windischmann und Ringseis den Kampf gegen die materialistische Heilkunde geführt — gegen jenen Cartesianismus, der „zur Vereinerleiung des Verschiedenartigsten und zur isolierenden Trennung des zwar Verschiedenartigen, doch Geeinten" geführt habe. Sie erstrebten eine „Restauration der Medizin" und zeichneten das Ideal der Priesterärzte von ehedem: „den Kranken werden sie die Hände auflegen, und sie werden sich wohlbefinden". Es lautete wie bei Mesmer und war doch nicht wie bei jenem materialistisch gemeint, sondern rechnete mit unstofflichen Kräften, wenn es bei Ringseis hieß, daß nur ein gläubiger Arzt zu heilen vermag, nur ein gläubiger Patient von Sünde und Krankheit erlöst werden kann. In diesem System der Medizin hatte auch die Macht des Gebetes einen Platz, denn „betend werden wir vermittelnde Zuleiter göttlicher Kräfte an den, für welchen wir beten". Ringseis erkannte den nervösen Ursprung zahlreicher Leiden, dies war ja der Krankheitscharakter der ganzen Zeit — das Unheil eines allmählich immer komplizierter, bewegter werdenden Lebens, einer intellektuellen Unmäßigkeit, in der die Einfachheit und Kraft der Triebe und Instinkte verloren zu gehen drohten. Aus solchen Erwägungen ist der von den Vorkämpfern des anatomischen Gedankens vielbelächelte Satz hervorgegangen, daß Krankheit Sünde sei: den veränderten Zeitverhältnissen mußte nach Ringseis eine veränderte Heilkunst entsprechen, die Überreizung konnte nur durch ein wohlüberlegtes Vorgehen und durch den beruhigenden Einfluß erfahrener Ärzte beseitigt werden. Dieser universellen Medizin waren die weitesten Aufgaben gestellt. Auch die Verhütung von Krankheiten lag ihr ob, und nicht nur durch Abhaltung von Schädlichkeiten, sondern auch durch Besserung der Disposition: der Arzt durfte auch an den Angelegenheiten der Erziehung, der Kirche, des Staates nicht gleichgültig vorübergehen. Wenn die öffentliche Hygiene durch Johann Peter Frank aus dem Geiste der alten universellen Medizin und mit den Mitteln des absoluten Fürstentums aufgebaut worden war, so haben diese Antriebe auch nach 1815 noch kräftig nachgewirkt. Die persönliche und dienstliche Stellung, die Ringseis in Bayern einnahm, ermöglichte ihm, seine Gedanken in die Praxis überzuführen. Doch hat er freilich die Pioniere des anatomischen Gedankens, weil sie zu viel vom französischen, mechanistischen Denken in sich trugen, lange von Bayern ferngehalten, und noch der junge Virchow hat, als er in Würzburg seine grundlegenden Untersuchungen durchführte, die Gegenwirkung des mächtigen Widersachers zu spüren bekommen.

Der empirischen, anatomischen Forschung standen unter den romantischen Ärzten am nächsten Christian Friedrich Reil und Karl Gustav Carus. Den ersteren kann man nicht der Naturphilosophie zuzählen. Seine Schrift über die Lebenskraft ist zwar die Programmschrift des Vitalismus geworden; aber sie ist schon 1795, also schon vor Schellings Auftreten, geschrieben. Reil lehnte die Naturphilosophie mit ihrer Methode der Intuition und Analogie immer ab, er war als Professor in Halle und dann in Berlin ein bedeutender Empiriker, der bahnbrechende Untersuchungen über den Bau der Nerven und des Gehirnes angestellt hat; von hier aus ist er zur Irrenheilkunde gelangt, als deren Begründer er gelten kann. Carl Gustav Carus dagegen war ein echter Zögling des deutschen idealistischen Denkens und der deutschen Romantik, ein liebenswürdiger, feinsinniger und universaler Geist, der das beste Erbe Goethes noch bewahrt und weitergebildet hat mitten in einer Zeit, da Spezialistentum und Materialismus siegreich vordrängten. Er hat sich auf den vielfältigsten Gebieten betätigt. Als Arzt und Biologe, als Meister der psychologischen Analyse, als Landschaftsmaler und Ästhetiker hat er Leistungen von dauernder Geltung hervorgebracht. Diese Vielseitigkeit war nicht das Ergebnis eines wahllosen und unbeharrlichen Geistes. Alle Betätigungen hingen aufs engste zusammen und flossen aus einem gemeinsamen geistigen Grunde. Überall — in Natur, in Geschichte, in der Kunst — sah er die Offenbarung Gottes, beobachtete sie und stellte sie dar, wie sie geworden ist und sich ausprägt in der Gestalt. Er sagt von sich: „Obwohl ich mir bewußt bin, der Erscheinung überall mit Treue und Sorgfalt nachgegangen zu sein, erachtete ich mich doch erst dann für wahrhaft befriedigt, wenn ich dem idealen, innern Grunde derselben näheres Verständnis hatte abgewinnen können." Dies war die Denkart der klassischen Zeit. Carus hat sie vornehmlich durch Goethe gewonnen, und er hat sie, wie schon erwähnt wurde, auch auf die Betrachtung des großen Dichters selbst, auf die Deutung der historischen Persönlichkeit angewendet. Im gleichen Sinne hat er alle Erscheinungen der Natur erfaßt. Er hat als echter Naturphilosoph das „Erdleben" beschrieben, die Physiognomie der Erdoberfläche zu deuten versucht, denn der Unterschied der organischen und der unorganischen Natur galt ihm nichts. Ebenso hat er auch die menschliche Gestalt studiert, und er ist dabei der Schöpfer einer neuen Wissenschaft, der Charakterkunde, geworden, die ohne die Naturphilosophie nicht denkbar ist. Einst war Lavater durch eine Art Sehergabe so tief in Eigenschaften und Gedanken seiner Nebenmenschen eingedrungen, daß es dem jungen Goethe in seiner Nähe „gewissermaßen bänglich" war; aber es fehlte dabei jede Methode und Sicherheit, jede naturwissenschaftliche Bildung und Grundlage. Dann war Gall ganz grob, materialistisch verfahren, ohne Rücksicht auf das Ganze und seine Entwicklung. Carus gab nicht Physiognomik und nicht Schädellehre, sondern eine Symbolik der menschlichen Gestalt; ganz im Sinne der neuen klassischen Ästhetik Goethes und Wilhelm von Humboldts war ihm die Gestalt ein Werdendes und Bewegliches, wo jeder Teil auf den andern und alle Teile auf das Ganze sich beziehen. Er erfaßte den Bau des Körpers als Symbol der Seele, um das Innere des Menschen aus Gestalt und Bewegung abzulesen, die menschlichen Individualitäten in ihrer Vielgestaltigkeit, ihrem Wechsel, ihrer Entwicklung zu erfassen. Er stützte sich auf gute Kenntnisse in der vergleichenden Anatomie und auf einen durch die bildende Kunst geschulten Blick für jede Eigentümlichkeit menschlicher Bildung: wie erfolgreich hatte schon Albrecht Dürer Anatomie und Kunst vereinigt, die Proportionsgesetze der menschlichen Gestalt ergründet! Messen und Zählen genügten einem Manne wie Carus nicht. Er besaß ein feines Gefühl für das Besondere und Ganze, um „divinatorisch" im eigentlichsten Sinne das Göttliche anzuschauen, das Äußere gewissermaßen durchsichtig zu machen. Er zeigte, wie die einzelnen Geistesanlagen verschieden sich entwickeln, je nachdem sie aus einer höheren oder geringeren Energie der Seele hervorgehen, und wie durch die verschiedenartige Vereinigung der Anlagen die unendliche Vielartigkeit der Charaktere und Individualitäten gebildet wird. Deshalb konnte er sich nicht mit der Messung und der äußern Betrachtung begnügen, sondern er mußte auch die durch das Leben eingegrabenen Spuren berücksichtigen und in ihrer Eigenart erfassen. So erst konnte er die seelische Bedeutung der festen Formen des Körpers und seiner Teile auffinden. Wie Gall, so hat auch Carus viele Nachfolger gehabt, die aus Wissensdrang oder zum geselligen Zeitvertreib den Charakter ablasen aus dem Gesicht, aus der Hand, aus den Proportionen der Gestalt. Auch die psychologische Bedeutung der Ausdrucksbewegungen ist seit Carus wieder erkannt und studiert worden.

Nicht anders hat dieser reiche und liebenswerte Geist auch die wissenschaftliche Psychologie behandelt. Er wollte nichts zu tun haben mit Hegel und Herbart, weil sie versuchten, „das zuletzt doch immer geheimnisvolle und mystische Gebiet der Seele mit entschiedener Gewalt durchaus vor dem bewußten Wirken des Geistes völlig zu entschleiern und in allen seinen Strahlungen nachzuweisen, so daß gleichsam das Geheimnisvolle und Unbewußte als solches ganz aufgehoben und nicht mehr geduldet werden soll". Aber anderseits hütete er sich doch auch, sich im Mystischen zu verlieren. Den Schlüssel der Erkenntnis vom Wesen des bewußten Seelenlebens sah er in der Region des Unbewußten. Hier knüpfte später die Philosophie Eduard von Hartmanns an, aber Carus hielt sich trotz aller pantheistischen Anklänge doch immer beim Christentum. Auch für die Heilkunde bedeutete es einen Fortschritt, daß hier die alte Begriffspsychologie durch eine Entwicklungslehre der Seele verdrängt wurde. Wie die andern naturphilosophischen Ärzte war auch Carus überzeugt, daß die Genesung nur vom Unbewußten ausgehen könne; auch er hielt es für verfehlt und allzu bequem, für jede Krankheit einfach ein adäquates Heilmittel bereitzuhaben, das man womöglich noch im Lexikon nachschlagen könne. Er wollte die Krankheit in ihrer Totalität erfaßt wissen, er forderte den Heilplan als ein im Großen durchdachtes und im Ganzen geschautes Kunstwerk. Die priesterliche Haltung des Arztes war auch ihm Gebot.

Wie die Heilkunst der Naturphilosophen, so ist in jener Zeit auch die Homöopathie entstanden aus dem Bestreben, die damalige Anarchie in der Medizin zu überwinden, aus der Verworrenheit der Systeme und dem Mißbrauch der Mittel zu einem einfachen und doch universellen, der Natur gemäßen Standpunkt zu gelangen. Der sächsische Arzt Samuel Hahnemann war ein ruheloser und selbständiger Geist, der die Unzuverlässigkeit all der zahllosen Kurmethoden früh erkannte und durch Nachdenken, Studien und Beobachtung nach neuer Erkenntnis strebte. Ein unstetes Wanderleben trieb ihn viele Jahre hindurch von Ort zu Ort, in zahlreichen Städten Mitteldeutschlands suchte er Fuß zu fassen und eine Praxis aufzubauen, überall kam er in erbitterte Gegnerschaft zu den Kollegen. Das Brot für die auf zehn Köpfe anwachsende Familie erwarb er sich notdürftig durch literarische Arbeiten, die Zahl seiner Schriften und Übersetzungen ist unübersehbar. Aber in diesem scheinbar so ziellosen Leben voll Kampf und Entbehrung erarbeitete er sich ein ausgebreitetes gelehrtes Wissen; unermüdlich strebte er nach vertiefter Erkenntnis und nach Wahrheit in seiner „Kunst". Sein Kampf galt der herrschenden „Schulmedizin" mit allen ihren fragwürdigen Heilweisen. Er griff die Bonzen auf den hohen Schulen und Akademien an und die Ärzte draußen auf dem Lande, die nichts konnten, als was sie von ihren Magistern gelernt hatten — also schröpfen, Brechmittel und Abführmittel geben, Haarseile einlegen oder nach berühmten Rezeptbüchern die verschiedensten Stoffe mischen, die dann der Kranke in vielen Gaben und kurzen Pausen schlucken mußte. Auch die neue anatomische Richtung war ihm zu materialistisch; sie sah nur die Organe und vernachlässigte zu sehr die Ganzheit des Organismus und die Heilkraft der Natur. Er sah in der Krankheit eine Trübung der Lebenskraft, die sich in gewissen Symptomen ausdrücke. Die bisherigen Methoden, so sagte er sich, konnten zwar gewisse derartige Symptome unterdrücken, aber sie richteten nichts gegen die gestörte Lebenskraft aus. Also galt es ihm, die Symptome genau zu studieren und mit den durch die Arznei hervorgerufenen Symptomen zu vergleichen. Der vielumstrittene berühmte Versuch mit der Chinarinde führte ihn weiter: er nahm dieses Mittel, das wegen seiner antifebrilen Wirkung bekannt war, selbst ein und fand, daß es heftiges Fieber erzeugte. Zahlreiche bestätigende Versuche folgten, und so zog er den Schluß, daß nur diejenigen Heilmittel eine Krankheit zu heilen vermögen, die, wenn vom Gesunden eingenommen, der Krankheit ähnliche Symptome hervorrufen. Sein Rezept lautete also kurz und bündig: „Wähle in jedem Krankheitsfalle eine Arznei, welche ein ähnliches Leiden (ὅμοιον πάθος) erregen kann, als sie heilen soll.“ So stellte er seine Forderung „similia similibus curentur“ gegen die alte Heilmethode, die er auf die Formel „contraria contrariis“ brachte. Er nannte seine Lehre Homöopathie im Gegensatze zu der von ihm Allöopathie getauften bisher erstrebten Heilung durch Mittel, die eine der Krankheit entgegengesetzte Wirkung haben und darum zunächst als Palliativ, als wohltuend empfunden werden: „aber nicht Linderung auf Augenblicke, sondern Heilung ist die Sache des Arztes“. Er berief sich auf alte Volksweisheit, auf die Erfahrung und Übung des täglichen Lebens — daß man bei erfrorenen Gliedmaßen Schnee und kein warmes Wasser anwende, daß der Koch bei Brandwunden seine verbrannte Hand nicht in kaltes Wasser steckt, sondern dem heißen Schein glühender Kohlen nahebringt, daß eine erhitzte Tänzerin durch ein Glas eiskalten Wassers sich Labsal für den Augenblick und dann das Verderben holen wird! Also war es ein „Holzweg“, Verstopfung durch Abführmittel, Blutwallungen durch Aderlässe, saures Aufstoßen durch Alkalien dauernd heilen zu wollen.

Hahnemann hat seine Lehre zuerst im Jahre 1796 veröffentlicht, dann in einer allmählich wachsenden Praxis ausgebildet und in den seit 1810 erschienenen Auflagen seines „Organon der rationellen Heilkunde“ zusammengefaßt: es ist das klassische Lehrbuch der Homöopathen geworden. Mehrere biologische Grundgedanken sind hier zu einem einheitlichen, praktischen System vereinigt. Es ergab sich von selbst, daß die Arzneisubstanzen künftig nicht mehr gemischt und die Arzneien nicht mehr gleichzeitig nebeneinander verwendet werden durften, und daß sie stets nur in ganz kleinen Mengen Anwendung finden konnten. Denn in großen Dosen mußte das homöopathische Mittel freilich das Übel verschlimmern, während Hahnemann beobachtet haben wollte, daß die Wirkung der Arznei durch systematische Abnahme der Konzentration gerade zunahm. So ging er mit der Verdünnung ins Hundertfache, bis zu den „Potenzierungen“: ein Tropfen oder Gramm Arzneigehalts auf 100 Tropfen oder Gramm Weingeist oder Zucker war die erste Verdünnung, dann dieses Produkt aufs neue mit 100 verdünnt usw. Er kam zu so kleinen Gaben, daß sich der Arzneigehalt kaum noch in Bruchteilen ausdrücken ließ, die eine dem menschlichen Verstande faßbare Vorstellung gegeben hätten. Er nahm an, daß mit fortschreitender Verdünnung die heilsame „Potenz“ des Mittels steige, und daß alsdann der Reiz der Arznei den Reiz der Krankheit auslöschen, neutralisieren werde; mit dem noch übrigen Reste werde die Lebenskraft dann bald fertig. Das Vertrauen auf die dynamische Wirkung der Medikamente ermöglichte ihm die Annahme, daß nicht viel, sondern wenig helfe. So trat neben den Ähnlichkeitssatz als zweiter Fundamentalsatz der Homöopathie die Gabenlehre — die Dosierung und Verdünnung des Arzneimittels und die Wirkung kleinster, hochverdünnter Gaben. Diese Mischungen waren aber von Hahnemann nicht mechanisch gedacht. Für jede Krankheit und jeden Organismus, also für jeden einzelnen Fall war etwas anderes am Platze, es konnte immer nur eine einzige, richtig ausgewählte Arznei in Betracht kommen. Die individuelle Eigenart des Kranken stets zu berücksichtigen, war also auch ihm Gebot.

Wie man sieht, ist die Homöopathie ein echtes Produkt des deutschen Geistes, ganz eingestellt auf die Totalität der Erscheinung und auf die Individualität der menschlichen Persönlichkeit. Ihr Schöpfer war zwar ein nüchterner Sachse, ein Mann der Beobachtung und Erfahrung, wie voreilig er auch oft seine Schlüsse gezogen, seine Resultate verallgemeinert haben mag; von den Naturphilosophen wollte er nichts wissen. Aber in seiner geschichtlichen Stellung gehört auch dieser Mann durchaus noch zur alten deutschen universellen Heilkunst, die von der materialistischen

Medizin des 19. Jahrhunderts dann zurückgedrängt worden ist. Er suchte die Erklärung für seine Beobachtungen in der Lebenskraft: eine rationale Erklärung des Ähnlichkeitsprinzips und der wundersamen Wirkungen der Minimaldosen war in der Tat nicht möglich. Die Heilkraft der Arznei war ihm eine „fast geistige“, Krankheit und Arzneiwirkung waren ihm dynamische Vorgänge, nicht mechanische oder seelische Veränderungen der materiellen Körpersubstanz. Er leugnete zwar nicht den Wert der Chirurgie; aber wo sie entbehrlich war, sollte sie zurücktreten. Er unterschied sich von den naturphilosophischen Ärzten durch die besondere Bedeutung, die er den Arzneimitteln zuschrieb: denn die Kraft der Natur kann auch sehr gegen die Gesundheit wüten, man kann sie nicht sich selber überlassen. Aber er war doch auch wieder jenen romantischen Ärzten verwandt, insofern er gegenüber der französischen, organologischen Methode die Bedeutung der Disposition und der individuellen Eigenart betonte, vor den üblichen großen Arzneimengen warnte und neben seinen homöopathischen Mitteln auch die diätetischen und psychotherapeutischen Maßregeln als ebenso wichtig zur Geltung brachte. Dies hat schon Goethe gesehen, als er meinte, „daß, wer auf sich selbst aufmerksam, einer angemessenen Diät nachlebt, bereits jener Methode sich unbewußt annähert“. Hahnemann ist in seinen zahllosen Schriften immer wieder auf die Frage der Hygiene, der privaten und öffentlichen Gesundheitspflege zurückgekommen, er hat die Aufklärung der Mütter, der Pädagogen, der Jugend gefordert und in seinen Lebensvorschriften der Ehe einen bevorzugten Platz eingeräumt. Dies alles waren unverlierbare Gedanken der ganzen romantischen Heilkunst; auch Hahnemann pflegte von seiner „Kunst“ zu sprechen.

Wenn jedoch Lehre und Praxis Hahnemanns ganz anders als die irgend eines zeitgenössischen Arztes sofort einen heftigen und geschlossenen Widerstand der Schulmedizin hervorriefen und für mehr als ein Jahrhundert zu einer regelrechten Absplitterung und Sektenbildung geführt haben, so lag dies vornehmlich an der Persönlichkeit des Begründers. Von Jugend auf durch Entbehrungen und durch den Kampf mit des Lebens Notdurft belastet, streitsüchtig und rechthaberisch und voll unerschöpflicher Energie — so führte Hahnemann seine Sache mit äußerster Erbitterung und Zähigkeit und mit einer persönlichen Schärfe in Ton und Haltung, die selbst für jenes an wissenschaftliche Kontroversen und ihre gehässige Austragung gewöhntes Zeitalter erstaunlich war. Die Ärzte hätten vielleicht auf das Arzneimischen allmählich verzichtet, wenn Hahnemann in seinem Kampfe gegen jahrtausendalte Mißbräuche wie das Aderlassen nicht allzu hitzig gewesen wäre, und die Apotheker hätten sich zufrieden gegeben, wenn der Neuerer ihre Privilegien berücksichtigt und nicht so unentwegt auf dem Selbstdispensieren der Arzneien beharrt hätte. Hahnemann traute den Apothekern nicht die Genauigkeit und Zuverlässigkeit zu, die er als notwendige Voraussetzung für die Wirksamkeit seiner homöopathischen Verdünnungen ansah. Aber er verschmähte es auch, einen Ausweg zu suchen, etwa die Arzneien zwar herzustellen, aber den Verkauf den Apothekern zu überlassen. Er versteifte sich auf den Rechtsstandpunkt, daß sich die alten Privilegien nur auf die Herstellung der zusammengesetzten Arzneien bezögen, er selbst aber eine ganz neue, noch nie dagewesene Heilkunst ausübe, die nur Simplicia verwendet. So mußte er stets gerichtliche Verfolgung durch die Apotheker wegen der Herstellung der Arzneimittel gewärtigen, und die Ärzte zogen ihn bei ungünstigem Ausgang einer Behandlung vor Gericht wegen Unterlassung der lebensrettenden Aderlässe. Dieser geborene Zunftbrecher hielt sich in keiner Weise an die ungeschriebenen Gesetze des Standes, ließ sich bar in der Sprechstunde bezahlen, machte Reklame und probierte die Arzneimittel an sich, seinen Kindern und Jüngern aus: auf der Arzneiprüfung am Gesunden beruhte ja diese ganze neue Therapeutik. Dieser Mann war ohne Zweifel eine schwierige, unausgeglichene Persönlichkeit, ein zweiter Paracelsus. Als er, 56jährig, seine Habilitation an der Universität Leipzig durchgesetzt hatte, wurde er bei der weltfremden Unsicherheit seines Auftretens und bei der Maßlosigkeit seiner Polemik auf dem Katheder bald zum Gespött der Studenten. Und von der Unzuverlässigkeit seiner Natur zeugt noch sein Ende. Im Alter von 80 Jahren, längst Großvater, vermählte er sich mit einer jungen Pariserin, die er wenige Wochen vorher in der Sprechstunde kennen gelernt hatte, und beschloß ein langes, in deutschen Kleinstädten zugebrachtes Leben der Entsagung mit einer glanzvollen, aber ihm aufgedrängten Rolle in der Weltstadt, wo er 1843 fast 90jährig und als ein reicher Mann gestorben ist.

Wenn die offizielle Wissenschaft den Mann und seine Lehre verfemte und sich nicht einmal auf Diskussion einließ, die Sache a limine abwies, so spielte dabei auch die Scheu vor der enormen Gelehrsamkeit des Gegners eine Rolle und der Brotneid auf seine schließlichen Erfolge. In Leipzig hatte Hahnemann einige Jünger gewonnen, und großes Aufsehen hatte es hier gemacht, als Fürst Schwarzenberg, den die Welt den Sieger in der Leipziger Schlacht nannte, gelähmt und durch übermäßigen Alkoholgenuß dem Tode nahe, eigens nach Leipzig gereist war, um sich in Hahnemanns Behandlung zu begeben; als der Fürst dann doch starb, knüpften sich für den Arzt die unangenehmsten Erörterungen an. Seit Hahnemann dann durch die Gunst des Herzogs von Anhalt in Köthen Wohnsitz und Dispensierrecht erhalten hatte, kamen dorthin immer häufiger die Kranken aus aller Welt, und es waren gerade die obersten Gesellschaftsschichten, adelige und fürstliche Kreise. Es mußte ja Aufsehen machen, daß die winzig kleinen Kügelchen mehr helfen sollten als ganze Löffel Medizin, und im übrigen begrüßte das Publikum naturgemäß den Abfall von der gewaltsamen und gefürchteten alten Methode. Je deutlicher es aber dem Meister und seinen Jüngern wurde, daß die offizielle Wissenschaft die neue Lehre totschweigen oder verhöhnen oder gerichtlich verfolgen wollte, aber nicht sich darauf einließ, sie zu widerlegen, desto enger und inniger wurde der Zusammenschluß. Es entstand eine Sekte, eine „verkappte Religion"; wie eine verfolgte Religionsgemeinde hielten die Freunde und Schüler — meist promovierte Ärzte — eng zusammen und fühlten sich mit ihrem Oberhaupte verbunden als Hüter einer reinen Lehre. Sie nahmen es hin, als unwissenschaftlich verschrien zu werden, und rächten sich, indem sie eine eigene Überheblichkeit zur Schau trugen. Als aber der Meister alt und starr wurde, sich jeder Weiterentwicklung über den im „Organon" gewonnenen Standpunkt hinaus versagte und immer mehr der wunderlichen Ansichten und Übertreibungen zum besten gab, auch in der Frage der „Potenzierungen" zu keiner eindeutigen Lösung kommen konnte, da entstanden die kleinlichsten Zänkereien zwischen den „echten Schülern" und den in Leipzig sitzenden Halbhomöopathen, die nicht jedes Hilfs- und Linderungsmittel der bisherigen Medizin für schlechthin entbehrlich hielten und sich auch in der Verdünnung die Freiheit wahren wollten. Es erinnerte an Ton und Gebrauch des Zeitalters der Reformation, wenn der Meister seine verdammenden Sätze gegen die „Leipziger" schleuderte.

Diese Neigung zur medizinischen Sektenbildung war der ganzen universellen Heilkunst eigen. Es lag in ihrem Wesen, daß sie noch einmal, mitten im beginnenden Aufschwung der modernen Naturwissenschaften, ihren Jüngern das uralte Ideal des Arztes in Erinnerung brachte, das da heißt, „den Kranken ein fühlender Mensch zu sein und bei erfahrenen Ärzten in die Schule zu gehen, um ihnen ihre Kunst der Beobachtung und Einwirkung abzusehen". Kein Regel- und Rezeptbuch kann dies ersetzen, denn „jeder Krankheitsvorgang, der am Menschen abläuft, ist unter allen Umständen etwas völlig Neues, weil jeder Mensch eine Welt für sich ist". Mit diesen Sätzen hat ein universeller Kliniker der Gegenwart, Ludolf Krehl, Anschauungen formuliert, die im 19. Jahrhundert verloren zu gehen drohten und durch die unsere heutige Zeit sich wieder mit der echten und großen ärztlichen Kunst verbunden fühlt, wie sie in all den Jahrtausenden vor der neuen Entwicklung der Naturwissenschaften geübt worden ist. Neben dieser entscheidenden Tatsache bleibt es von geringer Bedeutung, welche Antizipationen im Einzelnen der Naturphilosophie verdankt werden. Sie hat die heutige Konstitutionsforschung vorbereitet, die Erkenntnis von der Wechselwirkung der Organe gefördert, die Einheit der Naturkräfte und den Entwicklungsgedanken gepredigt, den energetischen Vorstellungen sich genähert. Man wird nicht sagen dürfen, daß die alte ontologische Auffassung, indem sie in der Krankheit ein eigenes Wesen, einen sich im Körper entfaltenden Schmarotzer sah, durch die moderne Bazillenlehre bestätigt worden sei; denn hier handelt es sich um echte Parasiten. Aber unser heutiges Weltbild, das den Äther von unsichtbaren Wellen durchflutet weiß, kennt Strömungen, die Mesmer unzulänglich und unklar „magnetische" nannte. Schon im Jahre 1843 hat der schottische Arzt James Braid die hypnotischen Erscheinungen nachgewiesen, und noch heute gehen die Meinungen auseinander, ob es sich dabei um eine ausschließlich auf psychischer Beeinflussung beruhende Fernwirkung des Willens oder auch um Ausstrahlung eines Fluidums handelt. Auch die andern psychotherapeutischen Methoden, wie sie Ringseis oder Carus empfohlen haben, sind heute entwickelt worden. Abseits von diesen romantischen Ärzten und doch durch seine Ansichten über Disposition und individuelle Behandlung ihnen aufs engste verbunden steht Hahnemann, und auch er hat eine späte Nachwirkung ausgeübt, als sein Ähnlichkeitssatz und seine Gabenkleinheit bestätigt wurden durch die moderne Serum- und Immunitätstherapie: sie arbeiten mit nichts anderem als Hahnemann mit seinen Potenzen. Längst war in England die unzweifelhaft homöopathische Wirkung der Pockenimpfung bekannt, im Jahre 1796 veröffentlichte dann der englische Landarzt Eduard Jenner sein Verfahren der Kuhpockenimpfung, das er verwegen am eigenen Körper sich bestätigen ließ, und rasch bürgerte sich die Impfung ein, obwohl die Impfgegner immer wieder zum Worte sich meldeten. Die therapeutische Umwälzung des 19. Jahrhunderts hat von der unentwegten Agitation der medizinischen Sekten ihren Ausgang genommen. Verschwunden sind die Blutegel und das Laxieren, die Arzneikolben und Arzneigemische — die Gaben der verabreichten Mittel sind an Arzneigehalt kleiner und kleiner geworden, schließlich ist auch die Bedeutung des seelischen Momentes immer klarer erkannt worden.

Das Bewußtsein einer erhabenen geschichtlichen Sendung ist in den Naturphilosophen immer lebendig gewesen. Ihm verdankt die deutsche Naturforschung bis auf den heutigen Tag die äußere Zusammenfassung, die sie in der „Gesellschaft deutscher Naturforscher und Ärzte“ besitzt. Als auf Okens Betreiben im Jahre 1822 zum ersten Male in Leipzig eine Tagung stattfand und man von nun an alljährlich im Herbst eine Versammlung abhielt, da stand nach dem eigenen Bekenntnis des Gründers im Hintergrunde das tiefe Gefühl von der Einheit der Natur — und daß also auch die Wissenschaft von der Natur eine einheitliche und universale sei. Noch gab es anfangs auf den Tagungen keine Sektionen, denn die Gesellschaft hatte den Sinn, daß die Naturforscher der verschiedenen Wissenszweige miteinander in Beziehung treten, aufeinander wirken und sich miteinander verständigen sollten. Die Statuten bezeichneten denn auch die persönliche Annäherung als Hauptzweck der Gesellschaft. Mitglieder konnten nur Schriftsteller im naturwissenschaftlichen und ärztlichen Fache werden, wobei Dissertationen nicht mitzählten; alle andern Teilnehmer galten als Gäste. Die Zugehörigkeit der Medizin zu den Naturwissenschaften war durch die Gesellschaft ganz unzweifelhaft zum Ausdruck gebracht. Darüber hinaus wurde auf den ersten Tagungen das Bewußtsein laut, daß die deutschen Naturforscher und Ärzte durch ihre wissenschaftliche Art eine innere Einheit bildeten, daß sie sich berufen fühlten, eine deutsche Naturforschung und eine deutsche Medizin zu pflegen und neben der französischen Geistesart zur Geltung zu bringen. Die im religiösen und staatlichen Leben zerteilte Nation sollte nach dem Willen Okens, des „großen Revolutionärs“, wenigstens ihre wissenschaftliche Einheit besitzen, sich gleichsam in ihrer geistigen Einheit offenbaren. Dies konnte man anfangs noch nicht laut bekennen, denn die politische Polizei wachte argwöhnisch über jeder Tagung. Aber seit 1830 wurde doch langsam der Schleier gelüftet und gelegentlich das Bekenntnis gewagt, daß die Gesellschaft sich berufen fühle, in den zerstreuten Söhnen des großen Vaterlandes den Gedanken des innern Zusammenhanges zu erwecken. Die Gesellschaft war ein Mittel, den deutschen Geist zu sammeln, die nationalen Wünsche zu fördern und die politische Einheit vorzubereiten. Aus all diesen Gründen erhielt der Verein nur eine lose Form und blieb ohne festen Sitz.

Er sollte ein gelehrtes Zentrum sein, wie Frankreich ein solches in der Pariser Académie des Sciences, England in der Londoner Royal Society besaß; aber die anders gearteten Verhältnisse Deutschlands gestatteten, den gleichen Zweck bei wechselnden Tagungsorten zu verwirklichen. Indem man abwechselnd in Nord und Süd, in Ost und West sich zusammenfand, wurde die Wissenschaft freier und vielgestaltiger, und die geistige Bildung wurde weit gleichförmiger verteilt. In allem zeigte sich das Bestreben, die Wissenschaft mit dem Leben in Verbindung zu halten. Deshalb — und weil es auch deutsche Art — war auf den Tagungen der gesellschaftliche Teil von Anfang an recht ausgedehnt, so daß Alexander von Humboldt wohl spotten und Oken unwillig werden konnte über die Schmausereien und den Massenverkehr auf diesen „wissenschaftlichen Jahrmärkten" — une irruption de savants qui fait trembler! Der Betrieb ist geblieben, aber die Bindung des wissenschaftlichen Lebens an allgemeine und menschliche Ziele zerbrach allmählich vor dem Ideale der sich selbst genügenden Wissenschaft, die in die fachliche Vereinzelung drängte. Schon 1828 mußte auf der Tagung in Berlin — übrigens von Alexander von Humboldt veranlaßt — neben den Hauptsitzungen die Teilung in Sektionen eingerichtet werden, und ein Führer der emporkommenden empirischen Forschung, Johannes Müller, fand gleich damals, daß diese besondern Versammlungen die wichtigeren seien. Das Gelehrtengeschlecht starb aus, das gleich Oken scheinbar so ferne Dinge wie Naturwissenschaft und Nation zu verbinden wußte. Das Leben ist jenen Männern in jeder Hinsicht eine Einheit gewesen; dies war der große Gedanke, den sie mit Gelehrsamkeit und mit Ernst vertreten haben.

Wenn diese geschichtliche Rolle der Naturphilosophie erst spät anerkannt wurde und ihre tiefsten Ideen eine unmittelbare Nachwirkung überhaupt nicht gehabt haben, von der exakten Wissenschaft zugedeckt worden sind, so lag der Grund in den Einseitigkeiten und abstrusen Vorstellungen, mit denen jene Gedanken vermischt waren, und in der Entfernung vom exakten Arbeiten, in der sich die Naturphilosophie gefiel. „Man räsoniert zu viel und man beobachtet zu wenig", so hat Reil damals die geistesgeschichtliche Situation treffend gekennzeichnet. Der Vitalismus barg in sich die Gefahr, daß man sich mit der Annahme der alle Phänomene erklärenden Kraft begnügte und darauf verzichtete, mit Hilfe der naturwissenschaftlichen Forschung in Bau und Funktion des Körpers tiefer einzudringen. Wenn man es grundsätzlich ablehnte, chemisch-physikalische Vorgänge im Organismus anzunehmen, dann hätte dies eine schlimme Hemmung für alle naturwissenschaftlichen Disziplinen werden können. Die Naturphilosophie hatte — dank Hegels und Schellings persönlicher Macht — in alle Universitäten Eingang gefunden: auf breitester Front setzte seit den 30er Jahren der Gegenstoß ein durch die siegreich vordringenden exakten Naturwissenschaften, denen sich die letzten Überlebenden des alten Rationalismus anschlossen. Das geschichtliche Recht stand ohne Zweifel auf der Seite der exakten Forschung. Als die Cholera 1832 durch Europa wütete, zeigte sich die Ohnmacht der damaligen Ärzte gegenüber den wirklichen Problemen der Heilkunst. Während in Frankreich die exakte Wissenschaft an der Akademie und an der Ecole Polytechnique großartige Resultate erzielte, unterhielt man sich in Deutschland über den positiven und negativen Lebenspol. Frankreich hat nur einen einzigen Naturphilosophen hervorgebracht, Geoffroy Saint-Hilaire, der Goethes Sympathien besaß, als er im Jahre 1830 mit Cuvier eine berühmte Kontroverse ausfocht und dabei unterlag: erfolgreich wehrte der französische Geist den naturphilosophischen Einbruch ab. Wenn das deutsche geschichtliche Denken, wie wir gesehen haben, die Weltstellung der deutschen Wissenschaft begründet hat, so blieb Deutschland auf naturwissenschaftlichem Gebiet weit hinter Westeuropa zurück. Es war immer noch wie im 18. Jahrhundert, da Deutschland seine begabten Söhne an die Fremde abgab: die Geschwister Herschel kamen als Autodidakte nach England, sie setzten dort den Ruhm der englischen Astronomie fort, und Cuvier war Karlsschüler gewesen, bevor er nach Frankreich ging.

Einen Weltruf besaß nur die Bergakademie in Freiberg, wo Abraham Werner die Mineralogie als Erfahrungswissenschaft recht eigentlich erst begründet hat, seinen romantischen Schülern — wie Novalis, Steffens, Baader — Stoff zum Träumen und Spekulieren lieferte und die ganze Welt, auch Goethe, in den Bann des Neptunismus schlug, aus dem sie sich nur mühsam befreit hat: was gab es auch Schöneres für die Spekulation, als daß sich alles aus der „Lebensfeuchte" gebildet habe! Aber die fremden Studenten ließen ihm seine Theorie und lernten von ihm, was man beim Studium der Erdformationen zu beobachten habe. Im übrigen hat das Ausland nur einzelne deutsche Sondererscheinungen bei sich aufgenommen. Hufelands „Makrobiotik" ist in alle Sprachen übersetzt worden, der Mesmerismus hatte in Paris durch die Verbreitung der Schriften E. T. A. Hoffmanns ein langes und sensationelles Nachleben, das Schädelmessen nach Gall blieb dauernd ein beliebtes Gesellschaftsspiel, und nur Hahnemanns Wirkung in der angelsächsischen Welt war ein echter Triumph der deutschen Eigenart und sicherte dem seltsamen Manne in Nordamerika einen Erfolg, wie er ihm im alten Europa nie beschieden war. Schon im Jahre 1835 gründeten junge deutsche Anhänger in der Nähe von Philadelphia die erste homöopathische Lehranstalt, woraus sich seit 1848 das Hahnemann-College in Philadelphia mit seinen Krankenhäusern und seiner Poliklinik als die bedeutendste homöopathische Anstalt der Welt entwickelt hat. Der Schöpfer der Homöopathie gehört zu den wenigen Europäern, denen in der Bundeshauptstadt Washington ein öffentliches Denkmal gesetzt worden ist.

Die Franzosen waren in der exakten Forschung weit voraus. So wurde der Aufbruch gegen die Naturphilosophie eine Sache des Cartesianismus, alle eigentümlichen Gedanken des deutschen Geistes wurden mit der Systemsucht und dem Sektenwesen zugleich verworfen, bald war der Kerl, der spekuliert, das schlimmste Schreckbild. Die Naturwissenschaften haben den Mißbrauch, den die Philosophie mit ihnen getrieben hatte, ein Jahrhundert lang nicht vergessen und mit unüberwindlicher Abneigung bezahlt; so hat die Naturphilosophie der nachfolgenden Verachtung des spekulativen Denkens und dem Materialismus vorgearbeitet. Aber es war auch zugleich eine Kapitulation des deutschen Geistes vor der westeuropäischen mechanistischen Denkart, die sich schon bald in Deutschland selbst übertroffen sah. Der Weg vom Abstrakten zum Konkreten, aus der Spekulation zur Erfahrungswissenschaft führte je länger je mehr zu einem Kultus des Einzelnen, zu einem Verzicht auf Deutung und Überblick. Die deutsche Geschichte des 19. Jahrhunderts hat zu berichten, wie die Loslösung aus der Spekulation und der großartige Ausbau der Spezialwissenschaften sich vollzogen haben, wie aber gleichzeitig auch die universale und humane Denkart darüber verloren gegangen ist. Was in der Geschichtswissenschaft die kritische Methode ist, das wurde in den Naturwissenschaften das Experiment; der universale Zusammenhang ging unter in der Fülle der neuen Erscheinungen. Spät, aber dann mit raschen und großartigen Erfolgen, ist Deutschland zur Führung in den exakten Naturwissenschaften und an die erste Stelle im wissenschaftlichen Wettlauf der Völker gelangt.

Auf dieser weltgeschichtlichen Wende vom Universalismus zur empirischen Forschung steht in einsamer Größe Alexander von

Humboldt. Er hat sich in seiner Jugend aus der Naturphilosophie gelöst und die echte, experimentelle, messende, wägende und berechnende Naturforschung als erster Deutscher in großen Ausmaßen und auf den verschiedensten wissenschaftlichen Sondergebieten gepflegt. Aber die Herkunft aus der dichterischen und philosophischen Epoche Deutschlands blieb ihm unverloren. Immer strebte er vom Einzelnen zu einer „denkenden Betrachtung der durch Empirie gegebenen Erscheinungen als eines Naturganzen". Wie kein anderer war er für diese Doppelstellung zwischen zwei Weltaltern geschaffen; er besaß den scharfen, analysierenden Geist und zugleich die großartige Fähigkeit der Kombination. Als er im neunten Jahrzehnte seines reichen Lebens das gewaltige Unternehmen einer Weltphysik, seinen „Kosmos", abschloß, da nahm die Wissenschaft das Werk mit respektvollem Anstand gleich einem Dokument aus vergangenen Tagen entgegen: die Diadochen hatten sich längst in das ehedem einheitliche Reich geteilt, die Einzelforschung war so fruchtbar und vielseitig geworden, daß jeder Versuch, die „Welterscheinungen als ein Naturganzes aufzufassen", abseits von allen Interessen und Möglichkeiten lag. Gewiß, die schöpferische Kraft war erloschen, als der greise Fürst aller Wissenschaften „am späten Abend seines vielbewegten Lebens" es unternahm, vom hohen Standpunkte aus, wie er nur dem erfahrenen Alter möglich ist, — gleichsam vom Gipfel menschlichen Daseins — ein großes Panorama der Natur künstlerisch zusammenzubilden. Aber in dem ergreifenden Vorwort, das er als Bekenntnis und Rückschau dem „Kosmos" vorangestellt hat, konnte der Autor von sich sagen, daß ihm das Bild des Werkes „in unbestimmten Umrissen fast ein halbes Jahrhundert lang vor der Seele schwebte". Die Idee einer Weltphysik hatte nur erwachsen können aus einem Boden, der auch das Christentum, den Humanismus, die Französische Revolution, die Naturphilosophie getragen hatte. In allen diesen geistigen Bewegungen, so verschieden sie auch nach Tendenz und Haltung waren, lebte der ewig menschliche Drang nach dem Universalen: erst im 19. Jahrhundert ist er schwach und unsicher geworden. So konnte allerdings Humboldt in dem späten Stadium der abendländischen Entwicklung, dem er angehörte, es mit der ihm eigenen Skepsis selbst einen „tollen Einfall" nennen, „die ganze materielle Welt, alles was wir heute von den Erscheinungen der Himmelsräume und des Erdenlebens, von den Nebelsternen bis zur Geographie der Moose auf den Granitfelsen wissen, alles in einem Werke darzustellen, und in einem Werke, das zugleich in lebendiger Sprache anregt und das Gemüt ergötzt", —

und das auch die Geschichte des Wissens von diesen Dingen gibt, also ein großes Kapitel aus der Geistesgeschichte der Menschheit gestaltet. Aber anderseits war das Werk doch auch wieder ein Erzeugnis des 19. Jahrhunderts, insofern es sich beschränkte auf die Erscheinungen und durchaus auf Empirie und Induktion beruhte.

Auch Alexander von Humboldt war Zögling der Bergakademie von Freiberg gewesen und durch die Naturphilosophie hindurchgegangen, aber er hatte zugleich auch in Göttingen die strengen Methoden des Naturforschers zu handhaben gelernt. Dem Göttinger Lehrer durfte er schreiben: „Ich habe die Tatsachen stets von meinen Vermutungen getrennt." Weniger reich und schöpferisch als sein Bruder Wilhelm, hat er doch ganz anders als dieser dem Empirismus sich ergeben und es entschieden abgelehnt, historische Ideen oder physiologische Lebenskräfte als erwiesen anzunehmen. Die Gesamtanschauung, die er suchte, sollte durchaus und ausschließlich eine empirische sein. Er hat in Goethe immer den großen Naturforscher und vor allem den großen Naturschilderer verehrt, aber Anschauung und Intuition genügten ihm nicht. Der alles verstehende Dichter hat immer Bewunderung bewahrt für diesen „Brunnen mit vielen Röhren, wo man überall nur Gefäße unterzuhalten braucht und wo es uns immer erquicklich und unerschöpflich entgegenströmt". Schiller dagegen, der dem Bruder Wilhelm ein so warmer Freund war, hat seiner Abneigung gegen den jungen Naturforscher schärfsten Ausdruck verliehen: „Es ist der nackte, schneidende Verstand, der die Natur, die immer unfaßlich und in allen ihren Punkten ehrwürdig und unergründlich ist, schamlos ausgemessen haben will und mit einer Frechheit, die ich nicht begreife, seine Formeln, die oft nur leere Worte und immer nur enge Begriffe sind, zu ihrem Maßstabe macht. Kurz, mir scheint er für seinen Gegenstand ein viel zu grobes Organ, und dabei ein viel zu beschränkter Verstandesmensch zu sein. Er hat keine Einbildungskraft, und so fehlt ihm nach meinem Urteil das notwendige Vermögen zu seiner Wissenschaft, denn die Natur muß angeschaut und empfunden werden in ihren einzelnsten Erscheinungen wie in ihren höchsten Gesetzen." So leidenschaftlich war die Ablehnung, die das exaktwissenschaftliche Verfahren anfangs in Deutschland erlebte. Man erkannte die drohenden Einseitigkeiten, aber es war Humboldts Lebensschicksal, daß er zwei sich ablösende Zeitalter in sich vereinte und darum von zwei Seiten angegriffen wurde: die Philosophen und Dichter haben ihm sein exaktes Verfahren zum Vorwurfe gemacht, die emporkommende Arbeitsteilung hat ihm seine universalen Tendenzen verübelt. Er hat die Naturphilosophie verworfen, weil sie auch ohne Erfahrung, durch das reine Denken, aus der Idee des Absoluten die Resultate gewinnen wollte, aber er schätzte an ihr doch auch die Überwindung der Atomistik, und von Schelling hat er zu den verschiedensten Zeiten nicht anders als mit Achtung gesprochen. Die Naturphilosophie, hat er gesagt, „führt das Entdeckte auf Prinzipien zurück, wie sie zugleich neue Entdeckungen begründet". So rühmte er „das edle Bestreben, das Beobachtete zu verknüpfen, das Empirische durch Ideen zu beherrschen".

Humboldt hat, wie gesagt, als erster Deutscher die empirische Forschung im großen Stile gepflegt, aber er war sich zugleich bewußt, daß sie ohne Theorie und Prinzipien niemals zu umfassenden Ergebnissen gelangen kann. In diesem Sinne hat er seine vielbewunderte fünfjährige Reise durch Zentralamerika von 1799 bis 1804 durchgeführt und dann den Ertrag verarbeitet. Er sammelte Tatsachen und fand durch sie die großen Zusammenhänge. Es war Zufall, daß er die längst geplante Reise gerade in jenes riesige Gebiet Neuspanien machen konnte, aber sein Genius führte ihn in ein Land, wo die Natur ihre Erscheinungen und Erzeugnisse am mannigfaltigsten der vergleichenden Wissenschaft darbot. So gelangen seinem universalen Geiste auf den verschiedensten Wissensgebieten wertvolle Entdeckungen. Die Meteorologie nennt ihn den Schöpfer der Isothermen, da er zuerst auf den Karten die Orte mit gleicher mittlerer Jahrestemperatur durch Linien verbunden hat. Als Physiker hat er die ungleiche Verteilung der magnetischen Erdkraft festgestellt, als Geologe das Märchen vom „Neptunismus" beseitigt und den Bau der Vulkane erklärt. Mit Hilfe des Barometers hat er Höhenmessungen vorgenommen, die Höhenquerschnitte aufzuzeichnen gelehrt. Er hat zum Staunen der Welt den Chimborazzo bestiegen; alle Einheimischen weigerten die Begleitung, aber der weiße Mann schritt durch Nebel und Schnee empor unter furchtbaren Entbehrungen. Der wissenschaftliche Ertrag hörte über der Schneegrenze auf, und den Gipfel hat der kühne Forscher nicht bezwungen — aber ein Menschenalter lang war Humboldt der Mann, der am höchsten in der Welt gestiegen war. Das Flußsystem des Orinoko hat dieser Reisende zuerst aufgeklärt, durch tiefsten Urwald gelangte er an den Amazonenstrom und hat so erwiesen, daß beide gewaltige Ströme zusammenhängen. Die originalsten Leistungen Humboldts liegen auf dem Gebiete der Pflanzengeographie. Er zuerst hat darauf aufmerksam gemacht, daß der Wechsel der Eindrücke nicht von der Gestaltung der Erdoberfläche herrührt — weil die gleichen

Felsarten überall wiederkehren und also überall die nämlichen Umrisse zeigen —, sondern daß das Gefühl der Fremdartigkeit beim Betreten entlegener Welten nur dadurch entsteht, daß sich die Pflanzenbekleidung des Bodens und mit ihr die vorhandenen Tier- und Menschengestalten ändern. Zugleich ist Humboldt auch den physischen Bedingungen der Vegetation nachgegangen, wie sie abhängig ist nicht nur von Höhengrenzen und Klima, sondern auch von der plastischen Bildung des Reliefs. Und diese Ergebnisse trug er vor in einer Zeit, als sich in der Botanik eine gewaltige Wendung vollzog, Linné veraltete und der Entwicklungsgedanke sich durchsetzte: da brachte dieser Weltreisende ein riesiges Herbarium zusammen — 5000 neue Species, während bis dahin überhaupt nur 8000 bekannt gewesen waren. Nicht minder großartig war die Sammlung der Schmetterlinge.

Auch Völkerkunde und die geschichtliche Entwicklung der Rassen, der versunkenen Kulturen und Staaten haben ihn beschäftigt. Er hat nach den Überresten der Inka-Kultur gegraben und sogar die ihr vorausgegangene Urbevölkerung festgestellt — Indianer, die von den Inkas unterworfen worden sind. Er hat Nachrichten aus dem Zeitalter der Entdeckungen zusammengebracht, die Kolonialgeschichte durchforscht, mit Hilfe statistischer Listen Schlüsse gezogen auf Wesen und Aufbau des neuspanischen Reiches, das in seiner ganzen riesigen Ausdehnung jedem Fremden bis dahin verschlossen war und in das er als erster Forschungsreisender hatte eindringen dürfen. Mit Umsicht und durch Überwindung zahlloser Schwierigkeiten und Lebensgefahren hat dieser einzelne deutsche Gelehrte, ganz auf eigene Kosten, ohne Staat und Akademien, nur begleitet von seinem Getreuen Bonpland, die gewaltigen Mengen von Pflanzen, Tieren und Steinen, von Statuen und Münzen, Federschmuck und Waffen, von endlosen Zahlen und Notizen gesammelt, bald im Urwald, bald auf den kahlen Höhen der Cordilleren, bald in den Archiven der Gouverneure, — eine Unsumme von Tatsachen, alles Bausteine für eine neue, empirische und doch universale Wissenschaft. Diesen gewaltigen Schatz hat der glückliche Sammler nach Paris gebracht und hier in jahrzehntelanger Arbeit zu dem großen Gemälde gerundet, das ihm beim Antritt der Reise vorschwebte. Jahr auf Jahr folgten sich seit 1811 die prächtigen Bände des amerikanischen Reisewerkes. Es war gewiß kein Zufall, wenn Humboldt gerade in Paris und in französischer Sprache das Werk ausgearbeitet und herausgegeben hat: hier standen ihm nicht nur die größten Bibliotheken und Sammlungen, die besten Künstler und Drucker zur Verfügung, sondern hier fand er auch in den Naturforschern der Akademie und der Ecole Polytechnique die Anregung, die Unterstützung und die urteilsfähigen Leser, die er brauchte. Einem Manne wie Arago fühlte er sich persönlich verwandt, mit Gay-Lussac hat er die berühmten Untersuchungen über die Eigenschaften der Luft und des Wassers durchgeführt. Er war der Erbe eines kosmopolitisch gestimmten Zeitalters und kannte die Grenzen der Nationen nicht: als längst der Geist des 19. Jahrhunderts seine Schranken aufgezogen hatte und Humboldt selbst auf Wunsch seines Königs die Weltstadt an der Seine mit dem engen Berlin vertauschen mußte, da blieb er auch an dem preußischen Hofe der Mann, der „den goldnen Schlüssel des Kammerherrn an der Seite, aber die Ideen von 1789 im Herzen trug". Indessen, wie sehr auch dieser universale Gelehrte von dem alle Grenzen der Völker niederlegenden Wesen der echten Wissenschaft überzeugt war, so war er sich doch bewußt, daß er selbst es der in ihm mächtig nachwirkenden Überlieferung des deutschen Geistes verdankte, wenn er nicht im westeuropäischen Empirismus versandete. Keiner vor ihm hatte so viel Mühe, Zeit und Kosten aufgewendet, um Tatsachen aufzuhäufen, keiner hatte so enorme Sammlungen angelegt. Aber die einzelnen Ergebnisse der Reise — so wertvoll sie auch sein mochten — waren ihm nur Mittel, um die gesamte Natur zu begreifen in der gegenseitigen Beziehung ihrer Erscheinungen. Dem deutschen Geiste entstammte der Trieb nach Erkenntnis alles dessen, „was die Welt im Innersten zusammenhält, wie alles sich zum Ganzen webt, eins in dem andern wirkt und lebt".

Was den deutschen Geist auf dieses Ziel geführt hatte, war der wissenschaftliche Drang zur Einheit, aber auch das ästhetische Bedürfnis nach einem Bilde von der Harmonie des Ganzen. Humboldt war der Meinung, daß die Naturforschung auch diese Aufgabe übernehmen müsse und sie nicht der Kunst oder der Philosophie überlassen dürfe: so stark wurzelte er noch in der literarischen Kultur der klassischen Zeit, der Einfluß Goethes ist in ihm immer lebendig geblieben. Auch ihm kam es darauf an, das Zusammenwirken der Kräfte zu erfassen und alle Formen und Erscheinungen zu einem Ganzen zu binden: aus dem Vielerlei des Beobachteten und Gesammelten erwuchs ihm die Einheit der Natur, die anschaulich zu machen die Sache des Forschers und Schriftstellers ist. Auf vielen Gebieten berührte er sich dabei mit Karl Ritter; aber dieser war ihm nicht empirisch und nicht künstlerisch genug, auch nicht naturwissenschaftlich gerichtet in seinen Interessen. Vielmehr verehrte er als literarisches und menschliches Vorbild den vielgescholtenen Georg Forster, den Weltumsegler, an dessen Seite er einst in seiner Jugend die Reise an den Niederrhein und nach Holland gemacht und den ersten Anblick des Meeres genossen hatte, als noch keine Aussicht bestand, daß auch er dereinst wie der Gefährte Cooks die Südsee durchforschen werde. Noch auf der Sonnenhöhe des Ruhmes hat Humboldt sich zu dem unglücklichen Manne bekannt, der in den Irrungen der großen Revolution als ein Schuldiger zu Grunde gegangen war: „mein berühmter Lehrer und Freund, dessen Namen ich nie ohne das innigste Dankgefühl ausspreche". Er hat von dem großen Reisenden und Schriftsteller gelernt, durch vergleichende Betrachtung zu einer umfassenden Ansicht der Erde vorzudringen, er hat die lebensfrischen Bilder dieses Schilderers der Südsee studiert, um selbst die Pracht der Tropenwelt anschaulich zu machen, die Majestät einer völlig unberührten Natur nachempfinden zu lassen. In der bunten Vielgestaltigkeit der Naturerscheinungen hat er die Einheit der Landschaft erfaßt und auch ihre Wirkung auf den Menschen nicht vergessen: wie deutlich wird uns im Urwald die Ohnmacht des Menschen gegenüber der Natur! Nicht nur Gegenstand der Erkenntnis, sondern auch Gegenstand des Genusses ist die Natur: dies hat Humboldt immer wieder zur Geltung gebracht. Er hat neben seinem großen Reisewerke noch in deutscher Sprache einige Naturbilder als „Ansichten der Natur" geschrieben, und im „Kosmos" ist der Versuch gemacht, die gewaltige Menge der Einzelheiten künstlerisch zu formen und in gefügter Komposition zu einer Einheit zusammenzuschließen. Wenn Humboldt eine Weltstellung sich erwarb, mit wachsenden Jahren zum Repräsentanten der Wissenschaft schlechtweg geworden ist, wenn der „Kosmos" in alle Sprachen übersetzt wurde und sein Verfasser in Philadelphia und St. Louis Denkmäler erhalten hat, so galt dieses Ansehen weniger der deutschen Wissenschaft als der deutschen Literatur. Es war die ästhetische Freude an der Erscheinung eines Mannes, der die Ergebnisse weitgespannter Studien künstlerisch gestaltet hat und der letzte Überlebende war aus dem Geschlechte derer, die in sich eine ganze Akademie darstellten. Noch einmal bevor die Spezialisierung einsetzte, hat ein Gelehrter im deutschen Geistesleben eine Stellung eingenommen wie Leibniz, und es war ein echter Gelehrter, in dem die leidenschaftliche Hingabe an das Werk keine andere Liebe aufkommen ließ: bei aller Vielseitigkeit der gesellschaftlichen und wissenschaftlichen Beziehungen ist Humboldt doch als einsamer Mann durch das Leben geschritten, alles Sinnen und alle Energien galten dem Sammeln und Feststellen. Aber die Vereinigung von Empirie und Synthese ist freilich nicht restlos gelungen, von den vier Bänden des „Kosmos" sind die beiden letzten durch die Menge der Details über den Rahmen hinausgewachsen und haben die Einheit des Werkes gesprengt. Hegel war der gleichen Schwierigkeit ausgewichen, indem er die Tatsachen zurückdrängte und vergewaltigte. Er konnte dies, weil er die Metaphysik wollte; Humboldt dagegen strebte nach der empirischen Gesamtanschauung. Vor den unaufhörlich sich mehrenden Stoffmassen zerbrach der wissenschaftliche und künstlerische Universalismus, und was dem alten Manne bei entschwindender Kraft der Gestaltung mißlungen war, wagten die nachrückenden Generationen nicht nochmals zu versuchen. Die Fachgenossen fanden, daß das Opfer an Zeit, Kraft und Begabung in keinem Verhältnisse stehe zu dem Ertrag eines solchen Zwitterdinges. Denn, so sagten sie sich, auch „die vollendetste Darstellung des Vorhandenen tritt zurück gegen einen einzigen fruchtbringenden Gedanken, auf welchem in der Wissenschaft fortgebaut werden kann".

Und dies wurde nun überhaupt die große Schicksalsfrage des deutschen Geistes, ob es ihm gelingen werde, sich der in Westeuropa ausgebildeten exakten Methoden zu bemächtigen und doch dabei den ihm eigentümlichen Sinn für das Ganze zu bewahren, so daß dann vom Ganzen aus auch das Einzelne wieder klarer und tiefer erfaßt werden konnte. Wenn man schon an der Möglichkeit einer empirischen Gesamtanschauung, wie Humboldt sie noch gewollt hatte, zweifelte, dann war man nur allzu bereit, auch den Glauben an die Einheit des physischen und des seelischen Lebens überhaupt preiszugeben. Die erste Generation induktiver Forscher in Deutschland hat sich aus Paris Vorbildung oder Anregung geholt. Aber schon sie ist so entschieden den hier vorgezeichneten Weg zu Ende geschritten, daß sie an fachwissenschaftlichen Erfolgen, aber auch an radikaler Einseitigkeit ihre französischen Lehrer bald übertraf. So hat sie der deutschen Naturforschung für lange Zeit die Führung in der wissenschaftlichen Welt errungen; neben die ältere Weltstellung der deutschen Philologie trat noch die der deutschen Naturwissenschaft. Erstaunlich genug war die Wendung, daß der Cartesianismus gerade in Deutschland zu seinem letzten und gewaltsamsten Sieg gelangte und das naturwissenschaftlich-technische Zeitalter gerade durch Deutschland seinen geistigen Unterbau erhielt. In denkwürdiger Weise zeigt dies alles das Lebenswerk Justus Liebigs.

Der Darmstädter Apothekerlehrling hatte das Glück, im Alter von 19 Jahren, ausgestattet mit einem Stipendium des Landesherrn, nach Paris zu kommen. Er studierte dort seit 1822 bei den großen Physikochemikern, bei Gay-Lussac zumal, dem er dauernde Freundschaft bewahrt hat. Die strenge geistige Schulung brachte Ordnung und Zusammenhang in die Fülle der von ihm gedächtnismäßig angesammelten Einzelheiten, er wurde ein Meister in der französischen Methode der sachlichen und experimentellen Führung eines wissenschaftlichen Gedankenganges. Seine erste analytische Untersuchung durfte der junge Deutsche in der Pariser Akademie zum Vortrag bringen. Der zufällig anwesende Alexander von Humboldt wurde aufmerksam auf ihn. Liebig hat die Erinnerung an die Begegnung mit dankbaren Worten geschildert: „Unbekannt, ohne Empfehlungen, in einer Stadt, wo der Zusammenfluß so vieler Menschen aus allen Teilen der Erde das größte Hindernis ist, was einer näheren persönlichen Berührung mit den dortigen ausgezeichneten und berühmten Naturforschern und Gelehrten sich entgegenstellt, wäre ich, wie so viele andere, in dem großen Haufen unbemerkt geblieben und vielleicht untergegangen; diese Gefahr war völlig abgewendet." Humboldt hat die angesehene, unabhängige Stellung, die er besaß, in der edelsten Weise genutzt, indem er junge Talente förderte: auf seine alleinige, mächtige Fürsprache hin hat der hessische Großherzog den 24jährigen Untertanen zum Professor an der Landesuniversität in Gießen ernannt. Dort hat Liebig, gleich vollendet als Experimentalforscher wie als Lehrer, durch Jahrzehnte gewirkt, Jahr für Jahr zahllose Entdeckungen in seinen „Annalen" veröffentlicht, als erster in Deutschland ein chemisches Unterrichtslaboratorium eingerichtet, das bald der ganzen Welt die Chemiker lieferte. Er hat die Naturphilosophen verdrängt, seine Schüler die methodische Arbeit, das Experiment, die Berechnung gelehrt; aber bewußt schied er sich von dem immer mehr auf die Tatsachen sich beschränkenden Empirismus, weil er allerdings der Meinung war, daß in der wissenschaftlichen Arbeit nichts notwendiger und nichts praktischer sei als eine gute Theorie. Seine besondere Begabung war ein geniales Anschauungsgedächtnis, das ihn befähigte, bis dahin fernliegende Dinge zusammenzuschließen und in ihren Folgen zu übersehen. So kam er zu seiner Theorie von den organischen Säuren, so gelangte er zur Verbindung von Chemie und Physiologie.

Die Aufgabe war durch die bisherige Entwicklung der Naturerkenntnis gestellt: die drei großen Chemiker dieser Generation — Liebig, Wöhler und der Schwede Berzelius — sind sich der Gemeinsamkeit ihrer Lebensarbeit bewußt gewesen, wovon ihr reicher Briefwechsel Zeugnis gibt. Immer neue Stoffe wurden aus Pflanzen und Tieren entnommen und rein dargestellt, immer wieder fand man dieselben Grundstoffe, die auch aus der unbelebten Natur schon bekannt waren, immer feiner wurden die Methoden ausgebildet, um bei solcher Gleichförmigkeit die Unterschiede in der quantitativen Zusammensetzung zu finden. Berzelius zeigte, daß auch für die „organischen Verbindungen", wie man alsbald die Pflanzen- und Tierstoffe nannte, feste Mengenverhältnisse der Bestandteile im Sinne von Daltons Atomlehre gelten; Liebig fand zahllose, in immer steigender Verwickeltheit aufgebaute Stoffe, Wöhler gelang 1827 die Herstellung von Harnstoff aus den Elementen. Und wenngleich dies — wie man heute mit Recht betont — durchaus noch kein Vordringen der Chemie zum Lebendigen war, insofern Harnstoff nirgends als Träger von Leben auftritt, so war doch neben die Analyse nun auch die Synthese „organischer Verbindungen" getreten und also die „organische Chemie" begründet als die Wissenschaft von den Pflanzen- und Tierstoffen, die sich alle als Verbindungen des Kohlenstoffes erwiesen hatten. Die organische Chemie trat neben die anorganische als ihre jüngere Schwester, als eine deutsche Schöpfung.

Bei diesen weitgedehnten Forschungen am Lebenden fiel es Liebig auf, wie wenig die Menschen bisher vom Aufbau der Pflanzenkörper wußten, obwohl doch der ganze Landbau und mit ihm die ganze menschliche Zivilisation auf der Erzeugung und Ausnützung des Pflanzenkörpers beruht. Als Liebig mit dem berühmten Werke von 1840 die organische Chemie auf die Agrikultur und auf die Physiologie anwandte und so zum ersten Male ein großes Beispiel für die neue Wissenschaft der „angewandten Chemie" gab, da war ihm der Gegenstand durchaus erwachsen aus der innern Notwendigkeit der wissenschaftlichen Fragestellung. Denn der organische Chemiker begegnet bei jedem Schritt den Produkten, welche der Lebensvorgang in den Pflanzen und Tieren hervorruft. So sah sich Liebig auf die Erforschung der chemischen Vorgänge des Lebens gedrängt, und er fühlte sich berufen, mit den neu gewonnenen chemischen Einsichten in das Dunkel der Lebensvorgänge hineinzuleuchten. Aber ebenso tief war es auch in praktischen Bedürfnissen begründet, wenn mit der Agrikulturchemie nun zum ersten Male ein großer deutscher Naturforscher auf die industrielle Anwendung und Ausnützung seiner

Wissenschaft geführt wurde: das naturwissenschaftlich-technische Zeitalter begann sich zu entfalten! Wir haben früher gesehen, wie Albrecht Thaer das Prinzip der Wissenschaftlichkeit für den Landbau aufgestellt und zu verwirklichen gesucht hatte. Aber zu seiner Zeit war die chemische Analyse noch wenig entwickelt. Man hatte keinen Einblick in den wahren Grund der Fruchtbarkeit der Felder und ihres Unfruchtbarwerdens durch den Feldbau. Seit unvordenklichen Zeiten wußte man, daß die Pflanzen zu ihrem Wachstum Licht, Wärme, Wasser und Erde brauchen; von Lavoisier und seinen Vorgängern hatte man gelernt, daß die Pflanzen gewisse Bestandteile der Luft direkt in sich aufnehmen, andere an dieselbe abgeben. Im übrigen zeigte die Erfahrung von Jahrtausenden, daß die fleißige mechanische Bearbeitung des Feldes dessen Erträge erhöht und daß diese sich durch Tier- und Menschenexkremente und durch Fruchtwechsel noch steigern lassen. Thaers Wissenschaft vom Landbau beschränkte sich darauf, die Erschöpfung des Bodens durch die Kultur von Halm- und Handelsgewächsen, seine Schonung und Bereicherung durch Knollen- und Futterpflanzen sowie die Menge des erfahrungsgemäß notwendigen Mistes in Zahlenverhältnissen auszudrücken. Dies war Thaers „Gleichgewichtslehre", die gegenüber dem damaligen wilden Raubbau ein praktischer Fortschritt gewesen war und durch die Begründung auf Maß und Zahl als rationeller, wissenschaftlicher Landbau damals gelten konnte. Aber die Felder wurden trotzdem ganz und gar nicht fruchtbarer; die Erträge gingen trotz Fruchtwechsel und Düngung zurück. Denn über die naturwissenschaftlichen Zusammenhänge blieb man völlig im Dunkel; es fehlte die Erkenntnis von den Bedingungen des Pflanzenwachstums. Den mineralischen Düngemitteln — wie Kalk, Gips, Mergel, Asche —, die man nach alten Bauernregeln verwendete, schrieb man nur eine reizende, keine ernährende Wirkung zu, oder man war wenigstens sehr im Zweifel, ob die Mineralien nötig oder entbehrlich seien. Den Wert des animalischen Düngers vermochte man sich in keiner Weise zu erklären. Man glaubte, daß die Wirkung von einer gewissen, an sich unbegreiflichen und durch die Kunst nicht herstellbaren Beschaffenheit herrühre, welche die Nahrung der Tiere und Menschen bei ihrem Durchgange durch den Organismus empfange. Und im übrigen schrieb man die Fruchtbarkeit teils der Natur der Pflanzen zu, die selbst im Vegetationsprozeß die Stoffe erzeugten, teils dem Wirken der Bodenkraft im Humus, die also im damaligen Denken die gleiche Rolle spielte wie das Phlogiston oder die Lebenskraft. Auf dieser Ansicht hatte sich auch die klassische Nationalökonomie der Physiokraten und des Adam Smith entwickelt, wonach die Erde die einzige Quelle alles Reichtums sei, weil sie allein von sich aus Neues schaffe.

Justus Liebig, mit der Chemie der organischen Stoffe beschäftigt, sah die große Lücke des menschlichen Wissens, die hier vorlag. Lavoisier hatte gezeigt, daß die Pflanzen Stoffe zum Aufbau ihres Körpers der Luft entnehmen; aber es war unbekannt, welche sie aus dem Boden schöpfen, und wie sich aus diesen der Pflanzenkörper aufbaut. Dabei lag hier gerade das große praktische Problem. Denn für die atmosphärischen Nährstoffe bildet die Luft eine unerschöpfliche Quelle; eine künstliche Zufuhr ist unnötig. Die Nährstoffe dagegen, welche die Pflanze aus dem Boden zieht, versiegen mit dem Anbau, hier ist die Zufuhr eine Lebensnotwendigkeit. Im Gegensatze zu den damaligen Vorstellungen fand Liebig, daß die Pflanzen für ihren Bedarf an organischen Nährstoffen durch die Atmosphäre vollauf versorgt seien, daß jedoch für die Mineralstoffe das gleiche nicht gelte, daß die Pflanzen diese nur aus dem Boden entnehmen können und daß die durch die Ernten dem Boden entzogenen Mengen auf natürlichem Wege nicht mehr zu demselben zurückkehren, ihm also ersetzt werden müssen. Dies ist Liebigs grundlegende Lehre vom Stoffersatz. Sie brach also mit der alten Ansicht von der Zeugungskraft der Erde und stellte den Landbau jedem andern Gewerbe gleich. Denn hier wie dort handelt es sich um eine Umgestaltung des in der Natur gegebenen Stoffes durch zielbewußte Leitung der von der Natur gelieferten Kräfte. Auch für den Landwirt gilt: Aus nichts wird nichts! Niemand kann einen Stoff erschaffen, auch die Natur nicht. Alles was geschieht, sind Veränderungen der vorhandenen Formen der Stoffe, wodurch die ihnen innewohnenden Eigenschaften aufeinander wirken und dadurch Formveränderungen im Stoffe hervorrufen. Wie kein Mensch Soda oder Seife im eigentlichen Sinne erzeugen kann, sondern der Fabrikant die Elemente in geeigneter Form zusammenbringen muß, ganz ebenso kann auch der Landwirt keine Feldfrüchte erzeugen: „er muß alle Schädlichkeiten und Hindernisse beseitigen, welche die Tätigkeit der Pflanze beeinträchtigen, und dafür sorgen, daß es dem Boden an dem nötigen Materiale zum Aufbau seiner zusammengesetzten Maschine, welches die Pflanze für ihn ist, nicht fehle“.

Es galt also für Liebig, festzustellen, welche Bestandteile der Erde unter der Einwirkung von Luft und Wasser den Pflanzenleib aufbauen und wie sie der Erde wieder zugeführt werden können.

Es war sein „erleuchtender Gedanke“, der Ausgangspunkt seiner Forschungen, daß er erkannte, wie die grüne Pflanze unter der Wirkung des Sonnenlichtes aus den organischen Bestandteilen der Luft und der Erde die verwickelten organischen Stoffe aufbaut, indem sie dabei Sauerstoff an die umgebende Atmosphäre abgibt: das Tier aber lebt von der Pflanze und baut in seinem Körper unter Verbrauch von Sauerstoff wieder ab, was die Pflanze aufgebaut hat. Liebig pries den „ebenso erhabenen als weisen Zweck“, der das Leben der Pflanzen und Tiere „auf eine wunderbar einfache Weise aufs engste aneinander geknüpft hat“. Denn Tiere und Menschen verbrauchen Sauerstoff, und für den entzogenen Sauerstoff wird der Luft ein gleiches Volumen Kohlensäure zugeführt. Wenn trotzdem der Sauerstoff in der Luft nicht ab-, die Kohlensäure nicht zunimmt, so ist die Ursache davon der Lebensprozeß der Vegetabilien: die Pflanze ersetzt der Atmosphäre in jedem Momente, was sie verlor. „Das Bestehen einer reichen und üppigen Vegetation kann gedacht werden ohne Mitwirkung des tierischen Lebens; aber die Existenz der Tiere ist ausschließlich an die Gegenwart, an die Entwicklung der Pflanzen gebunden.“ Man weiß jetzt, daß Liebig irrte, daß auch die pflanzliche Zelle der Sauerstoffatmung bedarf und daß die Aufnahme und Verarbeitung der Kohlensäure ausschließlich die Funktion der im Blattgrün — Chlorophyll — enthaltenen Zellen ist. Trotzdem bleibt sein Verdienst, daß er die „Assimilation des Kohlenstoffes“ als den für die Erzeugung aller organischen Substanz in den Pflanzen notwendigen Vorgang erkannt und ihn der „Atmung von Sauerstoff“ diametral entgegengestellt hat.

Zugleich hat Liebig dargelegt, daß die Pflanze durch den Regen gewisse Mengen gebundenen Stickstoffes aus der Luft bezieht, daß aber bei der Kultur der Cerealien — wo in kurzer Zeit viel stickstoffhaltige Substanz erzeugt werden soll — die Atmosphäre nicht ausreicht, den notwendigen Stickstoff zu liefern. Auf Ersatz der mineralischen Nährstoffe legte Liebig jedoch den Nachdruck, weil man deren Zufuhr bisher nicht unbedingt für nötig gehalten hatte. Für sie blieb der Boden die einzige Bezugsquelle: der Boden muß die anorganischen Substanzen, und zwar in einer für die Pflanzen brauchbaren Form, besitzen. Dies erkannt zu haben, ist Liebigs Verdienst. Die Fruchtbarkeit des Bodens beruht also auf dem Gehalt an gewissen Mineralstoffen, und zwar beherrscht die geringste vorhandene Menge eines der notwendigen Nährstoffe immer die Entwicklung der Pflanze. Fehlt es auch nur bei einem Nährstoff an der nötigen Menge, so kann die Pflanze nicht gedeihen. Dies ist Liebigs Gesetz des Minimum. Es war eine entscheidende Erkenntnis, die den Schlüssel gab, wie die Nährstoffe dem Boden ersetzt werden müssen, wenn man nicht Raubbau treiben, den Boden nicht unfruchtbar machen will. Das europäische Kulturverfahren ist nach Liebig zwar ein „feinerer Raubbau" als der von den primitiven Völkern geübte, aber ein Raubsystem ist es doch: „in den Feldfrüchten verkauft der Landwirt sein Feld". Denn was in dem alljährlich ausgeführten Getreide und Vieh enthalten ist, kehrt im Stalldünger nicht mehr zum Boden zurück, und mindestens dies muß in anderer Weise ihm ersetzt werden, denn wenn der Ersatz nicht vollkommen ist, kann man auch nicht auf die Wiederkehr derselben Ernte rechnen. Erwünscht aber ist, daß ihm noch mehr zugeführt und so die Fruchtbarkeit gesteigert wird. Liebigs Lehre vom Stoffersatz führt also zum Kunstdünger, den die Chemie herstellt. Es handelt sich dabei nach Liebig vornehmlich um Phosphorsäure, Kalk, Kali, die durch den Verkauf von Körnerfrüchten, von Wurzelgewächsen, von Milch und lebenden Tieren in großen Mengen aus der Wirtschaft ausgeführt werden, ohne durch den Stalldünger genügenden Ersatz zu finden. Ja Liebig ging noch weiter. Er empfahl, den natürlichen Dünger überhaupt zu ersetzen durch künstliche Herstellung seiner mineralischen Bestandteile. Der Landwirt werde dadurch befreit von dem lästigen Zwange, einen großen Teil der Felder dem Anbau von Futtergewächsen zu opfern, lediglich um für den Rest der Felder den nötigen Mist zu gewinnen.

So lehrte die Wissenschaft, was die „Bodenkraft" eigentlich sei. Die geniale Verbindung der Chemie und der Physiologie zeigte die Bedingungen auf, von denen die Entwicklung der Pflanzen und ihrer Teile abhängt; sie klärte die sehr verwickelten Vorgänge der Absorption der Nährstoffe durch die Ackerkrume, der Assimilation der einzelnen Stoffe durch die einzelne Pflanze. Auf diese Kenntnisse mußten neue Grundsätze der Land- und Forstwirtschaft gebaut werden, es mußten Fabriken eingerichtet werden zur Herstellung der Düngemittel und der Mischungen für die einzelnen Pflanzengattungen, je nach den Stoffen, die sie dem Boden entziehen. Liebig selbst dachte auch an natürliche Ersatzmittel wie Knochen, Asche und besonders den Guano, jene Berge von Vogelexkrementen an den regenlosen Küstenstrichen Perus, auf die Alexander von Humboldt zuerst hingewiesen hatte und die man nun abräumte. Auf Liebigs Anregung — wenngleich in ganz anderem Ausmaße, als er selbst es für möglich gehalten — erfolgte ein systematisches Suchen nach neuen Quellen für Mineralstoffe, alle Länder wurden durchforscht und mächtige Lager von phosphorsaurem Kalk gefunden; dazu traten noch Abfallstoffe, die man ehedem auf die Halden geschüttet hatte. Liebig selbst hat an den ersten Anfängen dieser sich entwickelnden chemischen Großindustrie noch teilgenommen. Er bediente sich englischer Fabriken, da er in Deutschland keine leistungsfähigen Unternehmer finden konnte, und ließ den nach seiner Theorie gefertigten Dünger in England und Deutschland verkaufen. In seiner späteren, Münchner Zeit war er kaum noch ein Mann der Wissenschaft, sondern ganz ausgefüllt mit der literarischen Vertretung seiner Agrikulturchemie und mit der Verwertung seiner Patente. Er wurde der erste große Vertreter der wissenschaftlich begründeten „technischen Chemie", der mancherlei Erfindungen industriell auszunutzen verstand: die größte Einnahme hat ihm übrigens sein Fleischextrakt gebracht. Der äußere Erfolg der Agrikulturchemie war um so glanzvoller, je mehr die neue Technik dem allgemeinen Drange nach Mehrung der wirtschaftlichen Produktivität entgegenkam. Auf seiner dritten Englandreise im Jahre 1844 wurde Liebig mit grenzenlosem Jubel gefeiert, besonders auch in den Kreisen des Adels. Denn in England vollzog sich soeben die Umwandlung des Agrarstaates in einen Industriestaat; durch Verbesserung des Bodenertrages konnte der Vorgang noch aufgehalten werden. Dieses Volk der reinen Empirie konnte die wissenschaftliche Größe des Forschers nicht würdigen: da er so praktisch und erfolgreich war, wurde er auch für Englands Chemiker der große Lehrer und Bahnbrecher.

In jeder Hinsicht hat Liebig mit seiner Wendung zur angewandten Wissenschaft den Geist des emporkommenden technischen Zeitalters vorweggenommen. Er hat die humanistische Gelehrtenschule verworfen, vom Naturforscher eine realistische Vorbildung verlangt. Er hat mit seinen „Chemischen Briefen" ein Muster guter Popularisierung gegeben, er hat nach der Weise technischer Menschen alle Dinge von seinem Ressort aus gesehen und mit großartiger Einseitigkeit jene kulturgeschichtlichen Kapitel geschrieben, in denen er den Untergang von Rassen, Völkern und Staaten — und der antiken Kultur im besondern — auf den Raubbau am Boden zurückgeführt hat: „Was die menschliche Gesellschaft zusammenhält oder auseinandertreibt und die Nationen und Staaten verschwinden oder ohnmächtig macht, dies ist immer und zu allen Zeiten der Boden gewesen, auf dem der Mensch seine Hütte baut." Liebigs ganze Lehre zeigt, daß schon er die Grenzen des naturwissenschaftlich-technischen Verfahrens nicht mehr sah und von seiner Wissenschaft schlechterdings alles erwartete. Die Möglichkeit, die Erträge der Landwirtschaft ins Unendliche zu steigern, schien durch seine Forschungen gegeben, das Gesetz vom abnehmenden Bodenertrag durch die Technik außer Wirksamkeit gesetzt zu sein. Wenn Thaer nur merkantilistisch an die Vermehrung des Reichtums für Volk und Fiskus gedacht hatte, so ging jetzt bereits das Gespenst der Übervölkerung um, an Hungersnöten infolge Mißernten fehlte es nicht; nun konnte der Nahrungsspielraum erweitert werden für das werdende deutsche Industrievolk. So ist Liebigs Leistung ganz unvergleichlich groß und folgenreich. Aber er mußte sich sagen lassen, daß es doch auch ein für alle Lebewesen gültiges Gesetz des Optimum gibt, wonach der Lebensvorgang an Intensität abnimmt, sobald die günstigen Lebensbedingungen in einer ein bestimmtes Maß überschreitenden Menge angeboten werden, um bei Erreichung eines Maximalmaßes überhaupt aufzuhören. Und weiter wurde gegen Liebig eingewendet, daß die Erde vielleicht eine Retorte, aber der Landwirt niemals ein chemischer Fabrikant sei — daß nämlich das Wachstum der Kulturgewächse noch von andern Bedingungen als chemischen abhängig sei, vom physikalischen Charakter der Erde, des Humus, von Wärme, Licht, Klima, von zahlreichen — auch irrationalen — Faktoren, die sich der Beeinflussung durch den Menschen entziehen und seine unabänderliche Abhängigkeit von Gott bezeugen. Die Verlockung war groß, mit der Kraft der neuen chemischen Erkenntnisse in die Lebensvorgänge einzudringen; aber schon Liebig sah die geistigen Gefahren nicht mehr, die hier drohten, insofern die Bedingungen in der belebten Natur undurchsichtig sind, ein Experiment nicht möglich ist.

Der Streit um Liebig hallte durch die 40er Jahre: den einen war dieser Mann der größte Reformator der Landwirtschaft, den andern ein Scharlatan. Daß er ein schöpferischer Chemiker war, bestritt niemand. Aber die Physiologen verübelten ihm den Rückfall in die Atomistik des 18. Jahrhunderts: wie oft versicherte Liebig, daß der Akt der Metamorphose ein rein chemischer Prozeß sei! Die Landwirte aber — Schüler und Erben Thaers — waren betroffen über den Anspruch des Mannes, nun auch auf ihrem Gebiete als Autorität zu gelten, und Liebig selbst schürte das Feuer des persönlichen Kampfes immer wieder durch seine Selbstreklame und durch den maßlosen Hochmut, mit dem er auf die Landwirte seiner Zeit und ihre Führer, auf ihre Unwissenheit und ihre Vorurteile herabsah. Zudem war seine Lehre mit Irrtümern und Übertreibungen behaftet, die nicht leicht zu widerlegen waren, wo aber seine Gegner recht behalten haben. Er unterschätzte ohne Zweifel die Bedeutung des Humus und überhaupt der physikalischen Beschaffenheit des Bodens, er sah nicht die Funktion der Brache und des Fruchtwechsels und nicht den Zusammenhang von Bodennutzung und Viehhaltung; der Stalldünger war nicht so wertarm, wie Liebig in seiner Entdeckerfreude es hinstellte, um die Wichtigkeit der mineralischen Nährstoffe herauszuheben. Als Liebig auf der Höhe bei Gießen sein Versuchsgut einrichtete und das Experiment mißglückte, die Erträge zu minderwertig und zu teuer waren, da war der Spott groß; das Hohngelächter über den ersten Kunstdünger dröhnte durch die ganze zeitgenössische Literatur, denn es schien ein unsagbarer Gedanke, das, was bisher nur natürlich werden konnte, nun künstlich aus seinen Bestandteilen herzustellen. Dies alles aber traf nicht den Kern des ganzen Streites. Im letzten Grunde ging es um die Frage, ob die Landwirtschaft eine angewandte Naturwissenschaft sei, und gegen diese Technisierung ihres Berufes wandten sich die Landwirte. Es wurde Liebig erwidert, daß der Landwirt für sein Geschäft nicht nur Naturkenntnisse nötig habe, sondern auch „menschenwissenschaftliche", so hieß das Wort: daß er mit Arbeitern, Handelsleuten, Konsumenten umgehen, von Ertrag und Rente etwas verstehen muß. Aber auch für den naturwissenschaftlichen Teil der Landwirtschaft, die sogenannte spezielle Landwirtschaft, konnten es die Gegner Liebigs nicht zugeben, daß sie eine angewandte Naturlehre sei: sie ist nicht aus Büchern und Laboratorien erlernbar, sondern nur durch tätige Teilnahme an der Praxis, ähnlich der Medizin, „die auch sehr oft empirisch aufgefundene Regeln aufnehmen muß, ohne sie theoretisch rechtfertigen zu können". Für die Technologie mochte Liebig recht haben: sie hat es nur mit der leblosen Natur zu tun, da sind die Erscheinungen weniger verwickelt und die mathematisch-chemischen Erklärungsversuche zureichend! In dem Streite zwischen Liebig und den Lehrern der landwirtschaftlichen Hochschulen ging es also um mehr als um Stalldünger oder Kunstdünger, Zufuhr von Stickstoff oder Versorgung mit mineralischen Stoffen, auch um mehr als die Frage, ob die Erde Zeugungskraft besitze oder nur eine Retorte sei. Liebig betrachtete ganz materialistisch das Leben der Pflanzen als einen chemischen Prozeß und gründete darauf eine neue Technik, die er mit dem alten Namen Ackerbau benannte. Die Gegner sahen die großen Vorteile des technischen Fortschrittes sehr wohl; aber sie fühlten, daß auf diesem Wege eine große Gefahr lag. Sie sahen, daß die Technik, wenn sie alle Dinge vereinfachen und ganz nur ihren eigenen Denkgesetzen folgen durfte, alle menschlichen Belange brutalisieren konnte und daß Liebig im tiefsten Grunde der Strömung des Zeitgeistes entsprach — nämlich „das, was langsam gedeiht, zu verachten und mit Ungestüm alles vorwärts zu treiben".

Noch war es nicht so weit! Der deutsche Geist blieb auf der Bahn der reinen Wissenschaft, auf der ihm Liebig und Wöhler durch Begründung der organischen Chemie so großen Erfolg gesichert hatten; der deutsche Geist hat während dieses Jahrhunderts auf dem Gebiete des reinen Denkens in Carl Friedrich Gauß einen Gelehrten von höchstem Range hervorgebracht, der neben Newton immer als ein Ebenbürtiger genannt werden wird. Der Historiker, der es sich zur Aufgabe gemacht hat, den geistigen Ertrag des 19. Jahrhunderts im Bilde festzuhalten, ist in Verlegenheit gegenüber der einzigartigen Größe des Mathematikers Gauß. Hier bietet sich ihm keine Möglichkeit zu eigentlicher historischer Betrachtung. Das Wissensgebiet, auf dem sich der mathematische Genius ausgewirkt hat, ist unendlich groß und doch nur dem Fachmanne zugänglich. Auch tritt hier dem Betrachter das zeitlose Wunder eines ganz ursprünglichen Geistes entgegen, der keine Spur eines fremden Einflusses zeigt und dem die neuen Gedanken in ununterbrochener Fülle zuströmten wie sonst nur noch Mozart: die Entdeckungen überstürzten sich gleichsam, Jahrzehnte hindurch. Kein Lebender konnte je mit Fug sich seinen wissenschaftlichen Lehrer nennen: schon im Alter von 18 Jahren hat Gauß das erste Werk geschrieben, das in der Arithmetik Epoche gemacht, die moderne Zahlentheorie begründet hat. Ärmlichen Verhältnissen entstammte Gauß, in Braunschweig hat er seine Jugend verlebt, in Göttingen ist er Student und dann ein halbes Jahrhundert lang Professor gewesen. Auf engstem Raume bewegte sich sein Außenleben; es war die kleine Universität, mit der nach seinen Angaben gebauten Sternwarte, das enge Studierzimmer, der einfache Arbeitstisch und daneben die ungeheizte Schlafkammer. So lebte der Gelehrte geborgen in der Obhut des deutschen Kleinstaates und in der Pflege von Frau und Kindern, nicht ohne Enttäuschungen, doch in bürgerlicher Ordnung und nur selten einmal den Gleichklang der Jahre durch eine Reise unterbrechend. Aber in dieser Stille erwuchsen die Gedanken, die die Welt durchdrangen. Die Arithmetik war ihm die Königin der Wissenschaften, er hat alle

Teile der höheren Mathematik reformiert und eine unverrückbare Basis für die Methoden der experimentellen und mathematischen Physik gelegt. Er hat seine arithmetischen Kenntnisse angewendet auf die theoretische und praktische Astronomie, auf Geodäsie und auf den Erdmagnetismus, wo er das System der absoluten Einheiten begründet hat, das nachher für alle elektrisch-magnetischen Größen durchgeführt wurde und wozu auch alle heute gebräuchlichen technischen Einheiten — wie Volt, Ampère, Ohm — gehören. Es ist bekannt, daß er mit Wolfgang Bolyai aus der Göttinger Studienzeit her in regem Briefwechsel stand und daß er noch vor dem jüngeren Bolyai die nichteuklidische Geometrie erkannt, sie jedoch nicht veröffentlicht hat. Mit dem scharfen Vermögen, abstrakte Forschungen nach allen Richtungen zu verfolgen, verband er den stärksten Sinn für die Zahlen, ihren Wert, ihre Eigentümlichkeiten, also daß er in der Lage war, immer neue Wege, neue Methoden, neue Kunstgriffe zu erfinden und die verwickeltsten Rechnungen in zusammengedrängter Form und doch vollkommen anschaulich darzubieten. Obwohl er ein Meister in der mathematischen Technik war, so war diese ihm doch nur Mittel zur Bestätigung der vorher in einfacher Weise schon rein gedanklich durchgeführten Arbeit. Er hat selbst von sich gesagt, daß er keine Feder zur Rechnung ansetze, bevor nicht das Problem vollkommen fertig von ihm im Kopfe gelöst sei, und der Kalkül erscheine ihm dann nur als ein Hilfsmittel, dessen er sich bei der Ausführung der Arbeit bediene. Er bemerkte, daß manche der namhaftesten Mathematiker — Euler sehr oft, selbst mitunter Lagrange —, dem Kalkül zu sehr vertrauend, sich nicht in jedem Augenblick vom Gange ihrer Untersuchungen hätten Rechenschaft geben können. Er dagegen durfte wie Newton von sich behaupten, daß er bei jedem Schritte, den er getan, immer den Zweck und das Ziel seiner Operationen genau vor Augen gehabt habe, ohne vom Wege abzukommen.

Seine Berechnungen sind oft glänzend bestätigt worden. Als im Jahre 1801 der erste kleine Planet, Ceres, gesichtet wurde, hat der 24jährige Gauß aus dem ganz kurz beobachteten Bruchstück die Bahn berechnet; so wurde die Entdeckung der Planetoiden eingeleitet. In seiner „Theoria motus corporum coelestium" von 1809 hat er dann — Laplace übertreffend — die Methode entwickelt, um die Bahn eines jeden Himmelskörpers auf die zuverlässigste und einfachste Weise zu bestimmen. Ein Triumph des reinen Denkens war es auch, als in der Stille Göttingens die Stelle berechnet wurde, wo der magnetische Südpol liegen mußte: 1840 zog der Engländer Ross aus, die Stelle zu suchen, er entdeckte Victorialand und kam zwar nicht bis zum magnetischen Südpol, aber die Berechnung von Gauß wurde großartig gerechtfertigt. Es waren ruhmvolle Siege des deutschen Geistes — der reinen, absichtslosen Wissenschaft.

Denn dies vor allem kennzeichnet die geistige Persönlichkeit des großen deutschen Mathematikers, daß er aus drängender Notwendigkeit den Problemen nachging und mit den Dingen sich beschäftigte, weil seine Natur nicht anders konnte — triebhaft, „aus dem innersten Beruf der Seele“, hat er gesagt. Die Veröffentlichung im Drucke war ihm ein untergeordneter Zweck. Er hat keine Arbeit aus der Hand gegeben, die nicht bis ins Letzte korrekt und sauber durchgeführt wäre. Er strebte nach vollendeter Form, als Schüler der Griechen und ihrer Mathematik: „pauca, sed matura“. Seine Schriften sind auch so noch ungeheuer zahlreich, aber mancher spätere Mathematiker hat gemeint, daß es für die Entwicklung der Wissenschaft vorteilhafter gewesen wäre, wenn Gauß auf die Vollkommenheit seiner Arbeiten weniger Gewicht gelegt, dagegen mehr von seinem unendlichen Ideenreichtum mitgeteilt hätte. Als ein wahrhaft schöpferischer Mensch hat Gauß achtlos gewichtige Arbeiten jahrzehntelang im Schreibtisch verschlossen, von denen viele erst lange nach seinem Tode in der Gesamtausgabe seiner Werke ans Tageslicht gekommen sind. Auch das Dozieren entsprach nicht seinen Wünschen, und auch hierdurch unterscheidet er sich von der Masse der bürgerlichen Gelehrten des Jahrhunderts. Die Anwendung der Wissenschaft auf irdische Dinge verschmähte er zwar nicht: es ist bezeichnend, daß er in der Öffentlichkeit am bekanntesten geworden ist durch die Erfindung des elektromagnetischen Telegraphen, die er gemeinsam mit dem Göttinger Physiker Wilhelm Weber durchgeführt hat, indem er von der Sternwarte zum nördlichen Turme der Johanniskirche und von da zum physikalischen Institut den Draht spannte und ganze Sätze zu telegraphieren in der Lage war. Solche Anwendung seiner Erkenntnisse war jedoch für Gauß immer nur Nebensache. Er hat von sich gesagt: „Es gibt für die Seele eine Befriedigung höherer Art, dazu habe ich das Materielle eigentlich gar nicht nötig. Ob ich die Mathematik auf ein paar Dreckklumpen anwende, die wir Planeten nennen, oder auf rein arithmetische Probleme, es bleibt sich gleich, die letzteren haben nur noch einen höheren Reiz für mich.“ Er fühlte sich auch hierin Newton verwandt, er fand die Geschichte mit dem Apfel „zu einfältig“, wonach die große Entdeckung des Gravitationsgesetzes durch einen kleinlichen Zufall herbeigeführt sein sollte. Man erzählte Ähnliches von ihm selbst: er habe das Heliotrop erfunden, da er auf dem Michaelisturm in Lüneburg die Fensterscheibe eines Hamburger Turmes habe blitzen sehen. Gauß erwiderte, die Sache sei richtig; aber der Zufall habe nur die praktische Ausführbarkeit der im Geiste fertigen Erfindung bestätigt.

Gauß hat mit beispielloser Konsequenz seinen Lebensplan, die Ergründung der in der Welt liegenden Zahlenverhältnisse, durchgeführt und allen andern Zwecken vorangestellt: noch einmal hat das Abendland in dem vorgeschrittenen Stadium seiner Entwicklung das Bild eines echten Weisen gesehen, der ganz nur lebte im reinen Gedanken. Dieser Mathematiker war sich bewußt, welche ungeheuren Gewichte er mit seinen Formeln in Bewegung setzen konnte; aber sein Interesse galt der großen Natur, dem Makrokosmos — so beugte er sich in Demut, Andacht und Bewunderung vor der alles durchdringenden Intelligenz. Es ging ihm auch hierbei wie Newton: sein Forschen bestärkte in ihm den religiösen Glauben, seine Wissenschaft deutete ihm die durch das Weltall herrschende Logik. Als er in seiner „Theoria" zeigte, wie auch die Kometen — die bis dahin regellos umherzuschwirren schienen und sich immer wieder den aufgestellten Formeln entzogen hatten — sich gleich den Planeten festen, berechneten Raumbahnen fügen, da war dies ihm eine Bestätigung der ewigen Gesetze. In ihm lebte ein fester Glaube an einen letzten Ordner der Dinge, an einen ewigen, gerechten, allmächtigen Gott und an eine persönliche Fortdauer nach dem Tode. Er hat sein religiös-wissenschaftliches Bekenntnis niedergelegt in den Worten: „Es gibt in dieser Welt einen Genuß des Verstandes, der in der Wissenschaft sich befriedigt, und einen Genuß des Herzens, der hauptsächlich darin besteht, daß die Menschen einander die Mühsale, die Beschwerden des Lebens sich gegenseitig erleichtern. Ist dies aber die Aufgabe des höchsten Wesens, auf gesonderten Kugeln Geschöpfe zu erschaffen und sie, um ihnen solchen Genuß zu bereiten, 80 oder 90 Jahre existieren zu lassen, so wäre das ein erbärmlicher Plan. Ob die Seele 80 Jahre oder 80 Millionen Jahre lebt, wenn sie einmal untergehen soll, so ist dieser Zeitraum doch nur eine Galgenfrist. Endlich würde es vorbei sein müssen. Man wird daher zu der Ansicht gedrängt, für die ohne eine streng wissenschaftliche Begründung so vieles andere spricht, daß neben dieser materiellen Welt noch eine zweite, rein geistige Weltordnung existiert, mit ebensoviel Mannigfaltigkeiten als die, in der wir leben — ihr sollen wir teilhaftig werden." Es wird berichtet, daß

Gauß auf seinem letzten Krankenlager den „Kosmos“ Humboldts unwillig von sich tat, weil er für sein religiöses Bedürfnis darin keine Nahrung fand. Er starb in der festen Erwartung noch tieferer Einsichten in die Zahlenverhältnisse, die Gott in die Materie gelegt habe.

Auf einer Ferienreise im Jahre 1816 ist Gauß auch nach Benediktbeuern gekommen, wohin ihn der Wunsch führte, die von Joseph Fraunhofer geleitete optische Werkstätte kennen zu lernen. Ihn als Astronomen interessierten die Erfolge des jungen Werkmeisters in der Herstellung brauchbarer Fernrohre, und er fand dort einen Mann, der von praktischen Bedürfnissen ausging und technische Ziele verfolgte, aber von da zur Mathematik gelangt war. Obwohl Fraunhofers Forschungen sich beschränkten auf eine einzelne Disziplin der physikalischen Wissenschaft, so wird doch die geschichtliche Betrachtung den großen Astronomen und den Begründer der wissenschaftlichen Optik immer nebeneinander nennen. Und dies nicht nur, weil die Gebiete verwandt waren und in Wechselwirkung sich förderten und anregten. Auch Fraunhofer war ein strenger, mathematischer Geist, auch seine größten Taten bestehen in neuen, folgereichen Methoden, auch er lebte die selbstlose Hingabe an die Sache, ein einsames und mühevolles Dasein, auch er ist geworden wie ein Wunder. Noch erstaunlicher als das Genie des großen Mathematikers ist die menschliche Erscheinung des armen Münchener Spiegelschleifers, der — ohne Schulbildung und durch den Lehrherrn sogar der Sonntagsschule ferngehalten — ganz nur durch geheimes Selbststudium schon im Alter von 14 Jahren das gelehrte Rüstzeug der mathematischen Optik sich angeeignet hat, um bald es selbständig zu handhaben und durch bahnbrechende Forschungen zu bereichern. In knappe zwei Jahrzehnte ist seine geschichtliche Wirksamkeit zusammengedrängt, mit 39 Jahren starb er, der kümmerliche Körper zerbrach unter der Last eines entbehrungsreichen Lebens. Ausdauer und Entsagung und die Sicherheit des Genies führten den Waisenknaben aus Straubing über unsagbare Hindernisse seinem Ziele entgegen. Mit 20 Jahren war er so weit, der einförmigen Handarbeit entrinnen zu können; seine optischen Kenntnisse fielen auf, er wurde Leiter einer neu errichteten Werkstätte, und er fand in München als Mitarbeiter den großen Mechaniker Georg Reichenbach. Beide Männer haben in engster Gemeinschaft den Bau wissenschaftlicher Instrumente in Deutschland eingeführt. An die Stelle von Paris und London trat künftig München, es wurde führend in der Feinmechanik wie einst im 16. Jahrhundert Nürnberg, und drei Menschenalter hindurch hat München diese Stellung behauptet: das „Deutsche Museum" steht heute auf geweihtem, historischem Boden. Reichenbachs Erfindergabe hat fast alle der Messung dienenden Apparate — besonders geodätische und astronomische — für feinere Verwendung geeignet gemacht. Fraunhofer hat die optischen Werkzeuge der Beobachtung aus der Hand des Brillenschleifers befreit und ihre Herstellung auf wissenschaftlichem Wege gelehrt. Als die reifsten Erzeugnisse der gemeinsamen Arbeit des Mechanikers und des Optikers sind in den 20er Jahren das Dorpater Riesenfernrohr und das Königsberger Heliometer aus der Münchener Werkstätte hervorgegangen.

Fraunhofer hat die wissenschaftliche Optik in der Arbeit am astronomischen Fernrohr entwickelt. Er erkannte den Zusammenhang zwischen der Lichtbrechung und der chemischen Zusammensetzung der Glasmassen, und auf dieser wissenschaftlichen Grundlage hat er die neue Technik aufgebaut. Es handelte sich also um eine dreifache Aufgabe, wie treffend von dem größten seiner Nachfolger, Ernst Abbe, gesagt worden ist, der in der zweiten Hälfte des 19. Jahrhunderts den gleichen Weg nochmals gegangen ist — nur von einem andern Ausgangspunkte aus, nämlich vom Mikroskop. Fraunhofer schuf zunächst neue Methoden der praktischen Optik, um die Verwirklichung der mathematischen Form der Linse möglichst unabhängig zu machen von der immer unsicher arbeitenden Hand. Er hat ferner die Beschaffung einwandfreien Urmaterials, des optischen Glases, sich angelegen sein lassen. Und schließlich und vor allem hat er die theoretischen Grundlagen der Optik vertieft, also mathematische Feststellungen gemacht über die Wirkungsart der Linsengläser und die Erzeugung optischer Bilder, über Lichtbrechung und Farbenzerstreuung in durchsichtigen Körpern. Nur so konnte eine sichere Vorausberechnung der Wirkungen einer Linsenkombination ermöglicht werden. Bei diesen Forschungen hat er 1815 die berühmte Entdeckung der nach seinem Namen benannten dunklen Linien im Sonnenspektrum gemacht, und im Jahre 1821 hat er die Längen der Lichtwellen exakt gemessen, nachdem soeben der Franzose Fresnel die Wellentheorie des Lichtes begründet hatte; ergreifend ist die Ähnlichkeit der Lebensschicksale der beiden Begründer der wissenschaftlichen Optik, ihre Lebensjahre waren genau gleichzeitig, und sie starben beide noch jung, von der Schwindsucht hinweggerafft.

Wenn Fraunhofer als Praktiker und Techniker begonnen hatte, so trat er durch den Verlauf seiner Untersuchungen doch in die Reihe der wissenschaftlichen Forscher von unvergänglicher Geltung ein: der Vergleich mit Werner Siemens drängt sich auf. Fraunhofers Entdeckungen über das Sonnenspektrum haben die Unterlagen geliefert für die Spektralanalyse von Kirchhoff und Bunsen, seine Untersuchung über die Beugung des Lichtes ist die Grundlage der heutigen Wellenlehre. Die Münchener Akademie wählte den Werkmeister, als er ihr die erste Arbeit von 1815 vorlegte, zu ihrem Mitgliede, der König ernannte ihn zum Professor und erhob ihn in den Adelsstand. Indessen Fraunhofers Bedeutung, durch die er bahnbrechend in die deutsche Geistesgeschichte des 19. Jahrhunderts eingegriffen hat, kann nicht allein auf dem, wenn auch noch so genialen Ausbau einer Spezialwissenschaft beruhen. Entscheidend ist seine geistige Haltung, die Art seines Forschens, seine Methode — daß er nämlich als erster in Deutschland das technische Denken entwickelt und dem 19. Jahrhundert übermittelt hat. Unübertrefflich hat dies abermals Ernst Abbe formuliert: „Wie der Architekt ein Bauwerk, bevor eine Hand zur Ausführung sich rührt, schon im Geiste vollendet hat, nur unter Beihilfe von Zeichenstift und Feder zur Fixierung seiner Idee, so muß auch das komplizierte Gebilde von Glas und Metall sich aufbauen lassen rein verstandesmäßig, in allen Elementen bis ins Letzte vorausbestimmt, in rein geistiger Arbeit, durch theoretische Ermittlung der Wirkung aller Teile, bevor diese Teile noch körperlich ausgeführt sind. Der arbeitenden Hand darf dabei keine andere Funktion mehr verbleiben als die genaue Verwirklichung der durch die Rechnung bestimmten Formen und Abmessungen aller Konstruktionselemente, und der praktischen Erfahrung keine andere Aufgabe als die Beherrschung der Methoden und Hilfsmittel, die für letzteres, die körperliche Verwirklichung, geeignet sind.“ Dem Architekten war schon immer der Gedanke geläufig, daß der bildenden Hand nur die Verkörperung der vollendeten Idee überlassen bleibt. Aber wo es sich nicht um die Herstellung körperlicher Formen an sich handelte, vielmehr bestimmte körperliche Formen an bestimmten Stoffen eine zum voraus bestimmte physische Wirkung hervorbringen sollen, da schien der rein rationale Aufbau viel zu schwierig, als daß man je an solche Möglichkeit hätte denken können. Der Techniker hatte von Fall zu Fall den Effekt des Ausgeführten geprüft, bis er durch angemessene Änderungen die vollkommenste Wirkung erzielt hatte. Es ist gewiß kein Zufall, daß das neue Verfahren zuerst auf dem Gebiete der Optik gefunden worden ist. Denn hier lag das Zusammenwirken von Wissenschaft und technischer Kenntnis besonders nahe. Hier bestand schon immer eine enge Beziehung aller praktischen

Arbeit auf bedeutende wissenschaftliche Interessen: von Kepler und Newton bis zu Herschel waren alle Forscher in der großen Natur auch Förderer der Kunst gewesen, die auf Herstellung der Beobachtungswerkzeuge und ihre Vervollkommnung ausgeht. Und anderseits hatte jeder Fortschritt in der wissenschaftlichen Erkenntnis der Eigenschaften des Lichtes stets unmittelbar die praktische Verwertung solchen Fortschrittes neu angeregt. Fraunhofer hat, als er im Beginn der 20er Jahre zuerst die Objektive zu den Fernrohren auf ganz rationalem Wege herstellte, die im Wesen der Optik liegende wissenschaftlich-technische Möglichkeit klar erkannt und so jene Verbindung von Wissenschaft und Technik geschaffen, die für den deutschen Geist des 19. Jahrhunderts bezeichnend ist. Maschinenbau, Elektrotechnik und die andern Zweige der Technik haben die Methode sich angeeignet, die zuerst von der Optik geprägt worden ist. Hierin liegt die große geschichtliche Bedeutung der von Fraunhofer begründeten wissenschaftlichen Optik.

Aber auch mit ihren Erzeugnissen selbst hat die wissenschaftliche Optik alsbald in die Geschichte eingegriffen. Es war gewiß keine ausgedehnte Fabrikation, die sich hier auftat. Aber als Fernrohr und Mikroskop, die unentbehrlichen Hilfsmittel der beobachtenden Wissenschaften, scharf und exakt hergestellt werden konnten, haben sie die Forschung ganz unmittelbar vorwärtsgetrieben. Am Fernrohr, so sagten wir, hat Fraunhofer seine Ideen durchgeführt. Es war der am meisten gewünschte wissenschaftliche Apparat: die Astronomie war eine alte und vornehme Wissenschaft, sie stand von Kepler und Newton bis zu Herschel und Laplace in hoher Blüte. Nun erzielte sie mit den neugeschärften Augen — und gerade in Deutschland — nochmals eine Reihe großer Entdeckungen. Mit Recht konnte man Fraunhofer die stolzen Worte auf das Grab setzen: „approximavit sidera“. Eine Sternwarte nach der andern erstand, ein Astronom übertraf den andern an Glück und Sicherheit der Beobachtung: neben Gauß in Göttingen noch Olbers in Bremen, Encke in Berlin, Bessel in Königsberg, Struve in Dorpat. Was das Mikroskop betrifft, so ist es nach der Fraunhoferschen Methode vollendet hergestellt worden eigentlich erst seit den 60er Jahren durch Ernst Abbe in dem Carl-Zeiß-Werke in Jena, und die unmittelbare Anregung gab dem Mechaniker Zeiß der Jenaer Biologe Schleiden. Aber schon Fraunhofer stand in Fühlung mit den Medizinern seiner Zeit und besonders mit Sömmering in München, die Mikroskope wurden allmählich besser. Nur so erklärt sich der unvergleichliche Aufschwung aller vom organischen Leben handelnden Wissenschaften — der Botanik, Zoologie, Biologie, der Physiologie und der ganzen Medizin.

Die Wissenschaft vom Organischen war eine deutsche Wissenschaft geworden. Liebig und Wöhler haben wir schon genannt, die großen Physiologen folgten, bald hatte die deutsche Medizin den Vorsprung eingeholt, den die Franzosen in der Zeit eines Corvisart und Laënnec besaßen. Die moderne, auf das systematische Studium der Naturwissenschaften gegründete Medizin ist auf deutschem Boden zuerst zu finden an süddeutschen, katholischen Universitäten. Hier war die Verbindung nach Wien und zu Johann Peter Frank besonders rege, aber auch Paris lag in der Rheinbundszeit nicht ferne. So gelang es, den anatomischen Gedanken aufzunehmen und sich von der Naturphilosophie zu lösen, ohne doch die alte, deutsche, universelle Medizin preiszugeben. Drei Universitäten waren damals Brennpunkte der medizinischen Entwicklung: Bamberg, Landshut und Würzburg. In Bamberg blieb Adalbert Friedrich Marcus auch nach dem Untergange des Fürstbistums und der Universität als Leiter einer medizinischen Akademie, aus seinem Banne mußten sich die Schöpfer der modernen Medizin zuerst befreien: Ignaz Döllinger und Johann Lukas Schönlein sind von Bamberg, ihrer Vaterstadt, ausgegangen. In Landshut wirkte — als Kollege Savignys — Philipp Walther: sein Schüler war in Landshut Schönlein und später in Bonn Johannes Müller. Diese beiden sind in der Folge die eigentlichen Begründer der modernen medizinischen Wissenschaft geworden. Schönlein kam nach Würzburg, wo er bei Döllinger studierte und dann als Professor wirkte. Im Alter war er dann zusammen mit Johannes Müller in Berlin, das seit den 40er Jahren die Führung in der Medizin übernahm. Die Medizin war wie die andern Naturwissenschaften in Deutschland weit hinter Frankreich zurückgeblieben: nun erhob sie sich innerhalb weniger Jahrzehnte zu der Weltstellung, welche die großen deutschen Mediziner des 19. Jahrhunderts eingenommen haben, also daß sie von den Mächtigen der ganzen Erde konsultiert wurden und ihre Kliniken die Studenten und die Kranken aus aller Herren Ländern herbeizogen. Hiervon muß nunmehr gesprochen werden.

In der ersten Generation vollzog sich die Loslösung aus der Naturphilosophie. Den einzelnen Gelehrten ist sie in verschiedenen Graden gelungen, aber alle verlangten von der Medizin, daß sie

Naturwissenschaft werde und jedes Hilfsmittel der objektiven Beobachtung heranziehe. Nicht mehr die Bücher waren von nun an die wichtigsten Arbeitsmittel, sondern das Mikroskop, das Seziermesser, das Reagenzglas, das Hörrohr. Im Würzburger Juliusspital hat 1803 Ignaz Döllinger — der Vater des Theologen — nach dem Vorbilde seiner Wiener Lehrer die Klinik eingerichtet, in der er als Grundsatz aufstellte, „daß die wissenschaftliche Heilkunde ihre Grundlage in der Kenntnis der Prozesse im Organismus habe". Er war mit Schelling befreundet, aber auch mit Fraunhofer; zu seinen Schülern gehörte nicht nur Oken, sondern auch Carl von Baer, der Vater der modernen Entwicklungslehre, der in Königsberg und Petersburg immer bekannt hat, die wesentlichsten Eindrücke bei Döllinger erhalten zu haben. Die Würzburger Klinik ist seit 1817 durch Schönlein ganz zu einer Stätte der naturwissenschaftlichen Bildung gemacht worden. Ihr kommt als der frühesten Lehrstätte induktiver Forschung in Deutschland die gleiche Bedeutung zu wie dem Laboratorium Liebigs in Gießen. Mit Schönlein beginnt in Deutschland die Rückführung zu den Tatsachen, Würzburg wurde seinetwegen gefeiert als ein Wallfahrtsort für die Ärzte, wie es Rom für die Künstler war. Er zuerst hat ein großes Krankenhaus den Studenten zugänglich gemacht, so daß jeder Einzelne durch eigene Beobachtung den Verlauf der Krankheiten verfolgen und wirkliche Erfahrungen sammeln konnte. Er lehrte die Studierenden, auf anatomischer Basis die Krankheitsbilder zu betrachten, aus den Erscheinungen und ihrem ursächlichen Zusammenhang den „Krankheitsprozeß" zu verstehen: Wort und Begriff sind durch ihn eingeführt worden. Seine Leistung liegt, wie man sieht, ausschließlich in der Methode. So hat er denn kaum etwas veröffentlicht: seine Vorlesungen schrieben seine Schüler nach und gaben sie heraus. Er schleppte noch viele alte Ansichten mit, aber er war bereits durchaus Empiriker, er sammelte Krankheitsberichte, anatomische und paläontologische Präparate. Seine geschichtliche Bedeutung ist, daß er in dem neuen Geiste eine ganze Generation von Ärzten erzogen hat.

An Angriffen hat es nicht gefehlt. Mit Schönlein begann die konstitutionelle Betrachtungsweise zu verschwinden, der Blick wurde ausschließlich auf die Organe gelenkt. Dies mußte in der Folge zu schlimmer Einseitigkeit führen. Auch fiel es nicht leicht, die Kranken als Unterrichtsmaterial vor jungen Studenten verwendet zu sehen, das Experiment und die Naturforschung in der Krankenstube herrschen zu lassen. Es war sehr schwer zu entscheiden, wo bei Versuchen am Tiere oder gar bei der Vivisektion ein wissenschaftliches Interesse aufhörte und das Recht des Sittengesetzes begann. Man stand vor aufwühlenden Fragen, die Neuerer konnten keine beruhigenden Erklärungen geben. Die Angriffe sind besonders von Ringseis geführt worden. Hierbei war Schönlein Träger des wissenschaftlichen Fortschrittes; aber es war nötig, daß gegenüber drohenden geistigen Gefahren und Einseitigkeiten ein Damm errichtet wurde. Was sich hier vollzog, war die Auseinandersetzung zwischen zwei medizinischen Schulen, in der zugleich auch Gegensätze der Weltanschauung zum Austrag kamen. Aber der Standpunkt, den Ringseis einnahm, war durchaus nicht der vor der katholischen Kirchenlehre allein mögliche, und erst als der von Schönlein eingeschlagene Weg durch den Radikalismus seiner Nachfolger in eine materialistische Medizin geführt hatte, ist es von Virchow und von dem späteren Liberalismus so dargestellt worden, als ob in diesem Streite Ringseis als Wortführer der katholischen Lehre und Schönlein als Vorkämpfer der freien voraussetzungslosen Wissenschaft gesprochen habe. In Wahrheit hat Schönlein den katholischen Boden niemals verlassen. Er war und blieb gläubiger Katholik; in Berlin hat er das katholische Krankenhaus in jeder Hinsicht gefördert; in Zürich erlebte er es, daß der Stadtrat ihn, den gefeierten Arzt, zum Ehrenbürger vorschlug und die Bürgergemeinde den Antrag verwarf, weil er Katholik war; im Alter ruhte er sich von seinem reichen Leben in seiner Vaterstadt Bamberg aus, in der ihm gewohnten katholischen Umwelt. Was dem Streite mit Ringseis einen unwissenschaftlichen Charakter gab, war vielmehr der Umstand, daß er in den politisch erregten 30er Jahren hinübergespielt wurde auf das Gebiet der Politik. Schönlein war politisch-konstitutionell gesinnt und auch deshalb bei den Studenten sehr beliebt. Ringseis dagegen war der allmächtige, persönliche Berater des Königs und scheute sich nicht, die Erfolge seines Widersachers seiner politischen Haltung zuzuschreiben: Schönlein, liebte er zu sagen, sei „so kolossal in der Medizin wie Rotteck in der Geschichte“. Schließlich wurde der Würzburger Professor auf Grund einer Denunziation seiner politischen Gegner gemaßregelt, als Bezirksarzt nach Passau versetzt; er entzog sich — es war 1833 — der drohenden Verhaftung durch die Flucht. Die Züricher beriefen ihn an ihre neugegründete Universität, und 1840 folgte er einem Rufe nach Berlin, wo er als erster die „deutsche Klinik“ einrichtete. Bis dahin hatte es dort nur die bei der Begründung der Universität eingerichtete „lateinische Klinik“ gegeben.

Schönlein hat mit seinen Würzburger Jahren, von 1817 bis 1833, die Reihe der großen, deutschen Kliniker eröffnet. Er wurde seit Ende der 30er Jahren eingeholt und überholt durch die jüngere Wiener Schule, die den längst erloschenen Ruhm der älteren Schule erneuerte, die Wiener humoralpathologische Tradition mit dem französischen anatomischen Gedanken verband. Sehr schwer hatten es der Prosektor Rokitansky und der Sekundärarzt Josef Skoda, sich im akademischen Leben durchzusetzen, Schüler unterrichten zu können. Sie waren bescheidener Herkunft; Skoda war der Bruder eines Schlossers, von dem die größte österreichische Industrie ausgegangen ist. Rokitansky war Anatom, Skoda Kliniker: hier zuerst ist diese Arbeitsteilung vorgenommen worden. Die beiden Gelehrten verfügten über das unvergleichlich große Anschauungsmaterial des von Josef II. gestifteten Krankenhauses, das über 2000 Betten umfaßte. Ihre wissenschaftliche Arbeit ging aus von der Sektion. Rokitansky brachte für jede Krankheit gewaltige Massen von Sektionsprotokollen zusammen; sie wurden in jedem einzelnen Falle mit Skodas Krankheitsprotokollen verglichen, die stets den ganzen Ablauf durch alle Entwicklungsstufen beschrieben und sich auf die sachkundige Verwendung aller Mittel der physikalischen Diagnostik stützten. So entstand eine empirische Wissenschaft auf breitester Basis und mit sicheren Arbeitsmethoden. Bald kamen von überall die jungen Ärzte, um hier noch einmal zu lernen und mit Spannung zu beobachten, wie Skoda diagnostizierte und Rokitansky bestätigte oder verwarf. Nur so konnten Methoden gefunden werden, um die auf anatomische Veränderungen hinweisenden Zeichen beim lebenden Kranken zu erkennen. Es war der Weg, auf dem die großen deutschen Kliniker sich gebildet haben. Adolf Kußmaul hat uns in den „Jugenderinnerungen eines alten Arztes“ die Fahrt nach Wien anschaulich geschildert; der junge Tübinger Arzt Carl August Wunderlich hat gleich damals 1841 in einer Programmschrift „Wien und Paris“ von seinen Reisen an die beiden Hauptstätten der Heilkunst berichtet und die Vereinigung des französischen naturwissenschaftlichen Denkens mit der klug ersonnenen Wiener Methode gerühmt. Schönlein war hier bald überholt. In der Folge sind ganz neue Gebiete auf der Grundlage der physikalischen Diagnostik gerade von Wien aus erschlossen worden. So hat 1847 der Wiener Assistenzarzt Ignaz Philipp Semmelweis, lediglich durch klinische Beobachtung und anatomischen Befund, die Ursache des Kindbettfiebers, dieser Geißel des Frauengeschlechts, entdeckt. Ihn erschütterten die entsetzlichen Qualen der Gebärenden in der Geburtsklinik; er sah die Ähnlichkeit des Krankheitsverlaufes bei diesen Frauen und bei Vergiftungen im Sektionssaal. Er selbst starb verkannt und verlacht — verfolgt von den akademischen Machthabern, denen er in seinen Sendschreiben nichts ersparte. Denn seine Entdeckung war eine furchtbare Anklage gegen die Kliniken. Seine Geburtsstadt Budapest hat ihm, als einem der größten Wohltäter des Menschengeschlechtes, ein Denkmal gesetzt. Ein Leben voll Glanz und Erfolg war dagegen Ferdinand Hebra beschieden, der die humoralpathologische Auffassung, als ob die Hautkrankheiten nur durch Verderbnis der Säfte entstehen, beseitigte und die moderne Dermatologie begründet hat: die Spezialisierung lag im Wesen der Wiener Schule. Rokitansky und Skoda hielten trotz ihrer organizistischen Methode auch noch an humoralpathologischen Vorstellungen fest, ihr Ruhm war die Diagnostik, während die Therapie wie in Frankreich noch gering war; es fehlte noch die physiologische Basis. Dies waren die Gründe, warum der junge Virchow 1846 von Berlin aus gegen die Wiener seinen ersten scharfen Angriff gerichtet hat. Er wollte die Humoralpathologie endgültig vernichten, und er holte sich die Waffen hierzu aus der modernen Physiologie, die sein Lehrer Johannes Müller begründet hat: auf Würzburg und Wien folgte Berlin.

Auch Johannes Müller war von bescheidener Herkunft: war Schönlein der Sohn eines Seilers im katholischen Bamberg, so Müller der Sohn eines Schusters im katholischen Coblenz. Viele Jahre hat er schwer ringen müssen, um der Mutter die zahlreichen unmündigen Geschwister erziehen zu helfen. Wenn Schönlein als Schriftsteller nie hervorgetreten ist, vielmehr als Lehrer gewirkt und als vielbegehrter Arzt der Potentaten ein großes Vermögen gesammelt hat, bewegte Jahre gesehen und im Alter in Bamberg das vornehme Leben des ersten Bürgers der Stadt geführt hat, so ist Müller immer der stille, ganz in seinem Werke aufgehende Professor geblieben. Seine Schüler — Emil Du Bois-Reymond, Helmholtz, Virchow, Ernst Haeckel — soweit sie sich auch nachher von ihm entfernt haben, sahen in ihm doch zeit ihres Lebens das hohe Bild des forschenden Menschengeistes verkörpert, der jede andere Rücksicht, jeden Lebensgenuß, jede Bequemlichkeit vergaß und „mit fast düsterem Ernste und alles besiegender Leidenschaft" sein ideales Ziel verfolgte: nur Gauß ist ihm als echter Gelehrter zu vergleichen. Während aber der große Mathematiker nur voll ausgereifte Werke aus der Hand gab und zahlreiche Entdeckungen zurückhielt, hat Müller im Bewußtsein der Dringlichkeit seiner Lebensaufgabe immer sofort vorläufige Berichte veröffentlicht, damit die stürmisch fortschreitende Medizin auf seinen Ergebnissen weiterbauen konnte. Seine literarische Produktion ist deshalb unermeßlich, sie wurde genährt durch die Vielseitigkeit und Mannigfaltigkeit seiner Interessen. Johannes Müller hat in allen Zweigen der biologischen Wissenschaften gearbeitet, überall die Erscheinungen exakt beobachtet und erforscht, zahlreiche neue Tatsachen gesehen und bekanntgegeben. Er war durch die Naturphilosophie hindurchgegangen, hatte aber frühe erkannt, daß die Naturwissenschaften auf dem breiten Fundamente der Tatsachen aufgebaut werden mußten. Als Rheinländer studierte er in Bonn. Es war entscheidend für ihn, daß der Minister Altenstein bei der Begründung der Universität Bonn im Jahre 1818 das Ziel des naturwissenschaftlichen Unterrichtes ausdrücklich dahin gesteckt hatte, daß künftig die jungen Leute keinen Anlaß mehr haben sollten, sich die höhere Schulung in Paris zu holen. So lehrte in Bonn neben den Naturphilosophen auch Philipp Walther, der Anatom. Als Müller dann nach seinen Bonner Jahren sich nach Paris wenden wollte, da zwang ihn Altenstein, der ihm das Stipendium gewährte, nach Berlin zu gehen. Nur der klugen und energischen Geschäftsführung dieses Ministers verdankte es der große Gelehrte, daß er an die für seine Lebensarbeit notwendige Stelle gelangen konnte: die Fakultät wollte den überlegenen Mann natürlich nicht, und Müller hat sich in einem denkwürdigen Schreiben an den Minister selbst in Erinnerung gebracht. So konnte er seit 1833 in Berlin wirken und die neue Arbeitsweise im anatomisch-physiologischen Unterricht zur Geltung bringen, während Schönlein seit 1840 den klinischen Unterricht in Berlin reformierte. Es erregte Aufsehen, als Müller zum ersten Male in eine Vorlesung das Mikroskop mitbrachte. Er lehrte Anatomie, Physiologie und Pathologie: noch waren die drei Fächer in einer Hand vereinigt. Auf allen diesen Gebieten hat Johannes Müller exakte Forschungen durchgeführt und reiche Ergebnisse eingeerntet. Er hat die der Wiener Schule fehlende physiologische Basis geschaffen, dabei in Methode und Inhalt an Goethe angeknüpft und alle inzwischen erzielten Ergebnisse der chemischen und physikalischen Forschungen hineingearbeitet. Seine größte Tat ist die Begründung des Gesetzes von der Energie der Sinnesnerven, wonach „alles, was uns die fünf Sinne an allgemeinen Eindrücken bieten, nicht die Wahrheiten der äußern Dinge, sondern die Qualitäten unserer Sinne sind“. Denn der gleiche Reiz bringt verschiedene Empfindungen hervor, wenn er auf verschiedene Sinnesnerven einwirkt, und verschiedene Reize bringen dieselben Empfindungen hervor, wenn sie auf denselben Sinnesnerv treffen.

Johannes Müller hat eine ungeheure Fülle neuer Beobachtungen zu Tage gefördert, als ein Bahnbrecher der exakten Forschung. Aber er wurzelte auch noch in der klassischen Zeit und strebte — nicht zuletzt auch aus ästhetischen Gründen —, das Ganze der Lebenserscheinungen zu erfassen. Seine Methode war, wie er selbst gesagt hat, „daß man Erfahrungen, wenn sie die hinlängliche Breite und größte Genauigkeit erlangt haben, nicht bloß zusammenstoppelt, sondern daß man wie die liebe Natur bei der Entwicklung und Erhaltung der organischen Wesen verfährt, aus dem Ganzen in die Teile strebe, vorausgesetzt, daß man auf analytischem Wege das Einzelne erkannt hat und zu dem Begriff des Ganzen gelangt ist". Aber schon seine Schüler haben gemeint, daß der moderne Forscher bei solchen Sätzen sich „nichts Rechtes" zu denken wisse. Sie stellten fest, daß dem verehrten Lehrer bei aller Genialität keine wirklich fundamentale Entdeckung geglückt sei, und sie fanden die Ursache eben in seiner Vielseitigkeit, „weil er nicht stets in derselben Richtung seine Forschungen vorgetrieben hat". Das Spezialistentum ist wie ein Schicksal über die Wissenschaften gekommen, Johannes Müller hat sich mit Aufgebot aller Kräfte dagegen gewehrt. Er hat noch den ganzen Umfang der organischen Naturwissenschaften umfaßt wie vor ihm nur noch Haller; aber dieser Umfang wuchs fast täglich, nicht zuletzt durch Müller selbst. Er suchte in der Natur die ewigen Gedanken — er scheute sich nicht zu bekennen, daß die Naturwissenschaft auch etwas Religiöses an sich habe. Er war einer der ganz seltenen Menschen, die tief in die Dinge eindringen, ohne sie zu zerstören. Aber in seinen Schülern erstand ein unphilosophisches Geschlecht, sie verstanden schon bald nicht mehr, was ein aristotelischer Geist zu künden hat, sie sahen hier nur Nachwirkungen naturphilosophischer Bildungselemente, die das exakte Forschen gefährden. Sie wurden hierin bestärkt, weil ihr Lehrer zeit seines Lebens Vitalist geblieben war, sie selbst aber in dem Ausbau der mechanistischen Auffassung ihre historische Sendung suchten und fanden. Johannes Müller faßte die Lebenskraft als zweckmäßig wirkende Schöpferkraft, und in sein Hauptwerk, das Handbuch der Physiologie, nahm er auch ein Kapitel über die Seele auf, wo er sich dem Animismus Stahls sehr näherte. Müller war eine religiöse, universelle Natur; die Familienbriefe sind prächtige Zeugnisse von dem tiefen Gemüt und der vornehmen Menschlichkeit des großen Gelehrten. Er neigte gelegentlich zu pantheistischen Ideen, aber an seinem Grabe konnte der Geistliche — der später Bischof von Trier geworden ist — von ihm bezeugen, daß es ihm trotz seines hohen Ruhmes nicht an gläubiger, christlicher Demut gefehlt habe: „wie an dem Orte gemeinsamer Gottesverehrung, so hat er zu Hause seinem Gotte treu gedient".

Die nächste Generation — seine eigene Schule — hat das Band zwischen exakter Naturforschung und christlicher Weltanschauung zerschnitten: die Naturwissenschaften bezahlten die gewaltigen Fortschritte, die sie erzielten, mit menschlicher und sachlicher Verengerung, immer entschiedener lenkten sie auch in Deutschland in die Bahnen mechanistischer Auffassung. Berlin ist dabei führend geworden. Es wurde die Hochburg der induktiven Medizin, neben dem nur noch Heidelberg während des ganzen 19. Jahrhunderts ein „deutsches Salerno" gewesen ist. Dabei hat nicht nur die innere Medizin diesen glänzenden Aufstieg bewirkt: auch die Chirurgie trat jetzt ein in den Kreis der Wissenschaften. Bis dahin war sie auf den Universitäten nur geduldet, sie hatte ihre Herkunft vom Handwerk der Bader nie verleugnet. Noch lange blieben dem Chirurgen die vollen Fakultätsrechte versagt; in Preußen ist erst in den 60er Jahren die Abstufung in Ärzte und Wundärzte aufgehoben und auch dem Chirurgen volles wissenschaftliches Ansehen gewährt worden. Das französische Vorbild einer auf die Anatomie gegründeten chirurgischen Kunst ist mit Erfolg wohl zuerst in Heidelberg nachgeahmt worden, als dort 1818 Chelius eine chirurgische Klinik einrichtete: er vertrat ausschließlich nur dieses Fach und hat es fast ein halbes Jahrhundert hindurch betreut. Er ist vielleicht noch mehr als Schönlein der erste deutsche wissenschaftliche Mediziner zu nennen, der sich als Praktiker Weltruf und ein großes Vermögen erworben hat. Noch heute zeugt in Heidelberg sein prächtiges Palais von dem erstaunlichen Aufstieg der Chirurgie aus dem Handwerk zur hochgewerteten Wissenschaft, er selbst wurde in den Adelsstand erhoben und von seinen fürstlichen Patienten mit Orden überhäuft. Aus allen Ländern pilgerten die Kranken zu ihm. Sein chirurgisches Lehrbuch wurde in alle Sprachen übersetzt. Es bot nichts Neues im Vergleich zu seinen Pariser Lehrern, aber es faßte mit graziöser Kunst der Darstellung zusammen, wie ja überhaupt die großen Chirurgen des Jahrhunderts alle in irgend einer Weise künstlerische Naturen gewesen sind: auch nachdem die Chirurgie eine Wissenschaft geworden, erforderte doch ihre Ausübung nach wie vor handwerklich-künstlerische Gaben. Neben Chelius wirkte in Heidelberg Franz Karl Naegele, der Begründer der wissenschaftlichen Geburtshilfe. Die Berliner chirurgische Universitätsklinik hat Johann Friedrich Dieffenbach recht eigentlich zur Wiege der deutschen Chirurgie gemacht: das ganze 19. Jahrhundert hat ein großer Operateur nach dem andern dort gewirkt. Dieffenbach weilte schon 1840 mehrere Wochen in Wien, wo dieser Teil der Medizin noch unentwickelt war, und gab „Gastvorstellungen". Dieffenbach hat die Beseitigung der schlimmsten Hemmungen, die der Entfaltung der Chirurgie im Wege standen, nicht mehr erlebt: in sein Todesjahr 1847 fallen die amerikanisch-englischen Erfindungen der Äther- und Chloroformnarkose, und erst nach 1870 verbreitete sich die von dem Engländer Joseph Lister gezeigte antiseptische Wundbehandlung. Erst hiermit eröffnete sich die eigentliche Blütezeit der Chirurgie, die also durchaus in die zweite Hälfte des 19. Jahrhunderts fällt.

Dieffenbach, Schönlein und Johannes Müller heißt das Dreigestirn, das in den 40er Jahren Berlin die Führung in der neuen, naturwissenschaftlichen Heilkunst sicherte. Die Berufung Schellings — im Jahre 1841 auf Veranlassung Friedrich Wilhelms IV., des neuen Königs, geschehen — war ein ganz verspäteter Rückfall in die Naturphilosophie; sie konnte den Sieg der von Johannes Müller begründeten „Berliner Schule" nicht mehr aufhalten. Des Meisters universale Forschung war freilich künftig nicht mehr möglich, so wenig wie auf historischem Gebiete Ranke einen gleichgearteten Nachfolger gehabt hat. Die Schüler teilten sich in das durch ihre Arbeit unermeßlich sich dehnende Feld. Die biologische Richtung bauten Schwann und Schleiden aus, die pathologische Virchow, die anatomisch-physiologische Jakob Henle, die physikalische Emil Du Bois-Reymond und Helmholtz. Sie alle schritten über ihren Lehrer hinaus. Sie arbeiteten mit den von ihm gezeigten Mitteln, aber sie wollten sich mit der Empirie allein nicht mehr begnügen, sie sahen die Notwendigkeit der wissenschaftlichen Hypothese. Und anderseits schienen ihnen des Meisters vitalistische Ansichten eine Inkonsequenz, ein letzter, unerträglicher Rest aus der naturphilosophischen Periode; sie zogen aus, die „Lebenskraft" zu verscheuchen. Der Kampf gegen die Naturphilosophie und gegen Hegel wurde von Schleiden noch lange geführt, als eine Angelegenheit der Volksbildung in Zeitungen und Vorträgen. Aber es war ein Nachzüglergefecht, wissenschaftlich handelte es sich nur noch um den Vitalismus.

Es war ein großer Triumph des Mikroskops, als Theodor Schwann im Jahre 1839 mit seinen „Mikroskopischen Untersuchungen" hervortrat und die Gleichartigkeit der organischen Natur in den Zellen nachwies. Schon vorher erkannte Schleiden die Zellen der Pflanzen. Auch Schwann war wie sein Lehrer Johannes Müller Rheinländer und Katholik. Er hat im katholischen Belgien, in Löwen und Lüttich, gelehrt, und er fand keine Veranlassung, die neue Heimat zu verlassen, als man ihm verspätet und widerwillig in Deutschland einen Lehrstuhl bot. Er sah, wie man aus seinen Ergebnissen voreilige Schlüsse zog. Man glaubte, das Leben selbst erklärt zu haben, wo man das Problem des Lebens doch nur hinausgeschoben hatte; man fand, daß das Leben nichts weiter sei als die summarische Aneinanderfügung einfacher Elementargebilde. Auf dieser Grundlage hat dann Schleiden die Biologie und die Entwicklungsgeschichte gepflegt, Jakob Henle hat die Anatomie und Physiologie neu geschaffen, Rudolf Virchow die Zellularpathologie begründet. Virchow erkannte, daß auch das Blut solche Zellen — weiße und rote Blutkörperchen — enthalte: in den anatomischen und mikroskopischen Befunden sah er die einzigen Elemente zur Erkenntnis der Krankheiten. Große Erfolge hat er auf diesem Wege erzielt, der Chirurgie und den Fachärzten die Wege gebahnt; aber sein alles beherrschender Begriff der „örtlichen Krankheit" hat anderseits die alte universelle Medizin vollends erstickt und die Therapie auf lokale Beeinflussung des erkrankten Organs eingestellt. Virchow gelangte zu einer materialistischen Naturwissenschaft, die vornehmlich durch ihn und durch Johannes Müllers jüngsten Schüler Ernst Haeckel der zweiten Hälfte des 19. Jahrhunderts das Gepräge gegeben hat.

Andere Arbeiten, die auf dem Gebiete der Physik und der Chemie lagen, lockten nach der gleichen Richtung. Indem man Elektrizität und Magnetismus, Licht und Wärme als Bewegungserscheinungen des Äthers und der Moleküle anzusehen lernte, kam die demokritisch-epikureische Vorstellung von der Unzerstörbarkeit der Materie wieder zur Herrschaft. Dies war auch eine Naturphilosophie, nur gab sie sich als empirische Wissenschaft aus. Von dieser Seite her erfolgte der schärfste Angriff gegen den Vitalismus 1848 durch Emil Du Bois-Reymond in der Vorrede zu seinen „Untersuchungen über tierische Elektrizität": der Verfasser war, noch in den 50er Jahren, Johannes Müllers letzter, engster Mitarbeiter. Auch die Frage der Lebenskraft bewegte die Geister, zahlreiche Schriften erschienen hüben und drüben. Der junge Philosoph Lotze, der von Herkunft Mediziner und Chemiker war, schrieb gegen die Lebenskraft und wurde von den Naturforschern als Bundesgenosse begrüßt. Es handelte sich nicht um die über allen Einzelkräften liegende Kraft der Verwirklichung des Lebens, sondern um die Frage, ob es eine den andern im Organismus tätigen Kräften koordinierte, einheitliche Lebenskraft gebe, die durch den Tod vernichtet und in keine andere wahrnehmbare Kraft umgewandelt werde. Johannes Müller hatte diese Frage bejaht, seine Schüler dagegen wollten die Physiologie zu einem Zweige der Physik und Chemie machen. Die Frage wurde von Liebig konkret gefaßt — ob die mechanische Kraft und die in den Organismen erzeugte Wärme aus dem Stoffwechsel vollkommen herzuleiten sei oder nicht.

In der Auseinandersetzung über dieses Problem ist das Gesetz von der Erhaltung der Energie gefunden worden. Es wurde zuerst 1842 von dem Heilbronner Arzt Robert Mayer in einem Aufsatze in Liebigs „Annalen“ aufgestellt und 1845 mit seinen physikalischen und physiologischen Anwendungen eingehend dargelegt. Es wurde von ihm als das Gesetz der Äquivalenz von Wärme und Arbeit bezeichnet. Im Jahre 1843 ist auch der englische Physiker James Joule zum gleichen Ergebnis gekommen, und dann hat Helmholtz 1847 das Energieprinzip durch alle Gebiete der Physik und in mathematischer Form durchgeführt: er wählte den heute nicht mehr üblichen Ausdruck „Erhaltung der Kraft“. Robert Mayer kam zu der Entdeckung ohne bewußte Vorbereitung, durch geniale Intuition, als junger Schiffsarzt in den Tropen. Er hat sein ganzes Leben der Durchführung dieses einen großen Gedankens gewidmet. Niemand glaubte dem Arzte der kleinen Landstadt, als er den Anspruch erhob, das alle Naturwissenschaften umgestaltende Gesetz als erster gefunden zu haben; er wurde wegen Größenwahn ins Irrenhaus gesteckt und der Zwangsstuhlbehandlung unterworfen. Helmholtz aber, der inzwischen eine glanzvolle akademische Karriere gemacht hatte, hat dazu beigetragen, daß der wahre Zusammenhang lange verborgen blieb. Man erwähnte seinen Namen nur obenhin, als ob Mayer kein wesentliches Verdienst zukomme. Man wollte ihn totschweigen, denn man konnte es nicht zulassen, daß ein kleiner, schwäbischer Landarzt die gesamte Naturwissenschaft auf eine neue Grundlage gestellt haben sollte. Erst in den 60er Jahren hat der englische Physiker Tyndall der Gerechtigkeit und Menschlichkeit den Dienst erwiesen und der Welt das unwürdige deutsche Schicksal bekannt gegeben. Der ausgeprägte Heimatsinn seiner schwäbischen Landsleute ersetzte dem genialen Manne schließlich, was das große deutsche Vaterland nur widerwillig anerkannte; der König von Württemberg erhob ihn in den Adelsstand. Als aber der Berliner Privatdozent Eugen Dühring die tragische Geschichte vor dem deutschen Publikum ausbreitete und es dabei nicht an scharfen, sehr unklugen Angriffen auf den mächtigen Physiker und seinen Anhang fehlen ließ, da wurde ihm die Lehrerlaubnis entzogen. Helmholtz hat in späteren Jahren zwar Mayers Verdienst zugegeben, aber er hat mit Unrecht stets daran festgehalten, daß Mayer kein exakter Forscher, sondern nur ein spekulativer Theoretiker sei. In Wahrheit hat gerade Mayers Berechnung sich als die richtige erwiesen.

Die Entdeckung des Energieprinzips war von gewaltiger Bedeutung: die Jahrhundertmitte hat nicht nur für die politische Geschichte eine neue Epoche eröffnet! Die moderne Technik konnte sich nicht entwickeln ohne die mechanische Wärmetheorie, die über das Wesen der Energie aufgeklärt und die Möglichkeiten gezeigt hat, rohe Energien in wertvolle zu verwandeln. Die moderne Physik ruht auf dem Satze, daß die Wärme aus mechanischen Kräften entsteht und daß zwischen der verbrauchten Arbeit und der entstandenen Wärme ein konstantes Verhältnis ist. Das moderne Weltbild ist ohne Robert Mayer ebensowenig zu denken wie ohne Galilei und Newton. Abermals öffnete sich ein neuer Zugang in die Wunder und Kräfte der Natur und in ihre Einheit. Was die organische Chemie soeben neu gelehrt hatte, vertiefte und erweiterte sich nochmals: man sah, daß es Gesetze gibt, die überall in der Natur walten, für alle Erscheinungen der Materie gelten, für die belebte wie die unbelebte Natur. Auf diesem Wege zur Einheit der Natur wurde dann die letzte Stufe 1860 erreicht mit der Entdeckung der Spektralanalyse durch Kirchhoff und Bunsen: sie erwies die Einheitlichkeit des Universums aus der Einheitlichkeit der irdischen und der kosmischen Materie. Zahlreiche, bisher zusammenhanglose oder sich widersprechende Kenntnisse fanden durch das Energieprinzip plötzlich ihre einfache, überraschende Erklärung. Wie erstaunt hatte Rumford 1798 die Wärme aus Reibung entstehen sehen, wie unerklärlich schien die Wärme des elektrischen Bogens, die Umsetzung der Speisen in die Energie der Muskeln, die Verwandlung des Sonnenlichtes in die Kraft der Pflanzen. Dies war nun also die Lösung des Rätsels von der „Lebenskraft"! Während aber Helmholtz in dem Gesetze von der Erhaltung der Energie und der Unzerstörbarkeit der Materie eine Bestätigung seiner mechanistischen Auffassung des Lebens sah, ist Mayer immer ein tiefreligiöser Mensch geblieben. Es ist denkwürdig, wie der schlichte, einsame Schwabe auf der Naturforscherversammlung in Innsbruck 1869 nach dem großen, umrauschten Physiker das Wort ergriff, um an die Grenzen des neuen Prinzips zu erinnern. Wenn Helmholtz den Wärmetod der Welt lehrte — daß also dem Menschengeschlechte wohl ein langes, aber kein ewiges Bestehen gewährt sei —, so stellte Mayer die

Gründe zusammen, die sich schon jetzt über die Erhaltung der Welt sagen ließen. Und wenn die Physiologen geneigt waren, den physikalisch richtigen Satz „ex nihilo nil fit" auch auf den lebenden Organismus auszudehnen, so erinnerte Mayer an die Zeugung, „für die es auf physikalischem Gebiete kein Analogon gibt". Und schließlich zog Mayer gerade auch aus dem Energieprinzip den Schluß, daß neben Materie und Kraft noch die Seele lebt: „Ist man einmal zu der Einsicht gelangt, daß es nicht bloß materielle Objekte, sondern auch Kräfte gibt, ebenso unzerstörlich wie die Stoffe des Chemikers, so drängt sich die Annahme geistiger Existenzen unbedingt auf. Der lebende Körper besteht, wie wir jetzt wissen, nicht bloß aus materiellen Teilen, er besteht wesentlich auch aus Kraft. Aber weder die Materie noch die Kraft vermag zu denken, zu fühlen und zu wollen."

Mit dem Prinzip von der Erhaltung der Energie war eine neue Periode der Naturforschung angebrochen, eine Zeit neuer, mathematisch-physikalischer Spekulation. Der Empirismus hatte seine Schuldigkeit getan. Der greise Alexander von Humboldt fühlte, wie er veraltete. In seinen letzten Tagen hat er der Umwandlung von Arbeit und Wärme zwar schließlich beigepflichtet, aber sie schien ihm doch noch auf „etwas willkürlichen Annahmen" zu beruhen. Das neu heraufkommende Zeitalter wurde am vollendetsten dargestellt durch Helmholtz, der für die deutsche Naturwissenschaft in der zweiten Hälfte des 19. Jahrhunderts die gleiche repräsentative Bedeutung besitzt wie Alexander von Humboldt in der ersten Hälfte. Helmholtz war als Militärarzt von der Medizin ausgegangen, aber frühe zur Physik und zur physikalischen Betrachtung aller Dinge gelangt. Ausgestattet mit einer bewunderungswürdigen mathematischen Begabung und fußend auf der Lebensarbeit von Gauß, ist Helmholtz in Gebiete geführt worden, die noch nie ein Mathematiker betreten hatte und in die er das physikalische Messen eingeführt hat — die Sinnesphysiologie, vornehmlich die Physiologie der Optik und der Akustik. Neben ihm mag als Vertreter der neuen Methode noch Jakob Henle genannt werden, der Johannes Müllers ältester und liebster Schüler gewesen ist, von jüdischer Herkunft. Er hat im Jahre 1840 in seinen „Pathologischen Untersuchungen" als erster ausgesprochen, daß die Infektionskrankheiten unmöglich anders zu erklären seien als durch einen mit individuellem Leben begabten Ansteckungsstoff. Es war reine naturwissenschaftliche Spekulation, nur eine Zusammenstellung von Gründen: noch hatte niemand die Bakterien im Mikroskope gesehen, noch war Pasteur nicht aufgetreten. Als Semmelweis

1847 den Erreger des Kindbettfiebers aus der Art der von ihm erzeugten Krankheiten erschloß, ahnte er noch nicht, daß die vergiftenden Substanzen Wesen organischen Ursprungs seien. Henle hat auch später immer gegen die Naturphilosophie und gegen den rohen Empirismus zugleich angekämpft, er nannte seine Richtung „rationelle Medizin" und schrieb von ihr: „Es wird immer ein ansehnliches, allein der Hypothese zugängliches Gebiet übrig bleiben; und wenn unsere Erfolge fördernd, unsere Mißgriffe warnend beigetragen haben, der Hypothese ihre richtige Stelle anzuweisen, so hat die Fahne der rationellen Medizin nicht umsonst geweht."

Noch von manchem andern deutschen Naturforscher könnte gesprochen werden, der diesen oder jenen neuen Gang des Erkennens eröffnet oder gefördert hat. So hat Wilhelm Heinrich Dove die Strömungsgesetze der Winde gefunden: die ersten Wetterwarten konnten in den 40er Jahren gegründet werden. In der Tat ist in jenen Jahrzehnten kein Gebiet der Naturwissenschaften ohne die größten Umwälzungen geblieben. Der deutsche Geist hatte innerhalb eines Menschenalters die Führung erlangt, viel verdankte er dabei dem westeuropäischen Denken, und schon kündete es sich an, daß er den Einseitigkeiten und Gefahren der naturwissenschaftlichen Methode noch ganz anders erliegen werde als jemals die großen Franzosen. Denn Deutschland trat ohne bedeutende wissenschaftliche Tradition in das neue Zeitalter der Naturwissenschaften und Technik ein, seine Weltstellung verdankte es dem Genie einzelner Forscher. Bewundernd versenkten sich diese in die große Natur, die Auffindung des grundsätzlich Neuen war ihre Leistung, die selbstlose Hingabe an die geistige Arbeit war ihnen Inhalt und Glück ihres Lebens. In ihrer Denkweise verkörperte sich der beste und edelste Teil des echten deutschen Wesens. Aber im Rausche der Erfolge sollten dereinst alle Hemmungen fallen, Besonnenheit und Humanität verloren gehen. Doch hat der deutsche Geist in die sich entfaltende abendländische Wissenschaft einen Gedanken hineingetragen, der ihm besonders eigen war und der ihn stets daran erinnern konnte, daß das Leben jenseits aller Mechanik und Technik seine eigenen Bahnen zieht — den genetischen Gedanken. Wir haben sein Werden verfolgt seit Leibniz. Er ist auch den Franzosen nicht fremd geblieben, aber er hat in Deutschland seine vornehmlichste Ausgestaltung gefunden. Er galt sowohl für die Naturgeschichte wie für die historischen Wissenschaften, mit Goethe ist er in den Bereich der induktiven Forschung eingetreten, dann haben Döllinger und seine

Schüler Oken und Karl von Baer ihn in die Biologie getragen, während die Brüder Schlegel und die Brüder Grimm, Savigny und Wilhelm von Humboldt ihn in der Welt des Geistes erfaßt haben und dabei sich immer ihrer Wahlverwandtschaft mit dem gleichzeitigen Aufschwung der Naturwissenschaften bewußt gewesen sind. Dies war etwas ganz anderes, als was später Virchow meinte, wenn er die „Allmacht der naturwissenschaftlichen Methode" zu rühmen liebte. Aber auch im Entwicklungsgedanken lagen Gefahren, die sich nachher verwirklicht und eine säkulare Bedeutung gewonnen haben. Die Gelehrten der vormärzlichen Zeit fühlten sich noch als die Träger echt menschlicher Bildung, sie standen noch im großen Zusammenhang der christlichen und humanistischen Kultur des Abendlandes: das Schicksal hatte die richtigen Männer an die große Aufgabe geführt, die das Jahrhundert gestellt hatte.

VIERTER ABSCHNITT

Die Technik

Die moderne idealistische Philosophie war deutsches Nationalgut; die Pflege der positiven Wissenschaften geschah bei allen Völkern. Westeuropa war dabei vorangegangen, aber die deutschen Gelehrten hatten aus der philosophischen Bewegung des deutschen Geistes grundlegende Gedanken aufgenommen und mit ihrer Hilfe eine stattliche Anzahl von Wissenszweigen aufgebaut, die im eigentlichen Sinne als deutsche Wissenschaften angesprochen werden konnten. Auch die Anwendung der neuen Erfahrungswissenschaften auf das Leben wurde im ganzen Abendlande unternommen, um schließlich in Deutschland viele große Schöpfungen von nationaler Eigenart und mit besonderer Rücksicht auf die Bedürfnisse des deutschen Volkes hervorzubringen. Es wurde die eigentliche Leistung des 19. Jahrhunderts, daß in seinem Verlaufe der europäische Geist zweimal den Schritt vom Ideale zur Wirklichkeit vollzog: zuerst ging er vom abstrakten Denken zur konkreten Welt in Natur und Geschichte, vom Sollen zum Sein, und dann wandte er die also gewonnenen Ergebnisse der reinen Forschung auf das Leben in Staat und Gesellschaft an. In dem Ausbau der angewandten Wissenschaften fand der bürgerliche Charakter des Jahrhunderts seinen vollendetsten Ausdruck. Die emsige, methodische Arbeit des bürgerlichen Menschen war nötig, damit das weite Feld der Erfahrung bearbeitet werden konnte, und die nüchterne, auf das Diesseits gerichtete Sinnesart des Bürgertums kam hinzu, um Welt und Leben mit wissenschaftlichen Mitteln neu zu gestalten. Es war eine späte Konsequenz jenes Geistes der Autonomie und Verweltlichung, der in der abendländischen Entwicklung seit Jahrhunderten angelegt war. Große geistige Gefahren sind auf diesem Wege emporgestiegen, die nur durch eine Fortdauer und Erneuerung des christlichen Erbgutes hintangehalten werden konnten. So war dem abendländischen Bürgertum eine weltgeschichtliche Aufgabe von hoher Bedeutung gestellt. Es mußte vollbringen, was an der Zeit war; und die Frage war lediglich, wie es seiner Sendung gerecht wurde und wohin der Weg zuletzt führen werde. Das Bürgertum hat mit den Mitteln der geschichtlichen Wissenschaften das staatliche Leben von Grund aus umgebildet, indem es den Rechtsstaat aufbaute, und es hat mit den Mitteln der Naturwissenschaften alle äußern Voraussetzungen des menschlichen Daseins in ungeheurer Weise revolutioniert, als es das Wunderwerk der modernen Technik errichtete: Konstitution und Maschine hießen seine beiden Lebenszwecke! Sie haben sich aufs engste ergänzt und bedingt: die Anfänge der modernen Technik waren nur möglich bei Rechtssicherheit und bei Freigabe der persönlichen Initiative, und die Erleichterung der materiellen Umstände hat ihrerseits die rechtsstaatliche Entwicklung gefördert, die Menschen beweglich und selbstsicher gemacht im Glauben an einen möglichen Fortschritt, an eine in Freiheit harmonisch geordnete Welt. Liberalismus und moderne Technik sind aus vielfachen Antrieben entstanden, und als ihr gemeinsames Erzeugnis wird am Ende des Jahrhunderts der moderne Massenmensch hervortreten, der nur noch das praktisch Verwertbare gelten läßt: aber der einheitliche geistige Urgrund war für den Liberalismus wie für die Technik ursprünglich die reine Wissenschaft, sie blieb ihre Lebensader und die Vorbedingung ihrer Fortdauer.

Wie die Entwicklung des Rechtsstaates dem westeuropäischen Geiste vornehmlich verpflichtet ist, aber sich im deutschen Volke mit starken Elementen aus der eigenen Vergangenheit des christlich-germanischen Mittelalters verbunden hat, so ist auch die moderne Technik zuerst auf westeuropäischem Boden erwachsen, um dann nach Deutschland zu gelangen und dort geeignete und innerlich bereite Menschen vorzufinden. Zu allen Zeiten und unter allen Völkern hat es naturgemäß eine Technik gegeben. Denn — anders als das Tier — kann der Mensch die von der Natur gelieferten Stoffe nicht in der Form gebrauchen, wie sie ihm von der Natur geboten werden; er muß sie umformen. Und noch immer ist der Mensch auch bestrebt gewesen, sich die physische Arbeit zu erleichtern und die Hemmnisse des Raumes und der Zeit zu überwinden. Denn, wie Max Maria v. Weber, der Dichteringenieur, mit klassischen Worten ausgeführt hat: „Die Zivilisation ist eine Gesellschaftsarbeit. Je fester Schulter an Schulter, in je innigerem Kontakt, in je rascherer Wechselwirkung die Mitwirkenden dabei stehen, um so energischer und schneller wird sie gefördert werden. Ihre Hauptgegner sind daher die mächtigen Trenner, Raum und Zeit: je kleiner die Welt, um so größer der Mensch.“ Was aber die moderne europäische Technik von jeder Technik der Vorzeit grundsätzlich unterscheidet und ihre einzigartige geschichtliche Größe ausmacht, ist ihre exaktwissenschaftliche Grundlage. Bis dahin war die Technik rein empirisch gewesen: die Erfahrungen waren von Geschlecht zu Geschlecht überliefert und durch findige

Köpfe zufällig gemehrt worden. Der modernen Technik jedoch sicherte es eine unendliche Überlegenheit über alle lediglich empirische Arbeitsweise, daß sie im Gefolge der modernen Naturwissenschaft entstanden ist und auf der systematischen Erforschung der Natur und ihrer Gesetze beruht. Als Kopernikus und Kepler, Galilei und Newton durch Nachdenken auf logischem Wege die Gesetze fanden, die sie dann in der Natur bestätigt sahen, da lag ihnen der Gedanke der praktischen Anwendung ferne: sie formulierten die Gesetze des Falles, der Planetenbahnen, die Wissenschaft der Mechanik, und sie machten dabei die erstaunliche Entdeckung, daß die Welt rational geordnet ist. Es war ihnen kein müßiges Spiel, die bunte Vielgestaltigkeit der Erscheinungen in ein Beziehungssystem von Zahlen zu bringen: sie strebten nach Erkenntnis der ewigen Ordnung. Aber die praktische Bedeutung dieses Denkens wurde bald offenkundig. Die Wissenschaft der Mechanik wurde berufen, den Menschen von seiner Körperlichkeit zu entlasten, ihn freizumachen von niederer Arbeit, die nun die Maschine zu leisten hatte, während der Mensch regiert. Denn wenn man einmal die Gesetze der Natur erkannt hatte, dann brauchte man nur die Elemente entsprechend zu mischen, um gewünschte Wirkungen hervorzurufen. Treffend hat Franz Reuleaux, der große Ingenieur, das Wesen der modernen Technik gekennzeichnet: „Bringen wir unbelebte Körper in solche Lagen, solche Umstände, daß ihre naturgesetzliche Wirkung unsern Zwecken entspricht, so können wir sie für die belebten Wesen und statt derselben Arbeit verrichten lassen." Dies begann man mit Bewußtsein auszuführen: so entstand die moderne, die wissenschaftliche Technik, die gegründet ist auf die Kenntnis und systematische Ausnutzung der Naturgesetze. Noch im 17. Jahrhundert wurde das mit dem Experiment arbeitende technisch-wissenschaftliche Verfahren in seinen Grundzügen ausgebildet. Wenn die Naturwissenschaft schon damals verleitet hatte, die Welt als Maschinismus oder Chemismus zu denken, so begann die Technik nun künstlich eine Welt zu schaffen, die nach den von der Naturwissenschaft für das Ganze aufgestellten Formeln abläuft. Jetzt wurde die Hoffnung eröffnet, durch Erkenntnis der Naturgesetze zur Herrschaft über die Natur zu gelangen. Denn die Einsicht in die Gesetzlichkeit, nach welcher in der physischen Welt die Bewegungen verknüpft sind, gestattet, Wirkungen in ihr hervorzubringen, zu hindern oder doch vorauszusehen. So kam man sehr leicht zu einer Vergötterung der Wissenschaft, denn „Wissen ist Macht". Das Wort stammt von Lord Bacon, der in seinem utopischen Roman von dem glückseligen Inselvolke der

„Nova Atlantis" das frohe und optimistische Zukunftsbild entworfen hat, wie vor dem Bunde von Naturwissenschaft und Technik jene Schranken der menschlichen Natur fielen, die man so bitter empfand. Er bekannte sich zu der Aufgabe, „die geheimen Bewegungen der Dinge zu erforschen, um dadurch die Grenzen der menschlichen Herrschaft zu erweitern". Er prophezeite, daß die Menschen mit pfeilschnellen Schiffen dahinziehen werden, ohne Ruder und ohne die Unsicherheit des Segels; ja von Luftfahrzeugen ist bereits die Rede.

Wir haben gehört, wie die Elemente des technischen Denkens schon in den Schriften des Descartes — die den ganzen modernen Rationalismus eröffnet haben — niedergelegt waren und wie Frankreich, das Vaterland dieser Philosophie, auch die Heimat der Experimentalwissenschaft und der modernen Technik geworden ist: auf dem engen westeuropäischen Raume und zumal in der Weltstadt Paris entwickelte sich der Geist, an dessen Ausbreitung und Dauer die moderne Technik gebunden blieb. Schon zu Voltaires Zeit war die Mechanik die Lieblingswissenschaft der vornehmen Welt geworden, in der Französischen Revolution errichtete der Konvent den wissenschaftlich-technischen Arbeiten die beiden Heimstätten der „Ecole polytechnique" und des „Conservatoire des arts et métiers", Napoleon förderte mit mächtiger Hand die exaktwissenschaftlichen Studien und ihre praktische Anwendung. Von diesen geschichtlichen Tatsachen ist hier schon öfters die Rede gewesen. Entscheidend war der wissenschaftliche Geist, der in diesen Arbeiten zu Tage kam. Es war die Überzeugung, daß eine wahre Wissenschaft von Fundamentalsätzen ausgehen und sich durch reines Denken aufbauen wird und daß ein großes Rüstzeug von mathematischen und naturwissenschaftlichen Kenntnissen beschafft werden muß, um die mechanischen, physikalischen und chemischen Naturkräfte auf den Menschen wirken zu lassen. Gerade auch die Mechanik wurde als eine solche reine Wissenschaft ergriffen und zu allgemeinen Prinzipien geführt, die für alle Räume des Himmels und der Erde und für alle Zeiten als absolute Wahrheiten gelten durften und vollständig ausreichten, um jedes Problem der Mechanik — betreffe es einen Himmelskörper, einen irdischen Naturkörper oder eine von Menschen hergestellte Maschine — in Angriff nehmen zu können. Wir haben früher erwähnt, wie Monge, der Direktor der Ecole Polytechnique, die darstellende Geometrie schuf, durch die es ermöglicht wurde, Körper auf die Ebene zu projizieren, dreidimensionale Gebilde zu reduzieren oder vielmehr als solche darzustellen: dies wurde von nun an unentbehrlich für den Ingenieur. Neben den großen Mathematikern und Physikern der Pariser Schule wirkte auch der General Poncelet, der die Wissenschaft der technischen Mechanik begründet hat. Die Zöglinge des Polytechnikums gewöhnten sich daran, daß es eines Ingenieurs unwürdig sei, sich der Mittel der Kultur zu bedienen, ohne über ihren Aufbau und den Zusammenhang ihrer Wirkungen Bescheid zu wissen und ohne selbst in der Lage zu sein, an ihrer Verbesserung und Vermehrung an irgend einer wenn auch noch so bescheidenen Stelle mitzuwirken. So wurde es hier zuerst empfunden, daß Forschung und Anwendung, Theorie und Praxis ebenso eng verbunden und so wenig ohne Tod lösbar sind wie Geist und Körper!

Dieses wissenschaftlich-technische Denken kam der allgemeinen Lage entgegen, in die der abendländische Mensch um die Wende des 18. zum 19. Jahrhundert gelangt war: es war der autonome Mensch, der gestalten und herrschen wollte. Zwar gab es daneben noch andere Strömungen, die als mehr oder minder heilsames „Gegengift" wirkten. Rousseau hatte gelehrt, daß die Welt gut sei und der Mensch also wieder zur Natur werden müsse; die Romantik erhob Anklagen wider den Geist, der einseitig, abstrakt und vernünftelnd geworden war. Aber der Wille, die Welt zu formen durch die Kraft der Vernunft, lebte im europäischen Menschen als ein geschichtliches Erbe, das sich ergänzen und veredeln, niemals beseitigen ließ: alle Versuche der Reaktion blieben wie der protestantische Pietismus auf enge Kreise beschränkt oder waren wie die romantische Übertragung der Lehre Buddhas nach Europa eine Angelegenheit weniger Literaten, unter denen Schopenhauer der bekannteste ist. Der abendländische Mensch trug in sich als historisches Schicksal eine geistige Art, die leicht zum Verluste an Innerlichkeit führen konnte und in der Folge geführt hat, aber ihn auch zum Träger der modernen Technik und ihrer gewaltigen, aufbauenden Arbeit gemacht hat. Im Bunde mit der rationalistischen Weltanschauung walteten hier der uralte Nachahmungs- und Spieltrieb und die schöpferische Lust am Zeugen, aber auch der moderne Drang nach Tätigkeit, die Hinwendung zum Diesseits, die nie befriedigte Aktivität. Es war nicht mehr das mystische Halbdunkel einer von Geheimnissen und Rätseln umstellten Zeit. Hier regierte der methodische Denkprozeß, hier waren Ausdauer und eiserner Wille, Arbeitsamkeit und herrischer Sinn und auch eine reine Freude am Bauen und Wirken. So unternahm man es, die Grenzen von Raum und Zeit zu überwinden; man hoffte, im unwiderstehlichen Fortschritt immer günstigere Bedingungen des

Lebens für die Menschen zu schaffen. Mit unermüdlicher Tatkraft arbeitete man daran, die Bahn der Kultur zu verbreitern und aufwärts zu führen; mit grenzenlosen Erwartungen begrüßte man jeden großen technischen Fortschritt. Welch eine Aufregung herrschte in der wartenden Menge, als 1783 in Versailles der Luftballon der Brüder Montgolfier zum ersten Male Menschen in den Äther emportrug und 1785 Blanchard den Ärmelkanal überflog! Unmittelbar, greifbar vor Augen sah man den Fortschritt der menschlichen Kultur, die nun schon das dritte Element sich unterwarf. Jetzt schien schlechterdings alles möglich zu sein. Und wenn einst schon Descartes prophezeit hatte, daß die moderne Technik auch das Greisenalter und den Tod hinausschieben werde, so wirkt ergreifend die Erzählung von jener betagten Marquise, die von ihrem Krankenlager aus ganz nahe am Fenster das Wunderwerk Montgolfiers aus dem Parke von Versailles aufsteigen sah. Sie erblickte den Pilot in der Gondel, wie er zu den jubelnden Massen hinuntergrüßte, und klagend kam es von ihren Lippen: „Ja, ich sehe es, sie werden alles erreichen, sie werden sogar den Tod abschaffen, ich aber — ich werde dann nicht mehr leben!" Und wie wurde Blanchard bestaunt, als er 1789 in Berlin den Exerzierplatz vor dem Brandenburger Tore zur Stätte seiner Produktionen machte: er war der gefeierte Held der Menge, mit reichen Tageseinnahmen und fürstlichen Geschenken des Hofes kehrte er nach Hause. So bemächtigte man sich der Kräfte der Natur, nicht nur um sie nutzbar zu machen für die Bedürfnisse der eigenen Person, sondern auch um durch sie Vermögen zu gewinnen, Betriebe aufzubauen, zu herrschen und sich zu entfalten. In der Maschine fand und erkannte man die Verlängerung und die Steigerung des Ich. Das alles war in dem autonomistischen Grundzug der vorangegangenen Jahrhunderte vorbereitet und angelegt: Größe und Grenzen der technischen Kultur waren hier vorgezeichnet. Nur weil das Abendland diesen Menschentypus herangebildet hatte, konnte es die moderne Technik und Industrie entwickeln, die von Europa nach Nordamerika und dann über die ganze Erde getragen wurden und für die es in der Weltgeschichte keine Parallele gibt.

Aber neben dieser Geistigkeit der atlantischen Völker — die sich ausleben wollte im schöpferischen Gestalten der Welt und die in der Abfolge der Generationen das wissenschaftliche Denken geschult wie seine praktische Anwendung entwickelt hat — ist doch auch die menschliche Bedürftigkeit nicht zu vergessen: sie ist die andere geschichtliche Wurzel der modernen Technik. Die geographische Gestaltung seines Erdteils erleichterte es dem Europäer, sich Gewalt über die Natur zu verschaffen; wo riesige Flächen voll Urwald stehen und tropisches Klima herrscht, bleibt der Mensch ohnmächtig gegenüber der Natur. So konnte der Abendländer mit Aussicht auf Gelingen den Kampf gegen die Schranken der Natur aufnehmen, und der zunehmende Erfolg beflügelte seinen Eifer, schuf neue Bedürfnisse und neue Möglichkeiten ihrer Befriedigung. Wenn jenes Lebensgefühl des wissenschaftlichen und technischen Menschen zuerst aus dem lateinischen Geiste Frankreichs erwachsen ist und dort nicht nur einen günstigen Nährboden, sondern auch das Gegengewicht des alten katholischen Kulturerbes vorfand, so sind die äußeren Bedingungen für die große technische Umwälzung vornehmlich in England wirksam gewesen; wenn Frankreich die Heimat des wissenschaftlich-technischen Denkens war, so haben die Engländer aus angelsächsischem Volkstum und aus den Antrieben der kalvinischen Religiosität den Industriegeist zu unvergleichlicher Wirkung gesteigert, sie haben ihn mit dem wissenschaftlichen Geiste verbunden, und sie sind dabei auch durch die drängenden Bedürfnisse des wirtschaftlichen Lebens geleitet worden. Mehr als zweihundert Jahre waren bereits seit der Renaissance und dem Zeitalter der Entdeckungen vorübergegangen; immer entschiedener war das Bestreben geworden, die Natur zu meistern und ihr stets neue Möglichkeiten abzugewinnen zur Erleichterung, Verbesserung und Verschönerung des Lebens. Aber immer waren die Erfinder Menschen von der Art gewesen, wie sie Swift in einem berühmten Kapitel von „Gullivers Reisen" schildert — man weiß nicht recht, ob es Narren sind! Die Zeit war noch nicht gekommen, die ihre Ideen nutzen konnte. Erst in der zweiten Hälfte des 18. Jahrhunderts und erst in England waren aus dem Zusammenwirken von vielen konkreten historischen Ursachen schließlich die Vorbedingungen für den modernen Industrialismus gegeben. Bis dahin war England in der Entwicklung der äußeren Kultur weit hinter den kontinentalen Staaten, besonders hinter Frankreich, zurückgeblieben. Da gab das Aufblühen seiner Kolonien dem kleinen Insellande in der Nordsee eine unerwartete Chance. Die maritime Lage ihres Landes hatte es den Engländern erleichtert, gerade die aussichtsreichsten Gebiete als Kolonien sich anzugliedern und zu entwickeln, so daß nicht nur genügend Kapitalbesitz — eine ausreichende „primäre Akkumulation" — für die neue Zeit zur Verfügung stand, sondern auch unvergleichliche Ländereien der kommerziellen und industriellen Durchdringung offen lagen. In den Städten des Mutterlandes aber drängte sich eine besitzlose, nach Arbeit verlangende Menge, die ein allmächtiger Adel von der Scholle getrieben hatte; in diesem Lande der Parlamentsherrschaft gab es kein starkes Königtum der „Geusen“, keine Klöster reichten den Armen Almosen und Brot. Längst waren die Wälder als Bau- und Brennholz verbraucht worden, es fehlte an Stoff und an Kraft. So war es kein Wunder, daß man peinlich empfand, wie langsam die Produktion und wie veraltet die Organisation der Arbeit war. Eine führende Oberschicht von unternehmungslustigen und ökonomisch denkenden Menschen stand bereit, die Aufgabe zu ergreifen: in der Schule des Parlamentes hatte sie gelernt, wie der freie und selbstbewußte Mann an großen Aufgaben mitzuwirken berufen ist, wie er einen soliden Haushalt aufbaut und Vorsicht mit Wagemut verbindet. Ungehindert durch absolute Fürstengewalt, durch Bürokratie und Militarismus hatte sich in diesem Lande die Selbsttätigkeit des Individuums und der Körperschaften entwickelt. Tatkraft und Unternehmungsgeist wurden leicht auf wirtschaftliches Gebiet gelenkt, wenn der rastlose Erwerbssinn geradezu religiös begründet wurde und der Staat so wie hier in den Besitz von Interessengruppen gebracht werden konnte. Die insulare Lage sicherte zudem das Land und seine Bewohner vor jedem feindlichen Einbruch, während zur gleichen Zeit die kontinentalen Völker sich durch eine unabsehbare Reihe von Kriegen und Verwüstungen immer wieder in die Barbarei zurückgeworfen sahen. Und wie unvergleichlich günstig für kulturelle und wirtschaftliche Durchdringung war diese in sich geschlossene Insel! Die Städte lagen nahe beieinander und jede von ihnen nur wenig entfernt von der Küste, die Güter des Adels lieferten Schafwolle in großer Menge und vorzüglicher Güte, der Boden aber beherbergte in seiner Tiefe die Stoffe, welche die neue Welt brauchte — Kohlen und Eisen.

So hat sich im 18. Jahrhundert auf englischem Boden der weltgeschichtliche Vorgang vollzogen, den die Engländer die „industrielle Revolution“ zu nennen gewohnt sind: von da hat die wirtschaftlich-technische Kultur des 19. Jahrhunderts ihren Ausgang genommen. Noch war die Technik in vielem nicht weiter, als sie im Altertum gewesen war. Die Verkehrsmittel waren durchaus noch die gleichen, und zur Beleuchtung verwendete man immer noch Kienspan und Öllampe, Talg- und Wachskerzen. Was sich jetzt vollzog, war eine Emanzipation des Menschen von der organischen Natur, an deren Schranken er bisher gebunden war und die nun durch die Kunst der Mechanik in weitgehendem Maße überwunden wurde. An die Stelle des Holzes und der Muskelkraft traten Eisen und Kohle als die neuen Stoffe und Kräfte. Soweit frühere Zeiten eine Großindustrie entwickelt hatten, war sie immer nur auf organischer Grundlage möglich gewesen. Es bezeichnet die einzigartige Stellung der abendländischen Kultur im gesamten Verlauf der Menschheitsgeschichte, daß sie allein es vermocht hat, über diese Grenze hinauszuschreiten und eine Technik auf anorganischer Grundlage aufzubauen. Der Welterfolg der abendländischen Wirtschaftskultur liegt hierin begründet, aber auch ihre revolutionäre Wirkung auf den Menschen und die menschliche Gesellschaft.

Den ersten Antrieb gab der ganzen Umwandlung, daß das für die Eisenerzeugung wichtigste Problem — nämlich Holzkohlen durch Steinkohlen zu ersetzen — gelöst wurde. Im Jahre 1735 wurde das Koksverfahren erfunden, wenige Jahre später in Sheffield der erste Gußstahl hergestellt, es wurde der erste Kokshochofen gebaut. Im Jahre 1784 wurde das Puddelverfahren eingeführt, das bis zur Mitte des 19. Jahrhunderts die übliche Art der Eisenerzeugung blieb. Das im Flammofen durch die Steinkohlenflamme geschmolzene Roheisen wurde durch anstrengendes „Umrühren" — puddle — in schmiedbares Eisen verwandelt, das man Schweißeisen, Schweißstahl nannte. Jetzt war die Eisengewinnung unabhängig geworden von der Holzkohle, das Eisen konnte von nun an in ganz anderem Ausmaße und ganz anderer Güte als bisher zur Verfügung gestellt werden. Bald erfand man auch eine neue Art der Eisenverarbeitung, nämlich die Herstellung von Eisenblech in den neuaufkommenden Walzwerken. So vermehrten sich in ungeahntem Maße die Möglichkeiten, das Eisen zu verwerten. Kohle und Eisen wurden die beiden wichtigsten Rohstoffe: das „eiserne Zeitalter" begann. Zu den bisherigen Baustoffen, Holz und Stein, kam nun noch das Eisen, zunächst vornehmlich für Brücken und rollende Wagen. Die Werkstoffe waren bisher Holz, Leder oder Hanf gewesen: an ihre Stelle traten Eisen, Stahl und Draht. Auch die Heiz- und Leuchtstoffe hatte man bis dahin ausschließlich der organischen Natur entnommen; es waren Holz und Torf, Fette und Wachs. Nun traten Koks und Kohle an die Stelle, 1792 wurde in London die Gasbeleuchtung eingeführt. Statt der Menschen-, Pferde- Wind- oder Wasserkraft konnte man sich nun der gewaltigen, tief im Schoße der Erde in Jahrmillionen aufgespeicherten Sonnenenergien bedienen, um sie zur Erzeugung von irdischer Bewegung zurückzugewinnen: aus den so lange geringgeschätzten Kohlen lebenspendende Kraft zu erzeugen, dies war das erste große Meisterwerk der modernen Technik. Mit Recht datieren daher die Engländer den Beginn ihrer „industriellen

Revolution“ mit dem Jahre 1769, da James Watt das Patent für seine Dampfmaschine erwarb.

James Watt war von Beruf Feinmechaniker an der Universität Glasgow. Er war ein wissenschaftlich gebildeter Mann, er hat seine Maschine ganz methodisch auf der Grundlage der Naturgesetze entwickelt. Aber er besaß auch Geschäftsgeist und praktischen Sinn. So verband er sich mit dem Eisenindustriellen Boulton: in ihrer Fabrik zu Soho bei Birmingham haben beide gemeinsam dem Gedanken zur Verwirklichung verholfen und eine Dampfmaschine nach der andern gebaut. Watt wußte von den Sorgen des Bergbaues, der trotz kostspieliger Anlagen einen ohnmächtigen Kampf mit dem Grubenwasser führte: viele Haspelknechte und Pferde waren nötig, um das Wasser hinauszubefördern. Das Verfahren war kostspielig und unzulänglich; die Not stieg, je tiefer man die Schächte teufen mußte, und mancher Bau mußte aufgegeben werden. Watt kannte die Bemühungen der Vorgänger, hier mit „Feuermaschinen“ zu helfen. Zum Antrieb der Pumpen im Bergwerk hat er seine Erfindung zuerst erdacht, der Bergbau wurde jetzt und auf lange hinaus der Hauptabnehmer, hier war die Dampfmaschine Retterin aus großer Not. Erst mit ihrer Hilfe wurde es dem Bergbau möglich, mit den Schächten tiefer zu gehen, das Erz und die Kohlen in immer größerer Menge der menschlichen Arbeit zuzuführen. Doch hat sich Watt hiermit nicht begnügt. Schon 1782 befreite er seine Dampfmaschine aus ihrer ersten Abhängigkeit vom Pumpengestänge und konstruierte Dampfmaschinen mit Übersetzung der hin- und hergehenden Bewegung des Kolbens in die drehbare Bewegung. Nun konnten an die Kraftmaschine durch eine Transmission Werkzeugmaschinen angeschlossen, also Hunderte von andern Rädern durch die eine Kraftmaschine getrieben werden. Es war ein unschätzbarer Ersatz für die Mühlenwerke — zunächst und vornehmlich für die Windmühlen, weil der Wind die unzuverlässigste Kraftquelle war.

Die Erfindung war um so bedeutsamer, da inzwischen auch die ersten Werkzeugmaschinen konstruiert worden waren. Es geschah aus den Bedürfnissen des Textilgewerbes, das neben dem Bergbau am frühesten als Großbetrieb aufgetreten war. Denn es liegt im Wesen der Sache, daß dieses Gewerbe, das für Bekleidung und Wohnschmuck arbeitet, in allen Ländern die umfangreichste Produktion hat und die meisten Arbeiter beschäftigt. Die Spinnerei wurde als Hausindustrie und als Nebenbeschäftigung von Frauen und Kindern betrieben, die Weberei war meist Arbeit des Handwerkers, der vielfach im Auftrage des Verlegers tätig war. Die

Verarbeitung am Webstuhle ging sehr viel rascher als die Lieferung der Garne, so daß man nie genügend davon beibringen konnte, obwohl in allen Haushaltungen gesponnen wurde. Rührige und erfindungsreiche Dorfhandwerker führten hier unmittelbar aus dem Zwange der Praxis die „industrielle Revolution" herauf. Im Jahre 1770 wurde die erste Spinnmaschine gebaut; bald hatte man mehr Garne, als die Handstuhlweber verarbeiten konnten. So folgte 1786 die Erfindung des mechanischen Webstuhles. Spinn- und Webmaschinen wurden anfangs noch mit Wasserkraft betrieben. 1789 gelangte die Dampfmaschine zum ersten Male als Betriebsmaschine in eine Spinnerei: hierin aber bestand die letzte und stärkste Wirkung der „industriellen Revolution", daß die neuen Arbeitsmaschinen und die neue Kraftmaschine fast gleichzeitig auftraten. Die Textilindustrie erhielt also eine leistungsfähige Antriebsmaschine, um die Arbeitsmöglichkeiten der neuen Werkzeugmaschinen voll ausnutzen zu können. Wie man sieht, vollzog sich die Entwicklung des Fabriksystems in zwei rasch aufeinander folgenden Etappen. Zuerst wurde das Werkzeug vom Menschen auf einen Mechanismus übertragen, so daß nun die Beschränkung der Arbeit durch die begrenzte Leistungsfähigkeit der menschlichen Organe aufhörte. Aber die Antriebskraft blieb noch unzuverlässig. Erst in der Dampfmaschine erhielt man einen Motor, dessen Kraftleistung ganz unter menschliche Kontrolle gestellt werden konnte und alle Wind-, Wasser- und Muskelkraftmaschinen weit übertraf. Jetzt wuchsen die Fabriken in bisher nicht geahnter Ausdehnung empor. Was ihr Wesen ausmacht, war die Kooperation vieler gleichartiger Maschinen in einem Bewegungsmechanismus von Motor, Transmission und Werkzeugmaschinen, sowie die Kooperation vieler Teilarbeitsmaschinen, von denen jede eine besondere Funktion ausübt im System des kombinierten Werkzeugsmechanismus.

Das Material aber, das in diesen Fabriken verarbeitet wurde, war die Baumwolle: der englische Industrielle der klassischen Zeit war Baumwollspinner. Denn unter allen Faserstoffen eignet sich die Baumwolle am leichtesten zum Spinnen eines feinen und gleichförmigen Fadens. Auch bot es keine Schwierigkeit, die Baumwolle in jeder gewünschten Menge und Beschaffenheit zu erhalten, während die Flachsgewinnung umständlich und ein mühevolles Tagewerk der kleinen Bauern blieb. Die Verarbeitung der alten einheimischen Stoffe, des Leinens und der Wolle, war zudem gehemmt durch die Zunftprivilegien: die ausländische Baumwolle war zunftfrei. Und schließlich gehörten ja die gefärbten und bedruckten

Baumwollgewebe, die man aus Ostindien eingeführt hatte und deshalb „Indiennes" nannte, zur Mode des Rokoko; der „alte kattunene Schlafrock, echt ostindischen Stoffes" war dem Löwenwirt in „Hermann und Dorothea" sehr lieb. So hat sich die technisch-wirtschaftliche Revolution zuerst und in vorbildlicher Weise vollzogen an der Baumwolle. Im Norden Englands, in der Grafschaft Lancashire, wo die Kohlenbergwerke liegen, konzentrierte sich die neue Industrie, hier wuchsen neue Städte empor wie Liverpool und vor allem Manchester, mit dessen Namen die ganze Epoche der industriellen und kapitalistischen Entwicklung verbunden ist. Die Baumwollspinner von Manchester haben zuerst die Betriebsorganisation der Fabrik verwirklicht — also die Zusammenballung der Arbeiter in geschlossenen, dem Unternehmer gehörigen Etablissements und die Ordnung des Arbeitsprozesses im Maschinensystem, damit die Produktion unabhängig wurde von der quantitativen und qualitativen Beschränktheit der Arbeiter. Nun war das Spinnen keine Nebenbeschäftigung mehr. Es entstanden die zwei neuen Klassen der Unternehmer und der Arbeiter, der Fabrikanten und der Proletarier; bis dahin hatte diese Trennung das Bild der menschlichen Gesellschaft nicht geprägt. Die Baumwollspinner in Manchester sind es ferner gewesen, die in historisch folgenreicher Weise vorlebten, wie die neu entstandene geistige Welt der Technik bestimmt war, nicht nur der menschlichen Bedürftigkeit zu helfen, sondern auch dem dunkeln Drange nach Reichtum und Macht ungeahnte Nahrung zu geben. Die neuen Erfindungen waren geschaffen von denkenden, ganz nur dem technischen Probleme oder dem Wohle der Menschen nachsinnenden Männern; aber die Anwendung im Großen war nur möglich, wenn Persönlichkeiten mit Unternehmungsgeist und Erwerbssinn ihre Zeit und ihr Geld an die Sache wagten, und die menschliche Natur ist nun einmal so geartet, daß nur wenige Helden der Selbstlosigkeit und Entsagung zu Opfern ohne Gegenleistung bereit sind. Es hat gewiß nicht an einzelnen Menschen gefehlt, in denen sich so wie bei James Watt Hingabe an die Sache und bürgerlicher Geschäftsgeist paarten. Aber die Technik wurde doch angewiesen auf den menschlichen Trieb nach Gewinn und nach Steigerung des persönlichen Vermögens, und so war sie nicht gesichert vor Mißbrauch. Wenn sie hervorgegangen war aus dem Bestreben, immer vollkommenere Waren mit immer ökonomischeren Methoden zu erzeugen, um das Los der Menschen immer mehr zu erleichtern, so war sie auch zugleich abhängig von Männern, die neben dieser Kulturleistung auch noch die Selbstvermehrung des

Kapitals in Prozenten erstrebten, und es hing von der Kraft der moralischen Energien ab, ob nicht schließlich das letztere Motiv allein übrig blieb. Aus dem gleichen Grunde der abendländischen Seele, dem die Rastlosigkeit der Forscher und Gestalter in der neueren Geschichte entstammte, ist auch der menschliche Typus des kapitalistischen Unternehmers hervorgegangen, der nun bei der wirtschaftlichen Ausbeutung der neugewonnenen technischen Kräfte sich emporbildete zu einer der markantesten historischen Erscheinungen des 19. Jahrhunderts. So schloß sich der denkwürdige Bund zwischen den beiden geschichtlichen Kräften, die zunächst nur die allgemeine Grundlage der abendländischen Seelenstimmung gemeinsam hatten, — der Bund zwischen Technik und Kapitalismus. In Manchester wurde dies zuerst vor aller Welt offenkundig. Die dortigen Fabrikanten fühlten sich als Vollstrecker des geschichtlichen Willens, wenn sie die Bahn freimachten für Ausdehnung und Steigerung der Produktion. Was die Aufklärung theoretisch dargelegt und Adam Smith mit Bezug auf das wirtschaftliche Leben entwickelt hatte, entsprach in ungeahnter Weise den Bedürfnissen der neuen Welt und wurde von Manchester aus in die Wirklichkeit übergeführt: die Freiheit als Rechtsform setzte sich durch gegenüber allen feudalen und bürokratischen Einengungen. Diese Freiheit ermöglichte den unbegrenzten Aufschwung der Produktion und der Technik, aber sie bedeutete auch den Sieg des Starken über den Schwachen, des Unternehmers über den Arbeiter, des Fabrikanten über den Handwerker — die Freigabe des Klassenkampfes! Gewerbefreiheit und Freihandel wurden die Losungsworte, die vom „Manchestertum", diesem entschiedensten wirtschaftlichen Liberalismus, über die Erde getragen wurden. Sein führender Vertreter war Richard Cobden, von Beruf Inhaber einer Kattunfabrik in Manchester.

Es hat lange gedauert, bis das Beispiel der Textilfabrik Nachahmung fand und die Dampfmaschine auch in andere Betriebe Einzug hielt; 1842 wurde der erste Dampfhammer gebaut. Dagegen war es von ungeheurer Bedeutung, daß die Dampfkraft in kurzer Zeit auf dem Gebiete des Verkehrs heimisch gemacht wurde: dem Aufschwung der Produktionstechnik folgte die Transporttechnik rasch nach. Auf diesem Gebiete hat die Dampfmaschine die größten Umwälzungen hervorgerufen und die höchsten Kraftleistungen aufgewendet. Es war ja begreiflich, daß ein Apparat von so gewaltiger Fähigkeit der Kraftentwicklung bald eine Gestalt erhielt, in der er der Lösung des großen Problems der Zivilisation, nämlich der Überwindung von Raum und Zeit, am wirksamsten dienen konnte. Indem die Dampfmaschine sich als Schiffsmaschine und Lokomotive das Gebiet des Verkehrs eroberte, begann sie das gesamte Leben der Kulturmenschheit umzugestalten. Es geschah dies zuerst auf dem Wasser, wo man die benötigte große Menge Kühlwasser zum Kondensieren des Dampfes jederzeit schöpfen konnte. Im Jahre 1803 kam der Amerikaner Robert Fulton nach Frankreich und führte sein Versuchsboot auf der Seine dem Kaiser Napoleon vor, der sofort an Verwendung für Kriegsschiffe dachte und Fultons Plan begeistert aufnahm, weil er imstande sei, „das Ansehen der Welt zu verändern". Nach Hause zurückgekehrt, begann der Ingenieur mit der praktischen Verwertung seiner Erfindung. Im Jahre 1807 machte sein Dampfschiff „Claremont", dessen Maschine von Watt gebaut worden war, seine erste Fahrt auf dem Hudson. Es geschah unter großem Gejohle der Volksmenge, denn das Schiff war ein Ungetüm: riesige Schaufeln ohne Schutzkasten überstürzten das Verdeck mit Wasser, das Schiff machte beim Vorwärtsbewegen einen betäubenden Lärm, aus dem Schornsteine stiegen Flammensäulen empor, da der Kessel mit trockenem Fichtenholze geheizt wurde. Aber ohne Unfall verlief diese erste Fahrt von 32 Stunden. Bald bürgerte sich das Dampfschiff auf den Flüssen Amerikas und Englands ein. Schon 1819 fuhr der erste Seedampfer „Savannah" von Newyork nach Liverpool, aber einen Nachfolger fand er nicht so bald. Erst 1840 wurde die Cunardlinie eingerichtet, und noch lange war ein solches Schiff mit Segeln ausgerüstet, damit man je nach der Windlage abwechselnd mit Segel und mit Dampf vorwärtskam.

Dringender war das Bedürfnis nach einer raschen Fortbewegung zu Lande. Längst verwendete man in den Gruben zur Herausschaffung der Kohlen und Erze Pferdewagen, die auf Schienen gesetzt waren. Für große Entfernungen kamen diese Pferdeeisenbahnen nicht in Betracht. Und doch stieg der Verkehr mit Rohstoffen und Fertigfabrikaten infolge der neuen Erfindungen von Jahrzehnt zu Jahrzehnt. Man half sich mit dem Bau guter Straßen und Kanäle; auch mancher schwerfällige „Dampfwagen" wurde konstruiert. Dem erstarkenden Kapitalismus kam es vornehmlich auf raschen Umsatz und kurze Transportdauer an: das Problem der Transportschnelligkeit trat ganz in den Vordergrund. Dies erkannte George Stephenson. Er sah, daß der Schienenzug verbessert und die Dampfmaschine für die Beförderung umgestaltet werden mußte: er setzte die Lokomotive auf die Schienen! Stephenson war von Herkunft Schmied und wurde technischer Leiter der Pferdeeisenbahn Stockton-Darlington, deren Aufgabe es war, die Kohlenschätze der Grafschaft Durham zur Nordsee zu führen. Er baute 1825 seine Maschine für den ihm unterstellten Bahnbetrieb. Als sie sich bewährte und tagtäglich die Kohlen wie die Grubenarbeiter den Weg auf der Bahn machten, faßte der große Konstrukteur den Plan, die enge Verkettung seiner Erfindung mit Bergbau und Grubenbahn zu lösen und die beiden „Baumwollstädte" Liverpool und Manchester miteinander zu verbinden. Man hielt es für ausgeschlossen, daß es gelingen könne. Aber Stephenson siegte mit seiner Lokomotive im Wettbewerb, und am 15. September 1830 wurde die „Baumwollstrecke" eröffnet: mit diesem Tage beginnt der moderne Eisenbahnverkehr.

Lokomotive und Eisenbahn wurden die letzte Erfüllung der „industriellen Revolution". Zuerst hatte die Dampfmaschine die gewerbliche Produktion so gesteigert, daß die vorhandenen Verkehrsmittel nicht mehr genügten, den Verkehr zu bewältigen. Nun machten die neuen Verkehrsmittel die höchste Steigerung der Produktion möglich. Unermeßlich wurde der Eisenbahnbedarf, die Kunst der Ingenieure errichtete schon um die Mitte des 19. Jahrhunderts Wunderwerke von Eisenbrücken. Die Erzeugnisse der Textilfabriken wurden immer rascher und zahlreicher verbreitet, eine blühende Maschinenindustrie entstand in ihrem Gefolge, damit die Kraft- und Werkzeugmaschinen der verschiedensten Art gebaut werden konnten. Die Eisengewinnung Englands stieg unaufhörlich, und ebenso die Einfuhr der Rohbaumwolle. Die asiatischen und die amerikanischen Märkte öffneten sich dem die Meere beherrschenden Volke. Selbst die Kontinentalsperre hatte diese aufsteigenden Kurven nicht unterbrochen. Die Bevölkerung verdoppelte sich noch während des 18. Jahrhunderts und mehrte sich auch weiterhin im 19. Wenn England durch den glücklichen Verlauf seiner großen Kriege zum ersten Handelsvolk aufgestiegen war, so wurde es jetzt auch zum ersten Industrievolk, zur Werkstätte der Welt. Erst in weitem Abstande folgten ihm die kontinentalen Völker.

Wir sind bei der Entstehung der modernen Technik in Westeuropa so lange verweilt, weil von dort die deutsche Entwicklung ihren Ausgang genommen hat und nur so verstanden werden kann. Der französische Geist hatte die wissenschaftliche Methode geliefert, die Engländer hatten aus den dringenden Bedürfnissen ihres nationalen Lebens gehandelt. Doch war in dem Vaterlande Newtons auch die moderne Naturwissenschaft nicht unentwickelt. James Watt war ganz systematisch verfahren, in ihm arbeitete der kritisch klare Verstand mit gestaltender Phantasie zusammen. Und in Feinmechanik und Optik war England sogar führend; wir erinnerten bereits an William Herschel, der 1759 als Militärmusiker nach England gekommen war und sich dort seine Fernrohre selbst gebaut hat, um mit ihrer Hilfe jene Entdeckungen zu machen, die der Astronomie völlig neue Gebiete erschlossen haben. Deutschland trat hiergegen zu Anfang des Jahrhunderts weit zurück. Die ehedem so blühenden Handwerke und Zünfte waren seit dem Dreißigjährigen Kriege erstarrt, ihre Gerechtsame gewährten dem Zunftmeister ein geruhsames Dasein und hinderten den unternehmungslustigen Mann an jeder Erweiterung seiner Werkstätte. Der wissenschaftliche Geist war in Deutschland auf enge Kreise beschränkt. Nur mit begrenztem Erfolge hatte der aufgeklärte Absolutismus dies zu ändern unternommen. Wenn er Naturwissenschaften und Technologie an den Gelehrtenschulen und Universitäten als Unterrichtsfächer einführte, so hatte dies geringe Bedeutung, wo die Kenntnis der Gelehrten von diesen Dingen so weit hinter den Taten der schöpferischen Forscher Westeuropas zurückstand. Wenn der Bau von Kanälen eifrig gefördert wurde, so ist doch erst 1787 die erste Staatsstraße in Preußen begonnen worden. Erfolgreicher war das Bemühen, die Ergebnisse der englischen Technik sich anzueignen. Hier war der Aufwand nicht so groß und der Nutzen ganz unmittelbar. Deswegen hat vor allem Friedrich der Große sich mit Bedacht und Tatkraft an dieser Aufgabe versucht, wie er ja überhaupt bestrebt war, sein Land industriell zu fördern. Er hat englische Spinnmaschinen eingestellt, aber nur für einzelne Fabriken; denn er wollte nicht, daß die Menschen, die sich bisher vom Spinnen ernährten, außer Brot gesetzt wurden. Als die Nachricht von Watts Erfindung nach Preußen kam, sandte er zwei Bergbeamte nach Soho. Dort war man an die Wallfahrt der Neugierigen gewöhnt. Eine Abwehr der privaten Industriespionage hatte man nicht nötig, denn man war geschützt durch die englische Patentgesetzgebung, die sehr enge war, so daß man geradezu ein Monopol besaß. Aber die Industriespionage fremder Staaten war gefährlich; Betriebsmaschinen wurden überhaupt nicht ins Ausland abgegeben, denn das Ausland sollte nicht Maschinen, sondern Baumwollwaren kaufen. Eine strenge Gesetzgebung verbot den Export von Maschinen und die Auswanderung der Facharbeiter. Indessen die Teile wurden einzeln hinausgeschmuggelt, und mancher tüchtige Mechaniker ging gegen sehr günstige Bedingungen nach Preußen. Die erste „Feuermaschine“ in Preußen wurde 1785 auf dem Hettstedter Schacht im Mansfeldischen Bergbaurevier aufgestellt. Im Jahre 1788 finden wir eine in England gebaute Maschine auf einer Saline zu Unna in Westfalen, „wodurch beim Mangel des Windes die Windflügel in Bewegung gesetzt und die Pferde gespart werden können“. Bald begann der Dampfmaschinenbau in Schlesien; von hier aus verbreitete er sich nach allen Richtungen. Von weither pilgerte man an die Stätte, wo eine solche Maschine arbeitete. In Oberschlesien wie in Westfalen ging die Einführung der „Feuermaschine“ Hand in Hand mit dem Bestreben Friedrichs des Großen, die Montanindustrie zu entwickeln. An ihrem Anbeginn werden immer die Namen des Freiherrn von Heinitz und des Grafen Reden mit Ehren genannt werden, von denen jener der Chef des preußischen Berg- und Hüttendepartements gewesen ist, dieser seit 1780 dem schlesischen Oberbergamt vorstand. Auf Veranlassung des Grafen Reden wurde in den Jahren 1794—96 in Gleiwitz der erste deutsche Kokshochofen gebaut. Das Gebläse wurde von England bezogen und durch ein Wasserrad in Bewegung gesetzt. Der Graf kümmerte sich um alle Einzelheiten. Ihm wurde auch das zweite deutsche Hochofenwerk verdankt — Königshütte, 1799 gebaut und 1802 in Betrieb genommen. Hier wurde das Gebläse durch Dampfmaschinen angetrieben, die in Gleiwitz angefertigt wurden. Bald darauf wurde in der staatlichen Werkstätte zu Gleiwitz auch die erste Betriebsdampfmaschine hergestellt. Wir berichteten früher, wie auch der Freiherr vom Stein seit 1784 die Kraft seiner Jugend- und Mannesjahre an die Entwicklung des Bergbaues gesetzt hat; mit Heinitz und Reden haben ihn enge persönliche Beziehungen und die Gemeinsamkeit der technischen Interessen verbunden.

Freilich waren dies alles nur erst bescheidene Anfänge. Im Bergbau- und Hüttenwesen konnte man die Dampfmaschinen noch zählen; aber die Roheisengewinnung stieg trotzdem, und 1797 ließ ein Rittergutsbesitzer über das Striegauer Wasser in Niederschlesien die erste eiserne Brücke auf dem Kontinent erbauen. Im übrigen wurden in Preußen und Deutschland die meisten Gewerbe sehr primitiv betrieben. Es gab einige deutsche Hausindustrien, die draußen in der Welt bekannt waren — so die Spielwaren in Nürnberg und in dem thüringischen Sonneberg oder die Uhrmacherei auf dem Schwarzwalde, deren Erzeugnisse durch Hausierer vertrieben wurden. „Nürnberger Tand geht durch alle Land“, sagte ein alter Spruch. Auch die Messingindustrie von Stolberg bei Aachen ist hier zu nennen; ihre Waren gingen nach Frankreich.

In Ruhla in Thüringen fertigte man die Meerschaumköpfe; überhaupt fanden die Drechsler überall reichliche Arbeit, auch mit der Anfertigung der Spinnräder, die in allen Haushaltungen standen. Das Kunstgewerbe war den Höfen und Residenzen verpflichtet. Dresden war besonders reich an Goldschmieden und Kupferstechern, Tischlern und Wagenbauern. Die Porzellanmanufaktur, dieses Lieblingskind des höfischen Luxus, ging freilich an den meisten Orten mit dem Rokoko zu Grunde. Auch wo das altberühmte Goldschmiedgewerbe wie in Augsburg und Nürnberg noch betrieben wurde, starb es allmählich ab. Nur in Schwäbisch-Gmünd hielt es sich und ging ganz zur industriellen Herstellung über, während die Edelmetallindustrien der beiden andern hierfür bekannten Städte — Pforzheim und Hanau — nicht altdeutscher Herkunft entstammten, sondern fürstliche Neugründungen waren.

Eine Exportindustrie mit größeren Ausmaßen war fast nur die Textilindustrie. Von den althistorischen Textilgebieten nahm Süddeutschland nicht mehr die beherrschende Stellung ein. Das Gewerbe blühte in Mitteldeutschland, in dem böhmisch-schlesisch-sächsisch-thüringischen Raume, dazu im Wuppertal und am Niederrhein. Es ist bekannt, wie die Hohenzollern mit besonderer Vorliebe die Textilindustrie gefördert haben. Sie stand auch in der preußischen Hauptstadt an erster Stelle; neben ihr und ihren Hilfsgewerben wie Bleichen und Färben verschwanden alle andern Industrien, abgesehen von der Porzellanmanufaktur. Eine Bedeutung für den außerpreußischen Markt hatten die Webwaren aus Berlin nicht. Was die Betriebsorganisation in Deutschland betrifft, so gab es in der Spinnerei wie in der Weberei noch alle Formen nebeneinander — die häusliche Arbeit für den eigenen Bedarf, das Handwerk, die Hausindustrie im Dienste des Verlegers, die Manufaktur und den Fabrikbetrieb. Die Kaufleute hatten vielfach die Führung. Sie lieferten das Rohmaterial und besorgten den Export, sie wurden Verleger und oft genug Fabrikanten. Noch vollzogen sich alle Verrichtungen in dem alten, geheiligten Brauch: das Bleichen, Spinnen, Weben, Färben — alles bis zur Gebrauchsfertigkeit geschah durch Handarbeit. Die Ausbreitung der Baumwolle — des Zeug- und Kattundruckes — hatte im 18. Jahrhundert erst noch einmal einen Aufschwung der Handweberei gebracht, und hieran hatten sich auch die Oberdeutschen, besonders Calw und Augsburg, beteiligt; der Barchent der Augsburger war ja schon im Mittelalter auf allen Märkten am meisten gefragt. Die wenigen Spinnmaschinen, die noch im 18. Jahrhundert nach Deutschland gelangten, wurden von den Fabrikanten als strenges Geheimnis gehütet. An zahlreichen Orten hinderte die Tuchmacherzunft die Errichtung einer Tuchfabrik mit Spinn- und Schermaschinen.

Das Leinen nahm 1815 noch die ausschlaggebende Stelle im wirtschaftlichen Haushalt ein, während Wolle und Baumwolle sich ungefähr das Gleichgewicht hielten: fünfzig Jahre später wird die Baumwolle durchaus an der Spitze stehen. Die Tuchfabrikation auf der Grundlage einer blühenden Schafzucht war in der Gegend von Aachen seit alters zu Hause. Mit ihr verbunden war die nicht minder bedeutende Nadelfabrikation. Die Aachener Industrie erlebte einen großartigen Aufschwung unter Napoleon, der seine volle Huld der Stadt seines großen kaiserlichen Vorgängers zuwandte. Eine besondere Bedeutung kam schon damals dem Wuppertale zu. Hier hatten kalvinistische Gemeinden unter der katholischen Landesherrschaft des Herzogs von Berg seit zweihundert Jahren eine freie Volkskirche ungestört entwickeln können; die dem Kalvinismus eigene Verbindung von Gemeinsinn und Geschäftssinn hatte eine Industrie von eigener Art hervorgebracht. Sie nahm ihren Ausgang von der Garnbleicherei, die auf den Wiesen am Wupperflusse mit seinem klaren, harten und kalkreichen Wasser besonders gedieh. Da das umliegende Land den Rohstoff nicht in genügender Menge liefern konnte, kaufte man die Garne und vertrieb sie wieder, wenn sie gebleicht und gezwirnt waren; im 18. Jahrhundert wurden auch Weberei und Wirkerei angefügt. Von Antwerpen waren schon im 16. Jahrhundert auch die ersten Posamentierer ins Land gekommen, im 18. Jahrhundert blühte die Bandweberei auf. Gleichzeitig begann man auch Baumwolle hineinzuverarbeiten; auch die Seidenindustrie wurde aufgenommen. Die Garnweber bildeten eine angesehene Zunft, aber noch mächtiger waren die Garnkaufleute; man brauchte sie zur Beschaffung des Rohmaterials, und die Erzeugnisse wurden von ihnen bis nach Nordamerika geführt. So war Elberfeld schon zu Anfang des 19. Jahrhunderts eine Stadt reicher Kaufleute und kapitalkräftiger Unternehmungen; das Handels- und Bankhaus v. d. Heydt ist in der deutschen Geschichte am bekanntesten geworden. Barmen war jünger, besaß aber auch bereits seine vielseitige Industrie von Bändern, Litzen, Kordeln.

Die Seidenindustrie stand im Wuppertale hinter Leinen und Baumwolle zurück. Ihre historische Stätte ist Krefeld. Blüte und Eigenart der Stadt war die Leistung einer einzigen Familie, deren Ahnherr Heinrich v. d. Leyen, ein holländischer Mennonit, im Jahre 1668 bei dem oranischen Landesherrn Zuflucht gefunden hatte und als Seidenhändler zugleich eine Seidenweberei gründete.

Seine Nachkommen haben mit einer in hundert Jahren nicht erlahmenden Tatkraft das Geschäft ausgebaut; die Webwaren wurden in Hausindustrie hergestellt, für die Nebenarbeiten Fabrikbetriebe eingerichtet. Friedrich der Große, der sich um die Entwicklung der Seidenfabrikation in seinen Landen so große Mühe gab, verlieh der Familie das Monopol; andere Fabrikanten gründeten daneben die Samtweberei. Auch als die napoleonische Herrschaft die Gewerbefreiheit brachte, blieben die Herren v. d. Leyen an der Spitze. Die für die Seidenindustrie typische Vereinigung von Kaufmann und Fabrikant erhielt sie beweglich und anpassungsfähig. Sie waren gebildete Leute und machten ein großes Haus. So waren die Seidenfabrikanten von Anfang an viel vornehmer als die andern Textilfabrikanten, und dies war in dem ganzen Charakter ihres Geschäftes begründet. Sie brauchten Kapitalien zum Einkauf der Rohseide in Italien und zu den Einrichtungen ihres Betriebes. Sie ließen färben, weben, appretieren; sie mußten ein stattliches Lager an Rohstoffen und Fabrikaten halten; denn sie traten in Wettbewerb mit der französischen Konkurrenz.

Im Ganzen dürfen solche Bilder von Glanz und Reichtum nicht vergessen lassen, daß die wirtschaftliche Produktivität in Deutschland noch sehr gering war und daß der technische Fortschritt, der in England sich vollzogen hatte, der deutschen wirtschaftlichen Kultur verhängnisvoll werden konnte, nachdem sie soeben erst begonnen hatte, sich mühsam aus den Verfallszeiten seit dem Dreißigjährigen Kriege herauszuarbeiten. Noch war die Mühle die alleinige Form einer Fabrik: es war die Umsetzung einer Kraft in die Drehbewegung des Rades. Die Kraft wurde geliefert vom fallenden Wasser, und wo dies nicht möglich, mußte man sich mit dem Winde begnügen, oder aber man konstruierte zur Erzeugung einer Antriebskraft durch Menschen oder Tiere Vorrichtungen, die man Göpel nannte. Es gab Tretgöpel und Rundganggöpel; es gab Wasser-, Wind- und Roßmühlen. Und was wurde nicht alles in der Form der Mühle betrieben! Es gab Getreide-, Gewürz-, Öl-, Sägemühlen, Papiermühlen, Schleifmühlen, Band- und Walkmühlen, um nur einige zu nennen. Nach dem gleichen Prinzip waren die Eisen- und Kupferhämmer konstruiert, die am schäumenden Waldbache standen: das Hammerwerk war das alte, historische Werkzeug, mit dem alles Verarbeiten von Eisen und Metallen vorgenommen wurde.

Denn ganz primitiv war in der Tat — von den wenigen Dampfmaschinen abgesehen — der Betrieb im Bergbau und im Eisenhüttengewerbe. Die Förderung war gering, der Transport infolge der schlechten Wege sehr gehemmt. Im Kohlenbergbau war man im 18. Jahrhundert vom Stollenbetrieb zum Schachtbetrieb übergegangen. Aber man arbeitete nur vom alten Stollen im Tale aus; man wagte noch nicht, die Schächte bis zur Höhe der Berge zu führen. Man konnte nur wenige Meter vordringen, weil die Wasserhebungsapparate versagten, die vom Gefälle der Bäche oder von Pferdegöpeln getrieben wurden. Als dann die ersten Dampfmaschinen eingeführt wurden, dienten sie nur der Beseitigung des Grubenwassers; nirgends gebrauchte man sie, um die Kohle selbst zu fördern. Man hatte nur geringe Verwendung für die Kohle, nicht einmal im Hausbrand war sie üblich. Noch hatten sich Eisen und Kohle nicht zueinander gefunden: die Eisenhämmer waren noch nicht imstande, die Verbindung des Kohlenstoffes mit dem Metall zu verhindern. Und wo man eine Dampfmaschine oder einen Kokshochofen betreiben wollte, da war der Kohlentransport sehr mühsam; die Kohlentreiber mußten die schwarze Ware in Säcken auf dem Rücken der Pferde zu den einsamen Hämmern bringen. So blieb der Verbrauch der Kohle gering, trotz aller Holznot.

Noch immer waren in Deutschland die Standorte des Eisenhüttengewerbes durch die Verhältnisse festgelegt. Es mußten drei Vorbedingungen gegeben sein. Der Boden mußte Eisenerze bergen; es mußten große Wälder vorhanden sein, damit man die Holzkohle hatte, die man für die Lösung des tauben Gesteines im Hochofen brauchte; und es mußte außerdem noch Wasserkraft zur Verfügung stehen, welche die Blasebälge der Öfen ebenso wie die Wasserhebungsapparate der Gruben in Gang zu halten hatte. Wo diese günstigen Bedingungen zusammenkamen, dort wurde Roheisen erschmolzen, zu schmiedbarem Eisen verfrischt und mit dem Hammer verarbeitet. So finden wir die alten Hochöfen und Frischfeuer aufgereiht an den Flüssen und Bächen der waldreichen Eisenerzgebiete Westdeutschlands — linksrheinisch an der Saar, im Hunsrück und in der Eifel, rechtsrheinisch im Lahn-Dill-Gebiet, im Sieger- und im Sauerlande. Seit Jahrhunderten standen hier tief im Walde am rauschenden Bache Hochofen, Frischfeuer und Hammer beieinander — mit Wasserrad und Schornstein und dem Fachwerkhaus, umgeben von Roheisenhaufen und Holzkohlenschuppen. Es ist das Bild, das Schiller vor Augen hatte im „Gang nach dem Eisenhammer“, und Goethe hat so in „Dichtung und Wahrheit“ aus dem Jahre 1770 den Besuch des Frischwerkes Neunkirchen geschildert. Am bedeutsamsten waren die Betriebe in der Eifel, wo Eisenstein, Zinkblende und Bleierz im engsten räumlichen Zusammenhang mit dem Holzreichtum und den Wasserkräften die besten Vorbedingungen schufen. Am geringsten begünstigt war das Ruhrgebiet, weil hier wenig Holz und Wasserkraft vorhanden, die Steinkohle aber noch nicht verwendbar war. Die Erzgruben auf der Höhe des Gebirges befanden sich meist im Eigentum einer Gewerkschaft. Auch die Anlagen im engen Tal — die der ersten Verarbeitung dienten, also das Eisen „reiden", umdrehen, bereiten, fertigmachen mußten — waren oft Eigentum und Arbeitsstätte mehrerer Gewerke oder „Reidmeister", die umschichtig in einem bestimmten Turnus für einige Tage die Berechtigung zum Betriebe hatten und dort durch einen Hammerschmied im Akkord arbeiten ließen, mit zwei oder drei Gehilfen; die Reidmeister selbst waren daneben in Landwirtschaft, Handel oder Gewerbe tätig. Nicht minder häufig war es aber, daß das Hammerwerk im Besitze eines einzelnen war und seit vielen Menschenaltern der gleichen Handwerkerfamilie gehörte. Denn der Betrieb erforderte die stete Anwesenheit und Arbeitsbereitschaft des Inhabers, da der Wasserzufluß unregelmäßig war und oft sehr plötzlich eintrat. Der Hammerbesitzer kaufte den Rohstoff und verkaufte sein Produkt, er war daher vielfach ganz abhängig vom Eisenhändler, in dessen Hand sich Reichtümer sammelten. Auf schmalen Waldwegen mußten die Eisenwaren abtransportiert werden. Da war der Hammerbesitzer angewiesen auf den nächstgelegenen Markt; nur ganz wertvolle Waren konnten auf wirklich große Entfernungen verhandelt werden.

Lediglich die Feinindustrie hatte einen großen Export. Dies war vor allem der Fall im Bergischen Lande, wo Mangel an Eisen ist, wo aber der Reichtum an Wäldern und an Wasserkraft jene berühmten Schmiedhandwerke ermöglicht hatte, deren Ursprung sich im Dunkel germanischer Frühgeschichte verliert. Solingen besaß hohen Ruhm dank der Leistungen seiner alten Messer- und Waffenschmiede, der Klingenschmiede oder Schwertfeger; in Remscheid stellte man Stahlwaren der verschiedensten Art her. Das Eisen bezog man aus dem Siegerlande oder aus der benachbarten Grafschaft Mark — „dort, wo der Märker Eisen reckt", wie Ernst Moritz Arndt gesungen hat: die Reckhammer schweißten die Eisen- und Stahlstangen zur gewünschten Länge oder Dicke zusammen. In Solingen waren es uralte Familien von Zunftmeistern, deren Erbzeichen — auf die Klinge aufgeprägt — großen Ruf genossen und die Güte der Ware garantierten. Aber ihre Technik war im 18. Jahrhundert ganz rückständig; der Absatz war sehr zurückgegangen. Die Großstaaten wie Preußen und Rußland, die bisherigen Hauptabnehmer, hatten sich eigene Waffenfabriken eingerichtet, in England aber erstand in Sheffield der große Konkurrent: dort erfand man um 1760 die Stahlpolitur und den Tiegelgußstahl und führte den Dampfbetrieb in die Schleiferei ein. Schon kamen englische Klingen sogar auf den deutschen Markt, und eine Besserung schien in Solingen schwer möglich. Die Zünfte hatten sich streng abgeschlossen und besaßen ein bequemes Monopol; die „Unprivilegierten" durften weder Schwertklingen noch Tischmesser anfertigen, sie waren nur „Scherenschleifer". Und doch ging von den Unprivilegierten der technische Fortschritt aus. In ihren Kreisen wurden zur Zeit der Kontinentalsperre zuerst glänzende polierte Messer hergestellt; der Landesherr gab ein Privilegium und ermöglichte dadurch die Fabrikation. So ist der Kampf gegen die englische Überlegenheit auf dem Solinger Spezialgebiet zuerst aufgenommen worden. Es geschah wenige Jahre, bevor die napoleonische Herrschaft die Zünfte auflöste und Gewerbefreiheit gab.

Die Stahlwaren wurden seit alters von den einheimischen Kaufleuten auf weiten Reisen vertrieben, und besonders in Remscheid saßen reiche Handelsherren. Denn da die Remscheider Eisenwaren nicht sehr wertvoll waren, lohnten sich die Reisen nur, wenn auch andere Waren mitgenommen wurden. So wurde der kleine, abgelegene Ort zum Sitz einer bedeutenden Kaufmannschaft, die bis nach Nordamerika und Westindien kam. Der bekannteste aus ihrer Reihe war Peter Hasenclever: er hat im 18. Jahrhundert die deutschen Waren in ganz Westeuropa abgesetzt. Neben einzelnen alten Hammerbesitzern sind es in der Tat nur die Eisenhändler gewesen, die beim Anbruch der neuen Zeit genügend Kapital besaßen, um die moderne Eisenindustrie aufzubauen. Aber der erste Anstoß mußte doch von technischen Fachmännern kommen. In Remscheid war es Mannesmann, der seit den 30er Jahren die Werkzeugfabrikation entwickelte, in Solingen wurde Johann Abraham Henckels führend: seine Vorfahren standen seit Jahrhunderten in den Zunftlisten, sein „Zwillings"-Zeichen ist seit 1751 in die Zeichenrolle eingetragen.

Außer in Solingen und Remscheid gab es auch in Württemberg und Steiermark berühmte Waffenindustrien, dazu in kleinerem Umfange in dem thüringischen Suhl. Im übrigen wurde in den Eisenhämmern das gangbare Kleineisenzeug hergestellt — Sensen und Sicheln, Hammer und Zange, Nagel und Draht, das Handwerkszeug der Bauern, der Schmiede und Schlosser. Im Ganzen bot die Wirtschaftskultur Deutschlands zu Beginn des 19. Jahrhunderts das Bild eines erstarrten Lebens, wie sehr auch der aufgeklärte

Absolutismus sich bemühte, dies zu ändern. Seine Mittel waren begrenzt, sie konnten nur einzelne Musterbetriebe schaffen. Niemand hatte dies klarer erkannt als der Freiherr vom Stein, als er versuchte, den Gemeinsinn zu beleben und den Unternehmungsgeist von künstlichen, veralteten Fesseln zu befreien. Er kannte das werktätige deutsche Volk und wußte, daß seine Tatkraft nicht erloschen war, sondern nur schlummerte unter dem Drucke der Kleinstaaterei und der absoluten Fürstengewalt. Die moderne Technik hat den Geist des alten deutschen Bürgertums von neuem entfacht und so die politische und wirtschaftliche Kultur des 19. Jahrhunderts heraufgeführt. Unsere Aufgabe ist es, die Geschichte dieses Werdens darzustellen.

Wenn die Produktionsverhältnisse Deutschlands zu Anfang des 19. Jahrhunderts noch unentwickelt waren, so fehlte es neben dem Unternehmungsgeiste vielfach auch an dem Kapitale, das zur Nachahmung des englischen Vorbildes nötig war; der Produktionsfaktor Kapital mußte jetzt, da der Rohstoff zur Verarbeitung den Umweg über die Maschine nahm, eine ganz andere Bedeutung gewinnen als ehedem. So waren in Deutschland jene Landschaften, in denen größere Vermögen aus alter Zeit vorhanden waren, besonders berufen, den technischen Fortschritt einzuleiten. Dies galt für die Rheinlande oder Schlesien und später auch für Berlin. Aber zunächst war auch in dieser Hinsicht Westeuropa weit voraus. In die Staaten des Festlandes ist die Maschinenfabrikation zuerst durch Engländer gebracht worden, die überall als Pioniere der technischen Kultur gewirkt haben. Am erfolgreichsten wurden die Brüder Cockerill, die 1802 in Lüttich eine Fabrik für Textilmaschinen gründeten. Führend war unter ihnen der älteste, John Cockerill. Er fühlte sich berufen, der Lehrmeister des Kontinents zu werden; großzügig gab er jedem fremden Ingenieur Zutritt. Er erwarb das bischöfliche Schloß Seraing bei Lüttich, wo er den Dampfmaschinenbau aufnahm; er stellte Betriebs- wie Schiffsmaschinen her und 1835 die erste Lokomotive auf dem Kontinent. Die Fabrik war das Weltwunder der damaligen Zeit und er selbst der erste, wahrhaft königliche Geschäftsmann seit den Tagen der Fugger. Er fügte im Laufe der Jahre seinen Unternehmungen auch Eisenhütten, Kohlengruben, Walzwerke an und gab so für alle Zeit das erste Vorbild der „gemischten Betriebe“, der Konzentration aller Arbeitsstadien vom Rohstoff bis zum Fertigfabrikat. Er übernahm sich und endete 1840 mit Zahlungseinstellung und plötzlichem Tode. Aber der Antrieb, der von seinem Unternehmen ausgegangen war, wirkte weiter. Die Brüder Cockerill haben in Preußen Musterbetriebe eingerichtet, in denen jedesmal eine Spinnerei mit der zugehörigen Maschinenfabrik verbunden war. Sie waren mit deutschen Frauen, aus dem benachbarten Aachen, verheiratet, wo die Nachkommen von James Cockerill noch lange eine führende Stellung eingenommen haben. Vor allem aber verdankte Belgien ihnen die Bedeutung, die es alsbald erlangte in Bergbau, Eisenindustrie, Maschinenbau, Waffenindustrie und in der Mechanisierung des alten, heimischen Textilgewerbes. Kapital, Ingenieure und Arbeiter waren meist englisch, aber Belgien war dank seinem Reichtum an Bodenschätzen und seiner Verkehrslage der günstigste Punkt, von wo aus der Kontinent revolutioniert werden konnte.

Erstaunlich dagegen war, daß nächst Belgien die deutsche Schweiz — kohlenarm, eingeklemmt zwischen den Großmächten und fern von den Weltmärkten — doch die Führung im Dampfmaschinenbau auf dem Kontinent übernahm. Die einheimische Textilindustrie hatte sich hier schon längere Zeit auf die modische Baumwolle umgestellt; sie fühlte die große Gefahr, die ihr von England drohte. Hans Caspar Escher, ein Ingenieur, erfaßte das Problem, daß es galt, die Maschinenspinnerei in der Schweiz einzuführen und die dazu nötigen Maschinen in der Schweiz selbst herzustellen. Er reiste 1805 nach Chemnitz, wo eine Spinnmaschine stand. Er wurde entdeckt und abgeschoben; doch er hatte sich einen sächsischen Schlosser gedungen und errichtete nun die Firma Escher, Wyß & Cie in Zürich, — eine mechanische Spinnerei, der eine Maschinenwerkstatt angegliedert war. Escher fuhr immer wieder von Zeit zu Zeit nach England, um sich auf dem Laufenden zu halten. Bald wurde in seinem Unternehmen der Maschinenbau die Hauptsache: nachdem er anfangs nur Spinnmaschinen gebaut, folgten seit 1836 Dampfschiffe und Lokomotiven. Sein Beispiel wirkte auf Johann Jakob Sulzer, einen Messinggießer aus Winterthur, der nach Paris ging, um den Eisenguß zu lernen. Er hat die Eisengießerei Gebrüder Sulzer 1834 gegründet, der Weg vom Handwerks- zum Fabrikbetrieb wurde langsam zurückgelegt, erst seit den 50er Jahren wurde die Fabrik bedeutend. Ähnlich wie in der Schweiz ist die Entwicklung auch im benachbarten Oberelsaß verlaufen, wo gleichfalls der alemannische Stamm mit seiner Begabung und Tatkraft führend voranging. Hier hatte im 18. Jahrhundert, begünstigt durch den Schmuggel über die freie Schweiz, die Baumwollindustrie weite Verbreitung gefunden. In Mülhausen wurde André Koechlin der bedeutendste Baumwollindustrielle. Er entstammte einer großen Firma dieser Branche und heiratete in die damals schon berühmte Baumwollfirma Dollfus-Mieg: 1826 gründete er die mit seinem Namen firmierende Maschinenfabrik. Mülhausen aber hat sich bis zur Mitte des Jahrhunderts an Einwohnerzahl fast verzehnfacht.

Das innere Frankreich hielt sich demgegenüber noch zurück. Das Volk war konservativ gesinnt, trotz Revolution und Weltreich. Unter dem Schutze der Kontinentalsperre hatten sich einige Industriezweige, wie vor allem die Fabrikation des Rübenzuckers, entwickeln können; auch der Baumwollindustrie des Elsasses und der deutschen Textilgebiete war diese Sperre zugute gekommen. Im übrigen konnte der wissenschaftliche Geist Frankreichs zur napoleonischen Zeit sich auswirken in den Werken der Ingenieurkunst, die der Kaiser für Staat und Heer brauchte. Die Ecole polytechnique diente ja der Heranbildung der Offiziere und Baubeamten; wir sprachen bereits von den Brücken und Straßen, den Festungen und Häfen, die Napoleon errichten ließ. Den Ingenieuren des Wasser- und Straßenbaues fühlte sich der Imperator innerlich verbunden. Denn kein anderer Mensch greift so mit starker Hand in die Gestalt der Erdoberfläche ein wie der im Wasserbau tätige Ingenieur, und wenige Menschen haben Gelegenheit, so tiefe Spuren ihrer Arbeit zu hinterlassen, welche die Jahrhunderte überdauern! Des Kaisers Machtwille wirkte auch in die Rheinbundstaaten hinüber; denn auch dort brauchte Napoleon militärische Bauten, und sein Ehrgeiz ruhte nicht, die Kunst seiner Polytechniker weit zu verbreiten im Dienste der Macht und der Kultur. In den von ihm geschaffenen süddeutschen Mittelstaaten — die für ihn als Durchgangsland gegen den Feind in Wien so wertvoll waren — hemmten die wilden Gebirgsbäche den Vormarsch, und die Straßen waren in jämmerlichem Zustande; wieviel auch der aufgeklärte Absolutismus unternommen hatte, es fehlte für Wasser- und Straßenbau an der wissenschaftlichen Grundlage. Da waren die Polytechniker die gegebenen Lehrmeister. So wurde im Jahre 1801 Johann Gottfried Tulla, ein badischer Baubeamter, von seinem Landesherrn nach Frankreich gesandt. Er besaß eine gute Vorbildung, die er sich an der Bergakademie in Freiberg angeeignet hatte. Aber an der Ecole Polytechnique lernte er die neue Wissenschaft von Monge kennen und bestärkte sich in dem Grundsatze, die praktischen Konstruktionen auf mathematische Regeln zurückzubringen; er besuchte auch die großen französischen Kanäle und studierte den Faschinenbau. Von nun an konnten die Flüsse des Schwarzwaldes viel wirksamer als ehedem reguliert werden, und die Pässe erhielten im Laufe der Zeit moderne Straßen.

Vor allem aber faßte Tulla noch in Paris den Gedanken, die Korrektion des Oberrheins nach festem Grundplane durchzuführen. Die Schäden, die dieser Strom dem anliegenden Lande zufügte, waren im Laufe der Jahrhunderte immer schlimmer geworden: in vielen Armen und weiter abwärts in großen Serpentinen zog der wilde, ungebändigte Strom durch die Niederung, veränderte unaufhörlich seinen Lauf, riß bald da und bald dort ein Stück Land hinweg, ganze Dörfer verschwanden, Überschwemmung und Grundwasser entwerteten die Wiesen, das Gebiet war von Fiebern verseucht. Die Regierungen hatten willkürlich, gewaltsam und unsystematisch jede an ihrem Uferteil gebessert und gebaut und oft genug den Strom einfach dem gegenüberliegenden Nachbarn zugelenkt: es fehlte an der wissenschaftlichen Einsicht in die Zusammenhänge und an einer übergeordneten Staatsgewalt. Nun entwarf Tulla einen einheitlichen Bauplan, und ein von Napoleon in Straßburg eingesetzter „Magistrat du Rhin" beschloß die Ausführung. Der Sturz Napoleons verzögerte den Beginn der Bauten, aber die Uferstaaten waren nun doch zur Zusammenarbeit gebracht worden. So wurde seit den 20er Jahren das große Werk der Oberrheinkorrektion durchgeführt, das Jahrzehnte beanspruchte. Die Abschneidung der Arme und die Durchstiche bei den Serpentinen schufen dem Strome von Basel bis zur hessischen Grenze ein einheitliches und regelmäßiges, gerade gestrecktes und also stark verkürztes Bett, das durch Dämme und Flußbauten gesichert war, so daß die Wasser nun rasch abfließen konnten und eine Senkung des Wasserspiegels erreicht wurde: viele tausende Morgen fruchtbaren Landes wurden neu gewonnen und weite Gebiete den Überschwemmungen entzogen. Es war ein Meliorationswerk großen Stils und zugleich ein Triumph der wissenschaftlich-technischen Methode, die hier ein besonders schwieriges Problem bezwang. Wie hatte einst Galilei bekannt: „Ich habe weniger Schwierigkeiten gefunden in der Entdeckung der Bewegung der Himmelskörper, ungeachtet ihrer erstaunlichen Entfernung, als in der Untersuchung über die Bewegung des fließenden Wassers, die doch unter unsern Augen vorgeht." Jetzt aber hatte man die Vorgänge in den geschiebeführenden Wasserläufen erforscht, die Zusammenhänge zwischen der Grundrißgestaltung eines Wasserlaufes und der Ausbildung des Längenprofils klar erkannt: der Plan zur Korrektion war mathematisch - wissenschaftlich entworfen, noch bevor ein Spatenstich begann, und die flußbaulichen Werke wurden so angelegt, daß nach vorausberechneter Wirkung durch die Kraft der Strömung selbst der neue Lauf ausgebildet und viele ältere Arme verlandet wurden. Es war ein Sieg des Geistes über rohe Naturgewalten. In Breisach, hoch über dem wohlgeordnet vorüberziehenden Strome, hat man dem „Bändiger des Rheines" ein Denkmal gesetzt.

Auch in Bayern wurde schon in der napoleonischen Zeit der Wasser- und Straßenbau zu hoher Entwicklung gebracht. Der vom Rheine stammende Ingenieur Wiebeking hatte die Leitung. Er begann die durch Verwahrlosung und ungünstige Bauten verwilderten Flüsse des Landes instand zu setzen. Die Austrocknung des Donaumooses wurde gefördert durch fünf Durchstiche der Donau oberhalb Ingolstadt und zwei Durchstiche bei Dillingen. Die Isar wurde von München abwärts geradegeleitet. Jetzt endlich wurden auch wieder Straßen gebaut, die sich mit den römischen messen konnten. An diesen Arbeiten übte sich ein Ingenieurkorps, das dann zur Verfügung stand, als König Ludwig I. in den Jahren 1836 bis 1845 den nach ihm benannten Ludwigskanal bauen ließ, um unter Benutzung von Altmühl und Regnitz die Donau mit dem Maine zu verbinden. Im Stile der Zeit erinnerte man daran, daß man hier vollendete, was Karl der Große mit seiner „fossa Carolina" geplant und begonnen hatte.

Und nicht nur einen trefflichen Stab von Bauingenieuren verdankte man der Rheinbundszeit. Auch der Aufschwung der Geodäsie begann, als Napoleon das bayrische Land topographisch festlegen und auf seine wirtschaftliche Ausnutzbarkeit prüfen ließ. Eine Kommission von französischen und bayrischen Offizieren legte Karten und Kataster an. Es stellte sich dabei heraus, daß es an guten Meßinstrumenten fehlte. Denn obwohl im 18. Jahrhundert auch das deutsche Publikum voll Interesse für Feinmechanik und Geographie gewesen war und an manchen Orten, wie in Augsburg, bemerkenswerte Instrumente geschaffen wurden, so war das Vaterland Newtons, die Wirkungsstätte Herschels doch nur in Einzelfällen erreicht. Meßinstrumente aber konnten infolge der Kontinentalsperre aus England nicht bezogen werden. Der innere Zusammenhang von Kartographie und Feinmechanik erlangte jetzt geschichtliche Bedeutung. Die Verlegenheit der Geodäten gab dem Hofkammerrat Joseph Utzschneider, der gerade in unfreiwilliger Muße fern vom Hofe lebte, die Veranlassung, als privater Unternehmer zwei Betriebe einzurichten, die den Ruhm Münchens als der klassischen Stadt der Feinmechanik im 19. Jahrhundert begründet haben. Das eine war ein mathematisch-mechanisches Institut, und da diesem die nötigen Gläser fehlten, so wurde das andere, das optische Institut nötig. Utzschneider war ein Freund der Wissenschaft und ein Philanthrop; er war im vorliegenden Fall Anreger, Geldgeber und Organisator. Es gelang ihm, zwei junge Techniker von hohen Gaben und großer Zukunft aufzufinden. Das optische Institut vertraute er Joseph Fraunhofer an, den er einst durch Zufall kennen gelernt hatte, als der Glaserlehrling beim Einsturz eines Hauses bei der Frauenkirche unter den Trümmern hervorgezogen wurde; wir wissen, daß von diesem optischen Institut der technisch-wissenschaftliche Geist in Deutschland seinen Ausgang genommen hat. Das mathematisch-mechanische Institut leitete Georg Reichenbach, der gleichfalls die wissenschaftliche Methode sich aneignete und von dessen Zusammenwirken mit dem großen Optiker hier bereits die Rede war. Reichenbach war der Sohn eines kurpfälzischen Stuckbohrers, zu Mannheim geschult in der Werkstatt des Vaters, auf der Sternwarte, in der Militärakademie; in seinen Mußestunden fertigte er astronomische Instrumente an. Kurfürst Karl Theodor wurde durch seinen technischen Berater, den schon genannten Engländer Rumford, auf den begabten Jüngling aufmerksam gemacht und setzte ihm ein Stipendium aus für eine Reise nach England. Zwei Jahre, von 1791 bis 1793, weilte Reichenbach dort. Er ging nach Soho, um die neuen „Feuermaschinen" zu sehen; um sich einzuführen, brachte er eine Bestellung des Kurfürsten auf eine Maschine. Es ward ihm nur erlaubt, die Maschine von Zeit zu Zeit zu betrachten. Aber im Geheimen machte er sich Zeichnungen, „ohne beobachtet zu werden", wie er berichtet; und im übrigen halfen „einige kleine Trinkgelder, die mir eine vorteilhafte Gelegenheit verschafften, den Mechanismus der Wattischen Feuer- oder Dampfmaschine vollkommen zu studieren". Daneben nahm er Gelegenheit, den weltberühmten Instrumentenbau Englands kennenzulernen. Nach der Heimkehr wurde er Adjutant des Vaters, der inzwischen zum Leiter aller militärischen Werkstätten des Kurfürsten aufgestiegen war. Mit ihm kam er nach München. Es ist gewiß kein Zufall und entspricht dem alten, historischen Zustande, daß ein Artillerieoffizier der Bahnbrecher des Maschinenzeitalters in Deutschland geworden ist. Zunächst war für den großen Maschinenbau, mit dem sich Reichenbach in England vornehmlich beschäftigt hatte, in der bayrischen Heimat kein Raum; um so mehr konnte er sich dem andern Zweige, dem Bau wissenschaftlicher Instrumente, widmen. Wie für Fraunhofer, so handelte es sich auch für Reichenbach darum, nicht durch Probieren, sondern nach mathematischer Methode zu verfahren. Wenn jener also exakte optische Bilder ermöglichte, so ging es bei Reichenbach um die vollkommen gleichmäßige Teilung des Kreisbogens durch eine Teilungsmaschine. Wir haben früher dargestellt, wie aus der Zusammenarbeit der beiden Gelehrten geodätische und astronomische Instrumente von einer nie gesehenen Vollkommenheit hervorgegangen sind und München auf diesem Gebiet eine Weltstellung erlangt hat. Sie ist später weitergeführt worden durch Carl August Steinheil, der seit den 30er Jahren mit unerschöpflicher Erfindungsgabe immer wieder neue Instrumente herstellte. Er hat nicht nur den ersten, praktisch brauchbaren Telegraphen und die ersten elektrischen Uhren gebaut; er hat 1841 auch die ersten hohlen Figuren galvanoplastisch über Wachsmodellen angefertigt; so die bayrischen Löwen auf den Fahnen des Heeres. Er war seiner Vorbildung nach Astronom, ein Schüler Bessels; aber nachdem er in das heimatliche München zurückgekehrt war, trat er ganz in die von Fraunhofer und Reichenbach begründete Tradition ein und führte sie schließlich zu großartiger Höhe, als er 1855 in Schwabing seine optisch-astronomische Werkstätte einrichtete, die hohen Ruhm erlangte. Von hier aus wurden lange alle Sternwarten Deutschlands mit Objektiven versehen, hier wurden jene Spektralapparate hergestellt, womit Kirchhoff und Bunsen das Sonnenlicht analysierten.

Reichenbach war es übrigens vergönnt, nicht nur in der Feinmechanik, sondern auch im Maschinenbau ganz große Erfolge zu erzielen. Es kam die Zeit, wo man in Bayern auch von diesen Kenntnissen Nutzen ziehen konnte. Der Staat brauchte Geld, er suchte nach neuen Finanzquellen. Zum Betriebe seiner Salzwerke in Berchtesgaden und Reichenhall genügten schon lange die umliegenden Wälder nicht mehr, man mußte das Holz mit großen Unkosten heranschaffen. Es stellte sich heraus, daß es billiger war, wenn man umgekehrt vorging und die Sole zum Sud weiter ins Land hinein in die waldreichen Gebiete von Traunstein und Rosenheim leitete. Die Linie von Reichenhall bis Rosenheim bot keine Schwierigkeiten, sie wurde schon 1809 vollendet. Aber als man 1817 die Sole von Berchtesgaden einbezog, mußten zur Umgehung der damaligen österreichischen Grenze große Gefälldifferenzen überwunden werden. Zu diesem Zwecke hat Reichenbach hydraulische Maschinen geschaffen, darunter die gewaltige bei Ilsank, die zu ihrer Zeit ein Wunderwerk der Technik war. Es wurde offenkundig, daß im deutschen Volke sowohl die Gabe der wissenschaftlichen Konstruktion als auch die Fähigkeit der Ausführung vorhanden waren und daß Theorie und Praxis sich in großartiger Weise ergänzten. Der Mann, der bisher als Feinmechaniker sich betätigt hatte, schuf zugleich die größte Maschine der Welt und dies abermals auf rein wissenschaftlichem Wege. Die beim Bau astronomischer Instrumente geschulte Exaktheit im Kleinsten wurde hier auch für den Bau großer Maschinen nötig und angewendet. Und die praktische Arbeit des Bohrens, die hier geleistet werden mußte, war ungeheuer, die Herstellung der gußeisernen Röhren sehr schwierig.

Eine weitere Entwicklung des großen Maschinenwesens war in Deutschland noch nicht möglich. Georg von Reichenbach war ein wissenschaftliches Genie, das seiner Zeit weit vorauseilte. Die wenigen Dampfmaschinen, die unmittelbar nach 1815 in Bayern aufgestellt wurden, waren keine gewerblichen Produktionsmittel, sondern eher physikalische Apparate. In Bayern fehlten gewiß nicht Interesse und Lust an den technischen Dingen. Mit dem jungen Reichenbach war einst der Bergrat Joseph von Baader, der Bruder des Philosophen, in England gewesen, und er ist immer wieder dorthin zurückgekehrt; acht Jahre lang weilte er drüben. Er war ein vielseitiger und erfindungsreicher Kopf; er hat seit 1815 für die Einführung von Pferdeeisenbahnen geworben — „eiserne Kunststraßen“ nannte er sie. Er schrieb auch ein „System der fortschaffenden Mechanik“ und dachte dabei an Bahnen mit ortsfesten Dampfmaschinen, wie er sie in England gesehen hatte — eine unmögliche Lösung, die nicht weiterführen konnte. In England lernte er auch die Gasbeleuchtung kennen und errichtete 1817 eine Gasanstalt in München; einige Jahre vorher war man hiermit in Freiberg vorangegangen. Obwohl Baader seine Modelle und Bahnprojekte den Monarchen von Bayern, Österreich und Rußland vorführen durfte, konnte er sich doch nicht durchsetzen. Er brachte persönliche Opfer für seine Ideen, aber er war ein Sonderling und bekämpfte erbittert den begabteren Reichenbach. Auch wußte er noch nicht, worin das Geheimnis des Erfolges in der modernen Welt beruhte; er war ein Vielerfinder und unverwüstlicher Optimist.

Im übrigen konnte gerade in Bayern die technische Entwicklung nicht weitergeführt werden, denn es fehlte die Kohle. Und wo dieser Urstoff der neuen Zeit im übrigen Deutschland vorkam, da hemmte doch die allgemeine Lage jede große industrielle Unternehmung. Als die lange Kriegszeit vorüber war und die Arbeit des Friedens beginnen konnte, da waren durch die Kontinentalsperre alle alten Beziehungen zum Auslande abgerissen, die Engländer schoben sich in die Weltmärkte hinein, besonders auch in Südamerika. Wenn man in Solingen begonnen hatte, dem Sheffieldstahle zu trotzen, so war es jetzt zunächst vorbei mit der Aussicht, die alte Weltstellung zurückzuerobern; und der Bedarf an Seitengewehren, die man während der Freiheitskriege an Preußen und Rußland geliefert hatte, hörte mit der Wiederkehr des Friedens auf. Auch die Leinenindustrie Schlesiens und Sachsens lag völlig danieder; ihre Blüte hatte zuletzt im 18. Jahrhundert auf der über Hamburg gepflegten Verbindung mit Westindien beruht. Statt dessen hatte sich allerdings die Baumwollfabrikation in Schlesien, Westfalen oder in Augsburg sehr entwickelt, da die englischen Waren ferngehalten waren und Napoleon für Rohstoffe auf dem Landwege aus dem Oriente sorgte. Die „Freiheit der Meere“ — die im Frühjahr 1813 als eine der ersten Folgen des russisch-preußischen Vormarsches wiederhergestellt worden war — hatte bewirkt, daß die so lange in England aufgestapelten Waren Manchesters nun den Kontinent überschwemmten. Jetzt zeigte sich, daß viele der deutschen Baumwollfabriken ganz unnatürlich entstanden, lediglich auf eine bestimmte politische Situation gegründet waren und also in bedrängte Lage gerieten oder wohl gar stillgelegt wurden. Denn die Engländer hatten in den vergangenen Jahren der Sperre unermüdlich ihre Maschinen verbessert; ihre Waren waren gut und billig. Die deutschen Fabriken arbeiteten zwar vielfach schon mit neuen Werkzeugmaschinen, aber mit alten Modellen aus den Anfängen der technischen Revolution; und Betriebsdampfmaschinen gab es 1812 in ganz Preußen doch erst zwei.

Das technisch fortgeschrittenste deutsche Land war die preußische Rheinprovinz. Sie verfügte über Deutschlands beste Wasserstraße, über die Nähe des Meeres, über mineralische Reichtümer; der westfälische Eisen- und Kohlendistrikt schloß sich unmittelbar an, er begnügte sich noch lange vornehmlich mit Lieferung des Rohstoffes, sein eigentlicher industrieller Aufschwung setzte erst in den 50er Jahren ein. Denn die Rheinprovinz hatte ihm gegenüber noch anderes voraus. Hier war die vielseitigste Industrie schon seit alter Zeit heimisch, alle Industriezweige waren vertreten — voran die Textilmanufaktur und die von ihr abhängigen Branchen der Bleicherei, der Druckerei, der Färberei. In der Eifel und auf dem Hunsrück war, wie erwähnt, die Eisenindustrie seit unvordenklichen Zeiten tätig, und hier war im 18. Jahrhundert auch bereits eine Konzentration eingetreten; die Familien besaßen

Kapital und Unternehmungsgeist. Der Familie Stumm gehörten an 6 Wasserläufen im Hunsrück 9 Hütten und Hämmer, und 1806 erwarb sie noch das Reidwerk Neunkirchen an der Saar hinzu. Die Hoesch waren seit dem Dreißigjährigen Kriege die wichtigsten Hüttenbesitzer der Nordwesteifel. Vom Gebirge aber drängte man hinunter nach dem Strome, und dort lebte ein aufgeschlossener, sehr anpassungsfähiger Menschenschlag, munter und beweglich und dicht gedrängt in einem Lande alter, städtischer Kultur. Von hier stand der Export nach Norden und Westen offen. Die französische Herrschaft hatte einen großen Markt in einem weiten Staatsgebiet zur Verfügung gestellt und die Produktion gefördert durch Schutzzoll, durch Prämien und durch die Kontinentalsperre. So war die Textilindustrie aufgeblüht — die Tuchfabriken in Aachen, die Seidenfabriken in Krefeld, die Baumwollfabriken im Wuppertal. Die Franzosen beseitigten die alten Monopole und Privilegien, sie brachten eine Gesellschaftsordnung und ein Gesetzbuch, die alles begünstigten, was Technik und Wirtschaft in jenen Anfängen dringend brauchten — die freie Konkurrenz, die persönliche Initiative, die Rechtssicherheit. Mit gutem Grunde hat darum später Karl Marx, der diesem rheinischen Lande entstammte, sagen können, vor den übrigen, durch die Franzosen revolutionierten deutschen Ländern habe Rheinpreußen die Industrie, vor den übrigen Industriebezirken — Sachsen und Schlesien — die Französische Revolution voraus. Wenn die preußische Verwaltung noch lange der Einrichtung der Aktiengesellschaft mißtrauisch gegenüberstand, weil sie die persönliche Haftung des einzelnen Unternehmers mit seinem ganzen Vermögen wünschte, so daß also nur die altdeutsche Gewerkschaft als die einzige Form der Kapitalzusammenfassung blieb, so bot das französische Recht die beweglichere moderne Form. Und wenn es in Preußen noch Jahrzehnte dauerte, bis eine geregelte politische Volksvertretung geschaffen wurde, so hatte man in rheinischen Städten aus der französischen Zeit die Handelskammern, unter denen die zu Köln eine große Bedeutung gewann für die wirtschaftliche Entwicklung Deutschlands. Es war eine Interessenvertretung — aber sie gewöhnte den Stand, seine Angelegenheiten selbst zu besorgen; sie drängte auch zur Mitberatung der zu erlassenden Gesetze und Verordnungen. Hier war ein Organ geschaffen, das ein Zusammenarbeiten aller am Wirtschaftsleben beteiligten Geschäftsmänner ermöglichte — der Kaufleute wie der Bankherren, der Industriellen wie der Leiter der Verkehrs- und der Bergwerksunternehmen. Die Geschichte der Kölner Handelskammer bietet die eindrucksvollsten

Beispiele, wie der Kampf zwischen dem Alten und dem Neuen im einzelnen sich vollzogen hat; denn hier handelte es sich darum, das moderne industrielle Leben in einer alten Handelsstadt aufzubauen. Man sieht, wie in dieser Körperschaft die großen rheinischen Wirtschaftsführer sich gebildet haben, wie die Geschäftsleute mit den Regierungsorganen zusammenarbeiteten, wie die Talente herangezogen wurden und dann von der wirtschaftlichen Arbeit in die politische übertraten. Erst seit 1840 ist die Einrichtung der Handelskammer auf andere Teile der preußischen Monarchie übertragen worden. Die Rheinländer wußten, was sie den napoleonischen Institutionen verdankten. Die Verehrung für den gestürzten Kaiser trug denn auch in diesen niederrheinischen Landen einen ausgesprochen bürgerlichen Charakter. Man pries den großen Förderer der industriellen Unternehmungslust und nicht zuletzt den Mann, der durch eigene Tüchtigkeit emporgekommen war. Der Dichter der „beiden Grenadiere" war in Düsseldorf aufgewachsen; sein Gedicht entstand 1819, er hat es dem Marschall Soult und dessen Gattin gewidmet, die ein Bürgermädchen aus Solingen war.

Die französische Herrschaft hat in der Tat dem rheinischen Wirtschaftsleben einen großen Antrieb gegeben. Schon die Handwerker, die sich im Rahmen der alten Technik hielten, konnten rasch aufsteigen, wenn sie intelligent waren und Unternehmungsgeist besaßen. Wir können dies beispielsweise an dem Vater Gustav Mevissens, des großen rheinischen Wirtschaftsführers, ersehen. Der Vater war Geselle in einer Krefelder Weberei, kaufte sich 1798 eine Zwirnmühle und stellte sie im elterlichen Hause in Dülken auf: aus Leinengarn fabrizierte er Zwirn. Drei Jahre später waren es schon vier Mühlen mit zwei Gesellen, 1803 kaufte er sich ein eigenes Haus, 1804 heiratete er bereits eine Kaufmannstochter. Der Absatz steigerte sich immer mehr, je mehr die Industriellen zum Maschinenbetrieb übergingen und Garn brauchten; bald konnte er mit den ausländischen Fabriken in Lille oder Courtrai konkurrieren. Und nicht anders stand es mit der Weberei. In der Nachbarschaft Belgiens und Frankreichs lebend, hatte man sich trotz der Kontinentalsperre mit guten Maschinen versorgen können. Man besaß die Jacquardmaschine, die ein Lyoner Weber dieses Namens um die Jahrhundertwende erfunden hatte und die nun gestattete, Gewebe in den mannigfachsten Mustern herzustellen: für die Fabrikation von Gobelins, Damasten, Möbelstoffen war dies eine gewaltige Umwälzung. Aus Lüttich bezog man auch bereits von Cockerill einzelne Dampfmaschinen, und dies gilt vornehmlich für die Tuchfabriken um Aachen, die im damaligen Deutschland die fortgeschrittensten Unternehmungen waren. Die vollkommenste Spinnerei stand in Burtscheid; sie gehörte dem Aachener Industriellen Heinrich Pastor, dem Schwiegervater der Brüder Cockerill. Sie arbeitete bei Wassermangel mit Dampfmaschine und lieferte den Aachener Tuchfabriken die Garne in weiß; denn in Aachen herrschte die Stückfärberei vor — in Malmedy, Monschau oder Düren dagegen die Wollfärberei. Zum Erfolg der Aachener Industrie trug auch bei, daß sie über kenntnisreiche, regsame und gewandte Verleger verfügte. Sie verlor zwar, als sie 1814 unter preußische Herrschaft kam, den Absatz nach Frankreich; aber zum Ersatz fanden die Verleger für die Tuche den Weg nach Deutschland, Italien und in die Levante. Das Rohmaterial bezog man nicht nur aus der Umgegend. Denn, so ausgedehnt auch die Schafhaltung in der Eifel war, so reichte sie doch bei weitem nicht aus, zumal überall in den Dörfern kleine Tuchmacher saßen. Vielmehr kaufte man die Wolle auch von den ostelbischen Schäfereien, deren Ausbau und Pflege Albrecht Thaer den Rittergutsbesitzern mit großem Erfolg so sehr ans Herz gelegt hatte. Erst in den 60er Jahren ist dann die überseeische Wolle so billig geworden, daß die Rittergüter wieder von der Schafzucht abgingen. Der bekannteste Wollhändler Aachens war David Hansemann, der liberale Politiker. In Köln besaß seit den 40er Jahren Peter Michels das größte Woll- und Tuchgeschäft des Landes.

Wie die Tuchfabrikation in Aachen, so war auch die Seidenfabrikation von Krefeld technisch und wirtschaftlich vollkommen; auch hier waren, wie erwähnt, die Fabrikanten gebildete Leute und lebten auf hohem Fuße. Weniger günstig war die Lage im Wuppertal, wo die Leinwand immer mehr der Baumwolle gewichen war, so daß viele Betriebe nun durch die englische Konkurrenz in Schwierigkeiten kamen. Sie arbeiteten mit Spinnmaschinen, aber mit Menschen- und Wasserkraft. Und die Spinnmaschinen waren veraltet gegenüber dem Stande in England, wo der Umschwung der Spindeln immer schneller, die Zusammenarbeit der Maschinen immer vollkommener geworden war. Nur wenige Fabrikanten reisten gleich nach 1815 hinüber; die Unternehmungen hielten sich gegenüber der englischen Konkurrenz nur durch die billigen Löhne. Doch gelang es gerade hier, die Krisis zu überwinden. Im Jahre 1821 ist der erste Jacquardwebstuhl in Barmen aufgestellt worden; bald kam auch der Bandstuhl nach. Die Bewohner des Wuppertales waren fromme Protestanten, den Vergnügungen abgeneigt, mit tüchtigem und praktischem Sinn, tätig und sparsam. Die Einwohnerzahl Elberfelds stieg in dem folgenden halben Menschenalter von 20000 auf 30000. Die jungen Fabrikantensöhne gingen bald häufig nach England, wie man besonders aus der Lebensgeschichte von Friedrich Engels weiß, der aus einer Firma in Barmen stammte und das Zweiggeschäft des väterlichen Hauses in Manchester leitete, wo er in dieser Hochburg des kapitalistischen und liberalen Systems dessen erbitterter Feind geworden ist.

Wenn so im Westen Deutschlands die natürlichen und historischen Bedingungen für die technisch-wirtschaftliche Entwicklung des 19. Jahrhunderts günstig waren, so war es doch ein empfindlicher Mangel, daß die Maschinenfabriken fehlten: alle Maschinen für die Spinnereien und Webereien wurden in England hergestellt, man konnte sie außerdem nur noch aus den Werken Cockerills beziehen. Die Lage der Textilfabriken aber und die Aussichten für die technische Entwicklung verschlechterten sich, je weiter man nach dem Osten gelangte. Dort waren zwar in der preußischen Monarchie die Handelsstädte während des 18. Jahrhunderts emporgewachsen; mit Breslau oder Berlin konnte sich im alten, zersplitterten Deutschland keine Stadt messen. Aber das gewerbliche Leben des Ostens war noch gebunden. Wirtschafts- und Rechtsordnung trugen dort trotz der von Stein und Hardenberg versuchten Reformen noch alle Kennzeichen der feudalistischen Vorzeit. Auch fehlte es an Kapital, an Initiative, an Liebe zur Sache und an Bildung. Höchstens das Königreich Sachsen machte da eine Ausnahme, nicht dagegen die preußische Hauptstadt. Denn die Berliner Aufklärung und Intelligenz bewegte sich in der Kaufmannschaft und in den akademischen Berufen; die Textilbetriebe waren zahlreich, aber klein. Die Umstellung von der Wolle zur Baumwolle war zwar reibungslos geglückt, auch durfte Cockerill 1817 in einer solchen Fabrik seine Dampfmaschine von 12 PS aufstellen. Im übrigen waren Hof und Regierung nicht geneigt, ohne Not das Anwachsen der Hauptstadt zuzugeben: man wußte, welche Rolle die Arbeitervorstädte von Paris in der großen Revolution gespielt hatten. Jedenfalls waren die kümmerlichen Weber und ihre ungebildeten Dienstherren nicht der erwünschte Zuwachs der Residenz. Man kannte sie aus Thüringen und aus der Provinz Sachsen, wo die Fabrikanten sich damit begnügten, billige und gangbare Waren für das Landvolk herzustellen. Dieses aber war schon gewohnt, sich in Musselin und Druckkattun zu kleiden, und die Fabrikanten boten ihnen manch wohlfeiles und gefälliges Muster. Sie waren meist in der Zeit der Kontinentalsperre aus dem Stande der Weber aufgestiegen und in Gesinnung und Lebensart Handwerker geblieben. Sie hatten genug zu tun, wenn sie die Desseins immer wieder wechselten und sich im Volke umtaten; sie hatten nicht Zeit für persönliche Bildung und technische Neuerungen. Der Einführung von Maschinen waren sie abgeneigt, kaum daß sie jemals in ihrem Leben ihre Heimat verlassen hatten. Nur in wenigen Fällen griffen tüchtige und vermögende Kaufleute in die Fabrikation hinüber. Ganz schlimm aber standen die Dinge in Schlesien, diesem Lande der Leinenweber, die in Heimarbeit produzierten. Ihre alten Absatzgebiete waren ihnen durch die Kontinentalsperre genommen; den Kampf mit den Engländern konnten sie jetzt nicht aufnehmen, obwohl ihre Ware von bester Qualität war. Aber trotz dürftigster Entlohnung vermochten sie nicht so billig zu arbeiten wie die Maschine, und wenn sie Maschinen einführten, wurde der größere Teil der Heimarbeiter erwerbslos. Der „Fabrikantengeist" fehlte hier zunächst völlig. Das schlesische Gewerbe war gekennzeichnet durch handwerksmäßigen Kleinbetrieb: von den vielen Papiermühlen arbeiteten die wenigsten mit zwei Bütten, die zahlreichen Tabakfabriken beschäftigten nur eine geringe Arbeiterzahl.

Überhaupt lagen die Ansatzpunkte der industriellen Entwicklung im Osten an ganz anderer Stelle als im Westen Deutschlands. Das rheinisch-westfälische Wirtschaftsleben baute sich auf der Gunst der Verkehrslage und auf den Mineralschätzen auf und knüpfte vielfach, wie in Köln, an den alten Großhandel an, der bisher die Rohstoffe hergeführt hatte und nun zur Verarbeitung, bald auch zur eigenen Gewinnung der Ausgangsstoffe überging: wir sprachen von der Rolle der Eisenhändler und der Wollhändler, auch die Kohlenhändler werden noch zu erwähnen sein. Die ostdeutsche Industrie ist nicht minder organisch erwachsen, sie blieb noch lange gekennzeichnet durch ihren ländlichen Charakter: die Fabriken erstanden aus dem Gutsbesitz und den von ihm gelieferten Rohstoffen. Eine charakteristische Erscheinung unter den frühen Großunternehmern und Fabrikanten dieser Art war der Magdeburger Johann Gottlob Nathusius, der sein im Handel erworbenes Vermögen in Grundbesitz anlegte und auf ihm die dazu gehörigen Fabriken errichtete — also Tabak-, Zucker-, Spritfabriken, Bierbrauereien und Mühlen, Ziegeleien und eine Steingutfabrik. So wurde er in napoleonischer Zeit ein Pionier der deutschen Industrie. Er hat dann auch noch eine Maschinenfabrik angegliedert, in der er Dampfmaschinen baute; ein Zentralbüro vereinigte die Verwaltung aller Teile der weitverzweigten Produktion. Die Zeitgenossen bewunderten das „ungeheure Werk", das außer fremden

Tabakblättern und rohen Metallen nichts zu kaufen brauchte, sondern Selbstgewonnenes verarbeitete.

Die Branntweinbrennereien waren im Osten besonders zahlreich, von dort ging auch ein großer Export nach dem übrigen Deutschland; der ausgebreitete Konsum wurde schon zu Anfang des Jahrhunderts sehr beklagt. Die Tabakfabriken waren dagegen besonders im Südwesten heimisch; man stellte Rauch- und Schnupftabak her, erst nach der Jahrhundertmitte fingen die Raucher an, zur Zigarre überzugehen. Die Zuckerfabriken verdankten der Kontinentalsperre ihre Entwicklung. Da der Kolonialzucker fehlte, hatte man auf des Kaisers Antrieb in Frankreich wie in Deutschland den Zuckergehalt der Rübe industriell auszubeuten begonnen, nachdem deutsche Chemiker den Weg dazu gezeigt hatten. Zahlreiche Fabriken dieser Art entstanden in der napoleonischen Zeit, besonders auch auf den großen Gütern. Denn die Gutsbesitzer waren froh, daß sie neben dem Getreide, das sie nicht mehr ausführen konnten, nun Zuckerrüben bauen und verwerten durften; es war ihnen eine Überraschung, daß man aus Viehfutter brauchbaren Zucker herstellen konnte. Nach Aufhebung der Kontinentalsperre sind diese deutschen Rübenzuckerfabriken meist wieder eingegangen, oder sie stellten sich um und beschränkten sich darauf, den Rohrzucker zu raffinieren. Der Rübenzucker konnte die Konkurrenz des Rohrzuckers nicht aushalten; denn seine Herstellung war technisch noch unvollkommen, es wurde nur ein geringer Prozentsatz Zucker aus der Rübe herausgebracht, und die Verbraucher hatten überhaupt eine Abneigung gegen den übel riechenden Rübenzucker. Einige Rübenzuckerfabriken, besonders in Sachsen, hielten sich und machten große technische Fortschritte. Aber erst um die Mitte des Jahrhunderts verschwand der Kolonialzucker aus Deutschland.

Die Zuckerfabriken haben übrigens in Westdeutschland sehr gegen die konservative Gesinnung der Landwirte ankämpfen müssen, die beim Getreide- und Kartoffelbau verblieben und sich nicht abhängig machen wollten von der benachbarten Fabrik; die Zuckerfabriken pachteten oder erwarben deshalb vielfach Landgüter, um selbst Rüben zu bauen. Im ostelbischen Deutschland aber war die kapitalistische Denkweise in dem Rittergutsbesitzer oft ausgebildet genug, so daß er es war, der die Fabriken errichtete; und die liberale Gesetzgebung, auch wenn er sie theoretisch bekämpfte, brachte ihm nicht geringere Vorteile als dem bürgerlichen Unternehmer des Westens. Wenn das rheinisch-westfälische Wirtschaftsleben aus bürgerlichem Geiste erwachsen war und wenn seine Träger erkannten, daß die neue Ordnung der Freiheit von Handel und Wandel dem Dritten Stande zugute kam, so hatte doch die Stein-Hardenbergische Reform, so sehr sie die politische und soziale Vorherrschaft des Adels einschränkte, diesem auf wirtschaftlichem Gebiete eine stärkere Bewegungsfreiheit verschafft, als er sie vorher besessen hatte; hiervon ist früher bereits die Rede gewesen. Da es im Osten, dem Lande der Rittergüter, noch keinen genügend kapitalkräftigen Bürgerstand gab, erwuchsen dem Adel hier ungeahnte Möglichkeiten. Er besaß zwar nicht mehr den Mühlenzwang für die herrschaftliche Mühle; aber er brauchte auch keine Rücksichten mehr zu üben auf fremde Gerechtsame. Er war jetzt nicht mehr an alte Ordnungen gebunden, wenn er auf seinen Gütern Brennereien, Brauereien, Zuckerfabriken anlegte oder ausdehnte. Freie Lohnarbeiter standen genug am Wege, seit der Bauernschutz hinweggefallen war. In Ost- und Westpreußen fehlte es vielfach den Rittergutsbesitzern noch an dem hierzu notwendigen wirtschaftlichen Sinne, aber in Schlesien ist der industrielle Kapitalismus ganz unmittelbar aus Feudalrechten und Feudalbesitz entwickelt worden. Die großen Magnaten, welche die Habsburger hier vornehmlich im Dreißigjährigen Krieg mit reichen Latifundien ausgestattet hatten, bemerkten im 18. Jahrhundert, welche Schätze unter dem Boden ihrer Wälder ruhten und mit fronpflichtigen Arbeitskräften gehoben werden konnten. Die fürstlichen Domänenverwaltungen übernahmen auch diese Aufgabe. Während die Bauernbefreiung freie Lohnarbeiter zur Verfügung stellte, warf die Säkularisation von 1810 riesige Strecken Landes auf den Markt, die für ein Spottgeld zu erwerben waren. So entstanden im 19. Jahrhundert in Oberschlesien das Herzogtum Ratibor, der gewaltige Besitz der Fürsten von Pleß, Hohenlohe, Henckel zu Donnersmarck: die letzteren stammten von Lazarus Henckel ab, der in den Türkenkriegen habsburgischer Militärlieferant gewesen war. Die Grafen Ballestrem, deren Ahne 1742 aus sardinischem in preußischen Heeresdienst getreten war, haben noch im 18. Jahrhundert durch Heirat ausgedehnten Grundbesitz erworben. In Mittelschlesien stand das Fürstentum Trachenberg voran, das der Kaiser im Dreißigjährigen Kriege dem Grafen Schaffgotsch abgenommen und dem Grafen Hatzfeldt geschenkt hatte. In Niederschlesien gewann auch das bürgerliche Unternehmertum Bedeutung. Durch Heirat mit den Töchtern bürgerlicher Emporkömmlinge sind die Reichsgrafen Schaffgotsch und die Grafen Tiele-Winkler zu Großunternehmern geworden. Die Magnaten haben es verstanden, weitgehende Bergbaurechte sich anzueignen. Während an der Saar die Bergwerke staatlich waren und in Westfalen die klevisch-märkische Bergordnung von 1766 galt — die dem Staate die ganze Führung übertrug, so daß die Bergwerksbesitzer nur zu zahlen und die Überschüsse einzunehmen hatten —, ist ein für die ganze preußische Monarchie geltendes Berggesetz erst 1865 erlassen worden; inzwischen hatten die oberschlesischen Magnaten sich Privilegien errungen, wie sie sonst nirgends im 19. Jahrhundert möglich geworden sind.

Wenn also der Staat Gewerbe und Industrie entwickeln wollte, so war er im Osten auf den Adel, im Westen auf den Bürgerstand hingewiesen: der politische und der wirtschaftliche Fortschritt deckten sich anfangs durchaus nicht, die politische Reaktion war im Osten der kapitalistischen Entwicklung förderlich, indem sie die Feudalverfassung schonte und stützte. Aber dies war doch nur ein vorübergehender Zustand. Auf der Grundlage des feudalen Großgrundbesitzes ließ sich eine Maschinen- und Textilindustrie niemals hochbringen; hierzu waren wie in England bürgerliche Menschen nötig, die als freie Unternehmer arbeiteten und Einfluß besaßen auf die Gestaltung des öffentlichen Lebens, auf die Sicherung des Rechtes und der Ordnung. Es war kein Zweifel, daß im deutschen Menschen solche Gaben und Kräfte ruhten, die ihn befähigten, bei der Entfaltung der modernen Technik mitzuwirken. Unmöglich konnte all das verloren sein, was einst die Größe des alten Nürnberg, des alten Augsburg und der andern Reichsstädte ausgemacht hatte. Vieles war verkümmert und erstarrt in veralteten Ordnungen, die Menschen waren bequem und träge geworden, verhockt und verengt, aber die Enkel trugen im Blute das Erbe der Vorfahren — ob diese nun als Handwerker in den Städten gesessen oder ein Hammerwerk im Walde betrieben haben mochten. In der Tat hat es an Pionieren der modernen Technik nicht gefehlt, die mit dem alten deutschen Geiste der unbedingten Hingabe an das Werk begabt waren und sich berufen fühlten, die Schöpfung Gottes mit neuen Formen und Werkzeugen zu bereichern, sie weiter zu denken und fortzubilden. Ihnen verdankte man es vor allem, daß den neuen Werkzeugmaschinen der Maschinen- und Dampfmaschinenbau nachfolgte. Aber solche einzelne Menschen waren doch nicht zahlreich genug, als daß das ganze neue Zeitalter des Eisens, der Kohle und der Baumwolle von ihnen hätte geformt werden können. Die Bildungsarbeit der großen absoluten Monarchen, die schon damals der „Erziehung zur Industrie" gegolten hatte, mußte weitergeführt werden durch aufgeklärte und bürgerlich gesinnte Staatsbeamte, damit die Masse des Mittelstandes aus der vielbeklagten „Obskurität und Indolenz“ erwachte: so wenigstens faßten diese Männer ihre historische Sendung auf.

Unter den frühesten Propheten des deutschen Industriestaates wird Friedrich Harkort immerdar den ersten Platz einnehmen. Er war zwar in jenen Jahren unmittelbar nach 1815 nicht ganz ohne Schicksalsgenossen, die das gleiche wie er erstrebten, und er verdankt seine historische Stellung doch auch der Tatsache, daß das Quellenmaterial zu seiner Lebensgeschichte besonders reichhaltig auf uns gekommen ist und daß er selbst durch seine schriftstellerische Nebenarbeit hierzu mitgeholfen hat. Aber sein Beispiel ist darum doch besonders lehrreich. Er hat den englischen Maschinenbau durch Ingenieure und Arbeiter, die er mit großen Kosten und Schwierigkeiten herüberholte, in Deutschland eingeführt, und er hat — schon gleich am Eingange des neuen Zeitalters — die Umgestaltung des ganzen gesellschaftlichen, kulturellen und staatlichen Lebens, die sich aus der Industrialisierung ergeben mußte, vorausgesehen: seine Schriften geben Zeugnis davon, mit welch frohen Zukunftsplänen tatkräftige und gebildete Männer jener ersten Generation die neue Zeit heraufzuführen gewillt waren. Vor ihren Augen schwebte das Bild einer neuen und höheren, industriellen und zugleich nationalen Kultur, das nachher nicht Wirklichkeit geworden ist. Harkorts persönliches Vorbild war der Freiherr vom Stein, den er von Jugend auf gekannt hat und dessen Staatsgedanken viele Elemente enthielten, die dem werdenden deutschen Industriestaat unentbehrlich waren. Die Vorfahren Harkorts saßen seit Jahrhunderten auf einem westfälischen Gute, wo ein Eisen- und Stahlhammer tätig war und Kleineisenwaren wie Sensen, Sicheln, Draht hergestellt wurden. Er selbst hatte als Lehrling in einem Textilgeschäft in Barmen gelernt, den Feldzug von 1815 mitgemacht und war schwer verwundet und geschmückt mit dem Eisernen Kreuze aus dem Kriege heimgekehrt. Von Hause aus mit der alten Eisenindustrie vertraut, faßte er nach Friedensschluß den Plan, eine Maschinenfabrik nach englischem Muster zu schaffen, um die Engländer aus Deutschland und von dem Kontinent zu vertreiben. Wie alle Schöpfer von Deutschlands Wirtschaftsgröße war er ein glühender Bewunderer und zugleich ein Feind der Engländer. Er verband sich mit dem Elberfelder Unternehmer Heinrich Kamp, der Kapital zur Verfügung hatte. Die beiden kauften die alte Burg in Wetter über der Ruhr, die einst Sitz des preußischen Bergamtes gewesen war und wo der Freiherr vom Stein achtzehn Jahre lang als Vorstand dieser Behörde gewirkt hatte. Die Verkehrslage war gewiß nicht günstig für eine Fabrik. Aber diese frühesten Pioniere des deutschen Industriestaates hätten nicht wirken können ohne einen stillen, romantischen Winkel in ihrer Seele: ein neues Rittertum erstand, das von der Bergeshöhe hinabsah in deutsches Land! Harkort reiste nach England, um Arbeiter und Ingenieure zu werben und eine Dampfmaschine sowie Werkzeugmaschinen zu beschaffen: nur auf diesem Umwege konnte das große Problem gelöst werden, in Deutschland neuzeitliche Fabriken zu entwickeln. So wurde 1819 die „Mechanische Werkstätte Harkort & Co." eröffnet. Ihre Geschichte ist von Conrad Matschoß, dem Historiker der Technik, aus den Akten dargestellt worden. Die Firma konnte, wenn sie bestehen wollte, sich zunächst nicht spezialisieren. Sie stellte alles her — Zahnräder und Grabkreuze, gußeiserne Walzen und Treppengeländer, Bügeleisen, Öfen, Maschinenteile und ganze Maschinen. Harkorts Ehrgeiz aber war es, vor allem auch jene Maschine zu bauen, die „allen andern Leben und Bewegung geben konnte" — die Dampfmaschine. 1820 verließen die beiden ersten Dampfmaschinen die Werkstätte. Schwierigkeiten blieben lange bestehen. Die deutschen Kesselschmiede genügten der Aufgabe nicht, die Kessel wurden anfangs aus England bezogen. Der Kohlenverbrauch war zu groß — 10 kg und mehr für die Pferdekraftstunde, und doch wollte es nicht recht gehen. Aber es gelang von Jahr zu Jahr besser, neben Cockerill und den Engländern in das Geschäft zu kommen. Schon 1823 ging eine Dampfmaschine aus der Werkstätte nach Böhmen in eine Spinnerei; sie war 6 PS stark. Harkort lieferte mit der Dampfmaschine oft auch zugleich die Maschinen, welche von der Dampfmaschine angetrieben werden sollten, und baute daher viele Textilmaschinen. 1826 gliederte er seiner Fabrik auch ein Puddel- und Walzwerk an, und auch hierdurch wurde er bahnbrechend. Auch war es — von Cockerill abgesehen — ein neuer Gedanke, dem die Zukunft gehören sollte, daß man mit der Maschinenfabrik gleich auch das Eisenhüttenwerk verband, um selbst das Roheisen zu erzeugen, das man in der Fabrik brauchte; die Erze wurden aus dem Siegerlande bezogen. Das Walzwerk aber wurde eine Pflanzstätte des Dampfkesselbaues in ganz Deutschland; denn bisher hatte man viele kleine Bleche verwenden müssen, jede Niete war eine Quelle von Undichtigkeiten gewesen. So gingen zahlreiche Anregungen von der alten Burg in Wetter aus, und doch beschäftigte die Fabrik, als ein Jahrzehnt seit der Gründung verflossen war, kaum zehn Angestellte und hundert Arbeiter.

Man sieht, wie vielseitig Harkort war. Hierin lag freilich auch eine große Gefahr in diesen frühen Zeiten, wo so viele Erfahrungen erst noch gemacht und mit teurem Gelde bezahlt werden mußten. Harkort sah sich 1834 gezwungen, aus der Firma auszuscheiden; als Lohn für seine Bemühungen hatte er nichts als drückende Schulden. Der Kompagnon konnte nicht weiterarbeiten mit einem Manne, der immer wieder neue Ideen hatte und sie zu verwirklichen suchte und der so ganz und gar kein Geschäftsmann war. Noch war in der Persönlichkeit Harkorts der Bund von Technik und Kapitalismus nicht geschlossen. Er wollte nicht Geld verdienen und wieder verwerten, sondern er wollte Preußen und Deutschland fördern, eine „vaterländische Industrie" pflanzen. Er war der Überzeugung, daß man nicht mehr wie ehedem auf den absoluten Staat warten durfte, sondern daß das große Werk überhaupt nur aus der persönlichen Initiative entstehen könne. Dieser Mann war aus dem Stamme alter Zunftmeister, der Scholle und der Werkstätte verbunden, ganz hingegeben der Arbeit des Gestaltens und dem Streben, die Hilfsmittel des Menschen zu vervollkommnen, seinen Bedarf zu decken. Sein höchster Ehrgeiz war, ein Wohltäter der Menschheit genannt zu werden, wie die Engländer auf dem Grabmale Watts in Westminster von ihrem Helden gerühmt haben. Aber seit der genossenschaftliche Geist des deutschen Mittelalters zu entschwinden begann, war das Kapital die Voraussetzung aller industriellen Entwicklung und aller persönlichen Freiheit geworden — also der beiden Güter, die dem modernen Bürger die wichtigsten waren. Harkort vergaß, daß eine private Maschinenfabrik selbst auch Geld verdienen mußte, wenn sie bestehen wollte. Seine Selbstkosten waren unverhältnismäßig hoch, und die Lieferungstermine konnten nicht eingehalten werden, so daß die Kunden oft ungeduldig wurden. Harkort erwiderte ihnen, daß sein Geschäft kein Handwerk sei, sondern eine Kunst, und daß er also Zeit brauche. Wenn aber die Erfahrungen in der Werkstätte nach großem Aufwand von Mühe und Geld gemacht waren, dann kannte dieser Fabrikant kein Fabrikgeheimnis, denn er wollte ja seinem Volke und Vaterlande dienen. Er gab bereitwillig über alle technischen Einzelheiten Auskunft. Und über die Schwierigkeiten, die sich aus der allgemeinen kulturellen Rückständigkeit der deutschen Verhältnisse ergaben, sprach er sich in seinen Büchern aus, die ihm für sein Ziel eine ebenso große Bedeutung hatten wie seine Fabrik: beide dienten dem gleichen Zwecke. Harkort empfand bitter die

Abhängigkeit von den hochmütigen, schwer zu behandelnden englischen Arbeitern: tagtäglich wurde ihm vor Augen geführt, daß der deutsche Industriestaat nicht geschaffen werden konnte, wenn nicht die Schulen verbessert und das Volk erzogen wurde zur freiwilligen und tüchtigen Zusammenarbeit in der Werkstatt und im Staate. Denn ohne Kenntnisse und ohne Gemeingeist konnte die neue Zeit nicht mehr bestehen, wie der Freiherr vom Stein immer betont hatte: es galt, sein geistiges Erbe nun fruchtbar zu machen für den kommenden Industriestaat. Und Harkort sah in seinem Betriebe auch die großen Hindernisse, die den deutschen Geschäftsleuten aus den schlechten Verkehrsverhältnissen erwuchsen; diese aber waren ihrerseits wieder ein Ergebnis der jämmerlichen Kleinstaaterei. So wurde der Fabrikant zum Schriftsteller und zum Politiker. Mitten in der schwierigen Arbeit der Werkstätte und des Kontors begann er seit 1825 seine Artikel und Flugschriften zu schreiben, seit 1830 gehörte er dem westfälischen Provinziallandtag an, in dessen Reihen der Geist seines großen Landtagsmarschalls, des Freiherrn vom Stein, noch lange nachlebte. Die Volksschule, der Eisenbahnbau und der nationale Verfassungsstaat beschäftigten den Publizisten, der klar die Zusammenhänge zwischen staatlicher, geistiger und industrieller Entwicklung erfaßt und als erster sie öffentlich dargelegt hat.

Die Bedeutung Harkorts besteht in den vielseitigen Anregungen, die von ihm ausgingen. Er war ein schöpferischer Mensch von echtem deutschem Blut und ein aufrechter Sohn der „roten Erde“. Daß er alle für das moderne Maschinenwesen notwendigen Elemente zusammenzudenken gewußt hat, macht seine geschichtliche Größe aus. Persönlich hat ihn dieser Reichtum der Gesichtspunkte um die äußern Erfolge gebracht; aber es war wertvoll, daß die Dinge in ihrer Einheit gesehen wurden und nicht hemmungslos der Arbeitsteilung anheimfielen. Wenn Harkort Maschinenfabrik und Eisenhüttenwerk miteinander verband, so war dies ein fruchtbarer und folgenreicher Gedanke, und wenn er dabei gleich auch das Puddelverfahren sich aneignete, so wird man mit Recht in der Geschichte des deutschen Eisenhüttenwesens ihm einen Ehrenplatz einräumen. Es bleibt aber bestehen, daß kurz vorher schon einige andere Hüttenbesitzer von sich aus das Vorbild der Engländer nachzuahmen begannen. Die Verhältnisse drängten dahin; die Holzkohlen konnten nur in ungenügender Menge und also nur zu hohem Preise beschafft werden, und das Eisen wurde daher zu teuer. In den Akten lesen wir, wie die Gedanken der Hüttenbesitzer sich zunächst noch in den alten Bahnen bewegten: sie verlangten

Ausfuhrabgaben auf Holzkohlen und beteiligten sich im übrigen an der Bewegung, die ein einheitliches deutsches Zollgebiet anstrebte. Als erster hat im Jahre 1824 Christian Remy — dessen Vorfahren schon seit einem Jahrhundert im niederrheinischen Erzbau tätig waren — auf dem Rasselsteine bei Neuwied das Puddelverfahren mit Hilfe englischer Arbeiter eingeführt. Im gleichen Jahre besuchte Eberhard Hoesch — der, wie erwähnt, einer alten Reidmeisterfamilie aus der Eifel entstammte — die englischen Hüttenwerke; es geschah „mit Mühe und nicht ohne Gefahr". Er brachte englische Arbeiter mit und richtete in Lendersdorf bei Düren ein Puddel- und Walzwerk ein. Cockerill hatte die Einführung auf dem Rasselstein angeregt, denn er bezog von dort sein Eisen; dann aber gestaltete er selbst sein Unternehmen zu dem besten Eisenhütten- und Walzwerk des Kontinentes aus. Die Rheinlande gerieten in Abhängigkeit von seinen Lieferungen, sie vermochten nicht, mit ihm Schritt zu halten, zumal auch die Unterstützung durch die preußische Regierung nicht so großzügig sein konnte wie jene, welche die niederländische Regierung gewährte. Die Einführung des Puddelverfahrens hat die Reise nach der Steinkohle notwendig gemacht. Zunächst zog man in die Nähe des großen Verkehrsstromes. Die Eifel begann zu veröden; nur im Inderevier, um Eschweiler, besaß man Kohle. Dort sind denn auch die ersten Unternehmungen aufgebaut worden, die in einem einzigen Werke aus Eisenerzen Fertigfabrikate herstellten und dabei unmittelbar auf der Kohle saßen. Im Jahre 1818 errichtete hier Joseph Reuleaux eine Maschinenfabrik solcher Art; sein Neffe Franz Reuleaux, der berühmte Ingenieur, ist hier geboren. Im Jahre 1846 baute dann auch Hoesch in Eschweiler sein großes Werk, während rechtsrheinisch und an der Ruhr zu dieser Zeit noch überall Kleinbetrieb herrschte.

Der Stand der Quellen gestattet uns, aus der Frühgeschichte des deutschen Maschinenwesens noch über Friedrich Koenig zu berichten, den Erfinder der Schnellpresse. Auch in diesem Falle sind Persönlichkeit, Schicksal und Werk kennzeichnend für die Anfänge der deutschen Technik. Als Lehrling und Geselle in einer Leipziger Druckerei konstruierte Koenig aus Liebhaberei und Freude an der Sache eine Maschine zum Buchdrucken, von der er damals schrieb, daß sie sich „zur bisherigen Buchdruckerpresse einigermaßen so verhielt wie die Spinnmaschine zum Spinnrad". Das hieß: „Alles, was bisher die Menschenhand verrichtet hat, das Nehmen, Reiben und Auftragen der Farben, der Druck, kurz alles, nur das Aus- und Einlegen der Bogen ausgenommen, wird von der Maschine besorgt." Freunde borgten dem Erfinder Geld, womit er seine Idee in Suhl ausprobieren konnte. Aber nirgends fand er Kapital zur Fabrikation, und so wandte er sich nach England, wohin ihn auch der dort bereits bestehende Patentschutz lockte. Er traf einen günstigen Boden für seinen Gedanken. Denn in diesem Mutterlande der Aufklärung und des ausgebildeten öffentlichen Lebens hatte man schon lange das Bedürfnis gefühlt, schneller zu drucken, als es mit dem alten Tiegel möglich war. Da die hölzernen Pressen einen größeren Kraftaufwand nicht aushielten, war man um 1770 zur eisernen Presse übergegangen: jetzt erst war der weitere Schritt von der Handpresse zur Druckmaschine möglich, und in diesem Augenblicke kam Friedrich Koenig nach England. Er nahm Arbeit bei einem Londoner Buchdrucker, den er von der Richtigkeit seiner Idee zu überzeugen wußte. Im Jahre 1810 wurde die erste Druckmaschine gebaut: es war eine Flachdruckmaschine, schon sie leistete mehr als das Doppelte des bisherigen Hand- oder Fußtiegels. Da sie aber dem Erfinder noch nicht genügte, ersetzte er die Druckplatte durch einen Zylinder. Als Antrieb diente die Dampfmaschine. Der Besitzer der „Times" erkannte alsbald, daß dieses Patent den Bedürfnissen des nach Neuigkeiten jagenden Publikums entgegenkam. Am 29. November 1814 erschien die erste Ausgabe auf der Maschine, in einem Leitartikel wurde den Lesern das große Ereignis mitgeteilt.

Patentstreitigkeiten mit den englischen Teilhabern blieben für den Erfinder nicht aus. Es war auch hier wie so oft: Zeit und Umstände hatten auf das Problem geführt, mehrere Geister waren der Lösung nahe, sie waren ehrlich der Meinung, den rechten Weg bereits gefunden zu haben, als ihnen ein anderer den Gedanken vorwegnahm. Die Widrigkeiten veranlaßten den Deutschen, in seine Heimat zurückzukehren. Er suchte sich zunächst eine geeignete Lokalität und erwarb die ehemalige Prämonstratenserabtei Oberzell bei Würzburg; Rhein und Main boten eine geeignete Wasserstraße, um das Rohmaterial von England zu beziehen und die Maschinen dorthin zurückzuführen. Mit einem Freunde, der schon in England sein Mitarbeiter gewesen, gründete er 1817 die Firma „Koenig & Bauer", die das führende Werk in der Herstellung graphischer Maschinen geblieben ist. Wir erhalten ein anschauliches Bild von den unsäglichen Mühen, mit denen die frühesten Maschinenfabriken in Deutschland zu kämpfen hatten, wenn wir in der Korrespondenz der beiden Compagnons lesen, wie schwer es war, geeignete Arbeiter heranzuziehen, die hohen Transportkosten aufzubringen und Absatz zu finden in einer am Althergebrachten hängenden Welt. Jetzt war es zwar schon so weit gekommen, daß die Druckmaschine für die größte englische Zeitung in Deutschland gebaut wurde; aber in der deutschen Heimat hielt man sich zurück, und es ging doch auch jetzt noch nicht ohne eine direkte Unterstützung durch die Regierung. Um die Industrie in seinem Lande zu fördern, gab Ludwig I. von Bayern ein unverzinsliches Darlehen. Die Spenersche Zeitung in Berlin bezog 1822 die erste Druckmaschine in Deutschland, dann nahm Cotta zwei Maschinen ab für seine „Augsburger Allgemeine Zeitung“: von ihm stammt auch die Bezeichnung: „Schnellpresse.“ Welch kühnes Planen schon in einzelnen frühen Unternehmern lebte, zeigt die Absicht Koenigs, selbst Druckereien zu gründen, um seiner Maschinenfabrik Abnehmer zu verschaffen. Doch ging es schließlich besser und aufwärts mit seinem Werke: 1826 wurden schon elf Maschinen in einem Jahre gebaut. Aus Leipzig, der Hochburg des Buchhandels, lief in diesem Jahre die erste Bestellung ein. Sie kam von Brockhaus, der mit seinem Konversationslexikon auch das Buch in die Dienste der Massenbildung, der Popularisierung und der Propaganda der liberalen Ideen stellte. Die Schnellpresse entsprach den Bedürfnissen dieser durch die Französische Revolution und die Erhebung des Dritten Standes angetriebenen Zeit, wie ja einst auch die Erfindung Gutenbergs dem Geiste der Renaissance entstammte und die von Luther begonnene Volksbewegung überhaupt erst ermöglicht hatte: es war ein merkwürdiger Zufall, daß auch Friedrich Koenig in Eisleben geboren war.

Die Schwierigkeiten, mit denen Harkort und Koenig zu kämpfen hatten, zeigten an, daß Technik und Industrie in Deutschland nicht aus privater Initiative allein geschaffen werden konnten, wie sehr auch das neue Geschlecht des wirtschaftlichen Liberalismus dies wünschte. Es gab manchen alten Wohlstand in Sachsen und am Rheine; aber die Menschen, die Unternehmungsgeist und Sachkunde genug hatten, um Kapital zur Pflanzung der neuen Industrie aufzuwenden, waren immer nur einzelne. Und im übrigen befand sich der soziale Zustand Deutschlands trotz der Arbeit des aufgeklärten Absolutismus höchstens auf dem Standpunkte, den England und Frankreich vor einem Jahrhundert eingenommen hatten. Deutschland war ein dünn bevölkertes Land, auf niedriger Wirtschaftsstufe — ein Land der Bauern, Ackerbürger und Handwerker. Schwer hielt es, auch nur diese Bevölkerung zu ernähren; jede Mißernte brachte unsägliche Not für die betroffene Gegend, und Unzählige waren immer wieder zur Auswanderung gezwungen. Die Masse der Menschen hielt im natürlichen Beharren an dem alten kargen, aber gesicherten Dasein fest. Wie es nur wenige waren, die aus der unfreien Kleinstaaterei herausstrebten, und nur wenige die neue Wissenschaft von der Welt der Erfahrung ertragen mochten, so gab es auch nur wenige, die einsehen wollten, daß die neu heraufkommende Zeit der Maschine neben viel Unruhe und viel Härten doch auch ein höheres Dasein für den einzelnen wie für die Nation brachte, daß sie die Menschen regsam und beweglich machen und der wachsenden Bevölkerung Brot und Arbeit verschaffen konnte, wenn sie von klugen und selbstlosen Männern aufgebaut wurde. Wie der politische, der wissenschaftliche und der technisch-wirtschaftliche Aufschwung im 19. Jahrhundert Hand in Hand gingen, so hatten sie auch mit ähnlichen Widerständen zu kämpfen. Für die älteren Leute war es unmöglich, sich umzustellen und sich anzupassen. Aber auch die arbeitende Jugend erwachte nur langsam aus dem gebundenen Dasein des überalterten Zunftwesens und der landesväterlichen Obhut: sie liebte das geruhsame Leben, sie wollte in den gewohnten Bahnen verbleiben. Da war es schwer, weiterzukommen. Mit sicherem Blicke hat Goethe gesehen, daß hier das Schicksal der unmittelbar nach ihm kommenden Zeit sich entscheiden werde. Er sagte zu Eckermann: „Könnte man nur den Deutschen nach dem Vorbilde der Engländer weniger Philosophie und mehr Tatkraft, weniger Theorie und mehr Praxis beibringen, so würde uns schon ein gutes Stück Erlösung zuteil werden."

Man begreift, welche Widerstände unter diesen Verhältnissen den wenigen Unternehmern erwuchsen, die ihre technischen Erfindungen ausführen und in Deutschland eine Industrie aufbauen wollten. Es fehlte nicht nur an Vertrauen bei den Geldgebern; die Abhängigkeit von England war und blieb niederdrückend. Von dort mußte man manche Rohstoffe und die meisten Betriebshilfsmittel und Ersatzteile kommen lassen, und doch kostete schon ein einziger Brief nach England einen Gulden Porto. Hilfsmaschinen waren ganz unbekannt. Außer der Dreherei mußte die meiste Arbeit mühsam und zeitraubend mit der Hand geleistet werden. Auf englische Werkmeister und Arbeiter blieb man angewiesen; wenn man sie mit großen Gefahren und Kosten in England bewogen hatte, die bestehenden Gesetze zu umgehen und nach Deutschland herüberzukommen, dann nutzten sie ihre Unentbehrlichkeit in der neu entstehenden Fabrik. Und da die Nachfrage nach tüchtigen englischen Technikern viel größer war als das Angebot, so kam — wie Harkort klagte — so manches Pack nach Deutschland herüber. Er habe, bekannte er, einige seiner Engländer gewissermaßen vom Galgen herabschneiden müssen, um nur welche zu bekommen. Und aus dem Jahre 1821 lesen wir in seiner Korrespondenz den Seufzer, es wäre zu wünschen, ordentliche deutsche Former zu haben, „damit die Engländer alle herausgepeitscht werden könnten: man muß jetzt noch dabei Piano mit sie spielen, denn sie sprechen gleich schon vom Weggehen, wenn man sie nur nicht freundlich ansieht“. Doch ist auch manche englische Familie in Deutschland geblieben und hat sich hier eingebürgert, nachdem der Vater in der vormärzlichen Zeit als Werkmeister oder Ingenieur nach Deutschland gekommen war — nicht anders als im 18. Jahrhundert die Italiener, die als Stukkateure oder Kaminfeger in den kleinfürstlichen Schlössern beschäftigt waren. Man begreift, wie dringend Harkort die Einrichtung von deutschen Schulen wünschte und warum ihn das Bildungsproblem so brennend beschäftigte. Aber die deutschen Arbeiter konnten nur schwer herangezogen werden. Sie waren nicht gewöhnt an anhaltende, einförmige Arbeit; sie waren auch nicht durch höhere Löhne zu bestimmen, umzulernen und sich anzustrengen. Die Unternehmer, die ganz im Banne der Lehren des Adam Smith lebten, machten jetzt die erstaunliche Entdeckung, daß der gefeierte Denker sich doch sehr geirrt hatte, wenn er den Erwerbssinn einen Urtrieb des Menschen genannt und darauf seine Lehre von der wirtschaftlichen Freiheit gegründet hatte: das Lazzaroniideal lebte auch noch im 19. Jahrhundert weiter — es zu beseitigen durch Vermehrung der Bedürfnisse des Menschen und durch Weckung des Arbeitswillens wurde der Wunsch all derer, denen der technische Fortschritt und die kapitalistische Wirtschaft am Herzen lagen.

Sehr eindringlich treten uns die Schwierigkeiten, die sich hier drängten, aus den Briefen von Friedrich Koenig entgegen. Immer wieder beklagt er die rückständigen deutschen Gewerbeverhältnisse. Zimmerleute dienten ihm als Modellmacher, Schlosser und Grobschmiede verwendete er als Monteure — sie waren ganz unbrauchbar und wollten sich auch der Ordnung im Hause keinesfalls fügen. So ging Koenig zu einem andern Systeme über. Er nahm junge Burschen aus dem Dorfe und unterrichtete sie. Dies war nun freilich ein „desparater Entschluß“, ganz von vorne anzufangen und jeden Arbeiter für seinen Platz erst zu bilden; und es war ein „herkulisches Stück Arbeit“, aus fränkischen Weinbauern englische Maschinisten zu machen. Mit Bedauern mußte der Unternehmer feststellen: „Das richtige Material für Fabrikarbeiter ist hier nicht vorhanden.“ Die Genügsamkeit machte diese

Menschen unbrauchbar für den Fabrikanten. Er sagt darüber: „Unsere Provinz ist schön und reich und keineswegs übervölkert. Während in England nur die Reichen unabhängig sind, sind es hier auch die Arbeiter, die Ihnen trocken sagen, daß zwei Tage Arbeit ihnen genügen, um die ganze Woche leben zu können." Die Leute betrachteten die Fabrikarbeit als Nebenbeschäftigung. Zur Erntezeit und Weinlese mußte der Betrieb stillstehen, der Fabriklohn war Nebenverdienst, er diente entweder zur Abtragung von Hypotheken oder wanderte in das Wirtshaus. Er betrug täglich gegen 70 Pfennige, höher als eine Mark stieg er nie. Das Leben, das für dieses Geld geführt werden mußte, war entsagungsvoll wie das der Bauern und dazu noch dem Leben in einem Zuchthause nicht unähnlich. Von 5 Uhr morgens bis 7 Uhr abends, zwölf Stunden lang, wurde gearbeitet, mit halbstündiger Frühstücks- und einstündiger Mittagspause. Die Fabrikordnungen waren noch ebenso drakonisch wie einst in der Blütezeit des Merkantilsystems, der Fabrikherr übte patriarchalische Gewalt, mit schweren Strafen wurde gegen Tagediebe und Blaumacher vorgegangen, die Lehrbuben vom Meister in der Werkstatt über die Bank gezogen. Der Abend vereinigte die Familie für kurze Zeit zum Nachtmahle; die Frau, die den Tag auf dem Felde zugebracht hatte, spann auch noch. Aber alles war müde, und um 9 Uhr war das Dorf still und auch die Wirtshäuser leer. Wenn die Menschen nicht unter diesem angestrengten und kümmerlichen Leben erliegen sollten, brauchten sie die vielen Feiertage und Wallfahrten, gegen die der Liberalismus und seine auf Umlauf und Selbstverwertung des Kapitals bedachten Unternehmer im 19. Jahrhundert ebenso rücksichtslos angekämpft haben wie einst die aufgeklärten Absolutisten unter Führung Kaiser Josephs II.

Freundlicher war das Leben, wenn es sich um Qualitätsarbeiter handelte. Wir besitzen eine Solinger Fabrikordnung aus dem Jahre 1805. Der Prinzipal nahm — ganz noch wie einst Gutenberg — seine Gehilfen in Eidespflicht wegen der Fabrikgeheimnisse und ließ sich zur Sicherheit ihr Vermögen verschreiben. Wer sich gegen die Fabrikgesetze verging, mußte in eine Strafkasse zahlen. Der Inhalt wurde beim Jahresfest gemeinsam verzehrt: „Zur Ehre meiner Arbeiter muß ich aber bekennen, daß ich bisher noch alle Jahre in dieser Strafkasse recht wenig vorfand und ich folglich zu meinem innigsten Vergnügen aus meiner eigenen Tasche zuzulegen genötigt war, damit dieser Tag auf eine anständige Weise hat gefeiert werden können." Die Arbeitsteilung wurde weitgehend durchgeführt; wer aber eine neue nützliche Verbesserung fand, erhielt eine Prämie und wurde der Landesregierung namhaft gemacht. Dies geschah, um die Leute „zum Nachdenken aufzumuntern". Die Prämie wurde beim Jahresfest überreicht, und der Obervogt kam persönlich, um vor versammelter Arbeiterschaft die Anerkennung des Landesherrn auszusprechen. So wußte man im alten Deutschland Feste zu feiern. Viele Unternehmer hatten als einfache Schmiede oder als Glockengießer begonnen, sie hielten die alten Handwerksbräuche fest, auch als die Räume sich dehnten. Viel Sorgen und Gefahren brachte der Eisenguß mit sich, und die Menschen lernten hier beten. Aber die zyklopischen, bärtigen Gestalten, die im Scheine des lodernden Feuers mit langen Stangen das Eisen rührten, boten einen gar gespenstischen Anblick und waren noch umgeben von der Romantik der alten Eisenwerke. Sie hatten ihre Standesehre und ihr Arbeitsethos: „Es galt als unbegreifliche Feigheit, wenn einer in solcher Gefahr seinen Posten verließ", heißt es in einem zeitgenössischen Bericht. Wenn aber das Werk gelungen war, dann vereinte das „Gußbier" den Meister und seine Familie mit Gesellen und Gästen.

Die Maschinenindustrie, die so oft mit ungelernten Arbeitern zu tun hatte, bewahrte weniger leicht die alten Handwerksbräuche. „Aller Anfang ist schwer, und am schwersten der Anfang der Wirtschaft", so heißt es in „Hermann und Dorothea": alle Aufmerksamkeit war auf den Kampf um das Dasein gerichtet, die Existenz des Betriebes blieb lange bedroht. Und wenn der Erfinder oder Fabrikherr die unsäglichen Widrigkeiten überwunden hatte und die neue Maschine hergestellt war, dann türmten sich nicht minder große Hindernisse auf. Der Fabrikant mußte sich selbst auf den Weg machen, die Maschine fortschaffen, montieren und in Gang bringen — vorausgesetzt, daß er einen Abnehmer für die fremdartige Konstruktion gefunden hatte. Meist baute man nur auf Bestellung; aber zunächst mußte man eingeführt sein und bewiesen haben, daß man ebensogut liefern konnte wie die Engländer oder daß die Aufstellung der neuen Erfindung dem Abnehmer einen Vorteil brachte. Denn es war begreiflich, daß die Textilfabrikanten das geringe überflüssige Kapital, das sie besaßen, zurückhielten und daß auch mancher kluge und wagemutige Unternehmer wartete, bis ein anderer die Erfahrungen gemacht und bezahlt hatte. Wenn also der Maschinenfabrikant mit großer Mühe glücklich einen Auftrag eingebracht hatte, dann konnte er, wie erwähnt, angesichts der Schwierigkeiten oft die Lieferfristen nicht einhalten, so daß dadurch manches Geschäft wieder verloren ging. Vor allem hielt es sehr schwer, gegen die Neigung zum Beharren und gegen den konservativen Sinn der Menschen anzukämpfen. Auch hierfür bietet die Geschichte der Schnellpresse die bezeichnendsten Beispiele. In London nahmen die Drucker eine drohende Haltung gegen den Erfinder und sein Teufelswerk ein, und die „Times“ hielt es beim Erscheinen der ersten mit der Maschine gedruckten Ausgabe für nötig, in einem eigenen Artikel ausdrücklich beruhigende Versicherungen abzugeben, daß die lebende Druckergeneration noch genügend Beschäftigung finden werde, bis einmal die neue Druckmethode allgemein zur Einführung gelangen werde. Und im übrigen: „Welches Recht hätten sie wohl, zu verlangen, daß wir die Zeitung langsamer und schlechter drucken zu ihrem vermeintlichen Rechte? Bei nur ein wenig Überlegung müßten sie in der Tat finden, daß es weder in ihrer noch in unserer Macht liegt, eine neue Erfindung in ihrem Laufe aufzuhalten, wenn sich dieselbe als wohltätig für die Menschheit erweist.“ Hier war ein Motiv angeschlagen, das sich durch die ganze Geschichte des 19. Jahrhunderts hindurchziehen wird und in jeder Branche, die von der technischen Revolution ergriffen wurde, von neuem durchlebt worden ist — der Kampf der Handarbeiter gegen die Maschine und gegen den Kapitalismus. Handwerker und Bauern — also die Masse des Volkes — wehrten sich gegen die Maschine. Schon Watts Dampfmühlen waren von den Müllern planmäßig in Brand gesteckt worden, und aus Stephensons Leben ist bekannt, wie das Volk — von Fuhrhaltern und Grundbesitzern aufgestachelt — die Feldmesser verjagte: Handwerkerbewegung und Kampf gegen die Gewerbefreiheit werden sich durch das ganze 19. Jahrhundert hinziehen!

Auch die Gebildeten waren mißtrauisch. Die großen Verleger in Leipzig haben lange gezögert, bis sie ihr Geld an die Schnellpresse wagten: die Druckerlöhne waren in Deutschland ja sehr viel niedriger als in England, so bezahlte sich die Maschine in Deutschland auch sehr viel schwerer. Es war für den Erfinder ein trauriger Gedanke, daß nun alles zu Ende sein sollte, nachdem er die zwei Maschinen für Berlin und Augsburg hergestellt hatte und dann keine Aufträge mehr eingingen, so daß nun vielleicht all die schönen Werkzeuge und Einrichtungen zum alten Eisen wanderten: „So geht es, wenn man etwas unternimmt, was über dem eigentlichen Zivilisationspunkt eines Landes ist.“ Und die Aufstellung der Dampfmaschine im Hause der Augsburger Allgemeinen Zeitung schildert Friedrich Koenig mit sarkastischen Worten: „Der Chefredakteur war ein vorsichtiger Mann und wußte seine Gefühle zu verbergen; aber der zweite Redakteur erklärte, lieber künftig unter freiem Himmel zu schreiben als mit der Dampfmaschine unter einem Dache. Der Hausknecht kündigte: sein Leben sei ihm lieber, und er habe für Frau und Kinder zu sorgen. Vorsichtige Leute passierten nicht mehr die Straße. Cotta ordnete an, daß alles genau untersucht werde, damit wir auf keinen Fall eine Explosion erleben und damit man ehrlich versichern könne, daß die Dampfmaschine das unschuldigste und gefahrloseste Kind der Welt sei." Dies geschah im Jahre 1824 in der Stadt, die später eine der berühmtesten Plätze des Maschinenbaues geworden ist. Gegen die erste Dampfmaschine in Nürnberg erhob die Bürokratie Bedenken wegen des drohenden großen Holzverbrauches, und als der Fabrikant sich verpflichtete, nur mit Kohle zu heizen, beschwerten sich die Anwohner; denn jede Steinkohlenfeuerung war „für eine reinliche Familie ein Gegenstand des Abscheus". Man hatte Sorge vor der „tobenden Wirksamkeit des Dampfkessels". Und neben dem Lärm beunruhigte auch die Gefahr, der Kessel werde zerspringen: die geschichtliche Entwicklung der staatlichen Dampfkesselaufsicht beginnt denn auch mit der Aufstellung der ersten Dampfmaschinen. Die Gewöhnung ist ein psychologisches Motiv, dem in der Geschichte der Technik eine große Bedeutung zukommt. Als die Menschen sich an größere Schnelligkeit, hellere Beleuchtung, leichtere Arbeit gewöhnt hatten, begannen sie nach weiterer Steigerung und nach dem Rekord zu streben. Aber in den Anfängen der Entwicklung, da eine jahrtausendalte Grenze — die der organischen Natur — durchbrochen wurde, schien die Neuerung unerträglich zu sein. So kamen die Einwände, und die konservativen Theoretiker, die wie Adam Müller vor der Mechanisierung durch die Technik warnten, gaben diesen Bedenken die philosophische Begründung. Was aus ernster Sorge für die Zukunft der abendländischen Kultur gesprochen war, wurde gerne aufgenommen, um Interessen oder Bequemlichkeiten zu stützen; die möglichen Gefahren oder Mißbräuche sollten gegen die Sache selbst zeugen. Denn die Masse hängt am Alten und Gewohnten, und sie kann auf die Bahn des Fortschritts nur gebracht werden durch Verzweiflung über scheinbare oder wirkliche Nöte oder aber durch planmäßige Erziehung. In Deutschland spürte man den Zwang, der sich mehrenden Bevölkerung ein Feld der Tätigkeit und des Erwerbes zu schaffen und also das deutsche Volk — wie Goethe es ausdrückte — zu vertreiben aus dem „Paradies der warmen Gefühle", damit es endlich ein Mann werde.

Die „Erziehung zur Industrie“ konnte nicht geleistet werden ohne den Staat. Wie sehr auch die ersten Unternehmer, die es den Engländern gleichtun wollten, von dem Segen der Freiheit und von der Richtigkeit der liberalen Lehren überzeugt waren, so war doch die Aufgabe, die das Zeitalter stellte, allzu groß, als daß man alles von der Selbsthilfe hätte erwarten können. Es handelte sich darum, ein Volk von Bauern und Handwerkern in kurzer Zeit fähig zu machen, die moderne Technik und Industrie seinem nationalen Leben einzuverleiben. Wenn in England die Gewerbe ganz aus der freien Initiative unternehmungslustiger und zielbewußter Menschen erwachsen sind und wenn sie in Frankreich seit 1815 gleichfalls in Freiheit sich entfaltet haben, so blieb für Deutschland die staatliche Gewerbeförderung bezeichnend. Der aufgeklärte Absolutismus hatte Vorarbeit geleistet; die Beamten der neuen Zeit brauchten nur einfach weiterzuführen, was damals begonnen worden war und bereits Wurzel gefaßt hatte. Es waren alles Männer, die schon dem alten Staate gedient hatten, in seiner innern Verwaltung emporgestiegen waren, aber aufgeschlossenen Sinnes die Bedürfnisse der neuen Zeit erkannten. In Preußen ist die Geschichte der Gewerbeförderung vornehmlich verknüpft mit dem Namen der Staatsräte Beuth und Kunth, in den Mittelstaaten bot der Badener Nebenius das eindrucksvollste Vorbild. Die großen preußischen Oberpräsidenten der Zeit — besonders Vincke in Westfalen und Merckel in Schlesien — sind hier nochmals zu nennen. Merckel war der Sohn eines Breslauer Kaufmannes und dem schlesischen Adel verdächtig wegen seiner Anhänglichkeit an die bürgerlichen Ideale, an Verfassung und Industrie. Auch ein großer Publizist, der Schwabe Friedrich List, verdankt seine unvergeßliche Stellung in der deutschen Geschichte dem unermüdlichen Wirken für den Gedanken der industriellen Erziehung, zu dem er die Leiter der deutschen Staaten und die Führer des deutschen Volkes immer von neuem aufrief.

Alle diese Männer waren unerschütterlich davon durchdrungen, daß der aufsteigende Dritte Stand berufen war, Staat und Gesellschaft neu zu formen. Sie kannten die unerschöpflichen Kräfte, die im deutschen Volke schlummerten und der Erweckung harrten. Sie waren überzeugt von dem Segen der persönlichen Freiheit, von der Bedeutung der privaten Initiative und von dem erzieherischen Werte der Arbeit. Die Staatsräte Kunth und Beuth waren durch die Schule der preußischen Reformzeit hindurchgegangen, Nebenius und List dem süddeutschen Liberalismus verbunden. Sie alle sahen, daß der alte Staat am Ende seiner Weisheit angelangt war, daß er materiell zu arm und sittlich zu eng war, um mit den bisherigen Methoden die große Aufgabe lösen zu können. Wie der Freiherr vom Stein dem Volke nichts schenken wollte, sondern ihm nur den Weg bereitete, damit es seine Kräfte üben und entfalten konnte, so hielten auch diese Männer nicht viel davon, wenn da oder dort Fabriken gegründet und erhalten wurden durch Verleihung staatlicher Privilegien, durch Gewährung von Staatszuschüssen oder durch Einrichtung staatlicher Musterbetriebe. Solche Mittel waren nie ganz zu entbehren, zumal bei dem Kapitalmangel nach der großen Kriegszeit. Auch Peter Beuth — seit 1818 Direktor der Abteilung für Handel und Gewerbe im preußischen Innenministerium — hat gelegentlich noch zu solchen Aushilfen gegriffen, den Fabrikanten die von England beschafften Maschinen geschenkt, ihnen die ersten fertigen Erzeugnisse abgekauft oder ihnen Grund und Boden oder Gebäude überlassen. Er hatte als Kämpfer des Lützowschen Korps am Freiheitskriege teilgenommen, war 1814 in Lüttich bei den Brüdern Cockerill in Quartier gelegen und hatte — ganz im Stile der alten Zeit — den ausländischen Unternehmer veranlaßt, in Preußen Musterbetriebe zu gründen: dies war in Berlin, Cottbus, Grünberg und Guben geschehen. Kunth hat in den Jahren nach 1815 als Staatskommissar gleichmäßig alle Provinzen bereist, die einzelnen Fabriken in den oft entlegenen Orten besucht oder die in den Städten ansässigen Fabrikanten um sich versammelt, ihre Wünsche entgegengenommen und Anregungen gegeben, dann in eingehenden Berichten an das Ministerium seine Anträge gestellt. Immer hat er dabei in erster Linie auf die notwendige geistige Umstellung hingewiesen, auf die es dem Freiherrn vom Stein angekommen war und die es nun weiterzuführen galt. Auch der große preußische Reformer hatte die Steigerung der Produktion in seine Zwecke aufgenommen; nun wurde sie durch das Maschinenwesen in vorher nicht geahntem Maße möglich. Der Freiherr vom Stein hatte dabei mehr noch als an das fiskalische Interesse an die Entfaltung der vaterländischen und der menschlichen Kultur gedacht: auch dies war ein Gedanke, der Männer wie Beuth und List mit der großen Reformzeit verband. Und wenn Scharnhorst die allgemeine Wehrpflicht eingeführt hatte — nicht nur unter dem Zwange der Not, sondern weil er in ihr ein Mittel der Erziehung zur Ordnung, Pünktlichkeit und Hingabe an die Sache sah —, so ist die Kaserne in der Tat auch eine Vorschule für die Fabrik, eine Pflanzstätte des industriellen Geistes geworden und hat viel geleistet zur Heranziehung einer Arbeiterschaft. Es ist gewiß kein Zufall, daß die Erziehung zur Industrie gerade von preußischen Beamten am stärksten gefördert worden ist und gerade aus dem Geiste der preußischen Reformzeit die Antriebe erhielt. Und schließlich ist nicht zu vergessen, daß auch schon der Freiherr vom Stein in England viele Anregungen erhalten hatte, daß er Staatsverfassung und Selbstverwaltung der Engländer hoch geschätzt, von den Wirtschaftslehren des Adam Smith gelernt hatte: nun sah man deutlich den innern Zusammenhang, der zwischen dem staatlich-gesellschaftlichen Leben und der neuen Technik und Wirtschaft bestand, und man wußte sich mit dem großen Staatsmanne der soeben verflossenen Epoche einig in der Überzeugung, daß dies alles nicht einfach von England herübergenommen werden konnte, sondern dem nationalen Leben des deutschen Volkes angepaßt werden mußte. Die großen Umwälzungen der Rheinbundszeit und der preußischen Reformzeit hatten den Weg geöffnet zur freien Entwicklung der Gesellschaft in Ackerbau und Handel, Gewerbe und Fabrikation; sie hatten begonnen, die ständische Gesellschaft aufzulösen. Es war die Aufgabe, dem Individuum auch weiterhin freie Bahn zu schaffen, die Masse in Bewegung und Tätigkeit zu setzen, sie fähig zu machen zur Arbeit an der Maschine und zum Dienste am Ganzen des Vaterlandes und der Menschheit.

So haben diese Männer schon am Eingange der industriellen Entwicklung alle Probleme des werdenden deutschen Industriestaates in ihrem tiefen Zusammenhang erfaßt. Sie haben die neue Zeit freudigen Herzens gewollt und heraufgeführt, weil sie in ihr die Fortschritte der Kultur und des Wohlstandes gewährleistet sahen; aber sie haben auch vor den möglichen Gefahren der kommenden Dinge gewarnt und auf die Mittel hingewiesen, ihnen zu begegnen. Warum die Entwicklung dann nicht in ihrem Sinne verlaufen ist, wird der Historiker erklären müssen. Diese Männer betrieben die Umstellung von der handwerksmäßigen zur maschinellen Arbeit, nicht nur weil dies ein dringendes Gebot der Not war, wenn sie die Bedürfnisse der wachsenden Bevölkerung befriedigen wollten, sondern auch weil sie in dem „harmonischen Staate“ — in dem Ackerbau und Gewerbe in gleicher Weise ausgebildet sind — eine höhere Form des Lebens sahen als in dem alten Agrarstaate. Sie wußten, daß die Verbindung des Menschen mit der Natur und mit dem Boden notwendig war, und sie dachten nicht daran, diesen Zusammenhang zu zerreißen. Aber dieses natürliche Gut besaß das Volk als einen selbstverständlichen Besitz, und nur erst die städtischen Literaten der Romantik hatten begonnen, daraus eine bewußte Forderung und eine Theorie zu machen. Die Aufgabe der Zeit war eine andere. Noch war die urbane Kultur ein Wert, dessen Verwirklichung lockte und lohnte, und die besten Köpfe mühten sich im unschuldigen und unverdorbenen Glauben an den Wert der Verfeinerung und Vergeistigung des Lebens, ihr Volk herauszuführen aus der Stumpfheit und Roheit des kreatürlichen Menschen, aus dem harten Egoismus, der Prozeßsucht, der Hilflosigkeit, in der die Bauern versunken waren. Wenn der Freiherr vom Stein diese Lösung des Menschen von pflanzenhafter Bindung an die Scholle begonnen hatte durch Verleihung eines neuen Rechtes, so war die Technik — oder, wie man damals noch sagte, das Maschinenwesen — berufen, dieses Werk weiterzuführen: es galt, dem Landmann ein höheres Leben zu ermöglichen und seinen Kindern das Los zu ersparen, auf immer schlimmer zersplittertem Kleinbesitz ein immer ärmlicher werdendes Dasein zu führen. Das Gefühl der Überlegenheit, mit dem der Städter noch stets das Wort „Bauer" zu verwenden liebte, ist dann im Übermut des industriellen Aufstieges auch von dem Fabrikarbeiter übernommen worden; die Abneigung wurde später noch verstärkt durch den politischen Klassenkampf. In den Anfängen der industriellen Entwicklung tadelte man am Bauern die Neigung des primitiven Menschen, lieber härteste Arbeit zu leisten als durch Nachdenken und Veränderung das Tagwerk sich zu erleichtern. Die Anhänglichkeit an den Boden — so hat Kunth gesagt — ist ein Charakterzug, „der zwar auch seine sehr schöne moralische und politische Seite hat, der aber, wenn er sich hauptsächlich auf Hang zur Bequemlichkeit gründet, einem Volke nicht angemessen ist, welches mit großen Massen seiner Natur- und Kunsterzeugnisse in den Welthandel einzugreifen berufen ist". Daß auf diesem Wege viel Romantik des Dorfes und der Werkstatt preisgegeben werden mußte und neue Mühen auf die Menschen gelegt wurden, war offenkundig: es war ja ein Grundgedanke der deutschen Klassiker, daß der Fortschritt der Kultur stets neue Lasten und Pflichten auf den Menschen häuft. Aber auch bisher war viel Volk kümmerlich, mühselig und beladen durch das Leben gegangen, und im übrigen hatte man nur die Wahl, entweder die besten Maschinen aufzustellen oder den Absatz auf dem Weltmarkte zu verlieren und damit auch alle Spinner und Weber arbeitslos werden zu lassen. Unermüdlich haben die Propheten des deutschen Industriestaates gegen Sentimentalität und romantische Unklarheit angekämpft. Denn, so erklärte Beuth, „sowenig ein menschenfreundlicher Feldherr in unsern Tagen aus Abneigung gegen das Schießpulver mit Bogen und Pfeilen große Erfolge erreichen würde, ebensowenig können Phantasien über das häusliche Glück der Handspinner und die Poesie der Spinnstuben den Gang der Dinge aufhalten oder dem Erfindungsgeiste Grenzen setzen".

Aber diese führenden Wegebahner des deutschen Industrialismus haben darum doch nicht das Leben durch die Maschine brutalisieren wollen. Es kam ihnen nicht einfach darauf an, daß möglichst viele Fabriken in möglichst kurzer Zeit gegründet wurden. Sie wehrten sich gegen die Ansicht mancher Fabrikanten, „die den Staat am liebsten in eine große Kattun- oder Tuchmacherwerkstätte verwandelt sähen". Sie wußten, daß die vornehmlichste Aufgabe der Industrie darin bestand, dem Menschen zu dienen. Ohne Zweifel haben sie dabei in dem frohen Optimismus eines aufbauenden Zeitalters von ihrer Arbeit mehr erwartet, als sie leisten konnte. Sie waren überzeugt, daß die Steigerung des Lebens durch die Technik nicht nur die Formen des Daseins verbessern, sondern auch den innern Menschen wirklich ändern werde; sie meinten, die zunehmende Gewalt, die der sichtbar wachsende Geist über die äußere Natur erlangte, werde ihn befähigen, auch das seelische Leben immer mehr unter seine Macht zu stellen. Weil sie selbst vernunftbeherrschte Menschen waren, wußten sie wenig von der wahren Natur der Massen, obwohl die Geschichte der Jakobiner noch nicht weit zurück lag. Sie verkannten die im Menschen schlummernde Bestie. Sie vertrauten auf den Rechtsstaat und ließen sich wie alle Aufklärer und Liberalen täuschen durch den wirtschaftlichen Aufstieg und die mit ihm verbundene „Sekurität". Sie überschätzten den Dienst, den die Maschine für das sittliche Leben haben konnte. Aber noch immer sind in der Geschichte entscheidende Gedanken größer und weitherziger gedacht worden, als sie nachher in die Wirklichkeit übergeführt werden konnten: „Den lieb' ich, der Unmögliches begehrt!" Ohne diesen Glauben an den Menschen hätte der deutsche Industriestaat nie geschaffen werden können, und seine Schöpfer sind immer der Meinung gewesen, daß sein Aufbau und seine Dauer nur dann gewährleistet seien, wenn er die Erhaltung und Entwicklung des Menschlichen nicht stört, sondern sichert.

Die Aufgabe, die hier vorlag, war klar und eindeutig. Man wollte Verständnis wecken für die Umwandlung mechanischer Kräfte, die Tätigkeit des Fabrikstandes veredeln und erhöhen. Es war eine Erziehungsarbeit, die sich ganz einordnete in den Plan der preußischen Reformzeit und des vormärzlichen Liberalismus. Die Besitzenden und Gebildeten mußten daran gewöhnt werden, mit ihrem Vermögen in das Fabrikwesen einzugreifen, statt es wie bisher in Bodenbesitz und Pfandbriefen anzulegen; Unternehmungsgeist und Sachkenntnis mußten in ihnen erweckt werden. Der Arbeiterstand mußte überhaupt erst geschaffen, die ihm nötigen Eigenschaften in das Volk hineingelegt werden. Dies alles aber griff in größere politische Zusammenhänge. Wenn die Gewerbetreibenden nicht in Eigennutz oder Trägheit verkommen sollten, dann mußten sie durch Gewährung verfassungsmäßiger Anteilnahme an dem Gemeinwesen zu den allgemeinen Fragen der Gemeinde, der Provinz und des Staates hingelenkt werden, wie dies der Reformgedanke des Freiherrn vom Stein so vollendet entwickelt hatte. Der enge Zusammenhang zwischen der konstitutionellen Bewegung und dem industriellen Aufstieg war den Schöpfern des deutschen Industriestaates eine Sache heiliger Überzeugung. Friedrich List legte immer wieder dar, daß die wichtigsten Motive zur Produktion fehlten, wo die Nahrungsstände von der Mitwirkung an der staatlichen Willensbildung ausgeschlossen sind. Die dringendste Arbeit lag also für die Anreger des industriellen Lebens in dem Bereiche der bürgerlichen und politischen Ordnung. Es mußte fortgesetzt werden, was in Preußen durch die großen Reformer, im Westen und Süden Deutschlands durch die rheinbündischen Staatsmänner begonnen worden war, als sie dem einzelnen die Bahn freigemacht und Rechtssicherheit gewährt hatten, damit er durch Leistungen aufsteigen konnte. Die vornehmsten Mittel der Gewerbeförderung waren gesetzgeberische Maßnahmen, durch welche die Hemmungen der Arbeit und der Produktion hinwegfielen. Das Buch des Adam Smith galt Männern wie Beuth und Kunth gleich einer Glaubenslehre, und Beuth schrieb 1823 aus Edinburgh, der Heimat des großen Schotten, voll Ehrfurcht in seinem amtlichen Bericht: „Ich schätze mich glücklich, dies Grab gesehen zu haben.“ Die freie Konkurrenz schien diesen Staatsmännern und Volkswirten ein wirkungsvolles Mittel zur Überwindung der menschlichen Trägheit. Noch bestand die Gewerbefreiheit in Preußen nur für die Landesteile mit französischem Recht und für die drei Provinzen des Staates von Tilsit. Erst 1845 ist sie für die ganze Monarchie erlassen worden; aber auch dann noch galt die Einschränkung, daß für viele Gewerbe das Halten von Lehrlingen nur den Mitgliedern einer Innung gestattet war. Man weiß, wie der Freiherr vom Stein in seinen alten Tagen die Gewerbefreiheit abgelehnt und die Zünfte als Stätten sittlicher Erziehung und bürgerlicher Ehre gewürdigt hat: die Mißbräuche bestritt er nicht, aber die Aufhebung der Zünfte sei lediglich eine

Sache der Theoretiker gewesen. Nicht was produktiver sei — sagte er —, sondern was die Sittlichkeit wahre, darauf komme es an; aber auch wirtschaftlich fand er jetzt in den Zünften große Vorteile. Er stand dabei unter dem Eindrucke des Zeitalters der Restauration, wo die vielen Klagen über die Folgen der Gewerbefreiheit laut geworden waren und man Hardenbergs Gesetze innerlich ablehnte. Überall sah man nun Pfuscher am Werke; der Handwerkerstand war überfüllt, und daneben taten sich noch die industriellen Unternehmer ungehindert auf, keine bevorstehende Meisterprüfung hinderte mehr das frühzeitige Heiraten, dieses aber war die „verderbliche Wurzel der Entstehung eines nichtswürdigen, der Gemeinde lästigen Gesindels“. Kunth jedoch, der ehemalige Mitarbeiter Steins, bedauerte, daß man nun umkehren wollte auf dem Wege, der 1808 mit so viel Mühe und Kraft begonnen worden war. Daß die alte Arbeitsverfassung Schuld trug an der Trägheit, war in der Reformzeit immer betont worden. Und wenn man eine Industrie schaffen wollte mit den neuen Grundsätzen der Arbeitsteilung und der wissenschaftlich begründeten Technik, dann waren die Zünfte ohne Zweifel veraltet, und im übrigen verwarf ja der wirtschaftliche Liberalismus jede Beschränkung des einzelnen bei der Ausübung seines Gewerbes, weil sie ein Eingriff war in das ihm zustehende Eigentum seiner geistigen und körperlichen Kräfte und in jeder Hinsicht die Produktion hemmte, die Entwicklung einer Industrie erschwerte oder unmöglich machte. Wenn die Handwerkszunft oder die Krämergilde berechtigt war, jedermann den Eintritt zu verweigern, der das Handwerk oder die Handlung nicht zunftmäßig gelernt hatte, und wenn nur der Angehörige der Zunft oder Gilde das entsprechende Handwerk oder Handelsgeschäft betreiben konnte und nur er Lehrlinge einstellen durfte und sich dabei an die vorgeschriebene Anzahl halten mußte — dann war eine kapitalistisch betriebene, mit modernen Maschinen ausgestattete Fabrik nicht möglich. Und nicht anders stand es mit der Freizügigkeit und dem Niederlassungsrechte in den Gemeinden: auch in dieser Hinsicht war eine liberale Gesetzgebung Mittel zur Steigerung der Produktion. Man vertrat die Ansicht, daß die gesetzlichen Beschränkungen der freien Niederlassung schon aus wirtschaftlichen Gründen verwerflich seien und daß einem fleißigen Manne die dauernde Niederlassung nicht verweigert werden dürfe, da er die Arbeitsamkeit der Eingesessenen durch die Konkurrenz erhöhe: „Die Bedingung eines bestimmten Vermögens verhindert die zweckmäßige Verwendung der menschlichen Kräfte“, so hatte Nebenius schon 1815 geschrieben.

Wie man sieht, fanden die Männer, die eine deutsche Industrie schaffen wollten, ihre erste und dringendste Aufgabe darin, den Willen zur industriellen Tätigkeit zu wecken und ihm den Weg freizumachen: sie suchten, wie Friedrich List sich ausdrückte, nach „Reizmitteln zur Produktion und Konsumtion". Menschen standen genug zur Verfügung. Im Süden und Westen Deutschlands herrschte Übervölkerung, im Osten hatte Hardenbergs Bauernbefreiung viel Volk um die Scholle gebracht: aber zur Arbeit in der Fabrik waren sie weder bereit noch fähig. Die Erziehung zur Arbeit wäre freilich aussichtslos gewesen, wenn im deutschen Volke nicht die Anlage zu Gewerbefleiß und Tätigkeit vorhanden gewesen und durch die christliche Vorzeit gepflegt worden wäre: mit Buddhisten hätte die abendländische Kultur und ihr weltgeschichtlicher Vorrang vor allen andern Kulturen des Erdkreises nicht aufgerichtet werden können. Der deutsche Mensch hatte in seiner großen alten Zeit es wunderbar geoffenbart, welche reiche Begabung an gewerblichem Können und welch unermüdlicher Fleiß in ihm lebten: die Schätze unserer Museen geben Zeugnis davon. Aber der Deutsche war in den letzten, trüben Jahrhunderten recht müde, ängstlich und weltabgewandt geworden; der Absolutismus hatte nicht die Mittel gehabt, dies zu ändern. Und die moderne Technik erforderte jetzt eine noch ganz andere Konzentration des Willens und einen ganz andern Einsatz, als dies jemals früher der Fall gewesen war. Wenn das Volk in der alten Bedürfnislosigkeit verblieb, dann war es nie für die Fabrik zu gewinnen — diese Erfahrung hatten alle Unternehmer gemacht, die Arbeiter an ihre Maschinen heranbrachten. Der alte absolute Staat hatte deshalb harten Druck ausgeübt, um die Trägheit und Bummelei zu bekämpfen. Der neu sich formende Staat hatte nicht mehr so große Macht und kannte die Grenzen der Gewalt; er wußte, daß produktives Schaffen sich weder von leibeigenen Bauern noch von Zwangsarbeitern auf die Dauer erpressen läßt. Man mußte im Volke den Willen nach oben wecken, erst dann brachte es brauchbare Arbeiter und rastlose Unternehmer hervor. Schon begann seit der Französischen Revolution langsam die alte Bedürfnislosigkeit zu weichen, und die konservativen Führer aus Adel und Bürokratie beobachteten mit Sorge und Mißtrauen die Verwischung der Standesunterschiede, das Verschwinden des alten, sparsamen und ergebenen Sinnes. Aber der frühe Liberalismus, dessen Wirtschaftsführer noch ganz auf den Inlandsmarkt angewiesen waren, trat schon aus geschäftlichen Gründen für Hebung des Arbeiterstandes ein, selbst wenn menschliche Rücksichten fernelagen. Er brauchte zuverlässige Arbeiter und gute Konsumenten. In Oberschlesien stellte man 1825 mit Befriedigung fest, wie das Eisenhüttenwesen für das im Branntwein verkommene Volk ein rettender Genius wurde. Es heißt in einem Berichte: „Mancher Arbeiter fängt schon an, solidere und besser zubereitete Speisen den gar zu kunstlosen und magenfüllenden Kartoffeln vorzuziehen. Selbst in Hinsicht der Kleidung kann man schon einige Aufmerksamkeit bemerken — es ist dieser matte Schimmer von Schönheitsgefühl der erste Tagesblick der sittlichen Kultur." Hier war das Problem, das Friedrich List ganz besonders beschäftigte. Er meinte, man solle doch die Kleiderordnungen und Aufwandsbeschränkungen der vergangenen Jahrhunderte nicht zurückwünschen, weil der Bauer unbescheidenerweise die Zwillichkleidung gegen Wolltuch vertauscht hat und die Dienstmagd, wie man befürchtet, bald nicht mehr von der Frau des Hauses zu unterscheiden sein wird: „Das Tagwerk des Arbeiters ist dort doppelt und dreifach so groß, wo er wie der wohlhabende Mann gespeist und gekleidet ist. Kleiderordnungen und Aufwandsbeschränkungen haben die Nacheiferung in der großen Masse der Gesellschaft getötet und sind nur der Trägheit und dem Schlendrian zugute gekommen." Dies war das gleiche, was auch jene lebenskluge Pfälzer Frau meinte mit Bezug auf den in Schlafrock und Pantoffeln hinter dem Ofen sitzenden Ehegespons: „Wo keines Mannes Kosten, ist keines Mannes Verdienst." Die Sozialisten haben dies nachher auch für den Fabrikarbeiter in Anspruch genommen, und Lassalle sprach von der „verfluchten Bescheidenheit". Daß dies auch mißverstanden werden konnte und mancher Arbeiter das bessere Leben auch ohne höhere Leistung in Anspruch nahm, gehört zu den Schwächen und Irrtümern der menschlichen Natur. Die Lage war in der Tat die, daß die Genügsamkeit des Volkes bequeme Unternehmer und billige Arbeiter hervorbrachte und daß die wohlfeilen Arbeitslöhne es der deutschen Industrie eine Zeit lang ermöglichten, sich gegenüber der englischen Industrie zu halten. Aber der von Jahr zu Jahr sich steigernde technische Fortschritt der Engländer glich auch diesen Unterschied bald aus, und für die verlorenen Weltmärkte war dann ein Ersatz im innern Markte niemals zu gewinnen; denn dort gebrauchte man nur billige und schlechte Sachen. Nur wenn die Ansprüche stiegen, bestand die Aussicht, daß ein Erwerbssinn und der Geist freier Betätigung sich entwickelten, eine Intensität der deutschen Wirtschaft entstand, Unternehmer und Arbeiter strebsamer wurden, den Vorsprung der Engländer einholten und in der Heimat wie draußen in der Welt neben die englischen Waren ihre deutschen setzten. Alle staatliche Förderung der Industrie gipfelte also in dem einzigen Wort: Bildung!

Der Schule kam hiermit eine besondere Bedeutung zu. Schon das große Interesse des 18. Jahrhunderts an erzieherischen Fragen hatte gezeigt, daß die Pädagogik einen wichtigen Platz erhielt in der Geschichte des erwachenden Bürgertums. Wir haben erwähnt, wie Friedrich Harkort die Zusammenhänge zwischen Maschinenwesen und Volksbildung gerade aus den Erfahrungen mit seinen Arbeitern frühe erkannte; für Beuth und Kunth, Nebenius und List stand die Bildungsfrage im Mittelpunkte ihrer Gewerbeförderung. Der absolute Staat hatte mit dem tatkräftigen Aufbau des Volksschulwesens begonnen, die preußischen Reformer und die rheinbündischen Staatsmänner hatten daran weitergearbeitet. Aber noch gab es in allen Landen viel „buchstabenloses Volk", das in den Jahrtausenden vorher die Masse ausgemacht hatte, während der des Lesens und Schreibens kundige Mittelstand recht dünn gewesen war. Nun wurde das Ziel, daß nicht mehr der Gebildete die Ausnahme war, sondern der Ungebildete, den man jetzt den „Analphabeten" nannte. Man hatte hierbei auch weiterhin noch mit viel Widerständen zu kämpfen; die Unternehmer wehrten sich, ihre Fabrikkinder auch nur einige Stunden für die Schule zu entbehren. In München waren um 1800 die vom Lande in die Stadt gekommenen Handwerkslehrlinge und Dienstmädchen meist Analphabeten; dem jungen Glaserlehrling Fraunhofer wehrte der Meister den Besuch der Sonntagsschule. Erst 1801 wurde der Besuch dort obligatorisch gemacht. Nach einem Berichte Kunths vom Jahre 1825 konnten zu Grünberg in Schlesien von 900 Zunftmeistern ein Drittel ihren Namen überhaupt nicht und ein zweites Drittel kaum leserlich schreiben. Aber im Laufe eines halben Jahrhunderts ist die ungeheure Veränderung im deutschen Volksleben durchgeführt worden, daß „durch Buchstaben und Gedächtnisübungen aus Träumern Arbeiter gemacht wurden", wie Friedrich Naumann gesagt hat. Die deutsche Industrie wurde ein Arbeitsmechanismus auf Grund schulmäßig erzogener Masse; nur dieser „disziplinierte Normalmensch" mit geübtem Intellekt und wissenschaftlicher Einsicht war in der Lage, die Ungunst der übrigen Arbeitsbedingungen wie das fehlende Kapital und die eingeschränkte Erfahrung für Deutschland auszugleichen und den Vorsprung der Engländer einzuholen. Die Schule machte den Bauernjungen fähig, sich in das Maschinenwesen einzufügen, und sie machte ihn auch willig dazu. „Nur der gebildete Mensch" — hat Kunth gesagt — „weiß die Kraft der Trägheit in sich zu überwinden und findet

Freude an Tätigkeit. Der rohere, wie alle Armenbehörden bezeugen werden, entsagt lieber manchem Genuß, um nur seine Kräfte nicht anzustrengen.“ Ähnlich äußerte sich Harkort: „Bildung schafft allerdings Bedürfnisse, allein eben diese sind der Sporn des Fleißes und der Sparsamkeit. Wir sehen Gegenden des Vaterlandes, wo Kartoffel, Sauerkraut und Branntwein Bedürfnisse sind, dagegen Schuhe, Strümpfe und Brot nicht zum Leben gehören; dort liegt auch Nacht über dem geistigen Menschen.“ Mit dem ganzen Optimismus des Liberalen hat Harkort ausgerufen: „In jedem neugeborenen Armen, welcher unwissend bleibt, erwächst der Gesellschaft ein neuer Feind.“ Die Schule erweckte in den Hütten der Armut Erwartungen und Aussichten, an die man bisher dort niemals zu denken gewagt hatte. Es wurde bereits erzählt, mit welcher Sorge König Friedrich Wilhelm III. beobachtete, wie durch die Schule die soziale Unzufriedenheit, der Trieb, emporzukommen und aufzusteigen, in das niedere Volk gepflanzt wurde, und wie er deshalb sich bemühte, die Lehrgegenstände auf das geringste Maß zurückzuführen. Aber der Liberalismus setzte sich in seinen Anfängen für die geistige Emanzipation des vierten Standes ein, und er tat es nicht immer, um den humanitären Idealen Genüge zu tun: die Unternehmer brauchten die in der Schule gebildeten Massen als Arbeiter und als Konsumenten.

Die Volksschule allein genügte nicht für die Bedürfnisse des werdenden Industriestaates. Man rief nach dem Werkmeister, dem Ingenieur, dem Handelsagenten; man brauchte geschickte „Professionisten“. Wir haben früher geschildert, wie bei Errichtung der ersten Gewerbe-, Real- und Technischen Schulen die Forderung der deutschen Aufklärung maßgebend war, für das praktische Leben auszubilden. Es entstanden im Laufe des 18. Jahrhunderts zahlreiche Realschulen; am bekanntesten war jene, die 1747 von Johann Julius Hecker, Pfarrer an der Dreifaltigkeitskirche in Berlin, gegründet worden war. Sie wollten erziehen „zur Feder, zur Handlung, zum Pachten von Wirtschaften auf dem Lande, zu schönen Künsten, zu den Manufakturen“. Man lehrte hier neben Sprachen und Geschichte vor allem Mechanik, Geometrie, Architektur, Naturwissenschaft, Handelswissenschaft und Ökonomie. An manchen Orten sollten auch private „Feiertagsschulen“ dem Bedürfnis abhelfen. Bei gegebener Gelegenheit „modernisierte“ man wohl auch ein Gymnasium, eine Ritterakademie oder eine Universität, indem man die „Technologie“ unter die Unterrichtsfächer aufnahm, wo sie dann zu den „Kameralien“ zählte. Es ist denkwürdig, daß auch der große Leibniz den praktischen Zwecken in der von ihm eingerichteten Berliner Akademie der Wissenschaften Raum gewährte und daß er auch an die Einrichtung entsprechender Lehrinstitute dachte. Der Umfang der technischen Ausbildung war aber überall sehr gering. Eine Ausnahme machte nur das 1745 gegründete Collegium Carolinum in Braunschweig, das einen neuen Schultypus darstellte. Der Schöpfer war der protestantische „Abt" Jerusalem, Hofprediger und Prinzenerzieher in Braunschweig, der Vater des aus Goethes Wetzlarer Zeit bekannten unglücklichen Jünglings. Die Schüler der Anstalt standen im 15. bis 20. Lebensjahre; nach Absolvierung konnten sie entweder in die freien Berufe treten oder zur Vollendung wissenschaftlicher Studien auf die Universität übergehen. Die Jugendgeschichte von Gauß läßt uns deutlich das Wesen dieses Lehrinstitutes erkennen, das mit starker Betonung der naturwissenschaftlich-technischen Bildung doch zugleich eine Zwischenstufe zwischen Gymnasium und Universität darstellte. Gauß trat im Alter von fünfzehn Jahren 1792 in das Carolinum ein und verließ es drei Jahre später, um an der Göttinger Universität seine Studien zu beenden.

Bei allen diesen Gründungen kam, wie begreiflich, der bewußte Gegensatz gegen die humanistische Bildung zum Ausdruck. Man wollte „keine leeren Speculationes oder unnütze Subtilitäten, sondern es sind ipsissimae res, es sind Dei opera und solche Maschinen, welche in der Welt täglichen Nutzen prästieren". Man fand, daß das bisherige Ergebnis der Gymnasialstudien nur ein „dürftiger Vorrat etlicher lateinischer Vokabeln und Regeln" gewesen sei. Drastisch hat Justus Möser eine Ordnung getadelt, die den Mann, der von den Schuhen der Griechen und Römer schreiben kann, über den Mann erhebt, der mit eigener Hand weit bessere zu fertigen versteht! Er sagte: „Die ganze sogenannte schöne Erziehung ist höchstens die Frisur der gesunden Vernunft, und es ist eine lächerliche Torheit, eher an die Frisur als an das Linnen zum Hemde zu denken." Und er fügte hinzu: „Wo die Seele noch Mangel an den notdürftigsten Wahrheiten leidet und sich dennoch zur Tafel der höheren Weisheit erheben will, da ist dieser Luxus der Seelen nichts als ein prächtiges Elend." Ähnlich schrieb der Abt Jerusalem zur Begründung seiner neuen Schule: „Das Publikum hat nun einmal gewissen Wissenschaften besondere Vorzüge eingeräumt; und wir Gelehrten, die wir diesen wichtigen Ehrentitel uns dadurch erworben haben, sind seit undenklichen Jahren in dem Besitze, uns einbilden zu dürfen, als wenn wir allein die Stützen der menschlichen Gesellschaft wären." Er zog auch schon den Vergleich zwischen den Kosten, die man zur Vorbildung der

Gelehrten, und jenen, die man zur Ausbildung des andern „ebenso wichtigen Teiles des gemeinen Wesens“ aufwandte. Hier sah er den vornehmlichsten Grund, warum die Gewerbetreibenden in Deutschland noch so weit zurück waren. Sie waren ausschließlich auf unvollkommene Erfahrungen und Überlieferungen angewiesen, ohne die allgemeinen Regeln zu besitzen, „die sie bei ihren besondern Berufen zu Grunde legen könnten“ — „bis sie endlich nach vielen Jahren, mit großem Verluste für sie selbst und das Vaterland und nach unzähligen vergeblich angestellten Versuchen sich einzelne neue Anmerkungen machen, die sie weit sicherer, leichter und vollkommener bei dem Antritt ihrer Geschäfte hätten zu Grunde legen können, wenn ihnen die nötigen Hilfsmittel in der Jugend angewiesen und die allgemeinen Lehrsätze davon bekannt gemacht worden wären“.

Solche Worte nützten dem Gewerbestande nicht viel. Ein höherer technischer Unterricht ist im 18. Jahrhundert fast nur zur Ausbildung von Beamten eingerichtet worden. Es entstanden damals die Bergakademien in Berlin, Freiberg, Clausthal: das Wort Akademie, von Plato übernommen, bezeichnete seit der Renaissance nicht nur gelehrte oder literarische Körperschaften, sondern auch Lehrinstitute, die, wie die Ritterakademien, als Bildungsanstalten eigenen Gepräges oder als Fachschulen neben die Universitäten traten. Die Bergakademie in Freiberg wurde 1776 vom Freiherrn von Heinitz gegründet, der damals noch in sächsischen Diensten stand. Die Fahrt nach Freiberg war unentbehrlich für jeden, der sich den technischen Dingen widmete. Sie sind alle in ihrer Jugend dort gewesen — der Freiherr vom Stein und Alexander von Humboldt, Tulla und vor allem auch die vielen Romantiker, die wie Novalis, Franz v. Baader oder Steffens dem Bergfache sich widmeten. In Hamburg blühte auch eine private Handelsakademie, die 1767 von dem Mathematiker und Nationalökonomen Johann Georg Büsch gegründet worden war und wohin die jungen Leute aus aller Herren Länder kamen, um neben Sprachen und Buchhaltung auch Technologie zu studieren; Alexander von Humboldt hat immer dankbar dieses Lehrers und der Hamburger Zeit gedacht. Im Alter war Büsch der angesehenste Kameralist Deutschlands, aber in der großen Stadt versammelten sich nur noch höchstens ein Dutzend Schüler um seine Lehrkanzel. Meist haben die aufgeklärten Regierungen die technische Erziehung ihrer Verwaltungsbeamten selbst in die Hand genommen. Die 1699 gestiftete Berliner Akademie der Künste enthielt in ihrem Programm als Lehrfächer auch Zivilbau, Konstruktionslehre und Ornamentik;

Andreas Schlüter war einer der ersten Rektoren dieser Anstalt. Vor allem haben die an Kriegen so reichen Habsburger für entsprechende Spezialschulen gesorgt und sie dann in der Theresianischen Militärakademie vereinigt. Es sei auch nochmals daran erinnert, welche Bedeutung die Militärchirurgische Akademie Kaiser Josefs II. seit 1784 für die Entwicklung der medizinischen Technik erlangt hat.

Erst die Pariser Ecole Polytechnique von 1794 hat aus den Besonderheiten des französischen Geistes und des französischen Staates den neuen Typus der Technischen Hochschule geschaffen. Sie bot eine hohe, ausschließlich theoretische Vorbildung für den Eintritt in die oberen Fachschulen; ihr Zweck war, die zivilen und militärischen Baubeamten zu bilden. Von Paris hat Tulla diesen neuen Schulgedanken in seinen rheinbündischen Heimatstaat verpflanzt. Er brauchte für seine ausgedehnten Wasser- und Straßenbauten wissenschaftlich gebildete Mitarbeiter, und so richtete er in Karlsruhe eine Ingenieurschule ein. Das Pariser Vorbild war dabei maßgebend nicht nur für die mathematischen Grundlagen des Studiums, sondern auch für die ganze Organisation der Schule. Der badische Kurfürst hatte soeben durch den Anfall der rechtsrheinischen Pfalz die Universität Heidelberg erworben, und nichts war näherliegend als der Plan, die Ingenieurschule dort einzugliedern, wo man ja doch einen Mathematiker brauchte, der dann zugleich auch für die Studierenden der Technologie zur Verfügung stehen konnte. Tulla sollte seine Funktionen als Oberbaudirektor des Landes beibehalten und an der Universität seine Mitarbeiter heranbilden. Es ist für das deutsche Bildungswesen folgenreich geworden, daß Tulla unter Berufung auf seine Pariser Erfahrungen die Verbindung des technischen Lehrstuhles mit einer Universität ablehnte und die Begründung einer eigenen technischen Schule verlangte. Er fand, daß diese Schule nur in der Hauptstadt, am Sitze der technischen Landesbehörden, errichtet werden konnte, wo alle praktischen Arbeiten zusammenliefen und die Eleven gleichzeitig auch in sie eingeführt werden konnten: „Auch wären selbst in Heidelberg die gewöhnlichen Vorlesungen der Mathematik nicht hinlänglich, Ingenieure zu bilden, sondern man müßte notwendig verschiedene Lehrarten für Ingenieure und diejenigen, welche es nicht werden wollen, wählen, so wie in Frankreich ein Unterschied gemacht wird, wo die Ingenieure in ganz besondern Schulen gebildet werden.“ Die wissenschaftliche Grundhaltung aber kam zum Ausdruck in dem Leitsatze, daß der mathematische Sinn und Geist in den Eleven gebildet werden müsse, so daß solche bei Einführung in die Praxis ein „selbsttätiges Behandlungs- und Auffassungsvermögen besitzen“.

Die Karlsruher Ingenieurschule Tullas war militärisch organisiert. Dies entsprach dem napoleonischen Vorbild, es war aber auch durch die Sache geboten, insofern der Beamte im Wasser- und Straßenbau Kolonnen von Fronpflichtigen zu befehligen hatte, zahlreiche Hoheitsaufgaben in Wald und Flur ausübte und militärische wie zivile Ingenieurarbeiten durchführen mußte. Tulla besaß als Direktor des Wasser- und Straßenbaudepartements Titel und Rang eines Obersten, und auch die Zöglinge der Schule trugen Uniform. Sie waren „Zivilisten, welche sich dem Militär nähern“. Die Schulgesetze waren streng. Arrest wurde verhängt, wenn der Unterricht sechsmal versäumt war, wenn der Eleve dreimal nicht gehörig vorbereitet war, ferner bei widersetzlichem und unanständigem Betragen. Der Gedanke lag nahe, die Ingenieurschule mit der Bauschule zu vereinigen, die der staatliche Baudirektor Friedrich Weinbrenner, der große Architekt, geschaffen hatte, indem er in seiner Werkstatt junge Leute um sich sammelte und in der höheren Architektur ausbildete, damit sie ihm bei seinen vielen Bauaufgaben zur Seite standen. Gegen eine Vereinigung mit der Ingenieurschule wehrte sich der Architekt, „indem der Baumeister für sein Fach keiner großen mathematischen Kalkule von Integral- und Differentialrechnungen wie der Ingenieurgeograph bedarf und daneben auch für sein Kunstfach schon so viel zu lernen hat, daß er diese Wissenschaft nicht zu seinem Hauptstudium machen kann“. Die Loslösung des Bauingenieurs von der Architektur war in Frankreich vollzogen worden: nun tauchte die Frage auf, ob die Architektur besser an der Kunstakademie oder an der technischen Hochschule gepflegt wurde und ob der hohe mathematisch-wissenschaftliche Stand der technischen Ausbildung aufrechterhalten werden konnte oder überhaupt wünschenswert war.

Inzwischen hatten sich zu den Bedürfnissen des staatlichen Dienstes noch die Aufgaben der sich entwickelnden privaten Maschinenindustrie hinzugesellt und drängten nach wissenschaftlicher Ausbildung der „Mechaniker“. Man bemerkte, wie Nebenius sagte, daß die Bildung der „höheren produktiven Klassen“ für den Staat ebenso wichtig sei wie die Tüchtigkeit seiner technischen Beamten. Man fand, daß der Staat selbst die Sache in die Hand nehmen mußte, daß also die Grundsätze der Gewerbefreiheit nicht unbedingt auch auf das Unterrichtswesen angewendet werden könnten, „indem das Publikum hier weniger fähig ist zu urteilen und eine durch den schlechten Erfolg gewonnene Belehrung mit dem Verluste des kostbarsten aller Güter verknüpft ist". Schon 1806 und 1815 waren in Prag und Wien wissenschaftlich-technische Unterrichtsanstalten für den Gewerbestand geschaffen worden. Prag verdankte die Schule der Initiative der Stände und des Professors an der Universität Franz Josef Gerstner, der der erste Rektor der neuen Schule wurde; in Wien stammten die Entwürfe von Johann Josef Prechtl, dem um die Stadt Wien verdienten Ingenieur. Wie die ältesten Universitäten, so stehen auch die ältesten technischen Hochschulen des deutschen Sprachgebietes in Prag und Wien. Denn das Braunschweiger Carolinum war ja zugleich auch Vorbereitungsanstalt für nichttechnische Berufe. Im Jahre 1825 folgte Karlsruhe, wo nunmehr die Bauschule und die Ingenieurschule vereinigt wurden und nach mancherlei tastenden Versuchen im ersten Jahrzehnt schließlich Nebenius als Direktor im Ministerium des Innern die Lösung fand und den organischen Aufbau des technischen Hochschulwesens vorbildlich geschaffen hat. Die Realschule wurde als Vorschule ausgesondert, eine Allgemeine Abteilung gab die gemeinschaftliche Grundlage in Mathematik und Naturwissenschaften für alle Fachabteilungen, in denen dann die höheren Kenntnisse gelehrt wurden, die in den einzelnen Fächern nötig waren. Für den Eintritt in eine Fachschule war das 17. Lebensjahr Vorbedingung. Die innere Einheit der Hochschule und ihres Organismus kam auch darin zum Ausdruck, daß der Studierende einer Fachabteilung auch an dem Unterricht einer andern Abteilung teilnehmen konnte und oft genug teilnehmen mußte, daß er aber nicht alle Zweige des Bauwesens — Hausbau, Straßenbau, Brückenbau, Maschinenbau — zugleich studieren mußte, sondern eine Arbeitsteilung eingetreten war. In dem organischen Aufbau und der Spezialisierung durch das Fachsystem lag das grundsätzlich Neue. Es war die alte Gefahr der Verflachung gebannt und doch die Auflösung in Spezialschulen vermieden. Die Fachabteilungen einer Technischen Hochschule waren von nun an die Ingenieurschule, die Bauschule, die höhere Gewerbeschule — und in Karlsruhe auch die Forstschule und die Handelsschule. Da die Anstalt nicht mehr vornehmlich der Vorbereitung für die staatlich-militärischen Ämter diente, fiel auch die Kasernierung der Studierenden hinweg, und ein freieres Leben konnte beginnen.

In den 20er Jahren sind auch in andern Städten solche technische Schulen eingerichtet worden; die Förderung der Privatindustrie wurde eine dringende Aufgabe, wie ja auch in Frankreich 1829 die „Ecole centrale des Arts et Manufactures" ins Leben trat — übrigens zunächst als private Anstalt. In München arbeiteten 1823

Reichenbach und Fraunhofer gemeinsam mit dem Architekten Klenze Pläne aus für eine Hochschule, „welche alle technischen Studien umfassen soll“, 1827 wurde die „Polytechnische Centralschule“ unter Utzschneiders Leitung errichtet, doch folgte einige Jahre später nochmals eine Aufteilung mit Rücksicht auf die Städte Nürnberg und Augsburg. An die Schule in Nürnberg wurde der Physiker Ohm als Direktor berufen, er hat dort viele Jahre gewirkt. In den andern Mittelstaaten wurden ähnliche Anstalten gegründet — so in Dresden, Stuttgart, Hannover, Darmstadt. Sie hießen meist „Polytechnikum“ oder „Polytechnische Schule“. Mit den Universitäten konnten sie nicht verglichen werden, wie auch nicht der Gedanke aufkommen konnte, daß sie deren privilegierte Verfassung mit gewähltem Rektor und Senat erhalten könnten. In einer Zeit, wo die Universitäten die alte geistige „Universitas“ noch festzuhalten sich bemühten und erst die Anfänge der beginnenden Auflösung in Fachschulen erlebten, schien es schwer, den technischen Unterricht in sie einzugliedern, da er wegen der engen Verbindung von theoretischen Studien und praktischen Übungen gebundene Lehrpläne und Einteilung in Klassen notwendig machte. Auch war der Bildungszweck von Universität und Polytechnikum völlig verschieden. Den Universitäten sollte, wie Nebenius darlegte, nach wie vor überlassen bleiben „der Anbau von Wissenschaften, die in der Produktion eine nützliche Anwendung finden, und die Erziehung von Gelehrten, die sie anbauen und lehren.“ Die polytechnischen Schulen aber konnten nur in den seltensten Fällen die wissenschaftliche Höhe von Paris einhalten, ihre Studierenden kamen zu ihnen noch sehr jung von der Realschule oder dem Lyzeum, andere waren von der Volksschule aus zuerst Lehrlinge geworden und hatten an Schraubstock und Drehbank gestanden, bevor sie sich entschlossen, wieder Schüler zu werden. Vielfach war noch keine klare Scheidung eingetreten zwischen der Vorbildung des Werkmeisters und des leitenden Ingenieurs; man wollte sowohl den Handwerker wie den Fabrikanten bilden.

Auch in Berlin ist das technische Schulwesen aus den allgemeinen Tendenzen der Entwicklung hervorgegangen. In Weiterführung der Absichten Friedrichs des Großen, tüchtige Baubeamte zu erhalten, wurde 1799 die Bauakademie gegründet, die zeitweise in enger Verbindung mit der Akademie der bildenden Künste stand, wo die Schüler sich mit der ästhetischen Seite des Bauwesens vertraut machen konnten. Die beiden Gilly wirkten an der Bauakademie, Schinkel hat ihr das schöne Heim geschaffen. 1816 bis 1824 war Schadow der Direktor beider Anstalten. Ein Fachsystem gab es an der Bauakademie noch nicht, die Studierenden mußten sich in allen Zweigen des Bauwesens ausbilden. Noch war hier das Grundprinzip des modernen technischen Zeitalters, die Arbeitsteilung, nicht eingeführt; aber man fand bald, daß die Schüler dadurch zur Oberflächlichkeit erzogen wurden und daß die Pflege, welche das Handwerk in solchem Rahmen finden konnte, keinesfalls den Anforderungen entsprach, die das sich entwickelnde Gewerbe stellen mußte. Während die in Frankreich längst vollzogene Trennung von Bauingenieur und Architekt an der Berliner Bauakademie nur langsam sich anbahnte, wurde der Maschinenbau — weil er das private Gewerbe anging — schon 1821 von der Bauakademie, dieser Vorbildungsanstalt der staatlichen Baubeamten, streng geschieden, indem Beuth das „Gewerbeinstitut" gründete, das nun ausdrücklich die Aufgabe hatte, Zivilingenieure heranzubilden, den Zwecken des privaten Maschinenbaues zu dienen. Die Mehrzahl der Schüler stammte aus der Provinz; jeder Regierungsbezirk entsandte einen besonders befähigten jungen Mann, der außer freiem Unterricht noch eine Unterstützung erhielt. Es wurde in zwei Klassen, einer unteren und einer oberen, unterrichtet; die Disziplin war streng. Die meisten Schüler hatten zunächst nur Volksschulbildung und standen im 12.—16. Lebensjahr. Die Leitung übernahm Beuth, der Ministerialbeamte, — es dauerte fast vierzig Jahre, bis ein Professor der Anstalt auch ihr Direktor wurde. Zeitweise war Beuth auch Direktor der Bauakademie, doch war die Verbindung nur persönlich. Noch gab es keine Maschinenbauer im Staatsdienste. Alles geschah durch Baubeamte, die Bauakademie und die Baubeamten dünkten sich viel vornehmer als Gewerbeinstitut und Maschinenbauer; die wissenschaftliche Grundlegung war ja in der Tat in Deutschland bei den Bauingenieuren viel weiter vorgeschritten als bei den Maschineningenieuren. Erst 1879 sind die beiden Akademien zur Technischen Hochschule Charlottenburg vereinigt worden. Daß aber beide Anstalten in den 30er Jahren noch nicht die wahre Synthese von Wissenschaft und Technik darstellten, wußte der Minister Altenstein sehr genau; er hat sich lange mit dem Plane beschäftigt, eine Hochschule nach Pariser Muster, aber zugleich auch mit Rücksicht auf die Bedürfnisse der Privatindustrie, zu errichten. Alexander von Humboldt, der ja von den Gelehrten der Ecole Polytechnique so große Anregungen empfangen hatte, unterstützte ihn lebhaft: wenn sein Bruder Wilhelm durch Errichtung der Berliner Universität den Geisteswissenschaften eine neue Pflegestätte für Forschung und

Lehre geschaffen hatte, so mußte es möglich sein, auch auf technischem Gebiete eine höchste Stufe der Ausbildung und der Forschung zu gewinnen. Der preußische Generalstab unter Müffling förderte diese Pläne. Keinen geringeren als Gauß wünschte man zum Leiter des Polytechnikums in Berlin. Aber Gauß konnte sich zu einer so weitgehenden Änderung seines Arbeitsgebietes und seiner Lebensweise nicht entschließen; und da auch der Generalstab sich wieder zurückzog, wurde der Plan nicht weiter verfolgt.

Das von Beuth geleitete Gewerbeinstitut war bestimmt, der ganzen staatlichen Gewerbeförderung als Mittelpunkt zu dienen. Die Unterrichtsanstalt war daher in engste Verbindung mit den beiden andern wichtigen Organen der Gewerbeförderung gebracht — mit der „technischen Deputation“ und dem „Verein zur Beförderung des Gewerbfleißes in Preußen“: alle drei hatten ihren Sitz in dem Hause des Gewerbeinstitutes in der Klosterstraße. Die „technische Deputation“ erinnerte daran, daß das ganze Werk Beuths im engsten geistigen Zusammenhang mit der Steinschen Reformzeit stand. Bei Neuordnung der Verwaltung durch den Freiherrn vom Stein waren, wie früher erwähnt, in allen Ministerien solche Deputationen eingesetzt worden; in ihnen war der Grundgedanke der ganzen Reform, die Verbindung von Beamtentum und mitwirkendem Bürgertum, zum Ausdruck gekommen. Die Erwartungen, die besonders auch auf die „technische Deputation für Handel und Gewerbe“ gesetzt worden waren, hatten sich aber nicht erfüllt: die Beamten waren der Sache abgeneigt, man hatte daher meist nur untätige Honoratioren berufen. Beuth änderte dies. Die Deputation sollte künftig nicht mehr „Zufluchtsort für Pensionäre“ sein, sondern aus den hervorragendsten Männern des Faches bestehen. Die Aufgabe, die ihr Beuth zuwies, war die gleiche, die Stein ihr gesetzt hatte. Die „Technische Deputation für das Gewerbe“, wie sie nun hieß, war nicht nur zur Beratung der Regierung da, sondern sie sollte überall vorangehen, um Industrie und Gewerbe im ganzen Lande zu entwickeln. Ihre Aufgabe war, Reisen anzuregen, Bücher herauszugeben, Gutachten zu erstatten für Erteilung von Patenten. Daß man Beamte oder junge Techniker auf Reisen, besonders nach England, sandte, war schon ein bewährtes Mittel des absoluten Staates gewesen, und Beuth hat Schüler des Gewerbeinstitutes sogar nach Amerika geschickt. Er hat auch bei den Mittelstellen, den „Regierungen“, Deputationen eingesetzt; sie boten gleich den Handelskammern den Bürgern die Möglichkeit, an allgemeinen Aufgaben mitzuwirken. Und wenngleich dies also nur bei wirtschaftlichen Fragen zutraf, so war es doch wichtig in einer

Zeit, wo den Bürgern die erstrebte Verfassung, die Teilnahme an den politischen Geschäften versagt blieb. Auch waren die Deputationen zugleich Ersatz für die in den Verwaltungsstellen noch fehlenden technischen Fachbeamten, und dies blieb noch lange so. Wenn Stein und Beuth von der Mitwirkung der im praktischen Leben stehenden Männer erwartet hatten, daß durch sie die Initiative der Unternehmer planmäßig geweckt und gefördert werde, so hat sich freilich diese Hoffnung in der Folge nicht immer erfüllt. Es zeigte sich, daß Geschäftsmänner, wenn sie in staatliche Büros gelangten, das Leben noch mehr bevormunden und verengern konnten als berufsmäßige Bürokraten. In weiser Voraussicht setzte darum Beuth neben die Deputation das Gewerbeinstitut und den Gewerbeverein.

Der „Verein zur Beförderung des Gewerbfleißes in Preußen" wurde von Beuth im gleichen Jahre wie das Gewerbeinstitut gegründet nach dem Vorbilde der in England seit 1754 bestehenden „Society of Arts" und der in Frankreich 1801 geschaffenen „Société d'encouragement pour l'Industrie nationale". Auch in den Mittelstaaten entstanden seit der Rheinbundszeit solche polytechnische oder Gewerbevereine — Vereine „zur Beförderung der vaterländischen Industrie". Sie waren echte Erzeugnisse des heraufkommenden individualistischen und liberalen Zeitalters, das auch die Aktiengesellschaften und die politischen Parteien hervorgebracht hat. Die modernen Vereine waren nicht mehr wie die Zünfte, die Gewerke und Korporationen Lebensgemeinschaften mit starken Bindungen; sie waren Zweckverbände, in die der einzelne eintreten und aus denen er austreten konnte, je nachdem es seinen Interessen entsprach. Das Ziel der Gewerbevereine war, daß möglichst viele Mitglieder des Dritten Standes möglichst erfolgreich gefördert wurden; dies nannte man „Gemeinwohl". Man erkannte, wie bedenklich es für den gewerblichen Fortschritt aller war, wenn jeder Unternehmer ängstlich sein Fabrikgeheimnis hütete; aber man wollte nur die freiwillige Zusammenarbeit und schützte den einzelnen gegen Nachteile durch Ausbildung des Patentschutzes. Die Vereine wurden von den Regierungen gehört, sie erteilten Stipendien, regten Arbeiten an, gaben Nachrichtenblätter heraus; in Berlin erschienen die „Verhandlungen des Vereins zur Beförderung des Gewerbfleißes in Preußen". Man wollte den Geist der Selbsthilfe und der Gemeinnützigkeit pflegen; aber noch war vielfach der zuständige Ressortbeamte der Anreger und Schöpfer, und bei Begründung des preußischen Vereins waren 110 Mitglieder unter den 367 von Beruf Beamte.

So zeigt diese frühe preußische Gewerbeförderung in allem das Bild einer Zeit, die von den Methoden des Absolutismus sich löste, aber noch Bedenken trug, im Geiste der liberalen Ethik das Erwerbsstreben völlig zu entfesseln. Die deutsche Auffassung vom Patentschutz, die auf Beuth zurückgeht, ist hierfür bezeichnend. Die Unternehmer erhielten in der neuen Zeit keine Privilegien mehr. Längst war England vorangegangen, als es durch die berühmte Akte von 1623 die Erteilung von Monopolen zum Betriebe bekannter Gewerbe für unstatthaft erklärt, aber für den Erfinder neuer Verfahren die Gewährung eines Patentes auf vierzehn Jahre gestattet hatte. Es waren hiermit zwei wichtige neue Grundsätze aufgestellt worden, nämlich daß das Monopol dem Erfinder und nicht dem Unternehmer zustehen und daß es befristet sein solle. Noch aber war die Erteilung nur ein Gnadenakt geblieben, und erst die Französische Revolution hatte in einem Gesetz von 1791 das Recht des Erfinders in die Zahl der Menschenrechte aufgenommen. Die Regelung entsprach den Bedürfnissen des neuen, technisch-kapitalistischen Zeitalters: die Zusicherung des Patentschutzes regte den Erfindungsgeist an, auf der Bahn industrieller Verbesserungen weiterzuschreiten, und die Befristung des Schutzes brachte das allgemeine Interesse neben dem privaten zur Geltung. Aber die Patentgesetzgebung der ersten, westeuropäischen Industriestaaten bedurfte noch sehr der Verfeinerung. Es ist aus der Lebensgeschichte von James Watt bekannt, daß die englische Gesetzgebung sehr eng war und dadurch den technischen Fortschritt hinderte: sie machte dem Erfinder bei der Lösung mancher Aufgabe den direkten Weg unmöglich, und sie gewährte später ihm und seiner Familie ein Monopol, das sehr lästig wurde. Auch gab es in England und Frankreich vor Verleihung der Patente keine Untersuchung über die Neuheit oder Eigentümlichkeit der Erfindung, sondern diese Erörterungen wurden nur im Wege des Prozesses vorgenommen, wenn die Gültigkeit des Patentes angefochten wurde. Zudem waren die mit der Patenterteilung verbundenen Kosten sehr hoch; man wollte auf diese Weise Unberufene abhalten. Es ist begreiflich, daß daher im wirtschaftlichen Liberalismus lange die Frage erörtert wurde, ob Patente überhaupt berechtigt seien oder ob sie nicht vielmehr eine verwerfliche Einschränkung der Gewerbefreiheit und der freien Initiative darstellten. Beuth hat die Bedeutung der Patente „zur Ermunterung und Belohnung des Kunstfleißes“ früh erkannt; aber er brachte das allgemeine Interesse neben dem privaten entschieden zur Geltung. Die Frist sollte in der Regel fünf Jahre nicht überschreiten, der

Technischen Deputation aber lag die Vorprüfung ob. Beuth war nicht der Meinung, daß das eigene Interesse und die Erfahrung die besten Richter über die Neuheit seien. Er wollte die Zahl der Patente auf die wirklich bedeutsamen Erfindungen beschränkt und die Prozesse verringert wissen. Den Grundsatz der Vorprüfung auf Neuheit gab es in den übrigen Industriestaaten nicht, er ist später auch in die allgemeine deutsche Patentgesetzgebung übergegangen, also von der Technischen Deputation auf das Reichspatentamt übertragen worden.

Schulen, Vereine und Patentschutz waren die neuen Mittel staatlicher Gewerbeförderung. Wenn Beuth Navigationsschulen begründete zur Ausbildung tüchtiger Seeleute und wenn er in Stettin die Schiffsbauschule einrichtete, so war dies nach seiner Meinung für die gesunde Entwicklung der preußischen Handelsmarine mehr wert als alle Navigationsakten: er war sich bewußt, andere Wege zu gehen als die alte absolute Bürokratie, obwohl nachher, als die Gewerbe erstarkt waren, der siegreiche Liberalismus auch diese erziehende Hilfe verschmähte und über Beuth hinwegschritt. Das Gewerbeinstitut, die technische Deputation und der Gewerbeverein arbeiteten in Berlin aufs engste zusammen an der „Aufmunterung zur Industrie". Im Hause des Institutes stand eine Sammlung von Modellen für alle Hauptzweige der Fabrikation in Preußen; sie war gebildet nach dem Muster des gleichzeitig mit der Ecole Polytechnique eingerichteten Pariser „Conservatoire des arts et métiers" und diente für den Unterricht, aber auch zur Orientierung der Gewerbetreibenden und der Gewerbebeamten. Die öffentlichen Sammlungen sind in der Tat ein wichtiges Mittel der staatlichen Gewerbeförderung geworden. Neben Frankreich gab England ein Vorbild mit der technischen Abteilung des Kensington-Museums. 1850 ist das Landesgewerbemuseum in Stuttgart, 1865 die Landesgewerbehalle in Karlsruhe geschaffen worden, das „Deutsche Museum" in München ist die letzte Stufe in dieser geschichtlichen Reihe. Periodische Ausstellungen gingen daneben schon seit den 20er Jahren her. Die meisten Maschinen, die Beuth als Modelle zusammenbrachte, stammten aus England. Trotz aller Ausfuhrverbote verstand er es doch, immer wieder die neuesten Maschinen zu erhalten. Man zerlegte sie in Einzelteile und schaffte sie auf verschiedenen Wegen nach Berlin, wo sie im Gewerbeinstitut Aufstellung fanden. Hier wurden sie auf ihre Anwendbarkeit geprüft und, wenn sie sich bewährten, nachgebildet. Sie wurden auch wohl verliehen, verschenkt oder ganz billig an Fabrikanten abgegeben. Hieran knüpfte man nur die Bedingung, daß die Besichtigung jederzeit andern preußischen Industriellen gestattet werde. Die wichtigsten Maschinen gingen auf Beuths Veranlassung zuerst nach Wetter, damit sie dort studiert werden konnten. Ein besonders bezeichnendes Beispiel der staatlichen Gewerbeförderung bietet die Begründung der Berliner Maschinenindustrie. Ein intelligenter Schlosser aus Westfalen namens Egells kam auf der Wanderschaft nach Berlin, wurde Beuth empfohlen und erhielt von ihm Geld für eine Studienreise nach England und Frankreich. Zurückgekehrt, gründete er 1821 im Norden Berlins, in der Chausseestraße, eine Eisengießerei, Beuth überwies ihm englische Drehbänke, 1825 baute er seine erste Dampfmaschine. Seine Werkstatt wurde eine wichtige Pflanzstätte des deutschen Maschinenbaues, sein Werkmeister war August Borsig.

Diese ganze von Beuth geleitete Gewerbeförderung des Staates diente dem Ziele, die Gewerbetreibenden stets über das Neueste und Beste zu belehren. Die vom Berliner Gewerbeinstitut ausgegangene künstlerische Ausbildung der Musterzeichner hat beispielsweise die Leistungen der deutschen und zumal der rheinischen Tapetenfabriken so gehoben, daß sie die französischen verdrängen konnten. Gemeinsam mit Schinkel gab Beuth die „Vorbilder für Fabrikanten und Handwerker“ heraus — ein Werk, das Jahrzehnte hindurch dem Gewerbe als Vorlage gedient hat und an dem die angesehensten Kupferstecher beteiligt waren. Es bot Muster zur Herstellung zweckmäßiger und schöner Artikel, wobei die Verfasser der Überzeugung waren, daß beides in Wahrheit sich deckte. Was wir von dem großen Architekten sagten, gilt auch für den großen Förderer des Gewerbes: beide haben auf gemeinsamer Reise in England etwas von dem Geiste moderner Sachlichkeit in sich aufgenommen, wenngleich sie im übrigen — nicht anders wie die Engländer selbst — viele Anleihen bei dem siegreich vordringenden Historismus gemacht haben und schon deshalb die Höhe des alten deutschen Kunstgewerbes niemals erreichen konnten. Beuth war ein Mann von Geschmack und feinen künstlerischen Interessen, ein Rheinländer aus Kleve. Seine Kunstsammlung im Schinkel-Beuth-Museum hält die Erinnerung an ihn lebendig. Vor dem Schinkelbau der Bauakademie haben die Gewerbetreibenden ihrem verdienten Förderer nach seinem Tode ein Denkmal gestiftet, und König Friedrich Wilhelm IV. machte in diesem Falle eine Ausnahme von der strengen altpreußischen Regel, wonach nur Fürsten und Generale öffentliche Denkmäler erhalten durften. Aber die Landwirte meldeten zum Ausgleich nun auch für Albrecht Thaer Rechte an, und da Beuth jetzt nicht mehr in die Mitte des Platzes gesetzt werden konnte, ist bei dieser Gelegenheit auch Schinkel zu einem Denkmal gekommen.

Das „Gewerbeinstitut", so sagten wir, widmete sich der Ausbildung von Handwerkern höheren Ranges, von Werkmeistern und Fabrikanten. Außerdem verfolgte es noch den Zweck, Gewerbelehrer zu bilden, damit in den Provinzen Gewerbeschulen geschaffen werden konnten. Denn es lag in der Natur der Technik, daß zuerst die höheren Schulen da sein mußten, bevor mittlere und niedere mit Erfolg arbeiten konnten. Wenn man die Zünfte entbehren wollte, dann mußte man die Vorbildung zum Beruf aus der Werkstatt und der Familie in die Fachschule verlegen: es war ein deutliches Zeichen der zunehmenden Verstädterung des Lebens. Und ein wildes Zudrängen zum Gewerbe konnte auch der Liberalismus nicht wünschen. Der Freiherr vom Stein, der in der Reformzeit mit Unterstützung Kunths zuerst die Einrichtung von „Anstalten zur Verbreitung technischer Kenntnisse" angeregt hatte, warnte freilich auch hier vor der Überschätzung des Wissens gegenüber dem Können, und notwendig erschien ihm nach wie vor für den jungen Arbeiter das Wandern, die Anfertigung des Meisterstückes, das Leben in der Bürgerfamilie. Es war kein Zweifel, daß besser als der Berechtigungsschein eine tüchtige Lehre war. Aber die Meister konnten nun einmal nicht mehr in der neuen Zeit für die Ausbildung der Lehrlinge genügen, auch wenn sie nicht kleinlicher Selbstsucht nachgaben und den Nachwuchs künstlich niederhielten. Überhaupt war die Wirklichkeit in der Werkstatt vielfach doch ganz anders, als sie sich von außen ansah und von den Lobrednern der entschwindenden „guten alten Zeit" besungen wurde. Karl Friedrich Klöden, der erste Direktor der Berliner Gewerbeschule, hat in seinen Jugenderinnerungen den ganzen Jammer des Lehrlingsdaseins geschildert und darauf hingewiesen, daß seine eigenen Erlebnisse keine Ausnahmen darstellten. Er war als Sohn eines Unteroffiziers in der rohen und verworfenen Umwelt der Kaserne aufgewachsen. Er hatte als Knabe den verzweifelten Kampf der Mutter gegen die bitterste Armut mitgekämpft; er hatte zusehen müssen, wie der Vater dem Trunke verfiel — er war gewiß nicht verwöhnt. Aber die Lehrlingszeit war doch eine elende Vergeudung wertvoller Jugendjahre und dazu noch eine Hölle. Wir lesen, wie es allgemein Brauch war, daß der Lehrling zu allen möglichen Geschäften der Haushaltung verwendet wurde, daß er Hausknecht, Dienstmagd und Küchenmädchen in einer Person war. Als Schlafstelle diente ihm ein fensterloser Winkel unmittelbar unter dem schadhaften Dache, durch das Regen und Schnee auf das Bett fielen. Die persönliche Behandlung durch Meister und Meisterin war empörend, und der junge Mann mußte sich dies alles gefallen lassen — denn welcher Makel haftete auf dem entlaufenen Lehrling!

Man versteht, mit wie brennender Sehnsucht diese Menschen nach den Bildungsmitteln griffen, die ihnen zugänglich waren und die das Jahrhundert darbot. Warum sollte der Lehrling nicht auch eine gründliche Vorbildung für seinen Beruf erhalten, wie sie dem künftigen Beamten schon immer zuteil wurde? Und ebenso unzweckmäßig schien es für die Söhne der Fabrikanten, daß sie die höhere Bildung immer noch ausschließlich nur im Umgang mit den toten Sprachen gewinnen konnten und für die Vorbereitung auf ihren künftigen Beruf sich begnügen mußten mit den „Brosamen, die in den Gelehrtenschulen kärglich für sie abfielen". Aus solchen Erwägungen war der Staatsrat Kunth schon in der Reformzeit dazu gekommen, auch für das Schulwesen das neue Prinzip der Arbeitsteilung zu verlangen und dem „Sprachgymnasium" das „Realgymnasium" entgegenzustellen: neben der „Wortkenntnis" sollte die „Sachkenntnis" künftig auch zu ihrem Rechte kommen. Seine zahlreichen Entwürfe sahen einen Aufbau des Bürgerschulwesens von der Handwerkerschule bis zum Realgymnasium vor. Die neu sich eröffnende Welt der Erfahrung verlangte Berücksichtigung neben dem alten Bildungsgedanken des Humanismus. Man hielt durchaus noch an dem Ideal der „allgemein menschlichen Bildung" fest und wollte nicht alles auf Nützlichkeit gestellt wissen. Aber man wollte Rücksicht nehmen auf die künftige Lebensbestimmung des jungen Mannes, und man war überzeugt, daß das wissenschaftliche, methodische, analysierende Denken des 19. Jahrhunderts ebenso wichtig war wie das Begreifen aus der geschichtlichen Anschauung, das vom farbigen Abglanz zum Leben selber führt. Der große Aufschwung, den die Gelehrtenschulen durch den Neuhumanismus erlebten, hat die Ausführung dieser Pläne sehr verlangsamt, wenngleich auch die humanistischen Schulen schon bald begannen, den Geist der modernen Wissenschaftlichkeit in sich aufzunehmen. Auch waren die gesellschaftlichen und wirtschaftlichen Bedingungen für das Realschulwesen noch nicht gegeben. Mit Ungeduld stellte dies Kunth noch in den 20er Jahren fest. Er kannte weder England noch Frankreich; er sah nur die Außenseite der Dinge und fand in jenen Ländern mehr Wirklichkeitssinn, mehr „Realismus“. In Deutschland — dies schien ihm außer Zweifel — hatte sich noch nicht wie in Frankreich die Erkenntnis von der Notwendigkeit mathematisch-naturwissenschaftlicher Studien durchgesetzt; noch gab es in Preußen keine Minister wie in England, die sich öffentlich rühmten, von Fabrikanten abzustammen und ihren ganzen Wohlstand einem Manne wie James Watt zu verdanken; noch gab es keinen Mittelstand, der gewerbliche und technische Unterrichtsanstalten verlangte. Für die Universitäten und Gelehrtenschulen wandte der Staat große Mittel auf, auch für die Elementarschulen in Stadt und Land sorgte er — alles, was dazwischen lag, blieb den Gemeinden überlassen. In Preußen erwirkte Beuth 1820 einen Erlaß, der anordnete, daß in jedem Regierungsbezirk eine Gewerbeschule errichtet wurde. Diese Schulen waren aber nicht in der Lage, dem Gewerbeinstitut in Berlin gut vorbereitete Schüler zu liefern, so daß man dort die Volksschüler vorzog und sie in der unteren Klasse des Instituts heranbildete. In der Regel wurden diese Gewerbeschulen am Sitze der Regierungen errichtet. Alle andern Städte mußten sich ihre Gewerbeschulen selber schaffen durch tätige Teilnahme der Bürgerschaft; und wenn sie neben den gewerblichen Fachschulen auch noch höhere Bürgerschulen oder Realschulen haben wollten, so blieb auch dies ihre eigene Aufgabe.

Es gab einzelne Stadtverwaltungen, die wie die Magdeburger gleich nach 1815 ihr Bürgerschulwesen einheitlich aufbauten von der Sonntagsschule bis zur Realschule. In Gotha wurde 1818 die älteste Handelsschule für Kaufmannslehrlinge gegründet; sie war die Schöpfung eines kaufmännischen Vereins, die treibende Kraft war der Handelsmann Ernst Wilhelm Arnoldi. Die Schüler waren 14 bis 18 Jahre alt, beim Eintritt wurde ihnen eine „Sittentafel für den Handlungslehrling“ mitgegeben, die Lebens- und Standesregeln in der abstrakten Form der deutschen Aufklärung darbot. Es war die Zeit, da man gerade auch im Handels- und Gewerbestande noch ganz im Glauben an die absoluten Vernunftideale lebte, den Schülern das „Wahre, Gute und Schöne“ nahezubringen suchte und sie Aufsätze anfertigen ließ über den Einfluß des Handels auf die Interessen der Menschheit. In Berlin wurde neben der älteren Realschule und neben der Handwerkerschule, die seit 1822 zum Eintritt in das Gewerbeinstitut vorbereitete, 1824 von der Stadtverwaltung noch eine Gewerbeschule eingerichtet, deren Aufgabe es war, „den künftigen Gewerbetreibenden der höheren Sphäre alle diejenigen Kenntnisse in ausreichendem Maße zu lehren, wie sie der vorgeschrittene Zustand der Gewerbe erfordert und wie sie in den Gymnasien oder durch Privatunterricht nicht erreicht werden". Es war eine Schule mit hohen Anforderungen und Zielen. Mathematik und die exakten Naturwissenschaften standen im Mittelpunkt, aber auch Religion, Deutsch und Englisch, Geschichte und Geographie waren wichtige Unterrichtsfächer. Zum Direktor wurde Karl Friedrich Klöden berufen, der, wie erwähnt, aus dem Handwerkerstande aufgestiegen und Goldschmied gewesen war. Beseelt von heißem Wissenstrieb und einer unverwüstlichen Zuversicht zum Leben, hatte er zielbewußt an seiner Bildung gearbeitet, hatte noch als Familienvater die Universität bezogen und war dann Direktor des Lehrerseminars in Potsdam geworden. Er war ein Mann, der noch nichts von der modernen wissenschaftlichen Arbeitsteilung wußte; er war enzyklopädisch gebildet und von einer unermeßlichen literarischen Produktivität auf naturwissenschaftlichem wie auf landesgeschichtlichem Gebiete. Unter ihm wirkten an der Berliner Gewerbeschule die bedeutendsten Gelehrten; sie waren alle ihrer Vorbildung nach „Humanisten". Friedrich Wöhler, der Chemiker, der von Herkunft ein wohlhabender Mann war, hat die Habilitation an einer Universität abgelehnt, um Lehrer an der Berliner Gewerbeschule zu werden, die wegen der reichen chemischen und mineralogischen Hilfsmittel und infolge des Umganges mit hervorragenden Männern der Wissenschaft anregend zu werden versprach. Im Laboratorium dieser städtischen Schule ist die Synthese des Harnstoffes gelungen, die Wöhlers Name berühmt gemacht hat. Erst später ist er an die Universität Göttingen berufen worden. Ein anderer Lehrer war Philipp Wackernagel, auch er noch im Stile der alten Zeit in den Naturwissenschaften ebenso beschlagen wie in der Philologie. Sein deutsches Lesebuch ist an der Gewerbeschule entstanden, als er den Unterricht im Deutschen unter den dortigen schwierigen Bedingungen „recht fruchtbar" machen wollte, und er hat dabei schon damals mit besonderer Vorliebe auch das protestantische Kirchenlied gepflegt, mit dessen wissenschaftlicher Darstellung sein Name dauernd verbunden geblieben ist. In der Geschichte der germanistischen Wissenschaft wird er neben seinem Bruder Wilhelm immer genannt werden.

Die Berliner städtische Gewerbeschule war eine Musteranstalt. Es geht nicht an, die zahlreichen gewerblichen Schulen, die in den 20er Jahren überall in deutschen Landen enstanden, an diesem Maßstabe zu messen: jede Anstalt trug ihr eigenes Gepräge, Lehrpläne und Leistungen waren so verschieden wie die Namen der Schulen. Im allgemeinen schlossen natürlich die Polytechniken nicht an die niederen technischen Anstalten an, sondern an die Bürger- und Realschulen. Staatsmänner wie Beuth, die eine „künftige bessere Zeit durch die besser gebildete Jugend des Dritten Standes" ersehnten, trieben unermüdlich vorwärts. Schon in den 30er Jahren war der Ruhm des preußischen Gewerbeschulwesens weit verbreitet. Alle gewerbereicheren Städte schufen sich Gewerbeschulen, wenn nötig mit Staatszuschuß; den Meistern wurde — wo es noch nicht der Fall war — zur Pflicht gemacht, ihre Lehrlinge zum Besuch der vorhandenen gewerblichen Unterrichtsanstalten anzuhalten. Die höheren realistischen Schulen entwickelten sich freilich langsam. Wo sie bestanden, ließ der Besuch zu wünschen übrig. Es hielt schwer, die Jugend der gebildeten Stände den Gewerben, den Fabriken und dem Handel zuzuführen, und doch war dies nicht der unwichtigste Teil einer „Erziehung zur Industrie". Das Prinzip des Realschulwesens blieb umstritten — ob es nämlich möglich sei, „unter Ausschluß der alten Sprachen eine formale Bildung des Geistes durch solchen Unterricht zu erzielen, der auf die geistigen Bedürfnisse der Gewerbetreibenden Rücksicht nimmt". Je stärker in dem Gymnasium der Grundsatz der „formalen Bildung" sich durchsetzte und in den Intellektualismus hineintrieb, desto entschiedener erhob sich bei den „Realisten" die Forderung nach Gleichberechtigung. So wurde 1824 in Berlin ein Realgymnasium eingerichtet, das Latein bis zum Livius, ferner Französisch und Englisch lehrte und das Recht besaß, zur Universität zu entlassen. Es wurde wegen seines „Zwischencharakters" von den Humanisten wie Johannes Schulze entschieden abgelehnt. Das Ministerium, betonte Schulze, habe diesen Plan niemals gebilligt, sei aber der Meinung, daß „der preußische Staat stark und groß genug sei, um an einer Anstalt ein solches Experiment dulden zu können". Bis 1868 hat dieses privilegierte Realgymnasium bestanden, dann wurde es in ein Vollgymnasium umgewandelt, als inzwischen längst viele Realgymnasien mit neun Klassen, aber ohne Berechtigung zum Universitätsstudium, entstanden waren. Den lateinlosen „Bürgergymnasien" oder Realschulen standen die humanistischen Schulmänner und Oberschulbehörden freundlicher gegenüber. Gerade sie vertraten die Ansicht, daß es für die Angehörigen der „niederen Berufe" sich nicht empfehle, eine „höhere Ausbildung zu erwerben, welche ihre künftige Stellung im Leben nicht verlangt und welche ihnen vielleicht ihre Berufsarbeit nicht schmackhaft machen würde". Man wollte nur das Universitätsprivileg der Gymnasien verteidigen, nicht der Entwicklung von Handel und Gewerbe entgegentreten.

Auch trug das Fehlen solcher Schulen einen Teil der Schuld an der Überfüllung der Gymnasien. Aber das Abiturientenexamen verlieh, auch abgesehen von der Berechtigung zum Studium auf Universitäten, ein so hohes gesellschaftliches Ansehen, daß der Kaufmann- und Fabrikantenstand nicht davon ausgeschlossen sein wollte. Entscheidend war, daß seit den 30er Jahren die Realschulen die Einjährigenberechtigung erhielten, allerdings nicht zu den gleichen günstigen Bedingungen wie die Gymnasien, wo schon die Versetzung nach Sekunda ohne besondere Prüfung genügte. Die Gelehrtenschulen konnten nun von ungeeigneten Schülern entlastet werden; diese aber erhielten in der Realschule Gelegenheit, alle jene Kenntnisse zu erwerben, die in ihrem künftigen praktischen Berufe nützlich waren. Doch blieb es noch das ganze Jahrhundert dabei, daß der wohlhabende oder aufstrebende Mittelstand seine Knaben am liebsten auf das Gymnasium schickte, weil er das geistige und vor allem auch das soziale Ansehen der humanistischen Bildung schätzte und weil er seinen Söhnen auch den Weg zu den Universitäten offen halten wollte.

Der Kampf zwischen der humanistischen und der realistischen Richtung im Schulwesen ist denn auch seit dem Aufklärungszeitalter nicht mehr abgerissen. Die „Realisten" erhielten in der Zeit der Restauration Zuzug durch alle jene Feinde der altklassischen Studien, die aus politischen oder religiösen Gründen den Neuhumanismus befehdeten: wir sprachen bereits davon. Die ersten Vorkämpfer des Realschulwesens dachten noch nicht daran, alles auf praktische Nützlichkeit zu stellen. Aber es gab schon Stimmen, die auch in geistigen Dingen den kürzesten Weg für den allein richtigen hielten. Am entschiedensten haben fortschrittlich gesinnte Verwaltungsbeamte, wie der Finanzminister Motz, die humanistische Erziehung befehdet, und unter den Naturforschern wurde Liebig führend im Kampfe gegen die humanistischen Schulen. Er selbst war als ein genialer Autodidakt aufgestiegen und hatte als erster die Verbindung von Wissenschaft und Technik im ganz großen Stile angebahnt. Der Gelehrte fand es „sonderbar, daß der Ausdruck Bildung sich bei einem wahrhaft erleuchteten Volke nur auf die Kenntnis der klassischen Sprachen, der Geschichte und Literatur erstreckt". Er wollte bemerkt haben, daß der „überwuchernde Humanismus" den Fortschritten der Naturwissenschaften und der Medizin überall entgegentrat. Und der Streit zwischen Gymnasien und Gewerbeschulen war ihm nichts anderes, als „das Ankämpfen der Seifensieder gegen das Gaslicht, das Protestieren der Gastwirte gegen die Schnellposten, der Fuhrleute gegen Kanäle und Eisenbahnen". Dies schrieb Liebig im Jahre 1840. Die unabsehbare Ausdehnung, die das moderne Leben mit sich brachte, hatte die Gymnasien auf die Bahn des „Enzyklopädismus" getrieben: die Gegenwirkung führte nun in das mechanische Prinzip der Arbeitsteilung auch im geistigen Leben. Und doch hatte schon Goethe das Bildungsproblem des neuen Jahrhunderts vor Augen gesehen und klar zum Ausdruck gebracht. Er tadelte: „Überall treibt man viel zu viel und gar zu viel Unnützes. Auch dehnen die einzelnen Lehrer ihre Fächer zu weit aus, bei weitem über die Bedürfnisse der Hörer." Und er fügte als Lebensweisheit der neuen Zeit hinzu: „Wer klug ist, lehnt daher alle zerstreuenden Aufforderungen ab und beschränkt sich auf Ein Fach und wird tüchtig in Einem." Der große Humanist, der die vielseitige Ausbildung der Persönlichkeit als das höchste Glück der Erdenkinder gepriesen hatte, hat doch am Abend seines Lebens in den „Wanderjahren" die Sätze niedergeschrieben: „Allem Leben, allem Tun, aller Kunst muß das Handwerk vorausgehen, welches nur in der Beschränkung erworben wird. Eines recht wissen und ausüben, gibt höhere Bildung als Halbheit im Hundertfältigen. Daß ein Mensch etwas entschieden verstehe, vorzüglich leiste, wie nicht leicht ein anderer in der nächsten Umgebung, darauf kommt es an." Der Dichter betonte die erzieherische Wirkung, die das rechte Verstehen und Betreiben einer Sache auf die Bildung der Persönlichkeit ausübt. Aber zum rechten Verstehen und Betreiben gehörte ihm, daß man den Gegenstand mit dem Verständnis wirklich umfaßt, ihn in allen Zusammenhängen und Folgen übersieht; denn wenn die Grenzen des Wissens durch die praktischen Bedürfnisse des Tages gezogen sind, ist ein Blick von höherer Warte unmöglich, von wo aus allein man die Dinge tatsächlich überblickt. Dem 19. Jahrhundert war die Aufgabe gestellt, auch in der notwendigen Arbeitsteilung und unter erschwerten Bedingungen den Blick für die Ganzheit nicht zu verlieren. Der „Humanismus" jedoch wurde ein philologischer Fachberuf, und der „Realismus" begnügte sich mit der technischen, praktisch-materialistischen, abgekürzten Behandlung der Dinge, gleich als ob die Gefühlswelt und die großen Ideen nicht auch zum „Realen" gehörten.

Die Folgen sollten sich dereinst noch verhängnisvoll auswirken in der Haltung, die der deutsche Mensch gegenüber den Fragen des Lebens — nicht nur der Wissenschaft, sondern auch des Staates und der Gesellschaft — einzunehmen sich gewöhnte. Zunächst war das Ergebnis die Zweiteilung des deutschen Bildungswesens — hier Universität und Gymnasium, dort Polytechnikum und Realschule. In den Anfängen der Entwicklung hatte das französische Vorbild mitgewirkt; aber die naturwissenschaftliche Tradition war dort so alt und stark, daß sich die Ecole Polytechnique in die Gesamtheit des gelehrten Unterrichtes leicht einfügte. In Deutschland dagegen entwickelte sich ein „Realismus“, der die gemeinsame humanistische Grundlage für alle wissenschaftliche Arbeit in Zweifel zog und darin durch den philologischen, dem echten Humanismus entfremdeten Betrieb der Gymnasien bestärkt wurde. Die Realisten forderten die Gleichstellung der naturwissenschaftlichen Disziplinen mit den sprachlichen, und da ihnen dies von Gymnasien und Universitäten verweigert wurde, trat die Spaltung der höheren Bildung zwangsläufig ein. Daß dies so kam, wurde von manchen Seiten bedauert. Man fand dies „weder in der Natur der Sache begründet, noch mit einer gesunden Entwicklung unseres Volkes verträglich“. Man sah den Kastengeist gefördert durch die Ablehnung, welche die „Gebildeten“ gegenüber den „handwerksmäßigen“ Dingen einnahmen. Anderseits fühlten sich die Polytechniken noch lange als „bürgerliche Hochschulen“, an denen man bis in die 60er Jahre kaum etwas wußte von „alter Burschenherrlichkeit“ und wo man gerne Front machte gegen den feudalen Geist der Universitäten und ihren Anspruch, allein die Wissenschaft zu besitzen. Freilich wurde die deutsche Universität im Gefolge der zunehmenden wissenschaftlichen Spezialisierung immer mehr zu einer Vereinigung von Fachschulen. Aber sie bereitete nur für die Praxis des Priesters, des Richters, des Arztes, des Lehrers, allenfalls noch des Chemikers vor; gerade die Wissenschaften, die das äußere Bild des Jahrhunderts gestaltet haben, blieben von ihr ausgeschlossen. Die Technischen Hochschulen anderseits sahen sich allzusehr ausgeliefert den Forderungen der Praxis; sie lehrten die Grundwissenschaften, auf deren Anwendung die technische Praxis beruhte, einfach nur mit Beziehung auf diese. Am schroffsten hat diesem Vorwurfe Liebig Ausdruck gegeben. Er kämpfte für die Pflege und Anerkennung der naturwissenschaftlichen Bildung. Im Rahmen der Technischen Hochschulen hielt er dies nicht für möglich; die Universitäten aber wollte er „realistisch“ umgebaut wissen. Den Chemieunterricht an den österreichischen und preußischen Universitäten hat er in den 40er Jahren scharf getadelt. Wenn er dann aber auch die Berechtigung der isolierten Hochschule bestritt, so ging er aus von den Erfahrungen, die er mit den landwirtschaftlichen Hochschulen gemacht hatte, in denen er den Geist Albrecht Thaers vermißte. Thaer war von Herkunft Arzt gewesen und ein Mann des wissenschaftlichen Denkens, in dem sich in seltenem Grade praktische und wissenschaftliche Fähigkeiten vereinigten. Sobald diese Vereinigung fehlte, kamen die technischen Hochschulen in die Lage, den reinen Praktiker vor dem reinen Gelehrten zu bevorzugen. Dies aber — sagte Liebig — „wäre ebenso, wie wenn man einen erfolgreichen Schwefelsäurefabrikanten zum Direktor eines chemisch-wissenschaftlichen Instituts machen wollte!" Aus dieser Lage zog Liebig den Schluß, daß der Landwirt seine Kenntnisse in der Schule und seine Erfahrungen auf dem Acker holen müsse und daß es sehr unzweckmäßig sei, zwei so heterogene Dinge gleichzeitig am gleichen Orte betreiben zu wollen. Er forderte also die Verlegung des höheren landwirtschaftlichen und eigentlich allen höheren technischen Unterrichtes an die Universitäten, wo er nicht mehr vom fortschreitenden wissenschaftlichen Leben gelöst sei, die wissenschaftlichen Grundlagen ganz um ihrer selbst willen pflegen könne und die Überschätzung des Handwerksmäßigen fernegehalten werde.

Die Hochschulen haben diese Angriffe mit Erfolg abgewehrt. Die Einwände trafen ja, genau besehen, auch noch andere Institute ähnlicher Art, wie etwa die von Scharnhorst gegründete Kriegsakademie, die gleichfalls gelegentlich als „Halbheit" bezeichnet wurde, weil sie Wissenschaft und Praxis zugleich bot. Die Lehrer der Landwirtschaftlichen Hochschulen haben es an Entgegnungen nicht fehlen lassen: wir erwähnten bereits, wie ihr Kampf gegen Liebig dem die Dinge in wissenschaftlicher Isolierung betrachtenden Fachgelehrten galt und wie sie ihm entgegenhalten konnten, daß die Landwirtschaft keine angewandte Chemie sei und ihre Lehre nur beherrscht werden könne bei tätiger Anteilnahme am landwirtschaftlichen Geschäft. Aber die Verbindung mit den Universitäten war doch schon im Werden, als Liebig eingriff: in Jena, in Greifswald-Eldena und in Bonn-Poppelsdorf wurden besondere Formen gefunden für das hier vorliegende Problem, und die Landwirtschaftslehrer konnten dies Liebig entgegenhalten. Andere Universitäten folgten. Da die Söhne der Großgrundbesitzer aus gesellschaftlichen Gründen die Universität vorzogen, verödeten in der Tat die isolierten Akademien. Die Technischen Hochschulen aber haben die Krisis überstanden, aus ihren eigenen Reihen haben nur gelegentlich Chemiker, aber keine Ingenieure den Weg bedauert, den man eingeschlagen hatte.

Für die Technischen Hochschulen galt es, unabhängig von einem Anschluß an die Universitäten die aus der Praxis heraus erwachsenen Gebiete der Technik für den höheren Unterricht zu gestalten. Liebig hatte schon recht, wenn er betonte, daß es eine „formale

Bildung“ auch auf naturwissenschaftlich-technischem Gebiete gab und daß in ihr der Segen echter Wissenschaft zu Tage komme. Viele seiner Schüler standen an der Spitze von Soda-, Schwefelsäure- und Zuckerfabriken, von Färbereien und andern Gewerben: „Ohne je damit zu tun gehabt zu haben, waren sie in der ersten halben Stunde mit dem Fabrikationsverfahren aufs vollkommenste vertraut, die nächste brachte dann eine Menge zweckmäßiger Verbesserungen.“ Aber warum sollte eine solche Bildung nicht auch im Rahmen des technischen Hochschulwesens erwachsen können? Liebig hatte selbst in seiner Jugend an der Ecole Polytechnique reiche Belehrung empfangen, und der Bauingenieur war auch in Deutschland ein Mann mit guten mathematischen und naturwissenschaftlichen Kenntnissen, sein Fach besaß eine solide wissenschaftliche Methode. Anders stand es um den Maschineningenieur; denn Georg Reichenbach war seiner Zeit weit vorausgeeilt. Der Maschinenbauer begann meist als Lehrling; in einer Gewerbeschule konnte er sich bilden, auf einer Reise nach England sah er, daß die praktische Erfahrung in der Werkstatt genügen konnte, um zu großen Erfolgen zu führen. Wo alte Werke standen, wurde der Sohn jetzt auf Schulen geschickt, und man beschaffte sich eine Maschine aus England und verbesserte sie im Laufe der Arbeit. In den Schulen aber begnügte man sich mit den Elementen, gab Beschreibungen der Maschinenteile und nahm die Abmessungen als gegebene Erfahrungsgrößen an oder suchte sie durch reines Probieren in der Werkstätte zu finden. Festigkeitsrechnungen waren fast unbekannt. Da ist es von Bedeutung geworden, daß um die Mitte des Jahrhunderts Ferdinand Redtenbacher den wissenschaftlichen Maschinenbau entwickelt und in den akademischen Unterricht eingeführt hat. Er war Österreicher und wirkte seit 1841 am Karlsruher Polytechnikum. Er wußte, wie streng wissenschaftlich James Watt vorgegangen war, er kannte die Arbeiten der Pariser Polytechniker. Die technische Literatur, auf die er sich in seinen Büchern bezieht, ist fast ausschließlich französisch. Von Poncelet, dem Schöpfer der Wissenschaft von der technischen Mechanik, lernte er die Methode, sich die Gesetze des Maschinenbaus nicht von der Praxis vorschreiben zu lassen, sondern aus theoretischen Erwägungen abzuleiten. Aber er fand, daß bei Poncelet die Mechanik doch immer nur ein Anhängsel der Mathematik war, daß bei ihm die Verbindung mit der Praxis fehlte, die Durcharbeitung der Details mangelhaft blieb. Redtenbacher erkannte die Wichtigkeit der wissenschaftlichen Prinzipien; aber er wußte auch, wie vieles von dem Ingenieur nach Erfahrung oder nach dem Gefühle anzuordnen war. Er fand das Wesen des technischen Menschen in dem Gleichgewicht von exakter Methode und freiem Schaffen. So ist der Maschinenbau als eine wissenschaftlich begründete, selbständige Kunst in der Tat deutschen Ursprungs, von Redtenbacher geschaffen. Er sah bei seinen Forschungen von allen praktischen Erfahrungen zunächst vollständig ab: „Ich habe mich ganz und gar den Grundsätzen der Mechanik überlassen und wollte einmal sehen, was dabei herauskommen würde.“ Es war ein glänzender Triumph seiner wissenschaftlichen Methode, als er 1844 für die große Turbine in St. Blasien, die eine zufällige Erfindung war, die Konstruktionsregeln lieferte. Er lehrte eine Turbine vorauszuberechnen, ihren Wirkungsgrad gleichsam vorherzusagen. Aber er zeigte auch, wie die Untersuchungen anzuwenden seien. Vorbildlich wurden nicht nur seine Bücher, sondern auch sein Unterricht. Er bestand auf der mathematischen Vorbildung der Studenten in der vollen wissenschaftlichen Reinheit wie in Paris; er hat die Schüler mit den wissenschaftlichen Mitteln zu arbeiten gelehrt beim Bau der Dampfmaschine und der Turbine. Aber er war nicht der Meinung der großen französischen Polytechniker, daß die streng wissenschaftliche, um praktische Erfolge unbekümmerte Forschung Sache des Polytechnikums sei. Ihm schien es die eigentliche Aufgabe, den jungen Ingenieur von einseitiger, wissenschaftlicher Richtung fernzuhalten und vielmehr alle seine Kräfte zu entwickeln, die der Beruf des Konstrukteurs von ihm verlangte. So ist die deutsche Technische Hochschule eine Stätte der Forschung und Lehre mit ausgesprochenem Verwirklichungszweck geworden. Redtenbacher wies die Richtung. Die Eidgenössische Technische Hochschule in Zürich ist nach seinen Plänen 1855 von Alfred Escher, dem Züricher Staatsmanne, gegründet worden. Von nun an begann man bewußt zu unterscheiden, ob man Handwerker und Werkmeister oder Zeichner, Konstrukteure, Ingenieure und Fabrikanten bilden wollte: das Polytechnikum entwickelte sich zur Technischen Hochschule, der Name Ingenieur bürgerte sich erst jetzt ein, vorher hatte man vom Mechaniker und vom Maschinenwesen gesprochen. Aus Redtenbachers Hörsaal sind alle großen Maschineningenieure der zweiten Hälfte des Jahrhunderts hervorgegangen. Sie haben den alten Wunsch, die Deutschen durch die Hilfsmittel der Wissenschaft von den Engländern zu emanzipieren, zur Erfüllung gebracht. Das wissenschaftliche Prinzip aber ist in der Folge gegenüber dem zunehmenden „Realismus“ am entschiedensten von Franz Reuleaux vertreten worden. Der Ingenieurberuf, der sich die Wissenschaftlichkeit aneignete, ist dann auch in den Kampf eingetreten um die rechtliche und soziale Gleichstellung mit den älteren akademischen Berufen; und gegen Ende des Jahrhunderts wurde aus dem Polytechnikum eine der Universität auch in Verfassung und Berechtigung angeglichene Technische Hochschule.

Bis an der Spitze der Fabrikbetriebe überall der Werkmeister durch den Ingenieur verdrängt wurde, dauerte es freilich lange. Die Hochschulen konnten nicht soviel Studierende ausbilden, als die sich entwickelnde Industrie brauchte; und die grundsätzliche Trennung zwischen Ingenieur und Werkmeister, zwischen Technischer Hochschule und Gewerbeschule setzte sich doch erst in den 60er Jahren überall durch. Aber die Durchdringung des Wirtschaftslebens mit wissenschaftlichem Geiste trat doch jetzt in ihr entscheidendes Stadium. Daß man bestrebt war, das Leben auf Grundsätze und Regeln zurückzuführen, die auf den einzelnen Fall sinngemäße Anwendung finden können, lag im Wesen der ganzen modernen, rationalistischen Kultur. Lessing und Winckelmann hatten in diesem Sinne die Kunst auf Regeln gegründet, Adam Smith seine Wirtschaftstheorie formuliert und Albrecht Thaer seine Lehre vom wissenschaftlichen Landbau: Liberalismus und Technik entstammten in der Tat einem geistigen Grunde, der viel tiefer lag als das wirtschaftliche Interesse des Bürgertums. Aber das Leben selbst entzog sich noch lange diesem Verfahren. Wo im 18. Jahrhundert an bescheidenen Wasserläufen ein Hammerwerk, eine Spinnerei, eine Papierfabrik stand, da baute man weiter, auch wenn die Dampfmaschine längst die armselige Wasserkraft ersetzt hatte. Die Standorte der deutschen Industrie waren auch in der Zeit des höchsten Erfolges vielfach nur historisch erklärbar, und die Rationalisierung der Arbeiterbeschaffung durch Eignungsprüfung und wissenschaftlich begründete Auslese ist ein spätes, aus Nordamerika stammendes Produkt der Entwicklung, das erst dann entstehen konnte, als die Arbeitsteilung ganz weit vorgeschritten war, die Tätigkeit des Arbeiters auf einzelne Handgriffe sich beschränkte und der Beruf aufgehört hatte, eine seelische Angelegenheit der Berufung zu sein. Noch lange blieb auch hier alles der natürlichen menschlichen Gemeinschaft überlassen, obwohl es naturgemäß schon einzelnen Rationalisten aufgefallen war, daß man für den Bauern Erdreich und Standort wählte, während der Mensch es in den meisten Fällen nur dem Zufall zu verdanken hatte, an welchen Platz er gestellt war. Aber in die Technik als solche, in die Materialbeschaffung und Herstellung des Produktes, ist das wissenschaftliche Verfahren eingedrungen, als das höhere technische Schulwesen die Aufgabe ergriff. Wenn man vom Baufache absieht und nur die Fabrikation ins Auge faßt, so ist die Universität dabei vorangegangen, insofern Liebig an ihr das chemische Laboratorium heimisch gemacht hat: in den chemischen Betrieben ist zuerst der wissenschaftlich gebildete Berater des Unternehmers aufgetreten, und die Weltstellung der deutschen chemischen Industrie war in dieser Tatsache begründet. Auch die optische Industrie ist durch Fraunhofer — und in der zweiten Hälfte des Jahrhunderts durch Ernst Abbe — als eine in diesem besondern Sinne deutsche Leistung aufgebaut worden. Die mechanische Industrie folgte dann langsam nach. Die Engländer blieben ihrem ganzen Wesen entsprechend Empiriker, und die technische Entwicklung ist dort von der Werkstatt ausgegangen. Hieran änderte auch nichts die einzigartige wissenschaftliche Persönlichkeit James Watts: das Urbild des Empirikers war George Stephenson, der erst spät Lesen und Schreiben gelernt hat und seine Leistungen vollbrachte auf Grund der Erfahrung und seiner aus dieser gezogenen, wesentlich gefühlsmäßigen und mathematisch nicht begründeten Schlüsse. In Frankreich und in Deutschland dagegen hat die technische Entwicklung den Umweg genommen über Wissenschaft und Schule: die Vorbedingungen waren eben in Deutschland ganz andere als in England. Der an der klassischen Literatur geübte Geist der Deutschen nahm den französischen Wissenschaftsbegriff auf und verband ihn mit dem alten deutschen handwerklichen und praktischen Können. So ist die Hochschule entstanden, deren Zweck nicht die Forschung um ihrer selbst willen ist, sondern die Verwirklichung; und so ist die deutsche Technik geboren worden, deren Wesen und Welterfolg in ihrer wissenschaftlichen Grundhaltung beruhte.

Freilich, nicht allen Zweigen der Technik ist es von Vorteil gewesen, daß nun an die Stelle der „Lehre" das „Studium" trat. Im Baufache stand jetzt wieder wie in der Renaissance der gelehrte Architekt im Vordergrunde, sobald die Technischen Hochschulen und mit ihnen der Geist der Wissenschaftlichkeit über die Kunstakademien und Meisterschulen den Sieg davontrugen. Dies aber beförderte jenen Weg in den auf das Studium geschichtlicher Formen und Regeln gegründeten Historismus, den die abendländische Kunst antrat, als sie den Kreislauf ursprünglichen Schaffens beendet hatte und der überlieferte Sinn für Formen und Räume langsam erlosch. Wenn schon die Renaissance sich gestützt hatte auf die Wissenschaft, so hatte damals die Kunst doch durchaus den Vorrang behauptet. Die Architekten der Renaissance hatten persönlich die römischen Bauten auf dem großen Ruinenfelde aufgenommen; aber die jetzt zur vorbildlichen Geltung gelangenden griechischen Bauten waren aufgenommen von Archäologen, also aus einem wissenschaftlichen, nicht aus einem technischen oder künstlerischen Interesse. Die Baukunst konnte sich der mächtig aufgeschossenen Wissenschaft und ihrer alles umfassenden Literatur nicht mehr erwehren. Es verschwanden die Architekten, die im Handwerke wurzelten wie noch Weinbrenner, der als Zimmermann begonnen hatte und vor der Wissenschaft noch nicht völlig kapitulierte. Schinkel war der letzte der alten Zeit, und in vieler Hinsicht trug er bereits das Gepräge des emporkommenden historischen und akademischen Geistes. Die Zahl seiner Entwürfe ist bewundernswert; aber kein einziger unter ihnen kommt an ursprünglicher Schöpferkraft den Werken der deutschen Baukunst des Mittelalters gleich, und Schinkel selbst hat dies mit Resignation empfunden beim Anblick des Kölner Domes. Die Architekten des 19. Jahrhunderts waren weder knorrige Handwerker noch ringende Künstler; sie waren meist Söhne von Pfarrern oder Lehrern oder Beamten, sie selbst waren Professoren, Akademiker, Angehörige der breiten sozialen Schicht der „Gebildeten". Sie haben ferne vom Leben des Volkes, in der Studierstube und am Reißbrett, die „Bauratsgotik" geschaffen und die „Renaissance der Renaissance" heraufgeführt. Sie reihten sich durchaus den bürgerlichen Gelehrten ein, die im 19. Jahrhundert mit geduldigem und methodischem Sinne die Erfahrungswissenschaften aufgebaut haben. Und auch die wissenschaftlich gebildeten Ingenieure waren meist Menschen der gleichen Art: wo das Genie fehlte, konnte die Methode immer noch die Entwicklung weiterführen. Wie für alle andern Wissenschaften gilt auch für die technische, daß die ganz großen Entdeckungen außerhalb der offiziellen Wissenschaftspflege gemacht worden sind: was von Robert Mayer oder Ignaz Philipp Semmelweis gesagt worden ist, trifft auch auf Werner Siemens oder Friedrich Krupp zu. Wenn ein neues Gebiet durch einen Forscher oder Konstrukteur eröffnet wurde, so sind immer Jahrzehnte vorübergegangen, bis es auf den Universitäten oder Hochschulen eine Pflegestätte fand. Die wissenschaftliche Umbildung zur Lehre brauchte Zeit.

Und dies war überhaupt das Kennzeichen der staatlichen Gewerbeförderung im liberalen Jahrhundert, daß man die Dinge nicht ungeduldig und gewaltsam vorwärts trieb, obwohl in der modernen Technik an sich genug Anreiz hierzu lag. Der absolute Staat war sehr eilfertig verfahren und oft genug windigen Projektenmachern in die Hände gefallen. Die liberalen Verwaltungsbeamten führten zwar vielfach weiter, was die alte Bürokratie begonnen hatte; aber sie wurzelten geistig durchaus in den neuen Ideen, die durch die deutschen Denker aufgekommen und durch den Freiherrn vom Stein in das Staatsleben eingeführt worden waren. Schon Justus Möser hatte sehr eindrucksvoll über die „Kultur der Industrie" geschrieben — „daß eine lange und mühsame Vorbereitung dazu erfordert werde, um eine neue Fabrik mit Vorteil anzulegen; ja, daß die Erziehung der Kinder sowohl dem Geiste als dem Körper nach dazu eingerichtet sein und Gewohnheit, Sittenlehre, Vorurteile, Exempel und viele andere Umstände zu dem glücklichen und dauerhaften Fortgange derselben mitwirken müssen". Möser hatte an die alte deutsche Vorzeit erinnert und an jene Barbara Uttmann, die das Schicksal aus Brabant nach Annaberg verschlagen hatte: „Sie machte die schönsten Spitzen und hatte zwei kleine Kinder, die sie nichts anderes und nichts Besseres zu lehren wußte. Und die Nachbarskinder wollten es ihren Gespielinnen gleichtun, und ihre Mütter schickten sie endlich zu ihr in die Schule, und im Zeitraum von dreißig Jahren waren alle Mütter des Dorfes schon wieder Klöpplerinnen, die ihre Kinder zu gleicher Arbeit gewöhnten. Und dies ist meiner Meinung nach die wahre Art, den Geist der Fabrik zu verpflanzen. Wo ist aber der große Herr, der die Geduld hat, so lange auf den Erfolg seiner Anstalten zu warten?" So warnte Möser vor den Philosophen und Bürokraten, die alles rasch und fertig hinstellen wollen, und vor den Fabrikanten, die „mit einem prächtigen Gebäude den Anfang machen". Was der weltkundige und wahrhaft aufgeklärte Beamte hier ausführte, wurde auch die geistige Art, mit der das alte, gediegene und gebildete Deutschland im Zeitalter der nationalen Vorbereitung die Industrie gepflanzt und zu großen Erfolgen emporgeführt hat. Man legte den Grund dauerhaft und langsam, still und unbemerkt. Deshalb hielt man es für zwecklos und sogar für schädlich, den Gewerbetreibenden etwas zu schenken; man sah die Fortschritte der Gewerbe gewährleistet nur durch fortschreitende geistige Entwicklung — durch geschicktere Handhabung der Hilfsmittel der Produktion. Das große Rezept des Adam Smith — Arbeitsteilung und Spezialisierung in der Werkstatt — konnte nur dann verwirklicht werden, wenn man den Bürgern begreiflich machte, daß es für den einzelnen besser sei, durch Tüchtigkeit und Geschicklichkeit sich gegen lästige Konkurrenz zu sichern, als durch staatliche Zwangsmaßnahmen. Dies schloß nicht aus, daß man gelegentlich auch zu den Mitteln der alten Bürokratie griff und unmittelbar Zuschüsse an aussichtsreiche Werke gewährte; wir sprachen bereits davon. Vor allem aber mußte der Staat durch eine zweckmäßige und geschickte Handelspolitik eingreifen; und die Schwierigkeiten, welche die deutsche Kleinstaaterei und ihre Zollgrenzen jeder Entwicklung von Gewerbe und Handel entgegenstellten, zwangen zu tatkräftigen Maßnahmen.

Die Bundesakte des Wiener Kongresses hatte für Handel und Verkehr gleichförmige Bestimmungen in Aussicht gestellt. Dies war dringend nötig. Denn zahllose Zollinien durchzogen dieses Land der vielen souveränen Herren, jeden Augenblick wurden die Wagenzüge auf der Landstraße durch Schlagbäume aufgehalten, bei Wind und Wetter wurden die Waren ausgepackt, auf der Straße ausgebreitet und durchsucht, um nachher kunterbunt wieder eingeladen zu werden. Am Stadttore mußten die Marktweiber ihre armseligen Handkörbe auskramen, während der vornehme Reisende auf hohem Wagen passieren durfte, um im Gasthaus Einkehr zu halten. In seinem Kontor verlor der Kaufmann viel Zeit mit dem Studium der zahllosen Zolltarife und Wegegelder. Was aber das tollste war: während jeder einzelne deutsche Staat sich vom andern durch hohe Zollmauern absperrte, gab es keine geschlossene Linie nach außen, so daß die Waren, die England während der Kontinentalsperre auf Lager hatte legen müssen, nun in ungeheuren Mengen hereinströmten und um jeden Preis losgeschlagen wurden. Trotz dieser Not, in welche die deutschen Fabrikanten auf solche Weise gerieten, beeilte sich der Bundestag auch in dieser Sache nicht, die in der Bundesakte in Aussicht genommenen einheitlichen Reformen vorzubereiten. Inzwischen erließ Preußen sein Zollgesetz von 1818, das nach französischem Vorbilde die Wegezölle durch die Eingangszölle ersetzte, also den ganzen preußischen Staat zu einem einheitlichen Zollgebiet machte. Dies bedeutete im Zusammenhang der preußischen Geschichte zunächst und vor allem eine letzte Stufe der Staatsbildung: aus den herrschaftlichen Landen wurde eine Lebensgemeinschaft, die Preußen hieß. Was die Mittelstaaten nach dem berühmten Muster der Amerikanischen und der Französischen Revolution schon während der Rheinbundszeit durchgeführt hatten, mußte Preußen gleichfalls tun, sobald der territoriale Bestand des Staates durch den Wiener Kongreß gesichert war. Die alten geschichtlichen Zollinien wurden beseitigt und die Erhebung der Zölle an die Grenzen des Staates verlegt.

Es war ein großer Fortschritt gegenüber dem bisherigen Zustand. Aber die Durchführung des Gesetzes begegnete in Preußen großen Schwierigkeiten, die sich aus der Gestaltung des Staates ergaben. Die Monarchie bildete ja nur im Osten eine kompakte Masse, im Westen lagen viele Sprengstücke anderer Staaten dazwischen; der östliche Teil der Monarchie aber war getrennt von dem westlichen durch das Königreich Hannover, das zu England gehörte.

Für das außerpreußische Deutschland waren die Nöte, die sich aus der deutschen Zersplitterung und dem Mangel eines einheitlichen deutschen Zollsystemes ergaben, durch das preußische Zollgesetz erst recht nicht behoben. Nicht unbegründet war zudem die Sorge im „Reich", daß nun das Wirtschaftsleben Deutschlands von der preußischen Handelspolitik und von den Interessen des ostelbischen Gutsbesitzes abhängig gemacht werde; den großen Gütern war durch die Gestaltung des preußischen Zolltarifes der Bezug englischer Maschinen erleichtert. Besonders peinlich empfanden diese Lage die Handelsleute und Gewerbetreibenden in Mittel- und Westdeutschland, weil dort die Gemengelage der Territorien jeden größeren Handel unmöglich machte. In Gotha sammelte im Jahre 1819 der rührige Kaufmann Arnoldi mehrere tausend Unterschriften aus dem besonders zersplitterten Thüringen und stellte in seiner Bittschrift die Lage dar. Wir erwähnten auch bereits, wie sich im gleichen Jahre süd- und mitteldeutsche Kaufleute und Fabrikanten, die zur Ostermesse nach Frankfurt a. M. gekommen waren, zu einem „Deutschen Handels- und Gewerbeverein" zusammenschlossen und eine Eingabe an den Bundestag und an die Landtage der Einzelstaaten richteten, worin sie um Aufhebung der Warenzölle im Innern Deutschlands — der „Mauten", wie man in der alten Zeit sagte — und um Aufstellung eines allgemeinen deutschen Zollsystems gegen die angrenzenden Staaten baten. Die Denkschrift war verfaßt von dem Professor Friedrich List in Tübingen, der als Sachwalter oder „Konsulent" des Vereins auftrat. Er schilderte darin die Lage des deutschen Handels: „Achtunddreißig Zoll- und Mautlinien in Deutschland lähmen den Verkehr im Innern und bringen ungefähr dieselbe Wirkung hervor, wie wenn jedes Glied des menschlichen Körpers unterbunden wird, damit das Blut ja nicht in ein anderes überfließe. Um von Hamburg nach Österreich, von Berlin in die Schweiz zu handeln, hat man zehn Staaten zu durchschneiden, zehn Zoll- und Mautordnungen zu studieren, zehnmal Durchgangszoll zu bezahlen. Wer aber das Unglück hat, auf einer Grenze zu wohnen, wo drei oder vier Staaten zusammenstoßen, der verlebt sein ganzes Leben mitten unter feindlich gesinnten Zöllnern und Mautnern, der hat kein Vaterland.“ Trostlos, so hieß es weiter, ist dieser Zustand für Männer, welche wirken und handeln möchten: „Mit neidischen Blicken sehen sie hinüber über den Rhein, wo ein großes Volk vom Kanal bis an das Mittelländische Meer, vom Rhein bis an die Pyrenäen, von der Grenze Hollands bis Italien auf freien Flüssen und offenen Landstraßen Handel treibt, ohne einem Mautner zu begegnen.“ Die Bittschrift erinnerte an die Handelsgröße, die Deutschland in der Vergangenheit einst besessen hatte: „Und so geht denn die Kraft derselben Deutschen, die zur Zeit der Hansa, unter dem Schutze eigener Kriegsschiffe, den Welthandel trieben, durch achtunddreißig Maut- und Zollsysteme zu Grunde.“ Es war ja kein Zweifel, daß der ganze Zustand nicht nur wirtschaftlich unerträglich war in einer Zeit, die eine Steigerung der Produktion erstreben mußte, sondern auch in nationaler Hinsicht als unwürdig empfunden wurde. Die vielen Mautgrenzen reizten unaufhörlich zu Ungesetzlichkeiten an, die Schmuggler waren eine altbekannte Erscheinung im damaligen Leben, die düstere Romantik ihres Treibens wurde vielfach gestaltet in der Dichtkunst. Der Geist der Unzufriedenheit und der Revolte erhielt immer wieder von neuem Nahrung durch den Anblick der zahllosen Mauthäuser, die mitten in den bewohntesten Landschaften standen; da waren die vielen Mautner, die nichts arbeiteten und die Reisenden belästigten, die vielen Schlagbäume, die über den Weg gelegt waren und die das Volk täglich daran erinnerten, daß man noch immer im Staate mehr als dreißig souveräne Herren zählte.

Diese Leiden der Wirtschaft zu beheben, schien Sache des Bundestages. Ein Bundeszollsystem ist nicht zustande gekommen. Dem von List geführten Vereine wurde erwidert, daß es der Aufforderung von Privatpersonen nicht bedürfe, um die Bundesglieder zur Erfüllung des Artikels 19 der Bundesakte geneigt zu machen, daß es den Kaufleuten und Gewerbetreibenden aber unbenommen bleibe, sich an ihre eigenen Souveräne zu wenden. Indessen die Rundreise, die List bei den Residenzen machte, führte gleichfalls nicht zum Ziele. Die Mittelstaaten brauchten zwar dringend eine Verständigung im Zollwesen; doch zogen sie Sonderverhandlungen untereinander und ohne den Bundestag vor — ein aussichtsloser Weg! In diesem Sinne bemühte sich vornehmlich der Badener Nebenius, der mit List nichts zu tun haben wollte. Während Metternich noch sorgsam alle politischen Bedenken erwog und List in Wien abwies, sah Preußen sich zur Ausdehnung seines Zollgebietes veranlaßt, weil die Zerrissenheit seiner Territorien und die Gewundenheit seiner Grenzen die Zollverwaltung ungemein verteuerten und eine wirksame Bekämpfung des Schmuggels unmöglich machten. Auch brauchte der ostelbische Großgrundbesitz den deutschen Markt, nachdem England 1815 hohe Kornzölle eingeführt hatte. Aber die Not war für Preußen doch nicht so dringend wie für die übrigen deutschen Länder. Es nutzte die Gunst seiner geographischen Stellung, um die andern Staaten in schwerste Bedrängnis zu bringen: hohe Durchgangszölle durch das preußische Gebiet verteuerten dem nichtpreußischen Binnenlande alle Waren in unerträglichem Maße. Den Enklaven — den von Preußen eingeschlossenen Gebieten — blieb nichts anderes übrig, als sich Preußen unterzuordnen, und sie mußten froh sein, wenn ihnen der Partner einen Anteil an den Zolleinnahmen gewährte. Die übrigen Staaten wehrten sich lange gegen den Gedanken, mit Preußen zu einem Zollverein zusammenzutreten. Die Regierungen fürchteten den preußischen Ehrgeiz. Die Landtage haßten den Staat der Hohenzollern als Hort der Reaktion oder hielten auch den preußischen Tarif für schädlich, da er nahezu freihändlerisch war, auf die bisher gewohnten Ein- und Ausfuhrverbote verzichtete, die Rohstoffe von jedem Zolle frei ließ und für Manufakturgegenstände nur ganz niedrige Zollsätze vorsah: die Gewerbetreibenden fühlten sich dadurch bedroht. Auf Zollkonferenzen berieten die Regierungen der Mittel- und Kleinstaaten, was zu tun sei. Aber keiner dieser Staaten traute dem andern. Am ehesten waren noch die Interessen von Bayern und Württemberg vergleichbar. Diese beiden traten zu einem „süddeutschen Zollverein" zusammen.

Da gelang dem Minister Motz 1828 ein Vertrag zwischen Preußen und Hessen-Darmstadt: zum ersten Male griff das preußische Zollsystem nach Süddeutschland hinüber und gliederte sich einen größeren Staat an. So gab es nun zwei Zollvereine: in jedem bestand freier Warenumlauf im Innern und ein Zolltarif an der Grenze. Um der preußischen Politik wirksam zu begegnen, schlossen Sachsen und Hannover mit andern benachbarten Staaten den „mitteldeutschen Handelsverein", der nun wie ein Keil sich zwischen die beiden Zollverbände hineinschob: besonders schlimm für Preußen war, daß auch Kurhessen dazu gehörte, denn es bildete neben Hannover die Brücke zwischen den beiden voneinander getrennten Teilen der damaligen preußischen Monarchie und konnte auch die Verbindung mit Süddeutschland stören. Aber der Finanzminister Motz verfolgte von nun an mit Tatkraft den Gedanken, den preußisch-hessischen Verein zu einem allgemeinen deutschen Zollverein zu erweitern; daß ihm dabei außer den wirtschaftlichen

Motiven auch die politische Bedeutung eines solchen, das ganze nichtösterreichische Deutschland umfassenden Verbandes vor Augen schwebte, wurde erwähnt. Es gelang ihm eine erste Verständigung zwischen Preußen-Darmstadt und dem süddeutschen Bunde, worin beide Teile übereinkamen, sich erhebliche Zollerleichterungen gegenseitig zu gewähren und ihre Zollsysteme mehr und mehr in Übereinstimmung zu bringen. Über diesem Erfolg der preußischen Regierung zerfiel der mitteldeutsche Verein, Kurhessen trat zu Preußen. Im Laufe des Jahres 1833 kam dann ein Vertrag zwischen Preußen und Hessen einerseits und Bayern-Württemberg anderseits zustande, und zwar auf der gleichen Grundlage, auf der schon der preußisch-hessische Vertrag geschlossen worden war und die dann auch in dem deutschen Bundesstaate, der nachher gewissermaßen aus dem Zollverein entstanden ist, in Geltung blieb. Die Vertragschließenden bildeten künftig ein einheitliches Zollgebiet, sie gaben den Warenverkehr untereinander frei und teilten sich in die Erträge der Grenzzölle nach dem Kopfe der Bevölkerung, während die Zollverwaltung durch Beamte der einzelnen Länder besorgt wurde. Der Vertrag sollte mit Neujahr 1834 in Kraft treten; aber noch bevor dieser Termin gekommen war, schlossen sich auch das gewerbereiche Sachsen und die thüringischen Staaten an. Die Zeitungen bezeugen, mit welcher Spannung man den großartigen Augenblick erlebte, wie die langen Reihen hochbeladener Frachtwagen in der Silvesternacht überall an den deutschen Binnengrenzen standen: „Als die Mitternachtsstunde dröhnte, öffneten sich die Schlagbäume, und unter lautem Jubel eilten die Wagenzüge über die Grenze, die sie künftig mit voller Freiheit überschreiten durften." Es fielen die Zollschranken zwischen 18 deutschen Staaten mit 23 Millionen Einwohnern. In den folgenden Jahren traten noch Baden, Nassau und Frankfurt bei, 1840 waren es bereits 23 Staaten mit 27 Millionen Einwohnern; bis zur Mitte des Jahrhunderts sind die übrigen deutschen Mittel- und Kleinstaaten gefolgt. Österreich blieb ausgeschlossen.

Der Zollverein war ein aus zahlreichen Einzelverträgen hervorgegangener Verein, in welchem Preußen die Oberhand hatte, weil sein Zolltarif den Verträgen zu Grunde lag und nur mit Zustimmung aller Mitglieder abgeändert werden konnte. Der Finanzminister Motz hatte dem Partikularismus die Einstimmigkeit in der Zollgesetzgebung zugestanden, wie er auch in die Zollverwaltung durch die Einzelstaaten gewilligt hatte, weil es andernfalls noch schwerer gewesen wäre, die Regierungen für den Verein zu gewinnen. Aber da der Zolltarif von 1818 den Ausgangspunkt für alle etwaige Zollgesetzgebung in der Zukunft bildete, so war der Verein den preußischen Wünschen dienstbar gemacht. Der Zolltarif war fast freihändlerisch. Es gab nur einen einzigen Ausfuhrzoll, nämlich den auf Lumpen, woran großer Mangel war bei dem steigenden Papierbedarf der Zeitungen. Die Einfuhrzölle waren niedrig. Die Ausfuhr von Getreide und Holz und die ungehinderte Einfuhr englischer Maschinen waren durch den Zolltarif gesichert. Die ostelbischen Gutsbesitzer konnten zufrieden sein, und auch die Handelsstädte, wie Köln, Frankfurt und Leipzig, fühlten sich wohl bei dem preußischen Tarif, wie sehr auch gerade der Frankfurter Senat befürchtet hatte, daß seine eigene Selbständigkeit und die großartige internationale Stellung, welche die Stadt im Handel einnahm, durch den Beitritt zum Zollverein gefährdet würden. Anders stand es mit den Gewerbetreibenden. Sie waren einst schon in der Mehrzahl gewesen in jenem Verein, für den Friedrich List 1819 die Eingabe verfaßt hatte, um die Zolleinigung durch den Bund und die Ablehnung des preußischen Zollgesetzes zu erreichen. Besonders schlimm war die Lage in den Rheinlanden, wo die hochentwickelte Industrie schutzlos der überlegenen englischen Konkurrenz ausgeliefert war, während das benachbarte Frankreich sich durch hohe Schutzzölle absperrte. Auf den rheinischen Provinziallandtagen hörte man die Klagen der Industriellen. Aber die Regierung glaubte, die Interessen des industriearmen Ostens mit den Wünschen der westlichen Industrie vereinigen zu können, indem sie auf ihrem Tarif verblieb, jedoch durch Gründung des Zollvereins einen großen innern Markt zu entwickeln hoffte. Die Notlage der rheinischen Industrie blieb jedoch bestehen, und in dem übervölkerten Süddeutschland war es vollends unmöglich, unter diesen Umständen die Gewerbe zu entwickeln. Die Stellung der Gewerbetreibenden war zudem geschwächt, weil ihre Interessen auseinandergingen. Die Baumwollspinner verlangten Garnzölle, die Baumwollweber waren für Freihandel. Die Garnzölle wurden gleich 1818 auf Betreiben der Weber herabgesetzt. Die Hochofenwerke forderten den Schutzzoll, sie waren dem Ansturm des englischen Roheisens nicht gewachsen. Die Puddel- und Walzwerke widersprachen, „zumal doch keine Aussicht bestehe, daß Deutschland jemals in der Lage sei, genügend Roheisen selbst zu erzeugen“. Doch wollten sie den bestehenden Zoll auf Stabeisen erhalten wissen. Hiergegen wandten sich die Eisenwarenfabrikanten, die ihrerseits wieder Stabeisen und Bleche möglichst billig erhalten wollten, aber den Zoll auf Fertigfabrikate verlangten. Nur Remscheid und Solingen waren aufseiten der Freihändler, da sie inzwischen gelernt hatten, mit Sheffield und Birmingham zu konkurrieren. Und so uneinig die Industriellen unter sich waren, so einig waren die Verbraucher und Kaufleute. Die Frage, ob Freihandel oder Schutzzoll, war so in voller Schärfe gestellt: die Zollfragen traten in den Gesichtskreis der deutschen Öffentlichkeit und sind es das ganze Jahrhundert hindurch geblieben. Die preußischen Beamten waren in der vormärzlichen Zeit freihändlerisch gesinnt, nicht nur weil dies in der gegebenen Lage den Interessen des ostelbischen Großgrundbesitzes entsprach, der von deutschen Industriezöllen Gegenmaßregeln des Auslandes gegen die preußische Getreideausfuhr befürchtete, sondern auch weil sie durch die Schule des Adam Smith hindurchgegangen waren und in der freien Konkurrenz den besten Ansporn zur Industrie erblickten. Schutzzölle hatten zu den gewaltsamen Mitteln des absoluten Staates gehört: sie hatten nur dazu gedient, den Fabrikanten bei veralteten Methoden der Produktion ein bequemes Leben zu ermöglichen auf Kosten der Konsumenten. Gewerbefreiheit und Freihandel schienen sich einander zu entsprechen, sie waren die beiden wichtigsten Grundsätze des „wirtschaftlichen Liberalismus", man rechnete sie zu den wirksamsten Mitteln der Erziehung zur Industrie.

Es macht die geschichtliche Stellung von Friedrich List aus, daß er in diesem Streit um die Tarifgestaltung des Zollvereins dem wirtschaftlichen Liberalismus seine Lehre von der nationalen Wirtschaft und von den Mitteln ihrer Erweckung entgegengestellt hat und durch die unermüdliche Agitation für seine Gedanken recht eigentlich zum Propheten des deutschen Industriestaates geworden ist. Nach Persönlichkeit und Herkunft war er ein liberaler Mann, ein Schüler der deutschen Aufklärung und ein Protestant. Er entstammte der alten Reichsstadt Reutlingen und war aufgewachsen in dem Freiheitsbewußtsein der alten deutschen Handwerkergeschlechter. Der demokratisch-süddeutsche Grundzug seines Wesens befähigte ihn, die Aufgaben zu erkennen, die das heraufkommende Zeitalter dem Bürgertum wies und an denen sich bürgerliche Unternehmungslust üben und entfalten konnte. Die Abneigung gegen Fürstengewalt und Beamtenstaat sowie der Gedanke der Selbstverwaltung und die Idee des Reiches waren ihm — nicht anders als dem Freiherrn vom Stein — durch Herkunft und Jugenderfahrung eingeboren. Aber während der Reichsritter des 18. Jahrhunderts die Arbeit seiner Jugend- und Mannesjahre einer wohlgeordneten Verwaltung widmete und nur in den späten, weltgeschichtlichen Entscheidungen seines Lebens die Leidenschaften entfesselte, ist das Schicksal des deutschen Patrioten im 19. Jahrhundert von Anfang an stürmisch und revolutionär gewesen. Er war — so hat ihn ein Zeitgenosse geschildert — „der leidenschaftlichste Mensch, der mir je vorgekommen. Wer ihn jemals gesehen, vergaß ihn gewiß nicht wieder. Seine Augen funkelten umher, immer spielten Gewitter um seine breite Stirn, und sein Mund flammte beständig wie der Krater eines Vulkans." Wider eigene Neigung zum „Schreiber" bestimmt, hatte er Gelegenheit, die Willkür und die Mängel der bürokratischen Herrschaft in seiner württembergischen Heimat kennen zu lernen. Er unterstützte den Minister Wangenheim in dem Kampfe gegen die „Altrechtler" und in dem Bestreben, dem Lande eine moderne Verfassung zu geben. Der Minister machte ihn zum Professor der Staatslehre an der Tübinger Universität, wo List — ein geborener Zunftbrecher — einsam der alteingesessenen akademischen Korporation gegenüberstand. Als er 1819 die Agitation für den „Handels- und Gewerbeverein" unternahm, mußte er den Staatsdienst verlassen. Der Verein war unerwünscht, denn er wollte die Regierungen auf den Weg der Bundesgesetzgebung drängen. Das leidenschaftliche Auftreten des jungen Professors machte ihn als Demagogen verdächtig. Es war offenkundig, daß in der Petition der Gedanke der nationalen Einheit zum Ausdruck kam. Als Vertreter seiner Vaterstadt in die württembergische Ständeversammlung gewählt, griff List dort das Regierungssystem des bürokratischen Staates heftig an. Er wurde ausgestoßen und floh ins Ausland. Als er im Vertrauen auf seine an den König gerichtete Bittschrift zurückkehrte, wurde er zu Festungshaft auf den Asperg gesetzt, dort in unwürdigster Weise mit „literarischer Zwangsarbeit", mit Abschriften für die Militärbehörde beschäftigt und schließlich 1825 begnadigt unter der Bedingung, daß er nach Nordamerika auswandere.

Als politischer Flüchtling kam List mit Weib und Kindern in der neuen Heimat an. Vier Jahre lang hat er dort als Journalist sich betätigt, mit dem verdienten und ersparten Geld an der industriellen Entwicklung des Landes, besonders an der Erschließung von Bergwerken sich beteiligt: in der frühesten Geschichte des amerikanischen Industriestaates wird sein Name immer mit Ehren genannt werden. Doch mitten in diesem erfolgreichen Leben verließ ihn nie die Sehnsucht nach dem deutschen Vaterlande. Er wußte, daß ihn dort nur Engherzigkeit und Neid erwarteten und daß in jener Welt der Kleinstaaterei jede neue Idee auf den zähen Widerstand kleinmütiger und philisterhafter Vorurteile stieß, als eine unbequeme Störung empfunden wurde. Aber er schrieb nach

Hause: „Mir geht es mit meinem Vaterlande wie den Müttern mit ihren krüppelhaften Kindern; sie lieben sie um so stärker, je krüppelhafter sie sind. Im Hintergrunde aller meiner Pläne liegt Deutschland und die Rückkehr nach Deutschland.“ Da ihm die Heimkehr nur Gefängnis und Schmach eingebracht hätte, so ließ er sich von der amerikanischen Regierung zum Konsul in Leipzig ernennen. Also als amerikanischer Beamter gesichert, kam er 1832 nach Deutschland zurück. Metternich legte hiergegen Verwahrung ein. Der Heimkehrer aber begann, die Erfahrungen, die er drüben gesammelt hatte, zum Nutzen des Vaterlandes anzuwenden.

Der Aufenthalt in Amerika hatte List bestärkt in der Überzeugung, daß eine junge, aufstrebende Industrie dringend des Schutzes bedürfe. Die Vereinigten Staaten sind ja seit ihrer Begründung das klassische Land des Schutzzolles gewesen, und noch hatte ihre Industrie hart zu kämpfen gegenüber den englischen Fabrikanten. Wie die Kontinentalsperre viele Industrien Deutschlands und Frankreichs zu einer überraschenden Blüte gebracht hatte und wie Frankreich nach 1815 diese Politik durch hohe Schutzzölle weiterführte, so hatten auch die Vereinigten Staaten ihre Gewerbe durch Abschluß vom Mutterland entwickeln können. Es war unmöglich, daß eine deutsche Industrie werden und wachsen konnte, wenn sie nicht gleichfalls Schutz erhielt gegen England. Die Freihandelslehre war in England geboren und für die englischen Verhältnisse richtig, denn die englische Industrie war technisch überlegen, sie besaß durch die „industrielle Revolution“ einen Vorsprung von zwei oder drei Menschenaltern: sogar auf die Kornzölle konnten die Engländer schließlich seit 1846 verzichten, weil sie die Weltmärkte beherrschten, Getreideversorgung und industrieller Absatz also gesichert waren. Aber die „klassische Nationalökonomie“ der Engländer nahm für ihre Lehren in Anspruch, daß sie ewig gültige Naturgesetze des Wirtschaftslebens seien, und in Deutschland saßen an allen Universitäten Gelehrte, die den Adam Smith in diesem Sinne vortrugen; nichts konnte den englischen Fabrikanten angenehmer sein als dies. Wer also die Engländer vom Kontinente vertreiben und eine deutsche Industrie pflanzen wollte, der mußte zunächst die „Anglisierung des deutschen Denkens“ beseitigen, die Allmacht der „Schule“ brechen, damit die Gesetzgeber die wahre Lage der Dinge erkennen konnten und der politische Liberalismus einsah, daß der Freihandel durchaus nicht ein notwendiger Bestandteil der liberalen Politik war. List zeigte, daß die Frage, ob Freihandel oder Schutzzoll, eine Angelegenheit der Zweckmäßigkeit war, ihre Beantwortung also von der gegebenen Marktlage abhing, und daß man daher sehr wohl in einer bestimmten Lage für Schutzzölle eintreten konnte, ohne damit aufzuhören, ein liberaler Mensch zu sein, für Verfassungs- und Rechtsstaat zu wirken. Mit unermüdlicher Tatkraft warf sich List in die Kämpfe, die bald nach Begründung des Zollvereins und vor allem in den 40er Jahren um die Tarifgestaltung tobten und die zeitweise den Bestand des Vereins ernstlich gefährdeten. In der Auseinandersetzung über die Zollfrage reifte in List die Lehre von der nationalen Wirtschaft, die er der Weltbürgerlichkeit des Adam Smith entgegenstellte. Mit seiner rastlosen, scharfen Feder kämpfte er gegen die „Schule", und seine leidenschaftliche Polemik brachte die Gegensätze zum wilden Ausbruch in der Presse. Die Professoren blieben ihm die Antwort nicht schuldig. Sie bestritten seine wissenschaftliche Eignung: er sei „nur Agitator" und habe seine Weisheit von reaktionären Schriftstellern wie Adam Müller bezogen. Sie nannten ihn einen Soldschreiber der Fabrikanten. In Wahrheit verdiente sich List, der sein in Amerika erworbenes Vermögen wieder verloren hatte, einen kargen Lebensunterhalt als freier Schriftsteller. Ob er deutsche romantische Theoretiker benutzt hat oder ob französische und amerikanische Autoren, ist eine nebensächliche Frage der Literaturgeschichte. In theoretischen Dingen berührte er sich mit Adam Müller, obwohl dieser auf der Seite Metternichs, List aber auf liberaler Seite stand. Adam Müller hat nicht nur an die Landwirte, sondern auch an die Fabrikanten gedacht, wenn er von der nationalen Wirtschaft sprach, und er ist sehr entschieden für das „Gedeihen unserer Industrie" eingetreten, als er an den Frankfurter Senat ein öffentliches Sendschreiben richtete, weil dieser nach Aufhebung der Kontinentalsperre die Versteigerung englischer Waren auf der Frankfurter Messe zuließ. Dies war wenige Jahre, bevor List in dem gleichen Frankfurt seine Aktion begann. Aber Adam Müller hat Lists „demagogische Umtriebe" immer verworfen. Er hat gemeint: „Die Errichtung einer allgemeinen deutschen Zollunion wäre eine der gewagtesten Revolutionen!"

Friedrich List hat die ihm vorgeworfenen literarischen Abhängigkeiten bestritten: „Wichtiger als Bücher" — so hat er erklärt — war ihm das, was er erlebte in zwei Kontinenten. Er schrieb aus der Anschauung eines in weiten Ländern und zahlreichen Verhältnissen umgetriebenen Mannes. Gleich Justus Möser und so vielen andern deutschen Denkern war er gewohnt, vom Besondern und von der Wahrnehmung auszugehen, bevor er zum Allgemeinen, zu den Prinzipien vordrang. Das tiefste Motiv seines Sinnens und

Handelns war ein sehr elementares: er wollte vielen hungernden Menschen Brot geben! Er hatte in seiner Jugend um sich das Elend schwäbischer Zwergbauern gesehen, denen mangels einer für Waren und Menschen aufnahmefähigen Industrie nur die Auswanderung übrig blieb. Er hatte erlebt, wie beim Aufhören des „Kontinentalsystemes“ die festländischen Märkte mit englischen Waren überschwemmt wurden. Er hatte in Frankreich und Nordamerika es unmittelbar an der Quelle studiert, wie eine Nation entstand. Es lag für ihn nahe zu fragen, warum nicht auch die Deutschen diesen Weg beschreiten sollten und warum nicht das alte Reich und das alte städtische Leben in neuem Geiste wieder erweckt werden konnten, wo doch so vieles in Lists süddeutscher Vaterstadt noch an die große Vergangenheit erinnerte. Er hat in Philadelphia, in Paris, in Leipzig und Augsburg seine Bücher und Aufsätze geschrieben. Überall wohin er kam, hat er mit erstaunlicher Beweglichkeit sich zahllose Erfahrungen und Tatsachen angeeignet, obwohl er noch mit der Postkutsche reiste: und gerade weil er trotz allem noch im maßvollen Tempo jener Zeit lebte, konnte er so scharf und sicher die Eigenart von Land und Leuten erfassen. Er war der echte Sohn der neuen, auf die empirischen Wissenschaften gegründeten Kultur und gehörte doch noch ganz dem vorindustriellen Deutschland an, für dessen Überwindung er selbst das meiste getan hat. Er trug auch noch viel vom deutschen naturrechtlichen Denken in sich und sah hinter der Fülle der Erscheinungen einen letzten Sinn, den er suchte und zu verwirklichen strebte mit der ganzen Leidenschaft seiner Natur. So ist er der deutsche Theoretiker der neu heraufkommenden bürgerlichen Gesellschaft geworden — einer kapitalistischen Gesellschaft auf nationalstaatlicher Grundlage. Er sah, daß eine neue Weltordnung begann mit dem Erwachen der Nationen und mit der Geburt der modernen Technik; er erkannte, daß Verfassungsstaat und Maschine zueinander gehörten. Den Gedanken der nationalen Einheit hat er als erster in seiner vollen, Kultur und Wirtschaft umfassenden Bedeutung ergriffen und ihn allen Völkern übermittelt, die in das Zeitalter ihrer nationalen Einheitskämpfe eintraten. Er hat das Nationalinteresse gegen die Provinzial- und die Parteiinteressen erhoben; er hat als erster gewagt, Deutschland aus einem geographischen Begriff in eine politisch-wirtschaftliche Einheit umzudenken. Die noch nachzitternde nationale Erregung der Freiheitskriege hat er in wirtschaftspolitische Forderungen umgesetzt. Er hat den politischen Liberalismus — die Überzeugung vom Segen des Rechtsstaates und der individuellen Freiheit — von dem wirtschaftlichen Liberalismus scharf getrennt und diesem die neue Auffassung vom Wesen der nationalen Wirtschaft entgegengestellt. Die Summe seiner Ansichten findet man zusammengefaßt in dem berühmten Werke vom „Nationalen System der politischen Ökonomie". Nach langer Vorarbeit und vielfacher Verwertung der Gedanken in Zeitungsartikeln hat er diesen wissenschaftlichen Ertrag seines Lebens 1841 der Öffentlichkeit übergeben, als gerade die Erneuerung des Zollvereines zur Debatte stand und besonders die Roheisenerzeuger, die Woll- und Baumwollspinner gegen den preußischen Tarif ankämpften. Eine unmittelbare Wirkung auf die Gestalt des Zollvereines war List versagt, obwohl er in dem von ihm herausgegebenen Zollvereinsblatt immer wieder seine Forderungen vortrug. Und eine letzte allseitige Formung seiner Ideen ist ihm nicht vergönnt gewesen, da der zweite Band des Werkes nicht mehr geschrieben worden ist und weil überhaupt einem praktisch gerichteten Menschen wie List die systematische Darlegung nicht gemäß war: immer drängte es ihn zur Lösung konkreter Fragen. Aber die Gedanken, die er vorbrachte, haben dauernde Bedeutung erlangt in der Geschichte des deutschen Geistes.

Erinnern wir uns nochmals an die geistige Haltung des Adam Smith und an die Rezeption seiner Lehre in Deutschland. Ein Zögling der modernen Geisteskultur, hatte er das Wirtschaftsleben begriffen als einen Mechanismus, der nach unabänderlichen, rational erkennbaren Gesetzen sich bewegt und automatisch zum menschlichen Glücke führt. Er hatte mit Hilfe der Psychologie seiner Zeit dargelegt, wie in der menschlichen Seele Egoismus und Altruismus gemischt sind, wie der Eigennutz die „natürlichen" und „vernünftigen" Menschen dazu führe, sich im freien Vertrag zu verständigen, also daß im Wettbewerb der wirtschaftlichen Kräfte die gesellschaftliche Harmonie, das soziale Gleichgewicht immer wieder sich herstelle. Arbeitsteilung und Kooperation, die Betriebsformen der neuen Technik, schienen die Richtigkeit dieser ökonomischen Mechanik zu bestätigen. In ihr kam zum klassischen Ausdruck der Rationalismus und die Wissenschaftlichkeit der modernen Kultur, ihr Streben nach allgemeinen Gesetzen, ihre atomistische Auffassung der Dinge, ihr Optimismus und vor allem auch ihre Bereitschaft, die einzelnen Kulturgebiete und also auch die Wirtschaft autonom zu machen und in ihrem freien Eigenleben das Ideal zu sehen. Die letzten Konsequenzen dieses Weltbildes waren offenkundig. Wenn alles sich naturgesetzlich vollzog und mit Notwendigkeit zum Gleichgewichte führte, dann waren menschliche Eingriffe nichts als Willkür und konnten nur Unordnung hervorrufen. Aus dieser Lehre von der Harmonie der egoistischen und der allgemeinen Interessen ergab sich als praktische Anwendung, daß — wenn man Angebot und Nachfrage frei walten, also den freien Wettbewerb ungehindert sich auswirken lasse — alles sich von selbst ausgleichen werde: in der Volkswirtschaft hieß dies Gewerbefreiheit, in der Weltwirtschaft Freihandel. Auch die Weltwirtschaft war für Smith eine Summe von Privatwirtschaften. Wie in der einzelnen Fabrik die Arbeitsteilung den Erfolg und den Fortschritt verbürgte, so sollte es auch unter den Völkern sein. Jedes Volk — so lehrte Smith — möge das herstellen, wofür es die günstigsten Bedingungen besitze und womit es also seinen Teil beitragen könne zur Kultur der Menschheit: man solle also die Waren dort kaufen, wo sie am besten und billigsten sind. Der freie Wettbewerb und der Freihandel gaben dann den Ansporn, daß alle ihr Bestes einsetzten. Dies mußte dazu führen, daß im Austausch der Menschen und der Güter auf der Erde das eine Volk — nämlich das englische — eine Industrie entwickeln konnte, während andere Völker auf der Stufe des Ackerbaues verbleiben mußten. Aus dem Zusammenwirken der verschiedenen Individuen und der verschiedenen Völker sah Adam Smith die Einheit der Weltwirtschaft erwachsen. Er ging dabei noch nicht bis zum vollständigen „laisser passer" und noch nicht bis zum bedingungslosen ethischen Materialismus des „enrichissez-vous". Er trug noch am Erbe der alten Zeit und ließ noch staatliche Eingriffe gelten. So war er in Deutschland brauchbar für den aufgeklärten Absolutismus, und auch der Freiherr vom Stein war von ihm beeinflußt, als er durch Befreiung von „Handel und Wandel" die Wirtschaft produktiver, das Leben des einzelnen beweglicher und menschlicher machen wollte. Je mehr aber in der Folge Industrie und Kapitalismus anwuchsen, um so entschiedener wurde die Wirtschaft als ein sich selbst genügender, autonomer Mechanismus aufgefaßt und die völlige Freiheit als Hebel des Fortschrittes, der freie Markt als Stätte vollkommener Gerechtigkeit gepriesen. Das Manchestertum ging diesen Weg entschlossen zu Ende.

Die Wortführer der „politischen Romantik", wie Adam Müller, hatten bald die Gefahr gesehen, die mit dem Geiste der Autonomie und der autonomen Kulturgebiete für das gesellschaftliche Leben heraufzog. Sie hatten gefunden, daß die psychologischen Voraussetzungen falsch waren, auf einer Verkennung der menschlichen Natur beruhten, und daß der „natürliche" und „vernünftige" Mensch keine konkreten Geschöpfe waren, sondern Ergebnisse eines Abstraktionsverfahrens, das vor der historischen Wirklichkeit nicht bestehen konnte. Ihr auf die Ganzheit gerichtetes Denken hatte bemerkt, daß auch die Wirtschaft und das wirtschaftende Individuum nicht isoliert betrachtet werden durften, daß die Volkswirtschaft nicht einfach die Summe aller Einzelwirtschaften ist, sondern daß ihr Zweck und ihre Leistung weit jenseits aller Privatökonomie liegen. Denn der Privatbetrieb muß zunächst und vor allem rentieren! Er kann auch niemals alle notwendigen Teile eines höheren wirtschaftlichen Lebens gleichzeitig umfassen, und er sorgt auch nicht für die zukünftigen Geschlechter, sondern höchstens für die Heranbildung von Lehrlingen, vorausgesetzt, daß diese bald selbst erwerben. Wir haben früher gesehen, wie Adam Müller in seinem Kampfe gegen die Reformen Hardenbergs das wirtschaftliche Leben im Zusammenhang mit der sittlichen Bestimmung des Menschen und mit den politischen Gesichtspunkten betrachtete und daß er dabei bewußt eine Geisteshaltung einnahm, die der nach Deutschland eindringenden westeuropäischen widersprach und an altdeutsche Denker wie Herder oder Justus Möser anknüpfte: dort lagen in der Tat die Ansätze zu einer Wirtschaftswissenschaft aus eigener, deutscher Wurzel. In diese weltgeschichtliche Protestbewegung des deutschen Geistes gegen den westeuropäischen Rationalismus ist Friedrich List eingetreten, als er die Lehre von der abstrakten Menschheit und von der Autonomie der nach eigenen, absoluten Gesetzen sich bewegenden Wirtschaft abwies und daran erinnerte, daß es Aufgabe des menschlichen Geistes sei, auch beim Studium des wirtschaftlichen Lebens die historisch gewordene Mannigfaltigkeit zu begreifen aus ihren Bedingungen und auch die Wirtschaft immer zu betrachten in ihrer Beziehung auf den Menschen. Das Endziel — die Verwirklichung des Menschheitgedankens — war List und Adam Smith gemeinsam: sie lebten beide vom Erbe des christlichen, humanistischen und naturrechtlichen Denkens. Aber wenn der Philosoph der Aufklärung als Mittel zu diesem Ziele allgemein gültige Regeln des gesellschaftlichen Lebens aufgestellt hatte, so erkannte der deutsche Denker des 19. Jahrhunderts in diesen Mitteln nur geschichtliche Erzeugnisse, die je nach Zeit und Umständen verschieden waren und den Geboten der Zweckmäßigkeit gehorchen mußten. Er sah die Ganzheit der Dinge, das einzelne in allseitiger innerer Verknüpfung; die Gegenwart war ihm nicht nur geworden, sondern im ewigen Werden. Adam Smith hatte in Arbeitsteilung und Kooperation die modernen Hebel des Erfolges gesehen: sie wirkten sowohl in der Fabrik wie in der ganzen Menschheit. Aber — so erklärte List — die höchste zur Zeit realisierte Vereinigung von Individuen ist der Staat. Zwischen das Individuum und die Menschheit, die allein von der bis dahin herrschenden „klassischen Nationalökonomie“ beachtet worden waren, schob er den Begriff der Nation. Vornehmlich in ihr muß Teilung der Arbeiten und geistige wie örtliche Vereinigung der individuellen Kräfte zu einem und demselben Zwecke herrschen. Denn auch für sie gilt, daß zwanzig Arbeiter in gemeinsamer Arbeit sehr viel mehr leisten als zwanzig einzelne und daß jede Kraft an die ihr gemäße Stelle im großen Produktionsprozeß gestellt werden muß. Eine Nation, die nur Landwirtschaft betreibt, ermangelt also der ersten und bedeutendsten Arbeitsteilung; sie wird auch in der Landwirtschaft selbst weniger produktiv sein als eine auch im Gewerbe ausgebildete Nation, „indem ein Mann mit einem Arme nicht nur die Hälfte, sondern sehr viel weniger arbeiten kann als ein Mann mit zwei Armen“. Zudem werden Fabriken und Verkehrsmittel nicht nur Arbeitsplätze schaffen für die überschießende bäuerliche Bevölkerung, sondern sie werden auch einen innern Markt gründen, den Bodenwert und die Güterpreise steigern, die landwirtschaftliche Intensität erhöhen. List ist nicht müde geworden darzulegen, wie der reine Agrarstaat ein „unendlich minder vollkommener Zustand“ sei als jener Staat, in dem auch Handel und Industrie gepflegt werden. Das Beispiel des polnischen Adels zeigte ihm, wohin die rohe Agrikultur führte. Er forderte das „Gleichgewicht der produktiven Kräfte“ innerhalb des nationalen Staates, weil dies zu einem vollkommenen nationalen Leben notwendig war, seit die neue Ordnung des Maschinenwesens heraufkam. Der aus bürgerlicher Arbeit entstandene Wohlstand war für den Nationalstaat des 19. Jahrhunderts unentbehrlich; daß in diesem Sinne „Macht und Reichtum“ einander bedingen, war Lists Grundüberzeugung. Dies aber hatte zur Voraussetzung, daß die Nation das Ziel setzt und nicht die autonome Wirtschaft. Theoretische Erwägungen und die heiße Liebe zu Deutschland, die er in seinem Blute trug, führten den selbstlosen Mann diesen geistigen Weg. So lehrte er, daß das ökonomische Leben nicht einfach nur eine Summe von Privatwirtschaften ist, sondern daß Staat und Gesellschaft schöpferische Macht besitzen — daß also die produktive Kraft einer ganzen Nation eine viel größere ist als die ihrer Angehörigen und daß das Leben der Nation ein in sich selbst zusammenhängendes Ganzes darstellt. Was das Individuum zu produzieren scheint, das produziert es nur mit Hilfe von Staat und Gesellschaft, und darum kann es nur bestehen, wenn es eingordnet ist dem großen Plane der nationalen Wirtschaft, in der alle Zweige in engster Verbindung bleiben und die „nationale Solidarität" aller Volksgenossen herrschen soll!

Friedrich List hat sich nicht durchsetzen können, sowenig wie die Professoren der „Historischen Schule" der Nationalökonomie, die übrigens von dem „Volksredner" auch nichts haben wissen wollen, aber gleichzeitig mit ihm, wenn auch weniger eindrucksvoll, an der Überwindung der von Adam Smith begründeten Lehre gearbeitet haben. Als der wirtschaftliche Liberalismus in der Wissenschaft bereits überwunden war, ist er nach der Mitte des Jahrhunderts in Deutschland erst zu seiner vollen praktischen Auswirkung gelangt. So ist das Leben Friedrich Lists eine Kette von Enttäuschungen geworden. Wie er mit seiner Grundansicht nicht hat durchdringen können und erst eine späte Nachwelt wieder an ihn angeknüpft hat, so ist er auch mit den praktischen Folgerungen, die er für die brennenden Fragen seiner Gegenwart daraus zog, seiner eigenen Zeit weit vorausgeeilt. Wenn die Lehren des Adam Smith durchaus nicht allgemein gültige Naturgesetze des wirtschaftlichen Lebens waren, sondern den englischen Verhältnissen und Interessen entstammten, dann war zu prüfen, was den andern Staaten und Völkern frommte. In England hatten sich die technische Revolution und die Erziehung zur Industrie fast ganz nur in den Werkstätten, ohne Vermittlung der Staatsgewalt, vollzogen: konnte auch das deutsche Volk emporgeführt werden allein durch die freie Konkurrenz zwischen den Individuen und den Nationen? Als ein Publizist, der sich der Mittel der neuen Erfahrungswissenschaften zu bedienen wußte, belegte List mit reichen historischen Tatsachen seinen Nachweis, daß auch England einst sein Zeitalter der Navigationsakte erlebt hatte und daß überhaupt noch immer die Wirtschaft nur dann sich entwickeln konnte, wenn sie in ihren Anfängen des staatlichen Schutzes und der staatlichen Förderung sich erfreute. Um wieviel mehr mußte dies jetzt für Deutschland gelten, wo England durch seine technischen Erfindungen einen gewaltigen Vorsprung besaß und jederzeit in der Lage war, die in einem andern Lande entstehende Industrie in der Wiege zu ersticken! Auf dem Freihandel beruhte Englands „Handelssuprematie", weil die technisch so überlegene englische Industrie nur so lange ihre Waren absetzen konnte, als sie ungehindert in die kontinentalen Märkte eindringen durfte. Wer also Englands Monopol beseitigen wollte, mußte der werdenden heimischen Industrie neben andern „Reizmitteln zur Produktion" Schutzzölle gewähren — „weil ein Knabe im Ringkampfe mit einem erwachsenen Manne schwerlich obsiegen oder auch nur Widerstand leisten kann". Es gab viele Mittel der industriellen Erziehung, wie technische Schulen, Ausstellungen, Preisaufgaben, Patentgesetze; sie alle waren nicht umstritten, nur von den Zöllen mußte es erst noch bewiesen werden, welcher Wert ihnen zukam. List legte dar, daß, wie in allen menschlichen Einrichtungen, so auch in der Industrie der Grundsatz der „Werkfortsetzung" waltet — insofern stets mehrere aufeinander folgende Generationen ihre Kräfte zum gleichen Ziele einsetzen müssen, wenn etwas Großes zustande kommen soll. Will also eine Nation ihr Industriewerk aufbauen und dabei nicht den unwiederbringlichen Nachteilen der Werkunterbrechung erliegen, dann muß sie sich schützen gegen andere Nationen, deren Industrien stark geworden sind durch eine bereits ganze Geschlechter umspannende Werkfortsetzung. Es wäre Torheit, unter solchen Umständen von dem natürlichen Lauf der Dinge bei freier Konkurrenz Hoffnung zu hegen. Der Publizist, der am frühesten für die Handelsfreiheit im Innern Deutschlands gekämpft hatte, trat doch zugleich ein für die Handelsbeschränkung nach außen: denn Handelsfreiheit und Freihandel waren zwei verschiedene Dinge.

Wenn aber der Liberalismus den Freihandel pries, weil in ihm eine großartige wirtschaftliche Weltbürgerlichkeit zum Ausdruck komme, so konnte List darauf hinweisen, daß in der gegebenen Lage das Weltbürgertum nichts anderes als die Weltherrschaft des stärksten Volkes, also des englischen, bedeutete. Dies aber konnte nicht die Absicht der Vorsehung und auch nicht der Sinn des Liberalismus sein, daß ganze Nationen in dauernde Abhängigkeit von dem einen, bevorzugten Volke gerieten. Der geistige Erbe der deutschen klassischen Literatur war der Überzeugung, daß in der Tafel der Werte nach Gott der Menschheit der höchste Platz gebührte, daß aber die Menschengemeinschaft nur entstehen konnte aus dem Werden und Wachsen freier und starker Nationen. Wie der nationale Gedanke einst von Fichte und Wilhelm von Humboldt zuerst ausgesprochen war, ganz eingebaut in den Menschheitsglauben des Zeitalters der Humanität, so ist er auch von List verstanden worden, und so ist es bis tief in das 19. Jahrhundert hinein geblieben. Die Entfaltung der Nation aber hieß für den feurigen Patrioten, daß die Kleinstaaterei überwunden und alle Deutschen zusammengeschlossen wurden in einem großen, freien und menschenwürdig eingerichteten Reiche. Um dieses Zieles willen hatte List für die Handelsfreiheit im Innern Deutschlands gekämpft und wirkte er auch weiterhin für einen Anschluß Österreichs an den preußischen Zollverein. Ohne Entwicklung einer Industrie war eine große Zukunft des deutschen Vaterlandes nicht denkbar. Wollte man wirklich eine englische Wirtschaftskolonie werden, das Schicksal Portugals und der südamerikanischen Staaten teilen? Mit immer neuen Wendungen hat List die englische Wirtschaftspolitik gebrandmarkt: sie hat den Deutschen den größten Teil ihrer Fabriken ruiniert, mit englischen Woll- und Baumwollwaren den deutschen Markt überschwemmt, sie hat sogar durch die Kornzölle die Einfuhr der deutschen Agrarprodukte verringert, während Ostindien doch wenigstens seinen Bedarf an Manufakturwaren in Agrikulturprodukten bezahlen durfte. Deutschland war also auf dem besten Wege, eine englische Ackerbaukolonie zu werden, die schlechter gestellt war als Ostindien. Und dazu kam dann noch die englische Propaganda des Freihandels, die auf allen deutschen Kathedern nachgesprochen wurde. Immer wieder erinnerte List die Engländer daran, daß sie nicht ärmer zu werden brauchten, weil andere reicher wurden, als sie bis dahin gewesen: der Konsum — so stellte er dar — steige in den kontinentalen Staaten, sobald sie die Industrie entwickelten, und der vermehrte Absatz an Kolonialwaren schaffe in den Kolonien für England Absatzmärkte, die ohne die kontinentale Industrie niemals entstanden wären.

Die Engländer pflegten zwar zu verkünden, es sei auch darin alles von der Vorsehung harmonisch eingerichtet, daß jedem Volke von Natur seine Rolle in dem großen Konzert der Menschheit zugeteilt sei, also daß im freien Austausch jedes Volk das produzieren werde, wozu es die günstigsten Bedingungen biete und was es daher am besten und billigsten anfertigen könne, und daß jedes Volk bei diesem Systeme bestehen werde: die Deutschen sollten daher nur fleißig ihren Acker bestellen und daneben vielleicht noch ihre Nürnberger Spielwaren, ihr Kölnisches Wasser und andere „Bagatellen“ herstellen — die Engländer lieferten ihnen Kleidung und Maschinen! List prüfte an der Hand der Erfahrung auch diese Lehre der „klassischen Nationalökonomie“ von der „Begabung“ der Völker. Er wußte, wie gewerbefleißig und kunstfertig der deutsche Mensch einst gewesen war, als die großartige Kultur seiner Reichsstädte noch blühte. Er sah, daß die Begabung zum Industrievolk in allen abendländischen Völkern lebte und daß der Vorsprung Englands nicht auf einer besondern Anlage der angelsächsischen Rasse beruhte, sondern ausschließlich auf einer historischen Tatsache — auf der Tatsache nämlich, daß bei ihnen aus bestimmten, geschichtlich nachweisbaren Gründen sich zunächst und in vorbildlicher Weise jener Vorgang vollzogen hat, den wir die technische oder industrielle Revolution nennen. Die Überzeugung, daß auch die übrigen Völker diesen Weg gehen konnten, schöpfte List aus den Erfahrungen der Geschichte und seines eigenen Lebens. Er teilte die Ansicht von den „Wirtschaftsstufen", die in der Weltgeschichte aufeinander folgen. Wir haben gehört, wie auch die Historische Schule der Nationalökonomie sich mit diesem Probleme beschäftigt hat und wie sie dabei leicht zu einer deterministischen Auffassung vom historischen Leben gelangen konnte. Wer so sehr ein Mann des Willens war wie dieser feurige, rastlose Patriot, der war gesichert vor solcher Gefahr. List war überzeugt, daß ein Volk mit großem Gebiet, mit Bodenschätzen und gemäßigtem Klima und mit einer fleißigen und begabten Bevölkerung alle Bedingungen besaß, um die Stufen vom primitiven Dasein über den Ackerbaustaat zum Handels- und Manufakturstaat zu durchlaufen, daß aber dieses hohe und würdige Ziel ihm niemals von selbst zufallen konnte, sondern daß hier eine sittliche Aufgabe war, der eine solche Nation mit allen ihren Kräften zustreben mußte. Die Technik war berufen, das Volk aus gebundenem Dasein, aus der „Geistesträgheit und Unbeholfenheit" des Bauerntums herauszuführen, ihm abzugewöhnen das Beharren bei alten Begriffen, Gebräuchen, Verfahrungsweisen. Daß viel Elend und Hilflosigkeit in den Hütten herrschte, durfte auch die verklärende Romantik nicht leugnen. Die Technik konnte das Leben steigern, Bedürfnisse wecken, der wachsenden Bevölkerung Brot und Verdienst schaffen. Sie allein führte in einer Zeit, da alle Völker vorwärtsstrebten, die Nation zu politischer und ökonomischer Selbständigkeit, zu Größe und Macht. So war es Pflicht und Aufgabe, daß in dem Volke von Bauern und Handwerkern auch Techniker und Fabrikanten gebildet wurden und daß ihnen die Wege frei gemacht wurden zur schöpferischen und intensiven Arbeit im Dienste des nationalen Staates und der Menschheit. Alle Vorbedingungen für einen solchen Aufstieg fand Lists grenzenloser Enthusiasmus im deutschen Lande und im deutschen Volke, das offenbar nur durch die Ungunst politischer Drangsale von jenem Wege abgeirrt schien, den es einst unter seinen Kaisern am Rhein und Main und in der Blütezeit seiner Reichsstädte begonnen hatte. Nun waren Bildung, Aufklärung und Wissenschaft wieder im Erblühen; nur den volkstümlichen freien Staat galt es noch zu gründen. Denn List war durchdrungen von der Überzeugung, daß nur ein Volk, das fähig, willens und berechtigt war, sich für die Angelegenheiten der Gesamtheit verantwortlich zu fühlen, das nationale Werk schaffen konnte: der Bürokratie allein die Aufgabe zu überlassen, ohne daß die am Wirtschaftsleben Beteiligten wirksamen Einfluß besaßen, schien ihm unmöglich. So führten auch bei ihm ideale und materielle Erwägungen gemeinsam auf den nationalen Staat, der Verfassungs- und Industriestaat zugleich war: „Nur muß man den Mut besitzen, an eine große Nationalzukunft zu glauben und in diesem Glauben vorwärts zu schreiten. Vor allem aber muß man Nationalgeist genug haben, um schon jetzt den Baum zu pflanzen und zu beschützen, der erst künftigen Generationen seine reichsten Früchte bieten wird."

Aus allen diesen Gründen forderte List die Erziehung zur Industrie, und eines der unentbehrlichsten „Reizmittel zur Produktion" war ihm neben dem Schulwesen und dem Verfassungsleben der schützende Zoll. Wenn aber die Freihändler behaupteten, daß der Schutzzoll die Waren verteure und also Werte vernichte, so stellte List dieser Theorie der Werte seine Theorie der produktiven Kräfte entgegen, und auch hiermit erwies er sich als ein Denker, der altes Gedankengut der deutschen Philosophie und Romantik gegen die mechanistische Auffassung Westeuropas stellte und auf die brennenden Probleme des modernen industriellen Lebens anwandte. Wie unermüdlich hatten Herder oder Schiller oder die Brüder Schlegel den Begriff der echten Bildung zu ergründen gesucht und waren immer zu dem Ergebnis gekommen, daß Bildung nicht im Besitze von Kenntnissen und Erfahrungen liegt, sondern in der Fähigkeit, in der Bereitschaft, in der geistigen Entfaltung. Nun hieß es wirtschaftlich gewendet bei List, daß die Kraft, Reichtümer zu schaffen, unendlich wichtiger ist als der Reichtum selbst: „Aller Aufwand auf die Erziehung der Jugend, auf die Pflege des Rechtes, auf die Verteidigung der Nation ist eine Zerstörung von Werten zu Gunsten der produktiven Kraft." Und wenn die Freihändler weiterhin den Schutzzoll ablehnten, weil er die Menschen und die Nationen träge und bequem mache und weil der freie Wettbewerb nicht nur zwischen Privaten, sondern auch zwischen den Völkern der stärkste Ansporn zum Fortschritt sei, so lag es allerdings in Lists Sinne, daß die Schutzzölle nur so lange nötig und gerechtfertigt waren, als die nationale Industrie noch schwach war. Deshalb sprach er mit Vorliebe nicht vom „Schutzzoll", sondern vom „Erziehungszoll". Sobald einmal die Industrie unter diesem Schutze herangewachsen war und die Konkurrenz mit England aufnehmen konnte, sah auch List die Wiederherstellung des Freihandels vor, „um die Fabrikanten und Kaufleute vor Rückschritten und Nachlässigkeit zu bewahren". Denn dies eben war die neue Auffassung, die List als ein Vertreter des geschichtswissenschaftlichen Zeitalters lehrte, daß die verschiedenen Handelssysteme nur relativen Wert besitzen und daß der Schutzzoll kein Allheilmittel sei für alle Länder, alle Epochen, alle Erzeugnisse, sowenig dies von einer Verfassungsform oder einem künstlerischen Stile gesagt werden durfte, sondern daß er nur galt unter bestimmten Umständen. Der Zoll sollte ein Mittel der Erziehung zur Industrie sein, er durfte kein dauerndes inländisches Monopol gewähren. Die Nation mußte eintreten in den freien Austausch der Völker und sich dort behaupten durch Leistung. So kann List nicht eigentlich für den Protektionismus, den Schutzzoll in Anspruch genommen werden: er forderte den Zoll nur als Übergang für eine bestimmte Stufe der geschichtlichen Entwicklung und nur für einzelne Industriezweige, die für die nationale Wirtschaft unentbehrlich waren. Er war kein Doktrinär. Die Professoren und Beamten, die den Adam Smith nachbeteten, waren diesem international geschulten Volkswirt gegenüber doch nur dürftige Kleinbürger. In List lebte das Bewußtsein der sich entwickelnden Weltwirtschaft; er ahnte, daß hier vielleicht die Menschheit sich verwirklichen könne, von der Herder und Schiller geträumt hatten. Daß auch das deutsche Volk an ihr teilnehmen müsse, war der letzte Sinn seiner Lebensarbeit. Auch hier zeigte sich, wie ihm bei allem geschichtlichen Interesse, das ihm eigen war, doch noch jeder Relativismus fremd geblieben ist und wie er also die Nation einfügte in die großen Zusammenhänge der Menschheit: „et la patrie et l'humanité" war darum das Motto, das er seinem Werke voranstellte.

Denn die isolierende Betrachtung der Dinge war dem deutschen Denker fremd. Sie war eine Eigentümlichkeit des westeuropäischen Rationalismus, den er so sehr bekämpfte. Wirtschaft und Technik — wir erwähnten es bereits — waren ihm keine autonomen Kulturgebiete, sie galten ihm nur im Hinblick auf den Menschen, dem sie zu dienen bestimmt waren, und im Hinblick auf die Nation, in deren Leben er sie einzubauen sich bemühte: daß hier alles ineinander griff und eines das andere bedingte, machte ihm das Wesen der nationalen Wirtschaft aus, die er als erster in ihrer Einheit und in ihrem geschichtlichen Werden begriffen hat. Und darum mußte diesem leidenschaftlichen Propheten des Industriestaates doch ganz ferne bleiben die Versuchung, seiner Lebensarbeit nun etwa eine absolute Bedeutung und eine schrankenlose Ausdehnung zu geben. Er wollte, daß die drei Faktoren der materiellen nationalen Produktion — Landwirtschaft, Gewerbe und Handel — harmonisch ausgebildet wurden. Dies nannte er den „Agrikulturmanufakturhandelsstaat". Auch hier wandte List einen Grundgedanken des deutschen Geistes auf die Wirtschaft an: das Wesen der Schönheit bestand für das klassische Denken nicht in Größe oder Willkür, sondern im innern Maß. Lists Idealstaat war fest umgrenzt; aber er war doch vielleicht gewaltsamer konstruiert und näherte sich mehr der rationalistischen Idee vom Gleichgewicht, als es im Sinne Herders oder Goethes geschehen durfte. Daß England dieses wünschenswerte Gleichgewicht bereits überschritten habe, hat List behauptet — ob mit Recht oder Unrecht, kann dahingestellt bleiben. Für Deutschland handelte es sich in der gegebenen Zeitlage darum, das zurückgebliebene Gewerbe besonders nachdrücklich zu fördern, und darum führte List die Sache des Industriekapitals gegen die Freihandelsinteressen des englandfreundlichen Handelskapitals und der norddeutschen Agrarwirtschaft. Er war daher wohl auch geneigt, dem verarbeitenden Gewerbe einen höheren Rang zuzuerkennen als dem vermittelnden Handelsgewerbe, an dem er mit besonderer Abneigung die starke Beteiligung des Judentums beobachtete. Aber er war freilich der Meinung, daß auch der Industriestaat ein inneres Maß haben müsse und daß es sich nur darum handeln dürfe, den „harmonischen Staat" zu bilden, in dem das Bauerntum die gesunde und natürliche Grundlage blieb und zur Ergänzung Manufaktur und Handel hinzutraten: in der organischen, planmäßigen Verbindung von Ackerbau, Handel und Industrie fand er das „nationale Wirtschaftssystem" verwirklicht. Daß eine Nation innerhalb ihrer eigenen Wirtschaft alle ihre Bedürfnisse selbst befriedigen, also einen „autarken" Staat bilden solle, hat er nicht gesagt. Wo wirklich die Vorbedingungen ungünstig waren, wollte er die Erziehung gar nicht erst beginnen. Aber die großen, für das nationale Leben wichtigen Wirtschaftszweige rechnete er nicht hierzu; „abhängig" sollte die Nation keinesfalls werden, in der Unabhängigkeit lag ja der Vorteil des Industriestaates und einer seiner Werte für die nationale Größe und Macht.

So vereinigte das „System" die wichtigsten Teile des Wirtschaftslebens im Rahmen des nationalen Staates. Dies eben war Lists grundlegender Gedanke von der „nationalen Solidarität" der Wirtschaftszweige und Klassen innerhalb des Staates — die Idee, daß die Volkswirtschaft ein in sich geschlossenes Ganzes bilde und daß die großen Industrien sowohl unter sich wie mit der Landwirtschaft aufs engste zusammenhängen. Hier lag der tiefste Gegensatz Lists zu dem wirtschaftlichen Liberalismus und dem in seinem Gefolge in der zweiten Hälfte des Jahrhunderts aufgetretenen Marxismus: bei diesen gab es eine „internationale Solidarität“, mit vielfältiger Abwandlung des Inhaltes. List sah, daß die Industrie auch auf die Bauern, auf ihre Lebensart und die Intensität ihrer Wirtschaft zurückwirken mußte, sie an arbeitsparende Maschinen gewöhnen und ihnen steigende Bodenpreise einbringen werde; aber verdrängen durfte sie das Bauerntum nicht. Es gibt Stellen in seinen Schriften, die sich lesen, wie wenn sie von einem Romantiker geschrieben wären, der mit seinem Herzen an der wirtschaftlichen und gesellschaftlichen Ordnung der Vorväter hängt. Denn auch List hat sich nicht hinweggetäuscht über die furchtbaren Zerstörungen und die innere Verödung, die das heraufkommende Maschinenzeitalter mit sich bringen konnte. Derselbe Mann, der den Handwerkern den „Fabrikgeist“ einpflanzen wollte und an ihnen beklagte, daß sie „Sklaven der Tradition“ blieben, war doch nicht unempfindlich für die Tatsache, daß die handwerksmäßige Wirtschaft große Vorzüge hatte vor der neuen Welt mit ihren Riesenbetrieben und ihren unselbständigen, einseitig ausgebildeten Fabrikarbeitern. Aber er fand, daß „offenbar die Fortschritte in den Wissenschaften und Künsten und die Gesetze der Natur selbst den früheren Zustand gestürzt haben“ und daß — nachdem einmal eine Nation, England, diesen Gesetzen Folge gegeben — „die übrigen Nationen den früheren Zustand unmöglich aufrecht erhalten konnten, ohne in ihrer Kultur und Macht überhaupt zurückzubleiben“. Dies klingt erstaunlich resigniert in dem Munde des großen Vorkämpfers industrieller Lebensordnung. Es zeigt, wie auch ihn bereits die ganze Problematik des Maschinenzeitalters bewegte. Er sah sehr wohl den drohenden Konzentrationsprozeß; aber er hoffte auf Abhilfe, da nicht anzunehmen sei, „der menschliche Erfindungs- und Verbesserungsgeist werde bei jenen Erfindungen und gesellschaftlichen Einrichtungen stehen bleiben, durch welche das kleinere Gewerbe von dem großen überflügelt worden“. Er fand die Hypothese nicht allzu gewagt, daß es dem Erfindungsgeiste gelingen werde, „die Dampfmaschinerie noch außerordentlich zu vervollkommnen oder eine neue bewegende Kraft zu entdecken“. Die Erwartungen, die man in dieser Hinsicht später an den Kleinmotor, an den seit den 60er Jahren von Otto und Langen in Deutz hergestellten Gasmotor, knüpfte, haben sich nur zum Teil erfüllt. List aber hoffte, daß das Handwerk seinen „goldenen Boden“ doch noch wiederfinden werde. Und wenn die Zeitgenossen leicht geneigt waren, der Industrie die Schuld zu geben an dem zunehmenden Pauperismus, so war es ja der Grundgedanke seines ganzen Lebenswerkes, daß Nahrungslosigkeit unter den niederen Klassen nicht durch Vermehrung, sondern durch Mangel an Arbeitsgelegenheit verbreitet werde und daß die Industrie bestimmt sei, gerade auch dem Proletariat zu helfen. Kein anderer Angehöriger des deutschen Bürgertums hat so scharf wie List die Entwürdigung der Arbeiter gebrandmarkt, wie er sie in England — nicht aber in Nordamerika — vorfand. Er forderte wachsenden Anteil der arbeitenden Klassen am Sozialprodukt und eine Abbürdung der Staatslasten auf den Kapitalprofit; ja er ist gelegentlich schon bis zu dem Gedanken der Gemeinwirtschaft durchgedrungen.

Auch sonst lesen wir in allen Dokumenten aus den Anfängen des modernen Maschinenwesens, wie seine Anhänger doch eine schrankenlose Ausdehnung entschieden verworfen haben. Schinkel und Beuth sahen mit Entsetzen auf ihren Reisen die Monotonie englischer Fabrikstädte, die Uferlosigkeit der industriellen Anlagen. Sie bewunderten 1826 in Liverpool die Prachtstraßen voller Paläste, die breiten Trottoirs aus den feinsten Steinen, die Eisengitter und Gaslaternen. Indessen fügte Schinkel hinzu: „Der Gipfel ist aber auch gekommen und die Spekulation hat sich übertrieben; in Manchester, wo wir gestern waren, sind seit dem Kriege 400 neue große Fabriken für Baumwollspinnerei entstanden, unter denen mehrere Gebäudeanlagen in der Größe des kgl. Schlosses zu Berlin stehen, Tausende von rauchenden Obelisken der Dampfmaschinen ringsum, deren Höhe von 80 bis 100 Fuß allen Eindruck der Kirchtürme zerstört. Alle diese Anlagen haben so enorme Massen von Waren produziert, daß die Welt davon überfüllt ist, jetzt 12000 Arbeiter auf den Straßen zusammenrottiert stehen, weil sie keine Arbeit haben, nachdem die Stadt schon 6000 Irländer auf eigene Kosten in ihr Vaterland zurückgesendet hat, andere Arbeiter für 16stündige Arbeit des Tages doch nur 2 Schillinge, etwa 15 Groschen, wöchentlich verdienen können. Man ist sehr im Zweifel, was aus diesem furchtbaren Zustande der Dinge werden soll." Und Mevissen, der rheinische Wirtschaftsführer, schrieb im Jahre 1840: „Nicht Erweiterung ins Maßlose, sondern Eindämmung in gehörige Grenzen ist die Aufgabe einer erleuchteten Regierung." Zunächst ergab sich hieraus bei dem Stande der damaligen Entwicklung der Gedanke einer Dezentralisation der industriellen Anlagen. Der Staatsrat Kunth fand schon in den 20er Jahren die Anhäufung von Fabriken an einzelnen Punkten wenig erwünscht; er machte den Vorschlag, den Söhnen rheinischer Fabrikanten überflüssige Staatsgebäude zu überlassen, damit die Industrie gleichmäßig verteilt und die Erweiterung der Anlage an einer Stelle vermieden werde. Es war von der Regierung richtiger, die Industrie dort hervorzurufen, wo nur Ackerbau herrschte, statt daß sie eine schon groß gewordene industrielle Gemeinschaft immer noch mehr zu heben suchte. Dies war — und zumal im liberalen Zeitalter — so planmäßig niemals durchzuführen. Aber man sah doch schon frühe die Gefahren einer überwuchernden Großindustrie und war sich der Verantwortung bewußt; noch lag jede Rekordsucht und jede Anbetung der Zahl dem deutschen Leben ferne. Man wollte kein Treibhaus der Industrie, sondern eine organische Entwicklung. Man bekämpfte das Weltindustriemonopol Englands und war schon deshalb in echt liberaler Weise jedem Monopol abgeneigt: man wollte einen Industriezustand, wie er zu einer normalen und gesunden Nationalwirtschaft gehörte: „Diese Grenzen will und kann die deutsche Nation nicht überschreiten". Das Ideal blieb, wenn die meisten Arbeiter ein Heim auf eigenem Grund und Boden besaßen, die Industrie aber durch den gleichmäßigen Geldzuschuß der Löhnung die von den Launen der Witterung und der Marktlage abhängige Landwirtschaft stützte. Daß in der Bevölkerung der bewegliche und der unbewegliche Besitz sich das Gleichgewicht hielten, die Gewerbe entwickelt wurden zum Vorteile auch des Ackerbaues — dies eben war es, was List vorschwebte. Mochte England im Jahre 1846 — im Todesjahre Lists — durch Aufhebung aller Kornzölle und Übergang zum völligen Freihandel seine Zukunft ganz auf Handel und Industrie bauen: es hatte den Zugang zu den Weltmärkten in sicherer Hand und war unangreifbar auf seiner Insel. Für Deutschland aber wurde es eine Schicksalsfrage, ob es den gleichen Weg gehen und die Zukunft des wachsenden Volkes allein von Industrie und Handel abhängig machen durfte. So gewann das Problem der Auswanderung für die Schöpfer des deutschen Industriestaates eine ganz besondere Bedeutung.

Die Züge der Auswanderer waren seit langem ein alltägliches Bild im deutschen Leben. Zwar war die Bevölkerung seit Jahrhunderten kaum gewachsen, aber der geringe Grad der wirtschaftlichen Produktivität gestattete auch keine Vermehrung an Menschen. Allerdings fehlte es der werdenden Industrie an Arbeitern, vor allem freilich an willigen und gelernten Arbeitern. Die Sterblichkeit der Kinder und Erwachsenen war zu Beginn des Jahrhunderts noch groß; viele Menschen wurden dahingerafft durch Kriege und Seuchen, durch Mangel und den geringen Stand der ärztlichen Kunst. Wenn Gewerbe und Industrie entwickelt wurden, dann konnten unzählige Menschen Brot und Arbeit finden. Friedrich List hat darum mit aller Entschiedenheit die Lehre des Engländers Malthus bestritten, der als erster Denker in der Geschichte das düstere Gespenst der Übervölkerung an die Wand gemalt und der Geburtenbeschränkung das Wort geredet hat. Malthus hatte geschrieben in der Zeit der napoleonischen Kriege, als in England der Gang der Fabriken ins Stocken geraten war und furchtbare Not unter dem arbeitslosen Proletariat entstand. Nach der Denkgewohnheit des westeuropäischen Rationalismus hatte er aus dem zufälligen Eindruck ein allgemeines Gesetz konstruiert. Er wollte gefunden haben, daß die Bevölkerung den natürlichen Drang zeige, sich über die durch die technisch-wirtschaftlichen Fortschritte erweiterten Lebensmöglichkeiten hinaus zu vermehren: das Wachstum der Bevölkerung geschehe in der geometrischen Progression — die von Zahl zu Zahl durch Multiplikation fortschreitet —, die Gütererzeugung dagegen steige immer in arithmetischer Progression an, die von Zahl zu Zahl durch Addition wächst. Nur das auf solche Weise zunehmende Elend und die Furcht vor ihm wirkten nach Malthus dieser unheimlichen Schnelligkeit der sich selbst überlassenen Bevölkerungsvermehrung entgegen; aber sobald es dann den Menschen wieder etwas besser gehe, trete von neuem Zuwachs an Kindern ein, so daß sich nach „ehernem Gesetze“ das Leben der Masse immer an der Grenze des Elends bewegen müsse. Als Heilmittel hiergegen empfahl Malthus, der von Beruf anglikanischer Pfarrer war, sittliche Enthaltsamkeit, den „moral restraint“. Es war ein erster Versuch, auf rationalem Wege die Volkszunahme an die angeblich von der Natur gezogenen Grenzen anzupassen. Es war eine ganz materialistische und mechanische Auffassung, daß die Bevölkerungsbewegung ausschließlich von ökonomischen Ursachen abhänge. Es kam dem Autor nicht in den Sinn, daß die Nöte der Zeit vielleicht gar nicht durch den Mangel an ausreichender Nahrungsbasis verschuldet waren, sondern durch die Ungerechtigkeiten der Verteilung und durch die Versäumnisse der Erziehung, die noch nicht gelehrt hatte, die Schätze des vaterländischen Bodens und die nationalen Kräfte zu nutzen. Malthus war ängstlich und dürftig und dachte nicht daran, daß die Erde noch für viele Millionen Menschen Raum besitze, daß die stürmisch fortschreitende Technik neue gewaltige Gebiete erschließen und die Annahme von der arithmetischen Reihe als ganz willkürlich erweisen werde. Er begriff nicht, daß die Menschen überhaupt keine Zahlen sind, sondern produktive Kräfte, die ihren Wert in sich selber tragen und deren Erzeugung keine Sache des Kalküls sein kann: „Diese Lehre würde die Herzen der Menschen in Steine verwandeln“, hat Friedrich List gesagt. Und Marx hat die Rechnung mit arithmetischer und geometrischer Progression einen „Blödsinn“ genannt. Es kam Malthus nicht zum Bewußtsein, daß — wie die „Optimisten“ meinen und die Geschichte erweist — ein „gesundes, tatkräftiges, intelligentes, vorwärts strebendes Volk sich den Nahrungsspielraum schafft, dessen es bedarf“. Nur weil im Laufe des 19. Jahrhunderts die Entwicklung der moralischen und politischen Fähigkeiten der leitenden Männer und der Massen nicht gleichen Schritt gehalten hat mit der Entwicklung der Technik, sind in der Tat Krisen und Stockungen immer häufiger geworden.

In seiner frühesten aufsteigenden Periode hat das liberale Bürgertum der pessimistischen Lehre des Malthus keinen Raum gegeben. Es waren vielmehr konservative Kreise, die im Kampfe gegen Gewerbefreiheit und Bauernbefreiung vor der Zunahme des Proletariats warnten und sich dabei auf Malthus beriefen. Wenn die preußischen Reformer die Zukunft des Vaterlandes von der Erweckung der persönlichen Initiative, von der Hebung der Produktion und von der allgemeinen Wehrpflicht erwarteten, so war freilich die „Population“ ihr „Steckenpferd“, wie ihr Gegner Yorck tadelte: „Aus der Familie jedes ehrsamen Bürgers und Handwerksmeisters, der eine Anzahl Gesellen beschäftigt, ernährt und zur sittlichen Ordnung anhält, soll eine Anzahl kleiner Familien hervorgehen, indem jeder Geselle seine Dirne heiratet und der Stifter eines neuen Geschlechtes von Hungerleidern wird.“ Yorck fand den „Calcul der in Progression steigenden Bevölkerung“ ganz richtig: die von den Reformern betriebene „Pöbelerzeugung“ verglich er dem „Ungeziefer, das man aus Hobelspänen erzeugt“. Das liberale Bürgertum dagegen blieb noch lange zukunftsfroh. Seine Situation war zunächst noch die des alten absoluten Staates: man brauchte Menschen, es fehlte sowohl an arbeitenden Händen wie an Absatz. Wenn der fürstliche „Populationist“ nicht nur für die Industrie, sondern auch für das Heer Menschen zu schaffen suchte, damit der Fürst Krieg führen konnte, so hatte doch auch die bürgerliche Aufklärung des 18. Jahrhunderts noch an dem Satze festgehalten, daß Menschen Reichtum bedeuten: sie hatte dabei an die Bedürfnisse der Wirtschaft gedacht und sich eine bürgerliche Nützlichkeitsethik zurechtgemacht. In diesem Sinne hatte Montesquieu in den „Lettres persanes“ den Zölibat der Priester und der Klöster angegriffen, und Justus Möser sah die rechtliche Ausnahmestellung der unehelichen Kinder nicht nur in der sittlichen und religiösen Ordnung begründet, sondern auch in der politischen Erwägung, „daß aus Einer Ehe mehr Kinder geboren werden als aus drei unerlaubten Verbindungen". Der bürgerliche Lebensstil des 19. Jahrhunderts blieb noch lange der deutschen Aufklärung nahe, sowohl ihrem Utilitarismus wie ihrer vom christlichen Erbgut lebenden Familienmoral. Diese bürgerlichen Menschen kannten die Gefahren des Reichtums. Üppigkeit und Hochmut waren in ihren Augen die schlimmsten Sünden, denen nur vorgebeugt werden konnte durch fruchtbare Ehen, weil sie „zu nützlicher Tätigkeit und guter Wirtschaft zurückführen". In der Schilderung eines Kölner Kaufmannshauses der 30er Jahre heißt es sehr anschaulich: „Vor lauter Gitterbettchen sieht es im Kinderzimmer wie in einer Menagerie aus." Und diese Kinder blieben am Leben: es war eine Folge der sich entwickelnden ärztlichen Wissenschaft, der Hygiene, der Technik, der bürgerlichen Sicherheit! Die Familie des 19. Jahrhunderts war gekennzeichnet durch ihren Kinderreichtum: die Bevölkerung Deutschlands, die in einem Jahrtausend nur auf 20 Millionen gekommen war, hat sich in dem einen Jahrhundert verdreifacht. Aber da der Liberalismus vom Individuum und vom Diesseits ausging, trug er in sich die Bereitschaft, zu gegebener Stunde den Malthusianismus in sich aufzunehmen. Daß die Lehre einen Vorwand bot zur vollständigen Gleichgültigkeit gegenüber dem Schicksale der Arbeiter, haben die Unternehmer bald gemerkt; denn hier war gesagt, daß die Arbeiter an ihrem traurigen Lose selber schuld seien und daß keine Verbesserung ihrer Lage ihnen helfen könne, weil sie ja doch nur wieder zur Vermehrung ihrer Kinder und zu neuer Not führe. Und dies lehrte ein christlicher Priester! Wenn der Liberalismus in seiner individualistischen Haltung dem Bürgertum und dann der Masse den Segen der höheren Kultur als einen Schmuck des diesseitigen persönlichen Lebens pries, dann war die Gefahr nahe, daß der Wille zur Kultur den Willen zum Kinde, ja den Lebenswillen überwucherte. Der dunkle Schatten des Malthus mit dem vorsichtigen Rate, die Kinderzahl zu beschränken, schritt durch das Jahrhundert, bis die Technik — die in ihren Anfängen davon geträumt hatte, dereinst den Tod verhindern zu können — schließlich sich in die Lage versetzte, das Leben zu verhindern. Es ist möglich, daß der Menschenreichtum des 19. Jahrhunderts in der Geschichte dastehen wird als eine Episode zwischen zwei dünn bevölkerten Zeitaltern.

Obwohl also der alte absolute Staat eine zahlreiche Bevölkerung als vorteilhaft ansah und Menschen ins Land zu ziehen sich bemühte, so schloß dies nicht aus, daß angesichts der primitiven Verkehrsverhältnisse und der gegenseitigen Abschließung gelegentliche bitterste Not entstand. Dies war vornehmlich im Südwesten des Reiches der Fall, in der Heimat der alten Reichsritterschaft und der Bauernkriege, wo die Güterzerstückelung am weitesten vorgeschritten war und das Land schwer unter der Last der Franzosenkriege litt: wenn hier noch eine Mißernte oder ein Fehlherbst hinzukam, dann war die Hungersnot da. Den Kleinfürsten aber war es nur im bescheidenen Maße möglich gewesen, der überzähligen Bevölkerung Verdienst zu verschaffen durch Entwicklung der Gewerbe. Die Folge davon waren die Massenauswanderungen, die schon im 18. Jahrhundert einen ungeheuren Strom deutschen, vornehmlich pfälzischen und schwäbischen Blutes in die Ferne getragen hatten. Sie hatten begonnen in der Zeit, da die Kriege Ludwigs XIV. die oberrheinischen Lande verwüsteten und William Penn, der Quäker, 1683 nach Worms gekommen war, um Einwanderer für seine Kolonie Pennsylvanien zu werben. In „Traktätlein“ wurde die Fruchtbarkeit der Felder in dem fernen Lande gepriesen, das Recht der Selbstverwaltung, die politische und religiöse Freiheit und der freie Boden vor allem, wo es keine persönliche Bindung an die Scholle gab, keine Zinsen, Zehnten, Fronden, keine Jagdgerechtigkeit der Herren; und in unübersehbarer Menge stand das Land zur Verfügung. So wurde Penn der „Entvölkerer Deutschlands“. Während vorher nur einzelne Abenteurer nach den reichen Kolonien der Holländer in Ostindien und Amerika gezogen waren, begann seit Ende des 17. Jahrhunderts und vornehmlich seit 1709 der große, ununterbrochene Exodus von Deutschland nach dem angelsächsischen Nordamerika — ein einzigartiger Vorgang in der Weltgeschichte. Die Zeitgenossen verglichen ihn wohl mit der Auswanderung der Juden aus Ägypten. Das ganze 18. Jahrhundert hindurch hat er angedauert, so daß dem deutschen Element neben dem englischen die wichtigste Rolle zufiel beim Aufbau der nordamerikanischen Welt. Und seit Mitte des Jahrhunderts hatte dann auch der große „Schwabenzug“ nach dem Banat eingesetzt, als die Germanisierungspolitik der Habsburger nach Beendigung der Türkenkriege deutsche katholische Menschen in Massen an der unteren Donau ansiedelte. Dann hatte auch noch Katharina II. viele Deutsche an die Wolga gezogen. Die napoleonische Herrschaft mit ihrem ungeheuren Bedarf an Soldaten hatte das Auswandern verboten und mit strenger Strafe belegt. Doch gab es noch genug, die sich der verhaßten Konskription entzogen. Im Jahre 1813 hat Kaiser Alexander I. die deutschen Kolonien um Odessa gegründet, wo alle pfälzischen Ortsnamen wieder erscheinen.

Die Friedensjahre nach der großen Kriegszeit brachten dann einen raschen Zuwachs an Menschen in Deutschland; in der Zeit von 1816 bis 1830 stieg er von 24 auf 29 Millionen, obwohl viele Tausende in diesen Jahren fortzogen. Als nämlich der regnerische Sommer 1816 Kartoffelfäule, Mißernte und Fehlherbst brachte, da setzte die Auswanderung nach Nordamerika von neuem in größtem Ausmaße ein. Die Regierungen suchten die Not zu mildern, indem sie die Getreidevorräte beschlagnahmten und Speiseanstalten einrichteten, in denen „Rumfordsche Suppen", nach dem Rezepte des Grafen Rumford, verabreicht wurden. Dies nützte nicht viel. Wie schon früher, so kamen auch diesmal die Agenten holländischer Reeder und zeichneten den armen Leuten mit verlockenden Zauberworten das Paradies jenseits des Meeres. 20000 Menschen machten sich in dem einen Jahre 1816/17 auf. Es war schon nicht mehr die Not allein, was die Menschen trieb; wie eine geistige Epidemie war es über sie gekommen. Sie verkauften ihre Güter um einen Spottpreis und zogen zu Fuß den Rhein hinab nach Amsterdam. Die Reeder konnten den Andrang nicht bewältigen, das mitgebrachte Geld wurde während der langen Wartezeit in den Hafenkneipen vertan. Nur wenigen gelang es, reumütig und als Bettler nach Hause zurückzukehren; die meisten schlossen mit den Schiffsbesitzern Verträge, wonach sie die Kosten der Überfahrt nach der Landung abverdienen sollten. Und da die Kapitäne die ihnen gehörende Arbeitskraft nicht nutzen konnten, setzte drüben ein regelrechter Menschenhandel ein. Es dauerte lange, bis diesen „Seelenverkäufern" das Handwerk gelegt war.

Die Riesenauswanderungen nach Nordamerika haben das ganze 19. Jahrhundert hindurch bis in die 80er Jahre hinein nicht aufgehört. Die jährliche Auswanderung aus Deutschland, die 1817 auf 20000 stand, ging in den 20er Jahren, wo die Ernten gut waren und die Getreidepreise in unerhörter Weise fielen, auf 11000 zurück: 1833 waren es schon wieder 20000 Menschen, in den 40er Jahren stieg die Ziffer auf 60—100000. Und die meisten gingen nach Nordamerika. In dem Zeitraum von 1820 bis 1890 machten die Deutschen 30 Prozent der gesamten Einwanderung in den Vereinigten Staaten aus; nur die Italiener lieferten zeitweise ebenso viele in jenen „Schmelztiegel der Nationen" — den „melting pot", auf den die Nordamerikaner so stolz waren, weil er die Einwanderer aus aller Herren Länder zum einheitlichen Typus des Yankee formte. In allem Elend und aller Kümmerlichkeit sind diese deutschen Massen doch große Kulturträger im fremden, ungerodeten Lande geworden. Sie sind dort nicht verwildert und haben sich nicht mit Fremdrassigen, mit Indianern oder Negern, vermischt, wie es die Franzosen und die Spanier getan hatten. Man hat mit Recht von dem unvergänglichen Zauber unserer nationalen Robinsonade sprechen dürfen. Den wenigsten unter diesen Männern hat es freilich das Schicksal gefügt, daß sie wie Friedrich List in der Fremde lernen konnten zum Nutzen des alten Vaterlandes. Gerade die erfolgreichsten Deutschen sind drüben zu Amerikanern geworden. Am berühmtesten war Johann Jakob Astor aus der Gegend von Heidelberg, der 1783 hinüberging, im Pelzhandel und dann durch Bodenspekulation sich ein ungeheures Vermögen erwarb; er starb 1848 als der bekannteste Millionär. Unter den deutschamerikanischen Ingenieuren ist Johann August Roebling der bedeutendste; er war in Berlin auch Hegels Schüler gewesen, und die Amerikaner haben in dem großen Unternehmer und Konstrukteur, der ihre imposanten Hängebrücken gebaut hat, etwas von der Gewaltsamkeit des deutschen Metaphysikers zu spüren geglaubt. Das Weltreich des deutschen Geistes hat sich mit solchen Auswanderern über Nordamerika gebreitet, und vor allem die politischen Emigranten, die „Demagogen", haben diesen Dienst ihrem Vaterlande geleistet, das sie von sich gestoßen hatte. Karl Follen, der Burschenschafter, ist einer der einflußreichsten Deutschamerikaner geworden; er hat den geistigen Gehalt der deutschen Klassiker dem nordamerikanischen Bildungswesen übermittelt. Und Franz Lieber, der in Griechenland gekämpft hatte, hat dann in Amerika als Publizist die Bundesrepublik verherrlicht mit dem wissenschaftlichen Rüstzeug der deutschen „Historischen Rechtsschule". Unter den Gescheiterten von 1848 hat Karl Schurz es in Amerika zu den höchsten Würden gebracht; in ihm und Lieber verkörperte sich am vollendetsten der Austausch der alten und der neuen Heimat. Diese Männer fühlten sich als „Bürger zweier Welten"; ihre Liebe galt dem Aufbau zweier neuer Nationen, die unter sich verbunden sein sollten durch das gemeinsame weltbürgerliche Ideal. So haben die Deutschamerikaner für die politische, die kulturelle und wirtschaftliche Entwicklung der nordamerikanischen Union das Größte geleistet, also daß später der Präsident Theodore Roosevelt hat sagen können: „Jedes Einwanderungselement hat zu unserem Nationalcharakter beigetragen! Keinem aber schulden wir mehr als dem deutschen."

Dies war sehr schmeichelhaft für das deutsche Volk. Aber es bleibt doch eines der trübsten Kapitel der deutschen Geschichte, daß der Kinderreichtum dem Vaterlande verloren ging, draußen in der Welt aber als „Kulturdünger" diente. Denn für viele war die Auswanderung doch nur eine andere Form der Verelendung. Trotzdem zogen sie immer wieder Anverwandte aus der alten Heimat nach sich. In der Literatur der Zeit sind die Schicksale der Auswanderer häufig mit sentimentaler Rührung geschildert worden, wie in Freiligraths bekanntem Gedicht; der Onkel aus Amerika spielte eine große Rolle in dem Denken der kleinen Leute — wie ehedem im 17. und 18. Jahrhundert, als die holländischen Kolonien noch lockten, der Onkel aus Batavia. Wer in der Heimat nicht guttat, eine unbürgerliche oder unwirtschaftliche Gesinnung offenbarte, wurde mit mehr oder weniger sanfter Gewalt nach Amerika abgeschoben, man gab ihm Reisepapiere und Reisegeld. Jede politische, geistige oder wirtschaftliche Krise im alten Deutschland warf Menschen aus der gewohnten Bahn und brachte sie an das jenseitige Ufer. Aus Württemberg zogen 1817 Tausende von Separatisten und Pietisten, die mit dem rationalistischen Kirchenregimente in Streit lagen, nach Nordamerika und vor allem nach dem Osten, wo sie in apokalyptischer Erwartung den Bergungsort vor dem Weltuntergang erhofften: sie wurden in der Krim und in der Gegend von Tiflis angesiedelt. Die politischen Flüchtlinge aus dem Zeitalter der Demagogenverfolgung gesellten sich in die Schar der Auswanderer, und ihnen verwandt waren die von romantischem Weltschmerz erfaßten „Europamüden". Wenn, wie Goethe in den „Wanderjahren" ausführte, in Amerika das Grenzenlose als unüberwindliches Hindernis erschien, so setzte im Vaterland „das einfach Begrenzte beinahe noch schwerer zu überwindende Hindernisse entgegen". So gingen neben den Verzweifelten auch viele wagemutigen Männer hinüber — in dem Gefühle, dem Emerson Ausdruck gegeben, daß man in jenem weiten Raume das Spiel mit ganz anderem Vorteile spielen konnte, daß hier und nicht in Europa der Mittelpunkt der zukünftigen Welt sei. Der romantische Rhein trug auf seinem breiten Rücken jahraus jahrein viel schweres deutsches Schicksal nach Rotterdam, und nur den wenigsten war es vergönnt, nach hartem Leben den Weg über Köln und Frankfurt zurückzufinden und in der Heimat den Abend zu beschließen. Ergreifend ist der Brief, den Friedrich List auf der Reise geschrieben hat und in dem er Kunde gibt, wie er mit Frau und Kindern durch die Pfalz über Saarbrücken und Metz dem großen Auswandererhafen Le Havre zustrebte: „Mit Tagesanbruch zogen wir weiter, schwer bepackt, wie Auswanderer sind, und im Leichenschritt, als fürchteten wir, zu schnell die deutsche Grenze zu erreichen. Wir Eltern saßen in schweren Gedanken, heute sollten wir Deutschland verlassen und alles, was uns lieb und teuer darin gewesen, um vielleicht eines unserer Teueren in den Wellen begraben zu sehen, vielleicht wegzusterben vor ihnen mit dem herzzermalmenden Schmerze, sie allein zurückzulassen im fremden Lande. So saßen wir da, jedes in seinem Schmerze, keines wagte aufzublicken, aus Furcht, dem andern sein Inneres zu verraten. Da stimmten die Kinder das Lied an: Auf, auf, ihr Brüder, und seid stark; wir ziehen über Land und Meer nach Nordamerika — nun war unmöglich, unsern Schmerz länger zu verhalten. Es war einer der schönsten Frühlingsmorgen, die ich gesehen. Eben warf die Sonne ihre ersten Strahlen über die paradiesischen Gegenden der Pfalz. Der Anblick goß lindernden Balsam in unsern Schmerz, und bald sangen wir mit fröhlicher Stimme alle Lieder, die wir von Schiller wußten, und zuletzt Uhlands scherzhaftes: So hab' ich denn die Stadt verlassen. Die Leute, die uns begegneten, mußten uns eher für die Familie eines zu höheren Würden emporgestiegenen bayrischen Beamten halten als für vertriebene Auswanderer."

Es hat lange gedauert, bis man in Deutschland empfand, daß die Massenauswanderung ernste und schwierige nationale Probleme aufwarf. Die Ortsvorgesetzten waren zunächst froh, daß sie die armen Leute los wurden und deren Güter um ein Billiges an sich bringen konnten. In den Ministerien aber fühlte man das Bedürfnis, sich vor der Öffentlichkeit zu rechtfertigen. Man habe — so hieß es 1817 in einem solchen Erlasse — so lange gewartet, weil viele Gegenden des Landes tatsächlich übervölkert seien und wenigstens eine große Anzahl der Auswanderer nicht mehr zurückkehren werde, unter denen viele sich befänden, die dem Lande gefährlich oder lästig gewesen. Darum, und weil die Leute bei dem Mangel an Verdienst zu Hause doch auch zu Grunde gegangen wären und weil es despotisch gewesen wäre, Menschen, die im Lande ihre Nahrung nicht finden können, davon zurückzuhalten, in einem andern Lande ihr besseres Fortkommen zu suchen, habe man die Auswanderung so lange gestattet, bis man faktische Beweise von ihren traurigen Folgen erhalten habe! Es war, wie man sieht, die Staatspraxis des erleuchteten Despotismus. Man ließ die Auswanderung schweigend geschehen, bis die Überflüssigen fort waren; dann erging ein Auswanderungsverbot, denn gar zu viel Menschen und Geld durften nicht aus dem Lande hinaus. So handelte man ganz grundsatzlos, man machte das Ventil auf oder zu, je nachdem die wirtschaftliche Lage war und zu viel oder zu wenig Menschen da zu sein schienen. In dieser Weise waren die deutschen Kleinfürsten schon im Zeitalter des Absolutismus auf „Verminderung der Emigrationsbegier“ bedacht gewesen, hatten aber die „dem herrschaftlichen Ärario nichts nutzenden und den Gemeinden nur zur Last fallenden Untertanen“ gerne ziehen lassen, wenn keine Fron- oder Milizpflichtigen darunter waren und sie nicht zu viel Geld mitnahmen.

Aber langsam fühlte man jetzt doch die Schmach des ganzen Vorganges, die unerhörte Verelendung deutschen Menschentums, während nichts zur Abhilfe geschah. Und man erkannte das Problem, das hier vorlag, — daß die Auswanderung eine offenbar notwendige Entlastung war und doch zugleich einen schweren nationalen Verlust bedeutete. Dabei lag der Verlust nicht eigentlich in der Zahl; bei einem jährlichen Geburtenüberschuß von 400 000 Menschen war die durch jährliche Auswanderung entstehende Lücke kaum fühlbar. Aber man spürte, was es hieß, wenn soviel produktive Kraft von deutschen Müttern geboren wurde und doch nirgends in der Welt für Deutschland wirken konnte. Es war offenkundig, daß man nicht weiter einfach nur von Fall zu Fall sich entscheiden durfte, daß es aber auch nicht damit getan war, wenn man die Auswanderung verbot oder von ihr abriet und die anwachsende Bevölkerung auf die Industrie verwies. Man hatte es vielmehr hier mit einer Frage zu tun, die aufs tiefste mit allen andern Problemen der nationalen Zukunft und mit dem ganzen sozialen Aufbau des deutschen Volkes zusammenhing. In den 40er Jahren ist die Auswanderung in diesem Sinne von deutschen Denkern und Staatsmännern erörtert worden. Friedrich List hat sich vornehmlich daran beteiligt, mittelstaatliche Beamte wie Nebenius wurden aufmerksam, Vereine zum Schutze und zur Unterstützung von Auswanderern bildeten sich. Viel Dilettantismus machte sich in solchen Gesellschaften breit; aber die Publizistik rief das öffentliche Gewissen wach und förderte entschieden die Einsicht in die innern Zusammenhänge. Man erkannte, daß nicht zufällige Ereignisse, wie Mißernten oder Handelskrisen, die eigentlichen Ursachen sein konnten, denn die Massenauswanderung war eine Dauererscheinung, und nur die Ziffern schwankten je nach dem Ausfall der Ernten. Konservative Politiker waren geneigt, der modernen liberalen Gesetzgebung Schuld zu geben, insofern die Freizügigkeit, die Gewerbefreiheit und die Aufhebung der Eheschränkungen willkürliche Niederlassung und frühzeitiges Heiraten begünstigt und die Zehntablösung zu Verkauf von Ackerland genötigt hatte. Entscheidend war jedoch überhaupt die Agrarverfassung, jene Güterzerstückelung des Südwestens, wo die bäuerliche Familie unmöglich von den wenigen Ackerfetzen leben konnte, durch jeden Unfall im Stall oder bei der Ernte in größte Not geriet und für die zahlreichen Kinder keine Versorgung wußte. Wenn man aber dieses änderte und von der freien Teilung — die hier nicht erst aus dem Zeitalter des Liberalismus stammte — wieder zur gebundenen Erbfolge, zum Höferecht zurückkehrte, das nur noch im Schwarzwalde Rechtens war, dann wurde die arbeitslose Bevölkerung noch sehr viel zahlreicher. Ihr im Gewerbe Brot zu verschaffen, hätte zur Voraussetzung gehabt, daß man die Industrie rasch und künstlich emporzüchtete, was man in jener Zeit weder konnte noch wollte. Wenn man das Fabrikwesen organisch entwickelte, seine Vermehrung nur aus gründlicher innerer Verbesserung hervorgehen ließ, dann war die Auswanderung nicht zu entbehren. Der Verlust war wahrscheinlich geringer als der Nachteil, der aus dem Unterbleiben der Auswanderung entstehen konnte. Es drängte sich also der Gedanke auf, die Auswanderung planmäßig durch den Staat zu organisieren und die Massen dorthin zu lenken, wo sie dem Heimatlande nicht endgültig verloren gingen, sondern das Band zwischen den Scheidenden und den Zurückbleibenden erhalten werden konnte. Wenn es gelang, Konsulate zu errichten in den Einwanderungshäfen der überseeischen Gebiete und Agenten von Staats wegen einzusetzen, dann konnte viele Not behoben werden. Und wenn es gar möglich wurde, die Auswanderer in geschlossenen Zügen nach geeigneten Landstrichen zu führen, sie mit Kirchen, Schulen, Missionsanstalten auszustatten, dann konnte man hoffen, das Auslandsdeutschtum für die Heimat geistig zu retten und dem werdenden deutschen Industriestaate zuverlässige Rohstofflieferanten und sichere Absatzmärkte zu gewinnen. So erwuchs der neue und fruchtbare Gedanke, daß die Auswanderung eine Nationalangelegenheit sei und daß es gelingen müsse, dem Vaterlande aus dem Verluste der Einwohner Gewinn und Vorteile höherer Art zu sichern. Solange freilich keine nationale Zentralgewalt geschaffen war, blieb solchen Gedanken die Erfüllung versagt.

Es ist begreiflich, daß das Problem der Auswanderung und Kolonisation vornehmlich von Friedrich List aufgegriffen worden ist. Der Industriestaat, den er zeigte, brauchte die ausländischen Verbindungen. Er sollte der wachsenden deutschen Bevölkerung in der Heimat Brot und Arbeit geben, sie vor dem Elend der Fremde bewahren: aber Auswanderung und Kolonisation sollten darum doch nicht aufhören. List erkannte, daß Industrie, Handel und Schiffahrt erst durch die Kolonialmacht zur höchsten Blüte gedeihen konnten. Er sah, daß die Grundbedingung des modernen Kolonialverhältnisses der Tausch von Manufakturwaren gegen Urprodukte war, daß Agrikulturstaaten keine Kolonien anlegen und behaupten konnten und daß die Industriestaaten ihre Kolonien bisher nur solange in Abhängigkeit hatten halten können, als diese nicht das Bedürfnis und die Kräfte in sich fühlten, selbst zu fabrizieren. Wenn der wirtschaftliche Liberalismus gerne unter Berufung auf die Entstehungsgeschichte der nordamerikanischen Union den Satz Turgots zitierte, daß Kolonien wie Früchte sind, die vom Baume fallen, sobald sie reif sind, so hat auch List dies nicht bestritten; mit sicherem Blicke hat er vorausgesehen, daß auch Kanada und Australien sich dereinst als Industriestaaten vom Mutterlande abschließen werden. Aber List unterschied! Er meinte, daß der Tausch von Fabrikwaren und Urprodukten zwischen den Ländern der gemäßigten Zone und den Ländern der heißen Zone für alle Zeiten in der Natur begründet sei. In der Tat hat sich die Weltwirtschaft während des 19. Jahrhunderts in der Richtung dieser Ansichten entwickelt: es zeigte sich, daß die intensive Sonnenbestrahlung in den Tropen eine ungeahnte Menge von Naturprodukten zur Verfügung stellte, die durch Pflege und Zucht noch gesteigert werden konnte, während die gleiche Sonne den Menschen unfähig machte zur industriellen Verarbeitung. So hat schon List in den Tropen die gegebenen Rohstoffproduzenten der Zukunft gesehen. Die Erkenntnis fügte sich ihm ungezwungen in den Zusammenhang seines Systems: nicht nur in der Privat- und in der Volkswirtschaft, sondern auch in der Weltwirtschaft muß das Gesetz der Arbeitsteilung und der Kooperation der Kräfte zur Geltung kommen! Daß freilich hier die größten Gefahren für seinen „harmonischen Staat" emporkamen und daß die exotischen Nahrungsmittel dereinst das heimische Bauerntum vernichten konnten, hat er nicht geahnt: hier zuerst sollte sich erweisen, daß der nationale Staat sich durchaus nicht so einfach in die Weltwirtschaft einfügte, wie List noch hatte annehmen können. Die innige Vereinigung des nationalen und des kosmopolitischen Ideales, die diesem Manne auf der Wende der Zeiten eigen war, wurde ihm in der Tat durch die augenblicklichen Umstände erleichtert.

Die Nutzanwendung, die sich aus Lists Ansichten über Kolonisation ergab, ist offensichtlich. Kolonien in den tropischen Ländern waren für die deutsche Industrie notwendig, aber erst nach Entwicklung eines nationalen Staates erreichbar. Als Auswanderungsland kamen sie in nur geringem Ausmaße in Betracht. Nordamerika, wohin bis jetzt der Strom der deutschen Auswanderer ging, war im Begriffe, selbst einen innern Markt zu entwickeln. Und überhaupt war Nordamerika gewiß nicht das dem deutschen Volke gemäße Ziel. Denn, so führte List aus, dies wäre gerade, „wie wenn der landsuchende Anwohner des Delaware oder Hudson nach Australien sich wenden wollte, statt nach dem Westen seines Landes“. List wies auf die menschenleeren ostdeutschen Gebiete hin, auf Mecklenburg und Preußen und forderte also Siedlung und innere Kolonisation, was wiederum nicht möglich war ohne tiefgreifende soziale und politische Umgestaltung durch den nationalen Verfassungsstaat: so eng griffen in seinem Denken alle politischen Fragen ineinander. Vor allem aber war in den unteren Donauländern fruchtbares ungenutztes Land in Fülle vorhanden, und die Donau bot eine prächtige Straße für Handel und Reisende. Auch Friedrich Harkort hat damals ähnliche Gedanken vorgetragen. Was Maria Theresia und Josef II. dort unten begonnen hatten, konnte in großartiger Weise und mit vielfach verstärkter Bedeutung für den nationalen Staat beendet werden. Den Magyaren aber — die gleichfalls gerade sich rüsteten, sich ihren freien Staat zu schaffen gegen den Absolutismus der Habsburger und gegen die andrängenden Slawen — konnte die Hilfe der deutschen Volksbewegung willkommen werden: die Kernlande Ungarns sollten ihre völkische Reinheit nicht einbüßen und außerhalb des Wirtschaftsverbandes bleiben können, der List vorschwebte. Die planmäßige Erweiterung des deutschen Kultur- und Absatzgebietes verband sich in dem Geiste dieses Denkers mit dem politischen Gedanken, das heilige Reich der Deutschen wieder erstehen zu lassen. Eben deshalb war er großdeutsch gesinnt und hoffte, in den Zollverein doch noch Österreich einzubeziehen und diesen entsprechend umzubauen. Gerade in den 40er Jahren strebte auch Metternich aus der bisherigen Passivität in Sachen des Zollvereins heraus und wollte den Anschluß. Vor Lists Augen erstand die Wirtschaftsgemeinschaft von der Adria bis zur Nordsee: nicht der preußische Zollverein, sondern erst dieser große und vielfältig gestaltete Raum konnte jenen „harmonischen Staat“ verwirklichen, der Ackerbau, Handel und Manufaktur in gleicher Weise entwickelte und der anwachsenden Bevölkerung ein sicheres Auskommen gewährte. Alles, was dem freien Warenverkehr in diesem Raume im Wege stand, war Unsinn und ein Grund der Verarmung aller. List zeigte das Bild eines durch die nationale Einheit und die industrielle Entwicklung gestärkten Reiches, das dem mitteleuropäischen Lande eine feste staatliche Ordnung schuf. Deutschland sollte den großen Vorteil nutzen, der ihm aus seiner geographischen Lage und aus der Erneuerung seiner Reichsidee erwachsen konnte: man brauchte, wenn List gehört wurde, die Auswanderer staatlich nicht aufzugeben und trieb doch auch nicht in Eroberungspolitik und Imperialismus hinein! Diesen Vorteil besaßen die Italiener nicht — jenes andere Volk der großen Massenwanderung, dessen Geschicke im übrigen den deutschen so überaus ähnlich waren: die Italiener überschwemmten im 19. Jahrhundert die Welt als billige Erdarbeiter oder als Gipsfiguren-Hausierer, und der italienische Liberalismus wußte im Zeitalter des Risorgimento seinen wandernden Landsleuten keinen andern Rat zu geben, als im fremden Lande endlich seßhaft zu werden, Staatsbürgerrecht und Stimmrecht zu erwerben, um „in der Masse wirken" zu können für die alte Heimat. Das Ziel, das Friedrich List den Deutschen setzte, war größer und umfassender. Die Reichsidee des Mittelalters lebte in dem so ganz modernen und fortschrittlichen Manne wieder auf, er hat den Begriff „Mitteleuropa" neu geprägt und vor das deutsche Volk als Aufgabe gestellt.

Diesen Bund der mitteleuropäischen Zentralmächte wollte Friedrich List zu einer Vereinigung aller Manufakturländer des Kontinents erweitert wissen: nur so werde es möglich sein, die englische „Handelssuprematie" niederzuringen! Auch List war ein Feind und ein Bewunderer Englands. Er sah eine Zukunft voraus, wo Deutschland — vom englischen Geist und von den englischen Waren befreit — sich selber gehörte. Alsdann wurde offenbar, wie verwandt im Grunde alle vorwärtsstrebenden abendländischen Völker waren und wie die beiden germanischen Völker diesseits und jenseits der Nordsee zueinander gehörten. Noch in seinem Todesjahre 1846 ist er nach England gereist; „Über den Wert und die Bedingungen einer Allianz zwischen Großbritannien und Deutschland" — so heißt die letzte Schrift, die er verfaßt hat. Es war der aussichtslose Versuch, die Engländer von der Schädlichkeit eines Handelssystemes zu überzeugen, bei dem sie zu so riesigem Reichtum gelangt waren. Der Plan lag ebenso außerhalb aller Staatswirklichkeit wie jene Erneuerung des napoleonischen Kontinentalsystems, die Frankreich die Auflage machte, auf jeden Versuch einer Hegemonie zu verzichten. Aber auch in den Rahmen von Lists System fügten sich diese politischen Bilder nur schwer hinein; auch hier war nicht alles ausgeglichen. Die antienglische Koalition hätte unbedingt zum Kriege geführt und also das Endziel — Menschheit und Weltwirtschaft — aufs höchste gefährdet. Dies war ja nun einmal die Schwäche, die sich aus der geistigen Doppelstellung Lists ergab: wenn die nationalen Industriestaaten sich durch Erziehungszölle abschlossen, dann kam eine Epoche von Zoll- und Handelskriegen herauf, in der das letzte Menschheitsideal immer mehr verblassen mußte, und wenn die Nationen durch die „Erziehung zur Industrie" erweckt waren, dann wurden in ihnen Kräfte entfesselt, von denen niemand voraussagen konnte, wohin sie einmal treiben würden. Es mag deshalb umstritten bleiben, ob List dem Menschheitsgedanken nur eine platonische Liebe entgegenbracht hat oder ob in ihm noch eine starke Tradition der klassischen Zeit lebendig war: der „ewige Friede" und die „allgemeine Handelsfreiheit", von denen er sprach, konnten auf dem von ihm gewiesenen Wege niemals erreicht werden.

Das Zentrum von Lists Gedankenwerk wird durch diese Widersprüche nicht berührt. Was er darlegte und forderte, entsprach den Bedürfnissen des Jahrhunderts. Und wie sehr sein System einer allgemeinen Zeittendenz entgegenkam, zeigt die Tatsache, daß überall, wo ein Volk die Kraft in sich fühlte, in Gewerbe und Industrie selbständig zu werden, es auf List zurückgriff. Seine Lehre war in der Tat auf außerdeutsche Verhältnisse anwendbar. Er selbst hatte sie in Nordamerika entworfen, in Deutschland ausgearbeitet, in Paris niedergeschrieben. In seinen letzten Lebensjahren ist er nach Ungarn gereist und hat den dortigen Patrioten den Weg zum bürgerlichen National- und Industriestaat gezeigt; später haben die Italiener, die Tschechen, die Japaner ihn genutzt. Wenn List trotzdem in seinem Leben gescheitert ist, so war es, weil er mit dem Fluge seiner Gedanken und mit der Leidenschaft seiner Natur der deutschen Entwicklung um ein oder zwei Generationen vorauseilte. Und auch dann ist die letzte Erfüllung ihm nicht geworden. Der von ihm geschaute nationale Industriestaat war erst dann verwirklicht, wenn die Kleinstaaterei beseitigt war und die Gleichgültigkeit der höheren Stände gegen das Elend des niederen Volkes, das Mißtrauen der armen Leute gegen die gebildeten und wohlhabenden Klassen nicht mehr bestand, der ganze Jammer der alten Zeit von einem einigen und aufsteigenden Volke überwunden war. In dem Geiste Friedrich Lists war dies alles klar durchdacht; jedoch der große Deutsche erschöpfte sich in dem Kampfe gegen die Widrigkeiten der öffentlichen Zustände. Er fühlte mit Schmerzen, was es hieß, daß in Deutschland das politische Interesse sich um Kleinigkeiten, um Fehden in Braunschweig oder Kurhessen bewegte, während draußen in der Welt große Veränderungen sich anbahnten. Und doch war dieses deutsche Volk nach seinen Anlagen und Fähigkeiten zu Größerem bestimmt, als in kleinen Residenzen zu verkümmern. Mit hinreißendem Schwung hat der feurige Patriot in seinem berühmten Trinkspruch auf einem Bankett in Wien, am 23. Dezember 1844, dieses Deutschland gefeiert: „Deutschland — in Wissenschaft und Kunst, in Literatur und Gesittung ein Stern erster Größe unter den Nationen der Erde — Deutschland, bestimmt durch seine natürlichen Hilfsquellen, durch die Tüchtigkeit seiner Völker und durch eine weise Handelspolitik, das reichste Land des europäischen Kontinents zu werden — Deutschland, durch Einheit und innere Entwicklung berufen zu der hohen Stellung eines der ersten Garanten des europäischen Friedens — Deutschland, unser großes und herrliches, unser gemeinsames und geliebtes Vaterland, die deutsche Einheit lebe hoch!" Die Versammlung spendete ihm rauschenden Beifall. Aber in einer Zeit, da die Kabinette noch herrschten, konnte er die Massen nicht sammeln und in Bewegung setzen. Und außerhalb der großen Feste waren sie auch schwerlich in der Lage, dem Schwung seiner Gedanken zu folgen. Alle stellten sich gegen ihn. Die Verwaltungen wollten zwar Mißstände mildern; im Jahre 1844, kurz vor Lists Tode, sind in der Tat die ersten Eisenzölle eingeführt, in seinem Todesjahre 1846 die Garnzölle erhöht worden. Aber die Nationaleinheit verabscheuten alle Regierungen. Der mächtige grundbesitzende Adel lehnte den National- wie den Industriestaat überhaupt ab. Die Professoren konnten die innere Einheit dieses politisch-ökonomischen Systems nicht begreifen und stimmten einzelnen Gedankengängen zu, um andere dann um so entschiedener zu verwerfen. Die Geschäftsleute nahmen das, was ihnen unmittelbaren Nutzen brachte, gerne an; alles übrige aber hielten sie für schädliche Phantastik. Die Liberalen verwarfen jeden Zoll und jeden staatlichen Eingriff in die Wirtschaft; sie fanden die Kolonisation unzweckmäßig, zumal ja der Verkehr in der neuen Zeit ganz ungehindert sei, den Auswanderern der Weg nach Amerika offen stehe. Und schon sammelten sich auch die Wortführer einer kleindeutschen Politik. Unbedingt stand niemand zu List. Am ehesten kann noch Karl Mathy sein Mitkämpfer genannt werden — ein süddeutscher Publizist, der unter den vormärzlichen Liberalen die besten nationalökonomischen Kenntnisse und den stärksten Sinn für staatliche Macht besaß; doch ist auch er ein Anhänger des wirtschaftlichen Liberalismus und des kleindeutschen Reiches geworden. Von allen verkannt und verlästert, durch den jahrelangen und hoffnungslosen Kampf gegen die geschlossene Phalanx von Professoren und Bürokraten aufgerieben, durch bitterste Not zermürbt, hat Deutschlands größter Volkswirt 1846 Hand an sich selbst gelegt. Es geschah in einem Augenblick, wo die deutsche Entwicklung in Bahnen lenkte, die den von List gewiesenen stracks entgegengesetzt waren: der kleindeutsche Gedanke und der wirtschaftliche Liberalismus siegten! Obwohl List für den Verfassungsstaat eintrat und auch manche Elemente des wirtschaftlichen Liberalismus mit sich trug — wie den freien Getreidehandel oder die hohe Bewertung der „Gewerbsamkeit", der persönlichen Initiative und Freiheit —, so gehört doch der von ihm vertretene Nationalismus der antiliberalen Unterströmung des Jahrhunderts an. So wurde er zunächst vergessen. In seinem Todesjahre ging England durch Aufhebung der Kornzölle zum vollständigen Freihandel über; der Vorgang machte ungeheuren Eindruck in der ganzen Welt, der wirtschaftliche Liberalismus setzte sich überall durch. Der deutsche Industriestaat entwickelte sich plan- und ziellos, lediglich durch die Gunst der Umstände. Die deutsche Industrie wuchs empor, ohne daß die politische und moralische Entwicklung Schritt damit hielt: es blieb der Kampf der Klassen und der einzelnen Wirtschaftszweige, die Werte wurden wichtiger als die produktiven Kräfte, der Rekord auf dem Weltmarkte wesentlicher als die erzeugten Werte, und die Auswanderung unterblieb, als man gegen Ende des Jahrhunderts dem Industriestaate schrankenlose Ausdehnung geben konnte. Der Welterfolg der Listschen Lehre begann, als ein Agrarvolk der Erde nach dem andern den gleichen Weg der Erziehung zur Industrie und der Begründung eines bürgerlichen Nationalstaates ging; aber die entscheidenden Sätze von der nationalen Solidarität und den produktiven Kräften blieben gerade in Deutschland unbeachtet. Man nahm einzelne Argumente aus seinen Schriften, sobald man sie brauchen konnte; das Schlagwort „Schutz für die nationale Arbeit" hat List selbst noch geprägt. Für die Schwerindustrie wurden seine Bücher eine unerschöpfliche Quelle von Argumenten gegen den Freihandel und für den Schutzzoll: man setzte ihm in Kufstein ein Denkmal an der Stelle, wo er freiwillig aus dem Leben geschieden war. Aber das System und seine beiden tragenden Säulen — die Lehre von der nationalen Wirtschaft und die Lehre von den produktiven Kräften — wurden nicht eingebaut in das Neue Reich. Die Nation erhob sich nicht auf den über alle Gegensätze der deutschen Staaten und Klassen hinausragenden Standpunkt, von dem aus der klarblickende und tapfere Mann das Leben und die Zukunft seines Volkes hatte gestalten wollen. Friedrich List zerbrach im Leben an den Widerständen der Welt, und in seinem Nachleben sollte er an der Verworrenheit der deutschen Zustände scheitern — auch er eine tragische Gestalt der deutschen Geschichte!

Aus der Beschäftigung mit konkreten Fragen ist in dem Geiste Friedrich Lists das System der nationalen Wirtschaft erwachsen. Der große Volkswirt hatte einst sein Lebenswerk begonnen mit der Agitation für die Handelsfreiheit im Innern Deutschlands. Er hatte dann in Amerika reiche Erfahrungen gesammelt, die seine Ansichten bestärkten und vertieften. Er hatte nach seiner Rückkehr im Jahre 1832 gesehen, daß der preußische Zollverein, der sich damals zusammenschloß, den einheitlichen deutschen Markt nur sehr unvollkommen verwirklichte und keinesfalls den Ausgleich zwischen den wichtigsten Faktoren einer nationalen Wirtschaft herbeiführte. Um dies der Öffentlichkeit deutlich zu machen und die deutsche Entwicklung in die Wege zu lenken, die ihm die richtigen schienen, war er immer tiefer in historische und volkswirtschaftliche Studien eingedrungen und hatte das letzte Jahrzehnt seines Lebens vornehmlich dem Ausbau seines Systems und der Propaganda für den Erziehungszoll in einer großdeutschen Wirtschaftsgemeinschaft gewidmet. Bevor er jedoch seine ganze Tatkraft auf diese Arbeit sammelte, hatte er die ersten Jahre nach seiner Rückkehr aufgewendet für einen andern Teil des großen Themas, dem er sein Leben geweiht hatte. Wer den nationalen Industriestaat wollte, mußte zuerst den freien Verkehr schaffen. Die Verkehrsfragen traten deshalb damals in den Vordergrund des deutschen Interesses. Unter ihnen war aber neben den Zollfragen der Eisenbahnbau am wichtigsten. Denn das einheitliche innere Marktgebiet ermöglichte zwar den freien Verkehr: verwirklicht wurde er aber erst durch den Bau der Eisenbahnen. Es macht Friedrich Lists geschichtliche Stellung aus, daß er nicht nur die Lehre von der nationalen Wirtschaft entwickelt und sie am Beispiele der Zollpolitik dargelegt hat, sondern daß er durch seine Tätigkeit für ein „nationales Eisenbahnsystem" die gewaltige Verkehrsumwälzung des 19. Jahrhunderts in Deutschland eingeleitet hat.

Der Eisenbahnbau war in England hervorgegangen aus einem schon bestehenden großen Verkehr; in Deutschland wie in Nordamerika wurde er ein Mittel, um Handel, Industrie und den Verkehr überhaupt erst zu wecken. Ein Bedürfnis, daß der Austausch der Menschen und Waren schneller und pünktlicher werde, empfand man in Deutschland zunächst nicht. Mit dem Probleme beschäftigten sich daher anfangs nur jene Ingenieure, die auf ihren Reisen in England das dortige Bergwesen mit seinen Eisenbahnen kennen gelernt hatten. So wirkte in München seit 1815 der Bergrat Josef Baader, dessen wir als eines erfindungsreichen Geistes bereits Erwähnung getan haben, für den Bau von „eisernen Kunststraßen"; er dachte dabei wie andere noch an animalische Zugkraft oder an ortsfeste Dampfmaschinen. In Österreich entwarf Franz Joseph Gerstner, der Gründer der Technischen Hochschule in Prag, das Projekt zu einer Bahn von Linz nach Budweis, die in der Zeit von 1827 bis 1832 von seinem Sohne Franz Anton Gerstner ausgeführt wurde und wichtig war als Verbindung von Donau und Moldau; es war die erste deutsche Eisenbahn, sie wurde mit Pferden betrieben. Im übrigen baute man seit den 20er Jahren überall in den Grubenbezirken eiserne Schienenwege, um den Pferden die Arbeit zu erleichtern. Auch die Erfahrungen, die Friedrich Harkort in Wetter machte, drängten ihn ganz von selbst auf Umgestaltung der Verkehrsmittel. Das Rohmaterial, das er in seiner Fabrik verarbeitete, konnte nur mit großem Aufwand von Zeit und Geld herbeigeschafft werden; die schweren Maschinen, die er baute, erlitten Schaden, wenn sie auf der Achse an ihren Bestimmungsort gebracht wurden. So wurde Harkort noch vor List ein Vorkämpfer des Eisenbahnwesens in Deutschland. Im Jahre 1825 erschien sein erster Aufsatz über Eisenbahnen mit Dampfkraft, 1827 überreichte er dem Freiherrn vom Stein, dem Landtagsmarschall von Westfalen, persönlich in Cappenberg eine Denkschrift, 1830 brachte er auf dem westfälischen Landtag den Antrag ein, nach dem Vorbilde der soeben gebauten „Baumwollstrecke" von Liverpool nach Manchester die Weser mit der Lippe durch eine Eisenbahn zu verbinden und so den raschen Verkehr zwischen dem Rheine und der deutschen Nordsee in Gang zu bringen. Es war das erste Mal, daß in einer deutschen Ständeversammlung von der Eisenbahn die Rede war. Der Freiherr von Vincke, der Oberpräsident, war dem Antrage nicht gewogen; denn sein Lieblingsplan war die Vervollkommnung der Ruhrschiffahrt, und er hat auch die Lippe schiffbar gemacht. König Friedrich Wilhelm III. aber lehnte nicht nur die Staatshilfe ab, sondern versagte auch die Genehmigung der Aufnahme von Geld unter ständischer Bürgschaft. Er verbot also auch die Selbsthilfe und zwar mit der Begründung, daß „das jetzige Kommunikationsbedürfnis durch die vorhandenen Chausseen gesichert ist, die künftige kommerzielle Wichtigkeit der Anlage auf unsicheren Voraussetzungen beruht und andere dringende Bauten die disponiblen Mittel in Anspruch nehmen". Auch spätere Gesuche dieser Art für andere Gegenden hat der König zurückgewiesen. Harkort ruhte nicht. Im Jahre 1833 entwickelte er in einer Schrift den Plan der Rhein-Weser-Bahn von Minden nach Köln. Die Bahn sollte das Ruhrgebiet erschließen, auch nach Osten und Westen fortgesetzt werden, also den preußischen Staat durchziehen, Antwerpen mit Berlin verbinden. Im gleichen Jahre 1833 hat auch der Kölner Ludolf Camphausen in einer Flugschrift den Bau einer Bahn von Köln nach Antwerpen angeregt. Und die dritte Eisenbahnschrift dieses Jahres war jene grundlegende Arbeit von Friedrich List: „Über ein sächsisches Eisenbahnsystem als Grundlage eines allgemeinen deutschen Eisenbahnsystems und besonders über die Anlegung einer Eisenbahn von Leipzig nach Dresden."

Denn inzwischen war Friedrich List im Jahre 1832 nach Deutschland zurückgekehrt. Er hatte in Nordamerika die Bedeutung der Eisenbahnen kennen gelernt. Er selbst hat dort den Bau der ersten mit Dampf betriebenen Bahn angeregt; sie wurde ausgeführt, um den Wert eines Kohlenlagers zu erhöhen; List gehörte zu den Teilhabern. Er hat von Amerika aus die ersten deutschen Eisenbahnpläne verfolgt; mit Baader ist er in Verbindung getreten. Und als es ihn in die deutsche Heimat zurückdrängte, da geschah es vornehmlich in der Absicht, dort für den Eisenbahnbau zu wirken. Er hat später erzählt: „Mitten in den Wildnissen der blauen Berge träumte mir von einem deutschen Eisenbahnsystem; es war mir klar, daß nur durch ein solches die Handelsvereinigung in volle Wirksamkeit treten könne." Die zentrale Lage Leipzigs und die Regsamkeit der Bürgerschaft machten diese Stadt besonders geeignet zur Durchführung seiner Pläne. So veröffentlichte er im Jahre 1833 seine Programmschrift. In ihr waren zum ersten Male die wirtschaftlichen und geistigen Wirkungen der Eisenbahnen allseitig entwickelt. List hat gesagt: „Der wohlfeile, schnelle, sichere und regelmäßige Transport von Personen und Gütern ist einer der mächtigsten Hebel des Nationalwohlstandes und der Zivilisation nach allen ihren Verzweigungen." List stellte dar, wie die Eisenbahnen den Transport verbilligten und wie also die Bedarfsartikel der Massen nun erst verkehrsfähig wurden, so daß ein erhöhter Absatz der Produkte die Folge sein werde. Es war ihm klar, daß der schnelle Transport Zinsenersparnis bewirkte und den Umsatz des Kapitals beschleunigte, daß die größere Sicherheit des neuen Verkehrsmittels die Verluste verringerte und daß die Regelmäßigkeit der Bahnzüge dem Geschäftsmann gestattete, nun fester zu disponieren. Vor allem aber ermöglichten die Eisenbahnen die Durchführung der nationalen Arbeitsteilung. Man werde — so meinte List — künftig jede Ware dort herstellen, wo die günstigsten Bedingungen vorhanden seien, und man könne Produktionsfaktoren, die dort fehlten, leicht hinbringen, das Produkt aber über das ganze Land verbreiten. Es war ihm klar, daß dies auch für den internationalen Austausch gelten konnte, und so kam er zu dem Satze, „daß ohne ein tüchtiges Schutzsystem die Eisenbahnen der größte Fluch wären, der über Deutschland kommen könnte". Auch die geistigen und politischen Wirkungen der Eisenbahnen hat List im Auge gehabt. Er rühmte die wachsende Beweglichkeit, welche die deutschen Stämme zur nationalen Einheit, die europäischen Völker zur Weltwirtschaft führen werde.

Was der Publizist aussprach, beschäftigte schon manchen Kreis unternehmungslustiger Geschäftsleute in Deutschland. Das Neue, das List hinzubrachte, war die allseitige, den Zusammenhang der Dinge erfassende Betrachtungsweise, die ihm eigen war. Er überblickte die Folgen für das ganze politische und kulturelle Leben der Nation. Und darum handelte es sich für ihn bei der Eisenbahnfrage nicht um die Verbindung einzelner Städte, sondern um ein ganzes Bahnsystem, das er in großen Zügen skizzierte. Die Linien durften nicht planlos gezogen werden, und es durfte nicht dem Zufall überlassen bleiben, ob in dieser oder jener Gegend eine kleinstaatliche Regierung oder ein wagemutiger Unternehmer einen Bau zu Gunsten einer Residenzstadt oder irgend eines lokalen Interesses anregte. Der Eisenbahnbau — so lehrte List — ist eine Nationalangelegenheit; er darf nicht durch den Partikularismus geleitet werden, und er ist selbst wieder bestimmt, den Partikularismus zu überwinden. Ein „nationales Eisenbahnsystem" sollte geschaffen, das Bahnnetz nach einheitlichem Plane über ganz Deutschland gelegt werden, indem man von den wirtschaftlichen und politischen Belangen des großen Vaterlandes ausging: der Austausch der Agrar- und Industrieprodukte war das erste Bedürfnis für die werdende nationale Wirtschaft! Dabei hat List mit klarem Blicke die künftige Entwicklung vorausgesehen, wenn er sagte, Berlin werde „durch ein von der Hauptstadt ausstrahlendes Eisenbahnsystem zum Zentralpunkt des größten Teiles von Deutschland werden und im Laufe der Zeit zur Höhe von Paris sich erheben". Der Mann, der in Kontinenten zu denken gewohnt war, hat auf seiner Karte der zu bauenden Eisenbahnen auch die internationalen Durchgangslinien bereits vorgesehen, damit der Verkehr von der Nordsee nach Italien, von Paris nach der Türkei durch Deutschland geführt werde.

Friedrich List hat die Bedeutung des Eisenbahnbaues mit allen seinen vielfältigen Folgen für das Leben der Nation erfaßt und durch seine Propaganda die Öffentlichkeit aufgerüttelt. Er hat ferner den einheitlichen Grundplan entworfen. Aber es kommt ihm noch ein anderes großes Verdienst in der Geschichte des deutschen Eisenbahnwesens zu. Er war vielleicht der einzige Mann im damaligen Deutschland, der über das Technische hinausgehende Erfahrungen besaß: er wußte, wie ein so großes Unternehmen einzuleiten war, wenn es in die Wirklichkeit umgesetzt werden sollte. Er hat, als er den Bau der Bahn von Leipzig nach Dresden in Gang brachte, das Vorbild geschaffen, nach welchem man in Deutschland bei allen Bahnbauten verfahren ist. Er hat zuerst durch Schriften und Zeitungsartikel die Öffentlichkeit, das „Publikum", aufgeklärt; denn die Macht der öffentlichen Meinung hatte er in Amerika kennen gelernt. Eine öffentliche Versammlung wurde einberufen und hier ein Komitee gewählt. Dieses stellte dann den Kostenvoranschlag und die Rentabilitätsberechnung auf und verhandelte mit der Regierung, von der man die Gewißheit haben mußte, daß sie die geplante Aktiengesellschaft genehmigte, später etwa sich meldende Gesellschaften für die gleiche Bahnstrecke ausschloß, daß sie ferner das für den Bau der Strecke notwendige Enteignungsgesetz erließ und womöglich Zinsgarantie gewährte oder die Gemeinden zur Zeichnung von Aktien ermächtigte. Erst wenn alles dieses geschehen war, wurde die Subskription aufgelegt und dann die Aktiengesellschaft gegründet.

In Leipzig wurde an einem einzigen Tage, im Mai 1835, das ganze vorgesehene Kapital gezeichnet. Dieser Erfolg machte solches Aufsehen, daß nun plötzlich in zahlreichen Städten Geneigtheit bestand, gleichfalls eine Bahn zu bauen. List hat überall eingegriffen, hat die Gründung von Komitees veranlaßt, er ist in ganz Deutschland herumgereist, mit unermüdlicher Feder hat er für den Eisenbahngedanken geworben. In Leipzig war man mit ihm nicht einverstanden. Dort hatte er sich durch seinen Reichtum an schöpferischen Gedanken und als Mann der Propaganda großartig bewährt, aber die Leipziger Kaufherren hielten ihn wegen seines leidenschaftlichen Temperamentes und seiner „goldenen Rücksichtslosigkeit" nicht für geeignet zur Zusammenarbeit am gemeinsamen Werke. Er wurde weder in das Komitee noch in das Direktorium gewählt, und doch hatte er erwartet, daß ihm als dem Schöpfer der Idee die Stellung eines allgebietenden Direktors übertragen würde. Die Entfremdung wurde immer schlimmer, als List die einzelnen technischen Entscheidungen bemängelte und dazu noch die Leipziger veranlassen wollte, mit Berlin und Hamburg zu verhandeln, damit die Linien weitergeführt und das allgemeine deutsche System verwirklicht werde. Die Leipziger Kaufherren jedoch hielten sich für verpflichtet, auch an die Interessen der Aktionäre zu denken; sie wollten nicht mehrere Unternehmungen nebeneinander betreiben. Unter ihnen befanden sich erfahrene und erfolgreiche Geschäftsleute wie Gustav Harkort, der Bruder Friedrichs, sowie Albert Dufour-Féronce. Es kam so weit, daß die Regierung in Berlin, der List seine Projekte vortrug, von Leipzig aus gewarnt wurde. Sicherlich war es ungerecht von den reichen Handelsherren, daß sie in List nur einen Stellenjäger vermuteten. Der vom Leben hart mitgenommene Mann wollte allerdings endlich seßhaft werden, Heimat- und Bürgerrecht wiedergewinnen; er drängte zu seinem Lebenswerk, wollte wirken und ausführen, was er gedacht hatte — aber Gewinnsucht lag ihm ferne. Nach langen, peinlichen Erörterungen wurde er mit einer Ehrengabe abgefunden als Entschädigung für seine Aufwendungen. So war seine rastlose Tätigkeit im Dienste des Eisenbahngedankens für ihn persönlich ergebnislos: schon 1837 verließ er Sachsen und ging nach Paris, wo er bis 1840 gewohnt hat. Und auch sachlich hat er nicht mehr erreicht, als daß jetzt überall ganz willkürlich der Bau von Bahnen in Angriff genommen wurde: von dem „allgemeinen nationalen Eisenbahnsystem“ war nicht mehr die Rede. Die öffentlichen Zustände Deutschlands trugen die Schuld daran, in ihnen und nicht in Lists Persönlichkeit lagen die Ursachen seines Scheiterns. Solange er in Amerika gewesen, hatte er überall freudige Mitarbeit, offene Anerkennung und vollen Erfolg gehabt. In Deutschland aber waren die Dinge nicht reif für seine Ideen, und sie konnten doch auch wieder nur dann vorwärts gebracht werden, wenn seine Ideen sich durchsetzten. Das wirtschaftliche Leben drängte noch nicht auf die Transporterleichterung, es konnte erst durch den Eisenbahnbau und seinen Bedarf gesteigert werden. List feierte die Eisenbahnen als Beförderer der politischen Einigung: wenn die Entfernungen verringert, die Massen einander nähergebracht wurden, dann versank die Kleinstaaterei immer mehr vor der geistigen Einheit der nationalen Demokratie. Aber die schlechten Erfahrungen, die er in Leipzig gemacht hatte, führten ihn zu der Einsicht: „Es ist ein Unglück für Deutschland und die deutschen Eisenbahnbauten, daß sie nicht von einer Zentralregierung im Interesse des

Gesamtverbandes gebaut werden. Dieses ist nun aber einmal nicht der Fall.“

Noch bevor der Bau der Bahn von Leipzig nach Dresden begonnen war, ist im Jahre 1835 zwischen Nürnberg und Fürth die erste von einer Lokomotive gezogene Eisenbahn auf deutschem Boden eröffnet worden. Es war kein Zufall, daß die Bürgerschaft dieser beiden benachbarten Städte voranging. Die alte Reichsstadt Nürnberg war, als ihr 1806 die reichsstädtische Freiheit genommen wurde, längst von ihrer ehemaligen Höhe herabgesunken. Handel und Gewerbe begnügten sich mit dem gesicherten, bescheidenen Besitz. Unmittelbar vor den Toren der Stadt war Fürth aufgeblüht, wo man nicht auf den strengen Ordnungen bestand und die Markgrafen von Ansbach-Bayreuth freigebig waren mit der Erteilung von Aufenthaltsbewilligungen: so ist Fürth eine Stadt mit sehr vielen Juden geworden. Als nun aber die Rheinbundszeit Gewerbefreiheit gab, erwachte in Nürnberg die alte Unternehmungslust, die auch hier nicht erloschen, sondern nur durch erstarrte politische Formen gelähmt war. Nürnberger Kaufleute waren 1819 in Frankfurt führend bei der Begründung jenes Handels- und Gewerbevereines, in dessen Namen List die Handelsfreiheit im Innern Deutschlands anregte; es ist auch daran zu erinnern, daß Nürnberg sowohl einen „Verein zur Beförderung der vaterländischen Industrie“ wie eine polytechnische Schule besaß. So herrschte bald ein reger Austausch zwischen den beiden Nachbarstädten, und die Hoffnung war nicht unberechtigt, daß es gelingen könne, den großen Duchgangsverkehr, der einst im Mittelalter diese Gegend belebt hatte, wieder hierher zu lenken. Auch der Ludwigs-Kanal, den König Ludwig I. bauen ließ, diente ja dem Zwecke, Rhein und Donau zu verbinden. In technischer und wirtschaftlicher Hinsicht waren die Vorbedingungen für den Bau einer Probestrecke zwischen Nürnberg und Fürth so günstig wie möglich: es handelte sich um einen kurzen Weg, der sehr verkehrsreich war und über ebenes Gelände führte. Unternehmungslustige Bürger der beiden Städte erkannten, daß sie hier nicht nur eine günstige Kapitalanlage und ein nützliches Werk im Dienste der engeren Heimat schaffen konnten; sondern dieses kleine Werk sollte eine Probe sein, „wodurch die Einträglichkeit und Tunlichkeit der Eisenbahnen überhaupt ins Licht gestellt werden soll“. Man bildete ein Komitee, lud zur Aktienzeichnung ein und führte den Bau durch — ganz ohne staatliche Hilfe, ganz aus eigener Kraft. Die Regierung, der es um die Rentabilität des Kanals zu tun war, sah anfangs nicht gerne, was die Nürnberger planten. Diese aber überwanden alle Schwierigkeiten. Sie wagten es sogar, die Ausführung einem deutschen Ingenieur zu übertragen, der das in ihn gesetzte Vertrauen glänzend rechtfertigte. Es war der Pfälzer Paul Camille Denis, der in Paris studiert und dann in England und Amerika geweilt hatte. Die Schienen bezog man vom Rasselsteine, die Wagen wurden von heimischen Handwerkern angefertigt, nur die Lokomotive mit dem Führer lieferte Stephenson. Die Bahn war freilich lediglich für den Personenverkehr bestimmt; für den Güterverkehr war die Strecke zu kurz, als daß sich ein Umladen vom Fuhrwerk auf die Bahn gelohnt hätte. Es war ein gemischter Betrieb — teils Pferde- und teils Dampfbahn. Man scheute den hohen Anschaffungspreis für die Lokomotiven, auch kam man jenen Fahrgästen entgegen, die sich einer Lokomotive nicht anvertrauen wollten. Überhaupt war man mißtrauisch gegenüber nächtlichen Dampffahrten, so daß es noch lange manche Eisenbahnlinien gegeben hat, auf der nachts nur tierische Zugkraft verwendet wurde. Auf der Strecke Nürnberg-Fürth ist dies bis 1862 der Fall gewesen.

Der Eröffnung der Eisenbahn Nürnberg-Fürth folgte 1839 die von Leipzig-Dresden nach. Seit 1837 war sie im Bau, hier wurde der erste Eisenbahntunnel in Deutschland angelegt. Im Gefolge von Lists Agitation begannen nun plötzlich in den verschiedensten Teilen Deutschlands die Kapitalbesitzer sich für die neue, aussichtsreiche Anlage ihrer Gelder zu interessieren, und bald konnte man von einem „Eisenbahnfieber“ sprechen, das die Menschen erfaßte und die Wirtschaft belebte. Überall bildeten sich Aktiengesellschaften, die aufgelegten Listen waren rasch überzeichnet, selbst kleine Leute beteiligten sich daran. Im Jahre 1838 wurde der Bau der Strecke Berlin-Potsdam begonnen, 1841 Berlin-Anhalt, 1842 Berlin-Stettin: so sind, als Eigentum dreier Gesellschaften, die drei Berliner Bahnhöfe — der Potsdamer, der Anhalter und der Stettiner Bahnhof — entstanden. In größerem Stile wurde der Bahnbau zuerst in Österreich betrieben. Das Bankhaus Rothschild erkannte die Bedeutung der Angelegenheit. Der in London tätige Nathan Rothschild beobachtete, welche Gewinne ihm entgingen, weil er sich von dem Bahnwesen zurückgehalten hatte; er wies seinen Bruder Salomon in Wien auf das lockende große Geschäft. Schon 1836 wurde der Bau der Nordbahn begonnen, die bestimmt war, die Kohlen aus Mähren und das Salz aus Galizien nach der Donau zu bringen: 1838 wurde die Linie Wien-Wagram eröffnet und dann in rascher Arbeit über Brünn nach Bochnia geführt. Es war die erste große Bahn auf dem Kontinent; sie wurde von dem Ingenieur Franz Riepl entworfen und ausgeführt, von dem auch der Plan eines vollkommenen Eisenbahnsystems in Österreich stammt. Die Fortsetzung nach Süden schritt nur langsam vorwärts, und Triest hat der Staatsverwaltung wiederholt den Vorwurf gemacht, daß die Linien an die sächsisch-preußische Grenze früher zur Vollendung gelangten als die Verbindung der Adria mit der Residenz. Der Präsident der Hofkammer, Freiherr von Kübeck, hat sich erfolgreich um den Ausbau des Verkehrs bemüht. Aber man zögerte, Rothschild so allmächtig werden zu lassen, daß man ihm auch noch für die Südbahn die Konzession erteilte. Als dann die Ausführung begann, waren auf dem Wege über die Alpen gewaltige technische Schwierigkeiten zu überwinden. Hier wurde die erste Bahn gebaut, die große Gebirgsstöcke übersteigen mußte, und so sind von den österreichischen Ingenieuren die weitaus bedeutsamsten Fortschritte ausgegangen, die das Einsenbahnwesen auf dem Kontinent gemacht hat.

Sehr langsam schritt der rheinisch-westfälische Bahnbau vorwärts, nachdem Friedrich Harkort mit seinen Gedanken einer Rhein-Weser-Bahn gescheitert war. Ludolf Camphausen, ein regsamer Kaufmann, ergriff allerdings, wie erwähnt, zeitig die Initiative. Er fühlte sich angespornt durch das Verhalten der Holländer, die den Ausgang aus dem Rheine in das Meer hemmten. Um ihnen zu entgehen und dem emporstrebenden deutschen Handel die überseeische Verbindung zu sichern, gründeten die Kölner unter Camphausens Führung 1837 eine Aktiengesellschaft zum Bau der Rhein-Schelde-Bahn von Köln nach Antwerpen. Die Bahn wurde auf Betreiben des Aachener Kaufmanns David Hansemann gegen die ursprüngliche Absicht über Aachen geführt und infolge der vielen Tunnels, Brücken und Viadukte eine der kostspieligsten in Deutschland: auf drei Millionen Taler hatte der Voranschlag gelautet, die Endsumme belief sich auf das Dreifache. Aber der niederrheinische Bahnbau hatte nun doch auch zugleich einen andern, weiteren Sinn erhalten. Wenn Camphausen noch vornehmlich als Kaufmann gedacht hatte, dem es darum zu tun war, mit Hilfe des neuen belgischen Staates den geknechteten Niederrhein zu umgehen oder zu befreien, so gingen David Hansemann und Gustav Mevissen, die ihm in der Leitung der Rheinischen Eisenbahngesellschaft folgten, darauf aus, das Land zu erschließen nach allen Seiten. Trotzdem ließ die Fortsetzung der Rhein-Schelde-Bahn nach Osten — also die Verwirklichung des Harkortschen Planes — auf sich warten. Zunächst interessierten sich die Kölner für eine

Rheinuferbahn. Im Jahre 1842 wurde die Strecke von Köln nach Bonn begonnen. Bei den Verhandlungen über die Weiterführung machten nicht nur die Vertreter der Schiffahrt Schwierigkeiten, sondern auch militärische Gesichtspunkte kamen in Frage. Die Verbindung der beiden Festungen Köln und Koblenz war erwünscht, jedoch der Bau auf dem linken Ufer schien bedenklich für den Fall eines Vordringens der Franzosen. Wenn aber auf dem rechten Ufer gebaut wurde, dann tauchte ganz von selbst der Gedanke einer festen Brücke über den Rhein auf: es war dann zum ersten Male wieder seit der Römerzeit, daß eine feste Brücke über den Rhein geschlagen wurde. Sie ist freilich doch erst 1859 ausgeführt worden. Die Brücke sollte auch dazu dienen, die Rhein-Weser-Bahn zu tragen. Über deren Linienführung stritt Hansemann lange mit den Elberfeldern, die der Bankier August v. d. Heydt vertrat. Hansemann bevorzugte die Linie über Duisburg und Dortmund nach Minden, weil sie billiger war als durch das gebirgige Gelände über Elberfeld. Er drang durch und baute; aber erst 1847 war Minden erreicht. Die Elberfelder schufen ihrerseits seit 1843 die Linie von Elberfeld über Witten nach Dortmund. Daß die Ausführung von Harkorts Gedanke so lange hinausgeschoben wurde, hat die Entwicklung des Ruhrgebiets um ein Jahrzehnt verzögert.

Alle diese Bahnen sind mit privatem Kapitale gebaut worden, und nur die wenigsten rentierten. Es zeigte sich, daß Eisenbahnen viel teurer waren, als man anfangs geglaubt hatte. Nur Paul Camille Denis konnte von sich rühmen, daß alle von ihm gebauten Bahnen Überschüsse erzielten. Die Bahn Nürnberg-Fürth trug dauernd die höchste Rente, aber auch die von ihm 1839 gebaute Bahn München-Augsburg sowie seine Pfalzbahnen rentierten. Sein Grundsatz war, bei Steigungen und Kurven stets den billigen Betrieb vornehmlich im Auge zu haben: denn ein teurer Betrieb ist bleibend, die Bausumme dagegen ist nur einmal aufzubringen! Die meisten andern Gesellschaften mußten dagegen die staatliche Zinsgarantie in Anspruch nehmen, ohne die sie das Werk nie hätten beginnen können. In jedem Falle aber war der Staat mächtig genug, um strenge Aufsicht zu führen. Er konnte die Konzession ohne Angabe von Gründen verweigern, die unentbehrliche Zinsgarantie ablehnen oder sich Sitz und Stimme in der Verwaltung sichern. Das Verhalten der staatlichen Bürokratie war in den einzelnen Ländern verschieden. Sie beschränkte sich in der Regel auf Erteilung des Privilegiums und Erlaß des notwendigen Enteignungsgesetzes: in dem einen Staate ist dies bereitwilliger und rascher, in dem andern langsamer geschehen. Wenn die Staaten nicht selbst als Bauherren und Inhaber des Betriebes auftraten, so lag dies nicht nur an der Abneigung der Bürokratie gegen so gewagte Unternehmen. Auch List war im Prinzip ein Anhänger der Privatbahnen. Denn er war darin durchaus dem Liberalismus zugetan, daß er im Privatinteresse die „mächtigste Triebfeder der Industrie“ sah, die freie Betätigung des Individuums über alles schätzte und der obrigkeitlichen Bevormundung abgeneigt war; auch gab es anfangs als Vorbilder nur England und Amerika. Als er jedoch in Leipzig die schlechten Erfahrungen machte und 1833 in Belgien die ersten Staatsbahnen gebaut wurden, wurde ihm immer deutlicher, daß sein nationales Eisenbahnsystem eigentlich nur durch den Staat verwirklicht werden könnte; denn nur der Staat kann es sich leisten, mehr auf den allgemeinen Zweck als auf den augenblicklichen Ertrag des Unternehmens zu sehen — nur er kann Einheit in das Ganze bringen. In der Kleinwelt der deutschen Territorialstaaten fielen diese Vorteile hinweg, und so hat List auch in dieser Frage die für seine Wirtschaftsauffassung bezeichnende Verbindung vorgezogen, die dem privaten Unternehmungsgeiste die Möglichkeit der Entfaltung gewährte, aber die notwendigen Eingriffe der öffentlichen Gewalt in das Wirtschaftsleben zuließ. So verlangte er neben der Zinsgarantie des Staates auch seine Beteiligung am Gewinn von einem bestimmten Prozentsatz ab, damit die wilde Spekulation vom Eisenbahnbau ferngehalten wurde und die Tarife niedrig blieben.

Am frühesten hat David Hansemann in Aachen sich dem Vorbilde des belgischen Nachbarstaates angeschlossen und 1837 den Gedanken der Staatsbahn verfochten, weil nur so die notwendigen, aber unrentabeln Linien gebaut werden konnten: sie mochten dann aus den rentabeln erhalten werden. Auch August v. d. Heydt hat wenig später in seinen Denkschriften ausgeführt, daß das öffentliche Interesse den Staatsbau erfordere; als Handelsminister hat er in den 50er Jahren trotz aller Widerstände die preußische Verwaltung entschieden in die Richtung der Staatsbahnen gelenkt. Die erste deutsche Staatsbahn ist 1838 zwischen Braunschweig und Wolfenbüttel gebaut worden, und in größerem Ausmaße folgte dann die badische Bahn von Mannheim über Heidelberg nach Basel. Doch war die Entscheidung, welche der badische „Eisenbahnlandtag“ 1838 traf, nicht prinzipieller Art und durchaus nicht geboren aus der Überzeugung, daß das wichtigste Verkehrsmittel sich in der Hand des Staates befinden solle. Als der „Eisenbahnminister“ Ludwig Winter vor den Landtag trat — „die Hand am Pulse der Zeit“, wie er in dem pathetischen Stile des liberalen Jahrhunderts ausrief — und das von Nebenius bearbeitete Projekt der Finanzierung vorlegte, da wollten die beiden Staatsmänner doch nicht dem wirtschaftlichen Liberalismus untreu werden. Sie waren — wie es das Schicksal der Verwaltung ist — von Angeboten bedrängt, unter denen sich auch ein solches von List befand, und sie hatten nicht sofort bemerkt, daß diese Anregungen und Vorschläge eine große Bedeutung besaßen. Sie hatten vor dem Landtage, wo Rotteck und Welcker mahnten, mit Spott geantwortet: „Die Eisenbahnen geben der Phantasie vielen Spielraum; denn Sie haben gehört, wie der Herr Abgeordnete mit einem Zauberschlag Eisenbahnen über Berge und Felsen führt.“ Sie hatten erklärt: „Wir fühlen das dringende Bedürfnis noch nicht.“ Nur weil plötzlich die Gefahr drohte, daß Frankreich und die bayrische Pfalz eine linksrheinische Bahn bauten und die Waren, die auf den großen Rheinschiffen nur bis Mannheim gelangen konnten, über die Pfalz und das Elsaß weiterleiteten, entschloß man sich in Baden, rasch zuzugreifen und auf Staatskosten zu bauen. Zur Beruhigung der Staatsangehörigen und der Staatsgläubiger wurde eine „Eisenbahnschuldentilgungskasse“ eingerichtet und von der übrigen Finanzverwaltung des Staates völlig getrennt. Das Institut nahm die zum Bau der Bahn erforderlichen Kapitalien auf und bewirkte ihre Verzinsung und Rückzahlung aus den Einkünften des Bahnbetriebes.

Im übrigen blieb man in Deutschland noch bis zur Gründung des Reiches bei dem System der Privatbahnen, nicht anders als in Frankreich. Nur in dem 1831 neu gegründeten Königreich Belgien, wo König Leopold I. als ein sehr bürgerlich gesinnter und weitblickender Geschäftsmann regierte, sind die Eisenbahnen, wie bereits angedeutet, nach einem einheitlichen, vorher durchdachten Plane vom Staate gebaut worden, indem sie von Brüssel aus strahlenförmig in alle Teile des Landes und an die wichtigsten Grenzpunkte geleitet wurden. In Deutschland dagegen wurden trotz List die Linien von lokalen Interessen aus gebaut, die Geschäfte der Eisenbahnunternehmungen wurden nach privatwirtschaftlichen Rücksichten geführt, also im Hinblick auf die Erzielung möglichst hoher Einnahmen, ohne Beachtung allgemeiner Bedürfnisse. Der Unternehmungsgeist der deutschen Kaufleute war erstaunlich, Deutschand wurde nach Belgien das an Eisenbahnen reichste Land des Kontinentes. Aber es wurden doch nur die ertragreichsten Strecken ausgebaut, oder es entstanden Richtungen, die in ein rationelles Eisenbahnnetz nicht paßten, während andere, wichtigere Strecken unterblieben. Man baute vielfach nur dort, wo man einen regeren Personenverkehr sah, und jedenfalls erwartete man von der Personenbeförderung den eigentlichen Gewinn, da man hier sehr hohe Fahrpreise erheben konnte: man empfand in Deutschland die unsäglichen Beschwerden des Reisens, aber man ahnte nicht, daß die Beschleunigung des Güterumlaufes noch sehr viel wichtiger war. Wo der Staat ein kräftiges Wort mitsprach, da waren doch die Gesichtspunkte oft kleinlich genug. Es kam vor, daß der Bau einer wichtigen Linie lange verschoben wurde, weil Serenissimus den Lärm in der Nähe seiner Residenz befürchtete, oder daß eine andere Linie nur deshalb entstand, weil der Fürst seine Residenzstadt durch den Verkehr heben wollte. Als Baden mit Hessen einen Vertrag schloß zur Weiterführung seiner Bahn nach Darmstadt und Frankfurt, da stritten die beiden Städte Mannheim und Heidelberg im edlen Wettstreit, über welche Stadt die Fortsetzung nach Norden geführt werden solle. Da aber beide Städte oppositionell gewählt hatten, so fällte die Regierung ein salomonisches Urteil und führte die Bahn zwischen den beiden Städten hindurch, indem sie den Eisenbahnknotenpunkt Friedrichsfeld schuf. Über die Anschlüsse an den Landesgrenzen konnten die einzelnen Staaten oder Gesellschaften sich oft nicht einigen, zumal die Strecken vielfach mit verschiedener Spurweite gebaut waren, so daß die Güter umgeladen werden mußten. Die aller Reglementierung abgeneigten Engländer hatten zwar auch kein Eisenbahnsystem geschaffen, sondern nur regellose Linien; die Spurweite war bei ihnen sehr verschieden, und dies ist noch das ganze Jahrhundert so geblieben. Aber in dem territorial zersplitterten und mitten in Europa gelegenen Deutschland war dies eine empfindliche Hemmung. Zwar nahm man meist die enge Spur Stephensons an; aber Baden hielt Jahrzehnte lang an seiner weiteren Spur fest, auch als seine Nachbarn Hessen und die Schweiz längst die allgemeine deutsche Spurweite angenommen hatten. Erst als überall auf dem Kontinent die Schmalspur Eingang gefunden hatte und Baden ganz isoliert war, gab es den Kampf auf und baute in den 50er Jahren um. An der russisch-deutschen Grenze war übrigens noch viel länger dieses größte Verkehrshindernis des Jahrhunderts aufgerichtet: so konnten die Eisenbahnen durch die Verschiedenheit der Spurweite die Völker voneinander abschließen.

Wie anders war dies alles in dem „Eisenbahnsystem“ von Friedrich List durchdacht und vorgesehen gewesen! Mit erstaunlich klarem Blicke hat schon 1843 Helmut von Moltke, damals Hauptmann im preußischen Generalstab, die Mängel des deutschen Eisenbahnbaues erkannt und ihre Beseitigung gefordert. Er zeigte an

Hand der Rechnungen, daß die Grundlage des Betriebes nur der Güterverkehr sein konnte, der allein die Anlagen rentabel machte und in dem der eigentliche nationalökonomische Nutzen der Schienenwege zu suchen war. Die Bahnen selbst aber mußten nach einheitlichem Plane gebaut werden, und dies konnte nur der Staat tun. Post und Bahn in gemeinschaftlicher Hand ergänzten sich dann, statt sich gegenseitig zu befehden. Auch die weniger begünstigten Provinzen konnten alsdann ihre Bahn erhalten, weil der Staat nicht nur nach privatwirtschaftlichen Gesichtspunkten vorzugehen brauchte. Der Staat konnte sich mit der Eisenbahn ein Instrument schaffen, um die entlegenen Teile des Landes mit der Hauptmasse zu verschmelzen und auch die militärische Verteidigung zu erleichtern und sicherzustellen. Daß die Eisenbahnen dereinst „zu den wichtigsten Mitteln der Kriegsführung" gehören würden, haben schon die Pioniere des Bahngedankens — Friedrich Harkort, Camphausen und List — klar vorausgesagt. Sie waren geneigt, der Eisenbahn eine ähnliche, umwälzende Rolle in der Kriegskunst zuzuschreiben, wie man sie von der Erfindung des Schießpulvers annahm. Vor allem List hat bei seinen Verhandlungen mit den Regierungen dieses Argument eifrig verwendet und es in jeder Richtung durchdacht. Er hat auch schon gesehen, wie die Eisenbahnen vornehmlich dem Verteidiger zugute kommen mußten und wie es bei der Lage Deutschlands leicht geschehen konnte, daß die Nation zu einer einzigen großen Festung wurde, ihre Truppen bald dahin und bald dorthin werfen mußte. In dem Jahrhundert der preußisch-russischen Freundschaft hat er geschrieben: „Es könnte sich begeben, daß einst Frankreich und Rußland sich die Hände reichen, und für einen solchen Fall sind die Vorteile eines deutschen Eisenbahnsystems unberechenbar." Sobald die Bahn von Paris nach Brüssel fuhr, war die Rheinprovinz dem Mittelpunkte Frankreichs auf eine Tagereise nahegerückt, und Preußen konnte die Bahn von Berlin nach Köln nicht mehr entbehren. So ist auch begreiflich, daß der preußische Staat zögerte, die Verschiedenheit der Spurweite an der russischen Grenze zu beseitigen: der mächtige Nachbar mußte bei einem Angriff auf jeden Fall hier ein Hemmnis finden, er konnte sein Material in Feindesland nicht verwenden.

Obwohl also der militärische Nutzen der Eisenbahnen von den Theoretikern erörtert wurde, so hat doch erst Moltke Gelegenheit erhalten, die systematische Verwertung bei Mobilmachung, Aufmarsch und während eines Feldzuges zu zeigen. Das Jahr 1859 brachte zum ersten Male in Preußen eine solche Mobilmachung;

zugleich konnte man beobachten, wie sie in Frankreich und Österreich funktionierte. Aber vor Moltke war das Verständnis für die Bedeutung dieser Dinge in Preußen erstaunlich gering, wie ja überhaupt die offiziellen Stellen dem Bahnbau abgeneigt blieben. König Friedrich Wilhelm III. sparte und vermied jede Anleihe, um nicht gezwungen zu sein, im Sinne seines Versprechens eine Volksvertretung zu berufen und ihre Einwilligung herbeizuführen. Selbst ein Mann wie Beuth, der das meiste getan, um die Elemente des Eisenbahnverkehrs und die technischen Mittel des Eisenbahnbetriebes zu beschaffen, war dem Bahnbau abgeneigt: die Erfahrungen, die er in England gemacht hatte, führten ihn auf den Satz, daß der preußische Verkehr noch lange nicht entwickelt genug sei, um der Eisenbahnen zu bedürfen. Aber dem Zwange der Tatsachen konnte man sich auf die Dauer nicht entziehen. Unter Friedrich Wilhelm IV. wurde das Interesse der Regierung größer. Sie stellte 1842 eine Übersicht über ein Bahnnetz auf, das alle Provinzen untereinander, mit der Hauptstadt und mit dem Auslande verband. Der Staat sollte durch Übernahme der Zinsgarantie, durch Zeichnung von Aktien oder durch andere Unterstützungen überall da eingreifen, wo der private Unternehmungsgeist zur Durchführung der Bahnbauten nicht ausreichte. Dieser Plan ist im wesentlichen bis 1848 verwirklicht worden. Aber die Bahn nach West- und Ostpreußen schien unausführbar; keine Geldgeber waren für die weite, menschenleere Strecke zu gewinnen. Der Bau der Ostbahn wurde so dringend, daß dadurch in den 40er Jahren die ganze preußische Verfassungsfrage aufgewühlt wurde und in die Revolution hineintrieb.

Die Entstehungsgeschichte des deutschen Eisenbahnwesens erklärt auch seinen besondern Charakter, zum Unterschied vom französischen oder englischen Eisenbahnsystem. In England entstanden die Bahnen aus dem Bedürfnis der vermehrten Beschleunigung und Verbilligung eines schon vorhandenen Verkehrs. Es ist das einzige Land, wo alles ausschließlich durch privaten Unternehmungsgeist geschah, ohne jede materielle Unterstützung des Staates; planlos wurde hier gebaut, die Gesellschaften überboten sich gegenseitig durch scharfe Konkurrenz. In Deutschland wurden die Linien regellos verteilt, mit vielen größeren und kleineren Zentren, die aber nicht immer die Schwerpunkte des Verkehrs waren: dies alles spiegelt deutlich die Zersplitterung der Interessen im alten Deutschland und den Einfluß der territorialen Staatsgewalt auf das Wirtschaftsleben. Ganz anders laufen in Frankreich, wie übrigens auch in Belgien, alle Hauptlinien von den Häfen oder Festungen der

Grenze aus radial in der Hauptstadt zusammen: das französische Land wurde planmäßig aufgeteilt zwischen einigen großen Gesellschaften, die Konkurrenz fast ausgeschaltet. Auf dem Kontinent — in Frankreich sowohl wie in Deutschland — wurde der Bahnbau, nachdem die ersten Anfänge einmal überwunden waren, sehr stark beeinflußt durch die Bedürfnisse der Wehrkraft. Das Personal wurde uniformiert und in Rangklassen geordnet; vom englischen Standpunkte aus war dies „eine der Natur des Verkehrslebens nicht ganz entsprechende Polizeilichkeit". Vorschrift und Instruktion gewannen dadurch eine ganz andere Ausdehnung als in England, wo der auf guter Fach- und Dienstkenntnis beruhenden Selbstbestimmung ein viel größerer Raum blieb. Der Mangel an Initiative und selbständigem Denken im deutschen Publikum begegnete dem vormärzlichen Geiste der Bevormundung von oben her: so hat das deutsche Bahnwesen ein autoritatives Gepräge erhalten.

Die Eisenbahnen haben eine neue Periode der Weltgeschichte heraufgeführt, die mit Recht das „Eisenbahnzeitalter" genannt wird. Die Eisenbahn wurde das repräsentative Verkehrsmittel des Jahrhunderts, und die Lokomotive wurde zum „eisernen Haustier des Menschen"; denn sie konnte — anders als das Dampfschiff — den Menschen überallhin begleiten, sich allen Bedingungen des Ortes und Klimas fügen, gleich tüchtige Dienste im Gebirge wie im Flachlande leisten. Daß einst das Automobil diese geschichtliche Funktion noch viel besser ausüben werde, ahnte man nicht: die Dampfwagen konnten sich auf den Landstraßen nicht entwickeln. Zunächst siegte die Eisenbahn über die Postkutsche und über das Fuhrwerk. Man muß sich die Mühsale und Beschwerden vor Augen halten, die bis dahin den Reisenden begleiteten, um zu begreifen, wie fremdartig und geradezu dämonisch das neue Verkehrsmittel damals ins Leben trat: noch immer reiste man bis dahin nicht wesentlich anders als in den Tagen Homers. Die Reisen waren kostspielig, zeitraubend, unbequem; unpünktlich kamen die Fahrten ans Ziel, mit viel Verzögerungen, so daß der Kaufmann nur schwer disponieren konnte. Der Straßenbau größeren Stils hatte in Deutschland gerade erst begonnen, selbst vor den Toren Berlins versank man im endlosen Sand und in tiefen Lehmwegen; Achsen- oder Radbruch gab es häufig genug, und manchen Reisenden kostete dies das Leben. In den größeren, zumal den westeuropäischen Staaten waren die Verhältnisse besser. Das 18. Jahrhundert, dieses kosmopolitische Zeitalter, sah sehr viele reisefreudige Menschen; der Verkehr auf den Landstraßen war in dieser, dem Aufkommen der Eisenbahnen unmittelbar vorhergegangenen Zeit so lebhaft wie noch niemals vorher; die Personen- und Schnellposten drängten in England geradezu auf die Erfindung der Eisenbahnen hin und wurden von ihnen dann vernichtet. Gasthäuser waren entstanden und ersetzten die mittelalterlichen Herbergen in Klöstern und Gildehäusern. Auch in Preußen war gerade der Generalpostmeister Nagler eifrig dabei, die Postexpeditionen zu beschleunigen und sicherzustellen. Aber in den deutschen Kleinstaaten waren die Zustände jämmerlich. Die Obrigkeit gab sich hier nicht sonderlich Mühe, die Verkehrsbedingungen zu bessern. Man war vielfach der Meinung, daß schlechte Straßen eine Wohltat seien, weil der Feind schwer ins Land kommen könne und weil sie den Verkehr lange im Lande hielten, was für Stellmacher und Gastwirte vorteilhaft sei. Der Posthalter besaß zugleich auch das „Gasthaus zur Post“ und wollte an den Reisenden doppelt und dreifach verdienen. Mit Übertreibung und doch nicht so ganz unrichtig hat der Satiriker Lichtenberg die Reisen der alten Zeit geschildert: „Man muß sich festhalten, wenn die Löcher kommen, oder in den schlimmeren Fällen sich gehörig zum Sprunge spannen, muß auf die Äste achtgeben und sich zur gehörigen Zeit ducken, damit der Hut oder Kopf sitzen bleibt, die Windseite merken und immer die Kleidung auf der Seite verstärken, von wo der Angriff geschieht.“ Und boshaft fügt er hinzu: „Weil die Postwagen und Reisen mit so vielen Trübsalen verbunden sind, so hat man dafür gesorgt, daß die Wirtshäuser um so viel schlechter sind, als nötig ist, um die Postwagen wieder angenehm zu machen.“ Und anschaulich ist auch das Bild, das Moltke aus der Zeit um 1815 gibt: „Ein Besuch von Berlin aus nach Potsdam erforderte die Zurüstung einer Reise, Frankfurt a. d. Oder lag zwei Tagereisen entfernt; man nahm Abschied von den Freunden und richtete sich auf alle Beschwerlichkeiten übler Witterung, schlechter Nachtquartiere und umgeworfener Wagen ein. Ganze Herden von Pferden keuchten über steile Höhen und durch tiefe Täler, überall wurde Pflaster-, Brücken- und Geleitgeld erhoben. Wirklich waren die Landstraßen vom Mittelalter fast unverändert bis zu uns gekommen, nur daß die Raubritter durch die legale Wegelagerung der Zollstätten verdrängt waren.“ Der Bergrat Josef v. Baader wußte, warum er sein neues Mittel der „fortschaffenden Mechanik“ gerade damit anpries, daß „alle Gefahren, welchen man auf gewöhnlichen Reisen mit Umwerfen, mit dem Scheuwerden oder Durchgehen der Pferde, mit ungeschickten oder betrunkenen Postillions, besonders zur Nachtzeit, ausgesetzt ist, hier vollkommen vermieden werden, und dabei ist die Bewegung so sanft und angenehm, daß selbst kranke und schwächliche Personen oder kleine Kinder, sitzend, liegend oder schlafend ganze Tagereisen ohne die geringste Ermüdung zurücklegen können."

Eisenbahnunfälle sind natürlich nicht ausgeblieben, aber sie waren im Anfange selten, denn diese frühen Ingenieure traten erst nach gewissenhafter Durcharbeitung aller Einzelheiten vor die an sich schon mißtrauische Öffentlichkeit. Es erregte Bestürzung, als bei Eröffnung der Bahn von Liverpool nach Manchester 1830 der Nationalökonom Huskisson, ein Führer des Manchestertums und einer der wärmsten Befürworter des neuen Verkehrsmittels, von der rangierenden Lokomotive überfahren wurde und so selbst gleichsam dem Gegner die Argumente lieferte. Aber der Vorfall war nicht Schuld der neuen Technik. Das erste große Eisenbahnunglück geschah 1842 in Frankreich, wo bei Belleville fünfzig Personen in zwei aufeinander fahrenden Zügen umkamen. Der Zusammenstoß blieb auch weiter der Normalfall eines Eisenbahnunglücks. Entgleisungen kamen selten vor und hatten bei der geringen Geschwindigkeit nicht die schlimmsten Folgen. Wir lesen in der Selbstbiographie des Carl Benz, des Schöpfers des Automobils, wie sein Vater als Lokomotivführer sich den Tod holte, weil er eine entgleiste Lokomotive wieder aufrichten half und dann im erhitzten Zustande auf dem noch ungeschützten Führerstande sich erkältete. Erst in den 60er Jahren häuften sich die Unfälle so sehr, daß das abergläubische Publikum keinen Zug mehr besteigen wollte, der von einer der Unglücksmaschinen gezogen wurde. Man führte deshalb — und weil es auch durch die wachsende Anzahl nahegelegt wurde — die Numerierung der Lokomotiven ein, während bis dahin die Maschinen in der persönlichen Art der alten Zeit Namen getragen hatten, die leicht dem Gedächtnis sich einprägten und in der Regel ihre Geschwindigkeit und Kraft ausdrücken sollten. Stephensons Lokomotive war die „Rocket"; auch bei den deutschen Verwaltungen waren Rakete oder Pfeil, Löwe oder Adler sehr beliebt.

Die Unfälle waren Opfer, die der Fortschritt der Technik forderte. Die Einbuße an seelischen Werten war zum mindesten ebenso schlimm und mochte in der stetig zunehmenden Beschleunigung des Tempos immer peinlicher werden. Es war richtig, was Rousseau gelehrt hatte, daß an der Straße, welche die Kultur dahinzog, viel menschliches Glück begraben wurde. Aber der abendländische Mensch hatte keine Wahl. Der preußische Kronprinz, der spätere Friedrich Wilhelm IV., gab diesem Gefühle bei Eröffnung der Bahn von Berlin nach Potsdam in seiner lebhaften Art denkwürdigen Ausdruck: „Diesen Karren, der durch die Welt rollt, hält kein Menschenarm mehr auf.“ Wenn Raum und Zeit die großen Trenner waren und die Produktivität nur durch Arbeitsteilung im Zusammenhang mit der Kooperation gesteigert werden konnte, dann war die Eisenbahn das wichtigste Mittel des wirtschaftlichen Fortschrittes. Die Güterbahnen haben den Umlauf beschleunigt, Rohstoff und Maschine zusammengeführt. Die Personenbahnen haben in nie dagewesenem Grade die Menschen beweglich gemacht und gleichzeitig die Menschenansammlung an bestimmten Punkten ermöglicht. Schon Harkort und List rechneten ihren Landsleuten vor, daß der gemeine Mann billiger mit dem Dampfwagen als zu Fuße reise, daß die Eisenbahn einen großartigen Austausch der Stoffe und der Gedanken herbeiführen werde, daß sie vollenden werde, was die Buchdruckerkunst vor Jahrhunderten begonnen hatte. Wie ungeheuer die Menschen jener Tage durch das Auftauchen der Eisenbahnen in Erregung versetzt wurden, läßt uns die Literatur der Zeit erkennen. Mit tiefer Bewegung hat Heine im Jahre 1843 die Veränderungen überdacht, die nun in unserer Anschauungsweise, unsern Vorstellungen eintreten müssen, wenn man nach Eröffnung der neuen Linien in $4^1/_2$ Stunden von Paris nach Rouen oder Orléans reisen konnte: „Was wird das erst geben, wenn die Linien nach Belgien und Deutschland ausgeführt und mit den dortigen Bahnen verbunden werden! Mir ist es, als kämen die Berge und Wälder auf Paris zugerückt. Ich rieche schon den Duft der deutschen Linden; vor meiner Türe brandet die Nordsee.“ Jetzt wurde die Welt wirklich kleiner, das Leben länger, die Grenzen weiter. Die Eisenbahn war berufen, der Nation wie der Menschheit in gleicher Weise zu dienen: und beide Werte waren jener Generation teuer. Die Regierung und Verwaltung eines deutschen Klein- oder Mittelstaates war auch im 19. Jahrhundert noch eine Arbeit; aber es kam doch langsam die Zeit, wo diese Aufgabe sehr einfach, diese Kleinwelt sehr leicht überblickbar war und das Auge sehr rasch überall von territorialen Grenzen gehemmt wurde. Die Eisenbahnen waren geeignet, den Partikularismus aufzuzehren, die Menschen zueinander zu führen, die Stammeseigentümlichkeiten zurücktreten zu lassen. Dies hat schon Goethe gesehen, als er 1828 zu Eckermann bemerkte: „Mir ist nicht bange, daß Deutschland nicht eins werde; unsere guten Chausseen und künftigen Eisenbahnen werden schon das Ihrige tun.“ Er sprach auch von der wirtschaftlichen Einigung und „daß mein Reisekoffer durch alle sechsunddreißig Staaten ungeöffnet passieren könne“. In diesem

Sinne haben die Patrioten die innere Verwandtschaft von Eisenbahnen und Zollverein empfunden. Die Eisenbahnaktien wurden gefeiert als „Wechsel, ausgestellt auf Deutschlands Einheit“, die Schienen als „Hochzeitsbänder, Trauungsringe“: „liebend tauschen sie die Länder, und die Ehe ist geschlossen“. Die nationale Demokratie erkannte in den Eisenbahnen einen Hebel der Volksbildung und der Nationalität, einen Ersatz für die verkümmerte Pressefreiheit, so daß durch die Steigerung des persönlichen Verkehrs die Schranken des freien Gedankenaustausches überwunden werden konnten. Die Eisenbahnen waren in der Tat ein demokratisches Institut, das nur durch die Beteiligung der Massen zustande kommen, nur durch sie erhalten werden konnte, das den Armen um nichts langsamer zum Ziele brachte als den Reichen. Die gleiche Form der Fortbewegung konnte helfen, die Unterschiede der Stände auszugleichen; die Abstufung in zwei oder drei oder vier Fahrklassen war demgegenüber eine Äußerlichkeit, eine Frage der Zweckmäßigkeit, sie entsprach dem bürgerlichen Zeitalter des Klassenwahlrechtes. Wenn aber die Eisenbahnen die Menschen geistig zueinander führten und zu immer größeren staatlichen Einheiten drängten, so diente dies nicht nur dazu, aus den Stämmen eine Nation zu bilden; man hoffte auch, durch den Eisenbahnbau Europa zu einem einheitlichen Ganzen zu machen und den Menschheitsgedanken zu fördern. In seinem optimistischen Glauben an die Kraft der menschlichen Vernunft meinte jenes Geschlecht, daß der Austausch der Geister den „Nationalhaß“ verschwinden machen werde: die Völker lernen sich kennen, die gegenseitige Achtung steigt, Privatbeziehungen eines Volkes spinnen sich tief in das Leben des andern, Hungersnöte werden seltener! Wie kühn lautete Lists Prophezeiung, „daß nach Verlauf einiger Jahrzehnte durch die Vervollkommnung der Transportmittel die zivilisierten Nationen der Erde in Beziehung auf den materiellen wie auf den geistigen Verkehr so eng oder noch enger unter sich verbunden sein werden, wie vor einem Jahrhundert die verschiedenen Grafschaften von England“. Es zeigte sich wieder, daß moderne Technik und Liberalismus geschichtlich zusammengehörten. Diese Männer sahen noch nicht, wie die Technik ihrem Geiste nach für jeden Zweck brauchbar war, der den Menschen wesentlich werden konnte.

Da Verkehrserleichterung das Gebot der Stunde war, wurden auch sonst noch, abgesehen von den Eisenbahnen, Fortschritte in dieser Richtung erzielt. Der Omnibus — in Paris 1819 durch den Bankier Lafitte eingeführt — entsprach den Bedürfnissen einer sich demokratisierenden Welt. In den Straßen von Mannheim und

Karlsruhe lief seit den 20er Jahren zum Gaudium der Spaziergänger die Draisine, der Vorläufer des Fahrrades, genannt nach dem Erfinder Karl von Drais, einem badischen Forstmeister. Es war ein Holzgestell mit zwei hintereinander geordneten Rädern, zwischen denen ein Sattel war nebst Bügel zum Aufstemmen der Arme. Die Fortbewegung wurde in der Weise bewerkstelligt, daß der Fahrer mit weitem Schritt vorwärts lief und so die Maschine abstieß. Selbst die alten Verkehrseinrichtungen verbesserten sich in vielfacher Hinsicht, angeregt durch die scharfe Konkurrenz der Eisenbahn. Die großen Frachtfuhrwerke der Spediteure belebten noch eine Zeit lang die Landstraßen. Wenn der Kanalbau durch die Eisenbahn in Deutschland zunächst an Bedeutung verlor — obwohl er in Frankreich, dem klassischen Lande der Kanäle, im 19. Jahrhundert erst noch einmal zu großen Aufgaben geführt wurde —, und wenn der bayrische Ludwigs-Kanal schon bei seiner Eröffnung sich als zu klein erwies für die inzwischen entwickelten Dampfschiffe, so ist doch der Straßenbau durch die Eisenbahn in keiner Weise gehemmt worden. Vielmehr erhielt er gerade jetzt erst besondern Antrieb, als es galt, die vielen Zufahrtswege zur Bahn zu bauen. Auch die Post erlebte einen neuen Aufschwung, sie wurde von Jahrzehnt zu Jahrzehnt moderner — sowohl die preußische unter dem Postmeister Nagler als auch die Thurn- und Taxissche Post. Seit 1840 kamen von England die aufklebbare Briefmarke und das Einheitsporto.

Dies alles waren freilich Kleinigkeiten. Entscheidend blieben die drei großen Verkehrsmittel, die das 19. Jahrhundert geschaffen hat, um die Hindernisse von Raum und Zeit zu überwinden — Eisenbahn, Dampfschiff und elektrischer Telegraph. Alle drei Mittel der großen Verkehrsumwälzung des Jahrhunderts sind noch in vormärzlicher Zeit entwickelt worden. Wie dringend das Bedürfnis nach Überwindung von Zeit und Raum war und wie dadurch allein das Suchen und Finden angeregt wurde, zeigt die Geschichte des Telegraphen. Krieg und Revolution hatten in Frankreich die Zentralisierung der Staatsverwaltung notwendig gemacht und vollendet, in ihrem Sinne war 1794 der optische Telegraph geschaffen worden, der Napoleon wertvolle Dienste leistete. Auf weithin sichtbaren Gebäuden wurden Gestelle errichtet mit mächtigen Balken, die in die verschiedenste Lage gebracht werden konnten. So vermochte man verabredete Zeichen von Station zu Station durchzugeben; rasch erfuhr der Kaiser in Paris, was von der Plattform des Straßburger Münsters ihm gemeldet wurde. Noch zur Zeit der Julirevolution kannte man lediglich diesen optischen Telegraphen, der in jenen schwülen Tagen durch die weltgeschichtlichen Ereignisse in so lebhafte Tätigkeit versetzt wurde, daß er auf dem Dache des alten Akademiegebäudes in Berlin unaufhörlich „die Hände über dem Kopfe zusammenschlug", wie die Berliner witzelten. Im Jahre 1833 baute die preußische Regierung einen optischen Telegraphen, dessen wichtigste Punkte die Berliner Sternwarte, die Johanniskirche in Magdeburg und die Pantaleonskirche in Köln waren. Die Linie diente wie einst die napoleonische ausschließlich Regierungszwecken, sie war ganz militärisch organisiert und dem Kriegsministerium unterstellt; bei Tage und günstiger Witterung konnte man eine kurze Nachricht in einer Viertelstunde von Berlin an den Rhein übermitteln.

Als die preußische Regierung diese Linie baute, ahnte sie nicht, daß im gleichen Jahre Gauß und Weber in Göttingen den ersten elektrischen Telegraphen durch die Luft spannten und dadurch eine Entwicklung anbahnten, die schon nach anderthalb Jahrzehnten Werner Siemens befähigte, die großen preußischen Staatstelegraphen von Berlin nach Frankfurt und von Berlin nach Köln zu bauen. Der Gedanke, den elektrischen Strom zur Zeichengebung zu verwenden, war schon in den Jugendtagen der Forschungen über die Elektrizität aufgetaucht. Durch den großen militärischen Nutzen des optischen Telegraphen angeregt, hatte in der napoleonischen Zeit, 1809, der Anatom Sömmerring der Münchener Akademie einen Apparat vorgeführt, der den Versuch unternahm, „die Voltasche Säule zu einem Telegraphen zu verwenden". Einen praktischen Wert hatte es freilich nicht, wenn man 35 isolierte Kupferdrähte für die 35 Buchstaben und Zahlen brauchte. Gauß hat 1815 den greisen Sömmerring besucht, aber erst 1833 die Anregung wieder aufgegriffen, als ganz neue Aussichten sich boten. Denn inzwischen hatte Örsted die Ablenkung der frei schwebenden Magnetnadel durch den elektrischen Strom gelehrt, und Faradays Induktionsströme hatten die Voltasche Säule entbehrlich gemacht: die Entdeckungen von Oersted und Faraday wurden durch Gauß und Weber angewendet, als sie 1833 in Göttingen den ersten Telegraphendraht über die Häuser zogen und die Anlage mit Erfolg in Benutzung nahmen. Die Leitung bestand aus zwei nebeneinander laufenden blanken Kupferdrähten. Man verwandte zwei Elementarzeichen — nämlich die Ablenkung der Magnetnadel nach rechts und links; Buchstaben und Ziffern wurden durch verabredete Gruppierungen gebildet.

Gauß war der geistige Urheber, Weber der ausführende Physiker. Auf die Anregung von Gauß hin hat sich dann Steinheil an die Aufgabe gemacht, den Nadeltelegraphen so umzugestalten, daß er die ankommenden telegraphischen Zeichen niederzuschreiben vermochte. 1837 ist Steinheil die Wiedergabe der Depeschen in einer Zeichenschrift gelungen: so hat er den ersten Schreibtelegraphen konstruiert, der zwischen der Akademie in München und der Sternwarte in Bogenhausen geführt war. Im folgenden Jahre hat Steinheil dann noch eine zweite große Erfindung auf telegraphischem Gebiete gemacht, indem er die bisher nur wenig erforschte Leitungsfähigkeit der Erde für den Telegraphen nutzbar machte, also den Erdboden als Rückleiter des Stromes verwandte. Gauß und Weber hatten noch die doppelte Drahtleitung gehabt, von der einen Station zur andern und wieder zurück, obwohl es ihnen bekannt war, daß die Erde kein vollkommener Nichtleiter der Elektrizität ist. Steinheil zuerst benutzte den Boden als Hälfte der Leitungskette; er zeigte also, daß ein einfacher Draht zum Telegraphieren genügte. So hat er die Leitungskette auf ihre einfachste Form gebracht und dadurch die Ausbreitung des elektrischen Telegraphen über den ganzen Erdball erleichtert. Zur gleichen Zeit, 1837, hat der Amerikaner Morse einen Schreibtelegraphen zum Patent angemeldet, der sich im Laufe der Jahre als vorteilhafter erwies und, vielfach verbessert, auch in Europa sich durchgesetzt hat. Aber die Erdleitung wird Steinheil allein verdankt, und der Schreibtelegraph ist von ihm selbständig erfunden worden. Auf dieser Grundlage hat dann Werner Siemens die Schwachstromtechnik weitergebildet und die elektrotechnische Großindustrie aufgebaut. Mit Recht hat die Münchner Akademie Steinheil für würdig befunden, mit Fraunhofer verglichen zu werden, dem er ja auch durch seine übrigen wissenschaftlichen Arbeitsgebiete so nahe verwandt war. Wenn auf Fraunhofers Denkmal gerühmt war, daß der große Optiker uns die Sterne näher gebracht habe — „approximavit sidera“ —, so steht auf Steinheils Grabe zu lesen, daß er den Gedanken Flügel verliehen hat: „dedit alas cogitatis“.

Neben Eisenbahn und Telegraph ist das Dampfschiff die dritte Erfindung gewesen, von der die Verkehrsumwälzung des 19. Jahrhunderts ihren Ausgang genommen hat: Eisenbahn und Dampfschiff traten zueinander in scharfe Konkurrenz. Im Jahre 1816 — als man noch nichts von einer Eisenbahn wußte — fuhr zum ersten Male ein englischer Dampfer bis Köln. Es war eine gewaltige Sensation, als man ein großes Schiff ohne Mast, ohne Segel und

Ruder und auch ohne Leinpferde stromaufwärts fahren sah. Bald darauf ließ der Tübinger Buchhändler Cotta, der ja auch in anderer Hinsicht die Bedürfnisse des neuen technischen Zeitalters klar erkannte, einen Dampfer auf dem Bodensee laufen. Es dauerte dann einige Jahre, bis die Holländer mit Dampfschiffen eine regelmäßige wöchentliche Fahrt zwischen Rotterdam und Köln einrichteten. Das Monopol der Holländer zu brechen, wurde hier die Aufgabe, wie auf andern Gebieten das Monopol der Engländer. Die Kölner Handelskammer überwand die Bedenken, die sich der weiteren Entwicklung entgegenstellten: man befürchtete, daß der Aufwand für Herstellung und Betrieb eines Dampfers zu groß sein werde, das Schiff wegen seiner Schwere nur eine geringe Lademöglichkeit haben könne, der Verschleiß der Maschinen infolge der Erschütterungen zu rasch sein müsse. Aber schon 1825 fuhr ein Schiff bis Straßburg. Noch im gleichen Jahre bildeten sich in mehreren Rheinstädten Gesellschaften zum Betriebe von Dampfschiffen; seit 1829 bestand die Schiffsbauwerft in Ruhrort. Anfangs gaben sich die Gesellschaften nur mit Personenverkehr und Beförderung von Stückgut ab. Im Jahre 1829 kamen zuerst die Holländer auf den Gedanken, Maschine und Transportträger zu trennen, die Lastkähne statt durch Leinpferde mittels Dampfschiff bergauf schleppen zu lassen. Aber die Kosten waren sehr hoch, da die hölzernen Lastkähne nur mit großem Arbeitsaufwand geschleppt werden konnten. So bildete sich die Regel heraus, daß die kursmäßigen „Rangschiffe“ nur bei ungünstiger Witterung sich vom Dampfer schleppen ließen: die Schlepper hatten also nur ganz unregelmäßig Beschäftigung. Da gründete 1841 Ludolf Camphausen die Kölner Dampfschleppschiffahrtsgesellschaft. Sie baute nach dem kurz vorher von den Holländern gegebenen Vorbilde eigens nur für Schleppfahrten geeignete, große Güterkähne aus Eisenblech. Nun konnte sie einen eigenen Güterverkehr einrichten, zur großen Not der Rangschiffer.

Trotz dieser raschen und gewaltigen technischen Umwälzung hat die Schiffahrt zunächst keinen solchen Aufschwung genommen, wie man annehmen sollte. Der Personenverkehr belebte den Strom, erst die Dampfschiffahrt vollendete die Poesie der Rheinreise. Für den Oberrhein kam dies nicht in Betracht; hier war von einer Belebung nichts zu verspüren. Auf dem Mittel- und Niederrhein hob sich allerdings der Güterverkehr in schönem Anstieg, um aber dann in den 50er Jahren zum Stillstand zu kommen und erst mit dem vollen Aufblühen des deutschen Industriestaates seit der Gründung des Reiches eine unvergleichliche Lebendigkeit des

Stromverkehrs hervorzubringen. Verwaltung und Technik waren lange geneigt, der Tullaschen Korrektion des Oberrheins die Schuld an der „Verödung“ des Stromes zuzuschreiben, weil sie den Rhein gewissermaßen in einen Stromschlauch verwandelte, um die Wasser rasch abzuführen, wodurch die Bergfahrt erschwert und verteuert wurde. Obwohl Tullas Hauptzweck die Landesmelioration war, so hatte er sich von der Ausführung doch eine Belebung des Verkehrs versprochen, wobei er die technische Entwicklung der Dampfschiffahrt noch nicht hatte ahnen können. Auf dem Wildstrom, den der Oberrhein vorher bildete, hätte die Dampfschiffahrt sich noch viel weniger entfalten können. Die Schwierigkeiten, die hier vorlagen, entstammten vielmehr andern Gründen. Da Frankreich seit den 30er Jahren sein Kanalsystem in großartiger Weise vollendete, wurde der Verkehr der oberrheinischen Lande auf den Rhein-Rhône-Kanal nach Marseille und vor allem auf den Rhein-Marne-Kanal nach Le Havre verwiesen. Dies blieb lange für die oberrheinischen Kaufherren der Weg nach dem Weltmeere, auf ihm bezog man in Süddeutschland Baumwolle und Kolonialwaren; wir sprachen bereits davon, wie die geistige Abhängigkeit des süddeutschen Liberalismus von Frankreich auch durch die Arbeit der Kontore zustande kam und lebendig gehalten wurde. Wichtiger noch als alles dieses war, daß die Dampfschiffahrt nicht in der Lage war, die Konkurrenz der gleichzeitig sich entwickelnden Eisenbahnen auszuhalten: auch beim Großverkehr, wo es nicht auf die Schnelligkeit ankam, waren die Eisenbahnen den Dampfschiffen überlegen. Der moderne Verkehr verdankte beiden Einrichtungen alles, aber die Eisenbahnen brachten die größeren Fortschritte. Sie gaben nicht nur die Triebkraft des Dampfes, sondern auch die Ebnung der Bahn durch die Schienen. Auf der Wasserstraße dagegen ist die kostspielige Regulierung im Interesse der Schiffahrt erst spät begonnen worden, weil der Partikularismus der Uferstaaten sich hier noch hemmender bemerkbar machte als beim Eisenbahnbau. Nur die Felsen beim Binger Loch sind schon 1832 gesprengt worden, so daß die bisherige Breite von nur 9 Metern auf 23 bis 30 Meter erweitert wurde. Vor allem aber war die Bahn deshalb im Vorteil, weil auf ihr nicht alte historische Abgaben lasteten, wie dies auf dem Strome der Fall war.

Die „wirtschaftliche Knechtschaft“ des Rheines hat bis in das 19. Jahrhundert gedauert. Sie stammte aus jenem späteren Mittelalter, da die deutschen Könige ihre Regalien verschleudert hatten. Von Straßburg bis Holland gab es schließlich 32 anerkannte Zollstätten neben den vielen nicht anerkannten. Besonders schlimm war es auf der Strecke von Mainz bis Köln: die romantischen Burgen am Rheine hatten einst die Ritter beherbergt, die von den Schiffern Abgaben erpreßten, und als die umwohnenden Territorialherren die Burgen gebrochen hatten, waren die neuen Gebieter doch nicht gewillt gewesen, auf die Zölle zu verzichten. Verkehrsfeindlich war auch das Stapelrecht, das die großen Rheinstädte Köln, Mainz und Speier in Anspruch nahmen: die Schiffe mußten hier die Waren ausladen, damit der Verkehr in die Stadt gezogen wurde oder wenigstens die einheimischen Frachthäuser Arbeit hatten. Die Geschichte der Rheinschiffahrt war bis zum Untergang des alten Reiches eine Geschichte von Zöllen, von Stapel- und Umschlagsrechten, von Zwangsmaßnahmen der Städte und Territorialherren — ein Wirtschaftskampf des einen Kleinstaates gegen den andern. Die französische Herrschaft hatte dann alle lokalen, auf Privilegien beruhenden Zölle aufgehoben und an die Stelle ein einheitliches Oktroi mit festem Tarif gesetzt, worüber zwischen den Uferstaaten die Oktroikonvention von 1804 galt: die Verfügungsgewalt über den Wasserweg wurde den Uferstaaten entzogen und einer Zentralbehörde, der Oktroidirektion, übertragen. Zugleich wurden die alten Schifferzünfte aufgelöst und an ihrer Stelle moderne Gesellschaften gegründet: wer den Befähigungsnachweis als Steuermann erbracht hatte, mußte aufgenommen werden, sobald Bedürfnis vorhanden war. Es war ein erster Schritt zur Gewerbefreiheit hin, aber noch war der schrankenlose Wettbewerb ferngehalten. Die Schiffergesellschaften waren keine Zünfte mehr, sie dienten lediglich wirtschaftlichen Zwecken, nämlich der Verteilung der Fahrten unter die Genossen im Sinne der alten Rangordnung, damit nach wie vor eine Rangschiffahrt bestand, also jederzeit ein Schiff zur Befrachtung vor Anker lag, aber immer nur vollbeladen abzufahren brauchte. Dies alles war klar durchdacht und den Bedürfnissen der Schiffahrt angepaßt. Eine Willkür aber war, daß die Stapelrechte von Köln und Mainz aufrechterhalten blieben, weil sie französischen Städten und der französischen Steuerbehörde zugute kamen.

Es kennzeichnet den ganzen Jammer des deutschen Lebens, daß der Rhein zum ersten Male in seiner Geschichte eine volle Einheit bildete, als er verkehrspolitisch ein französischer Strom geworden war. Der Sturz Napoleons brachte die alte Zersplitterung in viele Uferstaaten, Holland wurde wieder selbständig und sperrte die Mündung durch hohe Abgaben. Der Wiener Kongreß, auf dem Wilhelm von Humboldt auch in der Frage der Rheinschiffahrt die Sache der Einheit verfocht, ließ zwar die Oktroikonvention bestehen und hob auch die Stapel von Köln und Mainz auf, da sie Reste einer überlebten Zeit und „gehässige französische Vorrechte" seien; aber die ganze Verwaltung ging in die Hände der Einzelstaaten. Da Frankreichs Interesse nach dem Westen und nicht rheinabwärts wies, so wurde Preußen der mächtigste der Uferstaaten. Die preußische Regierung führte den Kampf gegen Holland um die freie Durchfahrt zum Meere. Der Wiener Kongreß hatte die Freiheit des Rheines bis zur Mündung festgesetzt — „jusqu'à la mer", hieß es in der Akte. Die Holländer erklärten, es heiße nicht „jusque dans la mer", und also seien sie berechtigt, vor der Mündung eine Abgabe zu erheben. Die holländische Auslegung war ohne Zweifel richtig. Wilhelm von Humboldt war kein Fachmann; er hatte nicht geahnt, daß die rheinische Schiffahrt dereinst einmal über das Meer streben könnte. Die Kölner wollten nun aber auch auf ihren Stapel nicht verzichten, es sei denn, daß sie die See gewannen. Und Preußen stellte sich auf den Kölner Standpunkt, nicht nur weil es hier die Interessen einer preußischen Stadt und des preußischen Fiskus verfechten wollte, sondern weil es dadurch die Rolle einer Vormacht des Rheines übernehmen konnte. Da die Holländer also sich weigerten, stellte Preußen den Kölner Stapel wieder her. Die Rechtslage war für Preußen ungünstig, aber es nahm den Wirtschaftskampf auf. Am Oberrhein fühlte man sich durch Preußens Vorgehen benachteiligt; nicht umsonst hatten einst die Pfälzer Kurfürsten den Stapel von Köln und Mainz bekämpft. Die oberrheinischen Kaufleute sympathisierten mit Holland und mit Frankreich, dem das holländische Verhalten sehr willkommen sein mußte. Sie ahnten, daß Mannheim bestimmt war, an der Stelle von Mainz und Frankfurt Umschlagsplatz für den Rheinverkehr zu werden; aber sie sahen nicht, daß für sie ebenso wichtig wie der Fall des Kölner Stapels die Öffnung der Rheinmündung werden mußte und daß Preußen gerade hierfür kämpfte. Die preußenfeindliche Stimmung des Südens wurde auch durch diese Vorgänge verstärkt, und Preußen führte den Kampf für den Kölner Stapel ohne Wanken gegen Holland und Süddeutschland zugleich. Schließlich kam ein preußisch-holländischer Vertrag zustande, der den Streit in der Weise beilegte, daß er die besondern holländischen Schiffahrtsabgaben beseitigte, aber dem holländischen Staate naturgemäß das Souveränitätsrecht, Zölle zu erheben, beließ. Der Vertrag wurde auch mit seinen andern weitgehenden Bestimmungen von allen Uferstaaten angenommen, und so entstand die Rheinschiffahrtsakte von 1831, die bis zur Reichsgründung die Grundlage aller Rechtsverhältnisse auf dem Rheine geblieben ist. Alle

Stapel und Umschlagsrechte fielen hinweg, alle Schiffergesellschaften wurden beseitigt, die volle Gewerbefreiheit also verwirklicht. Der Rhein bildete von nun an eine gemeinschaftliche Handelsstraße, auf der kein Schiff zum unfreiwilligen Aufenthalt oder zu gezwungener Umladung veranlaßt werden konnte und auf der die Konzession zur Schiffahrt persönlich und unbeschränkt erteilt wurde: erst jetzt konnten die Aktiengesellschaften mit ihren Dampfern sich entwickeln. Köln konnte dank seiner Lage auch auf dem freien Rheine seine Stellung ausbreiten, denn es hatte ja den Zugang zur See gewonnen; aber Mainz verlor seine Stellung an Mannheim, wohin die großen Schiffe nun ungehindert fahren konnten. Im Jahre 1840 wurde der Mannheimer Hafen eröffnet: die Waren mußten hier von den großen Rheinschiffen auf die Neckarschiffe oder auf die Eisenbahnen verladen werden, ganz Süddeutschland und die Schweiz wurden von den dortigen Spediteuren und Handelsleuten bedient, Schiffahrt und Eisenbahn arbeiteten sich in die Hände. König Ludwig I. von Bayern erfaßte die Situation und legte, um auch für sein Land Vorteil daraus zu ziehen, dem Mannheimer Hafen gegenüber eine andere Hafenstadt an, die ihm zu Ehren 1843 Ludwigshafen genannt wurde. Leidtragende waren neben der Mainzer Bevölkerung ferner noch am ganzen Rheine die Mitglieder der alten, aus der französischen Zeit stammenden Schiffergesellschaften, die aus den alten Rangschiffern sich zusammensetzten: nur ihre Mitglieder hatten die Konzession erhalten, und diese war an den Nachweis des Bedarfes geknüpft worden. Gegen die Dampfschiffe konnten sie sich bei freier Konkurrenz nicht behaupten. Erhalten blieb aber auch jetzt noch das Oktroi. Erst in der revidierten Rheinschiffahrtsakte von 1868 wurde die volle Freiheit des Stromes hergestellt: alle Abgaben wurden beseitigt, die „sich lediglich auf die Tatsache der Beschiffung gründen“. So konnte erst nach 1871 die Binnenschiffahrt das Eisenbahnmonopol brechen.

Die Geschichte der andern deutschen Flüsse bietet nicht das gleiche Interesse wie die des Rheines, der Deutschlands größte Wasserstraße ist. Nur für die Donau kam eine große Umwälzung, seit 1830 das Dampfschiff durch Engländer in Wien eingebürgert wurde und 1834 die Regulierungsarbeiten am Eisernen Tore begannen. Bisher war man von Wien aus leichter nach Neuyork als nach Konstantinopel gekommen. Nun aber wurde Osteuropa erschlossen, wie List und Moltke klar erkannten. Die weiten Getreideflächen an der Theiß und in der Walachei sowie die riesigen Wälder Slawoniens öffneten sich; leicht zog nun der Export von der Leipziger Messe die Donau hinab. Dagegen trägt die Geschichte der andern Flüsse mehr nur lokalen Charakter. Die Schiffahrtsakten auf Weser und Elbe sind schon 1821 zustande gekommen, auf der Oder fuhr 1828 der erste Dampfer. Friedrich Harkort hat, nachdem er Wetter verlassen hatte, sich dem Bau von Schiffsmaschinen zugewendet; 1836 stellte er einen Weserdampfer in Duisburg her und führte ihn persönlich durch die stürmische Nordsee nach Minden. Sein Plan, auf der Weser die Dampfschleppschiffahrt einzuführen, wurde vom Oberpräsidenten Vincke abgelehnt mit der Begründung, die Sache sei unausführbar und werde auch die Interessen der Pferdetreiber sehr schädigen. Harkort baute 1837, und abermals in Duisburg, einen Dampfer, der die Möglichkeit direkter Rhein-See-Schiffahrt erwies; er fuhr mit ihm nach London. Aber es fehlte ihm an Kapital, um die Konstruktion zu vervollkommnen. Die Kölner Kaufleute halfen dem Erfinder nicht, sondern warteten seinen Bankrott ab und steigerten dann seine Schiffe.

Sehr viel langsamer als auf dem Flusse bürgerte sich die überseeische Dampfschiffahrt ein. Der erste Dampfer kam zwar schon 1816 in Hamburg an. Aber noch bis in die 40er Jahre, wo der Rad- durch den Schraubendampfer ersetzt wurde, herrschte hier der gemischte Typ vor, der abwechselnd Dampf und Segel verwendete. Die erste Dampferlinie von Bremen nach Amerika wurde 1847 mit amerikanischem Kapital eingerichtet, während die im gleichen Jahre gegründete Hapag nur Segelschiffe besaß. Der langsame Übergang zur neuen Technik hinderte aber nicht, daß der Handel der deutschen Hansestädte nach jahrhundertelangem Niedergang noch in vormärzlicher Zeit einen Aufschwung erlebte und daß dieses älteste und vornehmste Bürgertum Deutschlands, das allein sich über die Zeiten des absoluten Fürstentums hinweg eine Weltbedeutung erhalten hatte, nun seinen eigentümlichen Beitrag liefern konnte beim Aufbau des bürgerlichen 19. Jahrhunderts. Die Wiederherstellung der reichsstädtischen Freiheit durch den Wiener Kongreß verdankte man der Vorliebe des Freiherrn vom Stein für städtische Republiken und der klugen Haltung des Bremer Bürgermeisters Johann Smidt, der — von Herkunft Theologe — auf dem glänzenden Parkett von Wien wie ein „deutscher Franklin“ schlicht und in schwarzer Robe sich bewegte und die Diplomaten auf die Weltstellung Bremens und Hamburgs verwies, so daß man die Städte unmöglich norddeutschen Kleinfürsten einverleiben konnte. So wurde in Smidt der Gedanke der nationalen Einheit lebendig. Er hat ihn, wie erwähnt, in den 20er Jahren als

Gesandter am Bundestage fast allein vertreten, er war der reichsstädtische und nationale Staatsmann, wie er dem Freiherrn vom Stein als Ideal vorschwebte. Dies hinderte nicht, daß er in der Wirtschaftspolitik durchaus nur an die Interessen des Außenhandels dachte. Seit England als Kolonialmacht und durch die industrielle Revolution emporgestiegen war, hatten Hamburg und Bremen als Einfallspforten der englischen Wirtschaft und des englischen Geistes an Reichtum und Ansehen gewonnen; nach 1815 nahmen sie einen ungeahnten Aufschwung. Im Hamburger Hafen herrschte bis in die 60er Jahre England durchaus vor. Die Hamburger waren die Kommissionäre Englands, sie brachten die in Massen eingeführten englischen Waren in Deutschland unter. In Bremen dagegen entwickelten sich Eigenhandel und eigene Reedereien. Bremen gewann Weltruf als Auswandererhafen und für den Import der Tabake; beides hing aufs engste zusammen — die Schiffe luden auf der Hinfahrt Menschen und brachten auf der Rückfahrt Tabak. Die Bremer Reeder waren lange die bedeutendsten, die es in Deutschland gab. Gegen die Hansestädte richteten sich die stärksten Vorwürfe der Gewerbetreibenden Süd- und Westdeutschlands: sie seien englische Faktoreien und dienten der Vernichtung des deutschen Gewerbes. Die Hamburger waren eben deshalb die Wortführer des Freihandels.

Den Aufschwung, den Bremen vor Hamburg nahm, verdankte es dem Wagemut seiner Kaufleute, die selber sich Schiffe hielten und eigenen Handel trieben. Der Weitblick ihres Bürgermeisters Smidt kam ihnen zu Hilfe. Da die größeren Schiffe nicht mehr bis Bremen gelangen konnten, drohte Bremen durch das oldenburgische Brake an dem linken Ufer der Unterweser verdrängt zu werden. Da gelang es Smidt, von dem das rechte Ufer besitzenden Hannover einen Landstrich zu erwerben und dort an der Mündung der Geeste einen neuen Hafen zu erbauen. So wurde 1827 Bremerhaven gegründet — eine ganz bewußte und rationale Schöpfung, wie der Grundriß der Stadtanlage mit dem Rechteckschema zeigt, aber nicht mehr wie die „künstlichen Städte" der Barockzeit von Fürsten geschaffen, sondern eine bürgerliche Gründung. Es ist uns aus Eckermann bekannt, wie Goethe sich für den Bau des Hafens interessiert, sich Karten und Pläne beschafft hat; er arbeitete damals an den beiden letzten Akten des „Faust", und die Vermutung spricht dafür, daß der Dichter durch die Nachrichten von Bremerhaven angeregt wurde, die Hinwendung des abendländischen Menschen zur Tat und zur Technik dadurch zu kennzeichnen, daß er seinen Helden zum Wasserbauingenieur werden ließ. Als die Regierung von Hannover den Aufschwung Bremerhavens sah, suchte sie das Versäumte nachzuholen und legte 1847 den Hafen von Geestemünde an. 1853 wurde Wilhelmshaven gegründet: alle Städtegründungen des 19. Jahrhunderts sind — wie schon Ludwigshafen am Rheine zeigte — aus der Anlage neuer Häfen hervorgegangen.

Dem Bürgermeister Smidt folgte in der Leitung der Bremer Politik Arnold Duckwitz. Er war es, der die erste direkte Dampferverbindung zwischen Nordamerika und dem europäischen Kontinent nach Bremerhaven gebracht hat. Seit 1840 bestand die englische Cunardlinie zwischen Neuyork und Liverpool; aber die Amerikaner erstrebten eine unmittelbare Verbindung mit dem Festlande, um von der englischen Linie unabhängig zu werden. Duckwitz stellte ihnen vor, daß Bremen für sie günstiger sei als Antwerpen oder Hamburg. Es war ein großes Ereignis, als 1847 der erste Ozeandampfer in Bremerhaven ankam; es war ein Personendampfer, und der Personenverkehr hat für Bremerhaven eine größere Bedeutung erhalten als für irgend eine andere deutsche Seestadt. Deshalb konnten Smidt und Duckwitz auch leicht ihren nationalen Gefühlen nachgeben und dem Zollverein freundlich gegenüberstehen, während der Hamburger Senat der schärfste Gegner des Zollvereins wurde, was man ihm sehr verübelte, zumal für Hamburg in ganz Deutschland Geld gesammelt wurde, als die Stadt durch den Brand von 1842 größtenteils vernichtet wurde. Hamburg führte politisch und kulturell ein Sonderleben, mitten zwischen den kleinen norddeutschen Monarchien. Hier identifizierte man den freien Handel mit dem freien Staate, man schloß sich ab gegen binnenländische Einflüsse und war vor allem auch antipreußisch gesinnt, lebte selbstzufrieden im materiellen Wohlsein; bei allen Fragen standen die handelspolitischen Gesichtspunkte im Vordergrunde. Aber vor dem Philistertum war man geschützt durch den belebenden Hauch der See, man war liberal und fast weltbürgerlich gesinnt, Richard Cobden wurde bei seinem Besuche in Hamburg 1847 sehr gefeiert. Den im übrigen Deutschland Verfolgten gewährte man gerne ein Asyl. Hier lebte der Verleger Julius Campe, der die Werke des „Jungen Deutschland“ herausgab, was in den andern Teilen des großen Vaterlandes kaum möglich gewesen wäre. Wenn Heinrich Heine oder Friedrich Hebbel harte Urteile über Hamburg und seine Bewohner gefällt haben, so geschah dies aus vorübergehender, persönlicher Verärgerung; aber Heinrich von Treitschke hat der Stadt mit dem Händlergeiste, die sich so hartnäckig und lange gegen Preußen und die Zollgemeinschaft sperrte, einen leidenschaftlichen und dauernden Haß entgegengebracht.

Zollverein und Eisenbahnbau, so haben wir gesagt, haben Epoche gemacht in der deutschen Geschichte. Zur gleichen Zeit traten sie in das deutsche Leben: erst durch sie setzte in der zweiten Hälfte der 30er Jahre die industrielle Entwicklung ein und begann sich deutlich von der alten handwerksmäßigen Wirtschaft abzuheben. Die innerdeutschen Hemmungen waren durch die Zolleinigung gewiß noch nicht völlig beseitigt. Obgleich jetzt die zahllosen Zolltabellen aus den deutschen Kontoren verschwanden, so blieb es doch lästig genug, daß in jedem deutschen Kleinstaate Münze, Maß und Gewicht anders lauteten und die Handelsleute nach wie vor mit vielen Tabellen arbeiten und umrechnen mußten. Am schlimmsten war das Durcheinander bei Maß und Gewicht; jede Stadt verstand bei Längenmaß etwas anderes unter Fuß oder Elle, Klafter oder Rute, und ebenso stand es mit dem Flächenmaß Morgen oder Joch und beim Hohlmaß Schoppen, Scheffel oder Malter. Auch in England war dies übrigens nicht anders; die konservativen Engländer hielten auch im industriellen Zeitalter an ihren mittelalterlichen und provinzialen Einrichtungen fest. Dagegen hatte die französische Nationalversammlung 1789 auf Talleyrands Antrag der Akademie der Wissenschaften den Auftrag gegeben, eine „natürliche Einheit" vorzuschlagen. Diese hatte dann in jahrelanger Arbeit durch Messung eines Erdmeridianbogens von Barcelona bis Dünkirchen die Größe eines Viertels des Erdmeridians bestimmt und den zehnmillionsten Teil desselben als Grundmaß angenommen. Da jede neue Gradmessung eine kleine Modifikation zur Folge hatte, wurde ein in Paris aufbewahrter Metermaßstab aus Platin definitiv gültig. Man teilte nun und vervielfältigte nach dem dekadischen System. Man stellte ferner einen natürlichen Zusammenhang her zwischen Maß und Gewicht, indem man das Gewicht eines Kubikzentimeters Wasser unter dem Namen Gramm als Gewichtseinheit aufstellte und auch diese Größe dezimal teilte und dekadisch vervielfältigte. So ist das metrische System aus dem mathematischen Geiste der Französischen Revolution entstanden. Es empfahl sich dem heraufkommenden industriellen Zeitalter durch seine Konsequenz, Einfachheit und Brauchbarkeit, aber lange galt es auf deutschem Boden nur in den ehemals rheinbündischen Staaten. Endgültig ist erst 1868 im Zollverein die Einheit von Münze, Maß und Gewicht erreicht worden, nachdem 1838 die Schaffung des Vereinstalers und 1840 des Zollvereinszentners einen ersten Schritt aus dem Wirrwarr gebracht hatte und die einheitliche deutsche Wechselordnung das einzige, vom Frankfurter Parlament beschlossene Gesetz geblieben war, das in allen deutschen Staaten zur Einführung gelangte.

Obgleich also die wirtschaftliche Einigung durch den Zollverein in vielfacher Hinsicht unvollständig war, so regte doch die gewonnene Verkehrsfreiheit Handel und Wandel an, und der neu entstandene Eisenbahnbedarf brachte der Eisenindustrie in kürzester Frist große Aufträge. Was List vorausgesagt hatte, trat ein: Zolleinigung und Eisenbahnen haben die noch schlummernden produktiven Kräfte geweckt! Der Bedarf an Schienen steigerte die bis dahin ganz geringe Nachfrage nach Eisen; Bergbau und Hüttenproduktion nahmen beträchtlich zu. An den neuen Aufgaben konnte sich das technische Können entfalten. Die Warenstatistik des Zollvereins zeigte in dem ersten Jahrzehnt ein Anwachsen der Einfuhr von Rohstoffen, mit dem die Ausfuhr von Getreide Schritt hielt, so daß der Zollverein anfangs eine aktive Handelsbilanz hatte. Dann kam der rasche Eisenbahnbau, so daß die Eiseneinfuhr beträchtlich stieg und die Handelsbilanz stark passiv werden ließ. Man versteht hieraus das Drängen der Eisenindustriellen nach einem Schutz vor den hochentwickelten englischen Hochöfen. Den eigentlichen Gewinn an der Einführung der Eisenbahn hatte die eisenverarbeitende Industrie. Sie erhielt sofort Aufträge für Schienen, Weichen, Waggons, während die Lokomotiven — samt den zugehörigen Führern — von England geliefert wurden: der „Englishman" war in dem damaligen Deutschland eine bekannte Erscheinung, wie in der Fabrik, so auf der Lokomotive. Und wo immer man in Deutschland eine Linie baute, sandte man die Ingenieure zuvor nach England zum Studium der dortigen Bahnen. Einige deutsche Werkstätten versuchten zwar Lokomotiven herzustellen, diese erwiesen sich aber als unbrauchbar. Dann gelang es August Borsig in Berlin als erstem, den Engländern erfolgreich entgegenzutreten. Er hatte in Breslau als Handwerker gelernt, besuchte in Berlin das Gewerbeinstitut und war dann ein Jahrzehnt lang Betriebsleiter in der Eisengießerei von Egells. Zu den ersparten 8000 Talern nahm er von Freunden Darlehen von 59000 Talern auf; größtenteils also auf Grund seines persönlichen Kredits erwarb er vor dem Oranienburger Tore ein Grundstück und eröffnete hier 1837 eine Werkstätte. Er war sofort gut beschäftigt; für den Bau der Berlin-Potsdamer Bahn lieferte er Kippwagen und Geländer. Auch sein Ehrgeiz wurde es, eine Dampfmaschine zu bauen; dann stellte er Dampfkessel her, und 1841 kam die erste Lokomotive aus seiner Fabrik hervor. Es war für Borsig schwer zu erreichen, daß die Berlin-Anhaltische Eisenbahngesellschaft ihm die Lokomotive in Auftrag gab. Als Vorbild diente ihm ein amerikanisches Modell. Verbesserungen gelangen ihm. Bereits im Jahre 1843 übertraf Borsig die englischen Lokomotiven an Geschwindigkeit wie an Zugleistung, und im Jahre 1848 wurden von 69 Lokomotiven, die in diesem Jahre durch preußische Eisenbahnen bestellt wurden, 67 bei ihm in Auftrag gegeben. Hand in Hand mit diesem äußeren Wachstum ging die Verfeinerung des Lokomotivenbaues, worauf die Eisenbahnverwaltungen ebenso sehen mußten wie auf die Verbesserung der Schienenwege; es mußte ihr Bestreben sein, die Unterhaltungskosten der Bahnen herabzuziehen und ihre Sicherheit zu erhöhen. Wir nannten bereits Ferdinand Redtenbacher, der den wissenschaftlichen Maschinenbau an der Turbine wie an der Lokomotive entwickelt hat. Borsig anderseits kam als Empiriker in der Werkstätte zu immer besseren Leistungen, und es dauerte, wie erwähnt, eine geraume Zeit, bis Schule und Fabrik sich gegenseitig ergänzten. Der Export von Lokomotiven setzte für Borsig in seinem Todesjahre 1854 ein. Schon vorher, 1847, waren für die erste Schweizer Eisenbahnstrecke, von Zürich nach Baden, alle Lokomotiven und Wagen in einer deutschen Fabrik hergestellt worden.

Denn unmittelbar nach Borsig hatten auch andere Werkstätten den Lokomotivenbau aufgenommen. In Bayern wurde noch im gleichen Jahre wie in Preußen durch Josef Anton Maffei eine erste Lokomotive hergestellt; sie fuhr auf der 1839 in Betrieb genommenen Linie München-Augsburg. Und abermals im Jahre 1841 gründete der kapital- und tatkräftige Nürnberger Kaufmann Johann Friedrich Klett eine mechanische Werkstätte, die sich dem Eisenbahnbedarf und dem Dampfkesselbau widmete: der Aufstieg der Firma erfolgte dann in den 50er Jahren unter dem Schwiegersohne des Gründers, Theodor Cramer-Klett. Nach Borsig und Maffei ist als dritter deutscher Lokomotivenbauer Emil Keßler hervorgetreten, der Sohn eines Offiziers, am Polytechnikum gebildet. Er hat die Maschinenfabriken in Karlsruhe und Eßlingen gegründet und beide nebeneinander betrieben — die eine als Eigentümer, die andere als Direktor einer mit Staatshilfe arbeitenden Aktiengesellschaft. In den 50er Jahren sind dann von Eßlingen die größten Fortschritte im Lokomotivenbau ausgegangen. Auch in Mitteldeutschland ist der Lokomotivenbau unmittelbar mit dem Eisenbahnbau aufgenommen worden. Als Hannover 1844 eine Eisenbahn erhielt, erstellte Georg Egestorff, von Herkunft Ziegeleibesitzer, in seiner mechanischen Werkstätte alsbald eine Lokomotive, und in Kassel hat der Glockengießer Carl Anton Henschel seine Erzgießerei auf Maschinen- und Lokomotivenbau umgestellt. In Chemnitz eröffnete 1832 Richard Hartmann, der als Schmiedegeselle auf der Wanderschaft aus seiner elsässischen Heimat dahin gekommen war, mit drei Arbeitern eine Reparaturwerkstätte. Er begann mit dem Bau von Textilmaschinen, 1841 stellte er seine erste Dampfmaschine, 1847 seine erste Lokomotive her. Im Jahre 1845 beschäftigte er schon 350 Arbeiter, und 1932 ist das Riesenwerk wieder niedergelegt, das Gelände in Rasenfläche zurückverwandelt worden: in der kurzen Spanne eines Jahrhunderts scheint sich der Kreislauf der industriellen Epoche für Deutschland vollendet zu haben.

Wie die Maschinenfabriken und vielfach in engster Verbindung mit ihnen entwickelten sich auch die Spinnereien und Webereien: der gemeinsame Aufschwung von Textilgewerbe und Maschinenbau war ja typisch für den Übergang zum Maschinenzeitalter! Es begann nun auch in Deutschland der Siegeszug der Baumwolle, die aus einem Luxus- ein Gebrauchsartikel wurde. In den alten Textilgebieten Mitteldeutschlands wurde immer mehr Baumwolle verarbeitet, im Anfang vielfach als Fälschung, um an dem Stück Wolle oder Leinen zu verdienen. Auch der Osten Deutschlands ging nun zum mechanischen Betrieb über. Während im übrigen Deutschland, wie erwähnt, die Dampfmaschine zum ersten Male 1785 erstellt worden war, auch im schlesischen Bergbau rasch sich einbürgerte und als Betriebsmaschine in westdeutschen Spinnereien Eingang fand, hat Wien erst 1815 die erste Dampfmaschine erhalten; sie war für eine Tuchfabrik bestimmt. Im Jahre 1823 lieferte Harkort eine Dampfmaschine von 6 PS nach Böhmen, die dort die erste war; auch sie fand in einer Spinnerei Verwendung. Im Jahre 1825 gründete Karl August Milde in Breslau die erste mechanische Baumwollspinnerei östlich der Elbe und ermahnte unablässig den gewerblichen Mittelstand Schlesiens, zur Maschine überzugehen. Die Fabriken im Westen und Süden wurden größer und größer. 1840 eröffnete die mechanische Baumwollspinnerei und Weberei in Augsburg ihren Betrieb mit 12000 Spindeln und 300 Webstühlen — schon damals eine der größten in Deutschland. Sie war bestimmt, den vielen ortsansässigen Zeugdruckern das Rohmaterial zu liefern. Die reichen Wasserkräfte der Stadt hatten ja seit ältesten Zeiten hier ein blühendes Textilgewerbe hervorgebracht: die Augsburger Weberzunft, aus der die Fugger hervorgegangen, war die berühmteste im alten Deutschland gewesen. Nun gewann das Gewerbe eine nie geahnte Ausdehnung auf der kapitalistisch-industriellen Grundlage, und die ehedem so gefeierte Zunft war dem Untergange geweiht. Sie ist 1861 nach dem Siege des mechanischen Webstuhles und der Gewerbefreiheit erloschen. Vorausgegangen war hier wie im übrigen Deutschland ein hoffnungsloser Kampf gegen die neuen Mächte. Die Baumwolle drängte die alte deutsche Fabrikation von Leinen und Wolle zurück. Die Leinenweber gerieten in furchtbare Not, ganze Dörfer hörten mit der hausindustriellen Betriebsweise auf, obwohl die Heimspinnerei als Nebenbeschäftigung noch lange bestand. Die mechanische Leinenfabrikation entwickelte sich nur sehr langsam. Es blieb nach wie vor schwierig, die technischen Fortschritte der Baumwollspinnerei auf die Spinnerei von Flachs zu übertragen. Wer am Leinen festhielt, zog die englische Auslandsware vor und bezog Leinen aus Irland. Die blaue Blume verschwand nahezu aus dem Bilde der deutschen Landschaft: der Flachsbau, der so eng mit der alten Hausindustrie zusammenhing, ging in Deutschland so stark zurück, daß später, als eine deutsche Leinenindustrie entstand, Flachs aus Rußland eingeführt werden mußte. Rascher gelangte man in der Wollmanufaktur zum Maschinenbetrieb; denn hier hatte es schon immer Großbetriebe gegeben. Aachen blieb auch weiterhin im Westen, Reichenberg im Osten führend; an diesen beiden Stellen erhoben sich Tucherzeugung und Tuchausfuhr zu höchster Blüte. Aber auch in Augsburg entstand in den 30er Jahren eine der frühesten deutschen Kammgarnspinnereien. Rohwolle stand in Deutschland genügend zur Verfügung. Bis 1837 führte Preußen sogar aus, bis 1867 stieg die preußische Wollproduktion, seit 1860 drückte die Konkurrenz der Kolonialwolle die Preise. Im ganzen ist zu sagen, daß die „industrielle Revolution“ in Deutschland am schwersten das Leinengewerbe getroffen hat und daß sie die Spinner schwerer traf als die Weber. Die Überlegenheit der Maschinenspinnerei über die Handspinnerei war größer als die Überlegenheit des Maschinenstuhls über den Handstuhl. In der Spinnerei wurden die vielfältigsten und sinnreichsten Maschinen erfunden; der mechanische Webstuhl aber war nicht für alle Webarten verwendbar, und seine Leistungsfähigkeit konnte nicht willkürlich vervielfältigt werden. Auch waren die Spinner von der Weberei abhängig: die Webereien bedienten sich gerne des ausländischen Maschinengarnes, so daß die Spinnereien nur mit Staatshilfe zum Maschinenbetrieb übergehen konnten.

Am langsamsten entwickelte sich die Roheisenerzeugung. Denn

das fremde Roheisen war so billig, daß man nicht wagen konnte, in neuzeitlichen Kokshochöfen große Kapitalien festzulegen; erst 1849 wurde an der Ruhr der erste Kokshochofen erstellt. Noch bis zur Jahrhundertmitte blieb das Ruhrgebiet eine sehr abgelegene Gegend. Bei seiner Erschließung waren führend die Kohlenhändler: diese haben in der Geschichte der Schwerindustrie die gleiche Bedeutung gewonnen wie die Eisenhändler in der Geschichte der Feinfabrikation. Stinnes in Mülheim und Haniel in Ruhrort führten seit 1815 auf der bequemen Wasserstraße von Ruhr und Rhein — und bald schon mit eigenen Dampfschleppern — die Kohle in die Ferne, sie waren an der Leistungsfähigkeit und Billigkeit des Grubenbetriebes interessiert und haben schon seit den 20er Jahren ihre Kapitalien auf den Bergbau gewendet. Ihre Stammsitze Mülheim und Ruhrort lagen an der Stelle, wo der Verkehr von Rhein und Ruhr sich begegnet. Aber erst 1834 wurde im Essener Revier das die Kohlenlager überdeckende Mergelgebirge durchbrochen und in die Tiefe gegraben, mit Dampfmaschinen und Förderbahnen. Und erst in den 40er Jahren konnten sich auf der Kohlenbasis die Puddel- und Walzwerke in größerer Zahl entwickeln. Die Hauptbeschäftigung bot der Bedarf an Eisenbahnschienen. Das Puddelverfahren beherrschte von 1845 bis 1860 die gesamte Stahlerzeugung, es brachte in der Folge in den Steinkohlengebieten Westdeutschlands eine konzentrierte Großindustrie hervor. Aber am Rheine standen die Werke früher als an der Ruhr. Sie trugen schuld, daß Hunsrück und Eifel vollends verödeten. Denn der Kohlenstoff der Holzkohle und die Kraft des Wassers waren nun ersetzt durch die Steinkohle, die Erzlager aber waren zu unbedeutend und ihr Eisengehalt zu gering, als daß sich der Transport nach der Steinkohle gelohnt hätte. Die Ruhrkohle konnte leicht an den Rhein, die Saarkohle leicht ins Elsaß gebracht werden: aber in die Eifel und auf den Hunsrück mußte man sie mühsam Sack für Sack auf dem Rücken der Pferde schleppen, und dies war in größerem Ausmaß unmöglich. So vernichtete das Puddelverfahren eine alte deutsche Industrie. Viele Puddelwerke befanden sich in einer Hand. Ihr Roheisen bezogen sie am besten und billigsten aus England. Die Schmiedeeisenproduktion der Puddelwerke hatte sich also in Deutschland früher entwickelt als die Roheisenbeschaffung durch die Hochöfen. Die Puddelwerkbesitzer waren daher, wie erwähnt, entschiedene Gegner des Roheisenzolls, der 1844 in mäßiger Höhe vom Zollverein bewilligt wurde.

Ein anschauliches Bild dieser ganzen industriellen Entwicklung gibt die Geschichte der Gutehoffnungshütte. Sie war ein seit alten Zeiten betriebenes Werk in der Nähe des Dorfes Sterkrade und gelangte 1808 in den Besitz der Familie Haniel. Ihre Erzeugnisse bestanden in Gußwaren, die Erze wurden in der Nähe der Hütte gegraben, der Hochofen mit Holzkohle betrieben. In den 30er Jahren kaufte der Inhaber Erzgruben an der Lahn und Dill: die Erze wurden zu Pferde an das Schiff gebracht und gelangten auf den Kohlenschiffen nach Ruhrort. Schon frühe verband man mit der Hütte eine Maschinenfabrik; 1819 wurde die erste Dampfmaschine gebaut, vornehmlich wurden Fördermaschinen für die Bergwerke hergestellt; 1829 wurde die Schiffswerft in Ruhrort angegliedert und zwei Jahre später das erste selbstgebaute Dampfschiff vom Stapel gelassen. Aber immer noch verwandte man auf der Hütte im Hochofen nur Holzkohle. Erst 1855 gelang die Verwendung von Koks, und jetzt war man den Engländern gewachsen. So ist die industrielle Erweckung des Ruhrgebiets erst in den 50er Jahren erfolgt. Die Entwicklung hatte spät eingesetzt, aber dann verwandelte sich innerhalb von zwei Jahrzehnten das bis dahin rein agrarische Westfalen in Deutschlands größtes Industriegebiet.

Auch das repräsentativste Werk der deutschen Großindustrie, Friedrich Krupp in Essen, hat sich erst um die Jahrhundertmitte durchgesetzt. Friedrich Krupp entstammte dem Patriziate der freien Reichsstadt Essen. Die Großeltern waren vom Handel in die Industrie gekommen, der Enkel besaß von ihnen die Gutehoffnungshütte. Von frühe an beschäftigte ihn das Problem, einen Gußstahl herzustellen, der dem englischen ebenbürtig oder überlegen sei. Die Kontinentalsperre schien der Sache günstig zu sein; aber die Experimente verschlangen alles Geld, und 1808 mußte die Hütte an die Gebrüder Haniel verkauft werden. Krupp zog nach Essen, wo er ein von der Mutter betriebenes Spezereigeschäft übernahm. Aus Erbschaften, die ihm zuflossen, brachte er von neuem die große Summe von 50 000 Talern zusammen, kaufte in Altenessen ein Grundstück und errichtete darauf ein Eisenschmelzwerk — einen durchaus handwerklichen Betrieb, mit drei, zeitweise zehn Arbeitern. Hier stellte er unter großen Opfern seinen Gußstahl her; schon 1817 war die Summe aufgebraucht, es fehlte an Geld und Kredit zur fabrikmäßigen Herstellung des Stahls. Friedrich Krupp wurde aus der Zahl der steuerpflichtigen Bürger gestrichen und zog in die Arbeiterwohnung, das „Stammhaus“ der Familie und Firma. Dort starb er 1826, erst 39 Jahre alt. Er hinterließ eine gänzlich verarmte Witwe mit vier unmündigen Kindern und mit dem Geheimnis des Gußstahls. Als er sich dem Tode nahe fühlte, hatte er den ältesten, vierzehnjährigen Knaben Alfred zu sich gerufen und in alles eingeweiht. Der Knabe wurde aus der Schule genommen; durch Jahre bitterster Not, der Geldsorgen und des Verkennens mußte er sich hindurchkämpfen, um die Zinsen für die Schulden des Vaters aufzubringen und der Mutter und den Geschwistern Brot zu schaffen. Die Münzstempel, die er herstellte, waren von hervorragender Güte und geringem Verschleiß; es wurde nichts an ihnen verdient, sie brauchten fast nicht ersetzt zu werden, und die fürstlichen Münzstätten waren zudem säumige Zahler. Der Aufschwung des Eisenbahnwesens verlangte, daß man sich beteiligte, und auch dies kostete immer wieder Geld. Allmählich ging es besser.

Rascher als im westfälischen Kohlengebiet hat sich die Entwicklung an der Saar vollzogen. Hier befanden sich die Kohlenbergwerke ganz in der Hand des Staates. Die Grafen von Saarbrücken hatten im 18. Jahrhundert auch noch die letzten privaten Gruben an sich gebracht, gestützt auf die alte deutsche Rechtsauffassung, wonach die nutzbaren Mineralien zu den Regalien des Landesherrn und nicht zum Grundeigentum gehörten. Die preußische Regierung brauchte also nur weiterzuführen, was die Grafen und die französische Verwaltung begonnen hatten. Die Familie Stumm, die 1806 vom Hunsrück zur Steinkohle gezogen war, hat ihrem Puddel- und Walzwerke in Neunkirchen schon 1840 den ersten Hochofen hinzugefügt, sei es, daß sie vorausblickender war als die Puddelwerkbesitzer in Westfalen, oder weil ihr das englische Roheisen nicht so bequem zugeführt werden konnte. Der eigentliche Aufschwung der Industrie an der Saar konnte aber doch erst beginnen, als seit 1845 die Bahn von Saarbrücken nach Ludwigshafen gebaut wurde. Dagegen bestanden in dem dritten großen Industriegebiet Deutschlands, in Oberschlesien, ganz besonders günstige Bedingungen für die kapitalistische Montanindustrie, die sich hier, wie dargelegt, schon Ende des 18. Jahrhunderts auf der Grundlage des feudalen Großgrundbesitzes entwickelt hatte. Eisen- und Zinkhütten wurden errichtet, und ganz neue Städte wie Königshütte und Myslowitz sind im Laufe des 19. Jahrhunderts in diesen Bergbaubezirken entstanden.

Im ganzen ist die Entwicklung in Deutschland langsam verlaufen. Man baute auf gediegenem Grunde und ohne Überstürzung, obwohl es an Rückschlägen und Krisen nicht gefehlt hat. Die Erweckung des deutschen industriellen Lebens begann mit Zollverein und Eisenbahnbau, aber erst in den 50er Jahren wuchs die deutsche Industrie über den Rahmen provinzieller Bedeutung hinaus und fing an, der englischen Industrie draußen auf den Weltmärkten zu begegnen. Erst in jener Zeit haben sich dann auch die Kreditbanken ausgebreitet, obwohl die westeuropäische Wirtschaft schon seit den 20er Jahren das Vorbild gegeben hätte. Noch lange herrschte auch im 19. Jahrhundert die Ansicht, daß ein solider Händler oder Gewerbetreibender sein Geschäft nur mit eigenem Kapital betreiben dürfe. Dies war naturgemäß eine starke Hemmung für die Produktion und den Ausbau der Produktionsmethoden. Und der Einrichtung der Aktiengesellschaft standen die vormärzlichen Regierungen, wie erwähnt, sehr unfreundlich gegenüber. Nach der moralischen Auffassung der Zeit wollten sie am liebsten nur die persönliche Verantwortlichkeit des einzelnen Eigentümers; es war ihnen unangenehm, daß ein Unternehmer nicht mit seinem ganzen Vermögen haften sollte und die Teilhaber nicht überblickbar waren. Am liebsten hätte man nur die altdeutsche Kuxe zugelassen, deren Verkauf nur in den strengen Formen der notariellen Überschreibung wie bei Immobilien möglich war; die Aktie wollte man jedenfalls nur mit namentlicher Eintragung, man haßte die Inhaberpapiere. Man war in Sorge vor Spekulation und Börsenspiel; man befürchtete, daß der persönliche Gewinn wichtiger werde als die Beförderung der Industrie. Auch politische Gesichtspunkte kamen in Betracht, denn der Absolutismus war jeder Vermehrung von korporativen Privatrechten abgeneigt, und im übrigen wollte der Staat der einzige Kreditnehmer größeren Stiles bleiben. Die Regierungen haben dann doch für Dampfschifffahrt und Eisenbahn die Aktiengesellschaft gestatten müssen. Die Eisenbahnaktien sind die frühesten Papiere gewesen, die neben den bisher allein herrschenden Staatspapieren in größerem Umfange auf den Effektenmarkt kamen; mit ihnen beginnt die Geschichte des deutschen Finanzkapitals. Sie wurden beim Publikum bald ebenso beliebt wie die Staatspapiere. Diese beiden blieben lange die einzige Form, in der der städtische Mittelstand sein Vermögen außerhalb des Geschäfts anlegte.

Soweit Banken eine umfassendere Bedeutung gewannen, beschäftigten sie sich fast nur damit, staatliche Anleihen unterzubringen oder die Geschäfte fürstlicher Personen zu besorgen. Auch noch im 19. Jahrhundert gab es in jeder Residenzstadt einen „Hofbanquier" oder „Hofjuden", und in den Großstädten waren die Geldgeber noch immer so unentbehrlich wie einst die Fugger im Reiche der Habsburger. Die zahlreichen Kriege der Kaiser hatten in Wien während des 17. und 18. Jahrhunderts die jüdischen Wechsler und Militärlieferanten emporgeführt. Im Zeitalter Metternichs gab es hier mehrere große Banken — das christliche Haus Geymüller und die jüdischen Arnstein, Pereira, Eskeles, Sina: ihre Inhaber sind nach habsburgischer Sitte baronisiert worden, während ihnen als Juden die staatsbürgerlichen Rechte versagt blieben. Der repräsentative christliche Bankier der Zeit war Simon Moritz v. Bethmann in Frankfurt, dessen Vorfahren Münzmeister mitteldeutscher Duodezfürsten gewesen waren, dann seit Mitte des 18. Jahrhunderts in der Handelsstadt am Maine den Geld- und Warenhandel betrieben und zu Reichtum und Ansehen gelangt waren, weil sie zahlreiche staatliche Anleihen gegen gute Provisionen unterbrachten: von 1778 bis 1815 sind die meisten österreichischen Anleihen durch die Gebrüder Bethmann in Frankfurt besorgt worden, der dem Bankhause gehörende „Baseler Hof" wurde der kommerzielle und gesellschaftliche Mittelpunkt aller vorwärtsstrebenden Kreise der Stadt. Simon Moritz v. Bethmann war ein sehr vornehmer und zurückhaltender Kaufmann alten Stiles, der für seine Vaterstadt in den schwierigen Revolutionsjahren erfolgreiche diplomatische Missionen nach Paris und an den Reichstag in Regensburg übernahm und in seinem Geschäfte den deutschen Kleinfürsten gegenüber sich nicht immer geneigt zeigte. So wurde er überholt von dem Hause Rothschild, das gleichfalls in Frankfurt seinen Ausgang nahm und dann eine finanzielle Weltmacht aufbaute, wie sie seit dem Zeitalter der Fugger nicht mehr bestanden hatte. Die fünf Söhne des alten Meyer Amschel führten die Geschäfte des Hauses in Frankfurt, Wien, London, Paris und Neapel; der Reichtum der Familie ist sprichwörtlich geworden wie einst der des Krösus.

Auch das Haus Rothschild gehört nach Entstehung und Wesen durchaus dem vorindustriellen Deutschland an; es kam hoch durch Geschäfte mit den kriegführenden Potentaten. Der kleine Wechsler Meyer Amschel Rothschild in Frankfurt hatte dem Landgrafen von Hessen in dem benachbarten Hanau und in Kassel gelegentlich seltene Münzen und Medaillen für seine Sammlung angeboten, war so ins Geschäft mit ihm gekommen und hatte ihm nutzbringende Anlagen für jene großen Kapitalien nachgewiesen, die aus dem Verkaufe der hessischen Untertanen — dem berüchtigten Soldatenhandel — stammten. Nach Beginn der Revolutionskriege war dann der kleine Händler sprunghaft emporgestiegen. Er übernahm Kriegslieferungen und beschaffte für die Truppen Wein und Tuch und überhaupt alles, wo es etwas zu verdienen gab. Schon 1795 gelangte er in die höchste Steuerklasse der Stadt. Das Haus

Rothschild besorgte die Angelegenheiten der Verbündeten und des vor den Franzosen flüchtenden Landgrafen, aber auch des von Napoleon eingesetzten Großherzogs von Frankfurt; in Paris stand der eine Bruder mit der Verwaltung des Kaisers in Verbindung, in London der andere Bruder mit den Engländern. Die Kontinentalsperre gab Gelegenheit zu sehr riskanten, aber gewinnbringenden Transaktionen, wenn man in England und auf dem Kontinent zugleich saß. Enorme Kapitalien wurden zusammengebracht, und das Vertrauen in die Güte der Firma wurde so fest, daß sie jede Summe erhalten und ausnützen konnte: „money makes money" — wo das Geld erst einmal ist, kommt auch das andere hinzu! Als Meyer Amschel im Jahre 1812 die Augen schloß, war die Geldmacht seines Hauses den beiden kriegführenden Parteien bereits unentbehrlich geworden. Die Brüder aber hielten fest an den vom Vater aufgestellten Grundsätzen — daß nämlich Inhalt des Geschäftes vornehmlich die Staatsanleihen blieben, daß man ferner politisch sich niemals festlegte, sondern sich stets den jeweils herrschenden Staatsgewalten anpaßte und daß unbedingte Einheit der Führung in der Hand des Frankfurter Stammhauses bestand, die Brüder also in großartiger Einigkeit zusammenarbeiteten und sich gegenseitig informierten. Als der Stern Napoleons im Sinken begriffen war, machten sich die Brüder sehr verdient um die gegen den Kaiser sich zusammenschließende Koalition: sie besorgten die Versendung der englischen Subsidien an die Verbündeten. Ihre weitgespannten Beziehungen und ihr fast unbegrenzter Kredit ermöglichten ihnen, unmittelbare Goldüberweisungen an die verschiedensten Stellen Europas vorzunehmen, so daß sie nicht nur die hohen Provisionen einstrichen und den Zins ausnutzen konnten, sondern auch noch die teuren Transportkosten sparten und bei der Versendung kein Risiko hatten. Gigantische Summen wurden auf diese Weise gewonnen, und außerdem kam die Firma dadurch mit Österreich ins Geschäft und mit den ihm verbündeten Mächten. Die Rothschild haben auch den völlig verarmten Bourbonen die Reise von London auf ihren angestammten Thron finanziert. Von nun an war die Geschichte des Hauses aufs engste verknüpft mit der Politik der Restauration. Wenn man bisher an dem Anlagebedürfnis prinzlicher Kapitalisten und an den enormen Ausgaben der Staaten verdient hatte, so wurde jetzt ihre Armut eine Quelle des Verdienstes. Die Brüder haben den geldsuchenden Mächten hohe Summen geliehen und dabei enorme Einkünfte zusammengeschaufelt, sie haben Metternich unschätzbare Dienste geleistet bei der Durchführung seiner Politik in ganz Europa; Gentz bezog von ihnen hohe Beträge, er diente ihnen als Stütze in den Kanzleien und in der Öffentlichkeit und als vorzügliche Quelle der Informationen. Im Jahre 1817 wurden sie in den österreichischen Adelsstand, 1822 in den Freiherrnstand erhoben.

Es war ein märchenhafter Aufstieg, nachdem sie zehn oder fünfzehn Jahre vorher noch kleine Krämer in dem Frankfurter Ghetto gewesen waren. Es war eine Laufbahn, wie sie nur noch einmal durchlaufen worden ist, — von einem Judenknaben, der als Schnorrer und Hausierer aus Siena in das päpstliche Rom einwanderte, als die Französische Revolution auch dort alle wirtschaftlichen Werte durcheinanderbrachte, und der als mächtiger Bankier und als Fürst Torlonia in der großartigsten Villa der Ewigen Stadt sein bewegtes Leben beschloß. Was Stendhal von seiner klugen und beharrlichen Art, die Dinge anzupacken, erzählt, galt auch von den Rothschild. Und der so rasch gewonnene Reichtum ist nicht wieder zerronnen — ein Zeichen für die Stabilität der wirtschaftlichen Verhältnisse seit 1815 und für die Konsequenz und Vorsicht dieser Männer. Auch Bethmann, der Konkurrent, mußte den „Flor" des Hauses wünschen: „denn der Umsturz dieses Kolosses wäre schrecklich!" Sogar die Julirevolution ist an dem so sehr mit dem System Metternich verhafteten Gebäude vorübergezogen, ohne es zu erschüttern. Drei der Brüder waren auf dem Kongreß in Verona in Metternichs Gefolge anwesend; aber der vierte weilte im liberalen England. So war der Weg zu den Westmächten gebahnt, ohne daß darüber das Verhältnis zu den konservativen Ostmächten eine Trübung erfuhr: ohne die Mitwirkung der jüdischen Geldmacht war eine erfolgreiche Regierung nirgends möglich. Die Versuchung lag für die Rothschild natürlich nahe, auch auf das industrielle Gebiet überzugreifen. Sie haben gleich den Fugger das Quecksilbermonopol an sich gebracht, indem sie das Bergwerk Idria vom österreichischen Staate kauften und die spanischen Bergwerke pachteten; die amerikanische Produktion war damals noch unbedeutend. Außerdem wurden, wie erwähnt, die Eisenbahnbauten in Österreich und Frankreich von dem Wiener und dem Pariser Hause finanziert; auch beschafften die Rothschild das Geld für das vom Staate gebaute belgische Bahnnetz. Im übrigen hielten sie sich von industriellen Unternehmungen ferne; diese waren vorläufig noch so geringfügig, daß es sich für die an andere Dimensionen gewohnte Weltmacht nicht lohnte, sich auch hier zu betätigen.

Wenn das größere Bankwesen ganz im Dienste der Staatserfordernisse stand, so gab es doch überall in den alten Handelsstädten kleine Banken: der Förderung oder gar der Anregung der Industrie widmeten sie sich nur sehr allmählich. Ihre Bankgeschäfte hatten sich in der Regel als Nebenzweig ihres Handels- oder Speditionsgewerbes entwickelt. Sie befanden sich dem Handel und der Industrie gegenüber durchaus nur in dienender Stellung: sie vermittelten Zahlungen, zogen Wechsel ein, hielten sich eine Kasse für den Kleinverkehr. Die Münzverwirrung war ja noch groß; unaufhörlich kamen Leute, die Münzsorten umtauschten; die einzelnen Stücke mußten nachgewogen werden, denn sie waren meist beschnitten. Der Bankier besorgte auch die Vermögensverwaltung für reiche Leute, die nicht selbst am Wirtschaftsleben teilnehmen wollten oder konnten. Auch gab er Darlehen aus eigenem Vermögen, und wenn er dabei aussichtsreiche junge Unternehmungen bevorzugte, konnte er doch mancherlei leisten für die Pflanzung der Industrie. Daß dies vornehmlich in Breslau der Fall war und in Köln, Krefeld oder Elberfeld, begreift sich aus dem geschichtlichen Charakter dieser Städte. Mancher Rohseidenhändler mußte das wertvolle Material den Fabrikanten gegen langfristige Kredite liefern und wurde so leicht zum Bankier und zum Teilhaber. Es sei auch nochmals erinnert an Heinrich Kamp in Elberfeld, der sich mit Friedrich Harkort verband. In der gleichen Stadt gründete Jakob Aders 1821 eine „Rheinisch-Westindische Kompagnie", die erste Aktiengesellschaft in Preußen, die Inhaberpapiere ausgab. Sie suchte den Überseehandel zu beleben und fand Nachahmung durch einen „Deutsch-Amerikanischen Bergwerksverein", der die Ausbeutung von Silberminen in Mexiko sich zum Ziele setzte. Beide Unternehmungen scheiterten nach kurzer Zeit, sie erinnerten noch allzusehr an die Taten der Industrieritter im 18. Jahrhundert. Das Kapital ging verloren, und mit Recht bedauerte Friedrich Harkort, daß man früher an exotische Länder gedacht hatte als an die Entwicklung der Kohlenbergwerke des Ruhrgebiets.

Doch fehlte es in den gewerbefleißigen Städten auch nicht an Bankiers, die bei Zunahme des Kreditverkehrs die Verbindung mit dem Warengeschäft abstreiften und heimische gewerbliche Unternehmungen unterstützten. In Augsburg hat das Bankhaus I. L. Schäzler sowohl die große Baumwollspinnerei 1837 gegründet als auch 1845 die Kammgarnspinnerei in eine Aktiengesellschaft umgewandelt. In Köln waren Albrecht Schaaffhausen und Salomon Oppenheim führend, und die neue Generation rheinischer Kaufleute beschäftigte sich eifrig damit, den Gewerbetreibenden finanziell zu helfen. So arbeiteten Camphausen und Mevissen in Köln, Beckerath in Krefeld, Hansemann in Aachen, v. d. Heydt in Elberfeld. Sie beschäftigten sich mit der Gründung von Geldinstituten und Versicherungsgesellschaften, mit der Finanzierung der Bahnbauten und der Dampfschiffahrt. Durch die Eisenbahn vor allem entwickelte sich das Gründungs- und Emissionsgeschäft. Die Abneigung gegen Staatsbanken und Bürokratie führte zur Forderung nach Privatnotenbanken; der „wirtschaftliche Liberalismus" verlangte Notenfreiheit und erreichte sie in weitgehendem Maße. Doch waren seine frühesten Vertreter — weil ihnen wie Harkort oder Hansemann noch ein starkes soziales Gefühl eigen war — geneigt zu verlangen, daß die Privatnotenbanken als Gegenleistung für das ihnen verliehene Privileg einen Teil ihres Reingewinnes abliefern sollten für gemeinnützige Zwecke. Hansemann hat 1834 in Aachen auch eine Sparkasse eingerichtet, den „Aachener Verein zur Beförderung der Arbeitsamkeit": er setzte ihm den doppelten Zweck, den unteren Klassen für Alter und Krankheit zu helfen und dem Kreditbedürfnisse des Mittelstandes zu genügen; die Sparkasse gab dem Einleger eine gute Verzinsung, die Überschüsse dienten für Wohlfahrtseinrichtungen zur Pflege der „Arbeitsamkeit". Der Kreditverkehr blieb indessen in den Kreisen des Gewerbes immer noch gering. Die in Betracht kommenden Banken gaben meist nur Betriebskapital, also für Rohstoffe, Löhne und den laufenden Zahlungsverkehr, während Anlagekapital nur die wenigsten beschafften. Die meisten Banken verfügten nur über knappe Zahlungsmittel, mit der Kreditvermittlung gaben sie sich noch nicht ab, die Kapitalzufuhr war noch nicht organisiert. So waren die wenigen unternehmungslustigen Handwerker, die über den durch Herkommen und Brauch gezogenen Rahmen hinausstrebten und die Bedeutung des aufkommenden Maschinenwesens erfaßten, in der Regel auf reinen Personalkredit angewiesen und erhielten ihn ohne Vermittlung, wie wir dies bei August Borsig und Friedrich Krupp gesehen haben. Ein leistungsfähiger kaufmännischer Kompagnon fügte sein Kapital zu den Spargeldern des Handwerksmeisters, oder aber Verwandte und Freunde, die dem jungen Manne vertrauten, seine Fähigkeiten und die Zukunft seiner Sache erkannten, liehen ihm das Geld; und sie mußten bei den zahlreichen Verlusten und Verdrießlichkeiten, welche die Jugendtage der Technik mit sich brachten, immer wieder nachhelfen. Dies war im einzelnen Falle oft sehr großzügig gedacht und gehandelt, ein Gegenwert war nicht da, die Bürgschaft lag nur in der Person des Kreditnehmers und in der strengen bürgerlichen Auffassung der Zeit, die einen Schuldner, der nicht zahlen konnte, als einen unfähigen und unmoralischen Menschen aus der bürgerlichen Gesellschaft ausstieß. Anderseits waren aber auch die Anlagemöglichkeiten noch sehr gesucht, und so wurde auch dem Geldgeber ein Dienst erwiesen, wenn sich ihm ein erfolgreicher Unternehmer vorstellte. Erst die Jahrhundertmitte hat für Deutschland eine Änderung gebracht und die Kreditbanken notwendig gemacht, nachdem die Entwicklung der Banken weit hinter der Entwicklung von Technik und Industrie zurückgeblieben war.

Während also das Bankwesen dem in Handel und Gewerbe tätigen Mittelstande noch nicht die notwendige Hilfe leisten konnte, ist doch das verwandte Versicherungswesen gerade in diesen Anfangszeiten der wirtschaftlich-technischen Entwicklung mit Erfolg in Deutschland eingeführt worden. Die Risikoverteilung beim Transport hatte es schon immer gegeben, auch hatte der aufgeklärte Absolutismus vielfach staatliche Brandkassen gegen Gebäudeschaden eingerichtet. Aber mit der Feuer- und Lebensversicherung erwuchs jetzt ein neues bedeutsames Stück deutscher wirtschaftlicher Kultur. Auch hierbei handelte es sich darum, aus der Abhängigkeit von England herauszukommen. Das Versicherungswesen war erwachsen aus der englischen Aufklärung. In England war schon im 17. Jahrhundert die Übung, Sterblichkeitsregister aufzustellen und zu veröffentlichen, um das Publikum über Lebensalter und Todesart der in jedem Jahre Verstorbenen zu unterrichten. Es lag nahe, dieses Material zu verarbeiten, um die durchschnittliche Lebensdauer an verschiedenen Orten und die Lebenswahrscheinlichkeit der verschiedenen Altersstufen festzustellen. Die von Pascal und Fermat gefundene Wahrscheinlichkeitsrechnung wurde von den praktischen Engländern alsbald auf dieses Material angewendet, um die mittlere und die durchschnittliche Lebensdauer zu errechnen und so eine sichere Grundlage zu gewinnen für die Ermittlung von Leibrenten, die überall seit dem Mittelalter die geläufige Form der Altersversorgung waren; auch für die Sterbekassen, die aus der Zeit der mittelalterlichen Gilden noch bestanden, war dies von Bedeutung. Hier waltete, wie man sieht, der moderne technische Geist, der die wissenschaftliche Methode und ihre Ergebnisse praktischen Zwecken nutzbar macht. Und es wirkte hier zugleich der Rationalismus, der sich bemühte, auch in dem irrationalen „Zufall“ der Lebensdauer noch eine Gesetzlichkeit nachzuweisen. Im 18. Jahrhundert ist man dann von der Versicherung auf Lebenszeit, den Leibrenten, zur Versicherung auf den Todesfall übergegangen; auch übertrug man den Versicherungsgedanken auf Feuersgefahr und überhaupt auf alle denkbaren Nöte des Daseins. Es gab sogar Versicherungen gegen Ehescheidungen, und vielfach waren die Versicherungen nichts anderes als Wetten. Es entsprach dies durchaus dem Wesen der Aufklärung, die sich der irdischen Wohlfahrt widmete und das Vertrauen auf die persönliche Providenz Gottes durch menschliche Vorsehung ersetzen wollte. Auch hier kam zum Ausdruck, daß der westeuropäische Geist die Richtung genommen hatte auf Rechenhaftigkeit und auf Technisierung des Lebens, auf Überwindung der materiellen Not durch die Wissenschaft. So entstanden zahlreiche Versicherungsgesellschaften während des 18. Jahrhunderts. Sie waren kapitalistische Unternehmungen, sie arbeiteten auf Gewinn im Interesse der Aktionäre. Unter ihren Gründern fanden sich auffallend viele Geistliche, Dissenters, Whigs. Auf dem Kontinente dagegen waren die Vorbedingungen für solche Anstalten nicht so günstig wie in England. Noch galt der Grundsatz des Römischen Rechtes: „liberum corpus aestimationem non recipit" — daß also das menschliche Leben nicht Gegenstand einer Handelsspekulation sein kann. Was die Römer festgesetzt hatten, um den Freien vor dem Sklaven auszuzeichnen, war durch das Christentum zu einem sittlichen Grundsatz für alle Menschen geworden. Und daß man in gläubigen Kreisen die Feuerversicherung noch bis zur Mitte des 19. Jahrhunderts nicht gerne sah, haben wir bereits erwähnt.

Die Aufnahme des Versicherungswesens durch Deutschland im Anfang des 19. Jahrhunderts entsprach dem erreichten Stande der bürgerlichen Kultur und ihrer Bedürfnisse. Sie ist ein wichtiges Kapitel in jener merkwürdig doppelseitigen Auseinandersetzung mit England, von der wir berichtet haben und die zum Ziele hatte, den Engländern das Geheimnis ihres Erfolges abzusehen und sie gewissermaßen mit ihren eigenen Waffen zu schlagen, um Deutschland zu lösen aus der wirtschaftlichen Bevormundung. Wenn der deutsche Kaufmann seine Warenlager und Magazine versichern wollte, dann war er auf die in Hamburg bestehende Niederlassung des Londoner „Phönix" angewiesen: der Name war in einem humanistisch gebildeten Zeitalter sehr anschaulich für eine Feuerversicherung. Da die Engländer also ein Monopol besaßen, mußte der deutsche Kaufmann hohe, willkürlich festgesetzte Prämien zahlen und hatte, falls es zu einem Prozesse kam, die größten Schwierigkeiten vor den englischen Gerichten. Gelegentliche Versuche, diese „Suprematie" zu brechen, hatten nur lokale Bedeutung, bis Ernst Wilhelm Arnoldi, der schon früher genannte Kaufmann in Gotha, 1819 die Feuerversicherungsbank und 1827 die Lebensversicherungsbank in Gotha gründete. Er sah, wie „die Angst vor Feuerunglück in Deutschland von den Engländern besteuert wird", und so beschloß er, „vorerst wenigstens den Handels- und Fabrikantenstand dieser Zinsbarkeit zu entziehen". Die Versuchung lag nahe, die Engländer einfach nachzuahmen. Aber es kennzeichnet auch hier den frühen deutschen Liberalismus, daß er der „Anglisierung des deutschen Denkens" noch widerstrebte und eine Einrichtung aus deutschem Geiste schuf. Arnoldi brachte einen Verein von Kaufleuten aus fünf einander benachbarten thüringischen Städten zusammen: diese bildeten die Feuerversicherungsbank und stellten ihre Geschäftsverbindungen und Agenten zur Verfügung, so daß die Teilnehmer bald aus allen Gauen des großen Vaterlandes kamen. Das neue Prinzip aber, das Arnoldi in das deutsche Versicherungswesen eingeführt hat, war das der Gegenseitigkeit; er wurde dazu angeregt durch eine gelegentliche Bemerkung des Hamburger Kameralisten Büsch. Die englischen Gesellschaften waren auf Gewinn berechnete, kapitalistische Unternehmungen, so daß der Versicherte durch seine Einzahlungen nicht nur dem Versicherungszwecke diente, sondern „noch dem andern Zwecke der Bereicherung von Personen, die mit ihrem Kapitale Garantie leisten für den Fall, daß einmal die Einzahlungen für den Hauptzweck nicht ausreichen sollten": in Gotha dagegen wurde mit der Feuerversicherungsbank 1819 zum ersten Male ein wirtschaftliches Unternehmen gegründet, wo die Unternehmer ihre eigenen Kunden und die Kunden die Unternehmer waren. Es war ein Verein, in dem die Mitglieder Versicherte und Versicherer zugleich waren: alle beitretenden Kaufleute hafteten bis zum achtfachen Betrag ihrer Prämien, worüber sie einen Wechsel auszustellen hatten, und alle Überschüsse wurden verteilt an die Versicherten, denen also ein Teil ihrer Prämien zurückvergütet wurde. Die Bank durfte nur die Verwaltungskosten von den Prämiengeldern in Anspruch nehmen. Der „Feuerversicherungsbank für den deutschen Handelsstand" konnten also nur wechselfähige Kaufleute beitreten, und es hieß ausdrücklich und für die Zeit bezeichnend, daß sie von „unbescholtenem Rufe" sein mußten. Von den sich selbst versichernden Kaufleuten gegründet, nahm die Bank jedoch von Anfang an in Aussicht, daß aus ihr einmal eine allgemeine deutsche Versicherungsanstalt hervorgehen werde. Sie war gedacht als Nationalanstalt. Sie war ein echtes Produkt dieses Zeitalters, das noch vom hohen vaterländischen Schwung der Freiheitskriege beseelt war und der in politischen Dingen so sehr geteilten Nation wenigstens die Kulturgemeinschaft erringen wollte — nicht anders als etwa die Versammlungen der deutschen Naturforscher und Ärzte: auch die Kaufleute taten sich zusammen, sie wollten, daß nicht mehr so viel Geld ins Ausland fließe und daß den Mitbürgern in der Not geholfen werde.

Als die Feuerversicherungsanstalt sich bewährte und ausbreitete, ging Arnoldi dazu über, den Grundsatz der Gegenseitigkeit auch auf die Lebensversicherung zu übertragen. Dies war sehr viel schwieriger. Es mußte zuerst der Begriff des „verteilbaren Überschusses" geklärt werden, da die wirkliche Sterblichkeit nicht in jedem Jahre, sondern erst im Durchschnitt einer längeren Jahresreihe der Wahrscheinlichkeit entspricht, auf welche der Prämientarif gebaut ist. Auch war, wie erwähnt, der Gedanke der Lebensversicherung den Deutschen noch wenig geläufig. Hier war also die Abhängigkeit von den englischen Unternehmern nicht so schlimm; aber Arnoldi hatte sich überzeugt, daß der Schaden für die Deutschen darum doch nicht geringer war, denn die Lebensversicherung konnte nicht mehr entbehrt werden. Dieser tatkräftige Kaufmann war erfüllt von dem milden Geiste der Philanthropie, von dem Sinn für Menschlichkeit und für häusliches Glück. Ihn leitete nach seinem eigenen Geständnis das Bedürfnis, „die ihres Hauptes beraubte Familie gegen Mangel zu sichern, das eigene Gemüt aber von der Qual zu befreien, welche der Gedanke an einen frühzeitigen Tod bei unerzogenen Kindern und der Vermögensunzulänglichkeit der Witwe mit sich führt". Mit froher Erwartung ging er an das Werk: „Sollte das Unternehmen vollkommen gelingen, so muß ich mich für einen Auserwählten, für einen der glücklichsten Menschen schätzen; denn welches Glück ist größer als das, zu beglücken?" Die Lebensversicherungsanstalt war denn auch nicht mehr auf einen Berufsstand beschränkt, und die Tätigkeit der Agenten war gedacht als Amt im Dienste des Vaterlandes und der Humanität.

Die Gothaer Versicherungsanstalten waren echte Schöpfungen des frühen deutschen Liberalismus. Sie waren keine kapitalistischen Unternehmungen. In dem Prinzip der Gegenseitigkeit fand der alte deutsche Genossenschaftstrieb, von dessen geschichtlicher Bedeutung die deutschen Kaufleute jener Tage nichts mehr wußten, einen neuzeitlichen Ausdruck. Es zeigte sich auch hier, wie der deutsche Liberalismus viel altdeutsches Erbgut mit sich führte und erneuerte. Nicht anders war es, wenn ein Mann wie Mevissen bei seinen zahlreichen Gründungen eine Beteiligung in festen zuverlässigen Händen, also die Namensaktie, bevorzugte und den Inhaberaktien kein Stimmrecht einräumen wollte. Aber die Gothaer Anstalten waren doch auch wieder keine Genossenschaften, sie waren nicht in dem Sinne auf das Gemeinschaftsgefühl gegründet, wie dies bei den mittelalterlichen Gilden der Fall gewesen war, wo die Sterbekassen nur nebensächliche Bedeutung gehabt hatten. Vielmehr waren die Gründungen Arnoldis den Bedürfnissen der Zeit entsprechend durchaus geboren aus dem modernen individualistischen Geiste der Selbsthilfe und der Vorsorge für den eigenen Nutzen, nur daß dies hier in der Form der Interessengemeinschaft und nicht des kapitalistischen Unternehmens geschah. Die Mitglieder wollten nicht andern helfen, sondern sich selbst; die Ansprüche waren ganz verschieden, entsprechend der individuellen Verschiedenheit der Einlagen. Die Versicherer handelten aus dem modernen Gedanken, das Risiko des Lebens durch eigenen vernünftigen Vorausblick möglichst auszuschalten; aber es war nicht ausgeschlossen, daß die Lebensversicherung neben dem Bedürfnis nach bürgerlicher Sekurität auch der Ansammlung von Kapital, der Geldsucht und der Neigung zum Rentnertum diente. Die Versicherungsgesellschaften haben denn auch auf die Entwicklung des kapitalistischen Geldmarktes fast ebenso fördernd gewirkt wie die Eisenbahnaktien. Zunächst geschah dies auf dem Hypothekenmarkt; denn in der Verfassung von Gotha war ausdrücklich bestimmt, daß die Einlagegelder nicht zu kaufmännischen Geschäften verliehen werden durften, sondern nur auf Grundstücke und anderes sicheres Unterpfand.

Die Versicherungsanstalten sind seit den 20er Jahren in großer Zahl eingerichtet worden, und nicht alle schlossen sich dabei den von Arnoldi aufgestellten Grundsätzen an. Unmittelbar nach der Gothaer ist die „Vaterländische Feuerversicherungsgesellschaft" in Elberfeld 1822 gegründet worden; auch sie war eine Schöpfung des unternehmungslustigen Jakob Aders, der es aber noch ablehnte, die Feuerversicherung mit einer Lebensversicherung zu verbinden. Unter den Aktionären der Gesellschaft befand sich auch David Hansemann, damals noch Wollhändler in Aachen; er übernahm auch eine Agentur. Sein umfassender Geist, der sich schon bald in den Eisenbahngründungen betätigte, hat als seine erste große Leistung die „Aachener Feuerversicherungsgesellschaft" geschaffen. Auch Hansemann klagte, daß die „westlichen Provinzen in dieser Hinsicht dem Auslande zinsbar und der Willkür desselben unterworfen" seien. Auch ihm kam es auf Ergänzung der staatlichen Brandkassen, auf Versicherung des Mobiliars an, und er wollte neue Anlagemöglichkeit für das Kapital schaffen. Der ihm allein eigene Gedanke aber war, daß ein Teil der Überschüsse gemeinnützigen Zwecken dienstbar gemacht wurde; fast ein Jahrhundert lang hat seine Gesellschaft diese Einrichtung festgehalten, aber Nachahmung hat sie nicht gefunden. Der Gedanke wurde in der Weise durchgeführt, daß die Hälfte des Reingewinnes an den schon genannten „Aachener Verein zur Beförderung der Arbeitsamkeit“ ging, der dadurch in die Lage gesetzt wurde, seine sozialen Aufgaben zu erfüllen, die in der Hebung der handarbeitenden Bevölkerung durch Ausgestaltung des Sparkassenwesens und des gewerblichen Unterrichtes bestanden.

Die Feuerversicherungen haben sich rasch entwickelt; als im Jahre 1842 der größte Teil der Stadt Hamburg durch Brand zerstört wurde, wuchs die Einsicht in die Nützlichkeit der Versicherung. Und ebenso rasch entwickelten sich die Lebensversicherungen. In den drei Jahren von 1828 bis 1831 sind neben der Gothaer Anstalt noch drei weitere Lebensversicherungsbanken gegründet worden — in Lübeck, Leipzig und Hannover. In Köln und Aachen haben Mevissen und Hansemann durch Gründung von Versicherungsanstalten ihren ersten Schritt vom Warenhandel oder der kleinen Fabrik zum Bankwesen vollzogen, bis sie dann durch Gründung von Eisenbahngesellschaften zu Wirtschaftsführern größten Stiles wurden, die schließlich in den 50er Jahren das deutsche Bankwesen und die deutsche Großindustrie recht eigentlich erst geschaffen haben: diese Stufen ihres Werdeganges kennzeichnen den Weg, den die Entwicklung der wirtschaftlich-technischen Kultur in Deutschland genommen hat.

Wenngleich also das industrielle Tempo in Deutschland nur allmählich sich gehoben hat, so haben doch die grundsätzlichen Kämpfe um die Industrialisierung und um die Kulturbedeutung der Technik schon in der vormärzlichen Zeit eingesetzt. Die ersten Leidtragenden der „industriellen Revolution“ waren die Handwerker, die bisherigen Träger der gewerblichen Kultur. Der Zersetzungsprozeß des Handwerks hat damals begonnen, die Handwerkerbewegung ist seither nicht mehr zur Ruhe gekommen. Obwohl der zunftmäßige Kleinbetrieb der normale Zustand der Dinge war, so war das Zunftwesen doch durchlöchert worden, seit die absoluten Monarchen zur Erkenntnis gekommen waren, daß die Steigerung der Produktion nur in kapitalistischer Form und niemals im Rahmen der genossenschaftlichen Ordnung möglich war. Auch wo nach der napoleonischen Zeit das Zunftwesen erneuert oder gestärkt wurde, erwiesen sich doch immer wieder Lockerungen als unentbehrlich. Man konnte keine Maschinenfabrik im Rahmen der alten Schlosserzunft, bei beschränkter Gesellenzahl und nur zunftmäßiger Leitung, aufbauen. Die englischen Monteure beanspruchten höhere Löhnung als die zünftigen Gesellen, die Heizer eines Dampfschiffes waren viel besser bezahlt als die Matrosen, die doch gelernte Schiffer waren. Eine Fülle von Schwierigkeiten und Unzufriedenheiten ergab sich hieraus. Als die moderne Technik nach Deutschland herüberkam, hatte der Kapitalismus neben seiner ältesten Domäne, der Luxusindustrie, nur erst von zwei Handwerken Besitz ergriffen — von dem Bergbau und dem Textilgewerbe. Dabei wurden nur Woll- und Baumwollwaren im Fabrikbetrieb hergestellt. Im übrigen herrschte die Hausindustrie: der Kapitalist war meist Verleger der ihm von den Handwerkern gelieferten Ware. Der Siegeszug der Textilmaschinen und der Baumwolle hat also blühende deutsche Handwerke zerstört. Und da es sich in der Wollmanufaktur vornehmlich um einen Wettlauf zwischen alten und modernen Großbetrieben handelte — wo die veralteten Unternehmer eben regsam und kapitalkräftig genug sein mußten, um möglichst bald englische und später auch deutsche Maschinen einzustellen —, so hat der hoffnungslose Verzweiflungskampf der Handarbeit und des Handwerks gegen Maschine und Kapital sich zuerst und in furchtbarster Weise in den alten historischen Leinwandgebieten abgespielt. Die Lage der schlesischen Spinner und Weber war schon lange überaus kümmerlich. Den geringsten Teil der Schuld trug dabei der Umstand, daß die Mehrzahl der schlesischen Weber einem Grundherrn untertan war: der Weberzins und was sonst noch an dominialen Gewerbeabgaben erhoben wurde, war durch Hardenbergs Gewerbeordnung beseitigt worden, wenngleich die Verwaltung in der vormärzlichen Zeit auch in dieser Sache nicht auf einheitlicher Durchführung bestand. Die ungeheuerlichen Zustände entstammten jedenfalls in erster Linie der rückständigen Betriebsform; hierzu kam noch die Abhängigkeit von den Garn- und Leinwandhändlern sowie das Fehlen einer Zunftorganisation, welche die Preisbildung zu Gunsten der Weber beeinflußt hätte. Der Staatsrat Kunth hat auf einer Inspektionsreise 1818 seiner Regierung in beweglichen Worten die furchtbare Not geschildert, wie die Spinner für ihr Garn kaum mehr Geld erhielten, als sie für den darin enthaltenen Flachs ausgaben, wie sie aber noch immer besser daran waren als die Weber, da sie wenigstens in der guten Jahreszeit an der frischen Luft weilten, während jene ihr ganzes Leben in engen Stuben am Webstuhl zubrachten. Der preußische Staatsrat war entsetzt über das Aussehen dieser Menschen, mit riesigem Kropf und einer „leichenähnlichen Gesichtsfarbe“. Er berief sich auf die Militärkommissionen, die Auskunft darüber geben mochten, wie wenig dienstfähige Männer in den Weberbezirken ausgehoben werden konnten. Er forderte, daß Geld zur Verfügung gestellt werde zum Ankauf von Land für die Weber gegen billigen Erbzins, wo es an geeigneten Domänengrundstücken fehlte. Aber es geschah nichts, und die Not wurde immer größer, je mehr sich die Fabrikation der halbleinenen und baumwollenen Waren hob und hiermit im Zusammenhang der Flachsbau zurückging. In den 40er Jahren ist es zu jenen Aufständen der schlesischen Leinenweber gekommen, wo die Weber die Maschinen zerstörten, in denen sie — nicht anders, als es in England und Frankreich geschehen war — die Ursache ihres Elendes sahen. Der preußische König bot Militär gegen sie auf. Hier erhob sich zum ersten Male die drängende soziale Frage des Jahrhunderts, und noch standen die Massen durchaus auf der Seite der alten Wirtschaftskultur, als Feinde der modernen Technik. Durch Heinrich Heine und Gerhart Hauptmann sind diese Vorgänge dichterisch festgehalten worden. In den 50er Jahren vollendete sich dann der Untergang der Handspinner und Leinenweber.

Das Problem traf mit gleicher Wucht nicht nur die Handwerker und Heimarbeiter, sondern auch die in den Betrieben beschäftigten Fabrikarbeiter. Jede Einführung einer neuen Maschine machte zahllose Hände frei und überflüssig. Das Mißtrauen gegen die arbeitsparende Maschine war schon den Merkantilisten nicht fremd gewesen, und Colbert wie Friedrich der Große hatten bei aller Förderung der Industrie doch immer sorgfältig darüber gewacht, daß solche Dinge nicht sollten gemein werden, „welche andere concives ihrer Nahrung berauben“. Wir haben gehört, wie die Drucker gegen die Schnellpresse protestierten. Was soll — so sagte man sich — aus den vielen Haspelziehern werden, wenn fortan jedes Bergwerk eine Dampfmaschine kaufen und durch deren Arbeit die Kohlen rascher und billiger herausholen kann? Würde nicht — so hieß es in der Grafschaft Mark — der größte Reichtum des Landes, seine zahllosen Wassergefälle, entwertet werden, sofern es gelänge, Hammerwerke mit Dampf zu betreiben? Wovon sollten alle die Menschen, deren Arbeit fortan Maschinen verrichteten, in Zukunft noch leben? Man sah die Konzentration in wenigen Händen und den „Pauperismus“ heraufkommen: mit diesem vielgebrauchten Worte bezeichnete man damals das, was man später die „soziale Frage“ nannte. Die Nachrichten, die man aus England erhielt, bestärkten in diesem Zweifel an die Allgüte der heraufkommenden technischen Welt. Der „wirtschaftliche Liberalismus“ tröstete sich. Er schuf die „Kompensationstheorie“, die besagte, daß die durch die Maschine verdrängten Arbeiter beim Maschinenbau neue Beschäftigung finden werden, daß jede Arbeitsersparnis der Vermehrung des Einrichtungsparkes der Erde zugute komme. Glühende Bewunderer des neuen naturwissenschaftlich-technischen Zeitalters, wie Adam Smith, Ricardo oder der große Naturforscher Arago, haben mit beredten Worten die Ansicht der „Reaktion“ bekämpft, daß die Maschinen den Arbeitern das Brot wegnehmen: „Dann könnte man auch sagen, unsere Vorfahren hätten besser getan, Paris in der Wüste zu gründen, damit die Wasserträger zu tun haben“. Oder man müßte London glücklich preisen, weil keine Steinbrüche in der Nähe sind und also die Transporteure zu tun haben. Statt dessen baut man aus Ziegeln! Und im Kupferbergwerk leistet die Maschine in 24 Stunden die Arbeit von tausend Pferden. Ohne die Maschine würde also das Kupfer nicht gefördert werden, weil man nicht soviel Pferde am Bergwerkseingang gleichzeitig beschäftigen kann; daher würden zahllose Menschen arbeitslos sein ohne die Maschine! „Zu allen Zeiten“, sagte Arago, „haben die Menschen Maschinen konstruiert, um sich ihre Arbeit zu erleichtern; unter die Götter sogar wurden die Erfinder des Spatens, der Sichel, des Pfluges versetzt. Es gibt keinen Unterschied von Werkzeug und Maschine; diese Unterscheidung ist kindisch. Die Arbeiter haben als gute Logiker keinen Unterschied gemacht und beim Aufstand in England auch Spaten, Dreschflegel und Sensen zerbrochen!“ Dies war nun freilich ein Trugschluß, der dem Liberalismus eigen war, weil er die geistigen Folgen der Mechanisierung noch nicht zu überblicken vermochte. Es gab einen grundsätzlichen Unterschied zwischen den alten und den neuen Erfindungen, zwischen dem Geräte und der Maschine; der Gebrauch eines Gerätes setzt den ganzen Menschen in Tätigkeit, während die Bedienung einer Maschine nur mechanische, stets wiederkehrende oder nur beaufsichtigende Leistung des Arbeiters erfordert. Doch hatte Arago für diese Anfangszeiten recht, wenn er meinte, daß die Maschine, indem sie billiger fabrizierte, die Nachfrage erhöhte: „Man vergesse nicht das nie zu stillende Verlangen nach Wohlbehagen, welches die Natur dem Menschen eingepflanzt hat; man bedenke, daß die Befriedigung eines Bedürfnisses auf der Stelle ein anderes hervorruft, daß unser Begehren sich stets vermehrt, sobald die Gegenstände wohlfeiler werden.“ Es war Unsinn, daß der Proletarier mühsam und teuer arbeiten sollte, was die Wissenschaft rasch und billig durch die Maschine herzustellen lehrte. Die moderne Technik machte zunächst aus Handwerkern und Arbeitern Erwerbslose; aber sie regte, indem sie die Waren verbilligte und neue Bedürfnisse schuf, den Konsum und später den Export so sehr an, daß sie dann doch wieder ungezählten Millionen Arbeit verschaffen konnte. Der zuerst betroffenen Generation nutzte dies nichts; nur die wenigsten waren noch jung und gewandt genug, um sich umzustellen. Und ob die bestehende Wirtschaftsordnung sich mit der Entwicklung der arbeitssparenden Technik vertrug, mußte erst noch die Zukunft zeigen.

Wie die Umwandlung der Betriebe, so ist auch die des Verkehrs von ähnlichen Folgen begleitet worden; die Entwicklung vollzog sich dabei langsamer und also weniger kraß, weil die Engländer hier nur durch Maschine und Heizer, nicht zugleich auch durch die Produkte ihrer Maschinen die bestehenden Verhältnisse stören und die Handwerker niederkonkurrieren konnten. Gegen die Eisenbahn wehrten sich die Fuhrleute, die Posthalter, die Pferdezüchter. Man sah die Güter ohne Aufenthalt durchs Land fliegen, und ihr Transport kostete nur Steinkohlen, „die kein Erzeugnis unseres Landes sind". Vielleicht — meinte in einem süddeutschen Landtag ein Abgeordneter ironisch — werde die motorische Kraft sogar noch Luftfahrzeuge zum Schaden der Mautlinien betreiben! Und wenn die Eisenbahnen diese Gegnerschaft meist nur bei den vorbereitenden Verhandlungen über den Bau zu spüren bekamen und ihrem Betrieb gegenüber die verletzten Interessenten ohnmächtig waren, so ist dieser Kampf in der Schiffahrt niemals ganz ausgetragen worden, hier hat der Großbetrieb keinen völligen Sieg errungen. Einst war schon, wie man erzählt, das Dampfschiff des Denis Papin auf der Fulda im Jahre 1707 von der Schiffergilde zertrümmert worden, und Harkort geriet, als er seinen Dampfer die Weser hinauffuhr, in Händel mit dem Fährmann, der sich weigerte, das Fahrseil herunterzulassen. Als die rheinische Dampfschiffahrt eingerichtet wurde, protestierten die Rheinschiffer. Sie konnten nicht alle, und nur als Matrosen, in den Dienst des Dampfschiffes übernommen werden; die Mehrzahl von ihnen blieb selbständig und mußte in eine harte Konkurrenz treten mit dem neuen Fahrzeug. Die Gesellschaften waren, als ihnen der Staat die Konzession erteilte, verpflichtet worden, einen Teil ihrer Aktien den Rangfahrern anzubieten. Hiervon machten nur die wenigsten Schiffer Gebrauch, teils aus wirklichem Geldmangel, teils weil sie sich den Luxus einer Spekulation, deren Entwicklung sie nicht übersehen konnten, nicht leisten durften. Die Umwälzung der Rheinschiffahrt geschah also durch Großkaufleute wie Camphausen gegen den Protest des alten Schifferstandes. Es war ein Sieg der neuen Technik und der kapitalistischen Unternehmerform über die Handarbeit und den genossenschaftlichen Betrieb. Soweit einzelne Rangfahrer sich auf die neue Zeit umstellen konnten, führten sie als Partikulierschiffer auch weiterhin einen sehr ungleichen Kampf gegen die großen Gesellschaften. Nur die Mannheimer Rangfahrer waren unternehmungslustig und klug genug, um selbst die Führung in der unabwendbaren Entwicklung zu ergreifen; sie setzten sich mit Kaufleuten in Verbindung, schafften sich einen Schleppdampfer an und wandelten ihre bestehende Rangschiffahrt in eine moderne Aktiengesellschaft um — die „Mannheimer Dampfschleppschiffahrtsgesellschaft", 1843 gegründet.

Von viel persönlichem Leid ist die gewaltige Revolution des Verkehrs, des Handels und Gewerbes begleitet gewesen. Immer mehr Branchen wurden in den großen Prozeß der Vernichtung oder wenigstens Gefährdung des handwerklichen Kleinbetriebs hineingezogen. Was die Wortführer des „Mittelstandes" an Gegenmaßregeln verlangten, konnte die Not nicht beheben. Hier fand der wirtschaftliche Liberalismus seinen letzten, erbittertsten Gegner; wider den Gedanken der Gewerbefreiheit erhob sich der Geist des alten Zunftwesens, der den Anspruch auf Nahrungsschutz stellte. Die Handwerker forderten gesetzliche Regelung von Produktion und Absatz, sie verteidigten die Torsperre der Stadt, um die verhaßte Konkurrenz aus der Umgegend fernzuhalten; sie verlangten Verbot des Hausierhandels und vor allem Progressivsteuern auf Fabriken. Der wirtschaftliche Liberalismus warf demgegenüber immer wieder die Frage auf, ob das Publikum für die Handel- und Gewerbetreibenden da sei oder nicht, vielmehr die Handel- und Gewerbetreibenden für das Publikum; er war der Überzeugung, daß solche Beschränkungen auf die Dauer den Produzenten selbst Schaden bringen und den Umsatz lähmen müßten. Es wurde ein Kampf von säkularer Bedeutung; die „Mittelstandsbewegung" begleitete den Werdegang des Industriestaates als eine lästige Mahnung, daß die Technik den Menschen zu dienen habe und nicht die Menschen der Technik. Die Beunruhigung in den Kreisen der Handwerker hat viel zum Ausbruch der Revolution von 1848 beigetragen. Und die liberale Ethik war ungerecht genug, dem einzelnen Handwerker die alleinige Schuld daran zuzuschreiben, daß es ihm nicht gut ging. Ohne Zweifel war der deutsche Gewerbestand in der Geborgenheit der alten Kleinstädte bequem und träge geworden. Er liebte den Früh- und den Dämmerschoppen und sah nicht ein, warum er sich mehr regen solle, als unbedingt nötig: es war ja seit Menschengedenken nie anders gewesen, und doch war es gut gegangen! Erst die Neuerer, welche Gewerbefreiheit predigten, Maschinen aufstellten und den Handel künstlich hochtrieben mit stets neuen Angeboten, hatten Unruhe erzeugt. Die innern Zusammenhänge der sich vollziehenden Entwicklung konnte der einzelne nicht begreifen; er sah nicht, daß in dieser Zeit zurückging, wer auch nur stehen blieb und sich nicht wenigstens mühte, an dem gesteigerten Verkehr und Umsatz auch seinerseits zu verdienen. Aber es war nun doch nicht so, daß jeder die Chance zum Aufstieg besaß und daß, wer Erfolg hatte, deshalb auch moralisch besser war als jener, der in der alten Handwerkerstube verblieb. Man vergaß, daß zur Lösung aus alten Verhältnissen in einer vorwärtsschreitenden Zeit neben dem immer notwendigen Glück nicht nur der gute Wille, nicht nur Fleiß, Arbeitsamkeit, Sparsamkeit und Unternehmungsgeist gehörten. Hier waren allerdings auch Qualitäten andern Ranges nötig — die Fähigkeit, mit alten Traditionen zu brechen, die Menschen rücksichtslos einzusetzen als Instrumente, die Sicherheit des Ererbten und die Ruhe der Familie an eine immer ungewisse Zukunft zu wagen. Wer hier Bedenken nicht unterdrücken, das Gefühl nicht zum Schweigen bringen konnte — wem der Dienst an der gelernten Kunst, der Friede des Überkommenen und die Pflege des innern Lebens mehr wert waren als die Aussicht, fremdes geliehenes Geld in Gebäude, Maschinen und Waren zu stecken, ohne zu wissen, ob er jemals seine Schulden werde bezahlen können, der war vielleicht weniger intelligent als der Mann, der einsah, in welcher Richtung der wirtschaftliche Erfolg lag; er war auch ganz sicherlich nicht vom Dämon des industriellen Schaffens erfaßt; aber er hütete Werte, die auch in der neuen Zeit nicht verloren gehen durften, wenn der Industriestaat nicht unmenschlich werden sollte. Rastlosigkeit und Rhythmus des modernen Lebens waren nicht jedem gegeben. Wer durfte ihn darum schelten?

Man sieht, wie Technik und Industriestaat die tiefsten Fragen des Menschlichen aufwarfen und nur vom Religiösen her ihre letzte Beantwortung finden konnten. Der Protestantismus war, wenigstens in seiner kalvinischen Richtung, viel stärker der Arbeit im Diesseits und dem Erwerbe zugewendet als der planmäßig alle Daseinswerte berücksichtigende Katholizismus. Wenn der Erfolg im Leben ein Prüfstein des Erwähltseins vor Gott war, dann war die Bereitschaft groß, alle Kräfte des Körpers und der Seele an die Arbeit im Diesseits zu wenden, an die „innerweltliche Aszese", wie man sich zu sagen gewohnt hat. Der religiöse Hintergrund dieser kalvinistischen Auffassung verblaßte, sobald einmal die moderne Welt in den großen Prozeß der Säkularisierung ihrer Werte eingetreten war; aber der aktive Zug ihres Lebens und die Richtung ihrer Interessen auf die Arbeit im Berufe machte diese Menschen besonders fähig zur Mitwirkung an dem Bunde von Technik und Kapitalismus im Dienste des Erwerbes. Schon Schiller hat diese Beobachtung gemacht, und er hat sie vom Standpunkte seiner Zeit aus in den Satz gekleidet, die katholische Religion werde im ganzen mehr für ein Künstlervolk, die protestantische mehr für ein Kaufmannsvolk taugen. Tatsache ist, daß am Aufbau des deutschen Industriestaates Protestanten in sehr viel größerer Zahl und sehr viel entscheidenderem Grade mitgewirkt haben als Katholiken. Dabei waren zufällig die äußeren Bedingungen für den Aufbau eines deutschen Industriestaates gerade in katholischen Gegenden besonders günstig. Die Entwicklung der modernen Technik war ja gebunden an das Vorkommen von Kohle und Eisen, und deshalb schieden katholische Völker wie die Spanier und lange auch die Italiener aus. Aber in Deutschland waren die Landstriche, deren Boden die genannten Schätze bargen, von vorwiegend katholischer Bevölkerung bewohnt; dies gilt für den großen Zug der Bergwerke von der Saar über Aachen bis nach Westfalen, und ebenso für Oberschlesien. Im übrigen entstanden die verarbeitenden und besonders die veredelnden Industrien oft ferne von Kohle und Eisen an jenen Stellen, wo eine intelligente städtische Bevölkerung auf altem Kulturboden saß; und in sehr vielen Fällen waren dies abermals katholische Gegenden. Die eingesessene Bevölkerung erhielt durch die Entwicklung der Industrie Arbeit und Brot, aber die Unternehmer waren in der überwiegenden Zahl der Fälle zugezogene Protestanten. Viele der zu Anfang des Jahrhunderts mediatisierten kleinen Reichsstädte waren rein katholisch; aber die Industrie ist dann nicht von dem einheimischen Patriziat entwickelt worden, das wohlhabend war, jedoch zu vornehm zum Geldverdienen, seine Söhne dem neuen Landesherrn als Beamte und Offiziere zur Verfügung stellte und dann durch die Wertverschiebung im Laufe der industriellen Entwicklung vielfach verarmte; die Industriellen waren auch hier meist zugereiste Protestanten. Dies war in Bayern vielleicht am wenigsten der Fall, aber sehr stark in Württemberg, im Rheinland und in Westfalen. Köln bietet ein besonders bezeichnendes Beispiel für den Aufstieg der eingewanderten Protestanten. Die Pfalz war konfessionell gemischt, aber die Industrie ist von Protestanten geschaffen worden. Die oberschlesischen Magnaten bilden einen Sonderfall.

Noch einige äußere Gründe kamen hinzu, um die Tendenz des

Vorganges zu verstärken. Die Säkularisation ermöglichte es, große Wertobjekte zu einem Spottpreise an sich zu bringen. Gläubige Katholiken hatten Bedenken, dies zu tun; in Frankreich waren die Käufer meist Freidenker und Juden, in Deutschland kamen nur die Protestanten in Betracht. Wir haben gehört, wie Friedrich Koenig aus Eisleben sich in der rein katholischen Umwelt von Würzburg niederließ und im Klostergebäude seine Fabrik einrichtete. In allen katholischen Gegenden Deutschlands gibt es viele Beispiele dieser Art, zahlreiche Abteien gingen in raschem Wechsel und bei immer billiger werdendem Preise durch mehrere Hände, bis schließlich eine Spinnerei, eine Zuckerfabrik, eine Steingutfabrik daraus wurde. Im Jahre 1805 kaufte der Gerber Johann Cornelius Heyl den Palast der Bischöfe von Worms unmittelbar neben dem altersgrauen Dome und richtete sich dort ein; es war ein symbolischer Wandel der Zeiten. Ein halbes Jahrhundert später übersiedelte er mit seiner Lederfabrik in ein benachbartes Klostergebäude. Wenn die Pfälzer Weingutsbesitzer in den unvergleichlichen Lagen um Deidesheim bürgerliche Großgrundbesitzer sind und zugleich die einzigen Gutsbesitzer in der durch die Französische Revolution ihres Adels beraubten linksrheinischen Pfalz, so hat dies gleichfalls in der Säkularisation seinen Grund. Auch der seit Colbert und seit der Aufklärung stark wirtschaftlich begründete Kampf gegen die Feiertage, gegen die Almosen und Klöster war den gläubigen Katholiken nicht möglich. Sie konnten und durften die Bedürfnisse des Geschäftes nicht voranstellen. Ihnen blieb ein beschauliches und fröhliches Leben der würdige Ausgleich zur Arbeit des Alltages, während der Protestantismus in seiner lehrhaften Art leicht geneigt war, auch von den Stunden der Muße nützliche Beschäftigung mit Studien und Lernen zu erwarten. So wurde es ihm leicht, die modernen Wirtschaftsmenschen zu formen, von denen manche in den Anfangszeiten des deutschen Industriestaates mit Stolz erzählt haben, daß sie nie in ihrem Leben das Kartenspiel — diesen Zeitvertreib der Handwerker und der andern unökonomischen Menschen — erlernt haben. Wie die Kaufleute, so waren auch die Techniker erfüllt von dem Glauben an die alles in der Menschheit bewegende Kraft des Unternehmungsgeistes und des Fleißes, des Handels wie der Produktion. Wenn aber der Katholizismus diesem modernen Geiste der Rechenhaftigkeit und der Nützlichkeit weniger entgegenkam als der Protestantismus, so blieb dabei auf jeden Fall entscheidend die religiöse Grundhaltung, die nicht gestattete, die guten Werke einfach in energische Berufsbetätigung umzusetzen und das Kennzeichen der Gnade und der

Seligkeit im Erfolg des Handelns zu sehen. Dies führte oft genug zu einer Abneigung gegenüber der neu aufkommenden Wirtschaftskultur, die so ganz auf ein aktives Leben und auf Regsamkeit gerichtet war; aber es machte den Katholizismus in besonderem Grade geeignet, den kapitalistischen Geist in seine Schranken zu weisen. Auch im kalvinistischen Unternehmertum blieben bei aller Energie des wirtschaftlichen Strebens immer noch jene Bindungen wirksam, die einem hemmungslosen Erwerbsdrange sich entgegenstellten. Noch lange erhielt sich das protestantische Bewußtsein der persönlichen Verantwortung vor Gott; man übte die Härte gegen sich selbst. Die kalvinische Kirche hielt den Gemeinschaftsgeist aufrecht, ließ die Standesunterschiede zurücktreten und förderte das patriarchalische Verhältnis der Unternehmer zu der bodenständigen Arbeiterschaft. Aber solche Fabrikanten von echter protestantischer Frömmigkeit wurden auch am Niederrhein und im Wuppertal während des 19. Jahrhunderts allmählich seltener. In katholischen Kreisen konnte die Ethik der liberalen Bourgeoisie nicht Boden gewinnen und ebensowenig die ihr entsprechende Haltung, die Armut als Schande, Reichtum oder wirtschaftliche Selbständigkeit als Voraussetzung der Ehre ansah und allzu leicht das Geld zum Gradmesser der Dinge machte. Und katholische Denker sind es denn auch vornehmlich gewesen, die mitten im Jubel des technischen Fortschrittes daran erinnerten, wo die Grenzen gezogen waren und daß es darum höchste Aufgabe sei, dem technischen Zeitalter einen innern Sinn zu verleihen und seine wahre Kulturbedeutung zu erfassen.

Denn wenn man gesagt hat, die Maschine habe in ihrem Wesen etwas Protestantisches, so konnte dies Wort gewiß erst gesprochen werden, nachdem der Protestantismus die Welt der Aufklärung in sich aufgenommen und mit Hegel die letzte, durchaus bewußte Verbindung von Vernunft und Willen, von Denken und Gestalten erzwungen hatte. Am stärksten haben Thomas Carlyle und Friedrich Naumann diese innere Verwandtschaft von Protestantismus und Maschinenzeitalter empfunden, wenngleich sie sehr verschiedener Meinung über die wünschenswerte Intensität der industriellen Entwicklung waren: die Maschine war ihnen wie der Protestantismus ein „Urbild gerichteter Energie", ein „Stahl gewordener Gedanke", in ihr erhielt die „Sittlichkeit der sachlichen und intensiven Arbeit" das ihr gemäße Instrument. Aber es lag doch zugleich auch in dem ursprünglichen Gehalte der beiden Bekenntnisse, daß der Katholizismus dem weltlichen Geiste des Maschinenzeitalters mehr eigene innere Werte entgegenzusetzen hatte als der Protestantismus. Die romantischen Philosophen — Adam Müller, Franz von Baader, Joseph Görres — haben nicht nur die liberale und kapitalistische Ideenwelt in einer Weise bekämpft, daß ihre Gedanken von der späteren wissenschaftlichen Kritik des Liberalismus übernommen werden konnten, sondern sie haben auch vor der Mechanisierung durch die Technik gewarnt. Was sie gegen Gewerbefreiheit und Freizügigkeit einwandten, haben wir früher gehört. Die Menschen wurden „bodenlos", die Lehrlinge verloren die religiöse und soziale Betreuung in der Familie des Meisters, die Zahl der frühen Eheschließungen und auch der unehelichen Geburten nahm zu und beförderte die Proletarisierung. Wer demgegenüber auf die dunkeln Schatten des Zunftwesens hinwies, dem wurde erwidert, daß der Mißbrauch nichts gegen die Institution selbst beweise. Aber auch abgesehen von der Willkür der Gesetzgeber — die Technik selbst brachte schwierige neue Probleme. Görres schrieb: „Wäre ganz Deutschland mit Ringelbahnen von einem Ende zum andern in allen Richtungen belegt und flögen Dampfwagen zu Tausenden in ihm über Berg und Tal, würden alle seine Flüsse von den Dampfschiffen bis zum tiefsten Grunde durchfurcht, arbeiteten die Hebel sich müde in allen Winkeln, und wendeten sich um und um in allen seinen Straßen die Räder der Maschinen: was hülfe ihm alles, hätte es in dem klappernden Mechanismus die innewohnende Seele verloren?" Es war in moderner Prägung das alte Wort der Heiligen Schrift: „Was nützte es dem Menschen, so er die ganze Welt gewänne, und nähme doch Schaden an seiner Seele." Solche Stimmen waren sehr unzeitgemäß, sie versanken im Getriebe des Jahrhunderts. Denn die Aufgabe jenes Zeitalters war, zunächst einmal die Technik zu entwickeln und ihr die Bahn freizumachen. Aber die sozialen Begleiterscheinungen konnten nicht übersehen werden: die Produktion stieg und die Menschen verhungerten, die Technik hatte gewonnen und der Mensch hatte verloren! Man sah, wie das Maschinenwesen die „Überflüssigen" aufs Pflaster setzte; man bemerkte die biologische Entartung. Man beobachtete den Umsturz der Werte und Zwecke: schon wurde in der aufkommenden Erwerbsgesellschaft die Industrie aus einem dienenden Mittel zum Selbstzweck! Dies war freilich nicht Schuld der Technik, sondern der Wirtschaftsordnung: aber mit der einen wurde auch die andere angegriffen. Religiöse Naturen mußte es ferner aufs tiefste beschäftigen, daß der Hochmut der Menschen gewaltig gesteigert wurde in einer Zeit, wo das naturwissenschaftlich-technische Verfahren Tag für Tag neue Erfolge brachte und der Anreiz allmächtig wurde, es auch auf die heiligsten und geheimsten Fragen des Lebens anzuwenden. Alsdann war die Welt entzaubert, entmenschlicht, entgöttlicht; die Ehrfurcht vor dem Unbegreiflichen und Wunderbaren schwand dahin. Der technische Geist konnte dazu verlocken, daß das langsame Wachstum verachtet und alles mit Ungeduld vorwärts getrieben wurde. Die rein verstandesmäßige Einstellung mußte zu einer geistigen Verarmung und Verflachung des Lebens führen, der wachsende Erfolg konnte die Gier nach irdischen Gütern fördern.

Dies alles sahen die Denker zu Beginn des Jahrhunderts mit scharfem Blicke voraus und legten ihre Befürchtungen dar. Wenn die Technik zahlreiche Gefahren und Nöte beseitigte, dann wurde das Gefühl der Abhängigkeit von der Natur, von Gott und Schicksal verringert; wir erzählten, wie zuweilen die Einführung der Feuer- und Lebensversicherungen, diese für das technische Zeitalter bezeichnende Ausschaltung des Risikos, als problematisch empfunden wurde, und ähnliches galt vom Blitzableiter und andern technischen Erfindungen. Doch wußte man in diesen Anfängen der Entwicklung freilich noch nicht, welche ganz neuen und ungeheuern Gefahren für Gesundheit und Leben jetzt aufkamen und wie die Abhängigkeit von Gott noch gewaltiger wurde, wenn man riesenhafte Naturkräfte konzentrierte und in die Hände schwacher und sittlich nicht genügend vorbereiteter Menschen legte. Aber es gab noch eine andere doppelseitige Wirkung der Technik, und diese hat man von Anfang an vorausgesehen. Der Mensch wurde zum Herrn der Natur, er konnte Dinge schaffen, die von der Natur nicht geliefert werden; aber er wurde eben dadurch in sehr naturwidrige Verhältnisse hineingestoßen, der Natur entfremdet, mit der das Volk als Bauern und Handwerker seit Jahrtausenden aufs engste verbunden gewesen war. Die Arbeitsteilung, das große Prinzip der neuen Zeit, zertrümmerte die alte, komplexe Vollarbeit; sie mußte die Arbeit und den Beruf entseelen. Zwar erlöste die Technik auch wieder von harter, menschenunwürdiger Last; die Propheten des Industriestaates verkündeten dies als Ziel der Entwicklung, obwohl man zunächst nur vermehrte Mühsal in rußigen Räumen und bei endloser Arbeitszeit sah und und die Arbeit in Wahrheit vom Nähtisch über die Nähmaschine in die Kohlengrube verlegt wurde. Wie aber, wenn dann die Menschen — ihrem Gotte entfremdet und nicht mehr müde am Feierabend — der innern Leere verfielen und der Langeweile, die bis dahin das Vorrecht des höfischen Lebens gewesen war? War nicht zu befürchten, daß die Fortschritte der Mechanik die arbeitenden Klassen schließlich in Untätigkeit versetzten? Dies alles haben bereits jene Menschen durchdacht, die sahen, wie ihr Volk von Ackerbau und Handwerk losgerissen wurde. Der Landbau — wir haben davon gesprochen — war der beste Lehrmeister konservativen Denkens; die Technik aber war revolutionär! Sie baute auf die Macht der menschlichen Persönlichkeit; sie erzeugte die Unruhe und Ungeduld einer Zeit, die nicht schnell genug fertig werden konnte. Wir lesen in den Dokumenten jener Tage: „Wer 30—50 Meilen reisen kann, der will auch immer hin und her fahren und nicht zu Hause bleiben, vielmehr treibt ihn die Reiselust in die Ferne; so etwas muß den Menschen nicht allzu leicht gemacht werden." Man begreift, daß religiös gerichtete Kreise geneigt waren, gegen die Industrie Stimmung zu machen, um sie einzudämmen und zurückzubilden. Diese Menschen sahen die Gefahren besonders deutlich, weil sie einen hohen Begriff von echter Kultur besaßen und weil sie das Beispiel Englands vor Augen hatten. Jenes Vorbild spornte die Schöpfer des deutschen Industriestaates an, den Vorsprung der Engländer einzuholen; aber es war auch zugleich eine ernste und eindringliche Warnung. So ist die sozialkonservative Richtung in Deutschland von katholischen Denkern in Gang gebracht worden; die protestantische Orthodoxie schloß sich an. Hier wuchsen die wirtschaftlichen Protestler, sie machten sich zu Sprechern der Handwerkerforderungen und der „Mittelstandsbewegung". In den 50er Jahren hat Wilhelm Heinrich Riehl dieser romantischen Anhänglichkeit an die „gute alte Zeit" den liebenswürdigsten literarischen Ausdruck verliehen. Die großen Gelehrten des Jahrhunderts haben sich noch lange meist den Gegnern der Technik angeschlossen. Sie fanden, daß alle jene Erfindungen und Vervollkommnungen der Mittel zum äußern Leben die Menschen weder weiser noch besser noch glücklicher machten, ja ihnen nicht selten hinderlich seien, es zu werden. Der echte Weise hat ein Recht darauf, die irdischen Dinge zu verachten und ganz nur in der Welt des reinen Denkens zu verweilen. Aber Reichenbach durfte dem befreundeten Gauß im Jahre 1818 von seiner großen hydraulischen Maschine schreiben: „Diese Unternehmung ist zwar himmelweit von der Astronomie verschieden; aber es ist ja doch auch keine Schande, wenn wir dann und wann vom Himmel hinweg auf die gemeine Erde herunterschauen." Und die politisch denkenden Menschen in diesen konservativen Kreisen erkannten im Laufe der Zeit doch immer klarer, daß die geschichtliche Stunde der Technik gehörte. Sie blieben dem Handelsgeiste abgeneigt, der dem modernen, abstrakten, von Inhalten losgelösten Denken so verwandt war, daß Friedrich Julius Stahl, der berühmte Rechtsphilosoph, den bezeichnenden Ausspruch tun konnte: „Der Handel in seiner jetzigen Gestalt ist dasselbe, was der Rationalismus im Gebiete der Wissenschaften ist.“ Aber die produktiven Kräfte durfte man von der Entfaltung nicht zurückhalten, und doch sollte der Industriegeist nicht schrankenlos wachsen. Zwischen romantischer Ablehnung und liberalem Fortschrittsjubel suchte man den Weg, für den Stahl die Formel fand, als er im bayrischen Landtage 1837 von den Erfindungen sagte: „Es ist das Angemessene für die Gesetzgebung, sie möglich zu machen, aber nicht, sie übertrieben zu begünstigen.“

Daß auch die Massen der neuen Entwicklung feindselig gegenüberstanden, wurde bereits gesagt. Es waren nicht nur die Leute, die in ihren Interessen geschädigt waren oder von Kanalbesitzern und Grundadel gegen die Eisenbahn aufgepeitscht wurden, sondern die Mehrzahl der Menschen konnte überhaupt nicht einsehen, warum nun so vieles, was sich seit Menschengedenken bewährt hatte, verschwinden und warum man ohne sichtbaren Zwang die alte Bequemlichkeit aufgeben und in eine ungewisse Zukunft hineingehen solle. Man bestaunte die Wunderwerke der Technik, besonders wenn sie so im Freien sich bewegten wie Luftballon oder Eisenbahn. Für die Menge war der Aufstieg oder die erste Fahrt eine große Sensation. Sie lief vor das Tor auf die Wiese und begrüßte den Piloten oder den vorbeifahrenden Zug. Sie bejubelte den weithin sichtbaren Erfolg, wenn er dem Menschen geradezu neue Organe schuf, ihm ein bis dahin verschlossenes Reich öffnete und die Folgen der Anwendung im einzelnen noch nicht zum Bewußtsein kamen. Sie glaubte noch nicht an den Ernst der Sache, und wenn sich diese dann doch durchzusetzen begann, wuchs in der Masse freilich das dumpfe Gefühl, daß hier eine Zeit heraufzog, die ungeheure Anforderungen stellte, denen auf die Dauer niemand genügen konnte. Die Technik hat die Massen beweglich gemacht, zusammengeführt und zu einer neuen, ungeheuern Macht in Staat und Gesellschaft emporwachsen lassen: die moderne Technik nannten wir die wichtigste Bahnbrecherin auf dem Wege zur Demokratisierung der abendländischen Kultur. Aber wenn die Demokratie schon zu Anfang des Jahrhunderts bestanden hätte, würde sie die moderne Technik unmöglich gemacht haben. Handwerker, Arbeiter und Bauern würden im Parlamente gemeinsam gegen die Maschine gestimmt haben. Die Gegner bestanden aus den Interessenten und aus den Anhängern des Alten: beide zusammen waren auch diesmal die überwiegende Menge des Publikums. Mit welchem Spotte war schon Stephensons „Rocket“ überhäuft worden, bevor sie die Probe bestand: „Was kann wohl handgreiflich lächerlicher und alberner sein als das Versprechen, eine Lokomotive für die doppelte Geschwindigkeit der Postkutsche zu bauen? Ebensogut könnte man glauben, daß die Einwohner von Woolwich sich auf einer Rakete abfeuern ließen, als daß sie sich einer solchen Maschine anvertrauen würden." Unzählige Einwände wurden auch in Deutschland vorgebracht. Man hatte Sorge, das Feuer der Lokomotiven werde Wälder und Saaten in Brand setzen, der Lärm der Züge die angrenzenden Schlösser und Güter unbewohnbar und die nächst dem Bahnkörper grasenden Herden rasend machen. In den Archiven hat sich freilich nirgends jenes legendarische Gutachten des bayrischen Medizinalkollegiums vorgefunden, wonach die Ärzte befürchteten, daß die menschlichen Atmungsorgane eine so große Geschwindigkeit wie die der Eisenbahn nie aushalten würden, daß den Reisenden das Blut aus Nase, Mund und Ohren heraustreten, daß bei der Durchfahrt durch ein Tunnel von mehr als 60 Meter Länge die Reisenden ersticken würden. Doch hat selbst List lange Tunnels für unerträglich gehalten; und die Sorge, daß die mit Stroh gedeckten Häuser in der Umgebung des Bahnkörpers in Brand gerieten, war doch nicht so unbegründet, da die ersten Lokomotiven mit Holzfeuerung arbeiteten, so daß die Funken sprühten.

Im allgemeinen war die Bürokratie weitblickender als das Publikum und erteilte die Konzessionen gegen den Willen der öffentlichen Meinung. Aber es wurde bereits erwähnt, daß sogar Beuth die Bedürfnisfrage für den Eisenbahnbau verneinte, während allerdings der Generalpostmeister Nagler anderer Meinung war. Auch ihm hat die liberale Legende manchen eisenbahnfeindlichen Ausspruch zugeschrieben. Sie hat den Gegner des politischen Fortschrittes auch zu einem Reaktionär in wirtschaftlich-technischen Dingen abstempeln wollen. Man wußte nicht, was in den Akten stand. Man traute diesem Manne alles zu, da er als Postmeister wie als Gesandter am Bundestage sich am eifrigsten unter allen preußischen Staatsmännern an der Verfolgung der Demagogen beteiligte und sich nicht durch „alberne Brieferöffnungsskrupel" stören ließ. Und daß der Kampf der Post gegen die Eisenbahn vielfach zäher war als später die Gegenwehr der Eisenbahn gegen die Kraftpostlinien, ist richtig. Obwohl in dem österreichischen Beamtentum die Tradition des erleuchteten Absolutismus weiterwirkte, so brachte dort die Post doch beim Bau der Nordbahn in den Vertrag mit Rothschild eine Klausel, die ihr bei Rückgang ihrer Einnahmen Entschädigung durch die Bahnverwaltung zusprach; es war ja eine häufig geübte Methode, die Inhaber veralterter Betriebe mit Anteilscheinen oder ähnlichen Vorteilen an der neuen Technik zu interessieren und so den gefährlichsten Widersacher sich zu gewinnen. Wir hörten, wie auch König Ludwig I. von Bayern oder der Oberpräsident Vincke in Westfalen um ihrer Kanalpläne willen sich den ersten Bahnprojekten gegenüber zurückhielten und wie auch die badischen Staatsmänner lange gezögert haben. König Friedrich Wilhelm III. aber sprach das geflügelte Wort: „Alles soll Carrière gehen; die Ruhe und Gemütlichkeit leidet aber darunter. Kann mir keine große Seligkeit davon versprechen, ein paar Stunden früher von Berlin in Potsdam zu sein. Zeit wird's lehren.“ Man begreift, daß Friedrich Harkort bittere Seufzer ausstieß über die „unüberwindliche deutsche Schlafmützigkeit“.

So waren es nur wenige führende Männer, die über alle Widerstände hinweg den technischen Geist pflegten und für den Industriestaat sich einsetzten. Daß auch sie nicht sorglos und leichtsinnig in die neue Zeit hineinstürzten, haben wir gesehen. Sie waren jeder künstlichen Ausdehnung abgeneigt, weil auch eine Fabrik und der ganze Industriestaat ein inneres Maß haben mußten und alles fern gehalten werden sollte, was nicht organisch sich anfügte. Man machte keinen Sprung ins Ungewisse aus wirtschaftlichem Interesse; man dachte die Dinge durch bis ins letzte Detail, bevor man mit ihnen herauskam. Es ist bemerkt worden, daß die Eisenbahn ein anderes Jugendalter gehabt hat als später das Flugzeug, wo viel mehr das Neuland mit mangelhaft vorbereiteten technischen Mitteln beschritten wurde und die Opfer viel größer waren. Die Mehrzahl der ersten Unternehmer war aus dem Handwerkerstande hervorgegangen, sie waren die regsamsten und intelligentesten Männer in ihrem Kreise und strebten über das Gegebene hinaus. Die Textilfabrikanten unter ihnen waren oft von Herkunft sehr ungebildete Weber oder Verleger, die ganz in ihrem Geschäfte aufgingen, das durch die scharfe englische Konkurrenz und den Wechsel der Mode sie ganz in Anspruch nahm; Männer wie Karl August Milde waren in diesem Kreise selten. Aber die Maschinenfabrikanten, wie August Borsig oder Karl Anton Henschel oder Friedrich Koenig, trugen in sich das Erbe des echten alten deutschen Handwerks, den Sinn für solide, beharrliche Arbeit und für einen überblickbaren Raum. Wo das Unternehmertum, wie das rheinische, dem Kaufmannsstande entstammte, da lebten seine Vertreter noch in enger geistiger Verbindung mit dem literarischen Zeitalter und seinen Gedanken; Hansemann war ein Pfarrerssohn, und Mevissen hatte von Jugend an als Lehrling und als Mitarbeiter im väterlichen Geschäfte Zeit und Kraft genug gefunden, sich zum Menschen zu bilden. Ihn bedrückte oft der Gedanke, daß das schrankenlose Walten der Industrie eine neue Zeit der „Barbarei" heraufführen, die Technik eine unpersönliche Massenkultur erzeugen könne. Eben deswegen wurde diesen Männern die Erziehung des „industriellen Publikums" eine drängende Aufgabe, und erst als die Verbindung mit der klassischen Bildung und mit dem christlichen Erbgute schwand, hat die deutsche Bourgeoisie darauf verzichtet, über die Kulturbedeutung der Technik nachzudenken und dem Erwerbe wirtschaftlicher Güter einen geistigen Sinn zu geben. Weil man noch an absolute Werte glaubte — und wenn es auch schon sehr abstrakte Vernunftideale, wie Freiheit und Menschheit, geworden waren —, deshalb wußte man noch und hat es oft zum Ausdruck gebracht, daß der Zweck der Technik allerdings in der Befreiung des Menschen von Mühsal bestehe, daß sie aber wie jede Arbeit einer Zielsetzung durch die Weltanschauung bedurfte, damit sie nicht willkürlich zu jedem Zwecke gebraucht und also auch mißbraucht werden konnte. Man ahnte, daß die Autonomie der Technik vielleicht noch mehr als die Autonomie jedes andern Kulturgebietes zur Brutalität führen mußte. Die Versuchung, in dem technischen Erfinden einen Selbstzweck zu sehen, war groß; sie war durch den autonomistischen Grundzug der letzten Jahrhunderte vorbereitet. Jenen Männern war es bewußt, daß eine souveräne Technik ganz von selbst unter die Herrschaft der souveränen Wirtschaft geraten mußte, wo dann aus der großartigsten Schöpfung des menschlichen Erfindungsgeistes nichts weiter wurde als eine Ware. Diese Unternehmer waren Kapitalisten und wollten Geld verdienen. Aber noch waren sie innerlich und durch die Sitte zu sehr gebunden, als daß sie nicht ihr Letztes eingesetzt hätten für unermüdliche Verbesserung der Qualität im Dienste der geistigen Kultur. Überall herrschte der gleiche bürgerliche und deutsche Sinn für saubere Arbeit und Präzision — in den Übungszimmern der Universitäten, wo die deutschen Erfahrungswissenschaften aufgebaut wurden, in den Kontoren der Kaufleute, in den Werkstätten der Fabriken. Die bürgerliche Ethik der Zeit erhob den Mann des Erfolges über den Armen; aber sie machte auch die Führenden arbeitsam, einfach und sparsam. Man war stolz darauf, aus eigener Kraft sich emporgearbeitet zu haben; man dankte es Gott, daß er Talente und Mittel zum Aufstieg auf den Weg mitgegeben; man lebte in dem Gefühle, daß nur eigene Tätigkeit und Mühe glücklich machten. Vor allem aber gehörte zu dieser bürgerlichen Ethik der Glaube an den höheren Sinn der

Arbeit und an ihre erhabenen Zwecke. Der Unternehmer fand Befriedigung in dem Bewußtsein, daß lediglich seine Anstrengung, seine Intelligenz und Erfindungsgabe so und so vielen Menschen Brot verschafften, die sonst hilflos dem Mangel ausgeliefert wären. So diente man dem Vaterlande und der Menschheit: das eine mußte unabhängig werden von England, frei, wohlhabend und einig, und die ganze Menschheit sollte auf eine höhere Stufe der Kultur gehoben werden. Beides aber war nicht möglich ohne die Maschine!

In diesen Männern lebte ein zuversichtlicher Glaube an die Kraft des Fortschrittes, dem zu dienen sie sich berufen fühlten, andernfalls hätten sie die Zweifel nicht überwinden, ihre schwierigen Werke nicht aufbauen können. Sie sahen die Opfer, welche die neue Zeit verlangte; aber die Bauern und Handwerker, denen sie die Industrie brachten, führten auch bisher ein kümmerliches, entsagungsvolles und aussichtsloses Leben. In der Maschine erkannten diese Männer ein großartiges Produkt menschlicher Schöpferkraft, ein gewaltiges und elegantes Kunstwerk, sie sparte menschliche Kraft und steigerte doch die menschliche Leistung: es war die Aufgabe, sie zur Trägerin der Zivilisation zu machen — mochte es in Deutschland sein mit seinen vielen Städten alter Kultur und seiner wachsenden, nach Brot und freiem Leben verlangenden Bevölkerung, oder in der weiten Wildnis amerikanischer Prärien, die nun die Lokomotive erschloß. Das Gefühl, daß es vorwärts und aufwärts ging, gab jenem unvergeßlichen Geschlecht von Ingenieuren und Werkmeistern, die der Dampfmaschine ihr ganzes Leben geweiht hatten, die Schaffensfreude, den innern Schwung und eine reiche Befriedigung. Diese frühindustrielle Zeit war noch voll Romantik, Deutschland war noch unerschlossen und voller Möglichkeiten. Man brauchte nicht immer nur zu rechnen und zu rationalisieren, man konnte großzügig sein und ausschließlich der schöpferischen Arbeit leben. Man konnte sich als Pionier fühlen — zwar nicht ganz so wie in Nordamerika, wohin man voll geheimer Sehnsucht blickte; aber auch in Deutschland war Aufstieg und „prosperity“. Man schickte sich an, die Welt zu erobern, von ihren Schätzen Besitz zu ergreifen, die Erde sich untertan zu machen — wie es im ersten Buche Mosis aufgegeben ist. Aus Einöden schuf man eine Welt von Menschen und Maschinen, Arbeit und Verkehr. In die stillen Täler brachte man die Industrie; der Anteil am Boden hörte auf, die einzige Grundlage der Existenz zu sein.

Welche ungeheure Veränderung im Bilde der deutschen Landschaft und des deutschen Lebens bereitete sich noch in vormärzlicher Zeit vor, durch Dampfbetrieb und Erschließung der Bodenschätze! Anbaufläche und Ertrag der Ackerflur dehnten sich, zahlreiche neue Kräfte und Stoffe traten in Wirkung, die Grenzen der organischen Natur wurden überstiegen, ein Handwerksbetrieb nach dem andern wurde in maschinellen Fabrikbetrieb verwandelt. Im Jahre 1824 leuchteten die ersten Gaslaternen in Berlin, die Öllampe setzte allmählich den Kienspan außer Gebrauch. Pest und Cholera begannen zu verschwinden. Deutschland trat 1815 in das Jahrhundert ein mit 20 Millionen Einwohnern, und an seinem Ende, am Vorabende des Weltkrieges, hatte es ihrer 67 Millionen; dabei waren Ungezählte in außereuropäische Länder abgewandert. England stand auch in dieser Hinsicht an der Spitze der abendländischen Entwicklung, von 8 Millionen stieg seine Bevölkerung auf 36. Es ist ein unvergleichliches Phänomen der Weltgeschichte: niemals vorher hatten sich die Menschen so vermehrt wie in diesem einzigen Jahrhundert. In Jahrtausenden war die Bevölkerung Europas auf 180 Millionen gestiegen, und in dem einen Jahrhundert kamen noch fast 300 Millionen hinzu. Jetzt erst konnte der kleinste Erdteil Herr über die größten werden. Die Technik hat dies alles ermöglicht, und auch in dem alten, kleinen und ohnmächtigen Deutschland stieg noch in vormärzlicher Zeit das Selbstbewußtsein seiner Bürger. Die Städte dehnten sich aus, verloren die engen Festungswälle und erhielten statt dessen Ringstraßen mit Bäumen und Beeten. Das Gewicht des Wirtschaftslebens verschob sich langsam aus der Landwirtschaft in die Sphäre der mechanisch-anorganischen Produktion, der Schwerpunkt der deutschen Geschichte ging vom Osten, dem im 18. Jahrhundert die deutschen Großstädte — Berlin, Breslau, Leipzig — angehört hatten, wieder nach dem Westen zurück, wo einige alte, im Niedergang begriffene Städte, wie Köln, wieder erweckt wurden und zahlreiche, ehedem unbedeutende Orte im Bergbaugebiet emporwuchsen. Ungeduldigen Schöpfern der neuen Anlagen und Fabriken ging es oft noch zu langsam: noch verbrauchte 1846 London allein mehr Steinkohlen als ganz Deutschland, noch stand Deutschland 1850 da, wo England 1750 gestanden hatte. Aber in einem Lande wie Sachsen war 1848 doch schon die Hälfte der eine Million zählenden Einwohner gewerblich tätig, und es gab Firmen mit Tausenden von Arbeitern. Die Lebensformen begannen sich zu ändern, die Klassen sich zu scheiden — Deutschland begann sich zu industrialisieren mit einer Schnelligkeit, wie sie später nur noch einmal erlebt worden ist, als in der zweiten Hälfte des 19. Jahrhunderts Japan die „Erziehung zur Industrie“ durchmachte. Als die Londoner Weltausstellung 1851 zum ersten Male die Einheit der abendländischnordamerikanischen Wirtschaftskultur zur Anschauung brachte und den letzten, großen Anstieg zur Weltwirtschaft des 19. Jahrhunderts eröffnete, da wurden doch die deutschen Erzeugnisse vor allen andern mit den höchsten Anerkennungen bedacht: Krupp, Borsig, Siemens machten das größte Aufsehen. Deutschland fand von neuem den Anschluß an die Weltwirtschaft, den es im 16. Jahrhundert verloren hatte. Und man war so ganz erfüllt von dem bürgerlichen Ideale der Einheit des Menschengeschlechtes, daß man nun auf wirtschaftlichem Wege sich herausbilden sah, was Herder und Schiller einst erhofft hatten von der Macht des Gedankens allein. Da konnte im Rausche des Erfolges wohl manchmal doch die Freude an der Bewegung alle Bedenken zum Schweigen bringen und den stolzen Satz eingeben: „Ob es zum Guten oder zum Schlimmen führe, — wir haben alle Ozeane überbrückt und aus der künftigen Geschichte eine Einheit gemacht."

So war der Optimismus des technischen Zeitalters in den Bedingungen des damaligen Lebens begründet und schien durch sie gerechtfertigt. Er stützte sich auf die Dampfmaschine, diese Seele der modernen Technik, die allen andern Rädern den Antrieb gab. Mit überschwenglichen Worten ist sie gefeiert worden. Sie ermöglichte es, binnen wenigen Wochen in die Eingeweide der Erde einzudringen bis zu Tiefen, wohin man vor Watt nur nach einem Jahrtausend voll mühseligen Arbeitens gelangt wäre. Dort konnte man geräumige Stollen aushöhlen und sie in wenigen Minuten von den ungeheuern Wassermassen freimachen, die sie täglich überschwemmten; so vermochte man, einem vorher nie berührten Boden den unerschöpflichen Mineralreichtum zu entreißen, den die Natur dort niedergelegt hatte. Man konnte weite Sümpfe der Kultur übergeben, die großen mechanischen Kräfte überall hinleiten, die Kräfte unabhängig machen von den wechselnden Naturerscheinungen, die Produkte verbilligen, die Bevölkerung konnte sich vermehren — sie war künftig gut genährt, gut gekleidet, gut erwärmt! Auf den Schiffen eingeführt, konnte die Dampfmaschine hundertfach die Anstrengungen der drei und vier Reihen von Ruderknechten ersetzen, „von denen unsere Väter eine Arbeit verlangten, die zu den Strafen der größten Verbrecher gehört". Es ist Arago, der in seiner Rede auf Watt diesem Stolz des Jahrhunderts den stärksten Ausdruck gegeben hat: „Mit einigen Pfund Kohle wird der Mensch die Elemente besiegen; Windstille, widrige Winde, Stürme wird er verlachen." Wir haben gehört, wie Friedrich List mit immer neuen Wendungen den Industriestaat gefeiert hat, wie er in der technischen Kultur eine Form des Lebens sah, die höher war als das mühselige Leben der alten Bauern und Handwerker. Wo immer man in den Zeugnissen der Zeit liest, überall sieht man, wie diese Menschen sich klar waren über den Sinn und Zweck der Technik, in ihr die Befreierin sahen von aller mechanischen und geisttötenden Tätigkeit, das Mittel zur Steigerung und Vollendung der Persönlichkeit; denn erst die Technik — dies stand jenem Geschlechte außer Zweifel — erzieht die Menschen zur Teilnahme an einer Fülle von Gütern, welche bis dahin das ausschließliche Eigentum des Reichtums gewesen waren. Wer aber mit Rührung an der entschwindenden Zeit hing und sie verklärte, der mußte sich sagen lassen, „daß jede Sehnsucht nach einfacherer Gestaltung des Lebens eine flüchtige Überschätzung bloß sinnlichen Wohlseins“ sei, wie dies der Philosoph Lotze ausgeführt hat.

Das Selbstvertrauen des liberalen Bürgertums, das aus dem Zeitalter der Aufklärung in das neue Jahrhundert herüberkam und immer triumphierender anwuchs, hatte in dem technischen Fortschritt und dem aus ihm stammenden Wohlstand seine stärkste Grundlage; schon bei Descartes und Bacon war es offenkundig geworden. Auf diesem Gebiete war das Gefühl der Überlegenheit über alle Vergangenheit unbezweifelbar. Und weil die Befreiung von äußerem Druck, die man der Technik verdankte, Hand in Hand ging mit der rechtlichen Befreiung, die der Liberalismus leistete, wurde man in der Folge doch geneigt, der Technik einen absoluten Wert zuzuerkennen. Wir sprachen davon, daß die Technik Schrittmacherin geworden ist für den Rechtsstaat und dann auch für die Demokratie, daß sie die Menschen geistig und körperlich zueinanderführte, die Distanzen verringerte, daß man der Erwartung lebte, alle Stämme und auch alle Völker durch Förderung ihrer gemeinsamen Interessen und durch Verkürzung der Entfernungen einander näher zu bringen. Und wenn die frühesten Sozialisten unter dem Drucke der neuen aufkommenden Nöte Technik und liberale Wirtschaftsordnung zugleich verwarfen, so hat Karl Marx dann beide voneinander getrennt und den Glauben an die revolutionäre Wirkung der Technik vom Liberalismus übernommen: so wurde der aus der Technik stammende bürgerliche Fortschrittsgedanke dem Proletariat übermittelt. Wer so stark im Diesseits und in der eudämonistischen Philosophie wurzelte wie das liberale Bürgertum, der mußte zu dieser hohen Wertung der Technik gelangen. Schon Jonathan Swift hatte gesagt: „Der Mann, welcher bewirkt, daß da zwei Ähren wachsen, wo vorher nur eine gediehen ist, hat seinem Vaterlande mehr genützt als ein Feldherr, der hundert Schlachten gewonnen hat.“ Von Liebig sind ähnliche Sätze überliefert, aber auch Karl Marx war dieser Meinung. Seit der Renaissance hatte die Beschäftigung mit der Naturwissenschaft und die Bewunderung für ihre Ergebnisse und die Arten ihrer Verwendung immer zugenommen: bald wird die Zeit kommen, da man im optimistischen Fortschrittsglauben von ihrem Verfahren alles erwartete — „eritis sicut dii".

Es hat Gegenkräfte gegeben, die vor dem Radikalismus zurückhielten, solange das Erbgut der Vergangenheit nachwirkte. Man kannte jenes die Größe und die Grenze der Technik bezeichnende Wort des Archimedes, über das auch das 19. Jahrhundert trotz aller Erfolge nicht hinausgekommen ist: Δός μοι ποῦ στῶ καὶ τὴν γῆν κινήσω — „Gib mir einen Stützpunkt für meine Füße außerhalb des Weltalls, und ich werde die Erde aus den Angeln heben." Der Mensch hatte Großes erreicht — er hatte die Geschwindigkeit bei der Fortbewegung vermehrt, er war mit seinen Blicken in die Regionen des Unendlichen gedrungen; aber er wußte kein Mittel, eine beschriebene Seite schneller durchzulesen, als man es früher vermochte! Der Ingenieur hatte sich, wie niemals vorher ein Mann der Praxis, die exakten Wissenschaften angeeignet und sie zur Grundlage seiner Arbeit gemacht; aber er mußte sich sagen, daß selbst die vollendetste Kenntnis dieser Disziplinen noch keinen Konstrukteur macht und daß das Wichtigste auch für ihn jenseits des Meßbaren und Zählbaren liegt, in der schöpferischen Tätigkeit des Geistes. Der Ingenieur strebte, Herrscher zu werden über die Natur; aber er konnte es nur, wenn er auch ihr Bewunderer geworden war. Der Ingenieur mußte erkennen, daß seine Arbeit dem Wohle der menschlichen Gemeinschaft gewidmet war, daß er also in seinem Fache um so fruchtbarer zu wirken vermochte, je mehr er sich aus einem engen Gesichtskreis heraushob. Das Problem der „technischen Kultur" hat in der Tat diese erste, heroische Generation des deutschen Industriestaates eindringlich beschäftigt.

Es ist begreiflich, daß dabci der Gedanke an die „ästhetische Kultur" zunächst im Vordergrunde stand; denn er war aus der unmittelbar vorhergegangenen Periode der deutschen Geschichte überliefert, und er drängte sich stärker auf als der Blick in die sozialen Folgen des Maschinenwesens, die man dunkel ahnte, aber nur schwer zu überschauen vermochte. Längst kannte man die Poesie des Bergbaues und des Eisenhammers, und das 19. Jahrhundert hat ihr dann auch in Werken der großen Kunst Ausdruck verliehen, als Adolf Menzel das „Walzwerk" gestaltete und Richard Wagner im Klange der Schmiedehämmer ein Leitmotiv fand, während Goethes „Faust" den Wasserbau verklärte. Aber es dauerte lange, bis man fühlte, daß auch der Motor aus Eisen und Stahl Schönheit in sich tragen kann. Es lag im Wesen der Sache, daß man zögerte, die ästhetischen Werte der Maschine anzuerkennen. Noch war man in der Lage, sich über die Gesetze der Schönheit Rechenschaft zu geben, wie es die Klassiker getan hatten. Man sah, daß die in der Maschine wirkende Naturkraft nur verstandesmäßig zu erfassen ist und daß deshalb das Segelboot einen schöneren Anblick gewährt als das Dampfschiff, ein prächtiges Pferd mehr Anmut besitzt als ein Lokomobil. Aber man hat sich hierbei nicht beruhigt. Man wußte sich verpflichtet, beim Bau der Maschinen auch dem künstlerischen Bedürfnis zu entsprechen. Die braven, strebsamen Mechaniker haben dies zunächst sehr äußerlich getan. Da sie noch ganz dumpf ringen mußten mit der Materie, sind ihre Maschinen oft ungemein plump geworden. Sie konnten nicht ahnen, daß mit der restlosen Lösung eines technischen Gedankens immer auch ein künstlerischer Eindruck und Wert gegeben ist. Und im übrigen war der Satz, daß Schönheit aus Zweckmäßigkeit entsteht, einem Zeitalter unverständlich, das sich ganz dem aufkommenden Historismus hingab. So haben die Ingenieure noch bis über die Jahrhundertmitte die Verbundenheit ihrer Technik mit der allgemeinen und ästhetischen Kultur nur dadurch zum Ausdruck gebracht, daß sie ihre Maschinen mit stilvollen Ornamenten schmückten, die sie den Bauformen entnahmen und an den Technischen Hochschulen kennen gelernt hatten. Es ist die Zeit, da man Dampfmaschinen in gotische Gehäuse oder auf dorische Säulen stellte, das Maschinenhaus oder den Bahnhof in der Form einer romanischen Kirche baute, Schwungräder mit Rokokozierat versah und den Werkzeugmaschinen Renaissanceleisten gab. Auch die Gaskandelaber wurden in solcher Weise gestaltet, wie überhaupt der aufkommende Eisenguß ungezählte Möglichkeiten hierzu bot. Gotische Baldachine aus Eisenguß wurden beliebte Grabdenkmäler, auch wenn der Verewigte, der darunter lag, in seinem Leben ein Rationalist gewesen war. Es verging manches Jahrzehnt, bis man über dieses Stadium hinauskam und erkannte, daß die Verbindung von Kunst und Technik viel tiefer gesucht werden mußte, insofern das Erfinden und Arbeiten des technischen Menschen selbst ganz unmittelbar auf künstlerischer Geistestätigkeit beruht. Dies war es, was Redtenbacher meinte, wenn er vom Maschinenbauer sagte, daß er nicht nur wissenschaftlich gebildet sein dürfe: „er muß auch Ingenieur sein!“ Denn um eine schöne Maschinenkonstruktion zustande zu bringen, ist ein sehr ausgebildeter Formen- und Ordnungssinn nötig!

Leichter fiel es den Bauingenieuren, in der technischen Arbeit künstlerische Ansprüche zu berücksichtigen. Der Beruf des Bauingenieurs war ja überhaupt erst entstanden durch Loslösung aus dem Berufe des Architekten, und zwar war dies zuerst im späten 18. Jahrhundert in Frankreich geschehen, indem man den Brückenbau vom Monumentalbau trennte: der „ingénieur des ponts" ist der erste Ingenieur in der Geschichte gewesen. Nachdem die Eisengewinnung ungeheuer gesteigert und die Eisenverarbeitung, der Schmelz- und Gußvorgang erleichtert worden waren, hatte der Eisenguß Eingang gefunden in den Hochbau. Er war einst, um 1500, erfunden worden, als man gelernt hatte, Wasserkraft zum Betriebe der Gebläse zu verwenden. Anfangs hatte man nur Kanonenkugeln und Geschützteile gegossen, dann auch Ofenplatten. Wir erwähnten, daß 1797 in Niederschlesien die erste gußeiserne Brücke auf deutschem Boden erstellt worden ist. Es kamen die „Kettenbrücken" auf, die noch ganz in der Konstruktion der alten Holzbrücken gedacht waren; die Ketten ersetzten die ehemaligen Seile. Die Seinebrücken Napoleons waren eisern und im kunstvollen Stile des Empire geformt; der Pont d'Austerlitz von 1806 ist ein halbes Jahrhundert später durch eine Steinbrücke ersetzt worden. Das Gußeisen erleichterte die Anpassung an antike Vorbilder, aber es stellte als Baustoff doch auch ganz neue Aufgaben. Schinkel hat anfangs der 30er Jahre die eigenartige Treppenhauskonstruktion im Palais des Prinzen Albrecht geschaffen, und Stüler hat die von ihm angeregte Tradition weitergetragen, als er 1841 bei Fortsetzung des Alten Museums gußeiserne Säulen und Bogenbinder errichtete und sich dabei ganz der aus dem Steinbau stammenden antiken Ornamente bediente. Man ahnte noch nicht, daß der Eisenhochbau dereinst eine der bezeichnendsten Erscheinungen des 19. Jahrhunderts sein werde, daß er ganz neue konstruktive Lösungen bringen könne und sich entwickeln werde an den neuen Aufgaben, welche die Kultur des 19. Jahrhunderts überhaupt erst gestellt hat — an Bahnhöfen, Ausstellungshallen, Industriebauten. Noch lehnten die Architekten und Ästheten den Eisenbau entschieden ab; der englische Kunstkritiker John Ruskin hat dieser Abneigung den leidenschaftlichsten Ausdruck gegeben. Die Bauingenieure anderseits blieben bis zur Jahrhundertmitte in Abhängigkeit von dem Vorbilde des Steinbaues. Das Gußeisen erwies sich überhaupt nur geeignet für Stützen, da es nur auf Druck zu beanspruchen ist und größere Spannungen nur schlecht erträgt; für Trägerkonstruktionen brauchte man das Schmiedeeisen, für das die große Zeit aber erst seit den 50er Jahren kam, als das Puddel-

durch das Bessemerverfahren ersetzt wurde. So wandte sich die Gießkunst in Eisen ihrem ältesten Gebiete wieder zu und belebte nachmals den Bildguß, der einst in der Renaissance und im Barock herrliche Öfen und Kaminplatten westdeutscher Hütten hervorgebracht hatte. Für die königliche Eisengießerei in Berlin hat Schinkel die Entwürfe geliefert.

Vor allem aber ist jenes alte deutsche Handwerk der Erzgießerei, das in der Nürnberger Gußhütte der Familie Vischer eine Denkmalskunst von höchster Vollendung geschaffen hatte und dann im Zeitalter der kulturellen Vorherrschaft Frankreichs auf deutschem Boden zurückgetreten war, wieder erweckt worden. Noch immer lebte in alten Glockengießerfamilien künstlerische Begabung; mancher unter diesen Handwerkern fertigte selbst den plastischen Schmuck mit sicherem Können. Von solcher Herkunft waren die Brüder Carl Anton und Werner Henschel in Kassel. Der eine brachte die Gießerei zu voller Blüte, der andere war Zunftmeister und Bildhauer zugleich, in der napoleonischen Zeit an der kurfürstlichen Akademie und in Paris gebildet, seit 1825 Professor in Kassel. Die Brüder dehnten die Gießerei auf immer mehr Gegenstände aus; sie fertigten Glocken, Öfen, Leuchter, Kanonen. Werner Henschel lieferte die künstlerischen Entwürfe, der befreundete Wilhelm Grimm gab sinnige Inschriften für die Geschütze. Das bedeutendste Erzeugnis der Brüder war das Bonifatiusdenkmal in Fulda, das den romantischen Klassizismus der 30er Jahre erkennen läßt und 1842 enthüllt wurde. Lokomotive und Maschinenbau haben dann in der Firma den künstlerischen Erzguß verdrängt. Auch in Nürnberg, der Stadt des Peter Vischer, gab es noch manchen Rotgießer. In solcher Werkstatt ist zum Dürerfeste 1827 das von Rauch entworfene Denkmal des großen deutschen Malers hergestellt worden. Vornehmlich aber hat der kunstsinnige König Ludwig I. von Bayern den Erzguß zu neuer Blüte gebracht, als er den jungen Goldschmiedgesellen Ferdinand Miller nach Paris sandte, damit er dort bei erfahrenen Künstlern lerne. Die Münchener Erzgießerei, die Miller seit 1844 im königlichen Auftrage leitete und nach des Königs Tode auf eigene Rechnung übernahm, hat durch ihn Weltberühmtheit erlangt. Zahlreiche Monumente in bayrischen und deutschen Städten sind aus dieser Werkstätte hervorgegangen, 132 Denkmäler stehen im Auslande, davon 30 in Amerika; große Reiterstandbilder sind darunter. Die gewaltigste Leistung des Erzgießers war die Statue der „Bavaria", ein technisches Wunderwerk, von den Zeitgenossen bestaunt und gefeiert. König Ludwig gab den Auftrag, er wollte ein Denkmal „so groß wie die

Kolosse der Alten“. Das Modell wurde von Schwanthaler in der Nähe der Gußhütte erstellt; für die Ausführung in Bronze gab es kein Beispiel und Vorbild, noch niemals war ein Guß von so riesigem Ausmaße unternommen worden. Sechs Jahre, von 1844 bis 1850, dauerte die Arbeit in der Gießerei. Als der Kopf aus der Grube gehoben wurde, fanden 28 Mann in ihm Platz. Zu dem Bruststücke wurden 19 Kanonen und 60 Zentner Erz, im ganzen 330 Zentner im Ofen geschmolzen, der Ofen mußte eigens für den Zweck erweitert werden, und die Herstellung der Form erforderte die höchste Umsicht des Meisters. Er hat selbst in seinen Aufzeichnungen die Sorgen und Nöte seines verantwortungsvollen Berufes geschildert. Die Verluste, wenn der Guß mißlang, mußte er selbst tragen; die Arbeit erforderte den anstrengendsten Dienst bei Tag und Nacht. Es war ein mühsames Schaffen im überhitzten Raume, unter den Wirkungen des sich entwickelnden Kohlengases, bei steter Feuersgefahr für das ganze Haus, ohne daß nachdrücklich gelöscht werden konnte, wenn nicht die Form vernichtet oder das flüssige Erz im Ofen zur Explosion gebracht werden sollte. Der Kern, aus Gips und Ziegelmehl gebrannt, mußte eine große Festigkeit erhalten, wenn er dem Drucke der Hunderte von Zentnern Metall widerstehen sollte, die nach Öffnung des Zapfens mit einem Male in die Tiefe stürzten; aber er mußte doch auch locker genug sein, um der sich ausdehnenden Luft freien Durchgang zu lassen, soweit diese nicht schnell genug aus den Luftkanälen entweichen konnte. Der Kern hatte den gewaltigen Druck der Masse auszuhalten, sollte aber auch der Spannung nachgeben, wenn das flüssige Eisen erkaltete und sich zusammenzog, andernfalls war ein Zerreißen des Gußstückes unvermeidbar.

So waren viele Kenntnisse und Erfahrungen nötig. Die alten zünftigen Meister waren für die neuen Aufgaben unbrauchbar; Miller erzog sich seine eigenen Gehilfen. Trotzdem gelang es ihm, den Geist der alten Werksgemeinschaft mit der Strenge der industriellen Arbeit zu verbinden. Es war ein echter Handwerker- und Familienbetrieb wie einst die Werkstätte des Peter Vischer. Auch Miller entstammte einer alten süddeutschen Handwerkerfamilie, seine Vorfahren waren Müller und Schmiede in Oberbayern gewesen, ein Oheim hatte die Gießerei gegründet. Frau und Kinder nahmen teil an den Mühen und Sorgen des Meisters und der Gesellen, auf saure Wochen folgten die frohen Feste, wenn ein Guß gelungen war und der Fuhrmann mit seinen prächtigen Hengsten auf bekränztem Wagen das kostbare und gewichtige Werk hinwegfuhr zur nächsten Schiffslände. Mit den Künstlern der bayrischen Hauptstadt arbeitete Miller aufs engste zusammen. Nun waren wieder Kunst und Handwerk in Verbindung gebracht. Es war wieder so wie in der großen alten Zeit, daß der Künstler für den Handwerker entwarf, der Handwerker aber der künstlerischen Idee zum Leben verhalf. Deutschland schien auch hier auf dem besten Wege, die Erstarrung zu überwinden. Es war zwar zu keiner Zeit und in keinem Zweige des Kunstgewerbes die solide Arbeit und die handwerkliche Tradition ganz vergessen worden; aber die starken schöpferischen Kräfte hatten gefehlt. Auch das Lebenswerk Ferdinand Millers trägt das Kennzeichen der ganzen Zeit: die deutsche Tatkraft, bisher gelähmt vornehmlich durch die politischen Zustände, wurde durch die moderne Technik wieder zur Flamme angefacht. Noch regte sich also doch das Blut der alten deutschen Handwerker, die einst das blühende Gewerbe des ausgehenden Mittelalters geschaffen hatten und nun in ihren Enkeln, den modernen Fabrikanten, wieder auflebten! Wenn die deutsche Maschinenindustrie sich bemühte, den Engländern gleichzukommen, so war der Kunstindustrie die Aufgabe gestellt, die Vorherrschaft des französischen Geschmackes zu überwinden. Daß trotzdem die Erzgießerei eine Sondererscheinung blieb und alle Bemühungen Schinkels und Beuths, das Kunstgewerbe wieder zu heben, nur mit dem völligen Niedergang geendet haben, war in der Ungunst dieses Jahrhunderts begründet. Auch das Kunsthandwerk wurde gefährdet durch die Auflösung der Zünfte und die andern Folgen der liberalen Gesetzgebung, und es sah sich noch besonders belastet durch den Sieg der akademischen, volksfremden Kunst, die dem Handwerker keine andere Tätigkeit ließ, als die vom gelehrten oder halbgebildeten Architekten am Reißbrett entworfenen Zeichnungen auszuführen. Zu solcher Arbeit genügte der maschinelle Betrieb.

Kunst und Technik hatten die Aufgabe, sich gegenseitig zu ergänzen. Das Problem der „technischen Kultur“ handelte nicht nur von diesen Dingen. In seinen Kreis gehörte es, wenn von George Stephenson erzählt wird, daß er in eine gerade Eisenbahnstrecke eine schlanke Kurve legte, weil er es nicht über das Herz bringen konnte, eine gar zu schöne Eiche fällen zu lassen, die in der Richtung derselben lag. Und von seinem Sohne Robert Stephenson, dem großen Eisenbahningenieur, wird gerühmt, daß er unmittelbar unter der prachtvollen Ruine von Cornway Castle die Brücke anlegte, ohne das Landschaftsbild zu zerstören. Die Fortschritte der Technik konnten es dereinst einmal dahin bringen, daß die Kuppel des Michelangelo an Umfang und Höhe mit Leichtigkeit übertroffen wurde; der Mann der Technik, in dessen Hand eine solche Gewalt gelegt war, mußte alsdann wissen, welche andern Gesichtspunkte und Berechnungen das technische Vermögen lenken sollten. Die modernen Ingenieure waren in der Regel Anhänger des Liberalismus; aber es gab ihrer doch noch viele, die auch der Technik gegenüber an die „vernünftigen, sittlichen und durch das Gemeinwohl bestimmten Schranken" erinnerten. Sie wußten, daß die Technik allein niemals die Kultur schaffen konnte; die echte Kultur stand ihnen über der Maschine. Denn, wie treffend gesagt worden ist: „Kultur verwirklicht sich nicht nur in der Herrschaft der Vernunft über die Naturkräfte, sondern auch in der Herrschaft der Vernunft über die menschlichen Gesinnungen." Wenn es also Aufgabe des Ingenieurs und des Unternehmers war, die Technik nie losgelöst aus dem großen Zusammenhang des kulturellen Lebens zu sehen, ihr vielmehr von dort her den Sinn zu geben und sie unter die Herrschaft der moralischen Ordnung zu stellen, dann hatten die Erziehungsgedanken der klassischen Dichter und Denker auch in dem technischen Zeitalter nochmals eine große Sendung zu erfüllen. Sobald einmal die „Pflanzung einer Industrie" über die ersten, schwierigsten Anfänge hinaus gediehen war, ist die Bildungsfrage von den Ingenieuren aufgegriffen und eifrig diskutiert worden. Eine gute fachliche Ausbildung brachten die technischen Schulen; und die technische Arbeit im Konstruktionsbüro und in der Werkstatt gab eine Erziehung zur sachlichen Hingabe an das Werk, wie sie nur wenige andere Berufe zu gewähren vermochten. Hier erhielt das menschliche Geistesleben eine Bereicherung von unermeßlichem Ausmaß: ganze Stände und ganze Generationen wurden dazu erzogen, das Chaos ungezügelter Gewalten zu ordnen durch eine überlegene Intelligenz. Dies war die letzte und reifste Frucht, die im Raume des Industriestaates wuchs; nicht zuletzt an sie hatte List gedacht, wenn er ihn über die Welt der alten Bauern und Handwerker erhob. Doch was nützte die höchste technische Vollendung, sobald sie sich nicht einordnete in ein System der Werte! Die Ausbildung durch die Zunft war unwissenschaftlich gewesen; aber sie hatte die Möglichkeit geboten, den Charakter und den ganzen Menschen zu bilden. Sollte dies nicht auch an der Hochschule sich verwirklichen lassen?

Noch bis zur Mitte des Jahrhunderts ist dieses Problem den Ingenieuren deutlich gewesen. Ferdinand Redtenbacher hat, als er das technische Hochschulwesen reformierte und auf wissenschaftliche Grundlage stellte, doch auch den Studierenden eine Meisterlehre eröffnet — in dem Betriebe seines Laboratoriums und durch den persönlichen Umgang mit dem Professor. Zugleich hat er es auch für nötig gehalten, den jungen Ingenieuren als Ergänzung und Gegengewicht zu ihrer Berufsbildung Gelegenheit zu geben zu humanistischen Studien. So haben in den 50er Jahren die Abteilungen für allgemein bildende Fächer an den deutschen Technischen Hochschulen ihre wissenschaftliche Ausgestaltung erhalten. In Karlsruhe, wo Redtenbacher wirkte, wurde damals der Lehrstuhl für Geschichte als der erste seiner Art errichtet, und in Zürich, wo die Technische Hochschule nach dem von Redtenbacher gegebenen Vorbilde geschaffen wurde, ist die Allgemeine Abteilung fast zu einer eigenen Universität ausgestaltet worden. An ihr wirkten Gelehrte von Weltruf, wie Friedrich Theodor Vischer und kurze Zeit auch Jakob Burckhardt. Doch war dabei zugleich maßgebend, daß der Schweizer Bundesstaat mit seinem Bestreben, eine Eidgenössische Universität zu schaffen, an dem Widerspruche der Kantone gescheitert war, die ihre altberühmten Universitäten besaßen und sie nicht in den Schatten gerückt sehen wollten; so errichtete man nun eine Eidgenössische Technische Hochschule und baute sie in der genannten Richtung aus. Wenn Redtenbacher in die Erziehung der jungen Ingenieure auch die „allgemeine Bildung" einfügte, so sollte damit nicht etwa der Examensstoff gemehrt oder „de omnibus rebus et quibusdam aliis" vorgetragen werden. In diesem Maschineningenieur lebte das starke Kulturbewußtsein jener letzten Generation, die noch in Verbindung mit dem humanistischen Erbe stand. Er wollte, daß den jungen Leuten eine Lebensanschauung gegeben werde, daß sie einen Blick tun sollten in jene andere Welt der moralischen Mächte, in der nicht die Kausalität herrscht, sondern die Freiheit. Und Redtenbacher war überzeugt, daß dies den Ingenieuren gerade auch in ihrer Berufsarbeit zugute kommen werde. Von seinen Büchern und Vorlesungen wird gerühmt, wie er den Stoff mit den entferntesten Beziehungen des Lebens in Zusammenhang zu bringen wußte. Daß gerade er die Verbindung der technischen und der humanistischen Bildung in der deutschen Geistesgeschichte hergestellt hat — ohne Rücksicht auf die Abneigung der „Realisten" und ohne Scheu vor dem Hochmut der „Humanisten" —, ist um so erstaunlicher, als er selbst Autodidakt war und seine Jugend als Lehrling in einem Spezereigeschäft seiner österreichischen Heimat verbracht hatte. Er sagte selbst: „Ich habe in meinen jungen Jahren Stiefel geputzt und Papierdüten gedreht, statt die Klassiker des Altertums und der Neuzeit zu studieren. Ich habe mit mir entsetzlich zu schaffen gehabt, bis ich das in der Jugend freilich schuldlos Versäumte einigermaßen nachgeholt hatte."

Nach Redtenbachers Tode wurde aus der Bildungsfrage bald ein Kampf um die soziale und dienstliche Gleichstellung der Ingenieure mit den andern akademischen Berufen. Aber die Überzeugung von der Verantwortlichkeit der Technik gegenüber dem sittlichen Leben ist auch dann noch wachgehalten worden, vor allem durch die beiden „Dichteringenieure" Max Maria von Weber und Max Eyth. Sie haben beide erst in der zweiten Hälfte des Jahrhunderts sich ausgewirkt. Aber Weber wenigstens muß hier noch genannt werden. Denn kein anderes Leben deckt sich so völlig wie seines mit dem Weg, den das deutsche Volk aus der Romantik zum Maschinenzeitalter zurückgelegt hat: er selbst verkörperte in sich die Synthese der alten und der neuen Zeit. Er war der Sohn des großen Komponisten und erhielt in der Wiege den Freischütznamen Max. Er hat die klassische Biographie des Vaters geschrieben, er war selbst eine feine Künstlernatur und verbrachte sein geistiges Leben in der ästhetischen Umwelt des alten Deutschland. Aber als Beruf wählte er die Technik; er studierte an der Hochschule und arbeitete praktisch bei Borsig, er wurde ein erfolgreicher Eisenbahningenieur. In seinen Mußestunden hat er technische Probleme dichterisch gestaltet und das Bildungsproblem der Technik erörtert: niemand war nach Persönlichkeit und Lebensschicksal geeigneter als er. Die grundlegenden Gedanken der deutschen Romantik und der deutschen Kulturwissenschaften hat er auf die Deutung der Technik angewendet, wenn er die Geographie und die Physiognomie des Eisenbahnwesens beschrieb und dabei darlegte, wie sich die Eisenbahnen in technisch verschiedener Weise in den einzelnen Ländern entwickelt haben, genau wie die Pflanzen und Tiere unter anderem Himmel und in anderem Gelände in andern Formen erwachsen. Die Verkehrswege deutete er als physiognomische Züge, welche die Zivilisation in das Porträt, das Kartenbild eines Landes gezeichnet habe — und die Eisenbahnen, weil sie die wichtigsten dieser Linien waren, fand er auch als die ausdrucksvollsten: „Die Form des Verkehrssystems eines Landes ist ebenso notwendig die Konsequenz seines Klimas, Bodens, Wettercharakters, seiner Regierungsform, wie die Physiognomie seiner Tier- und Pflanzengestalten das Produkt seiner gesamten Natur ist." So war Weber wie kein anderer berufen, im Volke der Dichter und Denker für die Anerkennung der technischen Arbeit zu werben, ihm den Geist, die Poesie, die Harmonie und Ethik der Technik zu offenbaren, und anderseits die Ingenieure daran zu erinnern, daß sie ihre Arbeit immer an den großen Fragen des Lebens orientieren mußten. Er hat gesagt: „Zum Klar- und Weitblick, zum berechtigten Urteile, ja selbst zum kräftigen praktischen Wirken in einem Fache gehört nicht bloß das Wissen und Können in diesem, sondern eine umfassende universale Bildung, die dazu befähigt, bei Lösung so großer fachlicher Aufgaben wie die Errichtung einer Verkehrsanstalt den gesamten Bereich der Wechselwirkungen, in denen sie zu Staat und Leben steht, kritisch, ethisch und volkswirtschaftlich in Betracht zu ziehen." Die Technischen Hochschulen Deutschlands, die den Universitäten das Couleurwesen nachzuahmen begannen, hielt er freilich nicht für die geeignetsten Vorbereitungsstätten; denn der Weg zum Befehlen gehe nur über das Gehorchen, und deshalb zog er das militärisch geleitete Pariser Polytechnikum und das patriarchalisch strenge Verhältnis der englischen Meisterschulen vor. Dort fand er die Bildung zur Persönlichkeit verwirklicht, die gerade von deutschen Denkern so gründlich dargelegt und gefordert worden war. Die Lösung des Bildungsproblems lautete ihm also: „Es kann niemand ein ganzer Techniker werden, der nicht vorher schon ein ganzer Mensch ist. Erzieht ganze Menschen, die in Allgemeinbildung und Lebensformen auf der Höhe des Volkslebens und der zivilisierten Gesellschaft stehen, und macht aus diesen dann Techniker."

Die Synthese des klassischen und des technischen Zeitalters hat in Deutschland sich nicht durchsetzen können; sie war zu schwierig und nur besonders begnadeten Männern vergönnt. Aber sie ist in denkwürdiger Weise vorgelebt worden von Goethe selbst. Nirgends spiegelt sich die Problematik des 19. Jahrhunderts erschütternder wieder als in dem Denken des alten Goethe. Der Greis — an der Schwelle der neuen technischen Epoche — hat die Unabänderlichkeit des heraufkommenden Maschinenzeitalters gesehen und ausgesprochen. In den Wanderjahren läßt er die Schöne-Gute sagen: „Das überhandnehmende Maschinenwesen quält und ängstigt mich, es wälzt sich heran wie ein Gewitter, langsam, langsam; aber es hat seine Richtung genommen, es wird kommen und treffen." Er wollte hier nur einen doppelten Weg sehen, „einer so traurig wie der andere" — entweder selbst mitzumachen und „das Verderben zu beschleunigen" oder ein „günstigeres Schicksal jenseits der Meere zu suchen". Er hat, als das „ewig verdammenswerte 19. Jahrhundert" soeben anhob, die Entwürdigung des Menschen durch das Maschinentempo geahnt und den kommenden Menschentypus vorausgesehen — diese Teilmenschen, verflacht und ungesammelt, überanstrengt und humanitätslos, ganz nur auf Leistung und Effekt eingestellt, ohne Rücksicht auf den innern Wert — Menschen also, die nicht den Geist, sondern nur die Ausnützung des Geistes wollen, innerlich unfrei trotz der rechtlichen Freiheit und der Unabhängigkeit von der Natur. Dies war in jeder Hinsicht die Verneinung jenes Persönlichkeitsgedankens, der das Leitmotiv seines eigenen Lebens gewesen war und den die größten Staatsmänner seiner Zeit, Stein oder Gneisenau, um des Vaterlandes willen auch den Bauern und Handwerkern hatten eröffnen wollen. Goethe hat im Hinblick auf den zunehmenden Reichtum, auf Eisenbahnen, Dampfschiffe und „alle möglichen Fazilitäten der Kommunikation" lebhaft bedauert, daß junge Leute „viel zu früh aufgeregt und dann im Zeitstrudel fortgerissen" werden, so daß sie nur darauf bedacht sind, „sich zu überbieten, zu überbilden und dadurch in der Mittelmäßigkeit zu verharren". Er hat von der „mittleren Kultur" gesprochen, die das Ergebnis sein werde: „Eigentlich ist es das Jahrhundert für die fähigen Köpfe, für leicht fassende praktische Menschen, die, mit einer gewissen Gewandtheit ausgestattet, ihre Superiorität über die Menge fühlen, wenn sie gleich selbst nicht zum Höchsten begabt sind." Und ergreifend ist das Gelöbnis des alten Mannes an den gleichfalls betagten Freund Zelter: „Laß uns soviel als möglich an der Gesinnung halten, in der wir herankamen; wir werden, mit vielleicht noch wenigen, die letzten sein einer Epoche, die sobald nicht wiederkehrt."

So hat der alte Goethe zuerst die Stimmung erlebt und wiedergegeben, die von nun an durch das ganze Jahrhundert in dem lauten Taumel von Maschine und Mammon als dunkler Unterton mitklingen wird und der Schopenhauer, Jakob Burckhardt und Nietzsche — bald resigniert und bald zornig herausfordernd — den stärksten Klang geliehen haben. Aber was bei den Ästheten, diesen Nachzüglern der Romantik, der Weisheit letzter Schluß gewesen ist und niemandem — weder dem bedrohten Geist noch den bedrückten Handwerkern — einen Trost bringen konnte, war für den lebenskundigen Dichter, der stets das Ganze des Menschlichen erfaßte, doch nur ein Teil des geschichtlichen Vorganges. Auch noch das Maschinenzeitalter ist für Goethes verklärendes Auge nicht ganz ohne Seele und Geist. Er hörte den „sausenden Webstuhl der Zeit". Er erkannte den Sinn dessen, was sich um ihn vollzog und seine alten Tage bedrückte. Er sah, daß die neu sich bildende Welt der Maschine und des Rechtsstaates die Massen zur Anteilnahme an den Gütern der Kultur berief, daß dies der entscheidende Vorgang des ganzen Zeitalters war. Und er segnete trotz aller Bedenken die Zukunft, in die er noch einen letzten Blick tun durfte. Er wünschte seinem Volke mehr Tatkraft und weniger Theorie, damit es die Probe bestehe. Er war überzeugt, daß es auch losgelöst von den patriarchalischen Verhältnissen sich einen Wurzelboden schaffen werde und daß der geistige Mensch nach dem Herumschweifen in der Weite gelernt habe, dem Ganzen zu dienen, indem er an seiner umgrenzten Stelle richtig arbeitet, — wie es von Wilhelm Meister heißt: „Von seinen Lippen drängt sich wie eine Befreiung das Wort Beruf." So konnte Goethe hoffen, daß den Menschen des kommenden Maschinenzeitalters doch gelingen werde, was der Sinn seines eigenen Lebens und die Leistung der vergangenen Jahrhunderte gewesen war — Persönlichkeit und Wirken miteinander in Einklang zu bringen. Er wußte, daß die Aufgabe neu gestellt und schwieriger wurde: im Grunde blieb sie die gleiche. Denn vieles mochte sich wandeln — aber niemand hat schärfer als Goethe die Grenze gezeigt, wo die Macht und das Recht der Technik aufhören: „Neue Erfindungen können und werden geschehen, allein es kann nichts Neues ausgedacht werden, was auf den sittlichen Menschen Bezug hat." Er sah, daß die Technik die Menschen vielleicht klüger und gewandter, aber ganz gewiß nicht besser, glücklicher und tatkräftiger machen werde; und dennoch mußten sie diesen neuen Weg beschreiten. Die wenigen Freunde seiner jüngeren Tage, die ihm noch geblieben waren, ermahnte er, daß sie mit ihm „das heilige Feuer, welches die nächste Generation so nötig haben wird — und wäre es auch nur unter der Asche — erhalten mögen". Der Dichter aber hat als letztes Vermächtnis an die Nachwelt in dem Bilde des sich vollendenden Faust das abendländische Menschentum des neuen Jahrhunderts vorweggenommen. Es wurde die Aufgabe des technischen Menschen, Land zu schaffen für ein freies, arbeitendes Volk, und es wurde sein Schicksal, daß dies oft mit unwürdigen Helfern und nicht ohne Schuld geschah. Die Generation, die in ihrer Jugend den letzten Abglanz des klassischen Zeitalters erlebte und mit starkem Kulturbewußtsein die deutsche Technik geschaffen hat, ist noch im Mannesalter berufen worden, mit Bismarck das Reich zu gründen. Alsdann ist aus dem technischen Geiste und der politischen Einheit die industrielle Großmacht hervorgegangen, in der die Entfaltung der sittlichen Energien nicht mehr Schritt gehalten hat mit dem intellektuellen Fortschritt.

Anmerkungen

1.

S. 3. Hegel: Es handelt sich hier vornehmlich um zwei eng zusammenhängende Probleme — Historismus und Gewaltlehre. Vgl. neuerdings F. Meinecke, Die Idee der Staatsräson (1924) 427 ff., und H. Heller, Hegel und der nationale Machtstaatsgedanke in Deutschland (1921). Dazu noch E. Troeltsch, Der Historismus und seine Probleme (1922) 243 ff., und Franz Rosenzweig, Hegel und der Staat (2 Bde., 1920). — Die Werke Hegels nach der Jubiläumsausgabe von H. Glockner (1931). Kritische Ausgaben von Georg Lasson, bes. der Rechtsphilosophie (1911), der Geschichtsphilosophie (1920), der Schriften zur Politik und Rechtsphilosophie (1913).

S. 3. Der Werdegang: Dilthey, Die Jugendgeschichte Hegels (1905); sowie Rosenzweig a. a. O. I 17 ff.

S. 4. Begriff des Werdens: Daß er dem germanischen und besonders dem deutschen Menschen eigen ist zum Unterschied von dem antiken Menschen, ist geistvoll dargelegt von Ildefons Herwegen, Antike, Germanentum und Christentum (1932) 18 ff. 39 f.

S. 6. Geschichtsphilosophie und Staatsauffassung: Die wichtigsten Stellen enthalten die berühmten Vorreden zu den Vorlesungen zur Philosophie der Geschichte und zur Rechtsphilosophie; ferner Rechtsphilosophie § 257 (Wirklichkeit der sittlichen Idee), § 268 (Patriotismus), §§ 273/86 (souverän ist nicht der Monarch, sondern der Staat), §§ 287/97 (Bürokratie als höchste Einsicht), § 301 (Beamtentum).

S. 7. Ein späterer Schriftsteller: W. Rathenau, Schriften V 256.

S. 8. Historische Ideenlehre: F. Schnabel, Neue Jahrbücher (1925); dort auch die übrige Literatur.

S. 10. Direktor der Marionetten: Meinecke, Staatsräson usw. 453. — Über das Verhältnis der dialektischen und der kritischen Methode, der philosophischen und der individualisierenden Geschichtsbetrachtung, also Hegels zu Schleiermacher, Ranke usw. grundlegend: Ernst Simon, Ranke und Hegel (1928) passim.

S. 13. Der protestantische Staat: Hegels Festrede von 1830; vgl. Rosenzweig a. a. O. II 216 und Emanuel Hirsch, Fichtes, Schleiermachers und Hegels Verhältnis zur Reformation (1930). — Über die Stellung zum Katholizismus, Rosenzweig a. a. O. II 210 ff.; bezeichnend Hegels Kampf mit dem Kaplan der Hedwigskirche: Max Lenz, Geschichte der Universität Berlin II, 1, S. 397.

S. 14. Hegel über Haller: Werke (Ausgabe Glockner) VII 198 ff.

S. 15. Goethe über Geschichte: Das Zitat aus dem Gespräch mit Luden, 19. August 1806, überliefert in Ludens Selbstbiographie „Rückblicke in mein Leben“ (1847), abgedruckt von Biedermann, Goethes Gespräche II (1889) 79 ff. Vgl. auch Ernst Cassirer, Goethe und die geschichtliche Welt (1932).

S. 16. Rezeption Machiavellis: Siehe auch II 385 zu 120. — Vor Hegel zuerst Herder: Briefe zur Beförderung der Humanität 5. Sammlung

(Werke, Ausgabe Suphan XVII 321—325): hier wird Machiavelli historisch betrachtet, aber doch auch brauchbar gemacht für die nationale Bewegung. Ferner Rehberg (1810; [2]1824) und Fichte (Nachgel. Werke III 401—453). Nach Hegel die Historiker Ranke (1824), Heinrich Leo und Gervinus (in seiner Geschichte der florentinischen Historiographie, 1833 bes. 86 ff). Im Jungen Deutschland verflachte die Auffassung: Theodor Mundt, Machiavelli und das System der modernen Politik (1851; [3]1861). Auf Treitschkes „Realpolitik" bereitet vor Karl Bollmann, Rechtfertigung des Machiavelli (1858). Vgl. für die (hier nicht behandelte) Vorgeschichte der Rezeption Albert Elkan, Historische Zeitschrift 119 (1919) 427 ff. — Über das „Doppelleben" Friedrichs des Großen: Meinecke, Staatsräson 345 377.

S. 16. Hegels Persönlichkeit: Glockner, Hegel I (1929); als Parteihaupt: aktenmäßig bei Max Lenz, Geschichte der Universität Berlin II, 1, S. 291 ff.

S. 18. Das Wort über Napoleon: Briefe von und an Hegel, hrsg. von Karl Hegel I (1887) 238.

S. 19. Gegen Uhland: Rosenzweig a. a. O. II 36 ff.

S. 20. Machiavelli, Le istorie fiorentine V, 1: „come le lettere vengono dietro all'armi, e che nelle provincie e nelle città prima i capitani che i filosofi nascono."

S. 22. Hegel und die Kulturkrisis: vgl. Albert Schweitzer, Kultur und Ethik II (1926) Vorrede VII u. 138 ff.

S. 23. Baur und Neander: Adolf Harnack, Reden und Aufsätze I (1904) und E. Troeltsch in Festgabe für Harnack (1921) 282—291. — Die Rede Harnacks auf Neander auch gedruckt in Preuß. Jahrb. (1889) 179 ff. und Rudolf Borchardt, Deutsche Denkreden (1925) 395 ff.

S. 23. Zeller, Die Philosophie der Griechen (1879 ff.); die Periodisierung ist ganz hegelisch. Zeller programmatisch über Hegel in dem Aufsatz: „Wie soll man Geschichte der Philosophie schreiben?" (1844), abgedr. Kleine Schriften I (1910) 86 ff.; ferner der Aufsatz „Die Geschichte der Philosophie, ihre Ziele und Wege" (1888), ebd. I 398 ff. Die übrigen Stellen ebd. I 52—61 437 (in dem Aufsatze über Vischer). — Über Vischer s. H. Glockner, Friedrich Theodor Vischer und das 19. Jahrhundert (1931).

S. 24. Joh. Ed. Erdmann, Versuch einer wissenschaftlichen Darstellung der Geschichte der neuern Philosophie (1834/53), Neudruck von H. Glockner (1931 ff.); dazu die biographische Einleitung von Glockner in I (1932).

S. 24. Erdmann und Kuno Fischer: Glockner, Erdmann a. a. O. 155 ff. 181. Der letzte, 6. Bd. von Erdmanns Hauptwerk erschien 1853, der 1. Bd. des Kuno Fischer 1852. Kuno Fischer war 1844/47 in Halle Schüler Erdmanns. — Kuno Fischer und Dilthey: Dilthey über Kuno Fischers „Hegel": Deutsche Literaturzeitung (1900) Nr. 1.

S. 25. Zerfall der Schule: Die Scheidung in die „Rechte" und die „Linke" stammt von David Friedrich Strauß, Streitschriften III (1837). Die Geschichte des Zerfalles ist dargestellt von J. E. Erdmann, Grundriß der Geschichte der Philosophie II (1866), Anhang: „Die deutsche Philosophie seit Hegels Tode." Vgl. dazu Glockner, Erdmann a. a. O. 170.

S. 25. Verwesungsprozeß: Karl Marx in seiner Kritik Feuerbachs und in der (unvollendeten) Kritik der Hegelschen Rechtsphilosophie. Vgl. Moskauer Gesamtausgabe I, 1 (1927), S. 476: „Hegel ist nicht zu tadeln, weil er das Wesen des modernen Staates schildert, wie es ist, sondern weil er das, was ist, für das Wesen des Staates ausgibt."

S. 26. Über die „verhängnisvolle Rolle" der Organismuslehre vgl. Dilthey, Einleitung in die Geisteswissenschaften I (1883), Neudruck in den Ges. Schriften I (1923) 229.

S. 26. Hegel-Renaissance: Am längsten haben für Hegels Andenken gekämpft seine Schüler K. Rosenkranz (Hegels Leben [1844]; s. auch die Anmerkung zu 29) und J. E. Erdmann (Versuch usw. a.a.O. VI [1853] und Grundriß usw. a. a. O. II [1866]). Erdmann bezeichnete sich selbst gerne als den „letzten Mohikaner" der Hegelschen Philosophie (Glockner, Erdmann a. a. O. 196). Hegels Sohn, der Historiker Karl Hegel, gab 1887 den Briefwechsel des Vaters heraus; eine zeitgeschichtliche Wirkung hatte dies nicht. Völlig abgerissen ist die wissenschaftliche Tradition natürlich nie; aber Adolf Lasson, der den metaphysischen Idealismus im Sinne Hegels vertrat und auch ein geistvolles „System der Rechtsphilosophie" (1882) schrieb, blieb ohne Erfolg. Er hat auch die Kriegsphilosophie Hegels fortgeführt: seine Schrift „Das Kulturideal und der Krieg" (1868) war damals eine Sensation. Die kritischen Ausgaben von Hegels Werken, die dann sein Sohn Georg Lasson (s. oben zu 3) herausbrachte, wirkten bei der Hegel-Renaissance mit. Die Erneuerung selbst beginnt mit dem „Hegel" von Kuno Fischer (Geschichte der neueren Philosophie VIII [1900]) und Benedetto Croce, Ciò che è vivo e ciò che è morto di filosofia di Hegel (1904). Es folgten Windelband, Plenge u. a. Vgl. Wilhelm Windelband, Die Erneuerung des Hegelianismus (Sitzungsberichte der Heidelberger Akademie, Phil.-Histor. Klasse [1910] X). Er warnte zu doppelter Vorsicht — gegenüber den metaphysischen Neigungen des Hegelianismus und gegenüber dem Bestreben, „zu einer Philosophie der Tat und des Willens zu gelangen, ... welche die Vernunftwerte nicht suchen oder verstehen, sondern gesetzgebend erzeugen" möchte.

S. 28. Christlich-protestant. Gegner: Heinrich Leo, Die Hegelingen (1838; 2. Aufl. 1839). — Stahl, Philosophie des Rechts I (1830) 288 ff.

S. 28. Berufung Schellings (1840): Akten bei Max Lenz, Geschichte der Universität Berlin IV 572 ff. (auch II, 2, S. 42 ff.). — Schelling und Stahl wurden 1840 gleichzeitig und zum gleichen Zwecke der „Vernichtung des Hegelianismus" nach Berlin berufen.

S. 28. Schopenhauer und Lagarde: Schopenhauers zahllose Ausfälle gegen Hegel bedürfen keiner Belege; Lagarde, Schriften (Ausgabe von Paul Fischer [1924]) I 42—46 u. ö.; II 184 ff. 386 ff. u. ö.

S. 29. Rudolf Haym, Hegel und seine Zeit (1857), sowie die Antwort von K. Rosenkranz, Apologie Hegels gegen Haym (1858), sowie Rosenkranz, Meine Reform der Hegelschen Philosophie (1852). — Für das Nachleben Hegels wichtig auch das Schlußkapitel von Haym.

S. 30. Der unterirdische Strom der Metaphysik: auch Lotze, Fechner, Eduard v. Hartmann sind zu nennen, Adolf Lasson ist oben (zu 26) erwähnt.

S. 31. Göttingen: s. I 215 439.

S. 31. Wissenschaftliche Romantik und kritische Wissenschaft: Als Beispiele s. E. Howald, Der Kampf um Creuzers Symbolik, eine Auswahl von Dokumenten (1926), oder Ferd. Rieser, Des Knaben Wunderhorn und seine Quellen (1908), wo durch kritische Untersuchung der Textgestaltung im einzelnen nachgewiesen ist, wie wenig säuberlich die beiden Sammler verfahren waren und wie das Mißtrauen der kritischen Wissenschaft seine Berechtigung hatte. — Vgl. auch H. Becker, Achim von Arnim in den wissenschaftlichen und politischen Strömungen seiner Zeit (1912), sowie unten betr. Joh. Friedr. Böhmer zu S. 103.

S. 33. Boeckh: Max Hoffmann, A. Boeckh, Lebensbeschreibung und Auswahl aus seinem Briefwechsel (1901). — Gerste und Wein: H. Nissen, in Rhein. Merkur N. F. 49 (1894) 2. — Ein lebendiges Bild von seiner geistigen Persönlichkeit geben seine repräsentativen Akademiereden, abgedruckt in seinen Ges. kleinen Schriften II (1859), wo besonders die Rede auf Wilh. v. Humboldt (211 ff.), Schelling (439 ff.) und III (1866) 15 ff. auf Alex. v. Humboldt kommt. Alle drei neu gedruckt bei Rudolf Borchardt, Deutsche Denkreden (1925) 143 ff. — Zu nennen wäre aus der Geschichte der klassischen Philologie wohl noch die Königsberger Schule (Lobeck u. Lehrs). Vgl. ferner R. Kekulé, Das Leben Friedr. Gottl. Welckers (1880).

2.

S. 36. Niebuhr: s. meine Rede „Niebuhr" (1931). — Grundlage für die geschichtliche Bewertung: „Römische Geschichte" I/II (1811/12). Die 2. Auflage ist in der Bonner Zeit völlig umgearbeitet (1827). Der 3. Bd. ist in Bonn niedergeschrieben und erst 1832 nach dem Tode erschienen. — Grundlage für die Biographie: Niebuhrs Briefe, hrsg. von D. Gerhard und W. Norvin (1926/30). Hierdurch ist die ältere Ausgabe von Niebuhrs Schwägerin Dore Hensler „Lebensnachrichten über B. G. Niebuhr" (1838/39) überholt (s. früher II 399 zu 277). Es hat sich herausgestellt, daß diese Ausgabe eine absichtsvolle Umarbeitung und Verfälschung ist; vgl. Gerhard-Norvin a. a. O. I S. C. X. — Von Monographien hier zu nennen nur die Biographien von J. Classen (1876) und F. Eyßenhardt (1886), ferner Georg Küntzel, Niebuhrs Römische Geschichte und ihr zeitgenössischer politischer Gehalt (Festgabe für Friedr. Clemens Ebrard [1920]) 177 ff., und E. Kornemann, Niebuhr u. der Aufbau der altrömischen Geschichte (Histor. Zeitschrift 145 [1931]). Vor allem auch H. v. Srbik, Ein Schüler Niebuhrs, Wilh. Heinr. Grauert (Sitzungsbericht der Akademie der Wissenschaft in Wien, Phil.-Histor. Klasse 176 IV).

S. 36. Echte Geschichte: an Dore 8. Juli 1825, Lebensnachrichten usw. a. a. O. III 150.

S. 37. Jugendentwicklung: Dilthey, Anfänge und historische Weltanschauung Niebuhrs, Deutsche Rundschau 147 (1911) 294 ff. — Dilthey sieht in den Zeugnissen der Kindheit die „wichtigsten Berichte, welche wir über die geschichtliche Einbildungskraft haben". — Für die Anfänge der römischen Studien besonders wesentlich die Briefe an Graf Adam Moltke (1804): Gerhard-Norvin I 311 317. — Sehr bezeichnend dann noch für den Gegensatz zur älteren Geschichtsschreibung Niebuhrs Rezension von Heerens „Ideen über die Politik, den Verkehr und den Handel der vornehmsten Völker der alten Welt": Jen. Allg. Lit.-Ztg. 1813. Erg.-Bl. 49—90, wieder abgedruckt in Niebuhrs Kleinen histor. u. philol. Schriften II (1843) 107—158. Die alten Antiquare genügen ihm ebensowenig wie die „eleganten" Historiker: „Jedermann weiß, daß man sehr gelehrt über das Altertum sein und doch aus Geistlosigkeit es schlecht verstehen kann;

aber ohne Gelehrsamkeit wird auch der beste Kopf unmöglich etwas Treffendes darüber sagen können."

S. 37. Andere fanden: es ist zu denken an Prizonius und Beaufort s. E. Fueter, Geschichte der neueren Historiographie (1911) 327 f.

S. 37. Scaliger: Römische Geschichte I 169 f.: „Es gibt außer Italien und Griechenland für den Philologen keinen heiligeren Ort als der Saal der Universität zu Leyden."

S. 39. Nachtwandler: Römische Geschichte, Vorrede zur 2. Auflage.

S. 40. Goethe an Niebuhr 17. Dezember 1811 und 23. November 1812, Lebensnachrichten usw. a. a. O. III 362; an Zelter 17. Januar 1831.

S. 41. Romantischer Charakter: bei Niebuhrs Ausscheiden aus dem Dienst (1810) spricht Stein vom „verfeinerten Egoismus", in Brief an W. v. Humboldt 28. Mai 1810 (Pertz II 507). Treffend sagt Seeley, Stein II 376 ff.: „Ist es eines von römischer Gesinnung durchdrungenen Mannes würdig, den Staat in dem Augenblicke zu verlassen, wo er ihn am Rande des Abgrundes zu sehen und sich im Besitze eines Geheimnisses zu seiner Rettung glaubt, um glänzende Vorlesungen über alte Geschichte zu halten... Er bewies durch diesen Schritt, daß er, gleich den meisten seiner Landsleute zu jener Zeit, eine vita umbratilis dem handelnden Leben unendlich vorzog, während wir ihn, nach seinen Schriften, für einen strengen Patrioten nach antikem Muster halten würden." — Eyßenhardt a. a. O. 266 sagt: „Gerade Niebuhr hätte in seiner stark entwickelten Subjektivität auch nicht einen einzigen Tag lang das Leben sozialer Knechtschaft ertragen, dem die Scipionen zu entrinnen suchten."

S. 42. Staatsmann und Gelehrter: Savigny an Creuzer, 7. April 1811: „Unbegreiflich, wie dieser Mann so werden und so bleiben konnte, da er bisher stets in Geschäften lebte." Siehe A. Stoll, Savignys Professorenjahre (1929) 66.

S. 43. Servius Tullius: Römische Geschichte I 251 f.

S. 44. Adel und Bauerntum: Römische Geschichte I 372 377: „Wehe einer Nation, wenn der alte Feudalstolz erlosch und der Gewinnsucht wich." Nach den Freiheitskriegen hat er die Stelle gestrichen. — Zu erinnern ist auch an die von ihm (1816) geschriebene Lebensgeschichte seines Vaters Carsten N., des großen Reisenden: abgedruckt in seinen Kleinen histor.-philol. Schriften I (1828): Carsten hat die Adelung abgelehnt: „Ich würde meine Familie nicht so beleidigen:... daß, wer dies täte, seine Abstammung nicht für hinreichend ehrenvoll halten müsse." Und der Sohn: „Ich würde das Andenken meines Vaters zu beschimpfen glauben, den ich doch von Ferne nicht erreicht habe." Der Standpunkt ist auch in der süddeutschen Demokratie (Uhland!) zu finden, dem bürgerlich-städtischen Liberalismus aber fremd gewesen und erst nach der staatsrechtlichen Beseitigung des Adels im 20. Jahrhundert unter völlig veränderten Verhältnissen wieder zur Geltung gekommen. Vgl. W. Darré, Neuadel aus Blut und Boden (1930). — So hatte Niebuhr übrigens auch für mittelalterliches Rittertum keinen Sinn. Aber im Kontrast zu diesem Bauernstolz steht dann das Gefühl der Verletztheit und Zurücksetzung; vgl. auch die Klagen über den Hochmut des deutschen Adels im Briefe an Prof. Hensler, 2. Februar 1801, Gerhard-Norvin I 248.

S. 47. Unerschütterlich überzeugt: Lebensnachrichten usw. a. a. O. II 267.

S. 47. Glänzende Phantasien: am merkwürdigsten seine Liedertheorie (Römische Geschichte I³ 288, auch schon in der 1. Aufl.). Obwohl er Wolfs Aufteilung des Homer in Lieder ablehnte, hat er doch nach dessen Vorbilde die Entstehung der römischen Königslegende erklären und die Überlieferung des Livius in Abschnitte aufteilen wollen, „welche den Aventiuren des Nibelungenliedes entsprechen". Maßgebend war dabei auch die Erinnerung an die Lieder der Dithmarschen von dem Siege bei Hemmingstedt, wo das Bauernheer 1500 den dänischen König und seine Ritterschaft schlug. Hiergegen die ablehnende Rezension von A. W. Schlegel: Heidelbergische Jahrbücher (1816) 822 ff., wieder abgedruckt in Schlegels Sämtlichen Werken, hrsg. von Böcking XII (1847) 444—512.

S. 47. Niebuhr und Preußen: hierüber mehr im IV. Bd. — Es handelt sich vornehmlich um die Schrift „Preußens Recht an den sächsischen Hof" (1814) und die Aufsätze im Preuß. Correspondenten (1813/14), abgedruckt in Nachgel. Schriften nichtphilosophischen Inhalts (1842) 315 ff. und in der Auswahl seiner polit. Schriften, hrsg. von G. Küntzel (1923). — Die Berufung nach Berlin, Januar 1806: Dokumente bei Gerhard-Norvin I 326 ff. Wie Stein auf Niebuhr aufmerksam wurde, ist unbekannt.

S. 48. Gegnerschaft gegen Hegel: Hegels Angriffe auf Niebuhr in den Vorlesungen über die Philosophie der Weltgeschichte. Niebuhr hatte „keineswegs die Einheit der Geschichte", also keinen Wahrheitsgehalt; was sich in Frankreich nur in der Form kritischer Abhandlungen hervorwage, trete bei uns als Geschichtsschreibung auf (Ausgabe Lasson 665 u. ö.).

S. 49. Ratio scripta: doch fehlte es in der Französischen Revolution nicht an Protesten gegen die Herrschaft der römischen Gesetze. Vgl. Mirabeaus Rede vom 2. April 1791 (ed. Fritsche 1889) III 104: „peut-être est-il temps qu'après avoir été subjugués par l'autorité des lois romaines, nous les soumettions elles-mêmes à l'autorité de notre raison."

S. 50. Herder als geistiger Vater der histor. Rechtsschule: v. Bethmann-Hollweg: Zeitschrift für Rechtsgeschichte VI 43 und Viktor Ehrenberg, Herders Bedeutung für die Rechtswissenschaft (1903). — Für das Folgende vgl. von allgemeiner Literatur: Ernst Landsberg, Geschichte der deutschen Rechtswissenschaft III, 2 (1910), und Julius Wilhelm Hedemann, Die Fortschritte des Zivilrechtes im 19. Jahrhundert I (1930).

S. 50. Gustav Hugo: Ernst Landsberg, Geschichte der deutschen Rechtswissenschaft III, 2, S. 1 ff. (dort auch die ganze Literatur): an die Stelle der universalen Beherrschung des Wissens (Polyhistorie) tritt die zielbewußte Pflege des einzelnen Faches, an die Stelle des universalen Rationalismus die Rechtsgeschichte. So also eine doppelte Beschränkung, Spezialisierung! — Fritz v. Hippel, Hugos juristischer Arbeitsplan (1932). — Savigny über Hugo: Vermischte Schriften V (1850) 1—36.

S. 51. Savigny, Recht des Besitzes (1803; ³1818) 533: gibt Résumé des Gedankenganges (§ 48).

S. 52. Kampf gegen das französische Recht: schon in der Rheinbundszeit, s. P. Darmstaedter, Geschichte des Großherzogtums Frankfurt (1901) 141. — Aug. Wilh. Rehberg, Über den Code Napol. und dessen Einführung in Deutschland (1814) u. Thibauts Rezension, in Heidelberger Jahrbücher der Literatur VII (1814) 1—33: Rehberg, heißt es hier, sieht überall nur Irreligion und Zerstörungssucht, die juristischen Gebrechen des Code hat er nicht gesehen. Thibauts Urteil über den Code: In der Diskussion finden sich feine und glückliche Ideen, namentlich auch in den Äußerungen Napoleons, „welcher in Ansehung des juristischen Sinnes gewiß keinem der Staatsräte nachstand“... „Allein das Ganze ist doch ein oberflächliches Hin-und-Her-Reden, ein Umgehen und Übersehen der wahren civilistischen Tiefen.“

S. 52. Art. 340 Verbot der Vaterschaftsklage: in Deutschland nur im hessischen Gesetz vom 30. Mai 1821; im Bad. Landrecht § 340 durch umfangreichen Zusatz stark modifiziert. — Die gemeinrechtliche Praxis noch im Allg. Landrecht, Teil II Tit. I §§ 1104—1126.

S. 52. Kampf um das Rhein. Recht: vgl. auch II 169 ff. — Grundlegend: Ernst Landsberg, die Gutachten der rhein. Immediatjustizkommission (1914) und die Verdrängung des rhein. Fremdenrechtes (1914).

S. 53. Thibaut-Savigny: Neudruck der beiden Streitschriften, Jubiläumsausgabe, mit den Urteilen der Zeitgenossen, hrsg. von Jacques Stern (1914); dort auch (174 ff.) Thibauts Antikritik (Heidelberger Jahrbücher der Literatur 1814 Nr. 59); ferner (195 ff.) das Urteil Feuerbachs: „Wenn das Heil unseres Rechtszustandes von der Wiederherstellung eines Gewebes abhängt, welches zwar die Zeit gewoben, aber auch wenigstens für unsere Erkenntnis wieder zerrissen und in alle Winde zertreut hat, wehe! dann ist dessen Verbesserung auf die Ewigkeit verschoben.“ — Thibauts Forderung fand auch Widerhall in den süddeutschen Kammern: vgl. Frh. v. Türckheim, Motion betr. Einleitung einer gemeinschaftlichen Bearbeitung der Grundlinien für die Gesetzgebung und Gerichtsverfassung für die deutschen Bundesstaaten am Bundestag oder bei den einzelnen deutschen Regierungen, Verhandlungen der bad. Stände I. Kammer (1919) 201 ff.

S. 57. Urteil über Thibaut und Savigny: Die Wissenschaft des 19. Jahrhunderts gab ausschließlich Savigny recht. Kennzeichnend bes. E. I. Bekker, Über den Streit der historischen und philosophischen Rechtsschule (1886), und Vier Pandektisten, in Heidelberger Professoren I (1903). Er hält Thibaut einfach für einen Naturrechtslehrer und deutet auch persönliche Motive des Ehrgeizes und der Mißstimmung über geschehene Zurücksetzung an. Zuerst ist 1910 Landsberg a. a. O. III, 2, S. 72 75 ff. wieder für Thibaut eingetreten, von ihm stammt die Bezeichnung „wissenschaftlicher Positivismus“ für dessen Standpunkt. Demgegenüber ist das Ansehen Savignys gesunken bis zu der Frage von H. Kantorowicz: Was ist uns Savigny?, Zeitschrift Recht und Wirtschaft I (1912) 47 ff. 76 ff. Hier heißt es: Savigny war in seinem Denken völlig unjuristisch, nur Historiker. Er nahm den Teil — die Rechtsgeschichte — für das Ganze der Jurisprudenz. Vgl. auch Kantorowicz, Volksgeist und Histor. Rechtsschule, Histor. Zeitschrift (1912). Der Jurist Savigny ist dann aber doch wieder zu Ehren gekommen, allerdings auf einem Teilgebiet: er hat die Entwicklung des internationalen Privatrechtes eingeleitet, und zwar in seinem Alterswerk, System des heutigen Röm. Rechtes VIII (1849) 269 ff. Vgl. M. Gutzwiller, Der Einfluß Savignys auf die Entwicklung des internationalen Privatrechtes (1923). — Vgl. auch noch A. Manigk, Savigny und der Modernismus im Recht (1914). — Über Thibauts Persönlichkeit s. E. Baumstark, F. I. Thibaut, Blätter der Erinnerung (1841). Thibaut hat übrigens den Kampf gegen die Historische Rechtsschule noch weiter geführt, in Archiv für civilist. Praxis 21 (1838).

S. 59. In die Hände des Volkes: Der Vorwurf stammte von dem bayrischen, rheinbündischen Juristen Gönner: Über Gesetzgebung und Rechtswissenschaft in unserer Zeit (1815), dazu Savignys Antwort, Zeitschrift für geschichtl. Rechtswissenschaft I (1815) 373 ff., wieder abgedruckt in Vermischte Schriften V 115—172; dort die Stelle über Despotismus und Freiheit. — In der Ablehnung partikularer Gesetzgebung, also gegen Gönner, waren Savigny und Thibaut einig; aber Thibaut wie Gönner ließen das Recht aus der „Willkür" des Gesetzgebers entstehen, wie Savigny formulierte. Vgl. Ludwig Spiegel, Savignys Beruf und Gönners Gegenschrift; Gesetz und Recht IV (1913). — Über den Unterschied von natürlicher Rechtsvernunft und Rechtsgefühl und über das Mißtrauen, das die Histor. Schule dem willkürlichen Rechtsgefühl entgegenbrachte, vgl. Erwin Riezler, Das Rechtsgefühl (1921), und J. Binder, Philosophie des Rechtes (1925) 755 ff.

S. 59. Savigny über Hobbes und Haller: System des heutigen Röm. Rechts I (1840) 32: Haller habe die Hobbessche Theorie für die Restaurationszeit zurechtgemacht.

S. 60. S. Lebensstil: zahlreiche Zeugnisse in den beiden Werken von A. Stoll, Der junge Savigny (1927), und Savignys Professorenjahre (1929); hier II 257—259 Briefe an Arnim und Eichhorn (1819) über seinen Mangel an praktischer Erfahrung. — Savigny auf dem Katheder: Wilhelm Grimm, Kleinere Schriften I (1881) 10.

S. 62. Savigny, Hegel, Ranke: Ernst Simon, Hegel und Ranke a. a. O. passim. — Rothacker, Savigny, Grimm, Ranke: Histor. Zeitschrift 128 (1923). Vgl. die Reden Rankes auf Savigny und Jakob Grimm (1862 und 1863), Sämtl. Werke 51/52 496 ff. 502 ff. — Hegels Rechtsphilosophie § 211 gegen Savigny gerichtet. — Der Streit um den Eintritt Hegels in die Akademie: Harnack, Geschichte der Akademie I, 2, S. 735 ff. — Ranke 1867 über die zwei Richtungen in seiner Jugend, die philosophische und historische: Sämtl. Werke 51/52 588. — Savignys Unempfindlichkeit gegenüber der Philosophie fiel seinen romantischen Freunden auf, während z. B. Feuerbach in seiner Jugend ein begeisterter Jünger der Philosophie war und die Rechtswissenschaft nur als „Zwangs-Not- und Brot-Studium" ergriffen hatte. Vgl. Creuzer an die Günderode 25. Dezember 1804, Erwin Rohde, Friedr. Creuzer und Karoline Günderode (1896) 26 f.; A. Stoll, Der junge Savigny 79 f. Die philosophischen Studien der Studentenzeit beweisen an sich nichts, immerhin ist der Einfluß Schellings nicht zu unterschätzen. — Auch ist sein Verhältnis zum Katholizismus nicht zu vergessen: s. den Briefwechsel mit Ringseis, hrsg. von O. Pfülf, Stimmen aus Maria Laach 66 (1904); seine Kinder ließ er im katholischen Glauben der Mutter erziehen. Vgl. auch die Stellen bei Stoll a. a. O. II 239 u. a. — Für Stahls Berufung nach Berlin (1840) hat Savigny sich eingesetzt, im übrigen aber fand er bei Stahl die „Einmischung des Religiösen zu roh": an Bluntschli 1838, bei Stoll a. a. O. II 358, auch 376.

S. 63. Eichhorn: Friedrich v. Schulte (1884) und Rudolf Hübner, in Festschrift für Heinr. Brunner (1910) 807 821.

S. 63. Histor. Rechtsschule: die zwei Programmschriften stammen von Savigny, nämlich die Flugschrift von 1814 sowie der Einleitungsaufsatz zur Zeitschrift für geschichtl. Rechtswissenschaft I (1815) 1—17, wieder abgedruckt in Verm. Schriften I (1850) 105 ff. Hier unterscheidet Savigny die geschichtliche und die ungeschichtliche Schule. Es heißt da: „Der

Gegensatz ist ganz allgemeiner Natur und wird mehr oder weniger in allen menschlichen Dingen sichtbar, besonders aber in allem, was zur Verfassung und Regierung der Staaten gehört.... Er betrifft die allg. Frage: in welchem Verhältnis steht die Vergangenheit zur Gegenwart oder das Werden zum Sein? Die einen sagen: daß jedes Zeitalter sein Dasein, seine Welt frei und unwillkürlich selbst hervorbringe, gut und glücklich oder schlecht und unglücklich, je nach dem Maße seiner Einsicht und Kraft. Die Geschichte ist dabei nicht ohne Wert, aber nur als moralisch-politische Beispielsammlung. Nach der Lehre der andern gibt es kein vollkommen einzelnes und abgesondertes menschliches Dasein — vielmehr was als einzeln angesehen werden kann, ist, von einer andern Seite betrachtet, Glied eines höheren Ganzen. So ist jeder einzelne Mensch notwendig zugleich zu denken als Glied einer Familie, eines Volkes, eines Staates, jedes Zeitalter eines Volkes als die Fortsetzung und Entwicklung aller vergangenen Zeiten. Also bringt nicht jedes Zeitalter für sich und willkürlich seine Welt hervor, sondern es tut dies in unaufl. Gemeinschaft mit der ganzen Vergangenheit.... Die Geschichte ist dann nicht mehr bloß Beispielsammlung, sondern der einzige Weg zur wahren Erkenntnis unseres eigenen Zustandes." Bei Anwendung auf das Recht: die geschichtliche Schule darauf gerichtet, „den mit innerer Notwendigkeit gegebenen Stoff zu durchschauen, zu verjüngen und frisch zu erhalten", die ungeschichtliche Schule: das Recht wird „mit Willkür" hervorgebracht. Große praktische Folge: „Das Geschäft der gesetzgebenden Gewalt, das des Richters, besonders die Behandlung des Rechtes — alles wird von Grund aus anders je nach der einen oder andern Ansicht."

S. 64. Geschichte des Röm. Rechtes im Mittelalter: Niebuhr nannte die Literaturgeschichte der späteren Bände eine „mühselige und seines Geistes unwerte" Arbeit (Brief vom 14. Juni 1812).

S. 66. Eduard Gans: Erbrecht in weltgeschichtlicher Entwicklung I (1823) XXXIX, Jahrbuch für wissenschaftliche Kritik (1827) 321, und Verm. Schriften I (1834) 3. Er tadelt, „daß ein historisches Treiben, das nicht auf den Begriff als auf das Letzte geht, nur hohle Äußerlichkeit und leeres inhaltloses Spiel bleibt"; das Verfahren sei aber auch in historischer Hinsicht ungenügend, weil nur Pandektenstudium getrieben werde, und zwar antiquarisch und mikrologisch, statt Totalität, Universalrechtsgeschichte und wissenschaftliche Rechtsvergleichung. Auch wandte sich Gans als liberaler Hegelianer gegen den Quietismus. Die Antwort wurde von Puchta gegeben, der Streit zog sich durch Jahre hin. Der Gegensatz zu Savigny ist auch deutlich in der Arbeit „Über die Grundlage des Besitzes" (1839), wo Gans den Besitz aus philosophischen Grundsätzen ableitet und nicht wie Savigny (Recht des Besitzes [1803]) aus historischen Tatsachen. — Über den Universitätsskandal vgl. die Urkunden bei Max Lenz, Geschichte der Universität Berlin IV 512 ff.; auch II, 1, S. 390 ff.

S. 66. Das Ende der Schule: als „Nekrolog" kann man bezeichnen die Stelle in der Vorrede von Savignys System des heutigen Röm. Rechtes I (1840) XIII.

S. 67. Georg Beseler, Über die Stellung des Röm. Rechtes zu dem nationalen Recht der germanischen Völker (1835), abgedruckt in Erlebtes und Erstrebtes (1884), Anlage 3; Volksrecht und Juristenrecht (1843) und

Entgegnung von Puchta, in Jahrbuch für wissenschaftliche Kritik I (1844) 1—30. Die germanistische Richtung wurde noch von Jakob Grimm, Maurer und Wilda gepflegt, sie wurde weitergeführt durch Gierke (der ein Schüler Beselers war) und Amira (der von Maurer herkam). Vgl. Gierke über Beseler (Zeitschrift der Savigny-Stiftung X) und seine Kritik an dem „einseitigen Romanismus" Savignys: Gierke, Die histor. Rechtsschule und die Germanisten (1903) 14 ff. Ebd. 20 ff. über den Kampf der Germanisten gegen die röm. Rechtsherrschaft. — Für die Germanisten war eine arge Enttäuschung, was Jakob Grimm, wohl von Savigny beeinflußt, auf der 1. Germanistenversammlung (Frankfurt 1846) ausführte: „Das Römische Recht, nachdem es lange bei uns eingewohnt und unsere gesamte Rechtsanschauung eng mit ihm verwoben ist, gewaltsam von uns auszuscheiden, scheint mir ein ungeheurer und fast so unerträglicher Purismus zu sein, als wollte ein Engländer den Gedanken durchführen, daß es noch möglich sei, die romanischen Wörter aus dem Englischen zu drängen und bloß die Wörter deutschen Ursprungs zu behalten." Vgl. Verhandlungen usw. a. a. O. 16 und R. Hübner, Jakob Grimm und das deutsche Recht (1895) 105 ff.; ders., Grundzüge des deutschen Privatrechtes (⁵ 1930) 43, hält daran fest, daß in dem Streite die Romanisten im Recht waren. Anders H. Meyer, Zeitschrift der Savigny-Stiftung, Germanistische Abteilung (1927) 804.

S. 68. Mommsen gegen Beseler, Ges. Schriften I, 3 (1906) 494 ff.

S. 69. Die Brüder Grimm: Wilh. Scherer, Jakob G. (² 1885), die Bücher von R. Steig (1892, 1904, 1914). — Die Rede Jakobs auf Wilhelm (1860), Akademierede 1860, in Jakob Grimm, Kleinere Schriften I (1864) 163 ff. und Auswahl aus den Kleineren Schriften (1871) 120 ff. (mit dem in der früheren Veröffentlichung fehlenden Schluß). Neudruck bei Rudolf Borchardt, Deutsche Denkreden 271 ff. — Für das Folgende neben den Vorreden der Werke, die eine unvergleichliche Quelle zur Zeitgeschichte sind, noch vornehmlich Jakob Grimm, Kleine Schriften I (1879): hier die ber. Reden auf Schiller, über das Alter, die Schrift über seine Entlassung.

S. 74. Anknüpfung der Fäden: Deutsche Rechtsaltertümer (1828) Vorrede III.

S. 74. Rechtsgeschichte: Rudolf Hübner, Jakob Grimm usw. a. a. O. bes. 96 ff. (Zusammenfassung).

S. 74. Fortschritt und Tradition: unübertrefflich hierüber Wilh. Grimm; Vorwort zu Arnims Werken (1839), Kleinere Schriften I (1881) 311: „Niemand vermag den Gang der Zeit zu hemmen, aber sie soll nicht fortschreiten wie jene, die leichter sich zu bewegen glauben, wenn sie das Empfangene wie eine Last hinwerfen und sich rühmen, nicht mehr zu achten, was hinter ihnen gelegen ist. Wer der Blume die Wurzel abschneidet und die welkende in heißes Wasser stellt, kann ihr doch nur auf kurze Zeit einen Schein des Lebens zurückgeben." — Wilh. Grimm, Kleine Schriften 1, 13: „Das Mittelalter zu erforschen, um es in der Gegenwart wieder geltend zu machen, wird nur der beschränktesten Seele einfallen; allein es beweist auf der andern Seite gleiche Stumpfheit, wenn man den Einfluß abwehren wollte, den es auf Verständnis und richtige Behandlung der Gegenwart haben muß."

S. 75. Gegen die Puristen: Wilh. Grimm, Kleine Schriften I 517 f.; s. auch Jakob Grimm in der Anm. zu 67.

S. 76. Sprache, Stil, Persönlichkeit Jakob Grimms: Ernst Simon, in Deutsche Vierteljahresschrift für Literaturwissensch. VII. (1929) 515 ff.

S. 76. Wilda, Strafrecht der Germanen (1842), und Gildewesen im Mittelalter (1831).

S. 76. Grimms Wörterbuch und der Dictionnaire de l'Académie: vgl. Wilh. Grimm, Bericht in den Verhandlungen der Germanisten zu Frankfurt 1846 (1847) 118, und Kleinere Schriften I 513: „Wir wollen kein Gesetzbuch machen, das eine starre Abgrenzung der Form und des Begriffes liefert und die nie rastende Beweglichkeit der Sprache zu zerstören sucht. Wir wollen die Sprache darstellen, wie sie sich selbst in dem Laufe von drei Jahrhunderten dargestellt hat, aber wir schöpfen nur aus denen, in welchen sie sich lebendig offenbart.... Unser Werk wird... eine Naturgeschichte der einzelnen Wörter enthalten. Jedem, in welchem sich das Gefühl für die Sprache rein erhalten hat, bleibt das Recht, den Inhalt eines Wortes zu erweitern oder zusammenzuziehen, der Fortbildung wird keine Grenze gesetzt, aber sie muß auf dem rechten Weg bleiben.... Der volle Gehalt läßt sich durch keine Definition erklären."

S. 77. Lachmann: die (etwas panegyrische) Biographie von Martin Hertz (1851), der Briefwechsel mit den Brüdern Grimm, hrsg. von Leitzmann (2 Bde., 1925/27), die ber. Reden auf Lachmann von Jakob Grimm (Kleinere Schriften I) und Friedr. Leo (Borchardt, Deutsche Denkreden 369 ff.). — Über Lachmanns „sprachliches Idealsystem" (der Ausdruck stammt von Ehrismann) vgl. Friedr. Wilhelm, Corpus der altdeutschen Originalurkunden (1931) Vorrede. — Zu den Brüdern Grimm und Lachmann kommt als vierter noch G. F. Benecke, der (noch vor Görres) in Göttingen die frühesten Vorlesungen über altdeutsche Sprache und Literatur abgehalten hat und wie Lachmann sowohl altklassische als auch deutsche Texte herausgab.

S. 80. Franz Bopp: alle Dokumente in der Biographie von Lefmann (2 Bde. 1891/95), hier besonders auch der Briefwechsel mit Wilh. v. Humboldt. Dazu die Einleitung zur Vergl. Grammatik (1833).

S. 83. Wilh. v. Humboldt: die Akademierede von 1821, gedruckt in der Inselbücherei, die philol. Arbeiten in der Akademieausgabe der Werke. Das bedeutsamste, was er geleistet, ist die Einleitung in das Werk über die Kawisprache, von seinem Bruder Alexander bald nach seinem Tode herausgegeben, mit Vorwort von Alexander. Vgl. Bruhns, Alex. v. Humboldt II (1872) 224 f.

S. 86. Ranke: Biographie von H. F. Helmolt (1921). Die monographische Literatur ist unübersehbar. Sie ist verzeichnet bis 1910 in der Ranke-Bibliographie von H. F. Helmolt (1910). Seither bes. noch Ernst Simon, Ranke und Hegel (1928), sowie die Arbeiten von Paul Joachimsen: Einleitung zur Akademieausgabe der Deutschen Geschichte im Zeitalter der Reformation I (1925) und der Aufsatz „Ranke und wir" in den Neuen Jahrbüchern 1926. Außerdem auch die Bemerkungen von Friedr. Meinecke, Weltbürgertum und Nationalstaat 274 ff., Idee der Staatsräson 469 fl. und Preußen-Deutschland 361 ff. Vgl. auch G. Masur, Rankes Begriff der Weltgeschichte (1926).

S. 86. Nach einigem Schwanken: Hauptquelle die Briefe aus der Zeit seiner Oberlehrertätigkeit in Frankfurt a. O., wo immer noch Zweifel, ob er nicht doch Theologe werden soll: Sämtl. Werke 53/54 (1890) 79 ff.

Ferner H. Oncken, Aus Rankes Frühzeit (1922), und P. Joachimsen in der Einleitung usw. a. a. O. I, XII ff. — Die organische Kontinuität der Lebensarbeit, die für dieses Gelehrtengeschlecht (Savigny, Grimm und Bopp) so charakteristisch ist, findet man auch bei Ranke: nur daß bei ihm doch dieses Schwanken in der Berufswahl vorherging.

S. 89. Das Allgemeine und das Individuelle: die wichtigsten Stellen in den Vorreden zum Wallenstein und zu den Denkwürdigkeiten Hardenbergs. — Vgl. auch Päpste I 177: „wie unbedeutend erscheint auch ein mächtiger Sterblicher der Weltgeschichte gegenüber!" usw. — Sybel (Vorträge und Abhandlungen [1897] 290 ff.) und Meinecke (Idee der Staatsräson 484) meinen, daß Ranke mit fortschreitendem Alter die Persönlichkeit immer geringer bewertet habe. Hiergegen H. Schmeidler (Schmollers Jahrbuch 27 [1903]): schon in den „Päpsten" schlägt er die Macht des einzelnen Sterblichen gegenüber der Weltgeschichte sehr gering an, und noch in der „Weltgeschichte" sucht er die Besonderheit des Individuellen gegenüber der Macht des Allgemeinen zu wahren.

S. 90. Ranke über Walter Scott: Diktat vom November 1885, Sämtl. Werke 53/54 (1890) 61 und 51/52 (1888) 596. — Schlimmer als Scott erschien ihm die „historische Belletristik". Vgl. sein Urteil über Klödens damals vielgelesene „Quitzows" (1836/37) in Ranke, Genesis des preuß. Staates (1874) 67. Er bedauert, daß Klöden die Geschichte mit Romanen versetzt hat: „Er besaß Talent für beides.... Aber die Verbindung von beiden ist unglücklich und für ein gesundes Gemüt beinahe unerträglich."

S. 90. Objektivität: theoretisch hat sich Ranke darüber geäußert besonders in den Gedenkreden auf Böhmer und Gervinus: Sämtl. Werke 51/52. Er spricht S. 544 von Böhmers exklusiver Wertschätzung der Studien über eine bestimmte Epoche in einem bestimmten Sinne. „Auch die Gelehrsamkeit nimmt in den Epochen großer Regenerationen ihre Impulse aus der allgemeinen Bewegung der Welt. Einmal begründet aber und in das Leben gerufen, setzt sich die Gelehrsamkeit durch ihre eigene Kraft selbständig fort." Und von Gervinus heißt es 574 f.: er „wiederholt häufig die Ansicht, daß die Wissenschaft in das Leben eingreifen müsse. Sehr wahr, aber um zu wirken, muß sie vor allen Dingen Wissenschaft sein. Denn unmöglich kann man seinen Standpunkt in dem Leben nehmen und diesen auf die Wissenschaft übertragen: dann wirkt das Leben auf die Wissenschaft, nicht die Wissenschaft auf das Leben. Für das Leben aber ist doch häufig nur das, was einen jeden nur zufällig berührt, maßgebend, so daß das Zufällige auf das zurückwirkt, was das allgemein Gültige sein soll, nicht dieses auf jenes. Wir können nur dann eine wahre Wirkung auf die Gegenwart ausüben, wenn wir von derselben zunächst absehen und uns zu der freien objektiven Wissenschaft erheben." — Das berühmte Wort „Ich will bloß zeigen, wie es eigentlich gewesen" steht in der Vorrede zu den „Geschichten der romanischen und germanischen Völker" (1824).

S. 91. Ranke und Niebuhr: Srbik, Grauert a. a. O. 49 ff. Zu dem Literarhistoriker Wilhelm Scherer, der den Nachweis der literarischen Abhängigkeit als wissenschaftliche Spezialität betrieb (1880): „Ich bin überhaupt viel originaler, als Sie denken." Zu H. Ritter über den Tod Niebuhrs, „dieses unseres großen Verbündeten" (3. Februar 1831, Sämtl. Werke 53/54 245).

S. 92. Urkunden und Akten: F. Schnabel, Deutschlands geschichtliche Quellen und Darstellungen in der Neuzeit I (1931) 125 f. 295 f.

S. 93. Romanisch-germanische Völker: grundlegend die Einleitung zu den „Geschichten der romanischen und germanischen Völker" (1824, [2] 1874). Hier sprach in der 1. Auflage der Satz nur von „Entwicklung des germanischen Lebens", in der 2. Auflage heißt es dann „romanischen und germanischen Lebens": eine Änderung von Rankes Standpunkt dürfte hierdurch nicht ausgesprochen sein; so Friedr. Meinecke (gegen Schemann), Preußen und Deutschland a. a. O. 115. — Der Begriff „romanisch-germanisch" bei den Romantikern s. I 312 u. 266 sowie F. Meinecke, Germanisch-romanischer Geist im Wandel der Geschichtsauffassung, in Preußen und Deutschland usw. a. a. O. 100 ff.

S. 96. Idee einer vollkommen selbständigen Staatsgewalt: Deutsche Geschichte im Zeitalter der Reformation I 311.

S. 98. Rankes Werke und die Stimmung der Restaurationszeit: F. Schnabel, Deutschlands geschichtliche Quellen a. a. O. 132 ff. 298.

S. 101. Das Historische Seminar: Max Lenz, Geschichte der Universität Berlin III 247 ff.

S. 101. Stenzel: K. G. W. Stenzel, Gustav Adolf Harald Stenzels Leben (1897); F. Rachfahl, Schles. Lebensbilder I (1922) 301 ff.

S. 102. M. G. H.: H. Breßlau, Geschichte der M. G. H. (1921), dazu noch Nachträge von G. Winter, im Neuen Archiv 1927, und A. Stoll, Savigny II (1929).

S. 103. Böhmer: Joh. Janssen, Joh. Friedr. Böhmers Leben u. Schriften (1868) und dazu Rankes Rede von 1868 in Sämtl. Werken 51/52 (1888) 535 ff., der von der Publikation Janssens sagt: „Es ist ein Stück Geschichte der deutschen Studien, das wir dabei überblicken." Dazu noch die Gedächtnisrede auf Böhmer (1865): ebd. 517 ff. Er nennt ihn (520) „eine originelle Natur von Grund aus" und zeichnet treffend seine geistesgeschichtliche Stellung: Böhmer war „ein Romantiker poetischen Anfluges, aber ein sichtender und kritischer Bearbeiter der alten Texte. Vielleicht seine intimsten Freunde sind Clemens Brentano und unser Pertz gewesen. In diesen Tendenzen strömte, namentlich in seiner Jugend, der deutsche Geist; man dachte sie wohl zu vereinigen, aber später sind sie auf das schärfste auseinandergegangen." — Böhmers Klage über den Dilettantismus der Romantiker: vgl. neben den Belegen bei Janssen auch Schellberg, Görres' Ausgew. Werke S. LXIII. — Ranke betont auch die Verbindung von Wissenschaft und Leben (543): „Es ward ihm wohl dabei, daß er in der zunehmenden Bewegung der Zeit eine würdige Lebensbestimmung gefunden hatte, seine ganze Seele war dabei." Aber Rankes Begriff von „Objektivität" konnte nicht billigen, daß Böhmer ein Zeitalter, das 13. Jahrhundert, vor allen andern auszeichnen wollte (s. oben zu S. 90). — Die Regesten der Kaiser und Könige erschienen seit 1831, die Neubearbeitung der Regesten von 1198 bis 1254 (1849) war Böhmers bedeutendste wissenschaftliche Leistung. — Auch Heinr. Leo wäre hier noch zu nennen; über ihn wird im IV. Bande bei der Entwicklung des Protestantismus gehandelt.

S. 105. Schlosser: die Literatur bei E. Fueter, Geschichte der neueren Historiographie (1911) 411 f. Dazu vor allem noch Dilthey in Preuß. Jahrbücher 1876 und der Nekrolog von Gervinus (1861), Neudruck bei Rudolf Borchardt, Deutsche Denkreden (1925) 295 ff.

S. 107. Dahlmann: dokumentarische Grundlagen gibt A. Springer (2 Bde. 1870/72). — Über die politische Persönlichkeit s. unser Bd. II, bes. Anm. zu 73 und 179. Über die Einzelheiten seiner politischen Tätigkeit: A. Christern, Dahlmanns politische Entwicklung (1921).

S. 108. Droysen: Über ihn und die „kleindeutsche" Geschichtschreibung ist später noch öfters zu handeln. Vorläufig O. Hintze, in Histor.-polit. Aufsätze IV 87 ff. — Die Stelle über Demosthenes, in Droysen, Geschichte des Hellenismus I 33 f.; über Clemenceau, Demosthenes (1926) vgl. Karl Ott, Eine Glosse zum „Klassikertod", in Neuere Sprachen, hrsg. von W. Viëtor (1932) 12 ff. — Die Bezeichnung „Hofmalerei" für Rankes Preuß. Geschichte stammt von David Friedrich Strauß.

S. 109. Drumann: Geschichte Roms in seinem Übergange von der republikanischen zur monarchischen Verfassung, oder Pompejus, Cäsar, Cicero und ihre Zeitgenossen. Nach Geschlechtern und mit genealogischen Tabellen I (1834). — Drumanns Tochter war verheiratet mit Werner Siemens. Die Familie Siemens hat einen Neudruck des Werkes ermöglicht (besorgt von Groebe, 6 Bde. 1899/1929).

S. 110. Gervinus als Literarhistoriker: s. auch II 375 zu S. 3. — Vgl. Max Rychner, Gervinus, ein Kapitel über Literaturgeschichte (1922), und Werner Mahrholz, Literaturgeschichte und Literaturwissenschaft (1923) 13 ff.

S. 111. Carus: sein „Goethe" erschien 1842. — Näheres über Carus s. zu S. 187.

S. 111. Kunstgeschichte: W. Waetzold, Deutsche Kunsthistoriker I (1921) 292 ff. und II (1924). — Es ist das gleiche Problem bei der Entwicklung der Kunst- wie der Literaturgeschichte: nicht mehr ein humanistisch-klassizistischer Maßstab gilt, sondern ein innerer Maßstab wird gesucht und gefunden! So ging der Weg von Herder über Gervinus zu Sainte-Beuve, von Rumohr über Schnaase zu Kugler. Aber die humanistische Grundlage blieb unverloren (Jakob Burckhardt).

S. 113. Karl Ritter: dokumentarische Lebensgeschichte von Kramer (2 Bde. 1864/70). Ferner Friedr. Ratzel in der Allg. deutsch. Biogr. Bd. 28 und in Ratzels Kl. Schriften I (1906), sowie Hözel, Das geogr. Individuum bei Karl Ritter. Geogr. Zeitschrift II (1896) 378 ff. Wie sich Ritter und Alexander v. Humboldt großartig ergänzten, der eine vom Historischen, der andere vom Physikalischen herkommend: Bruhns, A. v. Humboldt II 250 f. — Vgl. auch ganz kurz A. Hettner, Entwicklung der Geographie im 19. Jahrhundert (1898).

S. 115. Schleiermacher: s. auch I 599 zu 247. — Die „histor. Theologie" formuliert besonders in Glaubenslehre (1821) § 6; dazu Dilthey, Schleiermacher IV 387 393, und H. Süskind, Christentum und Geschichte bei Schleiermacher (1911). — Religion = Gefühl: vgl. die Kritik bei Albrecht Ritschl, Schleiermacher behandle in den „Reden" die Religion wie ein Romantiker geradezu als Abart des Kunstsinnes: A. Ritschl, Schleiermachers Reden über Religion (1874) §§ 11—13, und Ritschl, Christliche Lehre von der Rechtfertigung und Versöhnung I² 484 ff. — Hegels Wort in der Vorrede zu dem Buche seines Schülers Hinrichs, Die Religion im inneren Verhältnisse zur Wissenschaft (1822). — Ausgleichend und gerecht Eduard Zellers Vermittlung zwischen Hegel und Schleiermacher, es ist die typische Stellung der gemäßigten Hegelianer der 40er Jahre: vgl. Zellers Tübinger Rede von 1840 „Über Schleiermacher und Hegel" (Nachgel. Schriften III). — Zum Nachleben Schleiermachers sehr einseitig Karl Dunkmann, Die Nachwirkungen der theol. Prinzipienlehre Schleiermachers (1915); seine These ist, daß Schleiermacher im ganzen 19. Jahrhundert mißverstanden worden sei und also keine Nachwirkung ausgeübt habe. — Über Schleiermacher vom katholischen Standpunkt: Staudenmaier, Tübinger Theol. Quartalschrift (1833) 296 ff.

S. 119. Möhler: Sammlung der Dokumente (Aktenstücke und Briefe) zur Jugendentwicklung gibt Stephan Lösch, J. A. Möhler I (1928); hier S. 67 ff. die Zeugnisse der Studienreise, S. 69 über Neander; S. 251 f. der Rechenschaftsbericht über die Verfestigung seines kirchlichen Sinnes, vom September 1825, gerichtet an Josef Lipp, den späteren Bischof von Rottenburg. — Ellwangen: E. Haug, Geschichte der Friedrichs-Universität Ellwangen 1812/17 (1918). — Persönliches: viel zitiert ist die Szene in Bad Boll (1831), berichtet von D. F. Strauß, Ges. Schriften, hrsg. von E. Zeller II (1876) 219. Über den Quellenwert des Berichtes s. Lösch I 365 f. — Die Lehre von der Entwicklung: aus der Symbolik besonders § 7 (Heidentum) und §§ 36 ff. (Lehre von der Kirche). Vgl. Lösch in Theolog. Quartalschrift 1918 und Bihlmeyer ebd. 1919, dort auch alle ältere Literatur; dazu noch K. Eschweiler, Möhlers Kirchenbegriff (1930). Durch diese Arbeiten ist die Verbindung Möhlers mit dem Gedankengut des deutschen organischen und genetischen Denkens im einzelnen nachgewiesen und seine geistesgeschichtliche Stellung in der katholischen und modernen Kultur scharf umrissen worden. Ganz unhistorisch und nur aus der geistigen Situation der Vorkriegszeit erklärbar sind die das gleiche Problem behandelnden Versuche von Edmond Vermeil, Möhler et l'école catholique de Tubingue (1913), und F. Vigener, Drei Gestalten aus dem modernen Katholizismus (1926): Vermeil sucht Möhler als abhängig zu erweisen von der deutschen idealistischen Philosophie und ihn zum Vorläufer des Modernismus zu machen, während Vigener umgekehrt darzulegen sucht, daß Möhler trotz aller Anleihen bei der deutschen Klassik als Katholik niemals zur „echten Wissenschaft" habe gelangen können und in der eigenen Seele schwer und hoffnungslos an dieser Frage gekrankt habe. Auch will Vigener keine Wandlung Möhlers in seinen Ansichten über den Primat gelten lassen: er sei katholisch-unwissenschaftlich, aber antipapalistisch und antikurialistisch sein Leben lang geblieben. Schon Johannes Friedrich hatte in seinem Buche über Möhler (1894) seinen Helden auf Grund des in Döllingers Besitze befindlichen Nachlasses zu einem Altkatholiken gemacht.

S. 123. Symbolik: die 5. Auflage (1838) ist die letzte, von Möhler selbst besorgte; es ist die endgültige Gestalt, in der wir das Buch heute noch lesen (^{10}1921). Die zeitgenössischen Gegenschriften (Baur, Marheineke, Nitzsch) sind aufgezählt bei Karl Hase, Handbuch der protestantischen Polemik gegen die römisch-katholische Kirche (1867, ^{7}1900) X. — Möhlers Replik gegen Baur: Neue Untersuchungen der Lehrgegenstände zwischen den Katholiken und den Protestanten (1834, ^{5}1900).

S. 126. Histor. Schule der Nationalökonomie: nach Roscher und Hildebrand ist noch Knies zu nennen, der aber erst in den 50er Jahren hervortrat und persönlich mit den beiden andern schlecht stand. — Roscher sagt im Vorwort zu seinem „Grundriß zu Vorlesungen über Staatswirtschaft nach historischer Methode" (1843): „Unser Zweck ist die Beschreibung dessen, was die Völker in wirtschaftlicher Hinsicht gewollt und gefühlt haben, der Zwecke, die sie verfolgten und erreichten, der Ursachen, aus welchen sie sie verfolgt und erreicht haben." Knies, Die politische Ökonomie vom gesch. Standpunkt (1883) 35, hat freilich empfunden, daß dieses Verfahren mehr die Geschichte bereichert, als die Nationalökonomie berichtigt. Der Relativismus ist dann zum Durchbruch gekommen bei Bruno Hildebrand, Die Nationalökonomie in Gegenwart und Zukunft (1848, Neuaufl. 1922), Einleitung: statt allgemeiner Naturgesetze die Entwicklungsgesetze der einzelnen Organismen! — Über die praktische Bedeutung und die Auseinandersetzung mit der klassischen Nationalökonomie ist im einzelnen später noch zu handeln. — Die Lehre von den Wirtschaftsstufen ist bei Roscher noch einfach nur Analogie zum menschlichen Leben, bei Hildebrand (und List) bereits rein nationalökonomisch fundiert. Die Abhängigkeit von Hegel, als realistische Umbildung der Kulturphilosophie des deutschen Idealismus: A. Friedrichs, Klassische Philosophie und Wirtschaftswissenschaft (1913) 379 ff., und Hans Freyer, Die Bewertung der Wirtschaft im philosoph. Denken des 19. Jahrhunderts (1921) 120 ff. — Die Berufung Roschers auf Savigny: Grundriß, Vorwort S. IV f. — Kritik an Roschers Methode und Relativismus: Moritz Wirth, Bismarck, Wagner und Rotbertus ([2]1885) 11—15, und Max Weber, Schmollers Jahrbuch 27—30 (1903/06), auch in Ges. Aufsätzen zur Wissenschaftslehre (1922). — Kritik an Roscher vom Standpunkte der Staatsauffassung Rankes s. O. Hintze, Histor.-polit. Aufsätze IV 35 ff. — Über Roschers religiöse Grundhaltung als Gegengewicht gegen den Relativismus s. das postume Werk „Geistl. Gedanken eines Nationalökonomen" (1895, [2]1917).

S. 129. Soziologie des Gelehrtentums: Candolle, Zur Geschichte der Wissenschaften und der Gelehrten (1911) 218 f. u. passim.

S. 130. Universitäten: Seit den ber. Schriften von Fichte, Schleiermacher, Steffens (s. I 613 zu 443) war eine endlose Flut von Schriften zur Universitätsfrage erschienen, besonders auch noch infolge der burschenschaftlichen Bewegung. — Vgl. bes. Savigny, Wesen und Wert der deutschen Universitäten, in Rankes Histor.-polit. Zeitschrift 1832; abgedruckt Vermischte Schriften IV (1850) 270 ff.; auch seine Schrift von 1808 ebd. 255 ff. — J. Döllinger, Betrachtungen über das Wesen der deutschen Universitäten (1819). — H. Friedr. Kilian, Die Universitäten Deutschlands (1828). — Vgl. auch H. Thiersch, Ludwig I. und die Georgia Augusta (1927) bes. 27 ff.

S. 131. Stein 1819 u. 1825: Pertz V 473.

S. 133. Kathedervortrag (Franz. Revolution und deutscher Neuhumanismus): für Frankreich Arago, Werke I (deutsche Ausgabe 1854) 247. — Savigny als Lehrer: Wilh. Grimm, Kl. Schriften I 10; Jak. Grimm bei Stoll, Der junge Savigny 172; Rochus v. Liliencron (1841) bei Stoll II 377; vgl. auch „Recht des Besitzes" ([4]1822), Vorrede. Dazu noch Savigny über den juristischen Unterricht in Italien, Vermischte Schriften IV 309 ff. — Erdmann als akademischer Redner: Glockner, Erdmann a. a. O. 43 f. — Dem Kathedervortrag kam auch zugute die große Förderung der akademischen Beredsamkeit, wie sie seit den Tagen des Humanismus an den wissenschaftlichen Akademien gepflegt worden war und zuletzt noch in

Joh. v. Müller ein vielbewundertes Muster der feierlichen Rede hervorbrachte. Dies konnte dann freilich auch eine Qual und ein „glänzendes Elend" werden. Vgl. Wegele, Allgem. deutsche Biogr. 22, 605, und F. Gundolf, in der Ausgabe von Müllers Geschichte der Eidgenossen (1923) 18.

S. 134. Für dialog. Lehrvortrag Theremin (1836); dagegen Zeller, Kl. Schriften II 280, und K. v. Raumer, Die deutschen Universitäten ([2]1854) 205 ff.

S. 136. A. Harnack, Geschichte der Akademie der Wissenschaften zu Berlin II/III (1900).

S. 137. Entdeckung des Gaius: Niebuhrs Brief an Savigny, Zeitschrift für geschichtliche Rechtswissenschaft III (1816) 130 ff.; auch Savigny, Vermischte Schriften III 155 ff. Vgl. auch Heinr. Dernburg, Die Institutionen des Gaius, ein Kollegienheft aus dem Jahre 161 (1869).

S. 139. Prüfungen: Zeller (1846) in Kl. Schriften II 215. — Lagarde, Deutsche Schriften (1878, Neuausgabe von P. Fischer 1924) 229. — Im allgemeinen noch Raumer a. a. O. 212.

S. 140. Liebig, Annalen 25 (1838) 339 ff. (gegen Österreich) und ebd. 34 (1840) 97 ff. (gegen Preußen).

S. 141. Berufungsverfahren: s. I 451. — Schleiermacher, Gedanken über Universitäten (1808) 97, und Zeller (1846) in Kl. Schriften II 212. — Berufung Hegels nach Berlin (1816): Max Lenz, Geschichte der Universität Berlin I 571—582, II, 1, 14 ff.; Berufung Rankes II, 1, 256.

S. 143. Ranke über Gervinus (1871): Werke 52, 567.

S. 143. Versammlungen der Germanisten, Naturforscher: s. unten S. 196. — Verhandlungen der Germanisten zu Frankfurt 1846 (1847). Vgl. z. B. Wilh. Grimms Bericht über das Wörterbuch, ebd. 114 ff., und Kl. Schriften I 508: er spricht von den Mitarbeitern aus ganz Deutschland: „Auch hier machte das Nördliche und Südliche keinen Unterschied."

S. 144. Carlyle-Goethe, Briefwechsel (1887). Vgl. J. M. Carré, Goethe en Angleterre (1920).

S. 146. Archäologie: Ad. Michaelis, Geschichte des Archäologischen Instituts (1879), und Die archäologischen Entdeckungen des 19. Jahrhunderts (1906). — Joh. Gg., Herzog zu Sachsen, König Johann als Danteforscher, Neues Archiv f. sächs. Gesch. 43 (1922). — L. Mazzuchetti, Schiller in Italia (1913).

S. 147. Graf Reinhard: außer dem Briefwechsel mit Goethe (1850) die Biographie von Wilh. Lang (1896) und der Essay von Lady Blennerhasset Streiflichter (1911) 123 ff.

S. 148. Villers: Coup d'oeil sur les Universités et le mode d'instruction publique de l'Allemagne protestante, en particulier au royaume de Westphalie (1808). Bespr. von Görres, Heidelberger Jahrbuch (1808) 439—445. — Villers, Philosophie de Kant (1801), sowie der „Essay sur l'esprit et l'influence de la réformation de Luther" (1804, deutsch 1805). Dazu: „Briefe von Constant, Görres, Goethe. Aus dem Nachlaß von Villers hrsg. von M. Isler (1879). — Auch der Schweizer Pädagoge und Staatsmann Philipp Albert Stapfer nimmt eine solche Vermittlerstellung zwischen Frankreich und Deutschland ein; vgl. Allgem. Deutsche Biogr. 35, 451. Ferner Frédéric Soret, der Weimarer Prinzenerzieher, der Goethes Metamorphosen übersetzte; s. Erinnerungen hrsg. von H. Houben (1929). Wie ja überhaupt die vielen französischen Hauslehrer in deutschen Familien eine wichtige soziologische Erscheinung waren. Vgl. noch Baldensperger, Goethe en France (1904), u. Eggli, Schiller et le romantisme français (1927).

S. 149. V. Cousin, Rapport sur l'état de l'instruction publique dans quelques pays de l'Allemagne, et particulièrement en Prusse (1831, deutsch 3 Bde. 1832/37). — Die Auseinandersetzung mit Kant: Cousin, Fragments philosophiques (1826), préface. — Vgl. im übrigen Barthélemy Saint-Hilaire, Victor Cousin, sa vie et sa correspondance II (1895) passim. Hier ist auch zu nennen der Akademievortrag von Rémusat, Rapport sur la philosophie allemande (1845). Vgl. auch I. M. Carré, L'Allemagne, vue par les écrivains français au 19. siècle (Revue de l'Université de Lyon 1928) u. anderseits P. Reynaud, L'influence allemande en France au 18. et 19. s. (1922).

S. 150. Rankes Methode in Frankreich: Gabriel Monod, Portraits et Souvenirs (1897). — Einfluß der „Monumenta Germaniae" auf das Ausland: vgl. H. Breßlau a. a. O. 342 ff. — Die kritische Geschichtswissenschaft in Italien: F. Schnabel, Deutschlands geschichtliche Quellen usw. I 126.

S. 151. Taine und Renan, Dokumente ihrer Jugend: Taine, sa vie et sa correspondance I (1902); Renan, Souvenirs d'enfance et de jeunesse (1883). — Vgl. O. Engel, Der Einfluß Hegels auf die Gedankenwelt Taines (1920), und F. Schnabel, Taine: Staatslexikon V (1932) 263 ff.

S. 153. Skandinavien: H. Steffens, Was ich erlebte, besonders IV. — Grundtvig: s. Schriften zur Volkheit übersetzt von Tiedje (2 Bde. 1927). Vgl. A. H. Hollmann, Die Volkshochschule und die geistigen Grundlagen der Demokratie (1919). — Kierkegaard: H. Reuter, K.s religionsphilosoph. Gedanken im Verhältnis zu Hegels religionsphilosoph. System (1914).

S. 153. Herder und die Slawen: K. Bittner, Herders Geschichtsphilosophie und die Slawen (1919), wo alle Einzelnachweise aus Herders Werken. — H. Oncken, Deutsche Einflüsse in der Nationalitätenbewegung des 19. Jahrhunderts, Deutsche Vierteljahrsschrift für Literaturwissenschaft und Geistesgeschichte VII (1929) 607 ff.

S. 153. Tschechen: Th. Masaryk, Skizze einer soziolog. Analyse der sog. Grünberger oder Königinhofer Handschrift (1887), und Masaryk, Die Weltrevolution (1925) 517 524. Vgl. auch E. Rychnovsky, Masaryk (1930) 38 ff. 269 ff. — Josef Pfitzner, Heinrich Luden und Frantisek Palacky (Histor. Zeitschrift 141 [1929]).

S. 156. Südslawen: Goethes „Klaggesang von der edlen Frauen des Asam-Aga"; ferner Goethe, Weimarer Ausgabe 41, 2, S. 149 464—469. — Ranke, Werke 43/44, 518. Vgl. H. Onken, Ranke und die deutsch-serbischen Kulturbeziehungen, Mitteilungen der Deutschen Akademie 1928, und H. Wendel, Der Kampf der Südslawen um Freiheit u. Einheit (1925) 180 f.

S. 156. Polen: Jos. Nadler in „Deutschland und Polen", hrsg. von Brackmann (1933) 51 ff., auch 41 ff.

S. 157. Hegel in Rußland: W. Hohoff, Die Revolution seit dem 16. Jahrhundert (1887) 695 ff.

S. 160. Deutsche u. französische Universitätsverfassung: Ludwig Bernhard, Akadem. Selbstverwaltung in Frankreich und Deutschland (1930) bes. 76 83 104.

3.

S. 163. Frankreich und Italien: (s. früher I 176.) — Gegensatz Galvani-Volta s. E. Du Bois-Reymond, Untersuchungen über tierische Elektrizität I (1847) 31 ff. — „Was wäre wohl der Gang der Dinge gewesen?“: so die Frage des Herausgebers von Luigi Galvani, Opere edite ed inedite p. Gherardi (1841) 32.

S. 164. Chemie: zur ersten Einführung immer noch Albert Ladenburg, Vorträge über die Entwicklungsgeschichte der Chemie von Lavoisier bis zur Gegenwart (1869, [4] 1907). — Über Cavendish, Davy s. William Ramsay, Vergangenes und Künftiges aus der Chemie, hrsg. von W. Ostwald ([2] 1913) 55 ff. — Vgl. im übrigen Albert Bordeaux, Histoire des sciences physiques, chimiques et géologiques au 19. s. (1920).

S. 165. Medizin: Adolf Kußmaul, Jugendgeschichte eines alten Arztes (1899); das ber., oft aufgelegte Buch bietet in mehreren zusammenhängenden Kapiteln einen vorzüglichen Überblick über die Entwicklung der Medizin in den letzten zwei Jahrhunderten. — Im übrigen ist die Zahl der größere Epochen umfassenden Darstellungen sehr ansehnlich. Das neueste Werk ist: Henry E. Sigerist, Große Ärzte (1932); dort auch 295 ff. Lit., sowohl die Werke der einzelnen Persönlichkeiten wie die wissenschaftlichen Darstellungen.

S. 167. Kurpfälz. Akademie: ihre Arbeiten niedergelegt in den Acta Academiae Theodoro Palatinae 1759 ff., physikal. Reihe. — Vgl. A. Kistner, Die Pflege der Naturwissenschaften in Mannheim zur Zeit Karl Theodors (1930); H. Merkel, Die geodät. Arbeiten Christian Mayers in der Kurpfalz (1928), und A. Peppler, Entwicklung der meteorologischen Beobachtungen, Zeitschrift für angewandte Meteorologie 48 (1931) bes. 24 ff. — Ein anderes Beispiel: Joh. Walther, Die Kaiserl. Deutsche Akademie der Naturforscher zu Halle (1925).

S. 168. Gall: Anatomie et physiologie du système nerveux en général et du cerveau en particulier (4 Bde. 1809). — Die Schrift von P. I. Möbius über Gall (1905) ist panegyrisch im Sinne der mechanistischen Auffassung. Vgl. bes. Froriep, Die Lehren Galls, beurteilt nach dem Stande der heutigen Kenntnisse (1911). — Briefe und Dokumente: Archiv der Geschichte der Medizin X (1917) 56 f. (das Billet des Kaisers an den Staatskanzler 24. Dezember 1801) 64 (Galls Verteidigung gegen den Vorwurf des Materialismus). Vgl. auch Deutsche Revue VII (1882) und F. A. Lange, Geschichte des Materialismus II ([2] 1875) 334 f. 342.

S. 170. Arago, Werke, deutsche Ausgabe I (1854) passim; z. B. 26 (gegen Mönchtum), 416 (gegen den Adel), 436 (gegen die Todesstrafe).

S. 171. Naturphilosophie: Schelling, Ideen zu einer Philosophie der Natur I (1803) 83: er spricht hier von dem Verderb der Philosophie durch Bacon, der Physik durch Newton. — Görres als Naturforscher vgl. Görresfestschrift, hrsg. von K. Hoeber (1926) 126 ff.; ebd. 65 ff. über Görres und Schelling. — Oken: Alexander Ecker, Oken (1880). Ecker war selbst in seiner Jugend durch die Naturphilosophie Okens hindurchgegangen und dann ein Vertreter der exakten Forschung geworden. Er betont nun also ausschließlich das spekulative Element Okens. Vgl. Jul. Schuster, Oken, der Mann und sein Werk (1922). — S. auch die Auswahl „Naturphilosophie der Romantik“, hrsg. von Chr. Bernoulli und H. Kern (1924), sowie das in Bd. I 263 f. Gesagte. — Über Goethe die beiden Vorträge von

Helmholtz: Goethes naturwiss. Arbeiten (1852) und Goethes Vorahnung naturwiss. Ideen (1890). Gegen Helmholtz: Leop. Ziegler, Das Heilige Reich der Deutschen II (1925) 362 ff.

S. 176. Heim: G. W. Keßler, Der alte Heim ([3] 1879).

S. 180. Mesmer: Rudolf Tischner, Franz Anton Mesmer (1928); hier auch Bibliographie von Mesmers Schriften. — Das Urteil schwankt zwischen der Ablehnung durch exakte Naturforscher, die geneigt sind, an Betrug zu denken, und der Erklärung im Sinne der Psychoanalyse: im einen Falle befindet sich W. Erman, Der tierische Magnetismus in Preußen (1925), im andern Falle Stefan Zweig, Die Heilung durch den Geist (1931). — Über Koreff im besondern noch außer Erman: F. v. Oppeln-Bronikowski, Koreff (1928), und Max Lenz, Geschichte der Universität Berlin IV 291 ff.

S. 182. Parapsychisch: das Wort ist erst 1889 von Max Dessoir geprägt worden (in Zeitschrift Sphinx VII); vgl. Dessoir, Vom Jenseits der Seele, die Geheimwissenschaften in kritischer Beleuchtung ([6] 1931).

S. 182. Justinus Kerner: außer den Ges. Werken s. H. Straumann, J. K. und der Okkultismus (1928); dort 7 ff. auch alle übrige Literatur.

S. 183. Schopenhauer, Versuch über das Geistersehen und was damit zusammenhängt, Parerga I.

S. 184. Romantische Ärzte: Joh. Nep. Ringseis, System der Medizin (1841). In unserem Zusammenhang besonders bezeichnend § 19 die Polemik gegen den Cartesianismus, § 172 über die Macht des Gebetes, § 224 ff. finden sich über Dispositionen ausgedehnte Erörterungen, §§ 558 f. und 600 Verhütung von Krankheiten nicht nur durch Abhaltung von Schädlichkeiten, sondern auch durch Besserung der Dispositionen, also religiöse und moralische Erziehung, Hygiene. Vgl. Ringseis' Erinnerungen (4 Bde. 1886 ff.) und der kurze Auszug als Biographie, von seiner Tochter Bettina R. (1909), sowie Pfülf in den Stimmen aus Maria Laach 66 (1904). — Windischmann, Über etwas, das der Heilkunst Not tut (1824); gerichtet gegen die materialistische Heilkunde, ist die Schrift ein „Versuch zur Vereinigung der Heilkunde mit der christlichen Philosophie". — Nur eine populäre Zusammenfassung: Ricarda Huch, Die Romantik II ([3] 1912) 264 ff.; so ist z. B. ganz unrichtig, was sie über die Bazillentheorie (Ringseis, Virchow) vorträgt. — Vgl. noch Friedr. Müller, Spekulation und Mystik in der Heilkunde (Münchner Rektoratsrede 1914), und C. Posner, Die Naturphilosophie als Vorläuferin der Konstitutions- und Sexualforschung, Archiv für Frauenkunde und Sexualforschung 10, 105 ff.

S. 187. Carus (s. auch oben 111 u. I 259): Seine Werke sind sehr zahlreich. Eine wissenschaftliche Biographie fehlt. Was Gräfin Sophie v. Arnim unter diesem Titel vorgelegt hat (1930), ist ein Auszug aus den „Lebenserinnerungen und Denkwürdigkeiten" (4 Bde. 1865). — Carus über Gall: Symbolik ([2] 1858) 50 f. Grundzüge einer neuen u. wissenschaftlich begründeten Cranioscopie (1841). — In der zweiten Hälfte des 19. Jahrhunderts waren Carus und seine Seelenentwicklungslehre fast vergessen; dies war bezeichnend für das Erlöschen des deutsch-romantischen Denkens. Zu erinnern ist an Adolf Kußmaul, Untersuchungen über das Seelenleben des neugeborenen Menschen (1859). Ferner Theod. Piderit, Wissenschaftl. System der Mimik und Physiognomik (1867). Er nennt Carus (122), tadelt aber seinen Versuch, die vergleichende Anatomie als Grundlage einer wissenschaftlichen Physiognomik zu verwenden: „seine Behauptungen stehen mit der täglichen Erfahrung im entschiedensten Widerspruch, so wird diese Richtung voraussichtlich für immer verlassen bleiben.“ Der Verf. hält es für unwahrscheinlich, in den festen Formen des Körpers Merkmale für Eigenschaften des Geistes zu finden; vielmehr sucht er physiognomische Merkmale in den Gesichtsmuskeln (148 ff.), also z. B. statt des Baues der Nase die gespannten oder lockeren Nasenflügel, die Züge des Mundes usw. — Carus beschäftigte sich auch mit dem Problem „Über Grund und Bedeutung der verschiedenen Formen der Hand in verschiedenen Personen“ (1846), also auch hier die seelische Bedeutung der festen Formen des Körpers und seiner Teile. — Neuausgaben der „Psyche“ von 1846 (die 1851 noch eine 2. Auflage erlebt hatte) von R. Marx und (Auswahl) L. Klages (1926), der „Symbolik der menschlichen Gestalt“ von 1852 ([2] 1858) von Th. Lessing (1924), der „Zwölf Briefe über das Erdleben“ (1841) von Chr. Bernoulli und H. Kern (1926), des „Goethe“ (1842) von K. K. Eberlein (1930). — Über die Gegenwartsbedeutung der Seelenlehre von Carus vgl. Hans Prinzhorn, Die Ahnen unserer neuen Lebenslehre, Deutsche Rundschau 216 (1928) 6 ff. und Ludw. Klages, Prinzipien der Charakterologie (1910) u. ö. Vgl. noch Chr. Bernoulli, Die Psychologie von C. G. Carus (1925), und Hans Kern, Die Philosophie des C. G. Carus (1926). — Anwendung der Lehre auf Carus selbst in der Sammlung der Porträts: „Carus in seinem Antlitz“, hrsg. von Otto Carus (1934).

S. 189. Homöopathie: S. Hahnemann, Organon der rationellen Heilkunde (1810); abschließend ist die 4. Auflage 1829. Neudruck als 6. Auflage hrsg. von R. Haehl (1921). — Der erste Aufsatz war: „Versuch über ein neues Prinzip zur Auffindung der Heilkräfte der Arzneisubstanzen“ (Hufelands Journal 1796). — Vgl. R. Haehl, S. Hahnemann (2 Bde. 1922). — Über die Abwendung von der mechanistischen Betrachtungsweise s. den Bekenntnisbrief an Hufeland 1808 bei Haehl I 73; daß curentur und nicht curantur I 76; der Versuch mit der Chinarinde I 43; Dokumente zum Streit mit den Leipziger Apothekern und Gründe für das Selbstdispensieren II 119 ff.; Kundschaft in den Adelskreisen II 218 ff.; „An meine echten Schüler“ II 287 ff.; Stellung zur Naturheilkraft II 416 ff. — Über den Kampf gegen die Homöopathie im 19. Jahrhundert: G. Honigmann, Homöopathie und Medizin, in Mediz. Klinik (1925) Nr. 33 u. 34, mit Verzeichnis der Streitschriften; ferner Paul Diepgen, Hahnemann und die Homöopathie (1926). Vgl. auch das s. Zt. vielbeachtete Bekenntnis eines großen Chirurgen: A. Bier, Wie sollen wir uns zur Homöopathie stellen? in Münchener Medizin. Wochenschrift (1925) Nr. 18 u. 19.

S. 194. Sekte: Bry, Verkappte Religionen (1925).

S. 195. Kliniker der Gegenwart: L. v. Krehl, Patholog. Physiologie ([11] 1921) 688 f.

S. 196. Gesellschaft deutscher Naturforscher und Ärzte: K. Sudhoff, Hundert Jahre deutscher Naturforscherversammlungen (1922). — Statuten: ebd. 47 ff. — Irruption usw.: A. v. Humboldt an de Candolle, August 1828, bei K. Bruhns, A. v. Humboldt II (1872) 157. — Joh. Müller an seine Gattin, 27. September 1828, bei W. Haberling, Joh. Müller (1924) 92. — Die Teilung in Sektionen ist trotz des Sieges der Spezialisierung doch schon 1865 von Virchow als Mißstand empfunden worden: vgl. K. Sudhoff, Virchow und die Naturforscherversammlungen (1922) 28.

S. 198. Unterschied des französischen und deutschen Denkens: vgl. noch den Botaniker Franz v. Schrank, S. J. (Denkmal im Botanischen Garten München). Martius in seiner Gedächtnisrede (1836, wieder abgedruckt in Akadem. Denkreden 1866) schildert treffend diesen Unterschied der Methode: Jussieu im Pflanzen- und Cuvier im Tierreich gewannen durch Vergleichung der typischen Formen eine neue, wahrere Ansicht des Systems in der Natur: „Wir Deutschen erforschten mit mehr Eifer, vielleicht auch mit mehr Beruf die Natur jenseits des Gebietes der Formen in ihrem Leben selbst, wo wir zu Gesetzen und endlich, selbst jenseits dieser, zur Ahnung und Erkenntnis von Kräften hinzudringen suchten.“ Er rühmt Schranks „sorgsames Streben, auf den Kern der Erscheinungen zu dringen und sich zur Idee des Organismus zu erheben“. — Geoffroy Saint-Hilaire in seinem Verhältnis zur deutschen Naturphilosophie: s. Jul. Schuster, in Harnack-Festschrift der preuß. Staatsbibl. (1921) 170.

S. 199. Alexander v. Humboldt: grundlegend die „wissenschaftliche Biographie“, hrsg. von K. Bruhns (3 Bde. 1872). — Über die Anfänge s. Jul. Schuster, Archiv für Geschichte der Mathematik, Naturwissensch. Technik (1927) 303 ff. — Goethe über Humboldt: Eckermann 26. Dezember 1826; Schiller: an Körner 6. August 1797.

S. 207. Liebig: Dokumente zur Lebensgeschichte in der stoffreichen, aber die Probleme der Wissenschaftsgeschichte nicht voll ausschöpfenden Biographie von J. Volhard (2 Bde. 1909). Zur Ergänzung der Vortrag von F. Haber (1923). — Ungemein reich sind die verschiedenen Briefwechsel; sie kommen wissenschaftlichen Korrespondenzen gleich; bedauerlich, daß der mit Wöhler unvollständig vorgelegt wurde. — Liebig und A. v. Humboldt: s. bes. die Widmung des Hauptwerkes „Die organische Chemie“ usw. (1840), d. d. 1. August 1840. — Liebigs abschließende Formulierung der Grundlehren in den Chemischen Briefen (1844), zu benutzen in der 4. Auflage (1859), die zuerst alle 50 Briefe brachte; bes. Nr. 22/32 behandeln in klassischer Form die Tierchemie. — Liebigs Anschauungen über Kulturfragen außerdem niedergelegt in seinen „Reden und Abhandlungen“, hrsg. von seinem Schwiegersohn Carrière (1874). — Die Lehre von der Rolle des Raubbaues in der Geschichte: Chem. Briefe Nr. 46 u. 48. — Universitätsunterricht: s. oben 140. — Der Streit mit den Landwirtschaftslehrern: Chem. Briefe Nr. 50 und die Antwort von Friedr. G. Schulze-Gaevernitz, Thaer oder Liebig? (Dtsche Bll. f. Landwirtschaft u. Nationalökonomie IV u. V. [1846]), bes. 22 ff. Im übrigen hierüber weiteres später 322 f. — Der Streit mit den Physiologen (zu denen Johannes Müller nicht gehörte): M. J. Schleiden, Liebig und die Pflanzenphysiologie (1842), und Die Physiologie der Pflanzen und Tiere (1850) 56 461, sowie Hugo Mohl, Liebigs Verhältnis zur Pflanzenphysiologie (1843). — Organ. Chemie als deutsche Wissenschaft: in Frankreich jedoch J. B. Dumas u. s. Schule.

S. 216. Gauß: Die „Theoria motus“ (1809), wieder abgedruckt in den Werken, Akademieausgabe VII (1871). — Die menschliche und wissenschaftliche Persönlichkeit, mit treffenden Belegen: W. Sartorius v. Waltershausen, Gauß zum Gedächtnis (1856); dazu neuerdings noch F. Mack, Gauß und die Seinen (1927). — Von Briefen besonders der Briefwechsel mit Wolfgang Bolyai, hrsg. von F. Schmidt und P. Stäckel (1899), und mit Chr. Ludw. Gerling, hrsg. von Schaefer (1927). Vgl. auch Felix Klein, Vorlesungen über die Entwicklung der Mathematik im 19. Jahrhundert I

(1926), und Materialien für eine wissenschaftliche Biographie von Gauß (1911/20).

S. 220. Gauß und Fraunhofer: Elsner v. Gronow, Gaußens Reise nach München und Benediktbeuern i. J. 1816 (Zentr. Ztg. für Optik und Mechanik [1928]).

S. 220. Fraunhofer: Ges. Schriften hrsg. von Lommel (1888) 1 ff. (betr. die Fr.schen Linien, u. d. T.Bestimmung des Brechungs- und Farbenzerstreuungsvermögens usw., Vortrag 2. April 1817) u. 51 ff. (betr. Messung der Lichtwellen, u. d. T. Neue Modifikationen des Lichtes usw., Vortrag 14. Juli 1821). — Über Fr. vornehmlich die Gedächtnisrede von Ernst Abbe (1887), abgedruckt in Ges. Abhandlungen 2 319 ff., sowie die Bemerkungen über ihn in der Gedächtnisrede zum 50jähr. Bestehen der Zeißwerke, ebd. 3 65 ff. — Vgl. ferner M. v. Rohr, Fraunhofers Leben, Leistungen und Wirksamkeit (1929), und A. Seitz, Fr. und sein optisches Institut (1927). — Über Benediktbeuern und Jena: s. neben den Reden von E. Abbe noch M. v. Rohr, Zeiß-Werkzeitung V (1930) Heft 1.

S. 223. Die Methode: treffend formuliert von Bessel in seiner Rede auf Olbers (1844), gedruckt in F. W. Bessel, Abhandlungen, hrsg. von R. Engelmann III (1876) 479: „Die Gefahr, auf Abwege zu geraten, ist für ihn nicht vorhanden, denn er tut keinen Schritt, ohne zu wissen, daß er in der beabsichtigten Richtung ist. Nicht in weitgedehnte Arbeiten vertieft er sich, in denen je die Hoffnung auf gelegentliches Finden ungesuchter Resultate ihn reizte, noch das massenhafte Zusammentragen von Früchten ihm so wertvoll erscheint, als die planmäßige Zucht derer, die er zu haben wünscht.“ Dazu noch die Rede von Karl Rosenkranz auf Bessel (1846), gedruckt in Karl Rosenkranz, Studien V (1848) 336 ff. Der Philosoph erwähnt, daß Bessel vom kaufmännischen Beruf ausgegangen war, daß er ein „völlig moderner, eigentümlicher Geist“ gewesen, von „ironischer Haltung gegen die Philosophie“, mit großer Vorliebe für industrielle und merkantile Tätigkeit: „Er befand sich auf einem ganz modernen realistischen Standpunkt; er bediente sich aller technischen Mittel, aber er war einer der konsequentesten, tiefsten und gründlichsten Denker, welche die Geschichte der Wissenschaft jemals besessen. Die Fernrohre, die Teleskope, das ganze Heer der Instrumente, die Masse einzelner noch so exakter Beobachtungen: was sind sie ohne den Gedanken, der ihnen erst Bedeutung gibt?“

S. 224. Der Weg aus der Naturphilosophie zu den empirischen, anatomischen Studien wird am besten illustriert durch die Geschichte einzelner medizinischer Fakultäten. Wir besitzen solche z. B. von Freiburg (E. G. Kürz [1929]), Heidelberg (E. Stübler [1926]), Bonn (C. Schinz [1920]), Basel (A. Burkhardt [1917]). — Unter den Wortführern in dem Kampfe gegen die Naturphilosophie vgl. M. J. Schleiden, Schellings und Hegels Verhältnis zur Naturwissenschaft (1844), und Grundzüge der wissenschaftlichen Botanik (1849); hier bes. die methodologische Einleitung.

S. 225. Würzburg: außer Kußmaul noch Rud. Virchow, Gedächtnisrede auf Schönlein (1865, mit „antiultramontaner“ Tendenz). — Döllinger als Muster des akademischen Lehrers: vgl. die Äußerungen von Karl v. Baer bei R. Stölzle, K. E. v. Baer und seine Weltanschauung (1897) 611 f. — Zum Kampf zwischen Schönlein und Ringseis: für Schönlein Siebert, Die Schlange des Aesculap und die Schlange des Paradieses (1842); von seiten Ringseis' seine Lebenserinnerungen und bezeichnend auch seine Rede auf Phil. v. Walther (Bayr. Akademie [1850]).

S. 227. Wien: C. A. Wunderlich, Wien und Paris, Ein Beitrag zur Geschichte und Beurteilung der gegenwärtigen Heilkunde in Deutschland und Frankreich (1841). — Außer Kußmaul s. Neuberger, Die Wiener medizinische Schule im Vormärz (1921). — Die Gegenbewegung gegen die Übermacht der pathologischen Anatomie setzte dann, wenn auch zunächst nur sehr langsam, ein mit Frerichs, der in der Medizin die streng naturwissenschaftliche Methode befolgte, aber in der Therapie doch auch die Erfahrung der alten universellen Heilkunde gelten ließ. Vgl. seine Einleitung zu seiner Zeitschrift für klinische Medizin I (1879), wo er als den verhängnisvollsten Irrtum von Rokitansky bezeichnet, „daß die patholog. Anatomie die Grundlage nicht nur des ärztlichen Wissens, sondern auch des ärztlichen Handelns sein müsse, daß sie alles enthalte, was es an positivem Wissen und an Grundlagen zu solchen in der Medizin gebe."

S. 228. Johannes Müller: s. die ber. Gedächtnisreden seiner Schüler Rudolf Virchow (1858) und Emil Du Bois-Reymond (1858); letztere wieder abgedruckt in seinen Reden II (1887) 143 ff. — Zahlreiche Familienbriefe bietet W. Haberling, Joh. M. (1924). Für unsern Zusammenhang noch: Martin Müller, Über die philosoph. Anschauungen des Naturforschers Joh. Müller (1927). — Altenstein und das Pariser Vorbild: F. v. Bezold, Geschichte der Universität Bonn (1918) 204 211. — Goethe u. Joh. Müller: K. Sudhoff, Skizzen (1921) 254 ff.; s. auch den Brief Müllers an Goethe, 5. Februar 1826, bei Haberling 67.

S. 231. Chirurgie: gegen die Trennung von innerer Medizin, Chirurgie und Geburtshilfe, also für die Einheit der Heilwissenschaft und des Ärztestandes Philipp Fr. v. Walther, Über das Verhältnis der Medizin zur Chirurgie und die Dublizität im ärztlichen Stande (1841). — Chelius: Chirurgisches Lehrbuch 1822 ([8] 1857); das Bild seiner Persönlichkeit glänzend gezeichnet bei Kußmaul a. a. O.

S. 232. Die Berliner Schule: Emil Du Bois-Reymond, Jugendbriefe (1918), und Ernst Haeckel, Entwicklungsgeschichte einer Jugend. Briefe an die Eltern (1921), Register sub Müller. — Vgl. auch Max Lenz, Geschichte der Universität Berlin II, 2 (1910) 456 ff. 470.

S. 232. Schwann: Waldeyer, Berliner Klin. Wochenschrift 44 (1907).

S. 232: Mikroskop: s. das Kapitel „Über den Gebrauch des Mikroskopes" bei Schleiden, Die Physiologie der Pflanzen und Tiere (1850) 9 ff.; hier ist bereits auf Zeiß hingewiesen.

S. 234. Robert Mayer und Helmholtz: Weyrauch, Robert Mayer (1890), und Koenigsberger, Helmholtz I (1902). — Die drei Hauptschriften Mayers sind: „Bemerkungen über die Kräfte der unbelebten Natur" (1842), „Die organische Bewegung im Zusammenhang mit dem Stoffwechsel" (1845), „Beiträge zur Dynamik des Himmels (1848). Abgedruckt Ostwalds Klassiker 180 (1911) und Mayers Ges. Schriften und Briefe, hrsg. von Weyrauch I ([3] 1893). Helmholtz, Über die Erhaltung der Kraft (1847); Neuausgabe in Ostwalds Klassikern I. — E. Dühring, Robert Mayer, der Galilei des 19. Jahrhunderts (2 Bde. 1880/95); daß Mayer und Düring im Recht, betonten später so verschiedenartige Gelehrte wie Wilh. Ostwald, Große Männer (1909) 85 ff., und Philipp Lenard, Große Naturforscher (1929) 231. — Innsbruck: Tageblatt der 43. Versammlung deutscher Naturforscher und Ärzte (1869) 41. — Humboldt und das Energieprinzip: Bruhns II 416 f. — Bedeutung der Thermodynamik für das Maschinenwesen: hier ist an den Elsässer Gustav Adolf Hirn (1815/90) und seine grundlegenden Arbeiten der 50er und 60er Jahre zu erinnern; vgl. K. Keller, in Beiträgen zur Geschichte der Technik, hrsg. von C. Matschoß III (1911), bes. 29 ff.; dort (60 f.) die übrige Literatur.

S. 236. Die „rationelle Medizin": Jakob Henle, Pathologische Untersuchungen (1840) I. Abschn.: „Von den Miasmen und Kontagien", Neudruck von K. Sudhoff (1910). — H. Helmholtz, Das Denken in der Medizin (1877). — Von Henles zugleich vornehmer und vorurteilsloser Persönlichkeit zeugt die Geschichte seines Liebesromans: Friedrich Merkel, Jakob Henle (1891) 215 ff. (Verfasser der Biographie ist der Schwiegersohn).

4.

S. 240. Technik: das wichtigste Nachschlagewerk zur Chronologie der Erfindungen gibt Ludwig Darmstaedter, Handbuch zur Geschichte der Naturwissenschaften und Technik ([2] 1908). — An Darstellungen vgl. das alte Werk von Karmarsch, Geschichte der Technologie seit der Mitte des 18. Jahrhunderts (1872); ferner die zahlreichen Arbeiten von F. M. Feldhaus, z. B. „Ruhmesblätter der Technik" ([2] 1923) und die Publikationen des Deutschen Museums München. — Zum Theoretischen: Max Maria v. Weber, Aus der Welt der Arbeit. Ges. Schriften hrsg. von M. v. Wildenbruch (1907), neue Auswahl u. d. T. Aus dem Reiche der Technik hrsg. von Carl Weihe (2 Bde. 1926/28), und Max Eyth, Zur Philosophie des Erfindens, in Lebendige Kräfte (1905) 249 ff.; Friedr. Dessauer, Philosophie der Technik (1927), und Eb. Zschimmer, Philosophie der Technik ([3] 1933). — Nur noch antiquarischen Wert hat das älteste Buch zu diesem Thema: Ernst Kapp, Grundlinien einer Philosophie der Technik (1877): der Verfasser hat den guten Gedanken, daß Technik als Organprojektion auftritt, aber er wendet dies auf jede technische Erscheinung und auf die Entstehungsgeschichte der Kultur schlechthin an. — Im übrigen sind die Schriften über die Kulturbedeutung der Technik in den letzten Jahren eine Legion geworden.

S. 241. Bacon, Descartes, Ecole polytechnique: I 23 ff. 60 175 f. — Vgl. auch Felix Klein, Frankreich und die Ecole polytechnique in den ersten Jahrzehnten des 19. Jahrhunderts, Zeitschrift „Naturwissenschaften" (1927) 43 ff.

S. 244. Montgolfier, Blanchard: expressive Erwartung (Marquise Villeroi), Arago in seiner Rede auf Carnot, Werke a. a. O. I 420. — Domarus, Die Luftreise Blanchards von Frankfurt nach Weilburg, Annalen für Nassauische Altertumskunde und Geschichtsforschung 36. — Blanchard in Berlin: Brief A. v. Humboldts, bei Bruhns a. a. O. I 71.

S. 246. Industrielle Revolution, Voraussetzungen: W. Sombart, Der moderne Kapitalismus II, 2 (1917) 1123 ff. — C. Matschoß, Entwicklung der Dampfmaschine I (1908).

S. 247. Kokshochofen (Ausschmelzen der Erze) und Puddelverfahren (Umwandlung des Eisens in Schmiedeisen und Stahl): Ludwig Beck, Geschichte des Eisens III (1890) 362 ff. 682 ff. — Gußstahl, ebd. 271 ff.

S. 252. Dampfwagen: Abbildungen bei Eugen Diesel, Wir und das Auto (1933) 2 f.

S. 254. Friedrich d. Gr.: C. Ergang, Friedrich d. Gr. in seiner Stellung zum Maschinenproblem, in „Beiträge zur Geschichte der Technik und Industrie, Jahrbuch d. V. D. I., hrsg. von C. Matschoß" (künftig zitiert als „Beiträge" usw.) II (1910) 78 ff. — C. Matschoß, Förderung der Textilindustrie durch Friedrich d. Gr., ebd. IV (1912) 309 ff. — Das berühmteste Beispiel der friderizianischen Gewerbeförderung ist die Begründung der preußischen Seidenindustrie: vgl. G. Schmoller, Umrisse und Untersuchungen (1902) 530 ff., und die große Edition von Hintze über die Seidenindustrie, in den Acta Borussica. — Über die Abneigung gegen arbeitsparende Maschinen bei Colbert, Friedrich d. Gr. usw. vgl. C. Ergang, Untersuchungen zum Maschinenproblem in der Volkswirtschaftslehre (1911) 4 ff.

S. 254. Heinitz, Reden: A. Schwemann, in Beiträge usw. XII (1922) und XIV (1924); dazu noch III (1911) 79 ff. Über Einführung der Feuermaschinen vgl. auch Brief des Freih. vom Stein an Reden 1788, in Steins Briefwechsel, Denkschriften und Aufzeichnungen, hrsg. von E. Botzenhart I (1931) 159. — Das Denkmal des Grafen Reden auf dem Redenberg bei Königshütte ist 1930 von den Polen gesprengt worden.

S. 256. Goldschmiede usw.: Walter Klein, Geschichte des Gmünder Edelmetallgewerbes (1919). — P. Gerstner, Die Entwicklung der Pforzheimer Bijouterie-Industrie (1908). — Augsburg: Paul. v. Stetten d. J., Kunst-, Gewerbe- und Handwerksgeschichte der freien Reichsstadt Augsburg (1779). — Nürnberg: Festschrift zur 40. Hauptversammlung d. V. D. I. (1899). — Die Obersteiner Achatschleiferei stammt aus dem Mittelalter: s. Beiträge usw. 21 (1931) 74 ff.

S. 257. Aachen: Cl. Bruckner, Die wirtschaftsgeschichtl.... Grundlagen der industriellen Tätigkeit im Reg.-Bezirk Aachen (1924). — A. Thun, Die Industrie am Niederrhein I (1879) 18 ff. — Cl. Vogelgesang, Die Aachener Nadelindustrie (1913). — Das Werk von Thun, das alle niederrheinischen Bezirke behandelt, ist aus dem Geiste der 70er Jahre geschrieben: es betrachtet die Arbeiterverhältnisse mit den Augen des Kathedersozialismus und betont im übrigen die Rückständigkeit der gewerblichen Verhältnisse in Deutschland.

S. 257. Wuppertal: Thun a. a. O. II 164 ff. — Dilthey, Geschichte der niederrheinischen Baumwollindustrie (1908). — Festschriften der Städte Barmen (1908) und Elberfeld (1910).

S. 257. Krefeld: außer Thun I 85 ff. vor allem Keußen, Geschichte der Stadt Krefeld (1865) 455—503, wo auf Grund der Geschäftsbücher der Familie v. d. Leyen die Gewerbegeschichte dargestellt ist. Ferner für die napoleon. Zeit: Wilh. Kurschat, Das Haus Friedr. u. Heinr. v. d. Leyen (1933).

S. 258. Über die Mühle s. C. Koehne, in Beiträge usw. V (1913), mit reichen Literaturangaben. — W. Claas, Wassermühlen in der Grafschaft Mark, ebd. 21 (1931) 165.

S. 259. Der alte Eisenhüttenbetrieb: Ludw. Beck a. a. O. III 113 ff. 292 ff.; in Westdeutschland ebd. 977 ff.

S. 260. Solingen, Remscheid: aktenmäßige Darstellungen über Solingen 15./18. Jahrhundert (Glanzzeit und Abstieg): F. Hendrichs, Beiträge usw. 19 (1929) 113 ff. u. 21 (1931) 85 ff. — F. W. Dransfeld, Solinger Industrieverhältnisse im 18. Jahrhundert (1914). — Thun a. a. O. II 7 ff. 109 ff.; Ludw. Beck, a. a. O. I 848 u. III 966 ff., beruht auf Thun. — A. v. Daniels,

Vollst. Abschilderung der Schwert- und Messerfabriken und sonstigen Manufakturen in Solingen (1802). — H. Kelleter, Geschichte der Familie Henckels in Verbindung mit einer Geschichte der Solinger Industrie (1924). — Wettbewerb mit Sheffield: F. Hendrichs, Daniel Peres: Beiträge usw. VII (1917) 84 ff. — A. Hasenclever, Peter H., Biographie, Briefe und Denkschriften (1922), und H. Hasenclever-Gerstmann, Das Geschlecht H. (1922/24).

S. 261. Steiermark (Waffenindustrie): Beiträge usw. 20 (1930) 21 ff.

S. 263. Einführung der Maschine in die Baumwollindustrie Mülhausens und des Oberelsaß: H. Herkner, Die oberelsässische Baumwollindustrie und ihre Arbeiter (1887) 71 ff. — Die Eisenwerkstätten von Schlumberger in Gebweiler beschäftigten 1832 schon 1500 Arbeiter.

S. 264. Tulla, Über die Rectifikation des Rheines (1825). — Vgl. Cassinone-Spieß, Tulla (1929); auch A. Valdenaire, Tulla (1928). — Die vorbildliche Pflege des Wasser- und Straßenbaues in Baden zu ersehen aus den älteren Werken von F. J. Bär: Wasser- und Straßenbauverwaltung in Baden (1870), Chronik über Straßenbau und Straßenverkehr (1878), Straßenbauwesen in Baden (1890).

S. 266. Wiebeking, Ludwigskanal: Allg. Deutsche Biogr. 55, 659. — Kreuter, Die wissenschaftl. Bestrebungen auf dem Gebiete des Wasserbaues und ihre Erfolge, Jahresbericht der Techn. Hochschule München (1909). — Schanz, Der Donau-Main-Kanal und seine Schicksale (1894).

S. 267. Reichenbach: grundlegend ist M. v. Dyck, Georg v. Reichenbach (1912). — Vgl. noch Friedr. Thiersch, Über die wissenschaftliche Seite der praktischen Tätigkeit nebst biogr. Nachrichten über die Akademiker v. Reichenbach, Fraunhofer (Akademie der Wissenschaften München, Rede 27. März 1852).

S. 268. Steinheil: Katalog seiner Erfindungen, bei H. Marggraff, Steinheil, in Bayr. Industrie- und Gewerbeblatt (1888) 11/12.

S. 269. Joseph v. Baader: von seinen Schriften am wichtigsten: „Ankündigung einer neuen, überall anwendbaren Erfindung von eisernen Kunststraßen“ (1814); Über ein neues System der fortschaffenden Mechanik“ (1817, ²1822); „Über die Verbindung der Donau mit dem Rhein“ (1822); „Über die Vorteile einer verbesserten Bauart von Eisenbahnen und Wagen“ (Akademievortrag 1825). — Denkschriften über Eisenbahnen veröffentlicht in Franz Baaders Schriften zur Gesellschaftsphilosophie, hrsg. von Joh. Sauter (1925) 864 ff. — Vgl. Gedächtnisrede von Th. Siber (1836) sowie W. Lynen in Darstellungen aus der Geschichte der Technik, Industrie und Landwirtschaft in Bayern (1906) 129—143.

S. 270. Lage 1815: wichtige Quelle die Berichte von Kunth, in F. u. P. Goldschmidt, Leben des Staatsrat Kunth (² 1888) 149 ff. — Quellen für die Statistik die Bücher von Leopold Krug, bes. „Betrachtungen über den Nationalreichtum des preußischen Staates und über den Wohlstand seiner Bewohner“ (2 Bde. 1805). — Statistik für die spätere Zeit: Ernst Engel, Das Zeitalter des Dampfes (1880). — F. W. v. Reden, Der Leinwand- und Garnhandel Norddeutschlands (1838), und Vergleichende Kulturstatistik der Gebiets- und Bevölkerungsverhältnisse der Großstaaten Europas (1848). — J. Rudhart, Über den Zustand des Königreiches Bayern nach amtlichen Quellen (3 Bde. 1825/27).

S. 270. Rheinprovinz: Rhein.-Westfäl. Wirtschaftsbiographien, hrsg. von der Histor. Kommission des Provinzialinstituts für westfäl. Landes- und Volkskunde (1932). — H. Ritler, Alte rheinische Fabrikantenfamilien und ihre Industrien (1920). — K. Wiedenfeld, Ein Jahrhundert rheinischer Montanindustrie (1916). — Däbritz, Entstehung und Aufgabe des rhein.-westfäl. Industriebezirkes (1927).

S. 271. Handelskammer: R. Zeyß, Die Entstehung der Handelskammern und der Industrie am Niederrhein (1907). — M. Schwann, Geschichte der Kölner Handelskammer I (1906), und Camphausen III (1915). — H. Lehmann, Die Handelskammer zu Aachen (1904).

S. 272. Aachen: R. Holthöfer, Die Stadt Aachen 1815/48 (Diss. Bonn 1920). — Senkel, Wollproduktion und Wollhandel im 19. Jahrhundert (1901). — H. Pastor: H. F. Macco, Geschichte und Genealogie der Familie P. (1905) 154 f.

S. 273. Köln: Eb. Gothein, Verfassungs- und Wirtschaftsgeschichte der Stadt Köln (1916). — Über Peter Michels s. seinen Enkel Robert Michels, in Jahrbuch des Köln. Geschichtsvereines 12 (1930) bes. 17—20.

S. 273. Wuppertal (s. oben zu 257): O. Schell, Elberfeld im ersten Vierteljahrhundert der Hohenzollernherrschaft (1918).

S. 274. Sachsen: Festschrift zur Feier des 10jährigen Bestehens des Verbandes sächsischer Industrieller (1912). Hier wird sehr gut betont, daß die vorhandenen Schätze an Kohle und Erzen nur in beschränktem Maße in Betracht kommen als Ursache der industriellen Entwicklung; viele Rohstoffe werden aus der Ferne bezogen. Entscheidend war vielmehr der Menschenreichtum, die geistige Regsamkeit, der alte Wohlstand, die zentrale Lage, zahlreiche Wasserstraßen. — Ähnlich übrigens auch Württemberg: F. C. Huber, Großindustrie und Handel in Württemberg; Festschrift zur Feier des 25jähr. Bestehens der Württembergischen Handelskammer.

S. 275. Nathusius: neben zahlreichen Biographien s. noch den zeitgenössischen Bericht von K. H. Rau, Ansichten der Volkswirtschaft (1821) 243 ff.

S. 276. Zuckerfabriken: Grundlegend J. Helot, Le sucre de betterave (1900), und Histoire continuelle du sucre de betterave (1912). Im bes.: A. Rümpler, Die Rübenzuckerindustrie in Schlesien vor 100 Jahren (1901); vgl. auch Liebigs Chem. Brief Nr. 12.

S. 279. Fr. Harkort: Quellenmäßig sowohl Ludw. Berger, Der alte Harkort (⁴1902), wie auch C. Matschoß, Ein Jahrhundert deutscher Maschinenbau; von der mechanischen Werkstätte bis zur Deutschen Maschinenfabrik Duisburg (1919). — Vgl. auch R. Buschmann, Wetter a. d. Ruhr (1901).

S. 282. Einführung des Puddelverfahrens: Kara v. Borries, Das Puddelverfahren in Rheinland und Westfalen (Diss. Bonn 1929). — Antrag der Firma Remy von 1822 betr. Ausfuhrabgaben auf Holzkohlen, abgedruckt: Beiträge usw. VIII (1918) 118 ff. — L. Beck: außer seiner Geschichte des Eisens IV später noch Aufsätze in Annalen des Vereins für Nassauische Geschichte und Altertumskunde 35 und Beiträge usw. III (1911). — Hoesch: J. Hashagen, Geschichte der Familie Hoesch II (1916).

S. 283. Fr. Koenig: Th. Göbel, Fr. Koenig und die Erfindung der Schnellpresse (1883). Auf diesem Werke, das die primären Quellen ausbreitet, beruhen viele späteren Schriften und auch die Aufsätze des Enkels Albrecht Bolza: Lebensläufe aus Franken III (1926) und Deutsches Museum, Abhandlungen und Berichte (1933). Neue technische Einzelheiten gibt jedoch der Aufsatz von Bolza in Beiträge usw. 17 (1927).

S. 287. Englische Familien in Deutschland: z. B. Kurt Bloemers, William Thomas Mulvany (1922).

S. 288. Solinger Fabrikordnung (Fa. Daniel Peres [1805]): Beiträge usw. VII (1917) 96 ff.

S. 291. Dampfkesselaufsicht (geschichtl. Entwicklung): Beiträge usw. VII (1917) 62. — Die Briefe von Koenig-Göbel 212 u. passim.

S. 292. Gewerbeförderung: C. Matschoß, Preußens Gewerbeförderung und ihre großen Männer, dargestellt im Rahmen der Geschichte des Vereins zur Beförderung des Gewerbefleißes (1921), und Hans Joach. Straube, Die Gewerbeförderung Preußens in der 1. Hälfte des 19. Jahrhunderts (Diss. T. H. Berlin 1933). — Wichtig auch hier die Berichte des Staatsrats Kunth, bei Goldschmidt a. a. O. 151—363. — Merkel, s. II 280; vgl. bes. seinen Rechenschaftsbericht über den Zustand Schlesiens 1840, gedruckt Zeitschrift d. Ver. f. Gesch. Schlesiens 60 (1926) 210 ff.

S. 301. Volksschule: wichtig Fr. Harkort, Bemerkungen über die Hindernisse der Zivilisation und Emanzipation der unteren Klassen (1844). Neudruck hrsg. von Jul. Ziehen. Histor.-Polit. Bücherei I (1919). — Grünberg: Kunth, bei Goldschmidt a. a. O. 107; s. auch 342. — Friedrich Wilhelm III.: s. II 349 f.

S. 302. Realschulen, Vorgeschichte: s. I 425. — Möser, Patriotische Phantasien I Nr. 4.

S. 302. Carolinum: Joh. Friedr. Wilh. Jerusalem, Nachgel. Schriften II (1792); Mon. Germ. Paed. I 203 ff. 401 ff. (die ältesten Ordnungen d. Carol.).

S. 304. Bergakademien: S. Valentiner in „Das Akadem. Deutschland" I (1930) 603 ff.

S. 305. Techn. Hochschulen: F. Schnabel, Die Anfänge des techn. Hochschulwesens (1925), wo auch die zeitgenöss. Literatur (Nebenius usw.).

S. 309. Gewerbeinstitut: Grundplan über Einrichtung von Handwerks- und Gewerbeschulen in Berlin und in der Provinz, von Beuth 1817 verf., abgedruckt Straube a. a. O. 14 ff.; ferner Beuths Bericht über die zur Ausbildung der Gewerbetreibenden getroffenen Einrichtungen d. d. 17. Juli 1822, abgedruckt in „Verhandlungen des Vereins zur Beförderung des Gewerbefleißes in Preußen" I (1822) 133 ff.; Grundsätze des Gewerbeinstituts, 1829 von Beuth entworfen, abgedruckt Straube 22 ff. — Der Name „Gewerbeinstitut" wurde erst 1827 verliehen, eröffnet wurde die Anstalt 1821 als „Technische Schule" mit 13 Schülern und 4 Lehrern. Der Name „Gewerbeakademie" wurde 1866 gegeben. Vgl. noch O. Simon, Die Fachbildung des preuß. Gewerbe- und Handelsstandes im 18. und 19. Jahrhundert (1902). — Müfflings Brief bei Sartorius v. Waltershausen, Gauß a. a. O. 57.

S. 310. Technische Deputation: C. Matschoß, Geschichte der preuß. Deputation für Gewerbe, in Beiträge usw. III. (1911), und Straube a. a. O. 29 ff. — Über die Steinsche Einrichtung von Deputationen I 456.

S. 311. Gewerbevereine: Verein zur Beförderung des Gewerbefleißes, Eröffnungsrede von Beuth, 15. Januar 1821, Verhandlungen des Vereins usw. I (1822) 15. — Vgl. Matschoß, Preußens Gewerbeförderung usw. a. a. O. — Führer durch die Jahrgänge der „Verhandlungen“: 90 (1911) 33 ff. — Außerpreußisches Beispiel: Jul. Emele, Geschichte des Gewerbevereins Karlsruhe (1906). Die Initiative ging hier von den Handwerkern aus, die Nachkommen der Gründer haben sich fast ein Jahrhundert lang in der gleichen Branche, aber als Fabrikanten, erhalten. Der Zweck war, die Gewerbsmänner aller Zünfte unter sich und mit theoretisch gebildeten Technikern in Verbindung zu bringen. Mittel der Gewerbeförderung waren Gewerbeschulen, Gewerbehallen, Modellsammlung, Prämien für wertvolle Erfindungen. Doch melden sich auch Mittelstandstendenzen (gegen Submissionswesen, Abwehr ausländischer Konkurrenz; zwar Aufhebung der Zünfte gefordert, aber nicht Gewerbefreiheit, sondern eine staatliche Gewerbeordnung). Ursprünglich nur für die Stadt gegründet, wirkte sich der Verein auf das ganze Land aus. — Lehrreich auch der „Frankfurter Gewerbfreund“, hrsg. vom Gewerbeverein der Gesellschaft zur Beförderung nützlicher Künste usw. (1839 ff.). Präsident der Gesellschaft war A. Wöhler, der Vater des ber. Chemikers; der Gewerbeverein wurde 1835 als Sonderzweig der Gesellschaft gegründet, die Zeitschrift „Gewerbfreund“ hat rein technischen Inhalt, aber auch Leitartikel über das Maschinenproblem usw.

S. 312. Patentschutz: Beuth, Über die Erteilung der Patente in Preußen, Verhandlungen des Vereins usw. I (1822). — Vorprüfung auf Neuheit alsdann in den Ver. Staaten 1836, in Großbritannien 1905.

S. 313. Beuth und wirtschaftlicher Liberalismus: sein Nachfolger im Amte, Rud. Delbrück, Lebenserinnerungen I (1905) 135 142.

S. 313. Industriespionage (schon 1814 in den besetzten Gebieten): Straube a. a. O. 48 ff.

S. 314. Vorbilder für Fabrikanten und Handwerker: sie erschienen nicht im Handel, sondern wurden als Auszeichnung an verdiente Gewerbetreibende verschenkt, auch als Lehrmittel an Gewerbeschulen gegeben.

S. 314. Denkmal: Bericht über die Enthüllung und Rede über Beuths Bedeutung, Verhandlungen des Vereins usw. (1861) 176. — Über öffentliche Denkmäler im alten Preußen s. auch II 394 zu 219. In den Mittelstaaten dachten die Fürsten anders: Arnoldi erhielt 1843 in Gotha ein Denkmal.

S. 315. Gewerbeschulen: Karl Friedr. v. Klöden, Jugenderinnerungen, hrsg. von seinem Enkel Max Jähns (1874) 423—475. Über Klöden s. auch oben zu 90. — Vgl. ferner Kunth, Denkschriften und Briefe 1816/26, abgedruckt Goldschmidt a. a. O. 360 ff. — Betr. das „aufgelockerte Zunftverhältniß“: Denkschrift von Eytelwein 27. November 1820, bei Straube a. a. O. 19, sowie die Schilderungen des Lehrlingselendes in den Lebenserinnerungen der beiden Goldschmiedlehrlinge Klöden (a. a. O. 174) und Ferd. Miller (Beiträge usw. V [1913] 175 f.). — Steins Diskussion mit Kunth über das Zunftwesen (1821/25): Pertz VI, 1, S. 185—197, und Goldschmidt, Kunth 377 ff. Stein über die Notwendigkeit technischer Schulen (1819/25): Pertz VI, 1, S. 185 192 330 335. — Anfangs der 30er Jahre erschienen sehr viele Schriften über das Gewerbeschulwesen; ich nenne: Wessenberg, Über die Bildung der gewerbetreibenden Klassen (1833), und Wessenbergs Antrag in der Bad. 1. Kammer 1831 (Verhandlungen I 80 ff.), aber auch schon 1819, I 114 ff., betr. Realschulen; ferner Aug. Spilleke,

Über das Wesen der Bürgerschule (Osterprogramm der Realschule Berlin [1822]). Ein anderes Beispiel: 100 Jahre Ulmische Gewerbeschule (1926).

S. 316. Realgymnasium, Realschule: s. I 432. — Varrentrapp, Joh. Schulze (1889) 412, sowie Goldschmidt, Kunth 33 ff. 107—112 122 ff. 379 bis 382. — F. Zwerger, Geschichte der realistischen Lehranstalten in Bayern, Mon. Germ. Paed. 53 (1914).

S. 317. Handelsschule Gotha: Emminghaus, E. W. Arnoldi (1878) 90; die Sittentafel ebd. 100 ff.

S. 319. Realisten und Humanisten: s. oben II 362. — Christl. Kaufleute (Elberfeld 1829/34) aus religiösen Gründen für das Gymnasium: Bergengrün, v. d. Heydt 29 ff. — Liebig gegen Gymnasium, besonders in der Schrift: Zustand der Chemie in Preußen, Annalen 34 (1840) 97 ff.

S. 322. Zweiteilung der nat. Bildung: s. auch oben III 215 und Liebigs Rede Wissenschaft und Landwirtschaft (1861), abgedruckt in Reden und Abhandlungen (1874) 189 ff. — Volhard, Liebig II 382 ff. — Spätere Chemiker: Lothar Meyer, Die Zukunft der deutschen Hochschulen und ihrer Vorbereitungsanstalten (1873) und Akademie oder Universität? (1875); August Kekulé, Die Prinzipien des höheren Unterrichts und die Reform des Gymnasiums (1877): abgedruckt Richard Anschütz, Kekulé II (1929) 917 ff.

S. 324. Redtenbacher: Neben ihm wäre noch zu nennen Karl Karmarsch, der 1830 bis 1879 in Hannover lehrte. Vgl. Karmarsch, Einleitung in die mechanische Lehre der Technologie (1825), Grundriß der mechanischen Technologie (1837 ff.), Erinnerungen aus meinem Leben, hrsg. von E. Hoyer (1879). — Reuleaux, Der Konstrukteur (1861), wo Redtenbacher genannt und das Maschinenkonstruieren als eine wissenschaftlich begründete, selbständige Kunst vorwiegend deutschen Ursprungs dargestellt ist.

S. 325. Eidgen. Techn. Hochschule: W. Oechsli, Geschichte der Gründung des Eidgen. Polytechnikums (1905); E. Gagliardi, Alfred Escher (1919) 176 ff. 191 ff. 238 ff. — Die Verbindung mit der Ecole Polytech. ist bes. durch General Dufour hergestellt, der Polytechniker war (Militärschule in Thun seit 1819; Traité de géometrie perspective u. die Dufourkarte, die „schönste Karte der Welt").

S. 326. Rationalisierung der Arbeiterbeschaffung: zitiert ist im Text ein Wort von Arnoldi, Emminghaus a. a. O. 22.

S. 329. Kultur der Industrie: Möser, Patriot. Phantasien II Nr. 25.

S. 330. Zollverein (s. auch II 299 ff.). Grundlegende Dokumentensammlung: Vorgeschichte und Begründung des Deutschen Zollvereins 1815/34, hrsg. von H. Oncken und F. Saemisch (3 Bde. 1934). — Im übrigen Dahlmann-Waitz, Quellenkunde ([9] 1931) Nr. 14952 ff. — Treitschke, Deutsche Geschichte II 211 ff. 610 ff., III 302 ff. 603 ff., IV 350 ff. — Lists Bittschrift an die Bundesversammlung 14. April 1819, jetzt in Lists Werken (Ausgabe der Listgesellschaft) I 2, S. 491; die Schreiben an Metternich 1820 ebd. 548 ff. — Nebenius, List oder Motz: Treitschke gegen seinen Lehrer Roscher, den Erfinder des „Nebeniusmythos", eines der „Kleinodien partikularistischer Sagenbildungen": Preuß. Jahrb. 39 (1877) und Deutsche Geschichte III 773. Ebd. Treitschke auch gegen seinen Vorgänger Ludw. Häußer, der den Ruhm für List in Anspruch nahm: Häußer, Lists Leben (1850). Auch Nebenius war mit der Darstellung Häußers unzufrieden.

S. 335. Kampf um die Tarifgestaltung: Eingaben der Eisenindustriellen an die Regierung, gedruckt von H. Kruse, Beiträge usw. VIII (1918) 117 ff.; dort auch die andern Aufsätze über den Kampf um die Eisenzölle verzeichnet. — Vgl. im übrigen M. Sering, Geschichte der preuß.-deutschen Eisenzölle (1882).

S. 336. List: Die Werke nach der Gesamtausgabe der Listgesellschaft (1927 ff.).

S. 339. Lists Quellen („Plagiator"): Vgl. Friedr. Lenz in Schmollers Jahrbuch 48 (1924) 419 ff.; hier Hinweis auf Graf Soden u. a. — Alex. v. d. Marwitz wird im Vorwort von Lists „System" genannt. Daß Ferrier seine Hauptquelle, behaupteten Marx und Engels. — Betr. Adam Müller: Daß List das meiste von Müller habe, hat schon Roscher 1842 gesagt (über List und Roscher s. unten zu 345). Die Urteile gehen heute noch auseinander zwischen J. Baxa, Der Ursprung von Lists Theorie der produktiven Kräfte, Wiener Zeitschrift für Volkswirtschaft (1923) 153 ff., wo der protestantisch-vernunftrechtliche Charakter Lists zurückgedrängt ist, so daß die Abhängigkeit von der Romantik betont wird, und Friedr. Lenz a. a. O. 435 ff., wo die Gemeinsamkeit mit romant. Ideen nicht hindert, den Nachdruck auf die originale Verbindung des Naturrechtes mit dem Nationalgedanken zu legen. — Adam Müller für das nationale Gewerbe, in seinem Artikel gegen den Frankfurter Senat (1816): R. Schwemer, Geschichte der freien Stadt Frankfurt II (1912) 88 f.

S. 340. Elend schwäbischer Zwergbauern: Schon 1816 hat List im „Württ. Archiv" gegen die unbegrenzte Teilung der Bauerngüter geschrieben (Werke I 2, S. 580); vor allem dann die ber. Schrift von 1842 „Die Ackerverfassung, die Zwergwirtschaft und die Auswanderung". Werke V 418.

S. 341. Das „Nationale System": Werke VI. Zur Entstehungsgeschichte auch Werke IV. — Gebräuchl. Handausgabe von Eheberg ([8] 1925) mit eingehender Bibliographie.

S. 341. Adam Smith in Deutschland: s. I bes. 348 ff. u. 467 ff. Die Rezeption beginnt mit der Übersetzung von Chr. Garve (1794); im einzelnen ist sie geschildert bei Roscher, Geschichte der Nationalökonomie in Deutschland 593 ff. — Lists System vom Standpunkte des Adam Smith kritisiert H. Rau, Archiv der politischen Ökonomie und Polizeiwissenschaft V (1843). — Vgl. im übrigen Friedr. Lenz, List, die Vulgärökonomie und Karl Marx (1930). — Über die Anglisierung des deutschen Denkens s. auch II 184.

S. 345. List und die Histor. Schule: Das Gemeinsame s. oben III 126 ff. — Am nächsten kommt nach Roschers Zeugnis List der histor. Schule in der Schrift über Ackerverfassung, Zwergwirtschaft usw. (Werke V 418 u. zugehör. Kommentar). Roscher und Hildebrand über List: Lenz a. a. O. 426 f., und Bruno Hildebrand, Die Nationalökonomie der Gegenwart und Zukunft (1848) 73.

S. 353. Schrankenlose Expansion: Schinkel und Beuth in Liverpool (Juli 1826), Schinkels Nachlaß hrsg. von Wolzogen III (1863) 130. — J. Hansen, Mevissen II 85. — Kunth bei Goldschmidt a. a. O. 260 290.

S. 355. Malthus: Die Rezeption des (theoret.) Malthusianismus in Deutschland beginnt mit dem Kieler Arzt Franz Hegewisch: „Einige Gedanken über die Ordnung des Medizinalwesens u. über Armenversorgung"

(Kieler Blätter [1814]). Hier wird Malthus begründet mit den Gedanken des deutschen romantischen organischen Weltbildes: „Es ist unrecht, wenn man Malthus vorwirft, ein Volksverminderungssystem gelehrt zu haben. Wie alle vernünftigen und wohlwollenden Menschen wünscht auch M. Vermehrung der Zahl glücklicher Menschen. Aber M. ist frei von dem Irrtum, zu glauben, daß Vermehrung der Zahlen in den Geburtslisten Volksvermehrung sei." Über die weitere Geschichte dieser Rezeption (Gustav Rümelin usw.) ist später noch zu handeln. — Die Äußerungen von Yorck bei Droysen, Yorck I ([7] 1875) 160. — Montesquieu Lettres persanes, chap. 112; Möser, Patriot. Phantasien II Nr. 33. — Kölner Kaufmannshaus: R. Michels a. a. O. 33.

S. 358. Auswanderung: E. Philippovich, Schriften des Vereins für Sozialpolitik 52 (1892), und D. Häberle, Auswanderung und Koloniegründung der Pfälzer im 18. Jahrhundert (1909). — Friedr. Kapp, Geschichte der deutschen Einwanderung in Amerika I (1868).

S. 360. Deutschamerikaner: Roebling: Hamilton Schnyler, The Röblings, a century of engineers, bridge-builders and industrialists (1931). — Follen: H. Haupt, in Deutsch-amerikan. Geschichtsblätter (1922/23). — E. B. Greene, Lieber and Schurz, two loyal Americans of German birth (1918). — Heinrich Hilgard-Villard, Lebenserinnerungen; ein Bürger zweier Welten (1906), u. Karl Schurz, Lebenserinnerungen (3 Bde. 1906/12).

S. 363. Nationale Auswanderungspolitik: List, Die Ackerverfassung, die Zwergwirtschaft usw. a. a. O.; ferner der Aufsatz „Über die Auswanderung der Deutschen nach englischen Kolonien" (1843), Werke VII 62. — Denkschrift des Nebenius, 16. Juni 1847, bei Philippovich a. a. O. 127 ff. — Zahlreiche Schriften erschienen in den 40er und 50er Jahren: s. Dahlmann-Waitz Nr. 4134, dazu noch Mohl in Zeitschrift für die ges. Staatswissenschaft (1847), A. Müller, Die deutschen Auswanderungs- usw. Verhältnisse (1841). — Konservative Politiker: z. B. Riehl, Die Pfälzer (1857, [3] 1907) 276 ff.

S. 367. Mitteleuropa: Lists Aufsätze von 1843, Werke VII 186. — Über Kolonisation Ungarns später ebenso auch Lagarde, Deutsche Schriften, hrsg. von P. Fischer (1924) 473 ff. 481, und Fr. Naumann, Mitteleuropa (1915).

S. 367. List u. England: Werke VII 250; der Aufsatz von 1846 ebd. 267.

S. 369. Die Rede auf dem Wiener Festmahl: Werke VII 508.

S. 369. Mathy und List: bes. Mathys zahlreiche Beiträge zu Rotteck-Welckers Staatslexikon (z. B. Zusätze zu Artikel Eisenbahn). Die Berührung war eine sachliche, keine persönliche. Mathy war Schüler von Rau, also Smithianer, und kleindeutsch. Sein Artikel Nationalökonomie, Staatslexikon IX ([2] 1847), erwähnt List nicht; hierüber auch nichts in der Biographie von Gustav Freytag, Mathy (1870). — Mathys Schrift „Betrachtungen über den Beitritt Badens zu dem deutschen Zollverein" (1834) bezweckt, seine süddeutschen Liberalen an den Gedanken des preußischen Zollvereins zu gewöhnen. — Lists „harmon. Staat" auch von Rob. Mohl vertreten: s. die Artikel Ackerbau und Gewerbe und Fabrikwesen, Staatslexikon I 210 ff. u. VI 776 ff.

S. 370. Lists Nachleben: Ludwig Häußers Ausgabe der Werke nebst Biographie (3 Bde. 1850/51); aus persönlicher Pietät, sachlich war Häußer liberal und kleindeutsch. — Unterschied zwischen List und dem Neomerkantilismus oder Protektionismus seit 1878: Gide-Rist, Geschichte der volkswirtschaftlichen Lehrmeinungen (1913) 315 ff. — Die Bedeutung von Lists Gedanken mit starker Betonung ihres Gegensatzes zu Liberalismus zuerst von Eugen Dühring, Kritische Grundlegung der Volkswirtschaftslehre (1866). Dühring hat auch für das Andenken Robert Mayers ähnliche Verdienste (s. oben zu 234). Später knüpfte in manchem an List wieder an Friedr. Naumann und seine Schule. Vgl. Naumann, Neudeutsche Wirtschaftspolitik (1902) und Mitteleuropa (1915), sowie Gerhard Hildebrand, Die Erschütterung der Industrieherrschaft (1910), wo Lists Werk als Ausdruck einer bestimmten Stufe der geschichtlichen Entwicklung aller Völker geschildert und die Rückwirkung solcher Vorgänge auf die abendländischen Industriestaaten prophetisch vorausgesagt wird.

S. 371. Verkehrsumwälzung: A. de Foville, La transformation des moyens de transport et ses conséquences économiques et sociales (1880).

S. 372. Linz-Budweis: Beiträge usw. 16 (1927) 13 ff. — 1932 wurde Franz Josef Gerstner von den deutschen Ingenieuren der Tschechoslowakei ein Denkmal in seiner Geburtsstadt Komotau errichtet.

S. 372. Friedr. Harkorts 1. Artikel (1825) abgedruckt Berger a. a. O. 222; die Ablehnung durch Fr. W. III. (1823) ebd. 238.

S. 373. Die drei Eisenbahnschriften von 1833: Fr. Harkort, Die Eisenbahn von Minden nach Köln (1833); Ludolf Camphausen gedruckt bei Schwann, C. III (1915) 292 ff.; List, Über ein sächsisches Eisenbahnsystem usw. (öfters Neudruck). — Auch die Denkschrift von Ludw. Newhouse erschien 1833 im Druck (s. unten zu 381).

S. 373. Lists Schriften zum Verkehrswesen wieder abgedruckt in der Gesamtausgabe III. — Ludw. Häußer, List usw. a. a. O., stützt sich bei seinen Anklagen gegen die Leipziger nur auf Lists Angaben. Vgl. Westenberger, Archiv für das Eisenbahnwesen 43 (1920). — 1928 wurde List und Gustav Harkort in Leipzig ein Doppeldenkmal errichtet.

S. 377. Nürnberg-Fürth: Dokumente usw. bei R. Hagen, Die erste deutsche Eisenbahn mit Dampfbetrieb zwischen Nürnberg und Fürth (1885).

S. 379. Kübeck: Denkschriften und Briefe, hrsg. von A. Beer, Denkschriften der Akademie der Wiss., Phil.-histor. Klasse 45 (1897) 3 ff.

S. 379. Kumpmann, Die Entstehung der rhein. Eisenbahngesellschaft 1830/44 (1910). — Dazu die Biographien der rhein. Wirtschaftsführer: Camphausen (von Schwann), Mevissen (von Hansen), Hansemann (von Bergengrün), v. d. Heydt (von Bergengrün).

S. 381. Staatsbahnen: Die Denkschriften v. d. Heydts bei Bergengrün 52 170 ff. — Karl Müller, Die badischen Eisenbahnen, histor.-statist. Darstellungen (1904); dazu die Verhandlungen des Eisenbahnlandtages (1838). — Angebote: außer List noch Ludw. Newhouse, Die Herstellung einer Eisenbahn von Mannheim bis Basel usw. (1833). Vgl. über sein Schicksal die Denkschrift seines Sohnes Titus N., Zur 100jähr. Geburtsfeier des Kommerzienrates N., Begründers der bad. Eisenbahn (1879).

S. 383. Kampf um die Spurweite: K. Keller, in Beiträge usw. VII (1917) 48 ff.

S. 384. Militäreisenbahnwesen: nur auf Grund der Akten, ohne die Flugschriften und wenig ergiebig in Beiheft zum Milit. Wochenblatt 1902,

237 ff. Anders B. Meincke, Archiv für Eisenbahnwesen 41 (1918) 921 ff. — List, Werke III, 1, S. 267; Moltke, Ges. Schriften II (1892) 235 ff. — Max Maria v. Weber, Die Schulung der Eisenbahnen für Krieg und Frieden (1869). — „Wichtigste Mittel" usw.: Grundzüge der höheren Truppenführung (1910) § 133.

S. 385. Folgen, Wirkungen, Erwartungen: Ed. Zeller, Kl. Schriften II 199 (geschr. 1846). Weitere Belege bei Matschoß, Entwicklung der Dampfmaschine I 181 u. ö. — Ernst Krafft, 100 Jahre Eisenbahnunfall (1925); Carl Benz, Lebensfahrt eines deutschen Erfinders (1925) Kap. 1. — A. v. Mayer, Geschichte und Geographie der deutschen Eisenbahnen (2 Bde. 1891), und J. G. Bluhm, 50 Jahre Eisenbahn in Preußen (1888).

S. 391. Draisine: A. Kistner, Mannheimer Gesch. Blätter (1933) 169 ff.; von Drais dürfte auch der Ausspruch Veloziped stammen.

S. 391. Telegraph: Heinr. Weber (Neffe), Wilh. Weber, eine Lebensskizze (1892), und H. Marggraff, Steinheil a. a. O. (s. oben zu 268). Vgl. auch noch H. Schimank, Entdeckung der elektromagnetischen Induktion, in Beiträge usw. 21 (1931).

S. 393. Dampfschiffahrt: O. Dresemann, Aus der Jugendzeit der Rheindampfschiffahrt (1903); Schäffle, Cotta (1895) 154 ff. — Eb. Gothein, Geschichtliche Entwicklung der Rheinschiffahrt im 19. Jahrhundert (1903), und Christian Eckert, Rheinschiffahrt im 19. Jahrhundert (1900): Gothein gibt die histor.-politische Entwicklung, Eckert die nationalökonomische. — Rheinschiffahrtsakte von 1831, gedruckt Meyer-Zoepfl, Corpus juris confoederationis Germanicae I ([3] 1858) 408. — Sie galt bis zur Akte von 1868; vgl. den Überblick von R. Fuchs in: Der Rhein, Ztschr. f. d. westdeutschen Wasserstraßen 1933, 158 ff. — Schiffskatalog seit 1824: Jahresbericht des Rheinmuseums X (1934) 16.

S. 398. Donau: Beiträge usw. 18 (1928) 79 ff.

S. 399. Bremen: W. v. Bippen, Joh. Smidt, ein hanseatischer Staatsmann (1921), und Gg. Bessel, Gesch. Bremerhavens (1927) bes. 119 ff. — Arnold Duckwitz, Denkwürdigkeiten (1877).

S. 399. Hamburg: E. Baasch, Geschichte Hamburgs I (1924). — Heinrich Sieveking, Karl S. (1923).

S. 399. Schraubendampfer: s. die Angaben bei L. Darmstaedter, Handbuch usw. a. a. O. zu 1836 (Smith) und 1838 (Rennie).

S. 403. Warenstatistik des Zollvereins: C. F. W. Dieterici, Statist. Übersicht usw. (6 Bde. 1838/57). — G. v. Viebahn, Statistik usw. (3 Bde. 1858/68). — A. Bienengräber, Statistik im Zollverein (1891).

S. 404. Maschinenfabriken: Borsig, Festschrift (1902). — Maschinenfabrik Nürnberg: C. Matschoß, in Beiträge usw. V (1913). — Über Emil Keßler vgl. die Jugenderinnerungen seines ersten Mitarbeiters, des späteren ber. Schweizer Ingenieurs und Erbauers der Rigibahn, Nikolaus Riggenbach, Erinnerungen eines alten Mechanikers ([3] 1890), sowie Beiträge usw. 14 (1924). — Egestorff (Hanomag): A. Nachtweh, Beiträge usw. 11 (1921) 197 ff., wo auch die übrige Literatur. — Bernh. Rost, Richard Hartmann, der Gründer der sächsischen Maschinenfabrik Chemnitz (1912). Liquidation 1930. — Ein anderes Beispiel der Aufstieg des Mannheimer Schmiedemeisters Joseph Vögele im Gefolge des Eisenbahnhaus seit 1838: vgl. Mannheimer Geschichtsblätter 1933, 122, wo auch Literatur.

S. 405. Augsburg: Jos. Graßmann, Entwicklung der Augsburger Industrie im 19. Jahrhundert (1894); Otto Reuther, Entwicklung der Augsburger Textilindustrie (1915).

S. 405. Milde: vgl. die Biographie von seinem Enkel Gerh. v. Schulze-Gaevernitz, in Schles. Biographien II (1926) 216.

S. 407. Kohlenhändler: H. Bork, Die Firma Stinnes im Jahre 1848; Zeitschrift für handelsw. Forschung 1926, 325 ff.

S. 408. Gutehoffnungshütte: Arnold Woltmann, Geschichte der Gutehoffnungshütte (1910).

S. 408. Krupp: Für die Frühzeit Däbritz, Finanzgeschichte der Kruppschen Gußstahlfabrik unter ihrem Gründer Friedr. K. (1923), und W. Berdrow, Fr. K. (1929). Aber auch hier schon die Festschrift (1912) sowie die Literatur über Alfred Krupp von W. Berdrow: sowohl die umfassende Biographie (2 Bde. [2]1928) und die Auswahl der Briefe (1928). Über die Herkunft: W. Berdrow, Die Familie K. in Essen 1587/1887 (2 Bde. 1931).

S. 411. Bethmann: H. Pallmann, Simon Moritz v. B. (1898). — Von sonstigen Geschichtswerken über Banken vgl. noch: Fr. Lenz u. O. Unholz, Die Geschichte des Hauses Gebr. Schickler (1912).

S. 411. Rothschild: Da die R.schen Archive vernichtet oder unzugänglich sind, muß die Geschichte des Hauses auf die Staatsarchive gebaut werden. Grundlegend: C. W. Berghoeffer, Meyer Amschel R. (1922, [2]1923), und (vornehmlich auf Grund der Wiener Archive) Conte Corti, Aufstieg und Blütezeit des Hauses R. (2 Bde. 1927/28).

S. 415. Der Aachener Verein: W. Kaehler, in Conrads Jahrbücher für Nationalökonomie 3. F. Bd. 39. Ferner: Das Sparwesen im Reg.-Bezirk Aachen (Schriften des Vereins für Sozialpolitik 136), und A. Bergengrün, David Hansemann (1901). — Zu erinnern auch an Adam Müller und das Sparkassenwesen in Wien (1819): Dokumente bei Adam Müller, Ausgew. Abhandlungen, hrsg. von J. Baxa (1921) 64 ff. 119 ff.

S. 416. Versicherungswesen: Gotha. Vgl. die sich ergänzenden dokumentarischen Darstellungen: A. Emminghaus, E. W. Arnoldi, Leben und Schöpfungen eines deutschen Kaufmannes (1878) 177 ff.; Julius Hopf, E. W. Arnoldi und seine Schöpfung der Feuerversicherungsbank (1878); A. Emminghaus, Geschichte der Lebensversicherungsbank für Deutschland zu Gotha (1878). — Zum Allgemeinen: Albert Rosin, Die Lebensversicherung und ihre geistesgeschichtlichen Grundlagen (1932).

S. 421. Über Nutzen oder Schaden der Maschinen s. Aufsatz von Kunth, Verhandlungen des Vereins zur Beförderung usw. a. a. O. III (1824) 55.

S. 422. Die Not der Weber: A. Zimmermann, Blüte und Verfall des Leinengewerbes in Schlesien (1885), und H. Roemer, Die Baumwollspinnerei in Schlesien bis zum Zollgesetz von 1818 (1914). — Daß der Weberzins usw. und nicht die rückständige Betriebsform die Hauptschuld trage: Lujo Brentano, Über den grundherrlichen Charakter des hausindustriellen Leinengewerbes in Schlesien, Zeitschrif für Sozial- und Wirtschaftsgeschichte I (1893) 318—340, wieder abgedruckt in Brentanos Ges. Aufsätzen I (1899) 495 ff. Hiergegen C. Grünhagen, Über den angeblichen grundherrl. usw. ebd. 241—261; Antwort Brentanos ebd. II 295—376. — Über den Weberzins vgl. Viktor Loewe, Zeitschrift des Vereins für Geschichte Schlesiens 59 (1925) 99, und Joh. Ziekursch, Hundert Jahre Schles. Agrargeschichte ([2]1927) 104 ff. 111 ff.

S. 424. Arago, Rede auf Watt (1834): Werke I 347 f. — Der Optimismus der klassischen Nationalökonomie: C. Ergang, Untersuchungen zum Maschinenproblem usw. 31 ff.

S. 426. Handwerker-(Mittelstands-)Bewegung: hierüber ist im Zusammenhang noch in Bd. IV zu handeln.

S. 427. Katholizismus und Protestantismus: Die „wirtschaftliche Inferiorität" der Katholiken ist in der Vorkriegszeit leidenschaftlich diskutiert worden, wobei der industrielle Erfolg der Zeit die Erörterung in bestimmte Richtung lenkte. Den Ausgang nahm sie von der den modernen Industriegeist bejahenden Arbeit von Max Weber (Die protestant. Ethik und der Geist des Kapitalismus, in seinen Ges. Aufsätzen zur Religionssoziologie I); sie wurde dann von der Erörterung des 16. auf die des 19. und 20. Jahrhunderts übertragen. Vom katholischen Standpunkt: Hans Rost, Die wirtschaftliche und kulturelle Lage der deutschen Katholiken (1911). Er beschreibt den Zustand der „Zurückgebliebenheit" und sucht ihn zu erklären mit reichen statistischen Belegen; dabei war die Absicht, daß der Erwerbstrieb unter den Katholiken gestärkt werde. Die Erklärung, die Rost gab (153 ff.), wurde geschichtlich unterbaut von Schwer-Müller, Der deutsche Katholizismus im Zeitalter des Kapitalismus (1932). Vom protestantischen Standpunkt: Joh. Forberger, Die wirtschaftliche und kulturelle Rückständigkeit der Katholiken und ihre Ursachen (Flugschriften des Evangel. Bundes, 1908). Die von Max Weber und seiner Zeit gewollte Überbewertung des Industriegeistes ist bei Erörterung der ganzen Frage entschieden abgelehnt von Max Scheler z. B. in seinen „Ursachen des Deutschenhasses" (1917) und so der Weg zu einer wissenschaftlichen Erforschung gewiesen worden. Schwer-Müller a. a. O. geben daher neben historischen Gründen (geistl. Staaten des 18. Jahrhunderts, protestant. Beamtentum usw.) auch religiöse Motive an (55 ff.) und betonen zugleich, daß dadurch der Katholik zur Abwehr kapitalist. Übergriffe besonders geeignet wurde. Zum Tatsächlichen: J. Hashagen, Der rhein. Protestantismus und die Entwicklung der rhein Kultur (1924) 60 ff., und M. Schwann, Geschichte der Kölner Handelskammer a. a. O. I 26 ff. 37 ff. — Das Wort, daß die Maschine in ihrem Wesen etwas Protestantisches habe, stammt von Uhlhorn; wo es steht, habe ich nicht nachweisen können. — Mevissen, Michels, Milde können, obwohl katholisch getauft, schwerlich als Gegenbeispiele dienen. — Kartenspiel: Arnoldi in seinen Jugenderinnerungen, gedruckt Emminghaus, Arnoldi a. a. O. 15.

S. 432. Ablehnung der Versicherung: s. II 34. Noch mehr Belege (bis zu Ibsens Gespenstern I. Akt) bei Rosin a. a. O. 81 f.

S. 433. Reichenbach an Gauß, 31. Januar 1818: Dyck, Reichenbach a. a. O. 52.

S. 434. Stahl, Rechts- und Staatslehre II, 2, S. 59; die übrigen Belege bei Masur, Stahl I (1930) 285 f.

S. 435. Bayr. Medizinalkollegium: Beiträge usw. 19 (1929) 36.

S. 435.. Nagler: Sautter, Generalpostmeister v. N. und seine Stellung zu den Eisenbahnen nach archivalischen Quellen. Archiv für Post und Telegraphie (1916) Nr. 7.

S. 441. Lotze, Mikrokosmos II 422, III 328.

S. 442. Kunst und Technik: Max Eyth, Poesie u. Technik, in Lebendige Kräfte (1905) 9 ff. — Vgl. die Abbildung der „gotischen" Anlagen von

Königshütte (1821), in Beiträge usw. 12 (1922) 2, ferner noch die Beispiele bei Matschoß, Entwicklung der Dampfmaschine a. a. O. — Franz Reuleaux, Konstruktionslehre für Maschinenbau (1854): „über den Maschinenbaustil"; aber er legt nur Wert auf Formen, die der Baukunst entnommen sind. Ebenso für die Bauingenieure: R. Baumeister, Architektonische Formenlehre für Ingenieure (1866); er handelt fast nur vom Ornamentalen des Brückenbaus.

S. 444. Eisenguß: Hermann Schmitz, Berliner Eisenkunstguß (1917). — A. G. Meyer, Eisenbauten (1907), bes. 111 u. 160. — H. Dickmann, Alte gußeiserne Brücken, in Zeitschrift Das Werk 1927, 293 ff.

S. 445. Erzgießerei: W. v. Kieckebusch, Geschichte des kurhessischen Geschlechtes Henschel (1931). Weitere Literatur Thieme-Becker, Künstlerlexikon 16 (1923) 428. — Ferd. Miller, Erinnerungen und Aufzeichnungen, gedruckt in Beiträge usw. V (1913) bes. 189 ff.

S. 447. Das Problem der „technischen Kultur": F. Schnabel, Geschichte des technischen Hochschulwesens a. a. O. 48 ff., wo die Belege aus Redtenbachers Schriften. Vorgreifend hier noch zu nennen: F. Reuleaux, Kultur und Technik (1884), gedruckt bei C. Weihe, Reuleaux und seine Kinematik (1925).

S. 450. Max Maria v. Weber: Die Ausgaben seiner Werke s. oben zu 240. Hier bes.: Die Geographie des Eisenbahnwesens (Ges. Schriften 1907, 280 ff.) und Physiognomie der Eisenbahnsysteme bei den Hauptkulturvölkern (ebd. 380 ff.).

S. 451. Goethe: an Zelter (Juni 1825), an Knebel (November 1813), Wanderjahre I 10 (Wilh. Meister beim Astronomen: Bedenken gegen das Fernrohr, „Zwischenschaltung des Apparates") und III 13 (gegen das Überhandnehmen des Maschinenwesens). — Max Geitel, Entlegene Spuren Goethes (1911); Karl Muthesius, Goethe und das Handwerk (1927).

Personenregister

(Die Anmerkungen sind in den Registern nicht berücksichtigt)

Sachregister